REJANE FRANCO

908-530-4963

MICHAELIS
DICIONÁRIO EXECUTIVO

AURIPHEBO BERRANCE SIMÕES

MICHAELIS

DICIONÁRIO EXECUTIVO
• ADMINISTRAÇÃO • ECONOMIA • MARKETING

INGLÊS-PORTUGUÊS

glossário português-inglês

© 1989 Auriphebo Berrance Simões

Atendimento ao consumidor:
Caixa Postal 8120 – CEP 01065-970 – São Paulo – Brasil

Edição: 10 9 8 7 6 5 4 3
Ano: 1988 97 96 95

Ix-I

ISBN 85-06-01226-0

Impresso no Brasil

Prefácio

Este dicionário foi elaborado como complemento especializado aos MICHAELIS, dicionários inglês-português e português-inglês.

Fruto de mais de trinta anos dedicados à pesquisa e à tradução técnica do inglês, a obra destina-se àqueles que desejam conhecer o significado de expressões, siglas e termos específicos usados nos países de língua inglesa e de outros empregados nessa mesma língua no Brasil, mas com sentido diferente.

Os verbetes selecionados abrangem as áreas de administração, economia, marketing, propaganda, comércio exterior, contabilidade, direito e outras disciplinas afins. Para a realização deste dicionário foram consultadas mais de 240 obras relacionadas na Bibliografia.

O dicionário está organizado em duas partes distintas. A primeira é constituída de 6.800 verbetes em inglês, seguidos da tradução e das definições em português. A segunda parte é um glossário com cerca de 7.200 termos em português que remetem o consulente aos termos em inglês registrados na primeira parte.

Os termos ingleses, entre parênteses, em itálico, encontram-se como verbete no corpo do dicionário. Os números e as letras maiúsculas, entre parênteses, no fim de cada verbete, remetem à Bibliografia, organizada em ordem numérica. A letra (A) significa verbete pesquisado pelo autor, e (R), por Ricardo Simões Câmara. A ortografia adotada, para os vocábulos em inglês, é a americana, e a hifenização varia de acordo com a fonte bibliográfica.

Não há palavras para agradecer a Clesi Maia Simões, Carlos Eduardo Maia Simões e Ricardo Simões Câmara, respectivamente minha esposa, meu filho e meu neto, pela ajuda que deram na organização desta obra.

Auriphebo Berrance Simões

A

abacus / ábaco 1. Aparelho de cálculo de forma primitiva, consistindo em bolas de material sólido, enfiadas em arames paralelos presos a uma armação. 2. Qualquer gráfico que sirva para a resolução de certos cálculos, através da simples leitura de um quadro. Na antiga Roma, os comerciantes utilizavam ábacos ambulantes, que eram empurrados pelas ruas, porque até mesmo uma multiplicação em algarismos romanos, por exemplo XXV por XIX, não era fácil. (10) (11) (137)

abandonment / abandono Baixa completa de um bem do ativo fixo por ter-se esgotado sua capacidade de utilização. (7) (38) (88) (105) (163) (231) (A)

abatement / abatimento Redução em preço, feita voluntária ou involuntariamente. (7) (88) (105) (148) (231)

ABC method / método ABC Aplicação do princípio de administração por exceção (*management by exception*), segundo o qual o estoque é analisado em categorias, de acordo com o valor de seu uso total por ano. A finalidade é enfocar a atenção nos grupos de itens que justifiquem controle de estoque mais rigoroso. Geralmente, há três tipos de classificação: A, B e C, por sua ordem de importância. O método tem diversos outros nomes, dentre os quais (*usage-value classification*), que equivale a classificação por valor de uso, e (*split inventory*), ou seja, estoque dividido. (105) (107) (148)

abeyance / pendente Espera do cumprimento de alguma formalidade para que seja efetuada uma ação considerada principal. No caso de formalidades para o recebimento de uma herança, o termo equivale a jacente. (11) (231)

ability-to-pay / capacidade para pagar Doutrina segundo a qual a maneira mais justa de distribuir igualmente a carga tributária é fazer com que os ricos contribuam proporcionalmente mais do que os menos favorecidos. A premissa é de que a carga tributária é uma reponsabilidade de todos. (1) (105) (163)

abnormal behavior / comportamento anormal Comportamento caracterizado por funcionamento social ou cognitivo bastante defectivo, o que pode acontecer por descontrole emocional. (203)

above pair / acima do par Acima do valor nominal, ou seja, com ágio. Por exemplo, uma ação cujo valor nominal é 100 e está sendo vendida a 150. (7) (88) (105) (163)

above-the-line advertising / propaganda acima da linha Propaganda em que o anunciante paga pelos serviços de uma agência especializada e reconhecida. Geralmente trata-se de propaganda temática (*theme advertising*). A linha divisória, abaixo da qual a agência de propaganda não tem direito a qualquer comissão, é a feita por intermédio da assessoria do anunciante. Estão abaixo da linha a propaganda no ponto de vendas, etc. Diz-se que este último tipo de propaganda é esquemático (*scheme advertising*). (148) (225) (244)

abrogation / ab-rogação Substituição de uma lei em vigor por outra com diferenças no texto. (231)

abscissa / abscissa Valor da variável independente (*independent variable*) de uma função em um ponto de um gráfico, dado pelo eixo horizontal. V. (*ordinate*). (7) (88) (163)

absentee / ausente Em trabalhismo, empregado que devia estar trabalhando, mas não compareceu. (198) (231)

absentee landlord / senhorio ausente Pessoa ou entidade que possui propriedade mas raramente a visita e tem um encarregado para receber o aluguel. (244)

absenteeism / absenteísmo Falha no comparecimento ao trabalho, geralmente mais por falta de vontade do que de capacidade. Quase sempre o índice é expresso por uma percentagem. (107) (163) (244)

absentee management / administração ausente Condição que existe quando os executivos de uma empresa têm seus escritórios em um local, enquanto as divisões operacionais se acham geograficamente espalhadas. A administração ausente solicita grande delegação de autoridade (*authority*), sendo forçada a confiar nos relatórios que lhe são enviados, e em visitas ocasionais às suas instalações, onde quer que se encontrem, como filiais, fábricas, escritórios, etc. (48)

absolute address / endereço absoluto Posição exata de uma informação na memória de um computador. (244)

absolute advantage / vantagem absoluta De acordo com Adam Smith, capacidade de uma nação de produzir uma certa mercadoria, na qual deve especializar-se, importando as que produz com menor eficiência, e na qual tem uma desvantagem absoluta (*absolute disadvantage*). (154)

absolute disadvantage / desvantagem absoluta V. (*absolute advantage*). (154)

absolute monopoly / monopólio absoluto Controle absoluto da produção de um serviço para o qual não existem outros em oferta. Um exemplo é o fornecimento de água, que pode ser chamado de monopólio natural, como alguns dos serviços de utilidade pública. (244)

absolute price / preço absoluto Preço expresso em termos monetários. (165)

absolute threshold / limiar absoluto Menor quantidade de um estímulo que pode ser percebida. O conceito é de grande importância em marketing. V. (*differential threshold*). (130)

absolute title / escritura definitiva Documento que prova o direito legal de uma propriedade pessoal ou real. (11)

absolute value / valor absoluto Magnitude de uma quantidade, não importando que seja positiva ou negativa. Denotado por dois traços verticais: |−3| = |3| = |3. (148)

absorbed overhead / custo indireto absorvido Custo indireto que, por meio de taxas de absorção apropriadas, é debitado a unidades de custo. (157)

absorption / absorção Aquisição de uma pequena empresa por uma de maior porte. A empresa adquirida pode perder sua identidade jurídica. (244)

absorption account / conta de absorção Conta contrária ou adjunta que se relaciona e geralmente é seguida de uma outra no razão, cujos itens representam transferências para outras contas. (7) (88)

absorption costing / custeio por absorção Custeio de produto que atribui as despesas gerais de produção às unidades produzidas, como um custo do produto. Contrasta com custeio direto (*direct costing*). O custeio por absorção tem por fim a determinação de custos e mensuração de lucros; visa à análise de custos. (41) (88) (105) (148) (244)

absorption point / ponto de absorção Em linguagem de trabalhadores de bolsa de valores, ponto depois do qual uma nova venda de ações causará a queda de sua cotação. (105)

abstinence / abstinência Adiamento de consumo a fim de facilitar a produção de bens intermediários, ou seja, bens de capital (*capital goods*). Acredita-se que este ato é recompensado por melhor lucro. V. (*deferred gratification*). (128)

abstract / extrato Resumo de uma declaração, demonstração ou discurso, muitas vezes legalmente reconhecido como representativo do todo. (88) (231) (244)

accelerated depreciation / depreciação acelerada Depreciação mais rápida do que a da taxa histórica de um bem do ativo fixo, para finalidades de redução do imposto de renda (*income tax*). Método usado por alguns países para a desvalorização (*devaluation*) do ativo fixo e, portanto, da taxa de incidência do imposto de renda. Essa diretriz permite, por exemplo, que um bem seja depreciado em cinco, ao invés de dez anos, ensejando a aquisição de novo bem para as mesmas finalidades, porém com maior produtividade. (1) (7) (99) (148)

acceleration clause / cláusula de aceleração Cláusula que figura em contrato de empréstimo, exigindo pagamento imediato do saldo e dos juros devidos, por falha no cumprimento de uma cláusula contratual. (3) (11) (231)

acceleration principle / princípio da aceleração V. (*accelerator*). (165)

accelerator / acelerador Princípio que relaciona o nível de investimento à mudança na renda nacional. Quando a renda aumenta, originando maior demanda (*demand*), é necessário investir a fim de elevar a capacidade de produção dos bens, talvez pela aquisição de novas máquinas; quando a renda baixa, talvez nem seja necessário fazer a reposição da maquinaria desgastada ou investir novo capital. Em suma, o princípio da aceleração é de que a alteração na demanda de bens induz a uma alteração nos fatores de produção (*factors of production*). (1) (39) (161) (244)

accept / aceite Atuar como um aceitante de um título de dívida, como nota promissória, letra de câmbio etc. (148) (231)

acceptance / aceite Compromisso de pagar a quantia de uma letra de câmbio (*bill of exchange*), assinando-a através de seu frontispício. (244)

acceptable quality level / nível de qualidade aceitável Percentual máximo de defeitos, ou quantidade de defeitos por cada 100 unidades, que será aceito de um processo produtivo. (7) (88) (148)

acceptable sampling / amostragem aceitável Em controle estatístico de qualidade é a extração de amostra de uma determinada quantidade de bens ou materiais que serão inspecionados para que se determine se a quantidade toda será aceita ou rejeitada. (7) (107)

acceptance theory / teoria da aceitação Teoria segundo a qual o indivíduo é considerado, antes de mais nada, um decisor. A organização em que está empregado é como se fosse um casamento de conveniência. Ele aceita o que lhe é conveniente. (140)

acceptor / aceitante Sacado de uma letra de câmbio (*bill of exchange*) que manifesta seu aceite, isto é, pagará a importância especificada na letra. (148) (244)

accession rate / taxa de acréscimo Em trabalhismo, o mesmo que índice ou taxa de contratação de empregados (*hiring rate*). (1) (231)

access time / tempo de acesso Tempo que um computador leva para localizar dados ou uma palavra de instrução no armazenamento, ou memória (*memory*) e transferi-los para a unidade aritmética, onde são feitos os cálculos. É também o tempo para o processo inverso. (72) (148) (244)

accident and sickness policies / apólices de acidentes e doença Em trabalhismo, apólices que pagam ao segurado uma quantia específica durante períodos não muito longos, quando ele se acha incapaz de trabalhar em conseqüência de acidente ou doença. (198)

accomodation / acomodação 1. Processo pelo qual o cristalino do olho se torna espesso ou se achata a fim de focalizar a luz que penetra pela retina. Este é um dado importante para pesquisa de marketing no que tange ao consumidor. 2. Termo usado por Jean Piaget, que significa a criação de novas estratégias, modificação ou combinação das antigas, para que o indivíduo enfrente novos desafios. 3. Dinheiro que se empresta a alguém por um curto espaço de tempo. (203) (231) (244)

accomodation bill / endosso de favor Qualquer tipo de documento de dívida endossado por um terceiro, possivelmente como favor ao emitente. O endossante torna-se co-obrigado. O mesmo que (*accomodation endorsement*). (7) (148) (165) (231) (244)

accomodation charge / crédito provisório Crédito temporário concedido para a compra de uma mercadoria específica, sem que haja abertura de uma conta normal de crédito. (11)

accomodation endorsement / endosso de favor O mesmo que (*accomodation bill*). (7) (88)

accomodation party / endossante Pessoa ou firma que endossa um título de dívida e que se torna co-obrigada. (148) (163) (231) (244)

account / conta; prestar contas 1. Sumário que demonstra as modificações e o equilíbrio ou saldo de cada tipo de bem ou direito, sobre o qual a empresa deseja informação. Sua essência é a natureza dos dados que contém, não a forma física em que aparecem. Os três tipos principais de informação em uma conta são: o título, que descreve o tipo de bem ou direito; as quantidades de acréscimo ou decréscimo; e a diferença entre essas quantidades, ou seja, o saldo. 2. No âmbito publicitário, um cliente é quase sempre referido como uma conta, o que também equivale a freguês ou cliente. 3. Declarar uma situação em que o indivíduo é responsável final, isto é, responde na proporção da autoridade que lhe foi concedida. (3) (5) (7) (22) (88) (148) (231) (244)

accountability / responsabilidade final Em administração de empresas, via de regra o termo está vinculado a uma delegação de poderes. Presumivelmente, o indivíduo ao qual se atribui responsabilidade recebe autoridade comensurável, e mesmo que delegue responsabilidade e autoridade a terceiros, será ainda o responsável final perante seu superior. Se numa mesma frase encontrássemos os termos "responsibility" e "accountability", poderíamos dizer que a primeira é responsabilidade primária e que a segunda é responsabilidade final. Portanto, "accountability" deve ser um grau mais alto de responsabilidade. Seu fenômeno é que a prestação de contas é devida a um escalão superior. Um supervisor tem responsabilidade perante um subordinado, mas não lhe presta contas. Somente o faz às autoridades superiores. (7) (31) (88) (148) (231) (A)

accountancy / contabilização Teoria e prática de contabilização. (7) (88) (244)

accountant / contador Encarregado da contabilidade de uma empresa, presumindo-se que tenha feito um curso especializado para tanto. (244)

account balance / saldo de conta 1. Montante lançado em uma conta, mostrando uma diferença que poderá estar certa ou errada. 2. Diferença entre os totais de débito e crédito em um lançamento contábil. (244)

account current / conta corrente 1. Qualquer conta pessoal na qual são feitos acertos periódicos. 2. Transcrição formal e periódica de conta semelhante, enviada de uma pessoa a outra, com um saldo a pagar ou a receber. (7) (88)

account executive / gerente de conta Em geral é o gerente dos assessores de uma agência de propaganda que trata das negociações com um determinado cliente, e é o responsável pelo trabalho contratado. (107) (244)

account form / forma contábil Apresentação das contas da escrituração mercantil, mostrando o ativo à esquerda e o passivo à direita. No passivo também se encontram os direitos dos acionistas (*shareholders' equity*). (7)

accounting / contabilidade Arte e ciência de registrar, classificar e resumir, de maneira que faça sentido em termos monetários, as transações e eventos que são, pelo menos em parte, de caráter financeiro, e a interpretação de seus resultados. Por si só, a contabilidade não é um fim, mas um instrumento útil. É como que uma linguagem para comunicar fatos financeiros sobre uma empresa ou atividade àqueles que têm interesse em utilizá-los ou interpretá-los. (7) (11) (55) (88) (148) (231) (244)

accounting equation / equação contábil Equação básica da contabilidade. Seu nome correto seria equação patrimonial, significando que os bens de uma empresa, ativo (*assets*), são iguais às suas obrigações ou passivo (*liabilities*), donde temos a equação em sua forma mais simples:

Ativo = Passivo ou Assets = Liabilities
Sendo o passivo constituído de obrigações, evidentemente alguém tem direito a algo que constitui a empresa: credores (*creditors*) e proprietários (*owners*). Os credores exigem o que é seu, mas de modo geral os proprietários não o fazem, pois se assim procedessem, a empresa seria extinta. O passivo é dividido em duas partes principais: exigível e inexigível (*liabilities e equities*). O inexigível constitui, portanto, o direito do proprietário (*owners' equity, shareholders' equity*) ou (*stockholders' equity*). Share corresponde a uma ação, ao passo que (*stock*) representa um grupo de ações, donde temos o estoque de capital (*capital stock*). Desta forma, podemos fazer as equações contábeis:

Ativo = Exigível + Inexigível
Assets = Liabilities + Equity
ou
Ativo − Exigível = Inexigível
Assets − Liabilities = Equity
ou
Ativo − Inexigível = Exigível
Assets − Equity = Liabilities
(A) (1) (4) (7) (22) (34) (88)

accounting identity / identidade contábil Sistema de partidas dobradas, com a implicação de que haverá sempre uma identidade entre o lado positivo e o negativo das contas escrituradas nos livros mercantis. (7) (88)

accounting machine / máquina calculadora Nome geral que se dá às diferentes máquinas de escritório que fazem tabulação. O mesmo que tabuladora. (7) (72) (244)

accounting period / exercício contábil Intervalo entre a data de um balanço (*balance sheet*) de uma firma e o próximo. Também pode ser o período coberto pela demonstração de lucros e perdas (*profit and loss account*). (7) (88) (140) (148) (231) (244)

accounting prices / preços contábeis Preços que prevaleceriam, se a configuração do investimento sob discussão fosse realmente executada, e se existisse equilíbrio nos mercados de trabalho, capital e divisas (*foreign exchange*). Algumas vezes também são chamados de preços-sombra (*shadow prices*), porém estes têm características especiais. (50)

accounting ratios / índices contábeis V. (*financial ratios*). (107) (148)

accounting records / registros contábeis Livros mercantis, como diários, razões, comprovantes, faturas, correspondência, contratos e outras fontes ou apoio para tais registros. (7) (88)

accounting transaction / transação contábil Transação contábil interna que não envolve terceiros. Uma correção de erros, por exemplo, é uma transação contábil. (7) (88)

account rendered / demonstração de conta Demonstração que uma parte vendedora envia a seu cliente detalhando quanto este lhe deve, os pagamentos que fez etc. (148) (231)

account sales / prestação de contas Demonstração provisória ou final feita por um consignatário ou agente de vendas, descrevendo os pormenores das vendas dos bens consignados, despesas incorridas, comissões e o saldo. É uma conta corrente (*account current*). (7) (88)

accounts payable / contas a pagar Representam o custo de bens ou serviços adquiridos por uma empresa, os quais podem estar escriturados, mas ainda não foram pagos. Representam uma parte do passivo (*liabilities*). (7) (88) (148) (231) (244)

accounts receivable / contas a receber Quantias que os clientes devem a uma empresa não financiadora. (1) (7) (88) (148) (231) (244)

accounts receivable financing / financiamento de contas a receber Tipo de financiamento em que uma empresa vende as contas que tem a receber, ou deposita-as em um banco, como caução, recebendo em troca uma certa importância. No caso, porém, trata-se mesmo de venda das contas. Há firmas especializadas nessa espécie de comércio. (1) (A)

account stated / conta confirmada Conta confirmada pelo devedor que não faz pagamento à vista. (7) (244)

accreditation / credenciamento Processo de certificar a competência de uma pessoa em uma determinada área de capacidade. (198)

accretion / acréscimo Soma de uma quantia — de qualquer origem — a um fundo que se acumula. É também o valor econômico de algo, por algum motivo, como o de um selo que se torna cada vez mais raro com o correr dos anos. Os sinônimos podem ser aumento, apreciação etc. (7) (231) (A)

accrual basis / base de exercício Método de contabilização em que a receita (*revenue*) é registrada no período em que é ganha (seja ou não recebida nesse período), e as despesas são registradas no período em que foram incorridas, não importando quando tenham sido feitos os desembolsos (*outlays*). Este método difere da base de caixa (*cash basis*), quando a renda é considerada ganha somente depois de recebida, e as despesas (*expenses*) são registradas quando pagas. (1) (7) (88) (231)

accruals / provisões Itens do exigível (*liabilities*) que venceram ou estão vencendo no final do exercício contábil (*accounting period*), mas ainda não foram registrados nas contas do razão (*ledger*). São sinônimos: acumulação, reserva etc. (7) (88) (157)

accrued charges / débitos acumulados Despesas que foram incorridas por um indivíduo ou firma e que se acumularam, mas deverão ser pagas no futuro. (244)

accrued depreciation / depreciação acumulada Depreciação total de um bem do ativo, com base nas taxas habituais de sua vida estimada. (7) (88)

accrued dividends/dividendos acumulados Dividendos acumulados, não pagos, de ações preferenciais. (7) (88) (11)

accrued expenses/despesas a pagar Despesas que se acumulam para liquidação dentro de um certo tempo. Os prazos variam de acordo com os tipos de despesa. (4) (7) (88) (148) (A)

accrued incomes/rendas acumuladas Quantias ganhas em um exercício fiscal, mas ainda não recebidas, porque seu vencimento ocorre em um exercício futuro. Poderiam ser consideradas as quantias devidas por terceiros e que ainda não se encontram representadas por títulos ou documentos semelhantes, quando então se chamariam contas a receber (*accounts receivable*). (7) (88) (A)

accrued interest/juros acumulados Juros (*interest*) devidos e acumulados, mas ainda não pagos. (244)

accrued liability/passivo acumulado Nome que também se dá à despesa acumulada ou provisionada. (7) (88)

accrued revenues/receitas acumuladas V. (*accrued incomes*). (7) (88) (148) (A)

acculturation/aculturação Termo de sociologia, mas com grande aplicação em mercadologia (*marketing*), significando a aquisição de traços de uma outra cultura por um indivíduo ou grupo. A aculturação é um fator importante em marketing. (180)

accumulated depreciation/depreciação acumulada Conta de avaliação de ativos fixos para compensar as provisões feitas para depreciação. (88)

accumulated income/renda acumulada Equivalente de receita, lucros, ganhos acumulados etc. (7)

accumulation/acumulação É o que o termo diz. Também, capitalização de juros compostos (*compound interest*). (7) (88) (231)

accuracy/exatidão Em geral, ausência de erro. Não é equivalente de precisão. Por exemplo, em processamento de dados, uma tabela de quatro casas, corretamente calculada, é exata, ao passo que uma outra de seis lugares, que contenha um erro, é mais precisa, porém, não exata. (7) (74) (88)

achieved role/papel adquirido Papel ou *status* adquirido por escolha, esforço, ação ou realização individual. Vale dizer, o indivíduo fez por merecer. (180)

achieved status/status adquirido V. (*achieved role*). (A)

achievement need/necessidade de realização Termo da psicologia que significa a necessidade de ter sucesso e de lutar para superar os padrões de excelência; motiva o indivíduo a fazer bem as coisas. Não se confunde com vaidade. (130) (A)

achievement quotient/quociente de realização Relação entre os escores de uma pessoa em seu desempenho e algum padrão empregado para efetuar comparações. (160) (A)

achievement test/teste de realização Teste para verificar até que ponto uma pessoa conseguiu adquirir uma habilidade específica. (148)

acid-test ratio/ácido-quociente Termo também conhecido como quociente seco de liquidez, ou quociente rápido (*quick ratio*). Quanto mais alto este quociente, tanto melhor será a situação da empresa. É a relação entre o ativo líquido de uma firma (moeda, contas a receber, títulos negociáveis) e o seu passivo (*liabilities*) atual. Quando o ativo líquido de uma empresa é 200 e seu débito atual 100, seu ácido-quociente, ou quociente de liquidez, é 2:1, o que quer dizer que a empresa tem 2 de ativo líquido para 1 de débito atual. (7) (88) (148) (244)

acquired authority/autoridade adquirida O mesmo que autoridade informal (*informal authority*). (49)

acquisition/aquisição Uma das diversas formas do termo geral fusão (*merger*), quando uma empresa assume o controle de outra, geralmente pela compra da maioria das ações. Neste caso, a empresa controlada não perde a identidade. Muitas vezes sinônimo de (*takeover*). (1) (231) (148) (244)

acquisitive power/poder aquisitivo V. (*purchasing power*). (A)

acquittance/quitação Prova escrita do cumprimento de uma obrigação, quase sempre de caráter financeiro. (11) (231)

acre/acre Medida agrária que corresponde a 160 varas quadradas (*square rods*) ou 4.840 jardas quadradas (*square yards*) ou

acre (surveryors)   7   **actuary**

43.560 pés quadrados (*square feet*), equivalente a 0,4047 hectare. (78)(A)

acre (surveryors) / acre (agrimensores) Medida agrária de 10 cadeias quadradas (*square chains*) equivalente a 0,4047 hectare. (78) (A)

acreage allotment / racionamento de plantio Corte do excesso de produção agrícola, por limitação da área que pode ser plantada com um determinado produto. (1) (A)

across-the-board / extensível a todos Evento que atinge a todos dentro de uma organização, como no caso de aumento de ordenados para todos os empregados. (148) (244)

action / ação Caso civil em um tribunal de justiça. (244)

action flexibility / flexibilidade de ação Comportamento de uma pessoa facilmente adaptável. Característica do comportamento de uma pessoa capaz de mudar rapidamente uma direção ou linha de pensamento. O mesmo que (*behavior flexibility*). (45) (213)

action limit / limite de ação Linha traçada em um gráfico de controle de qualidade para indicar se qualquer amostra passa além dela, caso em que há necessidade de efetuar correção. (148) (244)

activity / atividade 1. Uma unidade de trabalho como, por exemplo, em uma rede (*PERT-CPM*). 2. Transformações que contribuem para um processo, ocasionadas pela interação das características inerentes ao insumo (*input*) e às atividades operativas executadas no processamento. Estas atividades podem ser executadas por pessoas, meios mecânicos etc. Aos produtores das atividades dá-se o nome de recursos (*resources*). (7) (88) (91) (148)

activity accounting / contabilidade por atividade Contabilização por responsabilidade (*responsibility accounting*) e contabilização de rentabilidade (*profitability accounting*). (7) (88)

activity analysis / análise de atividade O mesmo que programação linear (*linear programming*). (155)

activity charge / cobrança de atividade Cobrança que os bancos efetuam nas contas de movimento que mostrem saldos insuficientes para cobrir os custos de sua escrituração, ou seja, de sua atividade. (11)

activity chart / gráfico de atividade Em administração de empresas, diagrama que demonstra a subdivisão de um processo ou de uma série de operações, cuja marcação é feita em uma escala de tempo. (107) (244)

activity network / rede de atividade Sinônimo de (*network*), técnica ligada a PERT-CPM (*PERT-CPM*). (148)

activity-on-arrow-network / atividade em diagrama de setas Rede de PERT-CPM em que as setas representam atividades. Também conhecida como diagrama de setas (*arrow diagram*). (148)

activity-on-node-network / atividade em rede de nós Rede de PERT-CPM em que cada um dos nós (*nodes*) representa um evento (*event*). (56) (148)

activity rate / índice de atividade O mesmo que índice de participação da força de trabalho. (5)

activity ratio / quociente de atividade Índice de administração que serve para demonstrar qual é a parte da produção prevista ou orçada que foi completada dentro de um determinado período de tempo. A fórmula para o cálculo é: horas-padrão para a produção real/horas-padrão para a produção prevista x 100/1. (107) (148)

activity sampling / amostragem de atividade Estudo de trabalho em que são feitas numerosas observações instantâneas de um grupo de máquinas, processos ou operários, durante um certo tempo. Cada observação registra o que está ocorrendo em dado momento. A percentagem de observações registradas em certo intervalo deve refletir a percentagem do tempo durante o qual ocorre a atividade ou seu atraso. (107) (148) (244)

activity system / sistema de atividade Complexo das atividades necessárias para completar o processo de transformar um insumo (*input*) em produto (*output*). (91)

act of God / acaso fortuito Ocorrência casual em que o agente não pode ser controlado e à qual não se pode escapar. Acaso. (7) (88) (231) (244)

actual insolvency / insolvência real V. (*insolvency*). (1)

actuary / atuário Matemático altamente especializado, que determina a retirada anual do equipamento de uma empresa, ou o término de utilidade de fábricas, com base em técnicas estatísticas. O atuário também faz estimativas sobre a vida das instalações, com base nos livros da empresa. Seus métodos de cálculo são semelhantes aos desenvolvidos pelas companhias de seguros no estudo de mortalidade. (1) (148) (231)

acuity/acuidade Capacidade de identificar e distinguir detalhes. (203)

adaptation/adaptação Desenvolvimento de capacidades mentais quando o organismo interage e aprende a enfrentar o ambiente, isto é, a ter comportamento agonístico. (203)

added value/valor adicionado Valor das vendas menos o custo dos materiais e serviços adquiridos. Em outras palavras, é o aumento de valor de uma ou mais matérias-primas, à medida que estas passam pelos estágios sucessivos no processo de produção. O valor adicionado é a diferença dos preços de mercado antes e depois de cada estágio. Também se diz (*value added*). (96) (88) (148) (162) (244)

adding up problem/problema da soma Expressão, em economia, que se refere à questão de o produto total ser ou não igual à soma dos produtos marginais (*marginal products*). (128)

address/endereço Número de identificação dado a alguma parte dos dados na memória (*memory*) de um computador. (148) (163) (231) (244)

ad hoc/ad hoc Expressão latina que quer dizer "como e quando necessário", para um caso em vista. (164) (231)

adjective law/direito adjetivo Direito representado pelas leis formais ou processuais. Consiste em um conjunto de normas pelas quais é administrado o direito substantivo (*substantive law*). (231) (240)

adjourn/intervalo em reunião Efetuar um intervalo em uma reunião formal, com hora marcada para seu reinício. Acontece nos tribunais quando o tempo dos debates se torna muito longo, necessitando de vários dias. (244)

adjudication/adjudicação; laudo arbitral 1. Mecanismo de defesa que difere de racionalização por ser consciente e intencional. Procedimento formal de passar a terceiros uma decisão difícil sobre um possível conflito de papel, desse modo livrando o indivíduo de responsabilidade ou culpa. Por exemplo, o código de ética de uma entidade de classe decide sobre o modo de agir de um membro seu dentro da profissão. 2. Transferência de direitos de propriedade ou outros, por meio de uma sentença judicial. 3. Sentença proferida por um tribunal ou por alguém por este determinado a fim de ser tomada uma decisão. (180) (231) (244)

adjunct account/conta adjunta V. (*absorption account*). (7) (88)

adjusting entry/lançamento corretivo Lançamento feito na escrituração de uma empresa para que esta mostre uma posição correta em determinado ponto do tempo. Quando se encontra um erro de escrituração, é mais fácil fazer um lançamento corretivo do que corrigir o erro em si. (244)

adjustment/ajustamento; acerto 1. Em varejo é a devolução do dinheiro pago (redibição) por mercadoria insatisfatória, ou crédito que se concede para a compra de outras mercadorias. Geralmente decorre da insatisfação do cliente e é um serviço prestado por algumas lojas varejistas. É uma espécie de atendimento à reclamação dos clientes. 2. Processo psicológico que envolve atender às demandas do eu e do ambiente. 3. Ato de verificar e liquidar o montante de indenização que a parte segurada tem direito a receber, de acordo com a apólice (*policy*). 4. Acerto de uma disputa. 5. Lançamento ou lançamentos feitos em uma conta a fim de corrigi-la. (1) (7) (11) (88) (203) (231)

ad lib/ad libitum Expressão latina que significa "à vontade". (30) (A)

administered prices/preços administrados Antítese dos preços de livre mercado, estabelecidos pela livre interação de compradores e vendedores. Geralmente os preços administrados são fixados por lei ou por grupos de compradores e vendedores. Tais preços também se aplicam à mão-de-obra, através de negociações coletivas ou de salários-mínimos, do mesmo modo que para certos gêneros, quando o governo determina seus preços mínimos com base em custo mais lucro (*profit*) razoável. (7) (37) (88) (231)

administration/administração 1. Nome que se dá ao conjunto de indivíduos com a responsabilidade de operar empresas com ou sem fins lucrativos. A tendência atual é que as grandes empresas tenham uma administração de indivíduos assalariados que não são necessariamente proprietários ou acionistas. O incentivo da administração não é o lucro (*profit*), mas salários elevados, *status* e segurança no cargo. A separação entre administração e propriedade é uma das características importantes do sistema capitalista. 2. Freqüentemente o termo administração é usado em ambientes de serviço público como sinônimo de gerência (*management*). Por exemplo, Administração Kennedy, isto é, a época em que Kennedy foi o presidente dos Estados Unidos. É muito mais comum o uso da palavra (*management*). (7) (28) (88) (107) (148) (231) (244)

administration cost / custo de administração Todas as despesas de administração (*management*) para planejamento, organização, direção e controle, não diretamente relacionadas às atividades de pesquisa e desenvolvimento, produção, distribuição e vendas. (107)

administrative budget / orçamento administrativo Em finanças públicas, em alguns países, método tradicional de orçar as receitas e despesas federais. O orçamento administrativo inclui a coleta e a distribuição de todos os fundos que o governo considera como de sua exclusiva propriedade. (1) (88)

administrative expenses / despesas administrativas Despesas incorridas por uma empresa, separadas das que visam à produção. São exemplos os aluguéis, salários, correspondência etc. (244)

administrative law / direito administrativo Regulamentos decretados pelos órgãos especializados do governo federal dos Estados Unidos, como por exemplo a Food and Drugs Administration, a Federal Power Commission e outros, todos com força de lei. A autoridade de tais órgãos emana do Congresso. (48) (148)

administrative management / diretoria Literalmente, gerência administrativa, que também pode ser conselho de administração (*board of directors*) ou administração de cúpula (*top management*). Geralmente, a administração de cúpula inclui os executivos contratados, enquanto os conselhos de administração se restringem às funções menos freqüentes do (*board of directors*). (A)

admitted assets / bens admitidos Em seguros, quaisquer bens, conforme a determinação das leis das várias jurisdições, que tenham um valor na liquidação. (7) (88)

adolescence / adolescência Período do desenvolvimento humano que vai aproximadamente dos treze aos dezoito anos. Todavia, nesta última idade o indivíduo já é considerado como um jovem adulto. (203)

adoption process / processo de adoção Em marketing, passos dados no processo decisório de um consumidor, através dos quais o produto passa em seu caminho para a aceitação, isto é, consciência, interesse, avaliação, experimentação e adoção. (193)

ADP / PAD Sigla de (*automatic data processing*), processamento automático de dados. (72)

adrenalin / adrenalina Hormônio secretado pelas glândulas adrenais durante períodos de estresse, a fim de preparar o corpo para enfrentar uma emergência. (203)

ad val / ad valorem Abreviatura de ad valorem, isto é, em proporção ao valor. Também se abrevia como adv. (7) (30) (88) (244)

ad valorem duties / direitos aduaneiros ad valorem Impostos aduaneiros cobrados não por unidade de mercadoria, mas por seu valor. É o mesmo que'imposto ou taxa ad valorem (*ad valorem tax*). (1) (48) (88) (231) (244)

ad valorem tax / imposto ad valorem Taxa, direito ou imposto que incide sobre o preço de uma mercadoria. O sistema ad valorem é usado principalmente para produtos importados. (1) (231) (244)

advance / adiantamento 1. Pagamento à vista ou a transferência de bens, para o que é necessário fazer um lançamento de registro. 2. Pagamento de um contrato antes de seu vencimento. 3. Pagamento de salários, ordenados ou comissões antes que tenham sido ganhos. (7) (88) (244)

advance refunding / refinanciamento adiantado Refinanciamento da dívida pública. O governo resgata os títulos em circulação que ainda não venceram, e os portadores recebem outros, com vencimentos posteriores, geralmente com alguma vantagem pecuniária. (1)

adventure / empreendimento Empreendimento comercial especulativo, principalmente a exportação de itens que podem alcançar melhor preço no exterior. V. (*joint venture*). (88)

adverse selection / seleção adversa Ocorre quando, em trabalhismo, uma percentagem desproporcionalmente elevada dos que têm a probabilidade de reivindicar direitos sobre seguros consegue uma concessão de cobertura. (198)

advertisement / anúncio Apresentação e promoção impessoais de idéias, bens ou serviços, pagas por patrocinador identificado. (148) (162) (231) (244)

advertising / propaganda Método de proporcionar a clientes ou fregueses, principalmente a empresas e ao governo, informação sobre bens, serviços ou oportunidades específicas, com o objetivo de aumentar as vendas. Envolve o uso de veículos tais como revistas, jornais, mala direta, cartazes, rádio, televisão etc. O termo também é muito usado em política, no sentido de tentar convencer ideologicamente. O patrocinador de propaganda é identificável. V. também (*publicity*). (1) (107) (148) (194) (244)

advertising media / veículos de propaganda Meios, ou mais comumente "mídia", ou veículos de propaganda, por cujo intermédio o anunciante informa o público em geral sobre seus bens, serviços ou oportunidades. Jornais, revistas, rádio, televisão, mala direta, distribuição de amostras, cartazes, folhetins etc., são "mídia" de propaganda. Aparentemente o termo "mídia" é corruptela do plural latino de medium, isto é, media, e há quem considere o seu uso como uma afetação. (1) (244) (A)

advocate channels / canais advogados Em propaganda, canais de transmissão de mensagem. São formados por vendedores e outros representantes pagos da empresa, cuja tarefa é exercer influência no mercado, a fim de serem efetuadas vendas. (162)

aerial perspective / perspectiva aérea Indício de profundidade monocular, ou seja, com o aumento de distância, as cores ficam mais cor de cinza e os contornos da imagem mais esmaecidos. (203)

affidavit / declaração juramentada Declaração voluntária, feita por escrito, jurada ou registrada em tabelião. Não vale como testemunho em tribunal, por ausência do declarante. Uma declaração juramentada falsa dá motivo a processo legal por perjúrio. (130) (148) (231)

affiliate / empresa filiada Empresa ou organização relacionada a outra por vínculos de propriedade, com administração em comum, ou arrendamento de longo prazo de suas propriedades ou outros dispositivos de controle. (7) (88)

affiliation / filiação Processo pelo qual uma empresa se acha no controle ou controlada por uma outra. Existe filiação entre uma (*holding*) ou uma matriz (*parent company*) e sua subsidiária, ou entre duas empresas possuídas ou controladas por uma terceira. (7) (88)

affirmative action / ação afirmativa Programa de bem-estar do governo americano, iniciado em 1970, visando a obrigar os empreiteiros de obras federais a contratar uma certa proporção de elementos das minorias e, também, de mulheres. A finalidade é desfazer o resultado da discriminação passada e garantir igualdade de emprego para todos no futuro. O programa exige que os empregados sigam procedimentos específicos para atingirem certas metas. (148) (180) (231) (A)

affluent society / sociedade abastada; sociedade afluente Expressão popularizada por John Kenneth Galbraith, um economista célebre, em sua obra The Affluent Society. Em geral descreve a nação rica em que as pessoas têm abundância de bens materiais. (1) (244) (A)

AFL / FAT Sigla da (*American Federation of Labor*), Federação Americana do Trabalho. (30)

AFL-CIO / FAT-COI Sigla que combina as iniciais da (*American Federation of Labor*), Federação Americana do Trabalho, e (*Congress of Industrial Organizations*), Congresso das Organizações Industriais. (30)

after sight / depois da apresentação Cláusula que pode figurar em uma letra de câmbio ou documento semelhante, em que o prazo de vencimento é aposto depois de sua apresentação, de acordo com o hábito ou com o que se tenha combinado. (163) (231)

after sales service / serviço pós-venda Serviço contínuo de manutenção, reparo, suprimento de informação sobre usos possíveis etc., proporcionado aos compradores de um produto por seu vendedor, seja fabricante ou varejista. (148)

Age Discrimination in Employment Act of 1967 / Lei de Discriminação Etária em Emprego de 1967 Lei que proíbe ao empregador discriminação em emprego por causa de idade, e para os que se achem entre 40 e 70 anos de idade. (198)

agency fund / fundo de agência Conta de contrapartida dos bens em poder de um agente (*agent*), por conta do comitente. (7) (88)

agency shop / estabelecimento agência Estabelecimento em que o sindicato trabalhista e a administração da empresa concordam em que os empregados que não desejem sindicalizar-se deverão, como condição de emprego, pagar ao sindicato uma certa quantia equivalente à anuidade. Quando o sindicato atua em negociação na base de "tudo ou nada", determinando taxa salarial e nível de emprego, a empresa é forçada a concordar ou encerrar suas atividades. Concordando, passa a agir como agência sindical. O sindicato determina a produção e os preços de fatores. (1) (102)

age norm / norma etária Termo estatístico que designa a média para uma determinada idade, à maneira revelada por desempenhos de amostra grupal em tal idade. (109) (160)

agent / agente Pessoa que, não sendo um empregado direto, vende por conta de uma empresa. Diferentemente do "fator" (*factor*), ele não tem a propriedade dos bens que está vendendo. (7) (88) (107) (148) (231) (244)

agent middleman / agente intermediário Termo que inclui diferentes espécies de agentes intermediários que, com os atacadistas comerciantes, formam as duas classes de atacadistas (*wholesalers*). Os agentes intermediários mais importantes são os corretores (*brokers*), comissionistas (*commission men*), agentes vendedores (*selling agents*) e agentes do fabricante (*manufacturer's agents*). Sua função principal é reunir o comprador e o vendedor; não estabelecem preços nem condições de venda. (138)

agent wholesaling middleman / agente atacadista intermediário Pessoa que executa tarefas de atacado, mas não tem direito à propriedade dos produtos com que está negociando. (194)

aggregate / agregado Conjunto sumário de elementos da mesma natureza, ou vinculados a um mesmo conceito, para obter-se uma estimativa de conjunto que não seja diretamente observável ou mensurável. A noção é usada principalmente em análise macroeconômica, isto é, nos estudos globais e cálculos de índices, como, por exemplo, o Produto Nacional Bruto (*Gross National Product*), a produção industrial, o índice de custo de vida (*cost of living*) etc. (1) (28) (231) (A)

aggregate demand / demanda agregada Em palavras gerais, é a demanda total de bens e serviços dentro de uma economia. Mostra quanto dinheiro se espera que a comunidade gaste nos produtos da indústria dentro de um certo período. O esquema de demanda agregada é o fator vital na teoria do emprego. (39) (164)

aggregate rebate / rebate agregado Rebate é um desconto (*discount*) ou abatimento (*abatement*) feito a posteriori. Rebate agregado é o que, de acordo com uma escala, aumenta, visando a dar maior incentivo ao comprador. Em certos países esta prática é considerada como restritiva à concorrência. (163)

aggregation / agregação Em sociologia, reunião de pessoas sem interação consciente, como, por exemplo, os passageiros de um ônibus. (180) (231)

aggregative model / modelo agregativo Modelo econométrico formado pela agregação de grupos de variáveis individuais, como números-índices (*index numbers*). (163)

aging / envelhecimento Análise dos elementos de uma conta a receber (*account receivable*) em relação ao tempo decorrido após o faturamento ou o vencimento; serve para se determinar margem para dívidas incobráveis. (7) (88)

agio / ágio 1. Pagamento extra a que os bens presentes fazem jus em relação aos bens futuros. 2. Taxa, prêmio ou desconto sobre câmbio. Surge quando duas moedas, supostamente de igual valor, na realidade diferem. É o pagamento de uma diferença quando uma pessoa troca a moeda de menor valor pela de valor mais alto. 3. Em comércio (*commerce*) tem origem quando o balanço de pagamentos (*balance of payments*) de uma nação sofre um déficit, dessa forma reduzindo o valor da moeda em relação à de outras nações. (1) (128)

agribusiness / agroindústria Produção, processamento e mercadização (*marketing*) de bens agrícolas, incluindo comestíveis e não comestíveis; produção e venda de artigos para a lavoura, como fertilizantes, implementos agrícolas, processamento de carnes, secos e molhados, além do processamento de fibras naturais. (1) (A)

agricultural revolution / revolução agrícola Introdução de novas técnicas produtivas em agricultura, transformando os métodos antigos em condições modernas. Teve início com a espécie de revolução agrária, logo depois da Revolução Industrial (*Industrial Revolution*), na metade do século XIX. A característica principal foi o sistema de rodízio de plantio e a alimentação animal sistemática. Com ela veio a introdução de maquinaria e a especialização agrícola por região. O que se chama "revolução agrícola moderna" é o rápido aumento na produção por homem-hora (*manhour*) e o volume de produção por área, com forte declínio no emprego de trabalhadores agrícolas, em decorrência da introdução de melhores máquinas e métodos aperfeiçoados de utilização da terra. (1)

AIDA / AIDA Em marketing, termo mnemônico usado no treinamento de vendedores. Serve para indicar a seqüência correta em uma apresentação de vendas. As iniciais são para: atenção, interesse, desejo, ação. (107) (148) (244)

aided recall / recordação auxiliada Recordação de eventos, que pode ser evocada por meio de "deixas" ou indícios. É uma técnica psicológica usada em entrevistas para diversos fins. Via de regra, a associação de idéias é o meio mais usado. (6) (90) (148) (164) (244)

aim / mira Algum fim visado pelo governo ou por uma entidade privada, a fim de alcançar um objetivo, através de uma política ou diretriz. Relaciona-se com política (*policy*), meta (*goal*), objetivo (*objective*) e providência ou medida (*measure*). (104)

alderman / vereador Membro do conselho de uma cidade (*City Council*). O termo, originário da Grã-Bretanha, foi usado nas colônias americanas para designar os funcionários governamentais escolhidos para exercer poderes judiciários e participar do governo da cidade. (31) (231) (A)

ALGOL / ALGOL Sigla de (*algorithmic language*), linguagem algorítmica. (11) (148) (244)

algorithm / algoritmo Seqüência sistemática de instruções ou regras para a solução de problemas. Relaciona-se à árvore da decisão (*decision tree*). (107) (108)

algorithmic / algorítmico Termo que diz respeito a um processo construtivo de cálculo e que, segundo se supõe, geralmente conduz à solução de um problema, com um número finito de passos. (72)

algorithmic language / linguagem algorítmica Em processamento de dados, sistema que permite expressar as instruções e comandos de um computador, em álgebra pura. A expressão é mais conhecida por sua sigla (*ALGOL*). (11)

alien / alienígena Indivíduo que vive em um estado do qual não é cidadão (*citizen*) ou natural (*national*). Os alienígenas, ou estrangeiros, devem lealdade e submissão à potência onde estão vivendo. Nos Estados Unidos, desfrutam de muitos direitos garantidos pela Constituição às "pessoas", em contraste com "cidadãos". Pagam impostos e estão sujeitos ao serviço militar. Todos os estrangeiros residentes nos Estados Unidos devem registrar-se e obter uma carteira de permanência, como é o caso em muitos outros países. (13) (31) (231)

alienable / alienável Que é suscetível de ser vendido ou transferido. (11) (231)

alienate / alienar Juridicamente, é transferir ou transmitir alguma coisa a alguém, como título, propriedade ou outro direito. (11) (231)

alien corporation / sociedade anônima alienígena Nos Estados Unidos, empresa que opera em seu território, mas foi organizada em um outro país. V. (*foreign corporation*). (48)

alimony / pensão alimentícia Quantia mensal que um cônjuge, geralmente o marido, tem de pagar mensalmente para o sustento da ex-eposa. (231)

allied company / companhia filiada V. (*affiliate*). (7) (88)

all inclusive income statement / demonstração total de lucros e perdas Demonstração financeira que inclui todas as receitas e despesas. (7) (88)

all level planning / planejamento por todos os níveis Meio-termo entre o planejamento de cima para baixo (*top-to-bottom*) e o de baixo para cima (*bottom-to-top*). Com a participação dos vários níveis de administração, são tirados os melhores pontos de cada um, donde o nome de planejamento por todos os níveis (ou escalões da empresa). (80) (A)

allocate / alocar Distribuir, repartir, proporcionar, designar, destinar. (7) (88) (148)

allocation of resources / alocação de recursos Distribuição de recursos entre diferentes usos e usuários. Os recursos devem ser proporcionados à produção dos bens que os consumidores mais desejam e para as indústrias mais produtivas. A alocação ótima de recursos é conseguida através da concorrência pura em todos os mercados de produto e de recursos, porém os monopólios (*monopolies*) e monopsônios (*monopsonies*) conduzem a diferentes produtos marginais para diferentes usos e, assim, há má alocação. V. (*marginal product*). (1)

allocative efficiency / eficiência alocativa Há eficiência alocativa quando é impossível mudá-la com o aumento de quantidades de alguns recursos e diminuição de outros, sem que algo ou alguém fique em pior situação (*worse off*). O conceito relaciona-se ao chamado ótimo de Pareto (*Paretos's optimal*). (158)

allocative inefficiency / ineficiência alocativa Ocorre quando um fator de produção não está sendo bem empregado, como, por exemplo, quando um operário não consegue concentrar-se no que está fazendo, por sentir-se doente. Um outro exémplo é usar os recursos disponíveis para fazer um produto que ninguém quer, mesmo que o operário dê o máximo de si. O outro tipo de ineficiência é a chamada ineficiência X (*X-inefficiency*). (165)

allonge / alonga Pedaço de papel que se acrescenta a uma letra de câmbio, quando não há mais lugar para assinaturas de endosso. (148) (231)

allotment / dotação 1. Distribuição, rateio. 2. Decisão judicial para pagamento de pensão ou alimento de dependentes. 3. Loteamento etc. (7) (88) (148) (231) (244)

allowance / concessão Termo que tem uma variedade de empregos, podendo figurar como abatimento, margem, dotação, subsídio, subvenção, fundo, reserva, dedução permitida no imposto de renda, e margem de tolerância quanto à qualidade e quantidade dos bens. (7) (88) (163) (231) (244)

allowance for doubtful accounts / provisão para devedores duvidosos Subdivisão especial de contas a receber. A estimativa é feita de acordo com a experiência da firma com esse tipo de devedores. No balanço (*balance sheet*) a quantia é deduzida de contas a receber (*accounts receivable*). É uma decorrência comum de vendas a crédito e figura no lado do ativo (*assets*) do balanço. (7) (15) (88)

all-purpose financial statement / balanço para uso geral Demonstração financeira que sirva tanto quanto possível às necessidades de seus usuários. (7) (88)

all you can afford / tudo o que se puder fazer Em propaganda, expressão que se refere a todo o tipo de propaganda ou publicidade, sem que haja planejamento, isto é, de acordo com as circunstâncias. Por exemplo, se um produtor entra em liquidação e vende sua mercadoria por baixo preço, os varejistas compram-na e anunciam ao máximo que puderem, sem qualquer base em estimativas, como nos planos de cima para baixo (*top-to-bottom*) ou de baixo para cima (*bottom-to-top*). (80)

alphanumerical / alfanumérico Em processamento de dados, é um sistema de códigos que permite representar letras e outros símbolos, além de números. (11)

alteration / alteração Melhoria ou modificação em um bem do ativo fixo que não representa uma adição à quantidade de serviços a ser por ele prestada. (7) (88)

alternative cost / custo alternativo Outro nome para custo de oportunidade (*opportunity cost*), que é muito mais usado. (7) (88) (155) (A)

amalgamation / amálgama Termo que cobre diversos tipos de combinação empresarial; por exemplo, fusão (*merger*), consolidação (*consolidation*), aquisição (*acquisition*) etc. Quando isso acontece, uma ou mais empresas deixam de existir e suas operações passam a ser executadas pelas que constituem o amálgama, sob forma centralizada. (1) (148) (231) (244)

American Federation of Labor-Congress of Industrial Organizations / Federação Americana do Trabalho-Congresso das Organizações Industriais Federação da maioria dos sindicatos nacionais americanos. Existe para prover um ponto unificado do movimento trabalhista, dar assistência aos sindicatos nacionais e influenciar o governo nas políticas que afetam os membros da classe trabalhadora. É mais conhecida como AFL-CIO. (198)

amicus curiae / amicus curiae Expressão latina que significa "amigo da corte", isto é, pessoa que não é parte de um litígio, mas que auxilia no tribunal de justiça pelo interesse que tem pelo resultado. (11) (231)

amnésia / amnésia Perda súbita da memória, até mesmo de informação pessoal da maior importância. Esse estado de perturbação pode decorrer de vários eventos físicos e emocionais, perdurando de minutos até anos. (203) (231)

amortization / amortização Parte do custo de um bem tangível, periodicamente debitado a despesas. Os bens do ativo fixo (*fixed assets*) e os intangíveis inicialmente são registrados ao preço de aquisição e subseqüentemente escriturados ao custo, menos a parte já expirada (*expired costs*). Os custos de reposição de bens intangíveis flutuam durante o período de suas vidas úteis. As flutuações do preço não são registradas na contabilidade, porque os bens do ativo fixo não são comprados com a intenção de vendê-los. V. (*depletion*) e (*depreciation*). (15) (148) (231) (244)

amortization of debt / amortização de dívida Redução gradual de dívida, por intermédio de pagamentos periódicos sobre os juros e o capital. Geralmente a amortização deste tipo é usada para períodos superiores a um ano, como no caso de hipotecas e compras a prestações. (1)

amortization of fixed assets / amortização do ativo fixo Depreciação do investimento original de equipamento, fábricas etc., durante seu período de vida. V. (*depreciation*). (1)

analog computer / computador analógico Computador que representa variáveis por analogias físicas. Assim, é qualquer computador que resolva problemas pela tradução de condições físicas, como um fluxo, temperatura, pressão, posição angular, voltagem etc., em quantidades mecânicas ou elétricas relacionadas, e use circuitos mecânicos ou elétricos equivalentes, como analogias para os fenômenos físicos sob investigação. Dessa forma, um computador analógico está sempre medindo, ao passo que um computador digital está sempre contando. (72) (148) (244)

analytic process / processo analítico Processo de produção em que uma substância básica é subdividida em vários outros materiais ou produtos. O petróleo é um exemplo. (48)

analytic schedule / tabela analítica Tabela de análise para avaliação dos riscos de incêndio, que serve para determinar os prêmios de seguro nos vários casos. (7) (88)

annual rate / taxa anual Transformação de um dado estatístico, de período inferior a um ano, em seu equivalente anual. Se, por exemplo, as vendas de janeiro foram 20, em base de taxa anual, essa cifra deverá ser multiplicada por 12 meses. O mesmo tipo de cálculo pode ser feito para dias, semanas, meses etc. (1)

annuitant / anuitário Pessoa que consta como beneficiária em um contrato, cautela de pagamento ou aposentadoria. Quase sempre o beneficiário recebe mensalmente 1/12 do benefício anual. (5) (148) (A)

annuity / anuidade Quantia, em base anual, paga a intervalos regulares em benefício de um indivíduo ou de terceiros, por tempo determinado ou não. A anuidade decorre do pagamento de certas formas de seguro, pensão, aposentadoria, montepio e correlatos. Quando a duração do pagamento é determinada, diz-se que a anuidade é certa (*certain annuity*) e quando não o é, chama-se anuidade contingente (*contingent annuity*). (1) (148) (231) (244)

annuity agreement / contrato de anuidade Contrato geralmente feito com empresas de seguros, montepios, órgãos de aposentadoria e pensões etc., para o pagamento de uma anuidade a intervalos regulares, em benefício de um indivíduo ou de terceiros. (5)

annuity certain / anuidade com prazo determinado/anuidade certa Anuidade que termina depois de um certo prazo estipulado. (1) (148) (231)

annuity due / anuidade pagável no início do período V. (*annuity*) (7) (88)

annuity fund / fundo de anuidade Fundo para fazer face a um contrato de pagamento de anuidade, como em aposentadoria, por exemplo. (7)

annuity method / método de anuidade Método de depreciação dos bens do ativo, em base anual. (7)

anomie / anomia Situação em que um grande número de pessoas se ressente da falta de integração com instituições estáveis. Em outras palavras, é a falta de leis, normas, regras e outros quesitos de organização. (148) (180) (A)

antichain law / lei anticadeias Lei promulgada por um governo estadual ou federal, tendo em vista conter certas práticas das lojas em cadeia (*chain stores*) que prejudicam varejistas independentes. (48)

antitrust laws / leis antitruste V. (*Clayton Antitrust Act*). (1) (148) (244)

application study / estudo de aplicação Processo detalhado de determinar um sistema ou conjunto de procedimentos a fim de usar um computador para funções ou operações definidas. Inclui o estabelecimento de especificações que serão usadas como base para a seleção do equipamento. Dado o alto preço de um computador, há necessidade de verificar se a sua aplicação compensa o custo. O estudo de aplicação também se estende a outras tecnologias. (72)

applied imagination / imaginação aplicada V. (*brainstorming*). (79)

applied research / pesquisa aplicada 1. Em trabalhismo, estudo de problemas práticos, cuja solução levará a melhor desempenho. 2. Investigação científica que tem por finalidade descobrir novos produtos e processos, geralmente com objetivos específicos de lucro. Contrasta com pesquisa básica (*basic research*), que não visa a fins lucrativos. (1) (198)

applied science / ciência aplicada Sociologicamente, é uma metodologia científica aplicada à busca de conhecimento que será útil na solução de problemas práticos. (180)

apportion / proporcionar Dividir ou distribuir alguma coisa de maneira proporcional. (148) (231)

appraisal / avaliação Julgamento do justo valor de alguém ou de alguma coisa. (148) (231)

appreciation / acréscimo de valor Aumento de valor de algo que se possui, isto é, o excesso de valor atual sobre o contábil. O termo tanto se aplica ao valor contábil dos bens do ativo fixo (*fixed assets*) como ao aumento do valor de mercado de títulos negociáveis e mercadorias vendidas ou cotadas em bolsas. O termo não deve ser confundido com valorização, seja em termos contábeis ou econômicos. (7) (32) (88) (148) (231) (244)

apprenticeship / aprendizado Sistema em que o trabalhador inexperiente fica sob a tutela de um artesão ou artífice categorizado, a fim de adquirir mestria em determinado ofício, quase sempre de caráter artesanal. (48) (148) (231) (244)

approach-approach conflict / conflito de aproximação-aproximação Conflito íntimo em que uma pessoa se sente motivada a aproximar-se de duas metas diferentes que são incompatíveis. Em outras palavras, o indivíduo tem de escolher entre duas alternativas igualmente atrativas. Pode ser um problema de marketing. (30) (166) (168) (203)

approach-avoidance conflict / conflito de aproximação-evitação Conflito em que uma pessoa tanto é atraída como repelida pela mesma meta. Um exemplo é o combate, onde o soldado sente a necessidade de lutar, ao mesmo tempo que se sente repelido pela idéia de morte. (130) (166) (168) (203)

appropriated surplus / excedente apropriado Parcela de lucros acumulados, destacada para fins específicos. (7)

appropriation / apropriação Autorização de dispêndio para um montante, finalidade e época específicos. Também pode ser uma provisão a ser deduzida dos lucros retidos (*retained earnings*). (7) (88) (231) (244)

appropriation account / conta de apropriação Conta em que se registra a verba autorizada para alguma coisa. Na Grã-Bretanha é, também, a conta de distribuição de lucros. (244)

appropriation act / lei orçamentária Lei que proporciona fundos para a operação de um órgão governamental durante certo tempo, geralmente um ano, sendo que as atividades, via de regra, foram autorizadas por uma lei orgânica (*organic act*). (7) (88)

aptitude / aptidão Capacidade natural de adquirir tipos gerais ou especiais de conhecimento ou habilidade. Entre outros significados está a qualidade de ser apto ou apropriado; tendência ou inclinação geral; rapidez para compreender. Supõe-se qualidade inata. (79) (80) (148)

aptitude test / teste de aptidão Teste geralmente empregado na seleção de candidatos a emprego. Mede atributos gerais, como destreza digital e manual, capacidade para lidar com números e coordenação olhos-mãos. (48) (148) (231) (244)

AQ / QR Abreviatura de (*achievement quocient*), quociente de realização. (160)

arbitrage / arbitragem Ação simultânea de comprar qualquer bem econômico em um mercado e vendê-lo em outro. A arbitragem comercial, ou cambial, como é chamada de modo mais geral, é comum na compra e venda de divisas. O arbitragista lucra quando o diferencial de preço entre os dois mercados excede o custo da operação. (1) (5) (9) (13) (148) (231)

arbitration / arbitramento Tentativa de conciliação de divergências entre o empregado e o empregador, por intermédio de um árbitro. O arbitramento é de dois tipos: o de direitos, que se refere à interpretação de cláusulas contratuais, e o de interesses, quando se trata da formulação de um novo contrato. No primeiro caso, quase sempre a origem da divergência é a queixa (*grievance*) do trabalhador que não foi tratado com justiça, seja em promoção, seja em dispensa temporária (*lay-off*); no segundo caso, a origem do desacordo é quanto a salários e condições de trabalho. (1) (148) (244)

arc elasticity / elasticidade no arco Em economia, elasticidade (*elasticity*) medida entre dois pontos separados da curva de demanda (*demand curve*). (37) (163)

are / are Medida agrária igual a 100 centiares (*centiares*), equivalente a 119,6 jardas quadradas (*square yards*). Cem metros quadrados (*square meters*). (78)

area sampling / amostragem de área Técnica de levantamento em pesquisa de mercado que usa elementos gráficos, como as quadras de uma cidade, como base para a seleção de uma amostra aleatória da população que está sendo testada. (148) (194) (244)

argument / argumento 1. Fator de referência conhecido para ser encontrado o item ou função desejável em uma tabulação. 2. Variável sobre cujo valor depende o de uma função (*function*). Os argumentos de uma função são listados entre parênteses após o nome da função, todas as vezes em que esta é usada. Os cálculos especificados pela definição de função ocorrem usando-se as variáveis especificadas como argumentos. 3. Sustentação ou justificação de um ponto de vista. (217) (231)

aristocracy / aristocracia Sistema de governo em que o poder político é exercido por uma pequena classe de pessoas consideradas como as "melhores do país", estado, cidade etc. "Melhor" baseia-se em posição social, riqueza ou aptidão. (31) (231) (A)

arithmetic average / média aritmética De uma série de números, quociente da divisão de sua soma por seu número. Por exemplo, da série de sete números somados, como 7 + 9 + 18 + 21 + 41 + 63 + 72 = 231, se dividirmos o total por 7, teremos a média aritmética de 33. Equivale a promédio (*arithmetic mean*). (7) (109) (244)

arithmetic mean / promédio aritmético Para efeitos práticos, o mesmo que a média aritmética (*arithmetic mean*). V. (*average*). (7) (109) (148) (244)

arithmetic progression / progressão aritmética Série matemática em que a diferença entre cada valor consecutivo é constante, como no caso de 4, 9, 14, 19, 24, 29 etc., onde a diferença é sempre 5. (163) (A)

arm's length / base comercial Transação efetuada principalmente entre empresas coligadas, mas em base puramente comercial, sem qualquer favoritismo ou concessão de privilégios. É como se se tratasse de um cliente qualquer, sem vínculos além dos comerciais normais. O termo, como se vê, é figurativo, e o "cliente" é mantido à distância em que deve estar. (88) (A)

arrangement / arranjo Composição ou arranjo amigável com os credores (*creditors*). O sentido de arranjo pode variar muito. (7)

array / conjunto ordenado 1. Termo estatístico para designar um conjunto ou grupamento ordenado de valores, de acordo com a magnitude, em geral do menor para o maior, como, 1, 8, 15, 23, 54, 90. 2. Em processamento de dados, coletânea de dados, cada qual identificado por um subscrito ou chave, de modo que um computador pode examinar a citada coletânea e recuperar os dados dos itens associados a uma determinada chave ou subscrito. 3. Lista de jurados. (107) (214) (231) (244)

arrears / atrasados Termo que se aplica a uma dívida vencida e não paga no prazo. (148) (231) (244)

arrival draft / saque à chegada Saque pagável quando da chegada de mercadorias compradas pelo sacado. Em geral é acompanhado de conhecimento de embarque (*bill of lading*) e será liquidado à vista (*sight draft*), ou a prazo (*time draft*), se for o caso. Nesta última instância, o devedor deverá aceitar o documento que representa o saque. (1) (88) (231)

arrow diagram / diagrama de setas Diagrama para a análise de rede (*network analysis*), ou simplesmente rede, que constitui uma representação gráfica das atividades (*activities*) e dos círculos, que são os eventos (*eventos*). Cada seta tem de começar e terminar em um evento. É a base do sistema PERT-CPM. (137) (148)

art / arte Perícia ou dom para fazer alguma coisa que é aprendida por estudo, prática ou experiência especial. O termo implica criatividade e é algumas vezes usado para significar "pintura artística". (130) (A)

articles of partnership / contrato de associação Cláusulas contratuais para a formação de uma sociedade entre um ou mais indivíduos, com fins lucrativos. (7) (231) (244)

artificial intelligence / inteligência artificial Estudo de técnicas para o uso mais eficaz de computadores, via aprimoramento dos procedimentos de programação, visando o a suplementar as aptidões humanas. (72)

artificial language / linguagem artificial Em processamento de dados, linguagem criada especificamente para maior facilidade de comunicação em determinada área de atividade, mas que ainda não é natural. Contrasta com linguagem natural que evolveu por longo uso. (72)

artisan home work / trabalho artesanal caseiro Trabalho artesanal feito em casa ou nas suas proximidades. Quando executado em outro local que não o lar, é designado como (*artisan workshop*), isto é, trabalho em oficina artesanal. Quase sempre o artesão caseiro, ou que tenha uma oficina, pode ser considerado como um pequeno empresário independente. Não se confunde com trabalho a fação (*putting out system*). (67)

artisan industry / artesanato Manufatura não fabril executada por artesãos que trabalham isoladamente, ou com alguns auxiliares e aprendizes, mas sem extensa divisão do trabalho (*division of labor*). Os artigos são quase sempre produzidos um por vez, de acordo com a solicitação do cliente. (67)

artisan system / sistema artesanal Tipo de indústria não fabril que se desenvolveu à medida que certos trabalhadores se especializaram e adquiriram determinadas perícias. Em muitas culturas as ocupações artesanais passaram a ser mais ou menos hereditárias. O sistema é o principal provedor das chamadas economias tradicionais, porém ainda subsiste mesmo em economias modernas. (67)

artisan workshop / oficina artesanal V. (*artisan home work*). (A)

ASCII / ASCII Sigla de American Standard Code for Information Interchange. É um código-padrão de 8 bits de informação, usado na maioria dos computadores e terminais de dados. (217)

as is / no estado Ressalva que se faz relativamente a alguma coisa, principalmente em anúncio para vender um objeto usado, que quer dizer "no estado em que se encontra". (11)

asked price / preço pedido Preço solicitado, também conhecido como "asking price", para uma venda, mas que não é necessariamente aceito pelo comprador. (88) (231)

assay / teste de teor Teste que se faz para a verificação de teor, digamos, de metal precioso em minério ou liga. (163)

assembler / programa montador Em processamento de dados, programa em linguagem simbólica que se destina a produzir uma linguagem de máquina (*machine language*). Também é chamado de programa de montagem, isto é, "assembly program". (118)

assembling / concentração 1. Função mercadológica de concentrar mercadorias, visando principalmente a facilitar vendas. Inclui a concentração de estoques adequados e representativos, por atacadistas e varejistas. 2. Reunião ou assembléia de pessoas, para diversos fins. 3. Processo de montagem de um produto, com a utilização de vários componentes. (38) (A)

assembly line / linha de montagem V. (*production line*). (148) (244)

assembly process / processo de montagem Termo de produção para significar produtos feitos com componentes que não sofrem transformação física ou química em seu uso. Um automóvel, por exemplo, usa diversos componentes que se mantêm como produtos físicos que eram antes da montagem. Na produção do vidro, por exemplo, já não acontece a mesma coisa, porque os ingredientes sofreram transformação física. (48)

assessed valuation / valor de lançamento Valor atribuído a uma propriedade privada pelos lançadores oficiais, que serve como base para incidência do imposto. (1) (5)

assessment / avaliação; valor para tributação 1. Estimação que se faz de alguma coisa. 2. O termo é usado em diversos sentidos, equivalendo a avaliação. 3. Especificamente, é empregado como valor para tributação ou lançamento de imposto. Geralmente a avaliação, ou valoração, é feita a preço mais baixo que o de mercado. (9) (23) (148) (231) (244)

assessment center / centro de avaliação Em trabalhismo, seção padronizada para avaliação de empregado, apoiando-se em tipos múltiplos de avaliação e avaliadores. (198)

assessment year / ano fiscal Sinônimo de ano fiscal (*fiscal year*), que não precisa coincidir com o ano civil. Varia em diversos países. Base para lançamento do imposto de renda. (148)

assessor / avaliador Funcionário administrativo, também conhecido como "lançador", que avalia a propriedade de bens, para fins tributários. Em certas unidades administrativas, como cidades e municípios, os avaliadores são nomeados, ao passo em que outros lugares são eleitos. Esta prática tende a desaparecer, em benefício de especialização e competência. É também um avaliador dos seguros que devem ser pagos. (31) (231) (244)

asset / ativo; bem Recurso econômico de uma entidade, que pode ser objetivamente medido em termos monetários. Pode ser propriedade física, ou um direito intangível. Quando usado no plural, indica os elementos financeiros de uma empresa, quer esta tenha ou não fins lucrativos, os quais são medidos por um denominador comum, isto é, a moeda. Sinônimo de bem, haver etc. (5) (22) (148) (231) (244)

asset stripping / despojamento do ativo fixo Uso do ativo fixo de uma empresa para fins completamente diferentes, ou, na maioria dos casos, para a liquidação total da empresa que foi adquirida por outra e que, portanto, deixará de existir. (148) (244)

assignment / adjudicação 1. Transferência ou cessão de direitos de propriedade de uma pessoa ou empresa para outra. Há dois tipos principais de adjudicação: a de contratos, para um pagamento em dinheiro, como títulos negociáveis, quando a cessão pode ser feita sem consulta ou aprovação por parte do devedor; e a cessão em benefício de credores, o que é uma espécie de concordata, em que o devedor assente em transferir seus haveres a um síndico ou guardião; este fará administração ou a liquidação dos bens, de modo a satisfazer os credores. Esta última maneira de proceder equivale a uma concordata (*creditors agreement*) e implica a possibilidade de falência (*bankruptcy*). O credor (*creditor*) tem o direito de recusar a cessão e exigir a falência do devedor (*debtor*). 2. Missão ou tarefa para a qual uma pessoa é designada. (1) (88) (130) (148) (231) (244)

assistant / assistente Executivo que tem uma parcela de autoridade de linha (*line*) delegada por seu superior, relativamente a toda ou a uma parte da jurisdição deste. Quando o termo é "assistente de" (*assistant to*), este tem posição de assessoria (*staff*) e auxilia o chefe em diversas atividades, mas não tem autoridade para dar ordens a outros executivos subordinados a seu superior. Na prática, no entanto, o peso da localização de seu cargo lhe confere significativa autoridade informal. Há, então, duas espécies de assistentes, de acordo com a posição do termo: poderíamos dizer "engenheiro-assistente", que é uma posição de linha, "assistente de engenheiro", que é de assessoria. (49) (231) (A)

assistant professor / professor assistente Nos Estados Unidos, professor de curso superior, cuja categoria está acima de instrutor (*instructor*) e abaixo de professor-associado (*associate professor*). (78) (231)

assistant to / assistente de V. (*assistant*). (49) (A)

associate / associado Participante entre mais de dois indivíduos em um negócio ou empreendimento de qualquer tipo. Também significa sócio, colega, colaborador, subordinado ou pessoa à qual estamos ligados por determinados laços. A palavra pode ter conotação depreciativa, quando assim for desejado. (11) (231)

associate professor / professor-associado Nos Estados Unidos, professor de curso superior, cuja categoria está acima da de professor-assistente (*assistant professor*), porém abaixo da de professor catedrático (*full professor*). (78)

association / associação Grupo com a sua própria estrutura administrativa, organizado para seguir algum interesse comum de seus membros. (180) (231)

associative meaning / significado associativo Significado de uma palavra ou conceito, medido pelo número de associações que evoca. Um dos processos para a sua mensuração pode ser através do teste de associação, muito usado em marketing. (130) (166)

assortment / sortimento Seleção de bens oferecidos à venda por um intermediário ou varejista. (148)

assumption / suposição; assunção 1. Enunciado ou pressuposto cuja verdade ou acerto não sofre dúvida no uso imediato, mas poderá evidentemente ser questionado por não se coordenar com o que é observado. V. (*hypothesis*). 2. Ato de assumir um cargo, responsabilidade, posto etc. (47) (231) (A)

assurance / seguro Embora algumas vezes seja intercambiável com seguro (*insurance*), "assurance" se refere a algo que tem de acontecer, como uma morte, ao passo que "insurance" diz respeito ao que pode acontecer, como um incêndio. (244)

asynchronous computer / computador assíncrono Computador em que o início de cada operação é condicionado a um sinal de que a operação anterior foi concluída. Contrasta com computador sincronizado (*synchronous computer*). (65) (72)

ATM / MCA V. (*Automatic Teller Machine*). São comuns nos bancos. (239)

atomic weight / peso atômico Peso do átomo de um elemento, em relação ao peso de um átomo de carbono, que é considerado como 12. (130)

atomistic economy / economia atomística Economia em que muitos pequenos produtores independentes concorrem em cada ramo de atividade. (1)

atomistic production / produção atomística Produção que não está coordenada com a demanda, e tende a resultar em excesso de bens. (128)

at par / ao par Ao valor nominal, sem ágio (*agio*). (7) (105) (231)

at sight / à vista Cláusula acrescentada a uma letra de câmbio, por exemplo, significando que esta deve ser liquidada à sua apresentação. (148) (163)

attaché / adido Funcionário diplomático, militar, comercial, ou outro qualquer, adido a uma embaixada ou missão no exterior. Os adidos procuram estabelecer boas relações com os funcionários semelhantes nos países em que estão acreditados. Também são os olhos e ouvidos de um país estrangeiro para a obtenção de informação especializada. Não raramente, alguns adidos são considerados como espiões. (31) (231) (A)

attachment / arresto Meio legal tomado por um credor, através de um tribunal, a fim de evitar perda financeira. Quase sempre há o arresto ou penhora de um bem ou bens do devedor. Em certos países, o tribunal pode até efetuar a penhora do ordenado de um empregado, agindo junto ao empregador. (1) (163) (231) (244)

at the close / no fechamento Em linguagem de bolsa, ordem a um corretor para comprar ou vender ao melhor preço no fechamento do pregão. (105)

at the opening / na abertura Ordem a um corretor de bolsa para comprar ou vender ao melhor preço na abertura dos pregões. (105)

attitude research / pesquisa de atitude Tipo de investigação quase sempre efetuada por agências especializadas, tendo em vista constatar qual a atitude das pessoas em relação a algum evento. Técnica usada por grandes agências de propaganda, objetivando verificar se a atitude dos consumidores variou em conseqüência da propaganda de um produto ou serviço. (148) (164) (244)

attitude survey / levantamento de atitude Em trabalhismo, maneira de desvendar as percepções do empregado a respeito de sua organização. Em geral, são usados questionários ou entrevistas. (148) (198) (244)

attribute / atributo Qualidade (ou grupo de qualidades) reduzida a uma forma quantitativa para análise estatística, matemática e contábil. Um atributo de produto é seu grupo de características. O termo também é usado no contexto humano a fim de expressar as qualidades pessoais inerentes à formação de um indivíduo. (25) (107)

attrition forecast / previsão de desgaste Método de prever quando ocorrerão vagas de emprego em uma organização, tendo em conta a idade dos empregados, as aposentadorias próximas, afastamentos por mau desempenho, transferências, demissões voluntárias etc. O registro empresarial do giro de empregados dá uma boa idéia do desgaste que se pode prever. (135)

auction / leilão Venda em hasta pública, quando os bens são oferecidos por um leiloeiro que os vende a quem fizer o maior lance. Geralmente os leilões são feitos para artigos de alto valor, e quando há perspectiva de muitos compradores concorrentes. Há outros tipos de leilão, feitos pelas autoridades, nas apreensões de contrabando, liquidação de massas falidas etc. (148) (163) (231) (244)

auction company / empresa leiloeira Empresa que vende por atacado, usando o sistema de leilões para as mercadorias de que dispõe. (48)

audience / audiência; público 1. Grande número de pessoas com interesse centrado em estímulos que lhes são externos. O termo é muito usado para citar número de ouvintes, de leitores, de espectadores etc. Existem empresas especializadas para fazer sondagens de audiência. Também é ser ouvido por uma autoridade. 2. Público. (180) (231) (244)

audit / auditoria Exame crítico e análise das contas de uma firma, efetuados por pessoas independentes, a fim de avaliar sua exatidão e muitas vezes detectar fraudes. A auditoria serve para diversos tipos de verificação, inclusive da eficiência de empregados. (148) (212) (231) (244)

austerity / austeridade Programa freqüentemente instituído pelo governo, que visa a reduzir o nível de consumo enquanto as condições do país não forem boas. Presumivelmente, este modo de agir libera recursos para maiores investimentos de capital, reduz as importações e deve melhorar a situação do balanço de pagamentos (*balance of payments*). A austeridade pode ser implantada de diversas maneiras, sendo as mais óbvias a elevação de impostos, restrição à produção de indústrias não essenciais, controle de divisas (*foreign exchange*), racionamento de consumo e restrição ao crédito. (1)

Austrian school / escola austríaca Expressão para designar alguns economistas austríacos do século XIX, principalmente os seguidores de Karl Menger. Estes economistas acreditavam que o valor dos bens depende do prazer ou da utilidade (*utility*) que proporcionam. Em conseqüência, o valor variava diretamente com a demanda e inversamente com a oferta. Alguns consideravam o capital como mercadoria, e o juro, determinado pelas preferências do consumidor, era o preço do uso do capital. (1)

autarchy / autarcia Auto-suficiência real ou forçada de uma nação, exigindo controle econômico quase absoluto por parte do governo. Implica isolamento econômico do resto do mundo e já foi uma característica de certos países totalitários. Sinônimo de autarquia (*autarky*). (1)

autarky / autarquia V. (*autarchy*). (148) (A)

authenticate / abonar; autenticar Abonar, como se costuma fazer na apresentação de uma pessoa a um banco, ou reconhecer a autenticidade de uma assinatura. (231)

authoritative constraint / limitação de autoridade Considera-se que há restrição ou limitação de autoridade quando um subordinado é instruído por seu superior sobre como não agir em tomada de decisão (*decision making*). Um gerente de vendas pode dar ampla liberdade a um vendedor, dentro de uma certa gama de preços, mas não lhe permite tomar uma decisão que somente a ele, gerente, está reservada. A limitação de autoridade é de natureza pessoal; é imposta por um ou mais indivíduos a outro ou outros. (45)

authority / autoridade Direito ou dever de fazer alguma coisa. Pode ser o de tomar decisões, dar ordens, exigir obediência, ou simplesmente o direito de executar uma tarefa para a qual o indivíduo em apreço foi designado. Normalmente, a autoridade delegada é comensurável com a responsabilidade. Há dois tipos distintos de autoridade: a formal (*formal authority*), que é delegada, e a que é adquirida ou imputada (*informal authority*). (49) (148) (231) (244)

authorized capital stock / capital acionário autorizado Limite máximo de todos os tipos de ações que podem ser emitidas por uma empresa de fundo acionário e que figura nos estatutos, podendo ser alterado pelos acionistas, de acordo com a prescrição estatutária. Há casos em que nem todas as ações autorizadas são postas em circulação, sendo uma parte reservada para algum investimento futuro. (1) (148)

autocracy / autocracia Regime ou sistema de poder em que uma pessoa, denominada autocrata, exerce poder sobre todos os demais na organização, qualquer que seja o seu tipo: governo, empresa, grupo etc. (148) (231)

autogenous / autógeno Aquilo que é auto-originado, distintamente do que é iniciado por estímulos externos e aprendizagem (*learning*). Contrapõe-se a exógeno (*exogenous*). (160)

automatic computer / computador automático Computador que executa longas seqüências de operações sem intervenção humana em seu funcionamento. (72)

automatic data processing / processamento automático de dados Processamento de dados por meio de um sistema de máquinas elétricas ou eletrônicas, de tal modo interligadas e em interação, que reduz ao mínimo a necessidade de assistência ou intervenção humana. Em geral, este tipo de processamento é designado por suas iniciais, em inglês (*ADP*), em português PAD. (72) (74) (148) (244)

automatic dictionary / dicionário automático Componente de máquina tradutora de linguagem de computador que substitui palavra por palavra de uma linguagem para outra. Esta tradução é feita automaticamente. (72)

automatic stabilizer / estabilizador automático Espécie de compensação automática que ajuda a equilibrar a situação financeira do país quando existem fortes variações em rendimentos e preços, sem que haja necessidade de introduzir os chamados "instrumentos" próprios da política econômica. A remuneração ou seguro contra desemprego é um dos exemplos. Quando os negócios começam a declinar, a receita (*revenue*) do governo, com base no imposto de renda (*income tax*), baixa imediatamente, em proporção muito maior do que a renda da pessoa física; ao mesmo tempo, os pagamentos de seguro contra desemprego se elevam. Assim, fica fortalecido o poder aquisitivo (*purchasing power*) do consumidor (*consumer*), o que elimina o risco de recessão. O mesmo que estabilizador embutido (*built-in stabilizer*). (1)

Automatic Teller Machine / Máquina Contadora Automática Máquina contadora automática, possivelmente usada nos bancos de 24 horas. Mais conhecida por suas iniciais, em inglês, (*ATM*). (239)

automation / automação Emprego de equipamento mecânico avançado, talvez em combinação com computadores e controles automáticos. A automação aumenta a produtividade e diminui os custos. Existe a suposição de que agrava o problema de desemprego, principalmente para os indivíduos sem especializações. (1) (244)

autonomous investment / investimento autônomo Novo investimento que resulta de influências externas, como melhorias tecnológicas, variação na população, ou investimento público. Como tal, é diferente do investimento induzido (*induced investment*), que é estimulado por novo consumo, que deriva da ação do multiplicador (*multiplier*). (128)

autonomous variable / variável autônoma Variável que em estatística e econometria não depende totalmente de fatores econômicos. Suas características não se modificam livremente em curto prazo (*short term*). Em geral, as despesas em investimentos são consideradas como variáveis autônomas. (1)

autonomy / autonomia Em trabalhismo, é o exercício de controle sobre o próprio trabalho. (148) (198) (231)

autonoplex / autonoplex Forma contracta de "autônomo" com "complexo", isto é, complexo autônomo. Segundo seu criador, William Howlett, é um complexo de empresas autônomas, cada qual dirigida como uma empresa separada. O vínculo com a (*parent company*) é através de financiamento. (96)

autopert / autopert Sistema que permite produzir rapidamente uma análise do caminho crítico (*CPM*) e redes (*PERT*), por meio de um computador. O trabalho repetitivo e de rotina para os cálculos da rede é feito pelo próprio computador. V. também (*CPM*) e (*PERT*). (107)

auxiliary storage / armazenamento auxiliar Termo que expressa certos dispositivos de armazenamento de dados de um computador, em adição a seu armazenamento principal: tambores, discos e fitas magnéticas, cuja capacidade é praticamente ilimitada em relação ao armazenamento próprio da máquina. Contrasta com armazenamento principal (*main storage*). Há quem chame o armazenamento de memória (*memory*). (72)

available surplus / excedente disponível V. (*earned surplus*). (A)

available time / tempo disponível 1. Número de horas que um computador está disponível para ser usado. 2. Tempo durante o qual o computador está ligado à energia, não se encontra em manutenção, e deve estar operando corretamente. Contrasta com tempo de indisponibilidade (*down time*). Diante dos altos custos do computador, o conceito é de grande valia. (72)

avdp / avdp Abreviatura de (*avoirdupois*), sistema de pesos avoirdupois. (78) (A)

average / avaria; média 1. Qualquer dano ou estrago em um bem, porém, mais comumente, danos a um navio ou à sua carga. 2. Cifra que descreve um valor típico de um grupo de números ou valores. Medida de tendência central, a média, sem qualquer outra menção, é aritmética simples, ou seja, a soma de todos os valores divididos pela quantidade de valores incluídos. Em matemática sofisticada, a média é representada por x-barra, isto é, uma letra x com uma barra por cima. 3. Em seguro marítimo, distribuição eqüitativa da perda incorrida na tentativa de salvar um navio e sua carga. O prejuízo é rateado entre as partes interessadas, na proporção de seus investimentos. (1) (11) (231) (244)

average cost / custo médio Cifra obtida pela divisão do custo total (*total cost*) pela quantidade associada a este custo. (194) (244)

average fixed cost / custo médio fixo Custo por unidade de tempo dos fatores "fixos" dividido pelo volume de produção. (20) (244)

average outgoing quality level / nível médio de qualidade Média máxima ou aceitável de todos os lotes de produto passados por um sistema de inspeção, através de amostragem. Pode ser expressa em termos de percentagem dos artigos com defeito. Abrevia-se em inglês AOQL. (107)

average propensity to consume / propensão média a consumir Relação entre consumo e renda a um dado nível de renda. Difere de propensão marginal a consumir (*marginal propensity to consume*), que se refere à relação das modificações em consumo e as modificações em renda. (1) (165)

average propensity to save / propensão média a poupar Relação entre a poupança e a renda a qualquer nível de renda. Difere da propensão marginal a poupar (*marginal propensity to save*), que se refere à relação entre as modificações em poupança, de acordo com as modificações em renda. É a poupança total dividida pela renda total. (1) (165)

average revenue / receita média Cifra obtida pela divisão da receita total pela quantidade associada. (194)

average variable cost / custo variável médio Total dos custos variáveis dividido pela quantidade relevante. (194)

avocation / passatempo Tendência de certos indivíduos a linhas definidas de passatempo, como lidar com marcenaria, velejar, pintar etc. O passatempo favorito conhecido como "hobby" dá bons indícios das inclinações dos indivíduos nas entrevistas para concessão de emprego. É também uma atividade secundária. (48) (231)

avoidance-avoidance conflict / conflito de evitação-evitação Diz-se da situação em que um indivíduo é solicitado a escolher entre duas alternativas que não lhe agradam. Pode, também, ser a aprendizagem para evitar um estímulo nocivo. (130) (166) (203)

avoidance behavior / comportamento de evitação Conduta que o indivíduo aprende, porque lhe dá resultados para fugir de alguma coisa desagradável. (203)

avoidant strategies / estratégias de evitação Estratégias cognitivas que envolvem ignorar, negar ou fugir a um problema, de algum modo. (203)

avoirdupois / avoirdupois Expressão de origem francesa que significa ter peso. Sistema de pesos em que uma libra contém 16 onças, em contraposição ao sistema Troy, em que tem apenas 12. O sistema Troy é usado para metais preciosos nos Estados Unidos, Grã-Bretanha e alguns países de língua inglesa. O sistema avoirdupois pesa bens que não sejam de pouco peso, como drogas, metais raros, pedras preciosas etc. V. (*Troy*). (3) (11) (78) (130)

award / adjudicação V. (*adjudication*). (231) (244)

AWOL / ausente sem permissão Abreviatura de (*absent without leave*), termo geralmente empregado nas forças armadas para designar o militar que se ausentou sem licença. (231) (A)

B

baby bonds / obrigações de pouco valor Termo utilizado em bolsas de valores para certos papéis negociáveis (*commercial papers*) cujo valor nominal é baixo. (48) (A)

baby-sitter / pajem Pessoa que toma conta de crianças enquanto os pais destas estão trabalhando, vão ao cinema, ou por outro motivo precisam de alguém que tome conta dos filhos por umas poucas horas, enquanto ausentes. Nos Estados Unidos, os estudantes, principalmente moças, dedicam-se a este mister para ganhar dinheiro. (A)

BACAT / BACAT Sigla de (*barge aboard catamaran*), barcaça a bordo de navio. Sistema de carga e descarga parecido com o (*LASH*), porém as barcaças são menores, não sendo guindadas para bordo; flutuam entre dois cascos do catamarã e são carregadas ou descarregadas com os guindastes próprios dos navios. Isto evita o uso das instalações portuárias e é feito com grande rapidez e economia. V. (*LASH*). (122) (163)

back cover / página externa Em propaganda, a folha externa de uma revista, onde figura um anúncio. (244)

backdate / antedatar Colocar em um documento uma data anterior àquela em que o referido documento foi redigido. (244)

backdoor / porta dos fundos Termo de gíria: expediente de um governo para contornar certas formalidades legais (*front door*) e, às vezes, morosas, para injetar moeda no mercado. (1) (163)

backer / financiador Pessoa ou entidade que dá apoio financeiro a um negócio ou idéia. (244)

backlog / registro de atrasos Quase sempre, registro de pedidos feitos, mas que por algum motivo ainda não puderam ser atendidos. (11) (231) (244)

back-stage / bastidores Comportamento de um membro de grupo, como um empregado longe da presença de outros, presumivelmente não agindo como se estivesse num palco; age mais naturalmente, não sentindo a necessidade de representar. (47)

back-up / respaldo Algo pronto para ser usado no lugar de um outro que possa falhar, como, por exemplo, respaldos nos documentos de computador; falhando os documentos, tem-se recurso ao respaldo. (244)

backwardation / deporte 1. Em bolsa de valores, quantia paga por um especulador que pode ou não ter os títulos que vendeu a termo a outro especulador, esperando obter um lucro nesse meio tempo, de acordo com as variações nas cotações. 2. Em bolsa de mercadorias, é a extensão em que o preço à vista de uma mercadoria, mais o custo de armazenamento, juros etc., excede o preço a termo. 3. Quantia que se paga como compensação por atraso na entrega de títulos mobiliários. (148) (158) (163) (169) (231)

backward-bending supply curve / curva de oferta de inclinação retrógrada Sinônimo de curva de oferta regressiva (*regressive supply curve*). (163)

backward integration / integração retrógrada Diz-se da integração vertical (*vertical integration*) de uma empresa com outra, cujas atividades constituam um estágio anterior no processo manufatureiro; por exemplo, a integração de uma fábrica de calçados com um curtume. A vantagem deste tipo de integração, que também se chama (*backward linkage*), está principalmente na garantia de um fluxo constante de suprimento essencial. V. (*forward integration*). (1) (98) (163) (244)

backward linkage / encadeamento retrógrado V. (*backward integration*). (1) (98) (163)

backwash effect / efeito-marola Metáfora que tem por base a movimentação em sentido contrário das águas ou da corrente de ar produzida pelas hélices de um navio ou avião. São as conseqüências desfavoráveis ao crescimento de um país que é principalmente exportador de matérias-primas e que se descura de sua industrialização, o que pode ser um fator de subdesenvolvimento. Contrapõe-se a efeito-spread (*spread effect*). (1)

bad debts / dívidas de recebimento duvidoso Dívidas que dificilmente serão pagas, e que a empresa credora pode considerar como prejuízo. Nos balanços, na parte do ativo, há uma provisão para liquidá-las, cuja importância é dedutível do imposto da empresa credora. (148) (163) (231) (244)

bad faith / má fé Intenção nítida de fraudar. (244)

bailee / depositário Pessoa que recebe bens de outra, para alguma finalidade, e atua como fiel depositária. É a guardiã dos bens entregues. Tem a responsabilidade de devolvê-los nas condições em que os recebeu sob custódia. No caso de semoventes, terá de proporcionar alimentação e tratamento adequados. Não pode ser responsabilizada por prejuízos decorrentes de ações da natureza. Na cautela, o depositário pode limitar, dentro da lei, a extensão de sua responsabilidade. (148) (231) (244)

bailment / custódia; depósito 1. Entrega de alguma coisa à guarda de alguém, visando a certa finalidade especial, com o entendimento tácito ou expresso de que o depositário (*bailee*) fará a devolução do bem quando tiver sido cumprida a finalidade da custódia. 2. O mesmo que depósito (*bailment*). (148) (163) (231)

bailor / depositante Pessoa que entrega alguma coisa à custódia (*bailment*) de um fiel depositário (*bailee*). (148) (163) (231) (244)

bait advertising / propaganda-isca Oferta insincera de vender, a baixo preço, um produto ou serviço que o anunciante na verdade não quer vender. Tipo de propaganda muito usado em lojas que fazem promoção (*promotion*) escandalosa, apenas para atrair fregueses. (80)

balance / saldo; equilíbrio Diferença entre o ativo e o passivo, que também pode chamar-se balanceamento ou equilíbrio. Em finanças públicas, há três espécies principais de saldos: saldo corrente (*current balance*), saldo global (*overall balance*) e saldo de caixa (*cash balance*). O termo é indiferentemente aplicado para significar diversas espécies de saldo ou equilíbrio. Não se confunde com balanço financeiro. (*balance sheet*). (148) (231) (244)

balanced budget / orçamento equilibrado Orçamento com um saldo corrente (*current balance*) zero. (104) (244)

balanced growth / crescimento equilibrado Conceito de que o desenvolvimento tem melhor estímulo pelo investimento global simultâneo em campos complementares de produção. Contrapõe-se a crescimento desequilibrado (*unbalanced growth*), em que o investimento concentrado é a melhor maneira de agir. Geralmente o adjetivo ''equilibrado'' refere-se a um entrelaçamento de investimentos na economia como um todo. (73)

balance of payments / balanço de pagamentos Sumário do valor monetário das transações de um país com o resto do mundo, incluindo as exportações e importações invisíveis (*invisibles*) e de mercadorias, movimentos de capital e de ouro. Note-se que se diz ''balanço'' no que tange a pagamentos e ''balança'' no que toca a comércio. (128) (148) (231) (244)

balance of trade / balança comercial Diferença entre o valor total das exportações e importações visíveis (*visibles*) de um país, constituindo parte importante do balanço de pagamentos (*balance of payments*). Ocasionalmente é chamada de balança de mercadorias (*merchandise balance*). (1) (148) (163) (231) (244)

balance sheet / balanço Demonstração contábil do ativo e do passivo de uma empresa, dentro de determinado exercício, incluindo uma demonstração de lucros e perdas (*profit and loss account*), e o patrimônio (*shareholders' equity*). (148) (163) (231) (244)

balkanization / balcanização Divisão de um todo em pequenas unidades políticas mutuamente hostis, como os Bálcãs depois da Primeira Guerra Mundial. O termo se estende figuradamente ao campo econômico, quando entidades concorrentes não formam um todo coeso e se hostilizam, geralmente em busca de lucro ou prestígio. (78) (96)

ballast / lastro Material pesado que um navio carrega para mantê-lo firme no mar. O mesmo é feito para graduar o centro de gravidade de um avião. (244)

ball-point pen / caneta esferográfica Caneta carregada de tinta, que escreve através de uma esfera inserida em sua ponta. Sinônimo de (*biro*). (A)

bancor / bancor Moeda proposta por Keynes em 1944, que seria emitida sob o controle de um banco central internacional para o pagamento de dívidas entre países. (158)

banded pack / produtos presos entre si Em promoção de vendas, inscrição de uma etiqueta que se prende a dois ou mais produtos amarrados em conjunto, indicando quais as vantagens oferecidas. (244)

bank account / conta bancária Conta bancária que pode ser de três tipos: conta corrente (*current account*), ou conta de movimento, da qual são sacados cheques e pagos os créditos. Não há pagamento de juros, a menos que o cliente saque a descoberto; conta de depósito (*deposit account*), que rende juros; e conta de poupança (*savings account*), à qual são feitos pequenos pagamentos regulares que rendem juros, como uma caderneta de poupança. Estes três tipos de conta vigoram principalmente na Grã-Bretanha. (148) (163) (231)

bank advance / adiantamento bancário Termo geral que se aplica a empréstimos efetuados por bancos, quase sempre por meio de saques a descoberto (*overdraft*). Sinônimo de empréstimo bancário (*bank loan*). (158) (163)

bank clearing / compensação bancária Acerto de contas entre bancos, pela compensação de cheques individuais. (11)

bank discount / desconto bancário Diferença entre a quantia nominal de um empréstimo bancário e a creditada ao tomador. Na realidade, é o pagamento antecipado dos juros, taxas e outros emolumentos porventura cobrados. (5)

bank draft / saque bancário Saque feito por intermédio ou por conta de um banco, em decorrência de transação comercial ou bancária. (148) (231) (A)

banker's order / ordem de pagamento Instrução a um banco para que pague uma determinada quantia a alguém em certa data. (244)

Bank for International Settlements / Banco de Pagamentos Internacionais Banco fundado na Suíça em 1930 para garantir a cooperação entre bancos centrais de diversos países, facilitar pagamentos internacionais e auxiliar nas transferências de reparações de guerra por parte da Alemanha. Atualmente o Fundo Monetário Internacional (*International Monetary Fund*) desempenha grande parte do papel do banco, cuja sigla é (*BIS*). (98) (148) (244)

bank giro / pagamento de contas via bancária Sistema em que o pagamento de uma conta é feito por um banco e debitada ao cliente. Existem formulários apropriados nos correios do Reino Unido. (244)

bank loan / empréstimo bancário Empréstimo feito por um banco a uma empresa comercial ou industrial, com prazo fixo, que pode ir a até cinco anos. Os saques a descoberto (*overdrafts*) também são considerados como empréstimos bancários. (158) (244)

bank overdraft / saque a descoberto Situação em que o cliente de um banco faz um saque maior do que tem em sua conta e, sendo merecedor de confiança, o excesso é tido como empréstimo, fazendo jus a juros. (244)

bank rate / taxa bancária Taxa de desconto (*discount rate*), à qual um banco central descontará ou proporcionará moeda para certas formas reconhecidas de títulos a curto prazo (*short term*). (104) (148) (231)

bankruptcy / falência Ato judicial requerido por indivíduo ou empresa em estado de insolvência (*insolvency*), ou por seus credores (*creditors*). A finalidade é proporcionar a estes parte do que têm direito, pela venda da massa falida. (148) (231) (244)

bank statement / extrato de conta bancária Demonstração de entradas e saídas na conta corrente (*current account*) de um cliente bancário, em que aparece o saldo (*balance*) existente dentro de determinado período. (163) (231) (244)

bar chart / gráfico de barras Desenho estatístico com diversas colunas que podem determinar diversas atividades de uma empresa no decorrer de um período. A altura das barras geralmente indica valores ou quantidades, para meses ou anos. (244)

barge aboard catamaran / barcaça a bordo do navio V. (*BACAT*). (122) (163)

barometric price leader / líder barométrico de preços Diz-se da firma que é a primeira a anunciar uma alteração em preço; não quer dizer que seja a firma predominante no mercado. (155)

barratry / barataria 1. Termo que quase sempre se refere à ação delituosa de um capitão ou tripulação de navio, em prejuízo de seus armadores, como troca de mercadorias, roubo de carga etc. 2. Hábito de iniciar ações litigiosas contra alguém, em benefício próprio, sem que haja um motivo bem legítimo. (163) (231) (244)

barrel (American) / barril (americano) Medida para líquidos que nos Estados Unidos é igual a 231 polegadas cúbicas (*cubic inches*), ou 31 1/2 galões, equivalendo a 119,240 litros. (78) (A)

barrel (Imperial) / barril (imperial) Medida para líquidos que na Grã-Bretanha é igual a 36 galões imperiais (*gallons, imperial*), equivalendo a 136,656 litros. (78) (A)

barriers to entry / barreiras à entrada Condições de mercado que impedem a entrada de novas firmas em um determinado ramo. Essas barreiras geralmente são: proibição governamental, restrições econômicas, custos de estabelecimento, resistência por parte dos que se acham no ramo, restrições por patentes ou royalties, e preferências do consumidor. (163)

barrister / advogado Advogado habilitado para falar e argumentar nos mais altos tribunais da Inglaterra. Sinônimo de advogado em geral. (244)

barter / escambo Comércio pela troca de bens, sem uso da moeda. Possivelmente terá sido a forma mais primitiva de comércio. (11) (148) (231) (244)

barter terms of trade / condições de escambo do comércio Relação, em termos físicos, em que dois ou mais bens são trocados internacionalmente: duas bananas por uma laranja. (128)

basement operation / seção de saldos Seção que as lojas de departamentos (*department stores*) têm no porão, ou em alguma outra parte de suas instalações, contendo artigos devolvidos ou retirados de fregueses, saldos, artigos defeituosos etc., e que por isso são vendidos a menor preço, não figurando nos salões principais. (A)

basement sales / vendas de saldos V. (*basement operations*). (A)

basic product / produto básico Produto que entra em maior quantidade na produção de um bem intermediário ou final. (A)

basic research / pesquisa básica Investigação científica original empreendida para o progresso do conhecimento, mas não para rendimentos financeiros imediatos. Acredita-se, por exemplo, que a pesquisa espacial seja deste tipo. (1)

basic stock / estoque básico Mercadoria que um consumidor espera encontrar no estabelecimento (*outlet*) ao qual se dirige, em qualquer ocasião. Em uma mercearia espera encontrar laticínios, enlatados, farinhas etc. (80)

basing-point system / sistema de ponto-base Sistema de preços usado por muitas firmas, à imitação do que durante muito tempo foi utilizado pelas usinas de aço. Não importando onde tivessem duas ou mais bases, as usinas cobravam preços como se fossem localizadas apenas em Pittsburgh, donde a expressão "Pittsburgh plus", isto é, o preço de Pittsburgh mais frete e outras possíveis despesas. Este método de vendas foi substituído pelo sistema de pontos múltiplos, quando os diversos locais do país eram tidos como pontos artificiais de origem para embarques de aço. Os dois sistemas foram considerados ilegais e os preços se tornaram (*f.o.b.*), quando a indústria passou a ter o seu próprio ponto-base. (1)

batch / lote Quantidade de material, porções ou partes escolhidas como uma unidade para processamento ou, no caso de compras, para entrega de uma só vez. (107) (148) (231) (244)

baud / baud Em processamento de dados, uma unidade de velocidade igual a um dígito binário por segundo. (122)

Bayesian statistics / estatística bayesiana Método de estimação que envolve a minimização das funções de risco. Transforma previsões (*forecasts*) em curvas de probabilidade matemática, usa a melhor estimativa de uma dada circunstância como se fosse uma probabilidade firme. Serve para tomar decisões (*decision making*). (1) (163)

bear / especulador baixista Especulador de bolsa, de valores ou câmbio, conhecido como "urso" (*bear*), que por algum motivo acredita em declínio de preços. Por isso, compra com o mercado em baixa, esperando dentro em breve vender com mercado em alta e realizar um lucro. Também é conhecido como especulador pessimista. Contrapõe-se a especulador altista ou otimista, conhecido como "touro" (*bull*). (1) (7) (105) (148) (231) (244)

bearer / portador Pessoa que está na posse de um documento, um cheque, por exemplo, que não diz a quem deve ser paga a importância; esta será paga ao portador. (244)

bearer bond / obrigação ao portador Título de dívida no qual não figura o nome de determinada pessoa, sendo, por isso, pagável ao portador. (11) (148) (231)

bear market / mercado em baixa Mercado de bolsa em que os preços estão em baixa, permitindo que os especuladores baixistas ou pessimistas (*bears*) lucrem com as vendas a termo (*futures*) que fizeram a descoberto (*short selling*). (105) (163) (231) (244)

beef up / fortificar Literalmente, encher de carne, como se faria com um esqueleto. A conotação é de que se precisa fortificar ou proporcionar algo que engorde ou fortifique alguma coisa, até mesmo uma empresa; que se lhe dê algo que faz falta para um funcionamento apropriado. (239)

beggar-my-neighbor policy / política de autoproteção Expressão, que também pode ser "beggar-thy-neighbor", quer dizer, literalmente, empobrecer o vizinho. Deriva de um jogo de cartas em que o objetivo é ganhar a partida tirando todas as cartas do adversário. A vantagem de um é o prejuízo de outro. Expressão usada quando um país, para se proteger, introduz uma série de medidas de caráter internacional, como desvalorização (*devaluation*), tarifas aduaneiras de proteção à indústria local etc. Isso equivale a transferir aos parceiros de comércio certas desvantagens, como inflação e desemprego. A expressão implica uma espécie de reciprocidade, porque os parceiros de comércio não demorarão a aplicar represálias. (9) (22) (148) (154)

beginning of month / começo do mês Cláusula aposta em algum documento, geralmente sob sua forma abreviada, como c.d.m. (*b.o.m*). (78)

behavior / comportamento Qualquer espécie de reatividade ou atividade autogerada, inclusive configurações complexas de sentimento, percepção, pensamento, atitude, disposição, em relação a estímulos internos e externos, tangíveis e intangíveis. Qualquer ação observável em pessoa ou animal. Pelo hábito de coisificação (reificação), pode ser também o comportamento de conceitos abstratos, como se fossem realidades ou objetos. (6) (64) (78) (130) (160) (231)

behavioral sciences / ciências do comportamento Ciências que se dedicam ao estudo do comportamento humano e animal, dentre as quais, psicologia, psicologia social, sociologia, antropologia cultural, história, economia, ciência política, zoologia, etc. (46) (48) (49) (130) (148)

behavior flexibility / flexibilidade de comportamento V. (*action flexibility*). (45)

behaviorism / behaviorismo Ponto de vista mantido no início do século XX por alguns psicólogos experimentais que se opunham ao método introspectivo. Propuseram que a psicologia se limitasse ao estudo do comportamento observável, isto é, em termos de estímulos-respostas. Sinônimo de comportamentismo. Seu fundador foi John Watson. (130) (166) (203)

behavior modification / modificação do comportamento Ações reeducativas para ajudar a aliviar os problemas humanos decorrentes de comportamento. As técnicas são derivadas de pesquisa psicológica. (203)

belief / crença Aceitação de fatos, declarações ou um conjunto de circunstâncias, como verdade. Convicção firmemente mantida e bastante forte para afetar atitudes e valores, por apresentar, na opinião de uma pessoa, uma verdade fundamental. A crença é um grande fator em propaganda (*advertising*). (130) (132)

below-the-line advertising / propaganda "abaixo da linha" Propaganda que independe dos serviços de uma agência especializada, isto é, propaganda feita diretamente pelo anunciante, que não tem de pagar comissões. É o caso de mala direta, expositor no ponto de vendas, demonstrações, relações públicas de departamento próprio etc. V. (*above-the-line advertising*). (148) (164) (244)

benchmark / marca comparativa; marca de referência Padrão real de dados econômicos de um período específico, usado como base ou referência para um estudo comparativo com dados da mesma espécie. (1) (148) (244)

benefit-in-kind / benefício em espécie Vantagem ou ganho não monetário. Por exemplo, o uso de um carro da companhia como parte do pagamento normal. (244)

benefit taxation / tributação por benefício V. (*benefit theory*). (A)

benefit theory / teoria do benefício Abordagem à tributação da renda, segundo a qual o contribuinte deve pagar em proporção aos benefícios que aufere do governo. Não é considerada a situação financeira do contribuinte, como, por exemplo, no caso do imposto único sobre o petróleo, pedágio etc. Também chamado de tributação por benefício (*benefit taxation*). (1) (163)

better off / melhor situação Expressão bastante usada em economia, principalmente no chamado "ótimo de Pareto", em que, de acordo com a alteração nos recursos empregados em uma combinação, o indivíduo ou empresa fica em melhor (*better off*) ou em pior situação (*worse off*). (A)

bias / viés 1. Diferença entre o valor estimado e o verdadeiro de um dado obtido por amostragem aleatória (*random sample*). Esta tendenciosidade é sistemática, distinguindo-se das casuais, que tendem a cancelar-se mutuamente. 2. Tendenciosidade, predisposição, inclinação, parcialidade. (107) (108) (231) (244)

biased sample / amostra viesada V. (*sampling bias*). (25) (109)

bid deposit / caução de concorrência Valor depositado por um proponente como sinal de que concorreu em boa fé e deseja levar a cabo a concorrência em que entrou. (105)

Big Three (The) / Três Grandes (Os) 1. As três maiores potências do mundo, quando então eram aliadas na Segunda Guerra Mundial: Estados Unidos, Grã-Bretanha e União Soviética. 2. Os três maiores produtores de automóveis dos Estados Unidos: General Motors, Ford e Chrysler. (1) (A)

bilateral flow / fluxo bilateral Movimento monetário de um setor da economia para o outro, a fim de igualar o fluxo de bens e serviços. Os salários e ordenados são pagos em troca do trabalho e os preços serão pagos em troca de produtos. Contrasta com fluxo unilateral (*unilateral flow*). (163)

bilateral monopoly / monopólio bilateral Condição que se diz existir quando um vendedor monopolista negocia com um comprador monopsonista. Este tipo de monopólio é raramente encontrado, exceto no mercado de trabalho. (20)

bill / nota; projeto de lei 1. Títulos de dívida do governo ou de entidades privadas, como notas, letras, títulos, faturas, conhecimentos, obrigações etc. Quando um título do governo tem vencimento superior a cinco anos, chama-se obrigação ou apólice (*bond*). Quando o vencimento varia de um a cinco anos, chama-se (*note*). 2. Projeto de lei apresentado ao Congresso.(1) (148) (231) (244)

bill of exchange / letra de câmbio Autorização ou ordem escrita para ser paga uma quantia especificada a uma determinada pessoa. O uso dos cheques fez com que as letras de câmbio caíssem em certo desuso, exceto, talvez, nas transações internacionais. (11) (148) (163) (231) (244)

bill of lading / conhecimento de carga Recibo escrito, dado pelo transportador (*common carrier*), para os bens que foram aceitos para transporte. Também é usado como sinônimo de frete (*freight*). (11) (14) (32) (148) (231)

bill of sufferance / isenção de direitos aduaneiros Concessão obtida por indivíduo ou firma de efetuar uma exportação sem pagar os direitos aduaneiros porventura existentes. (78) (105)

bimetallism / bimetalismo Sistema monetário com base em dois metais, geralmente ouro e prata. (163)

binary / binário Característica ou propriedade que envolve a escolha ou condição em que há somente duas alternativas possíveis. (74)

binary digit / dígito binário Numeral na escala de notação binária. Este dígito pode ser zero ou um; também pode ser equivalente a uma condição de ligar ou desligar, de sim ou não. Freqüentemente abreviado para (*bit*). (72) (74) (148)

binary notation / notação binária Notação de computador que usa somente dois símbolos, geralmente zero e um. (11)

binding / obrigatório Comprometimento, por cláusula contratual ou outra, que obriga uma pessoa a cumprir o que foi determinado. Existe no termo a conotação de obrigatoriedade, mesmo quando não se trate de documento formal. (A)

biofeedback / bio-retroinformação Procedimento usado para ensinar controle de um processo fisiológico. O aprendiz obtém informação sistemática da operação ou situação da parte do corpo que esteja sob exame. (203)

biological constraints / restrições biológicas Em administração, limitações à área de arbítrio de quem toma decisão. Podem decorrer de características biológicas; estas podem ser de caráter permanente (um ser humano não voa) ou temporário (uma pessoa não sabe lidar com um torno, mas pode aprender). (45)

bionics / biônica Aplicação do conhecimento adquirido pela análise de sistemas vivos na criação de equipamento de computação; estes executarão funções análogas às mais sofisticadas dos sistemas viventes. (72)

biotechnology / biotecnologia Sinônimo de ergonomia (*ergonomics*). É também o treinamento de animais para responderem de maneira a substituir homens ou máquinas. (148) (202)

biro / caneta esferográfica Marca registrada de caneta esferográfica, adotada como termo geral, sem distinção de marca. Mais comumente é chamada em inglês de (*ball-point pen*). (78) (162)

BIS / BPI Sigla de (*Bank of International Settlements*), Banco de Pagamentos Internacionais. (1) (82) (98) (148)

bit / bit 1. Unidade de medida de informação que consiste no montante transmitido ou armazenado, pela escolha de um entre dois sinais possíveis: Hartley. 2. Abreviatura de dígito binário (*binary digit*). 3. Um dos pulsos de um grupo de pulsos. 4. Um pouco, pequena quantidade. (65) (148) (244)

blackball / excluir Excluir uma pessoa de um clube ou sociedade por voto secreto dos demais membros. (244)

black box / caixa preta 1. Jargão de processamento de dados para designar o dispositivo principal em processamento de um computador. Em muitos casos, a caixa é sinônimo do próprio computador. Figurativamente, é o cérebro humano. 2. Dispositivo eletrônico que existe nos aviões modernos e que registra todos os movimentos da aeronave. De grande valor na apuração de causas de acidente. (66) (70)

blackleg / fura-greve Termo pejorativo usado na Grã-Bretanha para designar o indivíduo que fura greve. Corresponde a (*scab*) nos Estados Unidos. (148) (244)

blacklist / lista negra Prática patronal de registrar e fazer circular secretamente, entre os possíveis empregadores do mesmo tipo de indústria, nomes de pessoas consideradas indesejáveis, por quaisquer motivos, justos ou não. A prática tornou-se ilegal nos Estados Unidos. (148) (231) (244)

black market / mercado negro Transação geralmente oculta que ocorre em um país quando o governo impõe certas restrições ao mercado, como, por exemplo, no câmbio. Em tempos de escassez, o termo também se aplica aos preços elevados que os negociantes podem cobrar por produtos tabelados. Um eufemismo atual no que tange a câmbio é "mercado paralelo". (82) (231) (244)

blanket agreement / acordo geral Acordo trabalhista entre os representantes dos empregadores e dos empregados, que beneficia toda a classe e não apenas determinadas categorias. (244)

blanket coverage / cobertura geral Propaganda dirigida ao povo em geral e não apenas a um ou poucos de seus setores. (244)

blanket order / pedido preventivo Pedido que um varejista (*retailer*) faz antecipadamente a seu fornecedor, pela previsão (*forecast*) de suas necessidades futuras, dessa forma garantindo manutenção de estoque. (11) (A)

blind ads / anúncios anônimos Anúncios que geralmente procuram empregados, mas não revelam o nome do empregador. (148) (198)

blind-paired comparison test / teste comparativo de pares incógnitos Em marketing, teste que coloca dois produtos diferentes e não identificados, com uma amostra de usuários em perspectiva. Estes são solicitados a usá-los em condições normais e indicar de qual gostam mais e por quê. Se fossem testados mais de dois produtos, os resultados poderiam ser enganosos. (138)

blind spot / ponto cego Região da retina onde as fibras deixam o globo ocular e formam o nervo óptico. Neste ponto não há receptores fotossensíveis. O nome técnico em medicina é escotoma. (130) (A)

blind test / teste cego Teste de mercadização (*marketing*) de novo produto, em que os respondentes não ficam sabendo quem é o fabricante, para não se deixarem influenciar. As embalagens dos produtos também não apresentam indicações. (133) (148) (244)

bliss point / ponto de utilidade máxima Literalmente, ponto de bem-aventurança. Ponto em que uma combinação de bens faz com que o consumidor sinta o máximo de satisfação. Qualquer outra combinação causará perda de utilidade (*utility*). (163)

block / bloco Em processamento de dados, grupo de palavras consideradas ou transportadas como uma unidade; um item; uma mensagem. (74) (244)

block diagram / diagrama de bloco Representação gráfica de qualquer sistema, no qual as suas unidades lógicas aparecem sob a forma de retângulos ou casas, devidamente rotulados, e onde se vê seu inter-relacionamento através de linhas de conexão, como, por exemplo, em um programa de computador ou circuito elétrico. V. (*flow chart*). (71) (118) (148)

blue book / livro azul Relatório anual do Escritório Central de Estatística do Reino Unido, contendo os dados pertinentes aos serviços executados. (244)

blue chip / empresa respeitada Em jargão de bolsa de valores, empresa de fundo acionário que merece o respeito de todos, tanto por ganhar dinheiro como por pagar seus dividendos, não importanto a conjuntura econômica. (11) (148) (244)

blue collar / colarinho azul Expressão que define os trabalhadores de produção, em contraposição a trabalhadores de colarinho branco (*white collar*), que geralmente trabalham em serviços administrativos. (148) (163) (244)

blueing / azulamento Termo que deriva do conceito de trabalhadores de colarinho azul (em contraposição a colarinho branco). Dá-se o azulamento quando os indivíduos de colarinho azul (*blue collar*) por mérito próprio guindam-se a posições que comumente seriam preenchidas pelos empregados de colarinho branco (*white collar*), não só numa organização como também na sociedade em geral. Entende-se que eles estão azulando o que é branco. O azulamento de uma classe, ou "embranquecimento" de outra é resultado de mobilidade social. (180)

blueprint / planta 1. Gráfico de um desenho em que os detalhes, quase sempre técnicos, aparecem em fundo azul. 2. Plano técnico a ser seguido. (244)

blue ribbon / faixa azul Indica o primeiro prêmio ou lugar, sendo, por suposição, o que há de melhor ou especial. Em marketing significa uma classe especial de clientes em potencial, aos quais se deve dar a maior atenção. Significa também "galardão". (A)

blue sky law / lei protetora de investidores Lei promulgada por um estado americano, para proteger os investidores em títulos mobiliários contra prejuízos por adquirirem papéis comerciais (*commercial papers*) que, no final, pouco ou nada valem, seja em decorrência de falsa representação, seja por fraude direta. As empresas que vendem títulos (*securities*) devem obter um certificado de legitimidade de seu negócio. O termo "blue sky", que quer dizer céu azul, significa que o investidor incauto poderá um dia ver que seus títulos nada mais valem do que o céu azul. (3) (148)

board / junta Grupo de pessoas, geralmente não menos de três, com a responsabilidade de dirigir uma determinada função oficial pública. O termo "comissão", bem como "conselho", geralmente são intercambiáveis com "junta". Por extensão, o termo também se aplica ao setor privado. (31) (148) (231)

Board of Aldermen / Câmara dos Vereadores V. (*alderman*). (31) (231)

board of directors / conselho de administração Órgão supremo de uma sociedade anônima americana (*corporation*), ou semelhante, eleito por seus acionistas (*shareholders*). O número de diretores varia de 13 a 17 membros, eleitos anualmente. O conselho de administração, conselho diretor, ou simplesmente diretoria, tem a conotação de conselho fiscal, porém com muito maior autoridade. Pode não interferir nas diretrizes dos executivos que nomeia, mas tem autoridade para isso. O presidente desse conselho é chamado (*chairman of the board*). Quase sempre é dividido em três comissões. Certas empresas permitem que o conselho seja eleito por três anos, renovando um terço nas assembléias anuais. Nas pequenas empresas o conselho é detentor da grande maioria das ações. Os membros individuais do conselho não respondem pelos atos dos demais membros, salvo se, em conjunto, for praticada alguma ação ilegal, como por exemplo a declaração de dividendos inexistentes. Os membros do conselho também podem ser executivos de suas empresas, caso que ocorre com freqüência. Já que os executivos são nomeados, sua permanência no cargo pode ser considerada precária. São os membros do conselho (diretoria) que lutam entre si para conseguir o maior número de autorizações (*proxy battle*) para votar pelos acionistas, através de procuração. (48) (148) (231) (244)

body language / linguagem do corpo Parte da comunicação não verbal que transmite o significado dos movimentos corporais na comunicação face a face. (198)

body snatchers / raptores V. (*head hunters*). (101) (A)

boffin / cientista pesquisador Gíria britânica para designar o cientista que se dedica exclusivamente à pesquisa. (78) (89)

bold face / negrito Impressão de letras fortes, geralmente pretas, a fim de destacá-las das outras no texto. (244)

b.o.m. / c.d.m. Sigla de (*beginning of month*), começo do mês, que se pode traduzir pela sigla c.d.m. Em geral refere-se a estoques. É o contrário de (*e.o.m.*), sigla de (*end of month*), fim do mês. (78)

bona fide / bona fide Expressão latina que significa boa fé. É o contrário de (*bad faith*). (244)

bond / obrigação Título de dívida com vencimento além de cinco anos. No Reino Unido o "bond" descreve alguns valores que nos Estados Unidos são chamados de debêntures (*debentures*). (1) (148) (231)

bonded goods / bens alfandegados Bens sobre os quais há nececessidade de pagar impostos aduaneiros e que são mantidos em um armazém alfandegado até que sejam pagos. (148)

bonded warehouse / armazém alfandegado Armazém sob a fiscalização das autoridades aduaneiras, onde ficam estocadas as mercadorias sujeitas a direitos, mas que ainda não incidiram sobre elas, o que só acontecerá quando forem vendidas no país. (98) (148) (165) (244)

bondholder / obrigacionista Nome que se dá ao portador de obrigações, como títulos de dívida do governo ou de empresas privadas. Estas obrigações podem ter diversos nomes, dentre os quais apólices, títulos de crédito, ações etc. (9) (32) (231)

bonus-size / tamanho promocional Expressão de marketing que significa um pacote ou embalagem de tamanho promocional ou de oferta, isto é, o consumidor (*consumer*) obtém uma quantidade maior do produto do que em uma embalagem normal, sem que haja aumento de preço. (148)

bonus stock / ações de bonificação Ações que certas empresas costumam dar a seus empregados, seja como prêmio, seja como regulamento dos estatutos. (105)

bookkeeper / guarda-livros Empregado que trabalha na contabilidade de uma firma e se acha encarregado da escrituração mercantil. O termo parece estar caindo em desuso. (11) (A)

book value / valor contábil V. (*written-down value*). (148) (163) (231) (244)

Boolean algebra / álgebra booleana Processo de raciocínio, ou sistema dedutivo de teoremas, que usa uma lógica simbólica e trata de classes, proposições ou elementos de circuito ligado e desligado, como "e", "ou", "não", "exceto", "se", "então" etc., a fim de permitir cálculo matemático. O nome advém de George Boole, famoso matemático inglês do século XIX. (72)

boom / prosperidade rápida Surto de prosperidade durante o ciclo econômico (*business cycle*), quando a economia está em recuperação (*recovery*) após uma depressão; há pleno emprego (*full employment*) dos recursos e os preços se elevam rapidamente. Depois de atingido o pico da prosperidade, quase certamente começará um período de recessão (*recession*). (148) (163) (244)

boomerang / bumerangue Ação impraticável que tem por fim evitar a venda em outros países de produtos a preços vis (*dumping*). Teoricamente, os bens assim vendidos devem ser devolvidos ao país de origem, independentemente de quaisquer restrições tributárias. (A)

borax / alcaide Termo depreciativo que se aplica a móveis de baixo preço. Deriva do antigo costume dos fabricantes americanos de sabão, feito com bórax, que davam como prêmio a seus usuários mercadoria barata, de má qualidade, principalmente peças de móveis, donde o nome. (78) (80)

bottleneck / estrangulamento Lugar ou situação em uma operação empresarial, como no departamento de produção, ou vendas, onde o progresso é retardado como se tivesse de passar por um gargalo ou estrangulamento. (11) (A)

bottom line / última linha Aparentemente, última linha de uma demonstração de lucros e perdas (*profit and loss statement*) onde geralmente figura o lucro líquido. O termo foi tirado da obra abaixo citada, onde se lê "Assim, toda a receita desses aluguéis engordava a última linha. Era dinheiro que podíamos reter..." (245)

bottomry / penhor de navio Obrigação assinada pelo comandante de um navio, dando-o como garantia por empréstimo contraído com urgência para terminar a viagem. Esta ação só é efetuada pelo comandante quando ele não consegue entrar em contato com os proprietários da embarcação. (163) (231)

bottom-to-top / de baixo para cima Expressão que se contrapõe à "de cima para baixo" (*top-to-bottom*), indicando o sentido de uma atividade dentro de uma escala hierárquica. (A)

bottom-to-top planning / planejamento de baixo para cima Técnica de planejamento segundo a filosofia de que o melhor lugar para iniciar um plano é onde, pela natureza de seus cargos, os que se acham mais próximos do consumidor (*consumer*) estão em melhor posição de perceber suas tendências (*trends*). Assim, confia-se nos escalões administrativos menos elevados para início do planejamento. Posteriormente, os planos são passados ao escalão superior seguinte, até atingirem a cúpula. Contrasta com planejamento "de cima para baixo" (*top-to-bottom planning*). (78)

bounced check / cheque devolvido Termo popular, sinônimo de "cheque de borracha" (*rubber check*), implicando que, como bola de borracha, "bateu" no banco e voltou, geralmente por falta de fundos. (78) (244)

boycott / boicote Ação social ou empresarial em que uma parte se afasta de qualquer relação com a outra, recusando-se a encontros sociais ou transações comerciais. (244)

bracero / trabalhador braçal Termo em espanhol para designar trabalhador mexicano com permissão para entrar na California durante a colheita de frutas. (82)

brain drain / drenagem intelectual Hábito de certos países de atraírem cientistas, técnicos, artistas e outros elementos de grande utilidade e projeção, nacionais de outros países, a fim de satisfazerem à demanda que não pode ser atendida pela oferta de elementos iguais do próprio país. (101)

brainstorming / brainstorming Técnica para encorajar pensamento criativo, visando à solução de algum problema. Um grupo de executivos reunidos concentra-se em arrolar o maior número possível de idéias pertinentes, tão rapidamente quanto possível, sem atenção quanto à sua aplicabilidade ou plausibilidade. A exposição de uma idéia casual, e talvez desconexa, pode ser a solução. O termo, que poderia chamar-se "assédio mental", não encontra tradução aprovada. A técnica também é conhecida como solução criativa de problema (*creative problem solving*). Seus detratores chamam-na de pipoca cerebral (*cerebral popcorn*). (49) (79) (148) (244)

brainwashing / lavagem cerebral Tentativa sistemática, através de variados processos, para mudar a atitude de uma pessoa, especificamente suas idéias políticas. (130)

branch / filial Estabelecimento mantido por um fabricante, atacadista, varejista, banco ou outra entidade, separado da sede, utilizado principalmente para a manutenção de estoques, promoção de vendas (*sales promotion*), negócios regionais e entrega de mercadorias. Entre as muitas aplicações do termo figuram ramo, braço, sucursal, agência etc. (38) (148 (231) (244)

branch out / ramificar Abrir uma outra seção de um negócio. (244)

brand / marca Identificação sob a forma de um nome, símbolo, termo, desenho, ou alguma combinação de todos, para diferençar um produto de seus concorrentes. (148) (194) (231) (244)

brand attitude / atitude quanto à marca Em marketing, preferência relativa do comprador entre uma marca e outra. (138)

brand comprehension / compreensão de marca Conhecimento do consumidor (*consumer*) quanto à existência de várias marcas de produto e suas características. (138)

brand insistence / insistência por marca Estágio final do processo de aceitação de marca, em que os consumidores (*consumers*) se recusam a aceitar substitutos e procuram a marca (*brand*) desejada. (194) (231)

brand leader / líder de marca Diz-se da marca de um produto que, mercê de suas qualidades e esforço de marketing, é tida como detentora da maior participação de mercado (*market share*) para produtos do mesmo tipo. (148) (244)

brand loyalty / lealdade à marca Conceito que deriva de diferenciação de produto (*product differentiation*). Procurando conseguir lealdade à marca (*brand loyalty*), quase sempre por intermédio de propaganda (*advertising*), os produtores ou vendedores esperam evitar os rigores da concorrência (*competition*) estritamente de preços. O grande número de marcas para produtos similares e o de partidários de uma ou de outra, de certo modo comprovam esta teoria. (48) (148)

brand name / marca nominal Parte da identificação de um produto, que pode ser verbalizada. (148) (194)

brand preference / preferência por marca Segundo estágio no processo de aceitação de marca (*brand*), em que os consumidores selecionam uma determinada marca, com base na experiência que têm com ela. (194)

brand recognition / reconhecimento de marca Primeiro estágio no processo de aceitação de marca (*brand*). Neste ponto, o consumidor simplesmente está familiarizado com a existência de um determinado produto com marca. (194)

brand share / participação de marca Participação de mercado (*market share*) de uma marca. Refere-se principalmente a marcas e produtos, não somente às empresas produtoras. (148) (244)

break / interrupção Intervalo em um programa irradiado, empregado para fazer propaganda. (244)

break-even / igualar; empatar 1. Termo equivalente ao dos jogadores de bilhar quando dizem que estão "pau a pau", isto é, igualados ou empatados no escore; ponto em que nenhum está perdendo ou ganhando. Em administração, significa igualação, equilíbrio, nivelamento, ponto crítico etc., não havendo acordo entre os seus usuários. 2. Empate ou nivelamento; igualação. (78) (231) (244)

break-even analysis / análise de nivelamento V. todos os verbetes em que entra o termo (*break-even*). (148) (244)

break-even chart / gráfico de nivelamento Representação gráfica para mostrar se existe ou não rentabilidade em vários níveis de atividade. Mostra o relacionamento entre a receita (*revenue*) total e as despesas totais em vários níveis de produção e vendas. O ponto de nivelamento se localiza onde não há lucro nem prejuízo. Também é conhecido como gráfico de lucro (*profitgraph*). O termo (*breakeven*) tende a manter-se em inglês, já que não há acordo sobre sua tradução em português. A expressão "ponto de equilíbrio" deve ser evitada, já que em economia duas coisas diferentes não devem ter o mesmo nome. (107) (148) (231) (244)

break-even performance / desempenho de nivelamento Nível de desempenho em que começa a haver compensação. (107)

break-even point / ponto de nivelamento Ponto sobre um gráfico em que a receita (*revenue*) e o volume de produção de uma empresa igualam os custos, de modo que

breaking bulk   **buffer stock**

não há lucro nem prejuízo. O termo (*breakeven*) pode ser aceito como igualação, mas nunca como equilíbrio. V. (*equilibrium*). (107) (148) (231) (244)

breaking bulk / retalhar Prática atribuída na maioria das vezes a um atacadista (*wholesaler*) ou importador, que compra enormes quantidades — para obter desconto por quantidade (*quantity discount*) — e subdivide o produto em quantidades mais acessíveis para vender aos retalhistas, isto é, aos varejistas. Por exemplo, um carregamento de sal pode ser retalhado em pacotes de um quilo ou sacas de cinqüenta quilos. (134) (231) (244)

breakpoint / ponto de interrupção Ponto na operação de um computador, em que tudo pára automaticamente, a fim de ser feita uma verificação no andamento do programa. (11)

break-up value / valor de liquidação Quantia que se pode obter pela venda dos bens do ativo (*assets*) de uma empresa, quando esta cessa suas atividades, ou quando, por algum motivo, os vende como sucata (*scrap*). A expressão é empregada pela descontinuação ou obsolescência (*obsolescence*) dos bens. (7) (88) (148) (244)

breeder reactor / reator regenerativo Reator nuclear que, além de gerar energia atômica, cria combustível adicional para produzir mais material físsil do que consome. (78)

briefing / instrução específica Instrução resumida, geralmente antes de alguma ação, que visa a preparar uma pessoa ou grupo para um determinado modo de agir. Depois da ação ocorre o relato do modo em que se agiu, sob o nome de (*debriefing*). (9) (244)

British thermal unit / unidade térmica britânica Calor necessário para elevar uma libra (*pound*) de água para 1° Fahrenheit. (92)

broker / corretor Um dos diferentes agentes intermediários (*middlemen*) que podem representar o comprador ou o vendedor. Sua função principal é colocá-los em contato. O corretor não estabelece preços nem condições de venda; recebe comissões. (1) (138) (148) (231) (244)

broker floor / saguão da bolsa Parte do saguão de pregões em uma bolsa, onde ficam os corretores que efetuam as compras e vendas para os seus clientes. (105)

BTU / b.t.u. Abreviatura de (*British Thermal Unit*), unidade térmica britânica; quantidade de calor necessária para elevar a temperatura da água em 1° Fahrenheit. (30)

budget / orçamento Projeção e plano que definem o custo previsto para ser atingido um objetivo. Geralmente o orçamento é estabelecido em termos monetários e pode ser usado como dispositivo de controle. (140) (148) (231) (244)

budgetary policy / política orçamentária V. (*fiscal policy*). (163) (165)

budget center / centro orçamentário V. (*cost center*). (107) (148)

budget line / linha do orçamento Linha reta em um gráfico que liga um ponto no eixo vertical, representando o preço de uma mercadoria, a outro ponto no eixo horizontal, representando o preço de outra mercadoria, multiplicados entre si. O resultado é o orçamento total do consumidor (*consumer*) para estas duas mercadorias. A inclinação desta linha reta é a relação entre o preço (*price*) de ambas as mercadorias. Pode-se fazer com que o eixo horizontal represente quantidades e o vertical o montante monetário. (155)

budget restraint line / linha de restrição orçamentária V. (*budget line*). (155)

buffer / armazenamento intermediário 1. Dispositivo secundário de armazenamento de dados, usado apenas para sua coleta e transferência entre pontos internos e externos em uma programação de computador. 2. Dispositivo de armazenamento usado na transferência e tradução de dados, entre duas máquinas com diferentes velocidades de processamento. 3. Qualquer dispositivo que produza uma redução de choque, ou amortecimento. (72)

buffer state / estado-tampão País não necessariamente grande nem forte, localizado entre duas potências, e que, por sua localização, pode amortecer a possibilidade de conflitos entre as referidas potências. O Iraque é um Estado-tampão entre o Irã e a Síria, por exemplo. (78)

buffer stock / estoque de segurança V. (*safety stock*). (148) (244)

bug/defeito Termo de gíria usado principalmente em processamento de dados, para indicar engano ou mau funcionamento no desenho de uma rotina de computador ou no próprio computador. O termo se estende aos mais variados campos onde possa haver um defeito. A ação para eliminar tal defeito chama-se (*debug*), quase sempre traduzida como "depurar". (72) (A)

building cycle/ciclo de construção Diz-se dos períodos de expansão e contração da construção civil que, supostamente, ocorrem em longo prazo (*long term*), em conseqüência de condições favoráveis ou desfavoráveis no que tange à indústria. (1)

built-in maid service/empregada automática Expressão que se refere ao desenvolvimento contínuo de novas maneiras de aliviar os serviços de cozinha da dona de casa. (81)

built-in obsolescence/obsolescência automática V. (*planned obsolescence*). (1) (244)

built-in stabilizer/estabilizador automático Providências tomadas por um governo, que visam a provocar automaticamente uma estabilização em renda, emprego etc. Por exemplo, nos países que usam o sistema de auxílio por desemprego, ocorrem quando o desemprego (*unemployment*) aumenta, e vice-versa, sem que haja necessidade de intervenção específica das autoridades. Ocasionalmente usa-se a expressão (*automatic stabilizer*). (104) (163)

bulk buying/compra a grosso Compra de bens em grandes quantidades, via de regra para obtê-los a um preço mais baixo. (244)

bulk carrier/navio graneleiro Navio construído especialmente para transportar carga a granel, como sal, carvão, grãos etc., que pode ser carregado por gravidade, isto é, a carga pode ser despejada em seus porões. (163) (244)

bull/especulador altista Especulador de mercado, geralmente trabalhando em bolsas, cuja crença é de que os preços vão subir e, por isso, compra para vender a termo (*futures*) a preço mais elevado, realizando um lucro. É considerado otimista. Contrapõe-se a especulador baixista ou pessimista (*bear*). Literalmente, "bull" é touro. (1) (105) (148) (169) (231) (244)

bull campaign/campanha de altistas Manobras de vários tipos feitas por investidores informais, visando a forçar uma alta de preços. O mesmo que (*bull clique*). (105)

bull clique/grupo de altistas V. (*bull campaign*). (105)

bullion/metal precioso Ouro, prata e outros metais preciosos, em forma que não seja amoedada. Para maior facilidade de manuseio, esses metais são transformados em barras ou lingotes de determinado peso. (1) (148) (244)

bull market/mercado em alta Mercado em que a maioria dos itens negociados está em alta. (1) (244)

bull-pen/curral Termo de gíria: parte gradeada de um escritório, principalmente para alojar o elemento feminino. (46)

bumping/direito de antiguidade Termo derivado de choque, tranco, impacto. Principalmente nas ocasiões de dispensa definitiva ou temporária de empregados, os de maior antiguidade para a mesma função deslocam os mais novos (dão-lhes um tranco), afastando-os. Nos contratos de trabalho nos Estados Unidos, o direito de antiguidade é uma cláusula comum. (1) (3) (148)

burden/encargo; ônus V. (*indirect cost*). (107) (148) (231)

burden of proof/ônus da prova Encargo nas leis de quase todos os países de que o acusador é quem tem de fornecer a prova. (231)

bureaucracy/burocracia Estrutura piramidal de dirigentes que conduzem de maneira racional o trabalho de uma grande organização. (180) (231)

bureaupathology/buropatologia Diz-se das tendências disfuncionais em uma burocracia, seja por inépcia dos funcionários, pela rigidez dos regulamentos, seja por qualquer outro motivo em que o "cliente" se sinta insatisfeito na maneira pela qual foi tratado, não importando se essa organização burocrática é privada ou pública. A conotação nítida é de estrutura doentia. (180)

bushel/alqueire de capacidade Medida para secos igual a 4 celamins (*pecks*) ou 2.150,42 polegadas cúbicas, equivalendo a 35,2390 litros. De acordo com o governo americano, o *bushel* varia com o tipo de grão, na libra-peso (*avoirdupois*): trigo, 60 libras; cevada, 48 libras; aveia, 32 libras; centeio, 56 libras; milho debulhado, 56 libras. (78)

business agent / vogal de empresa Empregado a tempo integral de um sindicato trabalhista local, geralmente artesanal, que ajuda os demais empregados a resolver seus problemas com a administração. (148) (198) (244)

business barometer / barômetro empresarial Média ponderada de diversos indicadores dos níveis da economia, entre os quais os principais produtos de uso interno ou de exportação de um país. Esta conjuntura é medida pelos eventos empresariais em base semanal, mensal, trimestral etc. (1)

business cycle / ciclo econômico Diz-se da expansão ou contração alternada na atividade econômica geral de um país. Segundo alguns economistas, o intervalo entre a expansão e a contração é bastante regular. O ciclo, geralmente, tem quatro fases: expansão, nivelamento, contração e recuperação. Nos períodos de expansão (*boom*), o volume de produção, emprego, lucros e preços aumenta, acontecendo o contrário na contração. Quando a contração é muito forte, denomina-se depressão (*depression*), mas quando não é tão intensa, passa a chamar-se recessão (*recession*). (1) (3) (48) (148) (244)

business equipment / equipamento de empresa Unidades do ativo fixo (*fixed assets*), como maquinaria, veículos etc., usadas pelas empresas industriais e comerciais. Estão excluídos os bens de capital dos lavradores e profissionais liberais, como dentistas, médicos etc. (1)

business failure / fracasso empresarial Cessação forçada das atividades de uma empresa, por ação judicial ou ação voluntária, com prejuízo para os credores. Não se acha incluída a cessação voluntária por liquidação, fusão (*merger*), venda etc. Geralmente é falência (*bankruptcy*). (A)

business games / jogos de empresa Sistema de treinamento para administradores, geralmente com o emprego de um computador. É também conhecido como simulação (*simulation*) e jogos de administração (*management games*). Os participantes recebem dados sobre uma empresa real ou fictícia e são solicitados a tomar decisões para um problema ou ação futura. As decisões são alimentadas em computador previamente preparado quanto às conseqüências das diversas decisões, e os participantes podem ver se as que tomaram foram acertadas ou não. (48) (148) (244)

business-interruption insurance / seguro contra lucros cessantes Seguro feito por uma empresa contra os prejuízos que possa ter por interrupção de suas atividades, no que tange a lucros. Este seguro não colide com o que possa existir e que cubra prejuízo de bens do ativo fixo (*fixed assets*), como um incêndio, por exemplo. (148) (231)

business trust / empresa fiduciária V. (*Massachusetts trust*). (48)

bust / colapso Baixa acentuada nas atividades econômicas em geral, resultando em desemprego (*unemployment*), poucas rendas (*incomes*) e lucros, baixa nos preços e valores de bens de todos os tipos. Geralmente ocorre depois de um período de prosperidade algo exagerada. V. (*depression*). (1)

buy-back / recuperação de recurso Recuperação que ocorre quando uma empresa compra, ou de algum modo recupera um bem, seja ou não fator de produção. Por exemplo, ocorre o (*buy-back*) quando um empregado que quer demitir-se é convencido a permanecer no emprego. Normalmente ele é "comprado" por uma oferta de maior salário ou ordenado. O mesmo acontece com outros recursos que podem ser recuperados. (198)

buyer's market / mercado de compradores Situação de mercado em que a oferta excede a demanda, propiciando aos compradores a oportunidade de impor o preço que desejem pagar. (1) (148) (163) (231) (244)

buying / compra Compra que compreende a seleção de bens que serão adquiridos nos mercados de uma dada região e a determinação da qualidade desejada, bem como a quantidade necessária para um propósito específico. (48)

buying committee / comissão de compras Grupo de diversas pessoas com grande conhecimento de uma ampla faixa de mercadorias (*merchandise*). Geralmente é empregada nas grandes empresas e no governo. No primeiro caso, verifica a conveniência ou não da aquisição de certos produtos para revenda ou uso; no segundo encarrega-se de compras com ou sem concorrência pública. Um dos problemas da comissão de compras é que esta leva mais tempo para a tomada de decisão (*decision making*) do que se houvesse apenas um comprador. (48)

buying office / comprador regional Pessoa ou firma que efetua para terceiros compras nos mercados de uma dada região. Geralmente, são companhias especializadas que aceitam essa incumbência, mediante remuneração de antemão estabelecida. Também significa "escritório de compras". (38)

buying power / poder aquisitivo V. (*purchasing power*). (38)

buying signals / sinais de compra Indicação que um comprador dá, às vezes inconscientemente, de que a compra não está fora de cogitação, quando, por exemplo, pergunta preço, prazo de entrega, quais as cores do produto etc. (164) (A)

buy-now campaign / campanha de compra imediata Plano, geralmente instigado pelo governo ou pela comunidade, a fim de incrementar a recuperação do comércio ou da indústria, para que haja mais consumo. Essa campanha visa a dar a uma economia em depressão (*depression*), ou a um de seus setores, ímpeto para recuperar-se. Ex.: "Consuma mais café" é uma de tais campanhas. (1) (A)

buzz group / grupo de detates Termo onomatopaico que designa uma reunião de pessoas para discutir e expor idéias sobre um determinado assunto. V. (*brainstorming*). (244)

by-bidder / falso concorrente Indivíduo contratado para fazer lances fictícios em um leilão, para que os preços se elevem. (11) (231)

bylaw / estatuto Lei, regra ou regulamento, quase sempre de cunho secundário, geralmente usado nos papéis de estabelecimento ou patentes das sociedades anônimas (*corporations*), que obriga seus diretores a agir de acordo com o que foi determinado por uma assembléia. Às vezes esses papéis podem ser considerados como adendos à lei ou regra. (48) (244)

by-product / subproduto Produto secundário, obtido pelo processamento de um outro que é principal. Embora produzido incidentalmente, os subprodutos representam grande fonte de receita (*revenue*). O caso mais frisante é o de subprodutos de petróleo. Pode ser sinônimo de desmembramento ou produto secundário (*spinoff*). (1) (122) (148) (231) (244)

byte / byte Termo genérico que indica uma parte mensurável de dígitos binários consecutivos; por exemplo, um byte de 8 ou 6 dígitos. Pode ser também um grupo de dígitos binários operados como uma unidade. (72) (244)

C

cable / cabo 1. Medida náutica comum que nos Estados Unidos é igual a 120 braças (*fathoms*) ou 720 pés (*feet*), equivalendo a 219,456 metros, ou seja, a extensão de 1 cabo. Na Grã-Bretanha a mesma medida é igual a 608 pés, equivalendo a 185,319 metros, ou a extensão de 1 cabo. 2. Mensagem, na expressão "enviar um cabo". (78) (244)

cafeteria benefit programs / programas de escolha de benefício Programas em que os empregados escolhem, como em um cardápio de lanchonete, o composto dos benefícios extras (*fringe benefits*) que recebem, trocando os menos desejáveis pelos mais altamente desejados. (198)

calculated risk / risco calculado Decisão de executar alguma coisa em que há risco, porque as recompensas, se conseguidas, superarão os riscos incorridos. (244)

calendar year / ano civil Período de 1º de janeiro a 31 de dezembro, usado como base por algumas empresas para contabilização. V. (*fiscal year*). (1)

call / opção de compra; direito de resgate antecipado 1. Termo de bolsa que dá a quem tenha a opção o direito de adquirir uma certa quantidade de ações a preço previamente combinado, durante um período não inferior a três semanas. 2. Direito de resgatar antecipadamente uma dívida, talvez para economizar juros, respeitadas certas condições prévias. 3. Chamada para que o subscritor de ações entre com a parte ainda não paga. (7) (88) (105) (148) (231) (244)

call analysis / análise de visita Estudo do padrão de visitas feitas por um vendedor aos clientes. (244).

called-up capital / capital chamado Parte do valor de uma ação ordinária (*ordinary share*) que uma empresa convoca seus acionistas a pagar. (244)

call-frequency / freqüência de visitas Número de visitas que um vendedor faz a seus vários clientes dentro de um certo tempo. (244)

Calvo clause / cláusula Calvo Cláusula inserida nas Constituições, tratados, estatutos, contratos e outros instrumentos de ordem internacional: proibição de intervenção diplomática para a imposição de reivindicações privadas, antes de serem exauridos os remédios locais que podem ser aplicados à situação. O termo deve-se a Carlos Calvo, grande jurista argentino de fama mundial em direito internacional (1824-1906). (30) (82)

capacity / capacidade 1. Maior volume de produção que uma firma pode conseguir em suas operações normais. Com tal volume de produção, os custos médios (*average costs*) estão em um mínimo e os custos marginais (*marginal costs*) em curto e longo prazos são iguais. 2. A quantidade que alguma coisa pode suportar ou conter. 3. Habilidade de uma pessoa, em uma organização, para agir como se fosse outrem. (1) (20) (148) (244)

capital / capital Termo que se deve compreender em suas duas formas: bens de capital e fundos de capital. Bens de capital (*capital goods*) consistem em coisas tais como ferramentas, prédios, instalações, patentes e terra, bem como matérias-primas em processo de manufatura e mercadoria para vender. Fundos de capital (*capital funds*) referem-se ao numerário disponível dos poupadores individuais ou de grupos, através de instituições de investimento em empresas que visam a fins lucrativos. (7) (48) (88) (148) (244)

capital allowance / margem fiscal para investimento de capital No Reino Unido, quantia que pode ser deduzida da renda de um contribuinte ou de empresa, quando do cálculo do imposto de renda, como incentivo da margem para dispêndio em ativo fixo, como uma fábrica, maquinaria ou prédios. (148) (157) (244)

capital assets / ativo fixo tangível V. (*capital goods*) e (*fixed tangible assets*). (7) (88) (244)

capital budget / orçamento de capital fixo Parte de uma previsão ou orçamento que se dedica às adições propostas aos bens do ativo fixo e seu financiamento. Em linhas gerais, refere-se ao procedimento no processo decisório relativo a investimento (*investment*). Abrange a seleção de projetos, oportunidade de investimento, o montante a ser investido dentro de que tempo e meios financeiros para completar o projeto. Relaciona-se a alargamento de capital (*capital widening*) e a aprofundamento de capital (*capital deepening*), além de formação de capital (*capital formation*). (4) (7) (88) (111) (148) (163) (244)

capital budgeting / orçamento de capital Planejamento de longo prazo para efetuar e financiar desembolsos (*outlays*) na aquisição de bens do ativo fixo (*fixed assets*). A maior parte do dispêndio (*expenditure*) para a aquisição de instalações fabris, equipamento e outros bens ativos de longa vida, afeta as operações da firma durante muitos anos. São comprometimentos grandes e permanentes que influenciam a flexibilidade de longo prazo (*long term*) e o poder de rentabilidade da empresa. As decisões nesta área encontram-se entre as mais difíceis, principalmente porque o futuro é remoto, não sendo fácil perceber o que reserva. As principais técnicas para este planejamento são fluxo de caixa descontado (*discounted cash flow*), recuperação do investimento (*payback*) e taxa de retorno não ajustada (*unadjusted rate of return*). (41) (148)

capital coefficient / coeficiente de capital V. (*capital-output ratio*). (1) (44) (88)

capital deepening / aprofundamento do capital Crescimento maior do estoque de capital (*capital stock*) do que a força de trabalho (*labor force*). Por exemplo, quando os salários sobem, uma firma pode achar mais conveniente substituir mão-de-obra (*labor*) por capital, aumentando, assim, a relação capital-produto. (73) (111) (163)

capital duty / imposto de capital Imposto cobrado no Reino Unido quando se forma uma empresa limitada, ou seu capital é aumentado. (148)

capital expenditure / dispêndio de capital Dispêndio efetuado para a compra de bens adicionais do ativo fixo (*fixed assets*), que aumenta a capacidade e a eficiência dos que já existem. Também conhecido como investimento de capital (*capital investment*), quando a intenção é beneficiar o futuro, contrastando com dispêndio de receita (*revenue*), que cai dentro do exercício contábil corrente. (7) (88) (107) (148) (163) (244)

capital flight / fuga de capital Transferência de moeda de um país para outro, em busca de proteção contra condições adversas que podem ser econômicas, políticas ou outras. Por exemplo, uma ameaça de guerra geral no Oriente Médio pode fazer com que os países dessa região salvaguardem seus haveres em um outro país distante, onde não ocorra tal risco. (1)

capital formation / formação de capital Aumento de estoque de capital fixo, como instalações, equipamento, e reposição de estoque antigo, com a dedução de depreciação, desgaste etc., ou a adição de novo estoque, geralmente com fundos originados por poupança (*saving*). (1) (163) (244)

capital funds / fundos de capital Fundos disponíveis dos que fizeram poupança (*saving*), quase sempre através de instituições de financiamento para investimento (*investment*) em empresas que visam a fins lucrativos. (A)

capital gains / ganhos eventuais Renda ou lucro pela venda ocasional de bens do ativo (*assets*). (7) (11) (88) (105) (148) (244)

capital gains tax / imposto sobre rendas eventuais Imposto que incide de várias maneiras sobre a renda eventual decorrente da alienação de bens do ativo fixo (*fixed assets*). (11) (88) (109) (148) (244)

capital gearing / alavancagem de capital Na Grã-Bretanha, o mesmo que alavancagem (*leverage*). (1) (163)

capital goods / bens de capital Bens imobilizados do ativo que podem ser utilizados como fatores de produção mais avançados. A terra e a mão-de-obra são bens de capital, pois que existem em decorrência de fatores físicos e biológicos, não econômicos. Também são chamados de bens de produção. (7) (40) (88) (148) (244)

capital-intensive / intensivo de capital Processo que caracteriza uma empresa cujas operações exigem insumos (*inputs*) muito maiores de equipamento do que uma outra que recorre mais à mão-de-obra. As operações automatizadas são intensivas de capital; do contrário, poderiam ser intensivas de mão-de-obra (*labor-intensive*). (163) (244)

capital investment / investimento de capital Sinônimo de dispêndio de capital, isto é, aquisição de bens de capital (*capital goods*). (107) (148) (163) (244)

capitalism / capitalismo Sistema econômico em que os indivíduos, em relativa liberdade de restrições externas, produzem bens e serviços para o consumo público, sob condições de concorrência (*competition*), tendo como motivação principal o lucro (*profit*). Estes bens e serviços se deslocam dos produtores para os consumidores, por intermédio de um intercâmbio, ou vendas, em que o meio comum de pagamento é a moeda, ou algum sucedâneo aceitável, como o crédito. O capitalismo é um sistema econômico e não político, mas floresce melhor em países onde a forma de governo é democrática. Há no capitalismo três liberdades básicas: propriedade privada, livre empresa e liberdade de escolha. Os principais requisitos para seu bom funcionamento são: capital (*capital*), produção (*production*), distribuição (*distribution*), preço (*price*), concorrência (*competition*), risco (*risk*) e lucro (*profit*). (48) (148) (244)

capital issue / emissão de capital Uma emissão de valores (*securities*) a fim de adquirir capital para uma firma. (148)

capitalization / capitalização Termo que significa tanto a estrutura de capital (*capital*) de uma empresa, como a conversão de lucros acumulados e reservas em emissão de capital. (158)

capitalized ratios / razões capitalizadas Razões que descrevem a estrutura de capital (*capital structure*) de uma empresa; indica a proporção de cada tipo de valor emitido. (158)

capital-labor ratio / relação capital-trabalho Proporção do capital para a mão-de-obra da economia como um todo. (163)

capital levy / imposto sobre o capital Imposto que incide sobre o capital de pessoa física ou jurídica, em várias ocasiões, além do imposto de renda (*income tax*) e outros que possam existir. (78) (163) (231) (244)

capital-output ratio / relação capital-produto 1. Em macroeconomia (*macroeconomics*), índice, muitas vezes chamado coeficiente de capital (*capital coefficient*), significando o estoque de capital em relação à plena capacidade de produção. Basicamente, é um modo de definir a capacidade da economia em termos de seu estoque de capital. No que tange a uma firma, é a relação entre o valor contábil de uma instalação fabril e o valor bruto da produção. 2. Em teoria econômica, capital necessário para se obter mais uma unidade do produto. (1) (44)

capital stock / estoque de capital Valor total do capital físico que existe em uma firma, indústria ou economia (*economy*) em dado momento. (3) (11) (148) (158) (231)

capital stock market value / valor de mercado do estoque de capital Preço ao qual as ações (*shares*) de uma empresa são compradas e vendidas no mercado aberto (*open market*). As alterações no preço de mercado podem ser influenciadas por modificações no valor contábil (*book value*). Mas o preço de mercado também é diretamente afetado por todos os fatores que influenciam as condições econômicas em geral, o mercado financeiro e os ganhos periódicos das empresas. (15)

capital stock redemption value / valor de resgate de ações Situação em que o valor de resgate de ações pode ser ao par (*at par*), ao par mais os dividendos não pagos, ou ao par mais os dividendos até a data do resgate e, de acordo com o contrato, mais um ágio (*agio*) por ação. (15)

capital structure / estrutura de capital Estrutura que se constitui das fontes de capital de longo prazo de uma empresa. É determinada pela quantidade e tipos de ações que emite e sua confiança em dívida de juros fixos. V. (*gearing*). (148) (158) (244)

capital transfer tax/imposto de transferência de capital Imposto aplicável à dádiva de bens, como presente, ou a um testamento em caso de morte. (244)

capital value/valor de capital Em economia, investimento em bens de capital (*fixed assets*), medido em termos de custo ou outro valor. (88)

capital widening/alargamento do capital Maior uso do capital sem que haja aumento de sua intensidade para as operações da firma. Há mais trabalhadores com as mesmas ferramentas, máquinas e equipamento que eram usados pelos que já se encontravam trabalhando. A economia passa a ser uma versão maior do que a anterior. Uma outra definição diz ser o crescimento do capital na mesma proporção que a força de trabalho (*labor force*). V. (*capital deepening*). (40) (73) (111) (163)

caption/legenda Explicação escrita que se coloca por baixo de uma ilustração, como um mapa, gráfico ou retrato, em um veículo impresso. (11) (244)

captive audience/audiência cativa Audiência ou público que não tem muita escolha no recebimento de mensagens de propaganda, como no caso da televisão: o telespectador não tem liberdade para escolher. (11) (244)

captive market/mercado cativo Conjunto de entidades que são forçadas a comprar um certo produto de determinada firma, porque não têm outra escolha. (244)

carat (Troy)/quilate (Troy) Peso igual a 3,086 grãos (*grains*) equivalendo a 200,00 mg. (78)

card punch/perfuradora de cartão Dispositivo que efetua perfurações em cartões, nos locais específicos, designados pelo programa a ser usado em um computador. (74) (244)

card reader/leitora de cartão Máquina ou dispositivo que permite a percepção da informação perfurada em cartões, por meio de escovas elétricas ou sensores metálicos. (74) (244)

cardinal utility/utilidade cardinal Mensuração da satisfação de um consumidor (*consumer*) em termos de números cardinais, como 1, 2, 3, 4...n, expressa em unidades chamadas úteis (*utils*). Supõe-se que o consumidor escolherá a alternativa que lhe dê o maior número de úteis para a mesma finalidade. (129) (163)

career/carreira Soma de todos os cargos ocupados por uma pessoa durante a sua vida de trabalho. (148) (198) (244)

carriage/carreto Transporte ou custo de bens transportados de alguma forma. (244)

carriage forward/carreto a pagar Custo da entrega (do carreto) dos bens, a ser pago por seu destinatário. (244)

carriage free/sem custo de carreto Diz-se dos bens entregues pela entidade vendedora, sem que esta cobre custos de carreto. (244)

carriage inwards/carreto pago para recebimento Custo que se paga pelo recebimento de uma carga, supostamente por combinação prévia. (244)

carriage outwards/carreto pago para entrega Custo que se paga pela entrega de uma carga, supostamente por combinação prévia. (244)

carriage paid/carreto pago Carreto pago por uma entidade vendedora para a entrega dos bens vendidos, supostamente por combinação prévia. (244)

carriage trade/comércio de elite Comércio fino ou para pessoas escolhidas. Em tempos idos, essas pessoas chegavam às lojas de carruagem (*carriage*), privilégio que pertencia às classes mais abastadas e, possivelmente, mais diferenciadas. (48)

carrier/transportador Indivíduo ou entidade que faz transportes de bens ou pessoas de um lugar para outro, mediante pagamento de uma tarifa. (244)

carry/transporte Sinal ou dígito produzido pela soma de dois ou mais algarismos, quando o total for igual ou maior que a base do sistema de notação em que os algarismos estão representados. O mesmo que "vai um". (65)

carry down/reabertura de conta pelo saldo Transferência do saldo de uma conta encerrada por um traço, geralmente no encerramento de um exercício contábil, para uma linha imediatamente abaixo. A finalidade é reabrir a conta como uma única cifra líquida no início do próximo exercício contábil. (7) (88)

carry forward / transporte Em contabilidade, o que se escreve na última linha da página de um livro contábil, para a primeira linha da página seguinte, com todos os dados somados das colunas da página a ser transportada. (244)

carrying charge / despesa repetitiva 1. Custo recorrente de uma propriedade, geralmente considerado como despesa atual, mas ocasionalmente acrescentado ao custo de um bem que será finalmente vendido, quando houver a suposição de que as condições do mercado justificam e compensam o que foi gasto no bem. 2. Aumento no preço da mercadoria vendida a prestações. (88)

carrying costs / custos de estocar Custos que dependem da quantidade pedida. Um dos maiores custos de estocar pode ser o empate monetário nos itens adquiridos. Incluem-se os custos de espaço para armazenamento, manuseio, obsolescência do produto, seguros, etc., sem contar o volume do estoque. (140)

carrying value / valor pelos livros Montante em que uma propriedade é registrada nos livros, isenta de depreciação. É também um valor de mercado, ou menos, fixado por um banco como garantia de um empréstimo concedido. (7) (88)

carry-over / adiamento de acerto Adiamento do acerto de contas numa bolsa de valores, até o período seguinte, envolvendo o pagamento de juros. Também tem o nome de (*contango*). (158)

carte blanche / carta branca Expressão de origem francesa que implica plena liberdade de ação, quase sempre dentro de uma certa área. (244)

cartel / cartel União informal de empresas industriais independentes, que produzem bens similares com a finalidade de monopolizar um determinado mercado (*market*). No cartel, a política das empresas deve ser comum. A união é voluntária e pode infringir as leis antitruste de certos países. Geralmente seus objetivos principais são controlar as condições de venda, fixar preços, alocar as atividades produtivas e atribuir territórios de venda a cada uma, além de estabelecimento da quota máxima para cada membro componente. (1) (5) (148) (231) (244)

case study / estudo de caso 1. Em psicologia, coleta de informação bastante detalhada, muitas vezes de natureza pessoal, sobre o comportamento de um indivíduo ou grupo, durante longo período. 2. Estudo de uma ocorrência de qualquer natureza, tendo em vista ilustrar o assunto em pauta. Por exemplo, se uma firma faliu, pode-se fazer um estudo de caso para tentar saber quais foram os motivos. (148) (203) (244)

cash / disponível líquido; à vista 1. É a forma mais líquida de todos os bens financeiros. Refere-se unicamente aos itens que não têm restrição para uso e estão prontamente disponíveis para pagamentos de quaisquer obrigações, como moeda corrente, dinheiro em banco, títulos de pronto resgate, divisas, etc. 2. Pagamento efetuado à vista, supostamente em moeda corrente. (4) (22) (148) (231) (244)

cash-and-carry wholesaler / atacadista pague-leve Um dos quatro tipos de atacadistas de serviços limitados (*limited service wholesalers*). Presumivelmente, efetua vendas em seu próprio recinto, onde os compradores pagam e retiram a mercadoria. (138) (148) (244)

cash balance / saldo de caixa Saldo líquido depois do pagamento das contas de um certo período. Em finanças públicas, saldo global (*overall balance*) menos os empréstimos (*loans*) concedidos ou tomados pelo governo, já líquidos no que toca ao resgate. (104)

cash basis / base de caixa Escrituração mercantil que contrasta com o habitual sistema de provisão para exercício (*accruals*); a receita (*revenue*) e a despesa (*expense*) são lançadas no momento da operação, ignorando-se o exercício. V. (*accrual basis*). (78) (88)

cash before delivery / pagamento antes da entrega Condição que uma organização pode impor a um comprador (*buyer*), de que os bens adquiridos somente serão entregues após o respectivo pagamento. Geralmente usa-se a abreviatura (*c.b.d.*). (148)

cash discount / desconto por pagamento à vista Desconto concedido para induzir o cliente a fazer pronto pagamento pelo que adquiriu. (22) (148) (231) (244)

cash dispenser / caixa automático Dispositivo que existe em certos bancos para que os portadores de um cartão especial possam inseri-lo em uma fenda, tudo de acordo com um código, e retirar uma certa quantia em dinheiro, seja no horário comum ou fora das horas de funcionamento do banco. Quase sempre o caixa automático é do tipo externo. A tendência moderna é chamar tais dispositivos de *Automatic Teller Machine*, por sua sigla (*ATM*). É a mesma máquina que sugeriu o nome de "banco 24 horas". (163) (244)

cash flow / fluxo de caixa Movimento do dinheiro que entra e sai de uma empresa, em decorrência de suas atividades. Para um contador, encarregado de finanças, descreve o fluxo de caixa necessário ao atendimento das despesas diárias ou semanais e aos compromissos assumidos. Para um analista de investimento é a demonstração de entrada e saída de numerário durante um período. Demonstra as fontes de entrada internas e externas, os itens em que o dinheiro é gasto e o efeito que os recursos líquidos podem ter no financiamento de expansão, liquidação de dívidas de longo prazo, pagamento de dividendos, etc. Mais analiticamente, é a soma das margens de lucro e de depreciação. Deve-se entender que são os lucros retidos (*retained earnings*), isto é, os que ficam após a dedução dos impostos e dos dividendos; este lucro, lançado no inexigível, forma os fundos totais gerados internamente (já que para isso não houve uma transação específica), que servem para investimento na própria empresa, visando à sua melhoria geral. O fluxo de caixa pode ser bruto (*gross cash flow*) quando se compõe do lucro total mais a depreciação (*depreciation*); e é líquido (*net cash flow*) quando se compõe do lucro retido mais a depreciação. V. (*discounted cash flow*). (1) (22) (107) (148) (244)

cashier / caixa Empregado encarregado da caixa ou dos dinheiros entrados e saídos, principalmente o que efetua transações monetárias. (11) (244)

cash market / mercado à vista V. (*spot market*). (1)

cash on delivery / entrega contra pagamento Sistema de vendas em que a mercadoria somente é entregue mediante pagamento. Nessas circunstâncias figuram na fatura as iniciais (*c.o.d.*). (7) (148) (244)

cash price / preço à vista Preço a pagar na hora. V. (*spot price*). (1) (244)

cash ratio / razão de encaixe Quantidade de moeda em mãos, ou depositada em um banco, julgada como o mínimo necessário para atender à demanda normal para transações que devem ser liquidadas imediatamente, como, por exemplo, um cheque em um banco. (162)

cassette / cassete 1. Estojo de filme que pode ser facilmente colocado em uma câmera. 2. Estojo de fita magnética que pode ser facilmente colocado em um tocador de fita. (244)

casting vote / voto de Minerva Voto usado pelo presidente de um conselho de administração, se houver empate de votos para proposições diferentes. (244)

caucus / convenção política Reunião de líderes políticos, a portas fechadas, para a escolha de candidatos a postos eletivos, sem que haja participação da vontade popular. (31)

caveat / advertência; caveat Notificação formal que uma parte interessada envia às autoridades legais competentes, solicitando-lhes cessar ou deixar de agir, até que ela possa ser ouvida. A palavra também tem a conotação de aviso, advertência, informação, acautelamento, etc. (78) (231)

caveat emptor / caveat emptor Expressão latina significando "que se acautele o comprador", com a inferência de que este compra a seu próprio risco. V. também (*caveat venditor*). (33) (148) (231) (244)

caveat venditor / caveat venditor Expressão latina significando "que se acautele o vendedor", com a inferência de que ele vende a seu próprio risco. A implicação mais importante é de que se ele não proporcionar uma satisfação razoável ao comprador, está se arriscando a perder negócios. Por extensão, o conceito está muito ligado a controle de qualidade. Um país exportador, por exemplo, tem de fazer o máximo para que seus produtos não sejam do tipo que são comprados uma vez e nunca mais, por causa de sua má qualidade, embora os preços possam ser convenientes. V. também (*caveat emptor*). (1) (A)

c.b.d./p.n.e. Abreviatura de (*cash before delivery*), pagamento antes da entrega, que em certas circunstâncias figura nas faturas. Em português poderia ser pagamento na entrega (*p.n.e.*). (148)

C-chart/gráfico C Gráfico feito especialmente para controlar a qualidade de dois produtos por seus atributos. Nesse gráfico são marcados os defeitos encontrados em uma amostra (*sample*). O número de defeitos constitui um índice. (107)

CCTV/TVCF Abreviatura de (*closed-circuit television*), televisão de circuito fechado. (244)

cease and desist order/embargo de ação Intimação ou aviso judicial dirigido a um indivíduo, empresa ou sindicato, para deixar de violar a lei ou as regras e regulamentos estabelecidos por um órgão administrativo do governo. É uma espécie de aviso que antecede uma ação legal para o caso em vista. (A)

ceiling price/preço-teto Preço mais alto que uma firma pode cobrar por seus bens ou serviços, consoante alguma ordem governamental, visando a conter as pressões inflacionárias ou o poder de monopólio (*monopoly*). Em outras palavras, é um preço controlado. (A)

census/censo Determinação dos dados que constituem uma população, demográfica, industrial, comercial, de semoventes etc. (17) (244)

census tracts/tratos do censo Pequenas subdivisões em que as áreas metropolitanas (*metropolitan areas*) foram separadas para finalidades estatísticas. Existem para os censos decenais. A dimensão das áreas cobertas faz com que o estudo seja de interesse para o comércio varejista. Nos Estados Unidos há tratos do censo para 180 áreas metropolitanas. Os dados consideram idade, educação, ocupação e renda dos residentes: abrangem censos das quadras que formam unidades de um a dez. Há dados sobre contratos de locação de casas, local de trabalho, propriedade de automóvel, ano em que a família se instalou na área e outras informações que são de interesse geral para os varejistas. (80)

centiare/centiare Medida agrária igual a um metro quadrado (*square meter*), equivalente a 1.549,9 polegadas quadradas (*square inches*). (78)

centigram/centigrama Peso igual a 10 miligramas (*milligrams*), equivalente a 0,1543 grão (*grain*) ou 0,000353 onças (*ounces, avoirdupois*). (78)

centiliter/centilitro Medida de capacidade igual a 10 mililitros (*milliliters*), ou seja, 0,01 litro (*liter*), equivalente a 0,338 onça fluida (*fluid oz*). (78)

centimeter/centímetro Medida linear igual a 10 milímetros (*millimeters*), equivalente a 0,3937 polegada (*inch*). (78)

Central American Common Market/Mercado Comum Centro-americano Mercado comum formado em 1960 pelos cinco países centro-americanos: Guatemala, Salvador, Honduras, Nicarágua e Costa Rica. Na década de 1970, Honduras retirou-se do mercado e a Costa Rica parece ter decidido agir por conta própria no que tange a tarifas aduaneiras (*customs duties*). (158) (244)

central bank/banco central Banco estabelecido por um governo para tratar de seus negócios financeiros, levantar empréstimos, controlar a emissão de notas e influenciar a taxa de juros. (244)

central city/cidade central Municipalidade principal de uma área metropolitana (*metropolitan area*) cercada por subúrbios e cidades menores, especialmente as áreas muito povoadas e industriais, muitas vezes em estado de decadência. (78)

centralized data processing/processamento centralizado de dados Processamento de dados em um único local central, para uma organização empresarial que tenha muitas filiais em diversos pontos e várias camadas de administração. (11)

centralized management/administração centralizada Tipo de administração em que quase todos os problemas da empresa, ainda que suas unidades estejam geograficamente separadas, dependem da matriz (*parent company*) ou do escritório central. A delegação de autoridade é mínima. (48)

centrally planned economy/economia de planejamento central Atividades econômicas típicas dos países comunistas, onde o governo detém o monopólio (*monopoly*) dos meios de produção e comércio (*com-*

merce), fazendo ele próprio o planejamento que julgar necessário. (82)

central processing unit / unidade central de processamento Centro nervoso de qualquer computador, por ser o coordenador e controlador das funções de todas as demais unidades, além de fazer todas as operações aritméticas e lógicas. Abrevia-se UCP (*CPU*). (66) (148) (118) (244)

cerebellum / cerebelo Região do rombencéfalo que tem papel ativo em regular a postura, o equilíbrio e o movimento de um indivíduo. (203)

cerebral cortex / córtex cerebral Parte do encéfalo. É a cobertura externa do cérebro propriamente dito, que recebe e processa dados sensoriais, integra informação presente e passada, controla as cognições e dirige o movimento. (203)

cerebral popcorn / pipoca cerebral Termo pejorativo para designar "brainstorming" (*brainstorming*). (A)

certain annuity / anuidade certa V. (*annuity*). (A)

certainty equivalent / equivalente de certeza Alternativa escolhida por um decisor dentre as muitas que podem existir sob condições de incerteza para uma boa decisão. Pode ser uma probabilidade subjetiva ou objetiva, e os resultados somente poderão ser realmente conhecidos depois de tomada a decisão. Mas a árvore da decisão (*decision tree*) e a matriz de pagamentos, ou de compensação (*payoff matrix*), dão uma idéia de qual o caminho a seguir. (138)

certificate / certificado Documento emitido por alguém com autoridade correspondente, para certificar, atestar ou provar alguma coisa. (231) (244)

certificate of debt / certificado de dívida Título de dívida com vencimento inferior a um ano. (1)

certificate of deposit / certificado de depósito Instrumento negociável, emitido por um banco autorizado, em que os juros, consoante o prazo de vencimento, são pagos adiantadamente. É uma forma de poupança (*saving*), popularmente chamada de letra de câmbio. Muitas vezes é abreviado como c.d.b. (*c.o.d.*). (148) (169) (231)

certificate of origin / certificado de origem Documento de embarque para o exterior, com fatura consular que certifica a origem do bem, exigida por muitos países. (11) (148) (244)

certified public accountant / auditor independente Designação dada em certos países ao contador aprovado em uma entidade oficial, como o American Institute of Certified Public Accountants. Pode ser comparado a uma espécie de contador-tabelião que tem a faculdade de emitir certidões sobre peças contábeis. Tradicionalmente, a maior parte do seu trabalho é de auditoria (*audit*). É uma profissão liberal e difere do conceito comum de contador. (4) (5) (22) (231)

certiorari / certiorari Ordem escrita de um tribunal superior solicitando a revisão de uma decisão tomada por um tribunal inferior. (11) (231)

ceteris paribus / ceteris paribus Expressão latina que quer dizer "tudo o mais sendo igual". Em economia define a situação em que, por hipótese, permanecem constantes todos os fatores que afetam o fenômeno sob exame, exceto apenas aquele cujo comportamento se analisa no momento. (55)

c.g.s. / c.g.s. Abreviatura do sistema de comprimento-grama-segundo, que tem por base o centímetro (*centimeter*), unidade de comprimento, o grama (*gram*), unidade de peso, e o segundo (*second*), unidade de tempo. (30)

chadded / picotado Superfície em cartão ou fita, com furos completamente picotados, que são os locais que contêm alguma informação que será processada. (72)

chadless / sem picote total Tipo de cartão de processamento de dados em que cada ponto a ser perfurado fica ligado ao corpo do cartão por um quarto da circunferência do picote. (72)

chain / cadeia 1. Sinônimo de múltiplo. 2. Seqüência de bordas dirigidas conectadas de um gráfico. 3. Medida que, para agrimensores, é igual a 100 elos (*links*) ou 66 pés (*feet*), equivalente a 20,12 metros, e, para engenheiros, 30,48 metros. (78)

chain stores / lojas em cadeia Grupo de lojas de varejo, essencialmente do mesmo tipo, de uma única empresa, cujo controle de operação é até certo ponto centralizado. Os supermercados de âmbito nacional são um exemplo. Em certos países há a preocupação de que este tipo de empresa possa, de um modo ou de outro, adquirir poder de monopólio (*monopoly*) ou, pelo menos, restringir a concorrência oferecida por empresas de menor porte, como os comerciantes independentes. V. (*antichain law*). (38) (148) (244)

chairman / presidente de grupo Indivíduo que preside a uma reunião periódica e a quem são dirigidas todas as observações dos participantes. Pode estar só ou acompanhado de assessores. (148) (163) (231) (244)

chairman of the board / presidente do conselho de administração Mais alta investidura em uma empresa de fundo acionário. Dificilmente toma parte ativa nas decisões cotidianas. Cargo eletivo. O conselho de administração reúne-se algumas vezes por ano, quando toma deliberações para o bom desempenho da empresa, que delega autoridade e responsabilidade aos executivos, como presidente, vice-presidente, tesoureiro, secretário etc. Estes últimos são nomeados pelos componentes do conselho de administração, que também podem ser considerados como diretoria. (163) (244)

chance node / nó de chance Ponto em uma árvore de decisão (*decision tree*), escolhido por um decisor, que não pode prever os resultados, mas de acordo com as circunstâncias, escolhe uma das alternativas. V. (*choice node*). (138)

Chandler Act / Lei Chandler Nome popular da Lei de Falências de 1938, nos Estados Unidos. (A)

change / mudança Quase sinônimo de inovação e pode ter uma infinidade de outros equivalentes; afeta tanto a vida empresarial, que há quem diga que "o único elemento permanente na vida empresarial é a mudança". Parece que segue passo-a-passo com o tempo. Para as empresas, as mudanças mais importantes nos anos recentes têm sido: automação, ciência, processamento eletrônico de dados, simulação, passagem de ênfase de produção para distribuição, tecnologia espacial, crescimento demográfico, suburbanização, passagem de economia industrial para a de serviços. Não obstante, é próprio da natureza humana resistir à mudança. (48)

change agents / agentes da mudança Indivíduos ou circunstâncias que estimulam e coordenam a mudança dentro de um grupo. (198) (A)

channel interface / interface de canal V. (*interface*). (A)

channels of distribution / canais de distribuição Meios pelos quais os bens, a partir dos produtores, alcançam os consumidores finais. Esses canais abrangem a venda de porta em porta, varejistas, reembolso postal, atacadistas, agentes, máquinas de vender, e quaisquer outros intermediários. (48) (148) (244)

character / caractere Único símbolo, de um conjunto de símbolos elementares, tais como os que correspondem às teclas de uma máquina de escrever. Geralmente os símbolos incluem os dígitos decimais de 0 a 9, as letras de A a Z, sinais de pontuação, símbolos de operações matemáticas e quaisquer outros que um computador possa ler, armazenar e escrever. Caractere é um neologismo nascido da informática. (72) (74) (244)

charge / débito; acusação 1. Obrigação, especialmente de pagar uma dívida. Pode ser de duas espécies: flutuante (*floating charge*), quando é a que geralmente abrange todos os bens do ativo, e débito específico (*specific charge*), que engloba apenas um bem ou grupo de bens do ativo. 2. Acusação. (148) (163) (244)

chargeoff / baixa Eliminação por transferência como despesa de uma parte ou de todo o saldo de uma conta, em reconhecimento da expiração de qualquer valor continuado. (7) (88)

charisma / carisma Qualidade especial de atração ou magnetismo pessoal que conduz a uma liderança efetiva. Tudo indica que é um dom inato. (148) (213) (A)

charismatic leadership / liderança carismática Liderança que se atribui a um indivíduo como seu dom inato. São exemplos Antônio Conselheiro e Hitler. Os líderes carismáticos são escolhidos pelos seguidores, independentemente de serem líderes "por nomeação". (A)

charm price / preço psicológico Preços que, segundo se acredita, são particularmente significativos para os consumidores (*consumers*), como 1,99, 299 etc. (134)

charter / carta patente; fretamento 1. Documento formal expedido por autoridade oficial autorizando o funcionamento de sociedade anônima (*corporation*) ou fundação. 2. Fretamento de um meio de transporte. 3. Autorização para que alguém faça alguma coisa, por meio de uma carta patente. (48) (148) (244)

chart of attributes / tabela de atributos Gráfico estatístico para analisar a qualidade de uma produção ou processo de inspeção, ou fonte de suprimento. (7) (88)

chattel / bens móveis Nome arcaico para bens pessoais móveis. (7) (88) (148)

chattel mortgage / penhor de bens móveis Entrega de bens pessoais móveis como garantia de uma dívida. (7) (14) (88)

Chauvinism / chauvinismo Termo derivado de Nicolas Chauvin, soldado de Napoleão, que expressa nacionalismo exagerado e agressivo. Exalta a consciência nacional e dissemina o ódio por outros povos. (30)

cheap money / moeda barata V. (*easy money*). (1) (244)

check / cheque 1. Documento negociável, sacado em um banco, pago à sua apresentação. 2. Verificação quanto à exatidão de alguma coisa. (7) (88)

checkbook / talão de cheques Talão contendo uma quantidade de cheques em branco, que devem ser preenchidos e assinados pelo titular de uma conta bancária. (11) (244)

checkoff / dedução sindical Dedução que o empregador faz no salário do empregado para a contribuição deste aos sindicatos a que pertença. (107) (148) (231)

check-out / saída Saída em uma loja de departamentos, supermercado ou semelhante, que seja de auto-serviço, onde ficam as caixas registradoras e a borboleta de saída. (244)

check problem / problema de prova Problema de resultado conhecido, usado para a verificação do perfeito funcionamento de um computador. (65)

chemical senses / sentidos químicos Gosto e olfato. (130)

Chicano / chicano Pessoa que nasceu no México ou descende de mexicanos e vive nos Estados Unidos. (122)

chicken feed / ninharia Quantidade muito pequena de dinheiro. (244)

chip / chip Circuito integrado, ou muitos deles, em uma chapa de silicone (silício). Funcionalmente, a pastilha microprocessadora (*chip*) inclui a unidade aritmética lógica (*ALU*). (217) (244)

choice node / nó de escolha Nome que se dá a cada ponto de uma árvore de decisão (*decision tree*) quando o decisor tem de se decidir por alguma alternativa ligada a diversos aspectos de uma situação. V. (*chance node*). (138)

chronic unemployment / desemprego crônico Desemprego que não decorre de flutuações sazonais em determinados ramos de atividade, nem de mudanças voluntárias de emprego e causas semelhantes. Sua tendência é de durar mais tempo do que poderia ser considerado "normal" — aproximadamente um semestre. Atribui-se o desemprego crônico à defasagem do trabalhador comum face ao avanço tecnológico e à automação (*automation*). (1)

chronological age / idade cronológica Idade considerada pelo número de anos da pessoa. O conceito é importante para comparações com a idade mental (*mental age*). (160) (168)

chunk / amostra de conveniência Em estatística, amostra cuja seleção não é feita em base de probabilidade. (7) (88)

chunking / grupamento Grupamento ou reunião de itens de informação, a fim de consolidá-los. (202)

c.i.f. / c.i.f. Abreviatura de (*cost, insurance, freight*), custo, seguro, frete. (163) (244)

c.i.f.c. / c.i.f.c. Abreviatura de (*cost, insurance, freight, commission*), custo, seguro, frete, comissão. (244)

circular flow / fluxo circular Processo que consiste no seguinte: pelo que produzem, as firmas proporcionam uma renda às famílias pelos serviços que estas lhes prestam; ao mesmo tempo, as famílias gastam parte do que recebem, em bens e serviços proporcionados pelas firmas; para estas, a referida despesa (*expense*) se traduz em receita (*revenue*), parte da qual volta às famílias (*households*) pela prestação de seus serviços, e assim por diante. Este conceito, extremamente simplificado, visa apenas a mostrar a circulação de bens e rendas monetárias através do sistema econômico. Há uma interdependência, já que as famílias e as firmas são a um só tempo compradoras e vendedoras, e vice-versa. (128) (165)

circularity / circularidade O termo mais completo seria circularidade do método científico. Ocorre quando uma hipótese está sendo refinada para transformar-se em teoria. A seqüência: previsão (*forecast*), observação (*observation*) e modificação (*change*) é suficientemente recirculada para permitir a investigação minuciosa dos dados empíricos, em comparação aos princípios firmemente estabelecidos, e vice-versa. O processo todo pode ser imaginado como uma espiral: desenvolvem-se novas ciências com base nas mais antigas. (89)

circulating capital / capital circulante V. (*working capital*). (107) (128) (244)

citizen / cidadão Membro nato ou naturalizado de um estado ao qual deve lealdade e submissão; tem direito à proteção e aos privilégios desse país. Nos Estados Unidos a cidadania é definida pela Décima-quarta Emenda. "Todas as pessoas nascidas ou naturalizadas nos Estados Unidos e sujeitas à sua jurisdição, são cidadãos deste país e do Estado em que residem." Como em quase todos os países do mundo, a cidadania baseia-se principalmente no local de nascimento (*jus soli*), mas pode ser obtida por naturalização e pelas relações de sangue (*jus sanguinis*). (31)

citizenship / cidadania Termo que se baseia, principalmente, no lugar de nascimento (*jus soli*), mas pode ser adquirida por naturalização (*naturalization*) e sob as condições definidas pelo Congresso como (*jus sanguinis*). Antes de 1922, uma mulher casada assumia a cidadania do marido, porém agora é tratada como o homem, exceto que aquela que se casa com um cidadão americano pode ter um período menor de residência no país. Os filhos de agentes diplomáticos não são cidadãos, já que não estão sujeitos à jurisdição dos Estados Unidos. O prazo para a concessão de cidadania é de 5 anos de residência. (31)

City Council / Câmara dos Vereadores Literalmente, "Conselho da Cidade", mas pode ser interpretado como "Câmara dos Vereadores" ou "Câmara Municipal". (231) (A)

City Hall / Câmara Municipal Local ou prédio da administração de uma cidade. Nos tempos coloniais dos Estados Unidos, significava Capitólio ou sede do governo de um Estado. (35)

Civil Rights Act of 1964 / Lei dos Direitos Civis de 1964 Lei promulgada, nos Estados Unidos, para tornar ilegais várias formas de discriminação. Seu Título VII prevê igual oportunidade de emprego para todos, sem consideração de raça, cor, religião, sexo, gravidez e origem nacional. Aplica-se à contratação, promoção, remuneração e outros termos e condições de trabalho. V. (*affirmative action*). (198) (A)

CKD / CKD Abreviatura de (*completely knocked down*), completamente desmontado. (244)

clairvoyance / clarividência Espécie de percepção extra-sensorial, como a pessoa dizer que vê alguma coisa no passado, no presente ou no futuro, percepção essa que não pode ser obtida pelos sentidos conhecidos. (203)

class / classe 1. Grupo com qualidades da mesma espécie. 2. Uma série de graus em que certos serviços são separados. 3. Grupo social. 4. Grupo de estudantes. (244)

class action suit / ação judicial coletiva Ação judicial instituída por um grupo contra alguma prática injusta. Pode ser contra indivíduo ou empresa. (194)

classical economics / economia clássica Expressão muito usada por Keynes para caracterizar o sistema de análise econômica de David Ricardo, incluindo John Stuart Mill, Alfred Marshall e A. C. Pigou, famosos economistas dos séculos XVIII e XIX. A análise baseia-se na propriedade privada, que é a viga-mestra do sistema capitalista. São seus pressupostos principais que a economia é controlada pela concorrência pura (*pure competition*) e que a sua situação normal é de pleno emprego (*full employment*) de todos os recursos econômicos, inclusive da mão-de-obra (*labor*). Os princípios da economia clássica derivam do comportamento do homem como ser racional. Sob o ponto de vista clássico, o homem procura maximizar sua satisfação em troca do sacrifício de seus rendimentos; como empresário, procura maximizar o rendimento que pode ter, pela venda de seus bens ou serviços. Trata-se de uma série de princípios que demonstram como o mecanismo de preços, ou um sistema de mercados competitivos pode solucionar os problemas sobre quais os bens e serviços que devem ser produzidos, de que modo devem ser alocados os recursos e como o valor da produção total deve ser distribuído entre os fatores de produção (*production factors*). Embora aperfeiçoada e modificada pelos desenvolvimentos modernos, grande parte da estrutura da análise permanece válida e em uso até hoje. (44)

classical economist / economista clássico Expressão usada por Karl Marx para designar David Ricardo e seus predecessores, inclusive Adam Smith. Mais tarde a expressão foi adotada por Keynes. (44)

classical theory of capitalism / teoria clássica do capitalismo Teoria que faz as seguintes suposições: (a) normalmente existe pleno emprego (*full employment*) da mão-de-obra (*labor*), e se esta condição não existir, será apenas temporária; (b) toda a renda da produção de bens e serviços será imediatamente despendida na aquisição dos atuais bens e serviços necessários, ou será investida em bens de capital (*capital goods*), como materiais, maquinaria, edifícios e bens de consumo (*consumer goods*) que se destinam aos estoques das organizações vendedoras; e (c) a produção de bens cria uma quantidade equivalente de demanda e, portanto, a oferta e demanda agregadas são sempre iguais. Por isso, a conclusão é que as forças da oferta (*supply*) e da demanda (*demand*), juntamente com o investimento (*investment*), são adequadas para manter a economia (*economy*) operando em seu nível mais elevado e em estado de equilíbrio (*equilibrium*). V. (*break-even point*). A teoria econômica clássica contrapõe-se à denominada análise de renda-dispêndio (*income-expenditure analysis*). (48)

classified / classificado; secreto 1. Qualquer coisa que esteja dividida ou posta em certa ordem ou classe. 2. Informação colocada em um grupo secreto, à qual o público não deve ter acesso. (244)

Clayton Antitrust Act / Lei Antitruste Clayton Lei federal americana, promulgada em 1941, de caráter antitruste, aparentemente complementar à Lei Antitruste Sherman, com o fito de abolir e proibir a formação de monopólios e outras práticas consideradas injustas ou prejudiciais ao público e às empresas de menor porte. A lei exclui o monopólio (*monopoly*) da mão-de-obra (*labor*), isto é, não considera os sindicatos trabalhistas (*unions*) como monopolistas, porque o ser humano não é mercadoria (*merchandise*). (1) (88) (148)

clean bill of lading / conhecimento sem ressalva Conhecimento que não contém qualquer ressalva que diga respeito ao estado da mercadoria embarcada. (105)

clearance sale / venda de liquidação Venda especial a preços mais baixos visando a renovar o estoque. (244)

clearing house / câmara de compensação Qualquer instituição que faça o acerto do endividamento mútuo entre numerosas organizações. Os bancos, por exemplo, têm uma câmara desse tipo, a fim de fazerem a compensação dos cheques que aceitaram dos diversos bancos. (158)

clearing stocks / compensação de ações Departamento de acertos que existe em certas bolsas de valores, que combina os compradores e vendedores finais de ações, conforme estas são negociadas. (158)

clerical / escritural Que diz respeito a escriturário (*clerk*). Geralmente refere-se aos serviços menos especializados dos escriturários. (78) (244)

clerk / escriturário; caixeiro; balconista Pessoa que se dedica a escriturar papéis e livros em uma organização, ou que serve em uma loja, como balconista. Este último caso ocorre nos Estados Unidos. (244)

clinical psychologist / psicólogo clínico Especialista que estuda psicologia normal e anormal. Diagnostica e trata de problemas emocionais. (203)

clip / clip Pequena parte cortada de um filme completo, constituindo uma separata. (244)

clipping service / serviço de recortes Agência contratada para recortar dos jornais e revistas tudo quanto diga respeito a um determinado assunto, enviando os recortes semanalmente à empresa contratante. A idéia é ver quanto uma publicidade circulou, ou quanto se publicou a respeito de alguma coisa. (244)

clique / camarilha Pequeno grupo de pessoas íntimas entre si, dotadas de intenso espírito grupal, com base em sentimentos e interesses comuns. Equivalente a "panelinha". (180) (A)

clock card / cartão de ponto Cartão em que um relógio marca as horas de entrada e saída dos empregados, ou os tempos de início e término de uma tarefa, processo ou operação de máquina. Também conhecido como (*time card*) e (*time ticket*). (107) (148) (244)

close corporation / sociedade anônima fechada Empresa de fundo acionário, cujas ações (*shares*), em mãos de um pequeno grupo, não se acham à venda no mercado aberto (*open market*). Segundo alguns autores, a sociedade anônima fechada implica que todos os seus acionistas exercem atividades na empresa. Via de regra, os acionistas (*shareholders*) também fazem parte da administração de cúpula ou do conselho de administração (*board of directors*), ou ambas as coisas. Relaciona-se à sociedade anônima de família (*family corporation*), quando a maioria dos acionistas tem laços de parentesco entre si. (48) (88) (244)

closed-circuit television / televisão de circuito fechado Transmissão de televisão para uma audiência restrita; esse tipo de transmissão não pode ser recebido pelo telespectador comum como os demais programas. Muito usada para demonstrações e observação do comportamento das pessoas em ambiente fechado. (11) (244)

closed class / classe fechada Sociedade em que, teoricamente, o status de um indivíduo baseia-se em hereditariedade. Assemelha-se a uma elite. (180)

closed-door discount house / casa de descontos privativa Casas de descontos (*discount houses*) que vendem somente a clientes portadores de um cartão de afiliação. Estes, quase sempre, fazem parte de um grupo coeso. Assim, por exemplo, um estabelecimento deste tipo poderia vender ao grupo dos bancários, dos militares, dos comerciantes, dos esportistas etc. (48)

closed economy / economia fechada Termo aplicável a alguma espécie de economia em que não há qualquer relacionamento de troca com entidades não pertencentes a tal área; uma economia dessa espécie não tem importações ou exportações; não há comércio internacional. (1)

closed-end investment company / companhia de investimento de capital fixo Empresa de investimento (*investment*) cuja estrutura de capital é fixa. Contrapõe-se a companhia de investimento de capital flexível, também conhecida como de fundos mútuos (*mutual funds*). Sua característica principal é que ela levanta fundos como as demais sociedades anônimas, isto é, vende ao público ações ordinárias e preferenciais, toma empréstimos e algumas vezes emite obrigações. Uma vez emitidos, estes títulos são comercializados como os demais. O preço é determinado pela demanda (*demand*) e pela oferta (*supply*), estando, portanto, relacionado ao valor líquido do fundo por ação. (1) (11)

closed-loop control / controle de laço fechado Expressão que, normalmente, se refere a uma ação de computador ou de máquinas numericamente controladas, significando que a máquina ou o equipamento faz os ajustamentos necessários a seu funcionamento, sem intervenção ou assistência humana. A máquina é programada para isso. Contrapõe-se a controle de laço aberto (*open loop control*). (48) (148)

closed population / população fechada População que não tem intercâmbio migratório com o meio exterior. (5) (25)

closed role / papel fechado Diz-se do papel (*role*) em que, no treinamento de assunção de papel (*role taking*), os participantes ignoram a informação referente a cada um. Quando têm essa informação, diz-se que o papel é aberto (*open role*). (181)

closed sales territories / territórios de vendas fechados Áreas de vendas em que os agentes têm garantia do direito de vendas exclusivas. (194)

closed shop / estabelecimento fechado 1. Estabelecimento em que a sindicalização é condição indispensável para a contratação de um empregado, ou aquela em que o empregador, quando necessita de mais mão-de-obra (*labor*), quase sempre se dirige ao sindicato (*union*) pertinente. Contrapõe-se a estabelecimento aberto (*open shop*). Nos Estados Unidos, a Lei Taft-Hartley (*Taft-Hartley Act*) de 1947 tornou ilegal o sistema para empresas empenhadas em comércio interestadual (*interstate commerce*). 2. Sistema de trabalho em um centro de processamento de dados, que restringe a operação, e às vezes também a programação de sistemas, a um grupo de funcionários do centro. Os serviços para os usuários de computador são de responsabilidade desses especialistas. (1) (11) (65) (244)

close mortgage / primeira e única hipoteca Bem de raiz que se acha fechado para uma segunda hipoteca, e que a existente, se houver, é mesmo a única. V. (*mortgage*). (231)

close out / liquidação Disposição de bens através da venda, como a que se faz para liquidação de um negócio. A mercadoria (*merchandise*) é arrematada e vendida a preço baixo, principalmente em áreas de pequena renda (*income*). (11) (78) (80)

closing entries / lançamentos de fechamento Lançamentos em livros contábeis no final de um exercício para que seja feita a demonstração de lucros e perdas para tal período. (244)

COBOL / COBOL Sigla de (*Common Business Oriented Language*), Linguagem Comum de Orientação Comercial. (118) (148) (244)

cobweb / teia de aranha Diagrama de curvas de demanda e de oferta que adquire a forma de uma espiral convergente em relação ao preço de equilíbrio de um bem, e que apresenta uma defasagem de tempo entre a ocasião da demanda (*demand*) e da oferta (*supply*), como no caso dos produtos agrícolas. As linhas traçadas entre o preço de oferta e a quantidade demandada tendem a formar um desenho que se assemelha a uma teia de aranha convergente para um ponto de equilíbrio entre o preço e a quantidade. A espiral também pode ser divergente, não havendo equilíbrio. (A)

c.o.d. / c.o.d. Sigla de (*cash on delivery*), pagamento na entrega. (244)

code / código Sistema de símbolos e seu uso na apresentação de regras para a manipulação do fluxo ou processamento de informação; é o preparo real de problemas para solução em um computador. (72) (148)

code-checking time / tempo de prova de código Tempo despendido na verificação de um problema de computador, para haver a certeza de que ele foi corretamente ajustado e que o código está correto. O tempo de uso de computador é extremamente caro e, por isso, o fator tempo é da máxima importância. Donde as constantes provas antes de o programa "rodar". (72)

co-determination / co-determinação Plano trabalhista em vigor principalmente na Alemanha Ocidental, em que os empregados têm representação minoritária junto à diretoria de certas empresas e representação legal nos conselhos trabalhistas de empresas especificadas. (49) (129) (148)

codicil / codicilo Aditamento escrito ou impresso que altera, explica ou cancela um testamento. (244)

codon / codon Em processamento de dados, unidade-base em uma mensagem codificada, compreendendo um único caractere. (78) (122)

coefficient of correlation / coeficiente de correlação Coeficiente ou índice de correlação é um número entre +1,00 e −1,00 que indica a maior ou menor extensão em que os fatos estão relacionados entre si. Um coeficiente de +1,00 ou −1,00 indica correlação perfeita; 0,00 não representa correlação alguma. Em inglês o termo também é conhecido como (*correlation coefficient*). (28) (130) (148)

coffee break / intervalo para o café Ligeiro descanso dos empregados a cada duas horas de trabalho, geralmente para o chamado "cafezinho". (11)

cognition / cognição Sinônimo de conhecer. O termo é vastamente usado por psicólogos e pedagogos para atividades mentais, como usar a linguagem, raciocinar, resolver problemas, emitir e compreender conceitos, recordar, imaginar e aprender matérias complicadas. (124) (130) (203)

cognitive dissonance / dissonância cognitiva Situação em que um indivíduo tem dois sentimentos diversos a respeito de um mesmo estímulo ou dois itens opostos de informação. Ele procura reduzir a dissonância buscando nova informação, mudando de atitudes, alterando seu comportamento ou modificando o ambiente em que vive. (202) (203)

cognitive overload / sobrecarga cognitiva Situação que se estabelece quando há mais informação dirigida a uma pessoa do que esta consegue processar refletindo, em determinado momento. Um exemplo poderia ser o de cinco pessoas transmitindo a uma única, e ao mesmo tempo, mensagens diferentes. A sobrecarga competitiva pode ser um dos problemas da propaganda (*advertising*). (130)

cohort / coorte Conjunto de pessoas que vivem um mesmo acontecimento demográfico com a mesma duração de tempo, geralmente um mesmo ano civil. (25)

coinsurance clause / cláusula de franquia Determinação em uma apólice de seguro exigindo que o segurado e o segurador partilhem dos custos de uma reivindicação, em alguma base. Usualmente, o segurador paga 80% e o segurado 20% da reivindicação. (198)

cold calling / visita sem combinação prévia Visita feita por um vendedor a uma firma usuária de seus produtos, mas sem aviso prévio ao comprador. V. (*cold canvassing*). A intenção é conseguir um pedido que não estava programado. (164) (244)

cold canvassing / investigação promocional Visita que um vendedor faz a uma firma que não é cliente, sem entrevista marcada, a fim de verificar se ela necessita de algum produto ou serviço que ele vende. É a busca de um novo cliente. (164) (244)

collapsible corporation / empresa efêmera Sociedade de fundo acionário, de curtíssima duração, com a finalidade aparente de montar um negócio cujo lucro se realiza após a sua dissolução. É uma forma de evasão tributária. O acervo é distribuído entre os acionistas, que não o alienam antes de um semestre, fazendo jus a melhor tratamento fiscal, no que tange ao imposto sobre rendas eventuais, isto é, (*capital gains tax*). (1) (88) (231)

collateral / garantia extra Garantia extra que se dá a um credor (*creditor*), além da que presumivelmente seria suficiente. Ocorre quando o credor não se sente seguro de que a garantia normal poderá cobrir seus prejuízos eventuais. (148) (212) (231) (244)

collateral security / garantia colateral Um segundo título de garantia, além da certeza de que o credor é bom para a obtenção de um empréstimo. Essa garantia pode ser em títulos negociáveis em bolsa. (158)

collation / intercalação Ação de fundir dois ou mais conjuntos ordenados de dados ou cartões, a fim de produzir um ou mais conjuntos ordenados que ainda reflitam as relações da ordenação original. Um exemplo seria intercalar os cartões numerados 1, 2, 4, 7 etc., com os de números 3, 5, 6, 8 etc.; ou colocar novos verbetes em ordem alfabética em um dicionário. (72) (244)

collective bargaining / negociação coletiva Debate entre representantes dos empregados e dos empregadores visando a diversas condições para contratos de trabalho, as quais podem ser satisfatórias para ambas as partes. Supõe-se que os resultados obtidos representem o desejo dos interessados como um todo. (148) (244)

collective goods / bens coletivos Bens e/ou serviços que beneficiam a população como um todo, independente de suas margens de contribuição, como a proteção policial, por exemplo. (128)

collective ownership / propriedade coletiva Propriedade e controle de uma companhia que está dividida entre todos os que trabalham para ela. (244)

collective price agreement / acordo coletivo de preços Combinação entre produtores de um mesmo bem ou serviço para que seus preços sigam um padrão por eles determinado, dessa forma impedindo a concorrência de preços em detrimento do consumidor (*consumer*). (134)

collectivism / coletivismo Termo que abrange diversos movimentos, hipóteses e teorias sociais, cada qual com o seu próprio nome, sendo implícito que o estado é que deve controlar a terra e todos os meios de produção, inclusive a mão-de-obra (*labor*). Contrapõe-se a individualismo (*individualism*) e, muitas vezes, pode ser sinônimo de comunismo, socialismo e outras doutrinas que rejeitam a relativa liberdade econômica do capitalismo (*capitalism*). (31)

college / faculdade 1. Estabelecimento de educação superior que fornece diplomas no final do curso. 2. Parte de uma universidade. (244)

collusion / conluio Acordo ilegal, sobre preços, estabelecido entre firmas, com as mesmas conotações de quase-acordo (*quasi-agreement*). São sinônimos: paralelismo de ação consciente (*conscious parallelism of action*), coordenação imperfeita (*imperfect coordination*) e convênio restritivo (*restrictive covenant*). (155) (244)

combine / combinação Grupo de empresas que se juntaram para uma finalidade comum, como, por exemplo, controlar preços. (244)

combo / combo; combinação Superlojas, muito parecidas com supermercados, mas que têm uma farmácia que avia receitas médicas, além de vender remédios populares. Em muitos casos estão substituindo as *drugstores*. (237)

command / comando 1. Pulso, sinal ou conjunto de sinais para iniciar, cessar ou continuar alguma operação de computador. Não é sinônimo de instrução (*instruction*). 2. Parte de uma palavra de instrução que especifica a operação de computador a ser executada. (217)

commando selling / vendagem-comando Vendagem pioneira (*pioneer selling*), agressiva em um novo mercado, quase sempre com um novo produto. (164) (244)

comment / comentário Expressão que explica ou identifica determinado passo em uma rotina, mas que não tem efeito sobre a operação do computador na execução das instruções para a citada rotina. (72)

commerce / comércio Termo que conota compra e venda de mercadorias, intercâmbio comercial nacional e internacional, comunicações e transporte, sendo o vocábulo atualmente intercambiável com "trade" (*trade*), cuja conotação é de troca ou negócio. Comércio é o termo preferido quando o transporte é marítimo ou aéreo e quando as transações não compreendem apenas mercadorias, mas incluem moeda, letras de câmbio (*bills of exchange*) etc. "Trade", por outro lado, é o termo escolhido quando as transações visam apenas a mercadorias. A linha divisória entre os dois termos se torna cada vez mais esmaecida. Desde 1937, através de uma interpretação cada vez mais ampla, "commerce" nos Estados Unidos passou a incluir praticamente todas as formas de atividade econômica, inclusive a industrial. Nesse país a regulamentação do comércio é atribuição do Congresso. (29) (31) (148) (244)

commercial / comercial 1. Tudo o que decorre de comércio. 2. Nome geral dado aos anúncios de televisão, rádio e cinema. (244)

commercial business / empresa comercial Classificação que compreende todas as empresas que se empenham em mercadização (*marketing*), como atacadistas (*wholesalers*) e varejistas (*retailers*); em finanças, bancos e empresas de investimento; e no campo de serviços públicos, comunicações, transporte, gás, energia elétrica, fornecimento de água, hotéis e teatros. (48)

commercial consumer / consumidor comercial Instituições que adquirem bens manufaturados ou não, para uso em que auferirão alguma espécie de lucro, sem que haja necessariamente a venda do produto físico. Por exemplo, hotéis, escritórios, bancos, escolas, hospitais, teatros etc. (48)

commercial draft / saque comercial Saque feito geralmente em decorrência de uma transação comercial. (A)

commercial goods / bens comerciais Produtos para os quais não há a intenção de que sejam usados na manufatura de outros bens, embora alguns autores os incluam na classe de bens industriais. Geralmente são usados pelas empresas na forma em que foram adquiridos, como máquinas registradoras, equipamento de escritório, arquivos etc. Alguns desses bens podem ser considerados como de consumo, como as máquinas de escrever utilizadas no lar. A destinação imediata é o melhor método de classificar a espécie de bem. (48)

commercial papers / papéis comerciais Conjunto de títulos comerciais descontáveis, também conhecidos como papéis negociáveis (*securities*). (14) (105) (148)

commercial traveler / caixeiro-viajante Agente viajante de um fabricante ou atacadista, que viaja para locais distantes de sua base a fim de vender os produtos da empresa em que trabalha. (11)

commercial treaty / tratado comercial Acordo entre dois ou mais países estabelecendo as condições de troca entre eles. (244)

commission man / comissionista Uma das espécies de agentes intermediários. Operam do mesmo modo que os corretores (*brokers*), mas tipicamente representam uma entidade vendedora (*seller*). Têm o direito de aceitar ou rejeitar ofertas pela mercadoria e, habitualmente, estão na posse física dos bens, mas não são seus proprietários. São considerados da máxima importância no campo de produtos agrícolas perecíveis. (138) (244)

commission merchant / comissário Agente que negocia em seu próprio nome e exerce "controle físico" sobre as mercadorias que lhe são consignadas. Em geral, goza de maiores poderes quanto a preços, métodos e condições de venda do que o corretor (*broker*), embora deva seguir as instruções de seus representados. Providencia entrega, concede os créditos necessários, efetua cobranças, deduz suas comissões e remete o saldo (*balance*) ao representado. Quase todos os que definem o termo afirmam que o comissário tem a posse da mercadoria com que negocia. Em linguagem corrente, o significado desta palavra dá idéias de "propriedade"; por isso, é preferível o termo controle físico. Às vezes o comissário é proprietário da mercadoria (*merchandise*). O fato de que muitos não se comportam de maneira típica em suas atividades não lhes tira a característica de comissários. (48) (231)

committee organization / organização em comitê Diz-se da situação em que um grupo constituído dentre os que pertencem à empresa age em conjunto; substitui um indivíduo em qualquer ou todos os níveis de supervisão. O sistema é usado apenas como modificação nos demais tipos de organização. Geralmente, este modo de agir é incorporado na organização de linha-e-assessoria (*line and staff*); um comitê substitui o assessor ou proporciona serviços adicionais de assessoria ou consultoria. Uma das vantagens é que diversas pessoas influenciam a decisão que irá afetá-las. Imagina-se, também, que, além de serem mais pessoais, as decisões de um comitê, ou comissão, combinam o julgamento de diversos indivíduos e, portanto, serão melhores, já que duas cabeças pensam melhor do que uma. A desvantagem principal é o tempo consumido para uma decisão que, às vezes, precisa ser rápida. Quase sempre o acordo dos comitês faz com que todos os lados transijam um pouco, mas há casos em que talvez fosse melhor a imposição de uma única idéia. De certo modo, o comitê usurpa aos executivos a função de tomar decisão (*decision making*). (48) (244)

commodity / commodity; mercadoria Que é vendido para a obtenção de lucro. O termo é muitas vezes usado para descrever coisas que podem ser graduadas, como café, algodão, açúcar etc., e que são compradas e vendidas numa bolsa de mercadoria, inclusive para entrega futura. (244)

commodity dollar / dólar mercantil Unidade monetária cuja criação já foi sugerida; seu valor em ouro seria flutuante e determinado a intervalos regulares, para o que haveria um índice internacional de preços das principais mercadorias. (78)

commodity exchange / bolsa de mercadorias Tipo de mercado em que não há a presença física de mercadorias, exceto, talvez, suas amostras (*samples*). As transações efetuadas pelos corretores (*brokers*) giram em torno dos "direitos" que são comprados ou vendidos, relativamente a mercadorias que podem ser entregues imediatamente ou em futuro aprazado. (148) (163) (231) (244)

commodity glut / fartura de mercadoria Excesso ou abundância de mercadoria (*merchandise*) por insuficiência de demanda efetiva (*effective demand*) agregada, talvez por excesso de produção ou oferta (*supply*), resultando em bens que não são vendidos. A situação quase certamente força a baixa de preços. (128)

commodity shunting / manobra cambial Sistema já abolido de comprar mercadorias com uma moeda e pagá-la com a de outro país, dessa forma contornando os regulamentos cambiais que proíbem a conversibilidade direta de divisas. (158)

common business oriented language / linguagem comum de orientação comercial Linguagem específica por cujo intermédio o processamento de dados pode ser precisamente descrito em forma-padrão. A linguagem não é apenas um meio de apresentar diretamente qualquer programa empresarial a um computador adequado e para o qual exista um compilador (*compiler*), mas é também um meio de comunicar tais procedimentos entre indivíduos. Em suma, são procedimentos que substituem palavras, frases etc., tomando o lugar das incômodas fórmulas matemáticas consumidoras de tempo, usadas em programação de computador. Abrevia-se (*COBOL*). (11) (72) (244)

common carrier / empresa de transportes Empresa concessionária de transporte público de qualquer espécie, para pessoas ou mercadorias, que se obriga a efetuar transporte entre diversos pontos pré-fixados desde que o usuário se disponha a pagar as tarifas em vigor. A empresa não pode recusar transporte, salvo se estiver com a lotação esgotada, se o objeto do transporte oferecer risco incomum ou não estiver dentro do âmbito estabelecido por leis e regulamentos aprovados. (1) (148) (163) (231) (244)

common cost / custo comum O mesmo que custo conjunto (*joint cost*); uma despesa geral que não apresenta facilidade para se determinar o custo de cada fator ou processo. (4) (41) (148)

common fixed costs / custos fixos comuns V. (*separable fixed costs*). (157)

common law / direito consuetudinário Conjunto de leis e jurisprudência criados pelos juízes, em consonância com os costumes. Teve origem na Inglaterra e ainda prevalece nos Estados Unidos, exceto quando substituída ou modificada pelo Congresso ou legislatura dos diversos Estados. As decisões legais de direito consuetudinário, ou comum, devem ser seguidas como precedentes. Não existe direito consuetudinário federal porque o governo americano é de poderes delegados. Quando não existe lei federal expressa, os juízes usam as leis que vigoram nos Estados: quando existe lei federal específica, esta sobrepuja o direito consuetudinário. A interpretação deste direito segue a tradição. (31) (148) (231) (244)

common-law trust / empresa fiduciária V. (*Massachusetts trust*). (48)

common market / mercado comum Área do chamado livre comércio que abrange diversos países localizados na mesma região, os quais buscam conciliar suas respectivas políticas econômicas externas em benefício mútuo. Idealmente, um mercado comum não opõe barreiras à livre importação e exportação dos países participantes do acordo, nem permite distorção da concorrência (*competition*). (148) (244)

common ownership / propriedade comum Propriedade de alguma coisa, como a terra, por exemplo, ou de um negócio, partilhado por todos os participantes; uma sociedade cooperativa é um negócio de propriedade comum. (244)

common share / ação ordinária Parte unitária do capital de uma sociedade anônima ou empresa semelhante, sem mais direitos que os de dividendos e quase sempre sem direito a voto. Também conhecida como (*ordinary share*), nome mais usado no Reino Unido. (244)

Commonwealth (The) / Comunidade Britânica Associação de países que no passado foram parte do Império Britânico, sendo seu propósito principal encorajar relações comerciais e amistosas entre os seus membros. São afiliados 41 países. (244)

communication channel / canal de comunicação Meio, qualquer que seja, para transmitir mensagens entre um transmissor e seus terminais. Pode ser desde a fumaça ou o tam-tam dos índios até os meios mais sofisticados, como imprensa, rádio, televisão etc. (A)

communication mix / composto de comunicação Estratégia de marketing que envolve a utilização dos elementos de venda pessoal (*personal selling*), propaganda (*advertising*) e promoção de vendas (*sales promotion*), nas proporções em que dêem à empresa um resultado que pode ser considerado como melhor. (48) (148) (244)

community chest / baú da comunidade Sinônimo de fundo comunitário (*community fund*), isto é, fundos arrecadados dos habitantes de uma comunidade em benefício das instituições caritativas locais. (A)

community fund / fundo comunitário V. (*community chest*). (A)

commuter tax / imposto de comutador Imposto que uma cidade arrecada dos passageiros que moram nos subúrbios e vêm diariamente trabalhar na cidade, possivelmente usando ferrovias ou linhas de ônibus. O "commuter", que aqui chamamos de comutador é, por suposição, um indivíduo abonado que mora no "campo", onde há mais espaço e menor poluição, e faz a comutação entre o trabalho e o lar. Pode usar o seu próprio automóvel, ônibus ou trens executivos. V. (*suburbanization*). (122)

company / companhia Termo que, apesar de indicar empresa de fundo acionário (*corporation*), é livremente usado para qualquer espécie de organização que negocie em seu próprio nome. Em consequência, tal nome é indiferentemente dado a um grupo de pessoas que se unem ou formam uma sociedade para ação empresarial conjunta. (11) (88) (148) (231) (244)

comparative advantage / vantagem comparativa Diz-se da mercadoria (*merchandise*) que uma nação (*nation*) pode produzir e exportar, para a qual sua desvantagem absoluta (*absolute disadvantage*) seja menor. Por outro lado, a nação deve importar a mercadoria em que sua eficiência (*efficiency*) seja menor e na qual tem uma desvantagem comparativa (*comparative disadvantage*). Portanto, essa nação tende a especializar-se na produção de bens em que tenha maior vantagem comparativa em termos de custo. (128) (154)

comparative advertising / propaganda comparativa Propaganda que faz comparações diretas do produto que está sendo promovido com os dos concorrentes. (194) (A)

comparative cost / custo comparativo V. (*comparative advantage*). (50)

comparative disadvantage / desvantagem comparativa V. (*comparative advantage*). (154)

comparative statics / estática comparativa Análise quantitativa ou qualitativa que emprega como técnica o cálculo diferencial (*differential calculus*). A primeira busca determinar magnitudes e a segunda, a direção da mudança (*change*) decorrente da alteração de um fator exógeno (*exogenous*). (163)

comparator / comparador Em processamento de dados, dispositivo sob a forma de circuito eletrônico que pode ser usado para comparar dois itens diferentes ou duas versões do mesmo item. Visa a constatar se foi correta a transcrição ou transferência de dados. (11) (118)

compatibility / compatibilidade Características segundo as quais um computador pode aceitar ou processar os dados processados por um outro, sem que haja conversão ou modificação do código. O termo geralmente é aplicado a máquinas de várias espécies, cujas peças são compatíveis entre si. (72) (244)

compensating balance / saldo compensatório Quantia que um banco exige como depósito de um tomador durante a vigência do empréstimo. (148)

compensation / remuneração Pagamento que os empregados recebem em troca do trabalho que prestam. O pagamento pode ser por hora, por dia, por semana, por mês, por peça, ou por qualquer outra maneira combinada. No Reino Unido pode ser um pagamento adequado por algum prejuízo ou dano. (198) (231) (244)

compensatory financing / financiamento compensatório Ação governamental que compensa as flutuações na renda nacional (*national income*) e no emprego (*employment*). É uma combinação de financiamento de déficit e superávit para que haja um bom nível de emprego através de alta renda nacional (*national income*). Este tipo de financiamento usa a tributação (*taxation*) e o dispêndio (*expenditure*) como seus instrumentos, a fim de conseguir o equilíbrio desejado. Quando as atividades econômicas declinam, para ser mantido o nível de renda que constitui a meta (*goal*), todo decréscimo no dispêndio ou no investimento privado tem de ser equilibrado por acréscimo de dispêndio por parte do governo, o que vale dizer, mais compras às empresas privadas. A outra alternativa é reduzir os impostos (*taxes*) que ocasionam aumento na renda dos consumidores, empresas etc. Para manter o nível de renda visado, durante épocas de grande expansão (*expansion*) e inflação (*inflation*), o financiamento compensatório pode abranger a redução nas despesas totais do governo, aumento de impostos ou ambas as coisas. Relaciona-se a financiamento de déficit (*deficit financing*). (1) (40)

competition / concorrência Característica básica do sistema capitalista. A livre empresa implica liberdade por parte de qualquer empresário (*entrepreneur*) para ingressar em qualquer campo de atividade econômica e concorrer com os que já se acham estabelecidos, visando a obter a preferência dos que se encontram no mercado (*market*). (48) (244)

competitive devaluation / desvalorização competitiva Desvalorização da moeda, tendo em vista exportar mais — pela baixa resultante em preços — do que os países concorrentes. O sistema, também incluído na política de empobrecer o vizinho (*beggar-my-neighbor*), é contrário às determinações do Fundo Monetário Internacional (*International Monetary Fund*). Considera-se que a desvalorização competitiva é uma forma de "exportar desemprego ou desvantagem". (104)

competitive market / mercado competitivo Mercado no qual o comprador (*buyer*) ou vendedor (*seller*), individualmente, não tem influência no preço (*price*) por que compra ou pelo que vende; a elasticidade da oferta (*elasticity of supply*) confrontada por um comprador é infinita, e a elasticidade da demanda (*elasticity of demand*) confrontada por um vendedor também é infinita. Supõe-se, neste caso, um mercado de equilíbrio. Nestas condições, cada firma deve estar operando ao volume de produção que julga mais apropriado às condições de custo e de demanda: a quantidade total que todas as firmas desejam vender ao preço de mercado deve ser igual à que todos os compradores desejam adquirir. Existirá, então, um preço de equilíbrio (*equilibrium price*). Se não se modificarem as condições da oferta e da demanda, não haverá tendência para alterações no mercado. (20)

competitive models / modelos competitivos Modelos (*models*) que seguem a teoria da probabilidade para fazer frente às variáveis (*variables*) relevantes, como os custos de uma firma, os dos concorrentes, as ofertas que fazem etc. É parte da teoria do jogo (*game theory*) e sua função é ajudar a administração a seguir uma política de preços que seja considerada melhor em relação aos muitos fatores existentes. (41)

compiler / compilador Programa de computador mais complexo que um montador (*assembler*). Além de sua função de traduzir, que geralmente é processo semelhante ao do montador, o compilador pode substituir certos itens de entrada (*input*), por séries de instruções chamadas sub-rotinas. Assim, enquanto um montador traduz item por item e produz como saída (*output*) o mesmo número de instruções ou constantes que nele foram colocadas, um compilador fará mais do que isso. O programa resultante é uma versão traduzida e expandida do original. (72) (74) (244)

complementarity / complementaridade Situação que se estabelece quando o aumento nas vendas de um produto causa aumento nas vendas de um outro. Por exemplo, um aumento nas vendas de automóveis provoca um aumento nas vendas de combustível. É um caso de elasticidade cruzada (*cross-elasticity*). (134)

complementary demand / demanda complementar Demanda de um produto (*product*) que ocasiona demanda de um outro associado. Por exemplo, escova de dentes e dentifrício. (164)

complementary goods / bens complementares V. (*complements*). (244)

complements / complementos Produtos complementares, ou seja, os que seguem juntos, como máquinas de escrever e suas fitas. Também são conhecidos como bens complementares (*complementary goods*). (155)

completely knocked down / completamente desmontado Bens, geralmente de exportação, que são despachados em partes separadas, que o comprador deverá montar. Este método reduz o custo do frete. A abreviatura em inglês é (*CKD*). (244)

complex / complexo Combinação de dois ou mais grupos que, em conjunto, contribuem com serviços especializados, coordenados, para a consecução das finalidades da empresa. As unidades básicas dos complexos são os grupos. À medida que uma empresa continua a crescer, será necessário combinar diversos complexos em um outro superior. As unidades básicas de um complexo superior são os complexos subordinados. Maior crescimento ainda ocasiona a formação do complexo supremo que é, então, sinônimo de empresa. A partir dos grupos, vários termos são usados para designar as unidades que formam a empresa: (partindo de grupo para complexo supremo), unidades, seções, departamentos, divisões, fábrica e empresa. (45)

component squeeze / arrocho dos componentes Imposição de um governo, geralmente de país menos desenvolvido, de que as indústrias estrangeiras que nele se estabeleçam usem cada vez mais componentes produzidos localmente, dessa forma diminuindo as importações e, conseqüentemente, aumentando as disponibilidades de divisas (*foreign exchange*). Este é um método de tornar verticalmente integradas as indústrias consideradas novas, processo que se desenvolve gradualmente. (82)

composite / compósito Um todo constituído de partes distintas que não perdem suas características em combinação com outras, sendo relativamente fácil a sua identificação. Por exemplo, feijoada e seus ingredientes. (A)

composite demand / demanda compósita Demanda total de um material utilizável para numerosos propósitos diferentes. É o caso dos produtos primários. (163) (164) (244)

compound duties / direitos aduaneiros compostos Direitos aduaneiros sobre as importações, que envolvem tanto os direitos específicos (*specific duties*), isto é, uma taxa fixa por unidade, quanto uma importância por seu valor (*ad valorem*). (48)

compound interest / juro composto Juro que se adiciona ao capital, durante qualquer período de tempo, para com ele render juro no período seguinte, e assim sucessivamente. A fórmula do capital total (C) é a seguinte:
$$C = c(1 + i)^t$$
onde c é o capital, i a taxa de juro e t o tempo. (148) (244)

comptroller / controlador de despesas Executivo de uma empresa, quase sempre logo abaixo do presidente ou proprietário, encarregado de regular ou dirigir as despesas (*expenses*). O mesmo que controlador (*controller*). (11)

compulsion / compulsão Comportamento mais ou menos ritualístico que se repete, apesar das tentativas do invidíduo para resistir a certo impulso. (203)

compulsory investigation / investigação compulsória Investigação efetuada pelo poder público, ou por acordo em contrato trabalhista com os sindicatos (*unions*), segundo a qual as greves (*strikes*) que podem colocar em perigo a segurança e a saúde pública são obrigatoriamente adiadas, até que sejam descobertas as causas que, consoante os investigadores, serão justificadas ou não. Quando existem os referidos perigos, há intervenção governamental pró ou contra os grevistas. (48)

computer / computador Qualquer máquina capaz de aceitar dados (*data*) sob a forma prescrita, processá-los e fornecer resultados. O termo é usado para qualquer tipo de máquina calculadora. Os principais computadores são os digitais, os analógicos e os híbridos. (118) (148) (244)

COMSAT / COMSAT Sigla pela qual é conhecido o satélite de comunicações "communications satellite". (A)

concentrated marketing / marketing concentrado Situação que ocorre quando uma empresa não deseja nem pode visar ao mercado todo e escolhe um segmento, criando, através de especialização, uma posição de predomínio. (130)

concentration / concentração Termo que, em marketing, se aplica em relação à segmentação de mercado (*market segmentation*). Há concentração quando a organização enfoca somente um subgrupo e desenvolve um programa de marketing que lhe é particularmente dirigido, a fim de conquistar uma posição de destaque. (162)

concept / conceito Idéia ou pensamento, principalmente a generalização de uma idéia sobre uma classe de objetos. Algumas vezes o termo é substituído por constructo (*construct*). (78) (90) (244)

concept testing / teste de conceito Teste que procura determinar se os compradores em perspectiva entendem ou não a idéia para um novo produto (*o conceito*), se julgam que este proporcionará melhor resposta a uma necessidade do que a dos produtos existentes, e se reagirão pró ou contra. Aos respondentes são mostradas descrições, desenhos etc. do produto. (138)

concern / empresa Qualquer tipo de firma comercial ou de serviços que vise a fins lucrativos; negócio. É muito usada a expressão "going concern" para indicar uma empresa que está em atividade. (11) (A)

concession / concessão 1. Alguma vantagem concedida em uma negociação. 2. O direito que o dono de um recinto concede a uma empresa para que trabalhe nesse recinto, mediante alguma forma de compensação. V. também (*licensing*) e (*franchise*). (244)

conciliation / conciliação Em trabalhismo, termo que muitas vezes é tido como sinônimo de mediação (*mediation*), significa que o conciliador examina e julga as propostas feitas pelas partes litigantes, ao passo que o mediador faz apenas sugestões.

Quando há empate entre o conciliador e o mediador, quase sempre entra a decisão do árbitro final (*umpire*). (48) (244)

conditional sale / venda com reserva de domínio Venda, geralmente feita a prestações (*installments*), em que os bens continuam sendo domínio da organização vendedora (*seller*) até que seja paga a parcela final dentro do prazo estipulado. Os bens adquiridos não podem ser alienados antes de completamente pagos. (1) (33) (244)

confabulation / confabulação Tentativa que um indivíduo faz de preencher as lacunas da memória por meio de falsificação inconsciente. Este é um conceito que deve ser mantido em mente pelos empregadores. (160)

confidence game / conto-do-vigário V. (*con game*). Também pode chamar-se "confidence trick". (9) (11) (244)

confidence trick / conto-do-vigário V. (*con game*). (9) (11) (244)

configuration / configuração Grupo de máquinas computadoras interligadas e programadas para operar como um sistema. (72)

confiscation / confisco Ato de tomar posse legal de um bem contra a vontade do proprietário. (244)

conflict / conflito Estado intrapsíquico de tensão ou indecisão, em decorrência de desejos contrariados, necessidades insatisfeitas ou planos de ação incompatíveis; esta tensão também pode existir entre escolhas conscientes e inconscientes. (160)

conformity / conformidade Tendência de uma pessoa a deixar-se influenciar e ceder às normas (*norms*) de um grupo. Por exemplo, um novo empregado quase sempre é influenciado pelo grupo a que pertence e acostuma-se às suas normas, ou seja, maneiras de agir. (130) (203)

conglomerate / conglomerado Termo indica não apenas a união em massa de diversas empresas, como também diversificação (*diversification*). As empresas que se unem por qualquer tipo de fusão (*merger*) ou aquisição (*aquisition*), quase sempre são indústrias que não têm relação entre si e, portanto, não fazem parte do que se chama integração horizontal (*horizontal integration*) ou integração vertical (*vertical integration*). Se existisse essa relação, poder-se-ia dizer que o conglomerado é horizontal (*horizontal conglomerate*). (96) (148) (163) (244)

conjugal family / família conjugal V. (*nuclear family*). (A)

con game / conto-do-vigário Expressão que significa "confidence game", isto é, um meio de conquistar a confiança de uma pessoa e depois fraudá-la. (9) (11) (244)

con man / vigarista Pessoa que passa o "conto-do-vigário" (*con game*). (244)

consanguinity / consangüinidade Diz-se do uso quase exclusivo dos próprios funcionários de uma empresa para a formação de seus executivos. Imagina-se que a falta de "sangue novo" acarreta o enfraquecimento da direção, por vícios e defeitos adquiridos, além do alheamento a novas idéias e experiências que os de fora poderiam trazer. Os elementos que se acham na empresa, sabendo que são os "herdeiros", podem deixar de esforçar-se o suficiente, além de que talvez não disponham dos atributos necessários à boa administração. Donde a necessidade de uma certa promoção de sangue novo para evitar uma consangüinidade excessiva e seus prejuízos inerentes. É comum nas sociedades anônimas de família (*family corporation*). (49)

conscious parallelism of action / paralelismo consciente de ação Expressão usada pelos fiscalizadores da lei de justo comércio (*Fair Trade Act*). Significa que há possibilidade de que certas empresas estejam em conluio (*collusion*) explícito de preços. Se os membros de uma indústria estão bem conscientes de que seus preços têm sido idênticos há muito tempo, este fato por si só é base para que sejam acusados de conluio, explícito ou não. (81)

consensus / consenso Grau de acordo quanto a metas, normas e outros aspectos de um grupo. (47) (148) (244)

consent settlement / acordo por conformação Método de conciliação perante as autoridades que regem as leis comerciais de um país. Conformando-se à lei, uma empresa acusada de violá-la pode evitar processo judicial, assinando o compromisso de cessar e desistir (*cease and desist order*) das práticas que causaram a acusação. O espírito da lei não é punir, mas prevenir. (1)

conservatism / conservantismo Resistência a qualquer mudança econômica, política ou social. (1)

consideration / contrapartida contratual 1. Cláusula obrigatória de um contrato, em que uma das partes promete à outra uma remuneração, lucro, ou algum benefício monetariamente quantificável, em troca do que a outra prometeu fazer. 2. Processo de pensar cuidadosamente sobre alguma coisa. 3. Levar algo em conta. (148) (163) (231) (244)

consignee / consignatário Entidade que recebe do consignador (*consignor*) bens em consignação (*consignment*). (148) (231) (A)

consignment / consignação 1. Entrega de mercadorias pelo consignador (*consignor*) ao consignatário (*consignee*) para que este efetue vendas, com o entendimento de que este último se responsabilizará pelo pagamento apenas da parte vendida, podendo devolver o que não for comercializado. 2. Despacho ou carregamento de mercadorias enviadas a quem quer que seja, independente do sentido acima. (38) (148) (231) (244)

consignment stocking / estocagem em consignação Acordo que existe entre um fornecedor (*supplier*) e um comprador (*buyer*), que quase sempre é industrial, de manter um estoque permanente dos itens daquele. A organização compradora efetuará o pagamento do que for vendido, dentro de certos prazos especificados. O cuidado e a manutenção do estoque correm por conta do fornecedor. (137) (148)

consignor / consignador Entidade que entrega mercadoria em consignação. (148) (231) (244)

consolidate / consolidar Unir; combinar em um todo único. (244)

consolidated annuities / anuidades consolidadas Apólices consolidadas da dívida pública. V. (*consols*). (14) (78)

consolidation / consolidação 1. União de duas ou mais empresas, formando uma nova. Esta assume total responsabilidade pelo ativo (*assets*), passivo (*liabilities*) e fundo de comércio (*goodwill*) das empresas constituintes, as quais são dissolvidas. A consolidação difere da fusão (*merger*) porque neste último caso as organizações constituintes continuam a existir, ao passo que as absorvidas por consolidação desaparecem. 2. Apólices emitidas por um governo, em substituição às que tinha em circulação. (1) (148) (231)

consols / apólices consolidadas Apólices emitidas por um governo em conseqüência da consolidação de títulos que tinha em circulação. Na Grã-Bretanha o sistema foi instituído em 1751 e também é conhecido como anuidades consolidadas (*consolidated annuities*). (14) (78)

consortium / consórcio Associação de diversas empresas ou indivíduos para a realização conjunta de um empreendimento, após cujo término cessa a associação. V. (*joint venture*). (148) (163) (244)

conspicuous consumption / consumo conspícuo Expressão criada por Veblen para descrever o comportamento aparentemente irracional do consumidor (*consumer*), que deseja ser percebido como comprador de artigos caros ou da melhor qualidade. Neste tipo de consumo, o indivíduo pode até comprar coisas de que não necessita. Por isso, a expressão se associa à classe rica ociosa. (28) (163)

constant / constante Quantidade que sempre tem o mesmo valor, quando então se diz absoluta; ou quantidade ou fator que se supõe tenha um valor durante o tempo todo de uma determinada investigação, quando se diz que é arbitrária. A constante pode ser matematicamente representanda por c ou por k. Contrapõe-se a variável (*variable*). (78)

constant capital / capital constante Expressão criada por Marx para designar a parte do capital total que não pode criar mais-valia (*plus value*). É a soma da depreciação do capital fixo e dos recursos utilizados. (128) (163)

constant costs / custos constantes Diz-se que os custos são constantes no ramo de indústria em que a entrada de novas firmas não aumenta a demanda de recursos (*resources*), de tal modo que seus preços subam. Algumas vezes o termo também é sinônimo de custos fixos (*fixed costs*). (37) (88)

constant returns to scale / rendimentos constantes de escala V. (*returns to scale*). (155)

construct / constructo Tipo de variável (*variable*) que descreve uma qualidade abstrata e que por si só não é diretamente observável. É instrumento lógico que faz parte de uma teoria, muitas vezes usado como sinônimo de conceito (*concept*). É, enfim, uma idéia ou percepção (*perception*) resultante de uma síntese de impressões sensoriais. (47) (78) (90)

consular invoice / fatura consular Fatura legalizada por um cônsul do país importador, geralmente exigida como prova de país de origem e, também, de que os preços de importação não estão acima dos preços normais do país exportador. (148) (163) (244)

consultative management / administração consultiva Tipo de administração, algumas vezes julgada paternalista, em que os superiores conferenciam com os subordinados a respeito de decisões em que estes serão afetados de uma forma ou de outra, sem se comprometerem com o que os subordinados preferiram. É uma espécie de sondagem para cálculo das reações. (148) (244)

consumer / consumidor Qualquer indivíduo que consome bens econômicos. Há três tipos: o industrial, o comercial e o final. Cada qual precisa consumir uma quantidade mínima, como alimentos, além de outros itens que atendam a diversas gamas das necessidades do comércio e da indústria. Qualquer sistema econômico moderno, como o capitalismo, existe para a finalidade precípua de prover bens e serviços necessários ao consumidor. A demanda do consumidor (*consumer demand*) pelos produtos do sistema é que determina o sucesso ou o fracasso das empresas que compõem a organização econômica do país e, até certo ponto, seu nível de atividade empresarial. É interessante notar a diferença entre consumidor (*consumer*) e freguês (*patron*). O primeiro consome, mas o segundo é quem paga. (48) (148) (231) (244)

consumer demand / demanda do consumidor Expressão que pode ser definida como o desejo de bens e serviços, em combinação com o requisito de poder aquisitivo (*purchasing power*). Para que um indivíduo ou empresa possa consumir, necessita de poder aquisitivo. Este, na maioria dos casos, passa a existir quando o indivíduo é pago para fazer (produzir, no sentido lato do termo) alguma coisa. Tal pagamento pode ser feito sob a forma de salários (*wages*), aluguéis (*rentals*), lucros (*profits*) ou outros tipos de renda (*income*). Assim, o consumidor emerge em um segundo papel (*role*), como o de produtor (*producer*). Por várias razões os consumidores em geral passaram a pensar em si próprios primeiramente como produtores e depois como consumidores. Em suas tentativas individuais ou em grupos, para a melhoria de sua situação econômica, os consumidores procuram obter maiores recompensas em seus papéis como produtores, tais como altos salários, ao invés de procurarem atingir os mesmos objetivos pela melhoria de suas posições como consumidores, quando, então, fariam compras mais prudentes. Entende-se que a demanda individual por bens de consumo (*consumer goods*) é de que as necessidades do consumidor permanecerão inalteradas; que ele possui um montante fixo de dinheiro; que é um dentre muitos consumidores; que conhece os preços de todos os bens; que estes são homogêneos (*homogeneous goods*); que, se o desejar, pode gastar o que possui em pequenas parcelas; e que age racionalmente. (39) (48)

consumer durables / duráveis de consumo Produtos usados por tempo relativamente longo, digamos cinco anos, como automóveis, refrigeradores e outros. (244)

consumer goods / bens de consumo Bens para o uso dos consumidores finais (*final consumers*), em condições tais que possam ser usados sem processamento ulterior comercial ou industrial. Certos produtos, como máquinas de escrever, tanto podem ser bens de consumo como de produção, isto é, bens industriais (*industrial goods*), dependendo dos fins a que se destinam. Os bens de consumo podem ser classificados como duráveis (*durable*) e não duráveis (*non durable*); os primeiros são, por exemplo, geladeiras, automóveis etc., e os últimos, alimentos, vestuário etc. Podem ainda ser classificados como bens de conveniência (*convenience goods*), de ocasião (*bargain*) e de especialidade (*specialty*). (1) (38) (48) (244)

consumerism / consumismo Termo que abrange uma faixa cada vez maior de atividades do governo, empresas e organizações independentes, que se destinam a proteger os indivíduos de práticas que infringem seus direitos como consumidores (*con-*

sumers): proteção contra fraude, principalmente em propaganda (*advertising*) e promoção (*promotion*); informação que permite ao consumidor dados (*data*) para melhores decisões econômicas; proteção ao consumidor contra si próprio e os demais, como no caso de trânsito e acidentes de automóveis; minimização de desigualdade no ambiente econômico; e proteção ao ambiente físico, que implica combate a todos os tipos de poluição. Muitas vezes é sinônimo de naderismo (*Naderism*). (122) (138) (244)

consumer jury / júri de consumidores Grupo de pessoas que formam uma amostra representativa de uma população de consumidores, que se dispõe a responder a uma série de perguntas dos encarregados de uma pesquisa de mercado (*market research*) a respeito de um produto que tanto pode ser novo como já longamente firmado. (148)

consumer loyalty / lealdade do consumidor Apoio dos fregueses ou consumidores manifestado por sua compra regular de um produto ou serviço, uso de uma loja etc. (244)

consumer market / mercado de consumo Todos os que compram para as suas próprias necessidades ou as da família. (244)

consumer panel / painel de consumo Em marketing, grupo de pessoas que relatam seu uso de certos produtos ou serviços durante um período de tempo. Essas pessoas são escolhidas, às vezes, de forma permanente, a fim de representarem o mercado para um produto ou serviço. (244)

consumer sovereignty / soberania do consumidor Liberdade do indivíduo de fazer escolhas racionais entre os bens alternativos, consoante seu poder aquisitivo (*acquisitive power*). (128) (158) (244)

consumer surplus / excedente do consumidor Diferença entre o preço que o consumidor paga por um bem ou serviço e o que estaria disposto a pagar, de preferência a ficar sem ele. O excedente do consumidor serve como medida da satisfação (*satisfaction*) que obtém pela compra realizada, acima do sacrifício que fez para a aquisição medida por seu preço. Resumidamente, é a quantia excedente e acima do preço realmente pago, que um indivíduo estaria disposto a pagar. (1) (20) (128) (155)

consumption / consumo Despesa feita por um indivíduo ou nação, em bens de consumo e serviços para a satisfação de suas necessidades (*needs*) ou desejos. Não se acham incluídas as despesas com bens de capital (*capital goods*), que, no caso, constituem investimento (*investment*). Quando uma pessoa obtém um diploma de profissão que não exercerá, ela está consumindo. Se exercer a profissão, então entende-se que investiu. (163) (165) (244)

consumption frontier / fronteira de consumo Curva de possibilidade de produção (*production possibility curve*) de uma nação quando não há comércio ou trocas, vale dizer, a nação só pode consumir uma combinação de mercadorias que produz. Porém, havendo comércio (*commerce*), cada nação pode especializar-se na produção da mercadoria em que tem vantagem comparativa (*comparative advantage*), trocar parte por aquela em que tem desvantagem comparativa (*comparative disadvantage*) e terminar consumindo mais das duas mercadorias (*merchandise*). (154)

consumption function / função consumo Função que estabelece um relacionamento entre o nível de renda nacional (*national income*) e o das despesas em consumo em uma economia. (1) (153) (158)

consumption possibility line / linha de possibilidade de consumo Um dos nomes da linha do orçamento (*budget line*). (155)

consumption tax / imposto de consumo Imposto que incide sobre os bens de consumo e que são incluídos nos preços dos produtos, de tal forma transferindo a carga tributária ao consumidor final. (1)

contagion effect / efeito-contágio Efeito que se verifica quando os consumidores potenciais de um novo produto esperam os resultados conseguidos pelos primeiros adotantes. Se não virem risco algum e se os resultados forem bons, podem também adotar o produto. (133)

container / contêiner Caixa de grandes dimensões para o despacho de mercadoria geral, quase sempre transportada por caminhões apropriados, no embarque e desembarque de mercadoria (*merchandise*), principalmente quando o transporte é marítimo. A vantagem é principalmente a de evitar roubo de pequenos volumes e, também, de maior disponibilidade de espaço nos navios que usam os tombadilhos. O sistema evita o dano de volumes avulsos. A carga englobada em contêineres, portanto a grosso, tem a vantagem de tarifa de frete mais baixa. No Reino Unido, pelo menos, um contêiner mede 2,4 x 2,4 x 12,2 metros. Possivelmente seja essa a cubagem padrão de todos os contêineres. (163) (244)

containerization / conteinerização Passagem de bens empacotados, de pequeno volume, para contêineres, em local afastado das docas, sendo depois carregados em navios. Os contêineres têm dimensões apropriadas para viagens terrestres, marítimas e aéreas, em meios de tranporte especialmente construídos. (244)

container ships / porta-contêineres Navios construídos especialmente para carregar contêineres. (244)

contango / adiamento de acerto O mesmo que (*carry-over*). (158)

contest / concurso Artifício de promoção de vendas (*sales promotion*) que visa a atrair a atenção do público geral para seus produtos, oferecendo um prêmio aos vencedores. Exemplo: ''Envie cinco rótulos do detergente X e diga em que ano foi descoberto o Brasil. Os vencedores serão sorteados e ganharão...'' (194) (A)

Continent (The) / Continente (O) Continente da Europa, exceto as Ilhas Britânicas. Quando um britânico diz que vai ao Continente, quer dizer que pelo menos atravessará o Canal da Mancha. (244)

contingency / contingência Que pode ou não acontecer, dependendo das circunstâncias. (244)

contingent annuity / anuidade contingente V. (*annuity*). (1)

contingent liability / passivo contingente/passivo eventual Obrigação relacionada a um evento já ocorrido, ou condição que pode surgir, mas que não é esperada. Por exemplo, perda de uma ação judicial, rompimento de um contrato, pagamento de fiança prestada etc. A possibilidade de que ocorra uma perda futura sem qualquer relação a um evento passado, como incêndio, inundação etc., não constitui passivo contingente. V. (*estimated liability*). (4) (22) (148)

contingent reserve / reserva para contingências Verba extraída de lucros retidos ou de superávits e posta em conta especial para atender a necessidades ou prejuízos imprevistos. (11)

continuous process / processo contínuo Situação de produção (*production*) em que as máquinas e o equipamento passam longo tempo em operação ininterrupta, sem que haja necessidade de introduzir modificações. O termo também se aplica às operações que não devem ser interrompidas, como na refinação de petróleo ou nas usinas de aço. Na indústria automobilística considera-se que o processo é contínuo, porque as mesmas máquinas e equipamento fazem o mesmo tipo de automóvel até que haja mudança em seu desenho. (48) (244)

contra account / conta de retificação Uma ou mais contas que, parcial ou totalmente, anulam outra ou outras contas. Nas demonstrações financeiras podem ser fundidas ou aparecer em conjunto. (88)

contraband / contrabando Bens que são ilegalmente levados para um país ou tirados dele. (244)

contract curve / curva de contrato Conjunto de pontos em um diagrama de Edgeworth (*Edgeworth box diagram*), mostrando situações em que uma pessoa pode não ficar em melhor posição (*better off*) sem piorar a dos outros (*worse off*). O mapa de indiferença (*indifference map*) para o comprador e o vendedor é rotacionado em 180°, juntando os extremos dos eixos, formando um retângulo. As curvas de indiferença são tangentes. Para cada ponto de transação que não figure na curva de contrato há um ponto sobre ela que é vantajoso, tanto para o comprador como para o vendedor. O ponto de transação deve localizar-se em algum lugar ao longo da curva de contrato, que é indeterminado. Do contrário, seria vantajoso para o comprador e o vendedor renegociar e se deslocar para um ponto sobre a curva, onde não seria mais possível renegociar para vantagem mútua. (1) (163)

contraction / contração Termo que, muitas vezes, é intercambiável com depressão (*depression*) e recessão (*recession*); descreve o declínio geral nas atividades econômicas. Tem início quando a atividade econômica atinge um pico (*peak*) e imediatamente entra em descenso até atingir o seu ponto mais baixo (*trough*); essa é a faixa da contração e, evidentemente, pode comportar depressão e recessão, dependendo de seu rigor. Se a curva não subir nem descer, atinge um patamar. Contrapõe-se a prosperidade (*boom*). (1)

contractor / contratante; empreiteiro 1. Pessoa ou empresa que entra em um acordo, geralmente escrito. 2. Empresa que concorda em fornecer materiais e serviços, principalmente para trabalhos de construção. (244)

contract price / preço de contrato Preço estipulado em um contrato de compra ou venda, que pode ter as seguintes características: preço firme (*firm price*), preço-alvo (*target price*), preço reajustável (*escalation price*), preço de custo (*cost price*), preço a termo (*futures price*) etc. (88)

contract purchasing / compra a termo Compras de uma empresa em que ela assina um contrato com os fornecedores (*suppliers*) para a aquisição do que precisa, mas exige entregas futuras durante longo período. Neste caso, nem sempre a entidade vendedora (*seller*) pode manter os preços do início, mas o comprador fica assegurado da entrega na época aprazada contratualmente. No que tange a espaço para estocagem, este tipo de compra é vantajoso para o comprador. Equivale a compra a termo (*futures contract*). (48)

contractual saving / poupança contratual Poupança que resulta de obrigações contratuais fixas. O pagamento de prêmios de seguro de vida e o resgate de dívidas, como hipotecas, prestações (*installments*) etc. são as principais formas de obrigações contratuais consideradas como poupança (*saving*). (159)

contra entry / estorno Item lançado no lado de uma conta, que anula completamente ou em parte um ou mais itens no lado oposto da mesma conta. (88)

contribution / contribuição Receita (*revenue*) das vendas menos os custos diretos (*direct costs*). V. (*contribution approach*). (106) (148) (244)

contribution approach / abordagem da contribuição Método para a preparação de demonstração de renda, separando os custos variáveis (*variable costs*) dos custos fixos (*fixed costs*), a fim de realçar a importância dos padrões de comportamento de custo, com vistas a planejamento e controle (*control*). (41) (244)

contribution margin / margem de contribuição Excedente (*surplus*) do preço das vendas sobre as despesas variáveis (*variable expenses*). Também se chama renda marginal (*marginal income*). Pode ser expressa como um total, quociente ou unidade. (41) (88) (148)

control / controle Função gerencial de medir e, se necessário, corrigir o desempenho de todos os sistemas e subsistemas de uma empresa, de modo que os objetivos e as atividades sejam realizados de acordo com o que foi planejado. (140) (148) (244)

control computer / computador de controle Computador e os dispositivos relacionados, que a ele estão ligados para o controle automático de um processamento de dados. (11)

controllable mix / composto controlável Esforço da administração (*management*) varejista para satisfazer ao cliente. Os fatores controláveis são considerados como: (a) o composto dos bens vendidos e os serviços de atendimento ao cliente; (b) o composto da distribuição física (*physical distribution*); e (c) o composto das comunicações (*communication mix*). (80)

controller / controlador Que ou quem controla. O indivíduo considerado controlador de despesas figura logo abaixo do proprietário ou do presidente na hieraquia empresarial. V. (*comptroller*). (11)

controlling company / empresa controladora Companhia que possui ou controla uma ou mais empresas. Pode ser a matriz (*parent company*), como a "holding" (*holding company*). (88)

control panel / painel de controle Painel eletrônico com ligações que são feitas manualmente, através de plugues, para controlar as funções de um computador. Pode ser removido do console para alteração das instruções. (11)

convenience goods / bens de conveniência Bens de consumo (*consumer goods*) que o cliente costuma comprar freqüentemente, com rapidez e um mínimo de esforço. São exemplos: cigarros, sabonete, alguns remédios, jornais e revistas, muitos produtos de mercearia. A conveniência, no caso, pode ser a proximidade da moradia do comprador, o fácil acesso a meios de transporte, ou a proximidade dos lugares onde se vai de dia e de noite, como o local de trabalho, por exemplo. V. (*convenience stores*). (38) (148) (244)

convenience store / loja de conveniência Estabelecimento varejista, mais ou menos como um minimercado, localizado em ponto vantajoso e que não lida com mais de 5.000 artigos diferentes. Geralmente pode funcionar até 24 horas por dia e seus preços são ligeiramente mais elevados do que os de supermercados, pois os artigos que vende são os que "não podem faltar em casa", e têm de existir em qualquer momento. Loja de auto-serviço, quase sempre dispondo de uma lanchonete, que contribui muito para a sua renda. Aos poucos os postos de gasolina estão se transformando em pequenas lojas de conveniência, onde o próprio cliente abastece o combustível de que necessita e, já que está parado, pode comprar alguma coisa na loja. Também conhecida como loja-C (*C-store*). (244) (A)

convergent thinking / pensamento convergente Solução de problema (*problem solving*) rotineiro ou comum; busca de uma única resposta, presumivelmente correta. (202) (203)

conversion / conversão 1. Especificamente, é a troca de um papel negociável (*commercial paper*) por outro. 2. Processo de transformar a informação de uma representação para outra; por exemplo, de uma linguagem de um tipo de máquina para outra, ou de uma fita magnética para uma página impressa. 3. Método de mudar um tipo de processamento de dados para outro, ou de um equipamento para outro, como a conversão de equipamento de cartão perfurado para fita magnética. (1) (72) (88) (148)

convertible debenture / debênture conversível Título de dívida (*debt*) emitido por uma empresa, com a declaração de que o portador tem a opção de trocá-lo por outro papel negociável (*commercial paper*) da mesma empresa, como uma ação (*share*), por exemplo. O título de dívida também pode ser emitido por um governo, e o portador poderá trocá-lo mais tarde por outros títulos ou dinheiro. (1) (244)

converting process / processo de transformação V. (*fabrication process*). (48)

conveyor belt / esteira transportadora Esteira mecânica ou elétrica usada em instalações fabris para transportar continuamente objetos que estão em processo de fabricação ou de embarque; pára em pontos predeterminados ou diminui a velocidade para a aplicação dos passos ou processos necessários, quando então se assemelha à linha de montagem. (11)

Cooley Funds / fundos Cooley Uma das providências da Lei Pública 480 dos Estados Unidos, sobre a venda de excedentes agrícolas do país, para que os beneficiários paguem em moedas próprias a longo prazo. De acordo com a proposta Cooley, esses fundos podem ser emprestados em parte às empresas americanas do país beneficiado pela lei. (82)

cooling-off period / período de arrefecimento 1. Em termos de bolsa (*stock exchange*), período estipulado, quase sempre superior a trinta dias, para que entre em vigor o registro solicitado para uma nova emissão de ações. 2. Prazo determinado por lei ou por cláusula contratual trabalhista, durante o qual os empregados não podem entrar em greve (*strike*) e os empregadores não podem fazer "lockout" (*lockout*). Este período, contado a partir do impasse definitivo das negociações, quase sempre é de oitenta dias. Durante este tempo vigoram as condições estipuladas no contrato de trabalho anteriormente assinado. 3. Período em que as partes de uma disputa concordam em não agir. Isso proporciona aos interessados tempo para reconsideração. (1) (105) (148) (244)

cooperative / cooperativa Forma de sociedade de capital acionário, estabelecida de acordo com as leis do Estado em que foi fundada. Distingue-se das sociedades anônimas (*corporations*) porque pertence aos usuários do grupo que a formou. Cada membro tem direito a apenas um voto, não importando quantas quotas possua; há um limite para a quantidade de quotas que um membro pode possuir; o capital da empresa é subscrito apenas por seus membros;

o rendimento é pago sobre o investimento de cada um; os dividendos são pagos em base do uso da cooperativa, isto é, na proporção da quantidade de bens que cada participante adquiriu ou vendeu por intermédio da organização. Esses quinhões são chamados de dividendos de clientela (*patronage dividends*); são considerados como reembolsos de excessos de pagamento e, por isso, não são tributados como lucro; o governo federal proporciona auxílio financeiro às cooperativas (48) (244)

cooperative advertising / propaganda cooperativa Situação em que um ou mais varejistas, ou fabricantes e varejistas, se unem para fazer propaganda de um produto. A cooperação está em que principalmente o fabricante entra com uma parte da verba necessária, que muitas vezes vai até 75%, sempre na proporção das compras dos negociantes com quem vai cooperar. O sistema é muito fiscalizado pelo governo, para que não haja benefício apenas para os "grandes" varejistas. Quando este tipo de união é entre varejistas apenas, diz-se que é propaganda cooperativa horizontal (*horizontal cooperative advertising*), mas quando é entre fabricantes e varejistas, passa a ser propaganda cooperativa vertical (*vertical cooperative advertising*). (80) (148) (244)

cooperative marketing / marketing cooperativo Cooperação entre fabricantes e negociantes a fim de produzirem, estabelecerem preços e promoverem certos produtos. (244)

co-optation / co-optação 1. Ato de admitir alguém em uma organização, com a dispensa das condições normalmente exigidas; quase sempre a admissão é feita por votação dos membros do grupo. 2. Nomeação de um associado. (10) (48) (78)

coordination / coordenação Arranjo ordenado do esforço grupal para a consecução do propósito de uma organização, através de unidade de ação. É a essência das quatro principais funções de administração: planejamento, organização, direção e controle. (45) (148) (244)

copartnership / co-propriedade 1. O mesmo que associação, parceria ou sociedade (*partnership*). 2. Esquema em que os trabalhadores possuem ações da empresa em que trabalham. (48) (148) (244)

cope / atitude agonística; enfrentar 1. Comportamento agonístico, luta com sucesso ou em igualdade de condições. 2. Na forma verbal com a preposição com, "with", significa competir, lutar. (29)

copy / cópia; texto 1. Cópia pura e simples, ou em resultado de programa de computador. 2. Texto ou matéria escrita, especificamente usado em jargão de propaganda. (148) (164) (244)

copyright / direito autoral Direito autoral garantido pelo governo federal dos Estados Unidos, durante 28 anos, para que o autor exerça o privilégio exclusivo da publicação. Este direito pode ser renovado por mais 28 anos, após os quais se extingue e a obra passa para o domínio público. Abrevia-se com a letra (c) dentro de um círculo. Já encontramos "copirraite" em alguns dicionários. (15) (31) (148) (244)

cord / medida para madeira Medida de 128 pés cúbicos (*cubic feet*) ou 8 medidas para madeira (*cord foot*), equivalendo a 3,625 metros cúbicos (*cubic meters*). (78)

cord foot / unidade para medida de madeira Medida unitária equivalente a 16 pés cúbicos (*cubic feet*), equivalente a 0,453 metro cúbico (*cubic meter*). (78) (A)

corner / açambarcar; encurralar 1. Termo, principalmente de bolsa, que consiste em comprar mercadoria ou títulos, em escala suficientemente grande, para dar ao grupo comprador o controle dos preços e, portanto, o açambarcamento do mercado. Quando um especulador age dessa maneira, ele força os que venderam a termo (*futures*) a pagar preços exorbitantes para o cumprimento de seus contratos. 2. Literalmente, encurralar alguém ou algo. (11) (105) (148) (244)

corona effect / efeito-corona O mesmo que efeito-halo (*halo effect*). (168)

corporate image / imagem corporativa Impressão que o público tem de uma empresa. Grande parte das atividades de relações públicas (*public relations*) de uma empresa dedica-se a criar e manter uma boa imagem. (48) (148)

corporation / sociedade anônima Empresa de fundo acionário que, nos Estados Unidos, se distingue no nome pelas palavras "corporation" ou "incorporated", por extenso ou abreviadamente. É a única forma de empresa com pessoa jurídica e que para existir depende da emissão de uma carta-patente (*charter*) por parte das autoridades do Estado em que irá funcionar. Basicamente, suas características são as de todas as sociedades anônimas do mundo; variam principalmente em sua estrutura, consoante a lei. Esta empresa não tem prazo de duração e requer um mínimo de três acionistas. Estes elegem um conselho de administração (*board of directors*) que, por sua vez, nomeia os executivos, geralmente um mínimo de quatro, tudo por delegação de poderes dos acionistas. Via de regra, estes executivos são presidente, vice-presidente, secretário e tesoureiro, cada um com uma função específica. O número de vice-presidentes pode variar de acordo com as necessidades. Uma sociedade anônima americana pode ou não ter fins lucrativos. O conselho de administração é o órgão supremo e o número de seus membros varia de 15 a 17. O capital mínimo para a existência de uma sociedade anônima é de 500 dólares. Há outras características que serão encontradas em diversos verbetes. (48) (148) (244)

corporation income tax / imposto de renda de sociedade anônima Imposto federal que incide sobre a renda das sociedades de capital acionário, com base em seus rendimentos líquidos. A incidência é de 30% para os primeiros 25% e de 52% para o que exceder tal percentagem. É um dos impostos federais mais complicados, pela dificuldade de determinação do que constitui renda líquida (*net income*) e o que são despesas (*expenses*) legítimas. É o segundo imposto a produzir maior receita (*revenue*) nos Estados Unidos, tendo à sua frente o imposto de renda da pessoa física. Alguns técnicos consideram o imposto de renda da sociedade anônima como bitributação (*double taxation*), já que os acionistas também são tributados pelos dividendos que recebem. Esta forma de tributar varia de um país para outro. (1) (31) (148) (244)

corpus / acervo fiduciário Principal, ou capital, de um espólio, fundo, ou empresa fiduciária, que não se confunde com a sua renda (*income*). (7) (88) (105)

corrective advèrtising / propaganda corretiva Providência adotada em certos países, que visa a eliminar as alegações falsas e enganosas dos anunciantes sobre seus bens e serviços. A empresa culpada tem de fazer propaganda que se destina a corrigir a impressão falsa que anteriormente produziu. (162)

correlation / correlação Relação entre órgãos, estruturas, mensurações etc., que varia em conjunto. É a tendência de duas séries de medidas de variarem concomitantemente; em conseqüência, o conhecimento de uma permite tirar conclusões quanto à outra. V. (*coefficient of correlation*). (28) (90) (148) (244)

correlation coefficient / coeficiente de correlação V. (*coefficient of correlation*). (28) (90) (148)

cost / custo Valor dos fatores que uma firma utiliza na produção e distribuição de bens e serviços. Geralmente, o termo é acrescido de um qualificativo, como custo fixo, custo de oportunidade etc. (4) (148) (244)

cost accounting / contabilidade de custos Contabilidade cuja finalidade principal é determinar da forma mais exata possível o custo de fazer um produto. É a mensuração sistemática, bem como a análise e o registro dos custos incorridos por uma empresa em seus processos, departamentos etc., cujas projeções permitem melhor planejamento. (148) (152) (244)

cost-benefit analysis / análise de custo benefício Técnica para avaliar a utilidade (*utility*) ou desutilidade (*disutility*) de um projeto, quando são cotejados os custos intrínsecos e sociais com os benefícios auferidos. Para a empresa privada, talvez os custos sociais (*social costs*) não sejam uma consideração importante, mas para os empreendimentos de utilidade pública, são essenciais. Os custos sociais podem ser todos os tipos de poluição. Assim, no projeto de um aeroporto ou de uma fábrica de papel, há necessidade de analisar, com os valores atribuídos aos custos e aos benefícios, se há ou não conveniência na execução do projeto, pressupondo-se completa ausência de arbitrariedade. (128) (148) (163) (244)

cost center / centro de custo Qualquer unidade de contabilização à qual os custos sejam atribuídos ou alocados. Tal unidade pode ser qualquer subdivisão de uma empresa, inclusive o de suas máquinas. Ocasionalmente, também é chamado de centro orçamentário (*budget center*). (107) (148) (244)

costing / custeio Verificação do custo de atividades, processos, produtos ou serviços, tendo a mesma significação que contabilidade de custos (*cost accounting*). (88) (148)

cost, insurance, freight / custo, seguro e frete Cláusula contratual em que a entidade vendedora se compromete a entregar os bens que vendeu, pagando o custo, seguro e frete, desde o local do embarque até o ponto de destino. Abrevia-se (*c.i.f.*). (148) (163) (244)

cost, insurance, freight and commission / custo, seguro, frete e comissão O mesmo que custo, seguro e frete (*cost, insurance, freight*), somando-se a comissão paga a um agente intermediário. Abrevia-se (*c.i.f.c.*). (244)

cost of capital / custo do capital Custo que pode ser imputado ao capital. É o total dos custos conseqüentes à retenção de lucros (*retained earnings*), venda de ações ou emissão de títulos de dívida, juros (*interests*) pagos por empréstimos (*loans*) com fins de investimento. Pode ser considerado como custo financeiro. (4) (128) (148)

cost of goods sold / custo dos bens vendidos V. (*cost of sales*). (244)

cost of living / custo de vida Montante monetário gasto por uma pessoa ou uma família, a fim de manter um certo padrão de vida. Geralmente, mas nem sempre com efeito, o salário-mínimo tem por fim garantir esse custo de vida. (244)

cost of sale / custo de venda Em varejo, custo total dos bens vendidos durante certo exercício contábil; em manufatura, é o custo de produção dos bens acabados e vendidos. Alguns autores dizem que tal custo corresponde às despesas incorridas na produção ou aquisição dos bens vendidos. (88) (148) (244)

cost of uncertainty / custo de incerteza Diferença entre o lucro esperado sob certeza e o esperado por melhor ação, dada a incerteza com que o decisor se defronta. (138)

cost per thousand / custo por milhar Custo para alcançar um milhar de compradores em potencial com um dado veículo de propaganda, tendo em vista determinado segmento de mercado (*market segment*). (148) (164) (244)

cost-plus / custo mais Maneira abreviada de dizer custo mais emolumento fixo (*cost-plus-fixed-fee*). (7)

cost-plus-fixed-fee / custo mais comissão fixa Expressão que se refere a certos tipos de contratos feitos com o governo e, também, com particulares, que, ao seu final, tem o pagamento das depesas totais incorridas pelo empreiteiro (*contractor*), além dos emolumentos ou honorários fixos. (70) (244)

cost price / preço de custo Preço que tem por base o custo, quase sempre incluindo um emolumento fixo ou percentagem do custo como um elemento de lucro. (88)

cost-push inflation / inflação de custo Alta no nível de preços que, segundo se acredita, ocorre quando os salários aumentam mais do que a produtividade. Embora possa significar aumento em qualquer dos custos de produção, o uso mais comum da expressão é para descrever aumentos salariais, sendo usada como sinônimo de inflação salarial (*wage inflation*) e de inflação de entidades vendedoras (*seller's inflation*). De acordo com as teorias, os preços sobem somente quando a demanda (*demand*) excede o volume de produção, havendo emprego total (*full employment*); todavia, parece que o volume de produção pode estar abaixo de tal nível e ainda assim os preços subam. Em inglês, a expressão quer dizer, literalmente, "inflação impelida por custo". (1) (2) (98) (148) (244)

cost unit / unidade de custo Unidade de produto, serviço ou tempo, ou sua combinação, em relação à qual os custos podem ser verificados ou demonstrados. Pode ser uma obra, um lote, contrato, ou produto de grupo, dependendo da natureza da produção da empresa. (157)

cost-volume-profit analysis / análise de custo-volume-lucro Análise do relacionamento entre a receita de vendas, real ou potencial de um produto, e os custos para sua produção e venda, com diferentes níveis de produção e preço. Está intimamente relacionada à análise de nivelamento (*break-even analysis*). (148) (149) (244)

cottage industry / indústria caseira Um de seus significados principais é indústria familiar (*household industry*), executada no lar ou nas proximidades, especialmente por membros da família. Pode ser executada para uso da família (*family use*), sistema artesanal (*artisan home work*) ou sistema a fação (*putting out*) ou (*dispersed factory system*). O termo "cottage" implica primitivismo de habitação, geralmente isolada e em pequenos grupos, dando origem mais tarde a povoados, vilas etc. (67)

Council of Economic Advisers / Conselho de Assessores Econômicos Órgão da assessoria do presidente da República dos Estados Unidos. É formado por três economistas de nomeada e sua finalidade é formular propostas que mantenham emprego (*employment*), produção (*production*) e poder aquisitivo (*purchasing power*). Anualmente o presidente faz um relatório econômico ao Congresso, incluindo as recomendações de seus assessores. (31)

counsel / advogado Na Inglaterra, conselheiro legal credenciado, quase sempre conhecido como (*barrister*), ao passo que na Escócia é chamado de (*advocate*). (244)

counteradvertising / contrapropaganda Direito concedido por certos poderes públicos para que os consumidores (*consumers*) possam fazer propaganda contra a venda de um produto que considerem nocivo ou antieconômico. (194)

countercyclical / contracíclico Termo empregado para qualificar qualquer ação do governo que use os vários instrumentos à sua disposição, como moeda e crédito, taxa bancária, política fiscal etc., a fim de prevenir, retardar ou restabelecer as flutuações que ocorrem em conseqüência dos chamados ciclos econômicos (*economic cycles*) ou (*business cycles*). (1)

counterfeit / falso Que constitui uma imitação ilegal, como dinheiro falso, por exemplo. (244)

counterfoil / canhoto Parte de um bilhete, cheque etc., geralmente à esquerda em um talão, que sobra quando a parte principal é retirada, e constitui evidência de pagamento. (244)

countervailing / tarifa compensatória Instrumento usado pelo governo de um país importador a fim de compensar os subsídios que possam estar sendo concedidos ao exportador e, assim, entre outras coisas, evitar o (*dumping*). Em geral, é um imposto aduaneiro, ou taxa de importação, de montante igual ao subsídio pago ao exportador; visa a anular a vantagem das exportações subsidiadas, colocando-as em pé de igualdade, não só com as demais importações, como também com os produtos feitos internamente. (1) (148) (163) (244)

countervailing power / poder compensatório Ação que anula ou compensa um poder. Por exemplo, os plantadores de tomate de uma região podem unir-se e boicotar o fornecimento a um fabricante de suco de tomate que esteja em condições de impor os preços que deseja pagar. Neste exemplo, há a implicação subjacente de que os plantadores sabem que o comprador em apreço não terá outros fornecedores (*suppliers*) e que perderá mais se não melhorar seus preços; há também a implicação de que os plantadores podem perder suas safras, o que às vezes lhes parece preferível. (1) (A)

counting house / escritório contábil Termo arcaico que significa escritório ou dependência contábil. (78)

county / municipalidade Maior divisão de um Estado americano para finalidades de administração. Em certos Estados essa divisão pode chamar-se paróquia (*parish*) ou distrito (*district*). (35)

coupon / cupão Certificado fornecido pelo comércio varejista, em certas vendas promocionais, que dá direito a um desconto em compras futuras. (148) (194) (244)

cover / cobertura 1. Em seguros, reserva de fundos para compensar o valor de um prejuízo; em outros casos, para compensar ou liquidar um débito, despesa, desembolso etc. O termo também é aplicável a transações cambiais e de bolsa. 2. Páginas externas de uma revista. 3. Relação dos dividendos de uma companhia para seus lucros. 4. Garantia de um empréstimo. 5. Garantia contra um risco. 6. O que se acha englobado por uma determinada ação, como uma reportagem ou uma pesquisa, por exemplo. Pode ser sinônimo de margem (*margin*). (7) (11) (148) (244)

cover charge / couvert Cobrança feita por um restaurante, além da alimentação e bebidas. Cobrança de "couvert". (244)

cover price / preço de capa Preço de venda de um jornal, revista ou livro. Os autores geralmente recebem uma percentagem sobre o preço de capa. (244)

CPA/AI Sigla de (*Certified Public Accountant*), Auditor Independente. (A)

cpff/cmcf Abreviatura de (*cost-plus-fixed-fee*), custo mais comissão fixa. (7) (70)

CPM/CPM Sigla de (*Critical Path Method*), Método do Caminho Crítico. Técnica que é parte de pesquisa operacional (*operational research*) e que surgiu ao redor de 1957. É uma versão mais sofisticada dos gráficos de Ganntt. As redes de PERT e CPM identificam imediatamente as relações de dependência entre atividades e eventos, permitindo que se determine o caminho crítico, isto é, a seqüência das atividades dentro de um esquema de tempo. Se a seqüência sofrer atraso, este se propagará ao término do projeto. (56) (137)

cpt/cpm Abreviatura de (*cost per thousand*), custo por milhar, expressão de propaganda para designar milhares de unidades de quaisquer espécies. (164)

CPU/UPC Sigla de (*central processing unit*), unidade de processamento central, ou seja, o núcleo de um computador. (244)

craft union/sindicato de artífices Nos Estados Unidos e em outros países, sindicato trabalhista (*union*) que só admite como seus membros certos tipos de profissionais especializados, como artífices, que não são propriamente operários. Estes pertencem a um tipo de sindicato conhecido como (*industrial union*), isto é, sindicato industrial. (1) (2) (78) (148) (244)

creative arrogance/arrogância criativa Situação que se estabelece quando os encarregados de um varejo confiam na própria intuição e não na informação do consumidor sobre o que devem ter em estoque para vender. No caso de mercadoria de alta moda, estabelecem padrões de estilo para seus clientes. (80)

creative problem-solving/solução criativa de problema Técnica de solução de problema que, na realidade, nada mais é do que um método para gerar idéias de ações alternativas. É também conhecida como criatividade ou (*brainstorming*). (79)

credit/crédito 1. Extensão do montante concedido para que seja feita uma compra para pagamento a prazo. 2. Tempo concedido para o pagamento de uma conta. 3. Lançamento contábil para assinalar um pagamento de venda a prazo. 4. Crença que se atribui a alguma coisa. (244)

credit card/cartão de crédito Cartão fornecido por um banco, empresa financeira ou até mesmo uma loja, geralmente com a assinatura e o número da conta do portador, permitindo-lhe comprar bens ou serviços sem efetuar pagamento no ato. (244)

credit limit/limite de crédito Ponto em que uma empresa recusará crédito ulterior a um cliente. (244)

creditor/credor Indivíduo ou empresa a quem se deve alguma coisa, geralmente em resultado de uma transação passada, que será paga em algum ponto do futuro. (148) 244)

creditors agreement/concordata Recurso de que se vale uma firma quando se vê impossibilitada de pagar aos seus credores o que lhes é devido. Pode convocar uma reunião de todos eles, propondo o resgate de seus débitos dentro de um certo prazo, ou dar a todos uma quantia menor do que a devida, possivelmente para evitar falência, quando o prejuízo dos credores poderia ser maior. (48) (A)

credit rating/categorização de crédito Avaliação e classificação que uma empresa faz quanto ao crédito que pode ser concedido a um cliente em perspectiva. O mesmo que verificação ou limite de crédito (*status inquiry*). (148) (164) (244)

credit-reporting agency/serviço de proteção ao crédito Organização especializada que possui um cadastro do merecimento de crédito pessoal ou empresarial. (148)

credit squeeze/arrocho de crédito Expressão que abrange diversas restrições governamentais ao crédito, como aumento da taxa de juros para empréstimos em bancos, diminuição do prazo para vendas a prestações etc. A medida é antiinflacionária. (148) (244)

credit transfer/transferência de crédito V. (*giro*). (148) (158) (163) (244)

credit union/cooperativa de crédito Cooperativa criada para aceitar as poupanças de seus membros e emprestar-lhes, dentro de certos limites, fundos disponíveis. Os membros podem ter quantas quotas desejarem, sendo os lucros distribuídos na base da contribuição de cada participante. As cooperativas de crédito só emprestam a seus membros e restringem suas atividades a grupos fechados e homogêneos, como os empregados de um banco, de uma empresa de aviação etc. (48) (148)

creeping inflation / inflação insidiosa / inflação rastejante Ascensão lenta, mas persistente, do nível geral de preços durante um determinado período, geralmente um ano. Conquanto a taxa de inflação possa variar de um país para outro, alguns economistas americanos acreditam que esta pode ser até 2,5% nos países desenvolvidos, constituindo um estímulo para a economia, com o que muitos não concordam. (1)

creeping specification / especificação insidiosa Situação em que um cliente quer um produto que não tem similar absoluto e a empresa fornecedora desenha-o. Porém, depois de feito o protótipo, o cliente vai acrescentando novas especificações, como se não estivesse bem certo do que desejava. Em resultado, o produto nem sempre é viável e, quando o é, talvez o cliente não se sinta satisfeito. (A)

criterion / critério Padrão de medida usado para ilustrar preferência por uma determinada alternativa. A estipulação de um critério, ou mais de um, proporciona ao experimentador a possibilidade de ser coerente na avaliação dos méritos relativos de uma condição sobre outra. (70) (244)

criterion function / função critério O mesmo que função objetivo (*objective function*). (155)

critical activity / atividade crítica Atividade real ou fantasma (*dummy*) em um caminho crítico (*CPM*). (148)

critical event / evento crítico Evento em um programa do caminho crítico (*CPM*). (148)

critical path analysis / análise do caminho crítico Processo de descobrir o caminho crítico (*critical path*) em uma rede (*network*), procurando meios de reduzir o seu tempo e usá-lo para fins de controle. (148)

critical path method / método do caminho crítico V. (*CPM*). (148)

crossed cheque / cheque cruzado Cheque com duas linhas paralelas sobre sua face, significando que esse título de valor deve ser pago somente através de um banco. Na Inglaterra não é incomum que entre as linhas paralelas esteja escrito (*& Co.*) & Cia. (244)

cross-elasticity / elasticidade cruzada Percentagem de mudança nas vendas de um produto, induzida por uma mudança de 1% no preço de um outro. Trata-se de medida quantitativa do grau de interação das curvas de demanda (*demand curves*) para dois produtos. (138)

cross-elasticity of demand / elasticidade cruzada da demanda Sensibilidade da demanda de um produto pela alteração no preço de outro, geralmente definida como variação na quantidade demandada do bem A/variação percentual no preço do bem B. A elasticidade cruzada pode variar de menos infinito a mais infinito. Os bens complementares (*complementary goods*), como automóveis e gasolina, terão elasticidades cruzadas negativas, e os bens substitutos (*substitute goods*), como café e chá, terão elasticidades cruzadas positivas. Uma queda no preço de automóveis levará a um aumento no consumo de automóveis e gasolina. As variações nos preços de automóveis e as quantidades demandadas de gasolina terão sinais opostos. Uma queda no preço do café aumentará a quantidade de seu consumo, mas reduzirá o consumo de chá; por isso, as variações no preço do café e nas quantidades de chá terão o mesmo sinal. Se a elasticidade cruzada for zero, os bens serão independentes, como no caso de automóveis e camisas, por exemplo. (1) (163) (165)

cross rates / taxas de câmbio cruzadas Taxas de câmbio calculadas entre duas ou mais moedas, tendo algumas outras como padrão. (3) (148)

cross-sectional study / estudo de corte transversal Estudo que limita suas observações a um único ponto no tempo. As sondagens de opinião pública (*polls*), quase sempre feitas às vésperas de uma eleição, são de corte transversal. V. (*longitudinal study*). (180)

crowd behavior / comportamento de multidão Ajuntamento temporário de pessoas que reagem em conjunto a um estímulo. Ao contrário de outros grupos, esse ajuntamento é momentâneo e é difícil que seus componentes se conheçam pessoalmente. Difere de comportamento de massa (*mass behavior*), que é mais duradouro. (180)

crutches/muletas Sistema introduzido pelo governo francês, entre 1952 e 1957 (e por outros governos em outras épocas), para, de certo modo, dissimular o uso ostensivo de taxas de câmbio múltiplas, não aprovadas pelo Fundo Monetário Internacional. O artifício, que é um amparo governamental, compreendia o reembolso dos pagamentos de certas cargas tributárias sobre a exportação, garantias de preços e subsídios para os produtos exportáveis de maior importância, tarifas especiais para certos produtos importados e taxas de câmbio múltiplas para os exportadores que repatriassem seus ganhos em divisas sob a forma de bens importados. (104)

cryogenics/criogenia 1. Ciência da produção e manutenção de temperaturas muito baixas e estudo das propriedades decorrentes do sistema. 2. Campo da tecnologia em que se usam dispositivos que utilizam as propriedades adquiridas por metais a zero absoluto. A essa temperatura podem ser obtidas mudanças de corrente, com alterações relativamente pequenas no campo magnético. Relaciona-se a processamento de dados. (72)

crystalized intelligence/inteligência cristalizada Inteligência usada na aplicação de matérias já aprendidas. Quase sempre é considerada como rígida ou imutável. (202)

C-Store/loja-C V. (*convenience store*). (A)

cubic centimeter/centímetro cúbico Medida de volume igual a 1.000 milímetros cúbicos (*cubic millimeters*), equivalente a 0,06102 polegada cúbica (*cubic inch*). (78)

cubic decimeter/decímetro cúbico Medida de volume igual a 1.000 centímetros cúbicos (*cubic centimeters*), equivalente a 61,023 polegadas cúbicas (*cubic inches*), ou seja, 0,0353 pé cúbico (*cubic foot*). (78)

cubic foot/pé cúbico Medida igual a 1.728 polegadas cúbicas (*cubic inches*), equivalente a 0,0283 metro cúbico (*cubic meter*). (78)

cubic inch/polegada cúbica Medida equivalente a 16,387 centímetros cúbicos (*cubic centimeters*). (78)

cubic meter/metro cúbico Medida de volume igual a 1.000 decímetros cúbicos (*cubic decimeters*), equivalente a 33,314 pés cúbicos (*cubic feet*) ou 1,308 jardas cúbicas (*cubic yards*). Para medir o volume de lenha, a unidade chama-se (*stere*) e em português estéreo. (78) (A)

cum dividend/com dividendo V. (*ex dividend*). (244) (A)

cumulative voting/votação cumulativa Método de eleger os membros do conselho de administração (*board of directors*) de uma sociedade anônima americana, exigido por grande número de Estados. Se houver 15 membros do conselho a serem eleitos, o possuidor de uma única ação pode consignar um voto a cada um dos 15, ou 15 votos a um único candidato. Concentrando sua votação, os acionistas minoritários podem eleger pelo menos um indivíduo do conselho, evitando que os membros existentes se perpetuem, já que, via de regra, são eles que têm procurações da grande maioria dos acionistas, que nem sempre podem comparecer às assembléias para renovação da diretoria. (48)

currency/moeda corrente Instrumento de troca em circulação oficial no país, não só sob a forma de dinheiro amoedado, como também notas, letras de câmbio, cheques e outros substitutos. (1) (148) (244)

currency appreciation/valorização da moeda Aumento do preço de mercado de uma moeda em um sistema de câmbio flutuante. V. (*currency revaluation*). (104) (163)

currency depreciation/depreciação da moeda Diminuição do preço de mercado de uma moeda em um sistema de câmbio flutuante. V. (*currency devaluation*). (104) (163)

currency devaluation/desvalorização da moeda Redução deliberada por parte de um governo quanto ao valor de sua moeda, em termos de seu lastro (quase sempre ouro), ou de alguma outra moeda que lhe sirva de padrão. Às vezes, um país desvaloriza a sua moeda para tornar seus produtos de exportação mais baratos e mais caros os de importação, na expectativa de melhorar a sua balança comercial (*trade balance*). Todavia, seus parceiros de comércio podem fazer o mesmo, caso em que o benefício, se houve, terá sido de curtíssima duração. A rigor, as desvalorizações devem ter a aquiescência do Fundo Monetário Internacional. Afirma o economista George Stigler que quando um ministro da

Fazenda afirma que o país não vai desvalorizar a moeda, isso constitui um prelúdio tradicional à desvalorização. (104) (163)

currency revaluation / valorização da moeda Aumento deliberado por parte de um governo quanto ao valor de sua moeda, em termos das moedas de outros países. Neste caso, suas exportações se tornam mais caras e suas importações mais baratas. Pode servir como instrumento regulador de superávits indesejáveis no balanço de pagamentos (*balance of payments*). (1) (104) (163)

current account / conta corrente 1. Conta mais ou menos permanente entre duas empresas relacionadas, que reflete o movimento de caixa, mercadoria e outros itens, em qualquer ou ambas as direções. Habitualmente, não há necessidade de um acerto de contas. 2. Conta de um sócio, onde são lançadas as retiradas de ordenados e outras transações. O saldo da conta pode ser transferido periodicamente, como no fim do ano fiscal (*fiscal year*), para a conta de capital do sócio. 3. Na Grã-Bretanha, refere-se também à conta bancária (*bank account*). 4. Título das contas no balanço de pagamentos (*balance of payments*) representando a renda e o dispêndio nacionais, compondo-se do comércio visível e invisível. (88) (163) (231) (244)

current assets / ativo corrente Além dos bens líquidos, estoque de matérias-primas (*raw materials*) e produtos acabados, contas a receber etc., o ativo corrente, que pode ser considerado como capital de giro (*working capital*), inclui outros bens circulantes que em curto prazo podem gerar mais renda. (148) (163) (244)

current balance / saldo corrente Em finanças públicas, poupança líquida do governo: superávit ou déficit após a subtração da renda e da despesa corrente. (104)

current liabilities / exigível a curto prazo Obrigações que devem ser liquidadas em período não superior a um ano. (15) (148) (244)

current yield / rendimento corrente Medida do dividendo recebido de uma ação (*share*) em relação ao preço que custou. (244)

curriculum vitae / curriculum vitae Breve relato escrito da história passada de uma pessoa, geralmente usado para apoiar um pedido de emprego. Poderia ser sinônimo de (*résumé*). (244)

custom-built / feito sob medida Feito de acordo com o desenho especial de uma pessoa ou companhia para o atendimento de uma determinada necessidade. (244)

customer / freguês Comparar com consumidor (*consumer*). (244)

customer profile / perfil do freguês Descrição do comprador típico de um produto ou serviço, usualmente traçado após o exame de uma amostra de compradores. (244)

custom manufacture / manufatura por encomenda Termo que descreve indústrias que fabricam produtos de acordo com as especificações dos clientes; não se dedicam à produção de artigos padronizados que quase sempre têm marca conhecida. Este tipo de indústria se assemelha à oficina empreiteira (*job shop*). (48)

customs / alfândega Organização governamental para controlar e cobrar impostos ou direitos sobre produtos, especialmente os que entram no país. (244)

customs duties / direitos aduaneiros Direitos ou impostos alfandegários que incidem sobre os bens que entram ou saem de um país. (244)

customs union / união aduaneira Acordo entre países para eliminar as barreiras alfandegárias entre si, mas impondo-as de comum acordo aos países não participantes. Algumas vezes o termo é intercambiável com área de livre comércio (*free trade zone*). (148) (163) (244)

cut back / baixar preço Baixar (custos) em conseqüência de queda em lucro ou em pedidos. (244)

cutthroat competition / concorrência ruinosa Guerra de preços, principalmente entre duopolistas, quando um deles pode baixar seus preços e sustentar prejuízo durante algum tempo, na esperança de que o rival não tenha a mesma possibilidade e sairá do mercado. Se isto acontecer, o mercado será apenas seu; já então monopolista, poderá recuperar-se dos prejuízos (*losses*) e impor seus preços. (163) (244)

cybernetics / cibernética Estudo de comunicação e controle em organismos vivos e em máquinas. Procura descrever e analisar o modo de funcionar do organismo humano, tendo em vista estimular o seu comportamento, por intermédio de dispositivos mecânicos. Todavia, parece que seu alvo principal é concentrar-se no controle automático de máquinas. A cibernética engloba a teoria da informação e da comunicação, realçando a teoria geral de sistemas de controle chamados de retroinformação (*feedback*), ou seja, o controle de uma operação com base em seu desempenho real. A cibernética é de alta importância na aplicação e análise das operações de máquinas e robôs. (1) (11) (148) (244)

cycle / ciclo Conjunto de operações de um computador, repetidas sob a forma de unidade. (72)

cycle time / tempo de ciclo Tempo decorrido entre o início e o fim de uma operação de qualquer espécie. (88)

cyclical unemployment / desemprego cíclico Que ocorre em consonância com o ciclo econômico (*business cycle*). Por exemplo, em conseqüência do declínio nas exportações em certas épocas, ou término de um período próspero de investimento. (104)

D

damages / indenização por danos Quantia reivindicada ou paga como indenização por prejuízo ou dano sofrido por uma pessoa ou sua propriedade. (148) (244)

data / dados Termo geral usado para denotar qualquer ou todos os fatos, números, letras ou símbolos que se referem ou descrevem um objeto, idéia, condição, situação ou outros fatores. Tem a conotação de elementos básicos de informação que podem ser processados ou produzidos por um computador. É o plural da palavra latina "datum", dado. (7) (72) (88) (244)

datamation / processamento automático de dados Termo abreviado para designar processamento automático de dados; contração da palavra dados (*data*) com automação (*automation*). (72)

data-processing / processamento de dados Operação sistemática de dados a fim de produzir novos dados de acordo com regras estabelecidas, ou extrair informação de dados já existentes. A recuperação de informação também é processamento de dados. (148) (244)

data-processing center / centro de processamento de dados Instalação de computador de uma firma que processa dados (*data*) para si própria ou para terceiros. Os clientes são chamados usuários. Quase sempre é designado por suas iniciais CPD. (65) (72)

days of grace / dias de carência Período durante o qual, por costume, o pagamento de uma dívida pode ser atrasado por algum tempo, sem conseqüências adversas para as partes interessadas. (148) (244)

d.c.f. / f.c.d. Abreviatura de (*discounted cash flow*), fluxo de caixa descontado. (133)

dead account / conta morta Freguês que já não compra. Sua conta pode existir, porém não é movimentada. Por fim será eliminada dos livros contábeis. (244)

dead letter / letra morta Lei ou portaria que perdeu a sua força, embora não tenha sido formalmente abolida ou cancelada. (11)

deadline / data-limite Data, dia ou hora, em que alguma coisa precisa ser dada como terminada ou liquidada. (244)

dead rent / aluguel morto Quantia mínima pagável pelo arrendamento de uma mina (ou outra indústria extrativa), cujo aluguel geralmente é em base de (*royalties*) sobre a quantidade extraída. (148)

dead stock / estoque morto Estoque de bens para os quais não se pode prever demanda ulterior. (148)

dead time / tempo ocioso Tempo perdido pelos trabalhadores por motivo independente de sua vontade e além de seu controle. O termo também se aplica à parada forçada de máquinas e equivale a tempo parado (*down time*). (1)

deadweight tonnage / tonelagem morta 1. Peso máximo que um navio pode carregar. 2. Peso de um meio de transporte sem a sua carga útil. (78) (244)

deal / negócio 1. Transação, especialmente em grande escala, como no caso de títulos de valores. 2. Venda especial, como promoção, com preço reduzido durante um curto período. (148) (244)

dealer / negociante Qualquer pessoa ou empresa que compra mercadoria (*merchandise*) para revenda, com intuito de lucrar. (1) (7) (88) (244)

dear money / moeda cara Expressão que designa medidas de contenção monetária, com o fito de reduzir a oferta de crédito, aumentar a taxa de juros e, por intermédio de outros instrumentos, aliviar as pressões inflacionárias decorrentes do excesso de demanda. A expressão também é conhecida como moeda difícil (*tight money*) e se contrapõe a moeda fácil (*easy money*), quando a situação é inversa. (1) (244)

death tax / imposto de espólio Nome genérico para os impostos que incidem sobre inventários em conseqüência de morte e heranças. (31) (244)

debasement / aviltamento da moeda Recurso inflacionário para reduzir o conteúdo metálico de uma moeda, dessa forma ocasionando um maior volume de numerário, suprindo a falta para os dispêndios governamentais. É equivalente à emissão indiscriminada de papel. (1)

debenture / debênture Título negociável, geralmente ao portador, que rende juros fixos, emitido por uma empresa como uma unidade ou fração do montante de um empréstimo de longo prazo. Geralmente tem data marcada para resgate ao valor nominal, mas ocasionalmente pode não ser resgatável, caso em que o debenturista tem apenas o benefício do juro periódico. Os dois tipos principais são: a que tem garantia real (*mortgage debenture*) e a que tem garantia flutuante (*floating charge debenture*), que assegura o privilégio geral sobre o ativo da empresa, mas não impede a negociação dos bens que compõem esse ativo. (7) (88) (148) (158) (163) (244)

debenture capital / capital por debêntures Sinônimo de capital de empréstimo (*debt capital*). É o montante que uma empresa recebe pela emissão de debêntures, isto é, o empréstimo que toma aos debenturistas. (7) (88) (148) (244)

debenture holder / debenturista Pessoa que possui uma ou mais debêntures. (148)

debit / débito Lançamento em uma conta que representa um aumento no valor do ativo ou uma diminuição no valor das obrigações. (148) (244)

debit balance / saldo devedor Montante que ainda está por ser pago por uma conta. Quando o montante pago (creditado) for menor do que o devido, a diferença será um saldo devedor. (244)

debit collection / cobrança de dívida Processo de fazer com que os devedores paguem suas dívidas. (148) (244)

debriefing / relato de missão Termo inverso ao de instrução resumida (*briefing*) geralmente dada antes de uma determinada missão, e representa uma prestação de contas do que nela foi feito. (78) (A)

debt / dívida Obrigação de pagar, geralmente figurando em algum documento pertinente. Especificamente, é uma importância monetária, seja para o resgate de um empréstimo (*loan*), seja para o pagamento de bens e serviços. (7) (88) (148) (244)

debt capital / capital de empréstimo Quantia emprestada a uma empresa, para mais do que curto prazo (acima de um ano). Se a empresa liquidar, tem de pagar esse empréstimo (*loan*) antes de resgatar o capital contribuído. A forma mais comum de obtenção de capital de empréstimo é pelo lançamento de debêntures. Sinônimo de (*loan capital*). (148)

debt management / administração de dívida Processo de gerir a dívida nacional, ou seja, tomar todas as providências para os pagamentos de juros, substituição de títulos em poder de terceiros, reformulação de condições, lançamento de outras dívidas etc. (158)

debtor / devedor Indivíduo ou empresa que deve alguma coisa a alguém. É o contrário de credor (*creditor*). (7) (11) (88) (148) (244)

debtors to sales ratio / quociente devedores-vendas Medida do relacionamento entre os devedores de uma empresa e as vendas. Por exemplo, se as vendas são 10.000 e as dívidas 1.000, o quociente é 10:1. (244)

debt ratio / quociente de dívida V. (*leverage*) ou o equivalente britânico (*gearing*). (148) (168)

debt service / serviço de dívida Pagamento de juros e das parcelas vencidas de um empréstimo, investimento etc. Abrange o desembolso (*outlay*) necessário fornecido ou acumulado para satisfazer a tais pagamentos durante o exercício contábil e, ainda, é título de contabilidade pública para o orçamento ou demonstração operacional de tais itens. (7) (88) (102)

debug / depurar Ação para eliminar erros e enganos de uma programação de computador. Por extensão o termo também se aplica à eliminação de defeitos no que quer que seja. V. (*bug*). (72) (148) (244)

decagram / decagrama Peso igual a 10 gramas (*grams*) equivalente a 0,3527 onça (oz). (78)

decaliter / decalitro Medida de capacidade igual a 10 litros (*liters*), equivalente a 2,64 galões (*gallons*) ou 0,284 alqueire de capacidade (*bushel*). (78) (A)

decameter / decâmetro Medida linear igual a 10 metros (*meters*), equivalente a 393,7 polegadas (*inches*). (78)

decentralization / descentralização Conseqüência da delegação de autoridade para níveis mais baixos da organização, aos quais se pode atribuir competência para tratar das matérias em pauta. O que se tem por alvo é garantir uma boa distribuição de autoridade executiva, de modo que nenhum nível fique sobrecarregado ou pouco tenha a fazer. A descentralização, mesmo quando as unidades de uma organização estejam geograficamente separadas, não impede que exista uma só administração de cúpula (*top management*) para todos os setores descentralizados. (135) (244)

decentralized management / administração descentralizada Tipo de gestão que dá origem ao que se denomina administração ausente (*absentee management*). É a delegação de autoridade aos escalões mais baixos, nas unidades dispersas da empresa, as quais resolvem seus próprios problemas, não se desviando das diretrizes e objetivos estabelecidos pela alta administração. (48)

decigram / decigrama Peso igual a 10 centigramas (*centigrams*), equivalente a 1,5432 grãos (*grains*). (78)

decile / decil Valor que divida uma distribuição de freqüência em dez partes; quatro decis ficam antes da mediana e quatro após. (7) (88) (148)

deciliter / decilitro Medida de capacidade igual a 10 centilitros (*centiliters*) ou 0,1 litro (*liter*), equivalente a 3,38 onças fluidas (*fluid ounces*) ou 0,1057 de quarto líquido (*quart, liquid*). (78)

decimeter / decímetro Medida linear igual a 10 centímetros (*centimeters*), equivalente a 3,3937 polegadas (*inches*). (78)

decision / decisão 1. Que se decide fazer. 2. Operação de computador para determinar se existe um certo relacionamento entre as palavras no armazenamento (*storage*) ou nos registradores, tomando cursos alternativos de ação. O termo deu origem à concepção errônea de "cérebro mágico" (*magic brain*). Na realidade, o processo consiste em operações aritméticas para determinar o relacionamento de dois termos numéricos, alfabéticos, ou uma combinação de ambos; por exemplo, maior ou menor que. O mesmo que decisão lógica (*logical decision*). (65) (72)

decision box / símbolo de decisão Símbolo usado em um fluxograma (*flow chart*) para indicar escolha na trajetória de processamento de informação. (72)

decision makers / decisores Membros de uma organização que têm poder formal ou informal para selecionar ou aprovar o que desejarem decidir. (235)

decision-making / tomada de decisão Processo pelo qual os administradores decidem quanto aos objetivos da empresa, estribando-se nos seguintes fatores principais: reconhecimento do problema; definição e análise de suas partes principais; estabelecimento de soluções alternativas; escolha da alternativa julgada mais favorável; adoção da solução. (48) (148) (244)

decision process / processo decisório Diversos estágios de administração que fixam objetivos (*objectives*), definem as políticas ou diretrizes, criam estratégias, preparam os planos operacionais e seus procedimentos, tomam as decisões críticas e mantêm o sistema de controle (*control*). (121)

decision theory / teoria da decisão Análise e aplicação de técnicas, quase sempre matemáticas, que proporcionem uma base lógica para a escolha entre ações alternativas, quando há diversos graus de incerteza (*uncertainty*) e, como se quer, visa a minimizar riscos (*risks*). (107) (148)

decision tree / árvore da decisão Gráfico que decompõe a estrutura de uma decisão e a interação da que foi tomada, eventos ocasionais, decisões dos concorrentes, decisões futuras e suas conseqüências. É uma forma de algoritmo (*algorithm*) que examina o desenvolvimento de novos produtos, pesquisa, desenvolvimento e modernização. (107) (148) (244)

deck cargo / carga de convés Carga transportada no tombadilho de um navio, não no porão, e que por isso corre maior risco durante uma tempestade. (244)

declining balance/saldo declinante Cálculo da depreciação (*depreciation*) de um bem do ativo fixo, em que o montante depreciado é uma percentagem fixa do valor depreciado no ano anterior. (148)

decode/decodificar Aplicação de um código de maneira a inverter alguma codificação prévia; determinação do significado de caracteres individuais ou grupos de caracteres em uma mensagem (*message*). Em outras palavras, é decifrar o que foi cifrado. (72) (A)

decreasing costs/custos decrescentes Custos que devem ser raros no mundo real. Ocorrem quando a entrada de novas firmas no mercado faz com que os preços dos recursos (*resources*) e os custos de produção baixem. O fenômeno é conhecido como economias externas (*external economies*). (37)

decreasing returns to scale/rendimentos decrescentes de escala V. (*diminishing returns to scale*) e (*returns to scale*). (155)

decrement/decremento 1. Quantidade que se diminui de uma variável. 2. Parte específica de uma palavra de instrução em alguns computadores binários; é, portanto, um conjunto de dígitos. (7) (72) (88)

deduction at the source/retenção de imposto na fonte Coleta do imposto de renda (*income tax*) em que uma pessoa paga a outra que está sujeita ao imposto, retira a importância calculada como o imposto devido, remetendo-a diretamente às autoridades coletoras. (148)

deed/documento comprobatório; escritura Quando se trata de imóveis (*real state*), é uma escritura formal. Em outros casos é um documento comprobatório que contém a promessa de uma pessoa fazer ou não fazer alguma coisa; que fez ou deixou de fazê-la. (7) (88) (148) (244)

deepening of capital/aprofundamento de capital Termo também conhecido como expansão vertical do capital e que consiste no processo de alteração da estrutura de capital, de tal modo que o investimento é aumentado com vencimento mais longo. O mesmo que (*capital deepening*). (128)

default/inadimplemento 1. Descumprimento de uma cláusula contratual, especialmente no que tange a pagamento. 2. Opção em um programa de computador, por este escolhida, se uma outra não for selecionada pelo usuário. (7) (88) (148) (163) (244)

defect/defeito Não cumprimento de uma determinada especificação, fazendo com que a unidade produzida seja defeituosa (*defective*). (148) (244)

defective/defeituoso Produção que não se conformou à especificação e ficou defeituosa. (148)

defendant/réu Pessoa contra a qual foi feita uma acusação de procedimento ilegal, por uma outra que tem o nome genérico de queixosa (*plaintiff*). (244)

deferred/diferido Adiado. Retido até uma data determinada. O que fica para depois. (148) (244)

deferred creditor/credor diferido Pessoa a quem se deve dinheiro por questão de falência, mas que não pode ser paga até que os credores preferenciais tenham sido pagos. (244)

deferred gratification/satisfação diferida Adiamento de satisfação (*satisfaction*) ou gratificação no presente, visando a tê-la em maior quantidade no futuro. É como o estudante que se "sacrifica" durante grande parte da vida para, posteriormente, obter melhores resultados sociais ou econômicos. Já o mesmo não acontece com um estudante que abandona os estudos e vai trabalhar a fim de satisfazer imediatamente os seus anseios. (180)

deferred rebate/rebate diferido Percentagem adicionada a uma cobrança de frete, usualmente devolvida como um rebate diferido. O nome específico é (*primage*). (163)

deficiency/deficiência Em contabilidade, situação em que o passivo (*liabilities*) excede o ativo (*assets*). (148)

deficit/déficit Diferença entre um total e o que falta para completá-lo. (11) (244)

deficit financing/financiamento por déficit Teoria ou prática de procurar aumentar a produtividade e o consumo da nação através de despesas governamentais financiadas por tomadas de empréstimos. É o equivalente de dispêndio em déficit (*deficit spending*). (1) (78)

deficit spending/dispêndio em déficit Termo equivalente a financiamento por déficit (*deficit financing*), também conhecido como escorva de bomba (*pump priming*). (78)

definition / definição 1. Resolução e nitidez de uma imagem, ou a extensão em que esta é posta em relevo. Também pode ser o grau com que um sistema de comunicação reproduz imagens ou mensagens sonoras. 2. Traduzir o significado de uma palavra. Quando se define não se usa o termo a ser definido; não se diz que carambola é uma carambola. Além disso, quando se define, tanto se inclui em significado quanto se deixa de incluir. Por exemplo, a carambola é alongada, esverdeada e tem gomos; nesta definição não foi dito que os gomos são externos, que se trata de uma fruta e que ela é ácida e carnuda, nem qual o seu tamanho aproximado. (72) (A)

deflation / deflação Ocorrência quase sempre ligada ao declínio do ciclo econômico (*business cycle*), em que há uma contração da oferta da moeda e do crédito, com queda de preços, de produção, e aumento de desemprego. Pode ser considerada como o oposto de inflação (*inflation*). (1) (148) (244)

deflationary gap / hiato deflacionário Diferença entre o gasto em uma economia e o que seria teoricamente despendido a fim de manter o produto em nível correspondente a pleno emprego (*full employment*). (1)

defranchise / cancelamento de concessão V. (*disenfranchise*). (244)

degauss / desmagnetizar Tornar um objeto magneticamente neutro ou remover qualquer magnetismo unidirecional. O termo geralmente se aplica às gravações para computador ou outros instrumentos. (77)

degree of a great circle / grau de um grande círculo Medida igual a 60 milhas náuticas (*nautical miles*), ou seja, 69,047 milhas terrestres (*statute miles*), equivalente a 111,094623 km. (78)

del credere / del credere Obrigação contratual de compensar um prejuízo pela falta de pagamento de um comprador. A obrigação pode recair sobre o agente que efetuou a venda ou quem o ordenou a fazê-la. Na falta de um contrato, o agente está desobrigado. (88) (148) (244)

delegate / delegado 1. Alguém que representa outrem em uma convenção, conferência, seminário etc. 2. Transmitir poderes a outrem, sem, no entanto, perder a responsabilidade. (148) (244)

delegation / delegação Processo de fazer com que outros partilhem do trabalho de uma autoridade mais alta. Exige que esta designe deveres, conceda autoridade comensurável e crie um senso de responsabiliade. (148) (198) (244)

delivery / entrega Transferência da posse de alguma coisa de uma pessoa para outra. (148) (244)

delivery note / nota de entrega Documento entregue juntamente com os bens, quando estes são entregues a um freguês, usualmente listando e descrevendo-o, para que o freguês possa fazer a conferência do que recebeu. (244)

Delphi model / modelo Delphi Técnica de previsão tecnológica que representa uma forma estruturada de aproximação ao pensamento intuitivo ou de (*brainstorming*). Neste último caso, os consultados buscam encontrar um consenso para alguma indagação, em situação face a face. No sistema Delphi, também conhecido como técnica Delphi (*Delphi technique*), raramente os consultados se encontram. O sistema parece ter sucesso para previsões de longo prazo, inclusive na criação de sistemas de armas e outros tipos de evolução tecnológica. (133) (148)

Delphi technique / técnica Delphi Técnica de consulta a um grande número de expertos que trabalham isoladamente, na tentativa de ser formado um consenso de suas respectivas intuições, no que tange a uma determinada indagação. É uma técnica de previsão ou de tomada de decisão (*decision making*). (96) (148)

delusion / delusão Crença ou pensamento irracional que não tem fundamento na realidade, quase sempre envolvendo grandeza ou perseguição. O conceito tem grande aplicação na seção do pessoal. (130)

demand / demanda Várias quantidades de um bem que os consumidores obterão do mercado a todos os preços alternativos, tudo o mais sendo igual (*ceteris paribus*). A quantidade que o consumidor obterá no mercado será afetada por várias circunstâncias, dentre as quais o preço do bem, os gostos e preferências que tenham, o número de consumidores, suas rendas, os preços de bens correlatos e a amplitude de bens disponíveis. (37) (148) (244)

demand curve / curva da demanda Gráfico onde uma curva demonstra as diferentes quantidades de um bem que o consumidor adquirirá aos vários preços alternativos, tudo o mais sendo igual (*ceteris paribus*). A curva da demanda é derivada da teoria do comportamento do consumidor. (37) (148) (244)

demand deposit / conta de movimento Termo americano com a mesma significação que o usado na Grã-Bretanha (*current account*), em que o cliente pode depositar dinheiro em um banco e retirá-lo sem aviso prévio. Contas deste tipo não rendem juro e os seus depósitos equivalem à moeda corrente no que tange à liquidez (*liquidity*). (1) (148) (158)

demand elasticity / elasticidade da demanda Maneira pela qual um bem é sensível a uma variação em preço, seja em alta, seja em baixa. A causa principal é a existência de mais substitutos concorrentes de alguns dos bens do que de outros. É uma variável relativa ao volume da demanda pela variação relativa do preço; pela variação do volume da demanda dividida pelo volume demandado; pela variação da quantidade dividida pelo preço. (39)

demand forecast / previsão da demanda Método para descobrir qual será a demanda por um produto ou serviço dentro de um certo tempo a preços diferentes. (244)

demand function / função demanda Relação entre as várias quantidades que poderiam ser adquiridas e as suas determinantes. Estas são os possíveis preços do bem, as rendas dos compradores, seus gostos e preferências e os preços das mercadorias estreitamente relacionadas (bens complementares e substitutos). (155)

demand income elasticity / elasticidade-renda da demanda Demonstração de como as compras de qualquer bem por um consumidor (*consumer*) se alteram em conseqüência de variação em sua renda. Portanto, é a variação relativa das compras do bem dividida pela variação relativa da renda. (39)

demand-pull inflation / inflação da demanda Inflação que surge por haver excesso de moeda (*money*) e demanda de bens muito escassos (*scarce goods*). É a elevação do nível geral dos preços, com origem em fatores monetários, como aumentos de moeda e crédito, o que apóia um aumento na demanda de bens. (1) (2) (128) (148) (244)

demand schedule / escala da demanda Lista de preços e quantidades; a cada preço, a quantidade correspondente que seria comprada. É a relação entre as duas variáveis, preço e quantidade. Da escala é derivada a curva da demanda. Geralmente os economistas ignoram o termo "escala da demanda", que é uma contribuição de Marshall, e chamam-na de curva, ainda que se trate nitidamente de uma tabulação. (148) (155) (244)

demarcation dispute / disputa de demarcação Discordância entre grupos de trabalhadores de sindicatos diferentes, sobre quais os que devem fazer certos serviços. (244)

demarketing / demarketing Processo pelo qual um produtor procura reduzir a demanda de um produto para um ponto compatível com a capacidade de produção. (194)

demise / arrendar Conceder a posse de alguma coisa a outrem, por meio de arrendamento (*lease*). (148)

demo / demonstração Corruptela de (*demonstration*). (239)

demography / demografia Estudo estatístico da composição, distribuição e tendências (*trends*) de uma população (*population*). (180) (244)

demonstration / demonstração A rigor é um disco gravado para demonstrar a interessados a voz de um cantor, por exemplo. O termo também é empregado no sentido de amostras, que certas lojas dão aos clientes. (236) (237) (244)

demonstration effect / efeito-demonstração Impressão causada a um indivíduo por sua percepção de uma variedade maior e melhor de bens, e sua decisão de adquiri-los, ainda que sua renda (*income*) não tenha aumentado para isso. De certo modo, o efeito contraria a tese keynesiana de que as despesas de consumo de uma família (*household*) relacionam-se unicamente ao nível de sua renda. O efeito-demonstração pode ocorrer de muitas maneiras, sendo a mais comum por intermédio da difusão. (1) (82)

demotion / rebaixamento Ato de rebaixar uma pessoa de uma posição para outra que é inferior em qualidade de trabalho e pagamento. (244)

demurrage / sobre-estadia 1. Mora, detença, demora ou excesso do tempo estipulado por uma empresa de transporte, ou alfândega, para que o consignatário retire a carga da unidade transportadora. 2. Pagamento feito por atraso no cumprimento de uma obrigação; calculado por dia. (163) (244)

denationalization / desnacionalização Reversão ou desencampação de uma empresa de propriedade estatal para o domínio privado. Essa desnacionalização pode ser total ou parcial. (104) (244)

denaturalization / desnaturalização Revogação da cidadania concedida por processo de naturalização. Pode ocorrer por longa residência no exterior, fraude, negação de ser naturalizado e afiliação a organizações subversivas. (31)

denomination / denominação Nome para um dos graus em que certas coisas, especialmente o dinheiro, são divididas. Por exemplo, uma nota pode ter a denominação de dez ou de vinte. (244)

departamentalization / departamentalização Divisão de pessoas e funções dentro de uma organização em unidades lógicas como divisões, subdivisões, seções etc., e a sua disposição para o máximo de eficácia e economia. A extensão da departamentalização depende do tamanho da empresa, da diversidade de seus produtos e da amplitude de seu alcance geográfico. (48) (49) (148)

Department of Trade and Industry / Departamento de Comércio e Indústria Departamento governamental no Reino Unido para fornecer informações pertinentes sobre todas as espécies de negócios. A Sigla é (*DTI*). (244)

department store / loja de departamentos Loja varejista que opera com grande variedade de produtos e que é organizada em departamentos separados, para efeito de promoção de vendas (*sales promotion*), serviço e controle. Cada departamento se especializa em um produto ou linha correlata. (38) (148) (244)

dependence effect / efeito-dependência V. (*technostructure*). (128)

dependent variable / variável dependente Variável cujo valor é determinado pelo de outra. Por exemplo, a velocidade de um corpo que cai depende do tempo da queda. Tanto a velocidade como o tempo são variáveis (quantidades que se modificam). Neste caso, a velocidade é a variável dependente, porque depende do tempo (que é a variável independente). (78) (92)

depletion / depleção Diminuição no valor da terra ou de outros recursos, em decorrência da extração de alguma riqueza natural. Assemelha-se à redução no valor de um bem do ativo fixo (*fixed assets*), ou depreciação (*depreciation*). Esta, porém, é uma redução na qualidade ou utilidade (*utility*) de um bem, ao passo que depleção é redução na quantidade física. A depleção antecede o abandono (*abandonment*). (1) (15) (148)

deposit account / depósito a prazo Termo usado principalmente na Grã-Bretanha e equivalente a (*time deposit*) nos Estados Unidos. São os depósitos que uma pessoa faz em um banco, a fim de receber juros (*interest*). Em certos países o prazo é fixo, mas em outros o cliente somente pode fazer a retirada depois de um aviso prévio que varia entre dez e sessenta dias. (148) (158) (163) (244)

deposit bank / banco de depósitos Banco ou casa bancária independente que se distingue do banco central e que efetua diversas operações, entre as quais depósitos a prazo (*time deposits*), empréstimos (*loans*) de curto prazo (*short term*) etc. (104) (148)

depreciation / depreciação Redução no valor de itens do ativo fixo (*fixed assets*), por desgaste, efeito dos elementos, e obsolescência gradual. A depreciação contábil tem por fim distribuir de maneira sistemática o custo ou outro valor básico, menos o de salvados, se houver, do bem do ativo fixo durante sua vida útil estimada. Não se confunde com depleção (*depletion*). (1) (4) (15) (148) (244)

depression / depressão Período prolongado em que a atividade econômica se encontra muito abaixo da normal e há grande pessimismo em todos os setores. Há grande redução em produção, investimento, consumo, surge o desemprego (*unemployment*) e ocorrem falências (*bankruptcies*). (1) (244)

depth interview / entrevista em profundidade Em pesquisa de marketing (*marketing research*), é uma longa conversação com um freguês ou cliente, visando a obter informação que talvez não fosse fácil conseguir por outros métodos. (244)

derived demand / demanda derivada Demanda direta de bens de capital (*capital goods*), materiais e outros fatores de produção (*factors of production*), usados na feitura dos bens para os quais há demanda direta. (164) (244)

derv / derv No Reino Unido, marca registrada para "diesel-engine road vehicle", veículo de estrada com motor Diesel, usado por caminhões pesados e outros veículos. (244)

descent / transmissão de herança Transmissão ou alienação de um bem imobiliário de pessoa que faleceu sem fazer testamento. (11) (88)

descriptive labelling / rotulagem descritiva Rotulagem para dar a conhecer qual o tipo e os ingredientes do produto, não só para a informação dos consumidores (*consumers*), como também para a facilidade de fiscalização por parte das autoridades. (38)

descriptive statistics / estatística descritiva Medidas estatísticas que resumem as características de uma distribuição de freqüência (*frequency distribution*), ou o relacionamento entre duas ou mais distribuições. (130)

descriptor / descritor Em processamento de dados, termo elementar, palavra ou frase simples, símbolo ou grupo de símbolos para identificar um assunto, conceito ou idéia. (72) (122)

desert-and-oasis map / mapa de deserto e oásis Gráfico para a seleção de compostos ótimos de marketing. O eixo vertical marca os pontos de custo total de um determinado composto; o horizontal marca o volume de produção. A linha reta a partir da origem representa a função receita (*revenue*) e os pontos de dispersão representam vários compostos (oásis). Uma linha tracejada liga os oásis e mostra os custos mais baixos para dados volumes de produção.

O oásis mais distante abaixo da curva da receita representa o composto ótimo. (133)

design / desenho; design 1. Plano ou desenho de algo que está para ser feito. 2. Maneira pela qual alguma coisa foi feita, sendo levado em conta qual será a sua função ou a sua aparência. (3) Arte de planejar como as coisas devem ser feitas, especialmente em termos de aparência. A adoção da palavra "design" é uma afetação. (244) (A)

de-skilling / desespecialização Situação de um operário cuja especialização é substituída com vantagem pela introdução de máquinas para a mesma função. A inferência é que a "desespecialização" teve início desde a Revolução Industrial (*Industrial Revolution*). (101)

desk job / atacadista de escrivaninha Um dos tipos de atacadistas comerciantes (*merchant wholesalers*) que, embora proprietário da mercadoria, não lida fisicamente com ela. (138)

desk research / pesquisa interna Pesquisa que pode ser efetuada por um escriturário, recorrendo aos dados internos da empresa, como registro de compras, produção, pessoal, vendas etc., tudo o que por lei ou necessidade se arquiva. Os dados coligidos são secundários, mas devem ser pesquisados em primeiro lugar. Contrapõe-se a pesquisa de campo (*field research*), quando são obtidos os dados primários (*primary data*). (133) (148) (244)

despatch / despachar 1. Enviar o que alguém vendeu, a seu comprador. 2. Um relatório oficial. Variação de (*dispatch*). (148) (244)

detail file / arquivo detalhado Arquivo de informação relativamente transitória. Contrasta com arquivo-mestre (*master file*), que contém informação mais permanente. Por exemplo, no caso da folha semanal de pagamento de horista, o arquivo detalhado conterá o número do empregado, o tempo regular de trabalho, as horas extras e as normais da semana, além de outras informações variáveis. O arquivo-mestre contém o número do empregado, seu nome, departamento, taxa de ganho horário, especificação das deduções salariais e outras informações que permanecem regularmente de uma semana para outra. (72)

devaluation / desvalorização Baixa no valor da unidade monetária nacional em relação ao ouro ou à moeda corrente de outros países. Pode ser um artifício para a melhoria do balanço de pagamentos (*balance of payments*) e para incentivar as exportações. Em contrapartida, isso faz com que as importações se tornem proporcionalmente mais caras. (1) (148) (244)

developing nation / nação em desenvolvimento Termo que, às vezes, é usado para país subdesenvolvido. Em sentido mais real, nação cujo povo começa a utilizar os recursos disponíveis a fim de produzir e manter aumento na produção per capita de bens e serviços. O país tem potencial para desenvolvimento. (1) (244)

development / desenvolvimento 1. Uso dos resultados de pesquisa (*research*) para tornar um produto mais atrativo, útil, rentável etc. 2. Aproveitamento de recursos de uma área para torná-la mais produtiva. 3. Terreno que se tornou mais produtivo pelo plantio de safras ou construção de casas. (244)

development area / área de desenvolvimento No Reino Unido, parte do país que recebe auxílio especial do governo a fim de atrair negócios para o local. (244)

deviation / desvio Estatisticamente, quando o desvio se refere a dois valores, é o valor absoluto de sua diferença. (25) (180)

device / dispositivo Máquina, ferramenta ou aparelho desenhado para um fim em vista. (244)

devise / legado Entrega de propriedade por força de testamento. É a propriedade legada e, ainda, um testamento ou sua cláusula para a entrega de uma propriedade. (7) (148)

devisee / legatário Beneficiado pelo legado de uma pessoa falecida, de acordo com o estipulado em inventário ou testamento. (9)

devisor / testador Aquele que deixa um legado, de acordo com um testamento. (9)

diagnostic routine / rotina de diagnóstico Rotina utilizada para localizar um mau funcionamento de computador, ou para ajudar a encontrar enganos em um programa. Em geral, é qualquer rotina especificamente destinada a auxiliar a depurar (*debug*) ou eliminar defeitos. (72) (74) (148)

diagnotor / diagnotor Combinação de rotinas de diagnóstico e de edição de dados processados. Questiona situações inusitadas e anota os resultados implicados. (72)

diagram / diagrama 1. Representação esquemática de uma seqüência de sub-rotinas de computador, visando à solução de problemas. 2. Representação mais rudimentar e menos simbólica que um fluxograma (*flow chart*), geralmente incluindo descrições no vernáculo. 3. Desenho esquemático ou lógico, mostrando o circuito elétrico ou os arranjos lógicos dentro de um componente de processamento. (72)

diary method / método diário Técnica de marketing em pesquisa de consumo. Uma amostra de consumidores mantém um registro do que compram durante um certo período. Este procedimento mostra alterações nas vendas de certos produtos e os efeitos da atual propaganda. (244)

dichotomic listening / escuta dicotômica Atenção de um ouvinte a duas ou mais mensagens simultaneamente. Também é chamada de escuta de dois canais. (202)

dictionary / dicionário Lista de nomes em código, usada em uma rotina ou sistema de computador, e seu significado específico para tanto. (72)

differential analyzer / analisador diferencial Computador, geralmente analógico, desenhado e utilizado para resolver muitos tipos de equações diferenciais. (72)

differential calculus / cálculo diferencial Cálculo que diz respeito à taxa em que uma variável dependente (*dependent variable*) muda quando sua variável explicatória (ou variáveis) se altera. É o inverso de cálculo integral (*integral calculus*). (163)

differential cost / custo diferencial O mesmo que custo marginal (*marginal cost*). Parte do custo de uma função atribuível e identificável com uma característica adicionada; é a diferença entre o custo com a característica adicionada e sem ela. Quando a característica se torna permanente, o custo adicionado propende a fundir-se com os demais custos e desaparece. V. (*incremental cost*). (88) (167)

differential costing / custeio diferencial V. (*marginal costing*). (157)

differential marketing / marketing diferenciado Situação em que a empresa opera em todos os lados do mercado, mas desenha produtos separados e/ou estabelece programas de marketing para cada um. Tanto o marketing diferenciado como o indiferenciado implicam que a empresa está procurando dar cobertura ao mercado todo. Em contraposição, existe o marketing concentrado (*concentrated marketing*), quando a empresa procura fixar-se em um segmento (*segment*). (133)

differential threshold / limiar diferencial Menor diferença que se pode perceber em um estímulo. (130)

differentiation / diferenciação Em marketing, uma das modalidades de segmentação de mercado (*market segmentation*). Ocorre quando dois ou mais subgrupos da população são identificados e são desenvolvidos programas de marketing para cada um. A outra modalidade é a concentração (*concentration*). (162)

diffusion / difusão Em sociologia, disseminação dos traços de cultura de um grupo para outro. Em contexto que não estritamente sociológico, significa divulgação. (180)

digit / dígito Uma das cifras usadas em computador digital, que vai de 0 a 9 em um sistema decimal e de 0 a 1 em um sistema binário. Dígitos são algarismos. (11)

digital / digital Termo que diz respeito à utilização de números integrais discretos em uma determinada base, a fim de representar todas as quantidades que ocorrem em um problema ou cálculo. (72)

digital computer / computador digital Computador que processa informação representada por combinações de dados discretos ou descontínuos, em comparação a um computador analógico (*analog computer*) para dados descontínuos. É um dispositivo para executar seqüências de operações aritméticas e lógicas, não apenas de dados, mas também de seu próprio programa. Especificamente, é um computador capaz de executar seqüências de instruções armazenadas internamente, em oposição a calculadoras, tais como as de programação em cartões, nas quais a seqüência é impressa manualmente. (72) (148) (244)

digital differential analyzer / analisador diferencial digital Equipamento para resolver sistemas de equações algébricas ou diferenciais, por meio de circuitos analógicos, efetuando as operações digitalmente. (65)

digital plotter / plotador digital Dispositivo de saída, que é um acessório do computador propriamente dito, que pode ser ligado a processadores centrais. A finalidade é plotar gráficos de várias espécies, como curvas estatísticas etc. (70) (118)

digitize / digitizar Converter a mensuração analógica de uma variável física em valor numérico, desse modo expressando a quantidade em forma digital. (72)

dime / dime Moeda metálica americana que representa dez centavos de dólar. (11)

diminishing marginal utility / utilidade marginal decrescente Diminuição da satisfação de um indivíduo com quantidades adicionais de um bem em determinado período. V. (*utility*). (128)

diminishing returns / rendimentos decrescentes Princípio econômico, conhecido como lei, cuja assertiva é de que as adições sucessivas de quantidades de fatores variáveis de produção a outros fatores fixos resultarão em produtividade decrescente, pelo menos depois de certo ponto. O princípio também é conhecido como lei das proporções variáveis (*law of variable proportions*). (1)

diminishing returns to scale / rendimentos decrescentes de escala O mesmo que (*decreasing returns to scale*). (155)

direct advertising / propaganda direta Anúncios distribuídos a uma audiência como itens individuais, que não são parte de uma publicação que contenha outros materiais: folhetos, brochuras, catálogos etc. A distribuição pode ser feita pelo correio ou de porta em porta. (148)

direct control / controle direto Fixação de preços e valores pelo governo, com a estipulação de máximos e mínimos. Estes instrumentos englobam proibições absolutas, como, por exemplo, exportar capital. Os controles diretos quase sempre são compulsórios. Algumas vezes o governo usa persuasão, porém em termos que equivalem a uma ordem. (104)

direct cost / custo direto Custo que pode ser identificado com uma determinada atividade ou produto. Sinônimo de custo variável (*variable cost*). (107) (148) (244)

direct costing / custeio direto Método de custeio de produto em que há separação entre os custos considerados fixos e os variáveis.

As despesas fixas de produção são consideradas como um custo do exercício e as variáveis como um custo do produto. Sinônimo de custeio variável (*variable costing*), custeio marginal (*marginal costing*) e custeio de produto (*product costing*). (41) (107) (148) (157)

direct expense / despesa direta Desembolso em conexão direta com alguma atividade comercial, como os salários das pessoas que a praticam. Comparar com (*direct cost*). (244)

direct labor / mão-de-obra direta Parte da força de trabalho (*manpower*) que está diretamente ligada à manufatura de bens ou serviços. (148) (163) (244)

direct mail / mala direta Descrições de um produto ou serviço, às vezes com formulário de pedido, enviados a possíveis compradores. Via de regra, tudo é feito através do correio. (244)

direct material / material direto Material usado em produção, que se torna parte do produto. (107)

direct production / produção direta Produção de uma mercadoria (*merchandise*) sem o uso de máquinas e sem divisão de trabalho (*division of labor*) em várias tarefas especializadas, como no caso de um artesão que fabrica, digamos, uma estatueta, sem o auxílio de terceiros ou de máquinas. (163)

direct profit / lucro direto Diferença entre receita de vendas de um produto e os custos totais diretos associados à sua produção. (148)

direct-response advertising / propaganda de resposta direta Propaganda que visa a persuadir as pessoas a comunicar-se diretamente com o anunciante. A forma mais comum é a mala direta. (148)

direct selling / vendagem direta Venda efetuada sem o concurso do intermediário, isto é, sem o concurso de um varejista (*retailer*). O produtor vende diretamente ao consumidor, muitas vezes de porta em porta (*house-to-house*). (38) (80) (244)

direct store delivery / entrega direta na loja Entrega de certas mercadorias em supermercados, lojas de conveniência etc., de certos itens, diretamente para o quarto dos fundos, sem que tenham de ir para o depósito porventura existente da loja compradora. A expressão é mais conhecida por suas iniciais (*DSD*). (239:129)

direct tax / imposto direto Imposto que incide diretamente sobre o contribuinte, sem que possa ser transferido deste para um consumidor ou serviço tributado. Entre os impostos diretos estão o de renda (*income tax*), o de capitação (*poll tax*), o territorial etc. É o oposto de imposto indireto (*indirect tax*). (1) (148)

disbelief / descrença Em estudo de marketing, fato que conduz a uma mudança de atitude por estimular o cliente em perspectiva a buscar informação relevante adicional. Não se confunde com não crença (*nonbelief*); esta se relaciona à curiosidade que pode fazer com que alguns consumidores (*consumers*) comprem um produto a fim de descobrir se as alegações a seu respeito são válidas. (138)

discharge / demissão Eliminação permanente de um empregado. Não se confunde com dispensa temporária (*layoff*). Esta, quase sempre, decorre da diminuição no ritmo de produção e da necessidade de reduzir as despesas com mão-de-obra. São sinônimos (*dismissal*) e (*separation*). (48) (148) (244)

discount / desconto Diferença entre o valor presente e o valor futuro de um determinado benefício. Constitui uma compensação pelo prazo de espera. (88) (148) (244)

discounted cash flow / fluxo de caixa descontado Qualquer método contábil de calcular o retorno do capital investido em um projeto, ou seja, o valor presente do fluxo de caixa, em oposição ao futuro. A técnica figura entre as mais importantes para um orçamento de capital fixo (*capital budgeting*). O mesmo que valor presente do fluxo de caixa (*present cash flow*). Abrevia-se em português, f.c.d.; ou, em inglês, d.c.f. (1) (22) (244)

discounted cash flow yield / rendimento do fluxo de caixa descontado V. (*internal rate of return*) e (*marginal efficiency of capital*). (158)

discounted value / valor descontado V. (*present value*). (2) (88)

discounter / descontador Nome que se dá ao varejista cujo negócio é a casa de descontos (*discount house*). (148)

discount house / casa de descontos Varejista (*retailer*) que somente vende artigos a preços baixos, concorrendo com os demais. Geralmente compra em grandes quantidades, assim também como absorve os excedentes do governo e faz concorrência que pode ser desastrosa para os pequenos comerciantes. (1) (148) (244)

discount rate / taxa de desconto Número, quase sempre sob forma de percentagem, para determinar um desconto. (148) (244)

discrepant market / mercado discrepante Mercado em que há uma discrepância entre a oferta (*supply*) e a demanda (*demand*). (81)

discrete / discreto Separado, sem vínculos, independente do todo; o que tem uma individualidade distinta. (183)

discretion / discrição Poder da livre decisão, da escolha não dirigida em relação a várias alternativas. Para cada decisão existe uma esfera que a limita até onde a discrição ou arbítrio pode ir. São as restrições. As principais são por autoridade, biológicas, físicas, tecnológicas e econômicas. (25) (148)

discretionary content / conteúdo discricionário Aspectos de uma tarefa que deve ser executada de acordo com os planos ou decisões tomadas por seu encarregado, usando o seu próprio julgamento. (148)

discretionary fund / fundo discricionário Renda discricionária (*discretionary income*) mais o crédito concedido para o pagamento de prestações (*installments*). Em conjunto, a renda pessoal, a renda disponível (*disposable income*), a renda discricionária e o fundo discricionário representam uma estimativa total da renda ao alcance dos consumidores para gasto discricionário. (80)

discretionary income / renda discricionária Renda que pode ou não ser gasta ou poupada sem consideração à necessidade atual ou à de compromissos anteriores. V. (*discretionary fund*). (80) (244)

discretionary saving / poupança discricionária Diz-se das adições aos depósitos bancários, caixas econômicas etc., bem como da renda usada na aquisição de papéis comerciais (*commercial papers*), incluindo apólices emitidas pelo governo. (159)

discrimination / discriminação Prática que ameaça desigualmente pessoas iguais; limitação de oportunidade ou de recompensa, por causa de raça, religião ou grupo étnico. Discriminar tem a conotação de agir contra. (180) (244)

discrimination of the first degree / discriminação do primeiro grau Diz-se da discriminação que ocorre quando um monopolista sabe a quantia monetária máxima que cada consumidor pagará por qualquer quantidade. Estabelece os preços de modo correspondente e tira de cada um a quantia total equivalente ao excedente do consumidor (*consumer surplus*). Ocasionalmente, para este caso também se usa o termo discriminação perfeita (*perfect discrimination*). (155)

discrimination of the second degree / discriminação do segundo grau Diz-se da discriminação que ocorre quando o monopolista capta parte do excedente do consumidor (*consumer surplus*), mas não tudo. As taxas cobradas pelas empresas concessionárias de serviços públicos são consideradas como discriminação de preço do segundo grau. (155)

discrimination of the third degree / discriminação do terceiro grau Diz-se da discriminação que ocorre quando o monopolista divide os clientes em duas ou mais classes ou grupos, cobrando um preço (*price*) diferente para cada classe. Cada uma é um mercado (*market*) separado, como, por exemplo, lugares privilegiados em um teatro ou estádio de futebol. (155)

diseconomies of scale / deseconomias de escala V. (*economies of scale*). (163)

disenfranchise / cancelamento de concessão ou licenciamento 1. Retirar de uma pessoa o direito de votar. 2. Retirar uma concessão (*franchise*) ou qualquer outro privilégio especial de comerciar com o que foi licenciado. Também se diz (*defranchise*). (244)

disguised unemployment / desemprego disfarçado Emprego de pessoas que não utilizam o total de sua capacidade ou habilidade, ou no qual sua produtividade é mais baixa do que seria se estivessem ocupando outras funções. Ocorre nas recessões (*recessions*), quando os trabalhadores descem de cargos para os quais sua capacidade é maior. Os serviços supérfluos, como os de um mordomo, também são desemprego disfarçado. (1)

disinflation / desinflação Método suave de conter a inflação, a fim de evitar deflação (*deflation*). Restrição de compras a crédito, elevação de juros etc., são consideradas medidas desinflacionárias. (163) (244)

disinvestment / desinvestimento Fenômeno que ocorre principalmente quando a economia (*economy*) está em forte depressão (*depression*) e o investimento bruto (*gross investment*) não basta para cobrir a perda (*loss*) de capital decorrente do desgaste de maquinaria, equipamento etc. (153) (158)

disk drive / disk drive O termo parece não aceitar tradução: acionador de disco. Máquina que pode registrar informação em um disco flexível (*floppy*) ou rígido (*Winchester*), e reproduzi-la. Também se escreve (*disc*). (214) (244)

diskette / disquete Disco flexível (*floppy disk*), coberto com material magnético, usado para armazenamento de dados, principalmente em computador pessoal. (217)

dismissal / dispensa; demissão O mesmo que (*discharge*). (148) (244)

dispatch / despachar V. (*despatch*). (244)

dispersed factory system / sistema fabril disperso O mesmo que indústria a facção (*putting out system*). (67)

displacement ton / tonelada de deslocamento Unidade de deslocamento dos navios, igual a 35 pés cúbicos (*cubic feet*), que é aproximadamente o volume de uma tonelada longa (*long ton*) de água do mar. (78)

display / expositor Propaganda artística que pode ser até uma estante ou cabide de mercadorias, de forma mais elaborada do que os cartazes, e que geralmente aparece nos balcões dos varejistas. (244)

display advertising / propaganda artística Propaganda ou anúncio que não se limita à forma simples, como os anúncios classificados, mas que contém um elemento de desenho ou arte, visando a despertar maior atenção. (164) (244)

display tube / cinescópio Válvula de raios catódicos usada para a demonstração visual da informação do computador e do aparelho de televisão. (72)

disposable / disponível; descartável 1. Aquilo de que se pode dispor, como, por exemplo, a renda, após o pagamento de todas as dívidas, inclusive impostos. 2. O que se pode usar uma vez e jogar fora, como uma lâmina de barbear, toalha de papel etc. (24)

disposable income / renda disponível Renda pessoal menos os impostos. A que o indivíduo obtém sob a forma de salários, ordenados, aluguéis, participações, benefícios sociais etc. Essencialmente, é a importância monetária à disposição para despesas em coisas que poderiam ser supérfluas. V. (*discretionary income*) e (*discretionary fund*). (80) (244)

dispute / disputa Em trabalhismo, discordância entre trabalhadores e empregadores. (244)

dissaving / despoupança Despesa (*expense*) feita por uma pessoa acima do que tem como renda, ou com as poupanças (*savings*) efetuadas no passado, ou com empréstimos (*loans*) contraídos. A diferença entre a despoupança total e a bruta é a líquida, dado que é usado no cálculo das estatísticas da renda nacional (*national income*). Também pode ser unicamente a diminuição da poupança de uma pessoa. (1) (148)

distinctiveness / qualidade distintiva Atributo ou qualidade característica de um produto pioneiro que o torna muito diferente de outros similares. Não é exatamente diferenciação de produto (*product differentiation*), mas uma característica quase exclusiva. Com o decorrer do tempo os imitadores podem reproduzir essa qualidade e, aos poucos, ela se torna comum, isto é, já não será mais distinguida dos demais produtos. (134)

distress merchandise / mercadoria de liquidação rápida Mercadoria de preço bastante rebaixado para ser vendida com muita rapidez. Quase sempre esse recurso é usado para a obtenção de numerário, face a um aperto financeiro. O termo também pode ser usado para uma quantidade de mercadoria que um comerciante adquiriu de outro e a tem para revenda, ou a que precisa ter rotação rápida. (11) (88)

distress price / preço de apertura Preço ao qual uma empresa está disposta a vender seus produtos ou serviços, mesmo com prejuízo, quase sempre para poder atender a compromissos financeiros. Presumivelmente, esse preço é temporário, até passar a crise. (134)

distribution / distribuição Termo que engloba as maneiras pelas quais a produção (*production*) é colocada à disposição dos consumidores (*consumers*). O distribuidor (*distributor*) procura lucro (*profit*), provendo as instalações ou facilidades por cujo intermédio os produtos alcançam seus destinos. Como empresário de produção, o distribuidor usará os fatores terra (*land*), mão-de-obra (*labor*), capital (*capital*) e administração (*management*) nas combinações que lhe parecerem melhores para a obtenção de lucro. (48) (148) (244)

distribution channels / canais de distribuição Rotas seguidas pelos bens (*goods*) em seu caminho dos produtores para os consumidores. Variam com a natureza dos bens, do mercado, do caráter da demanda e da concorrência. Os canais de distribuição para os bens de consumo (*consumer goods*) são diferentes dos de bens comerciais e industriais. Com certas exceções, estes dois não são vendidos por varejistas (*retailers*). O mesmo que "channels of distribution". (48) (148) (244)

distribution cost analysis / análise de custo de distribuição Estudo e avaliação dos custos e da rentabilidade relativa das diferentes operações de marketing, em termos de clientela, unidades de marketing, produtos, territórios, serviços etc. (38)

distribution mix / composto de distribuição Em marketing, escolha dos canais de distribuição mais econômicos e adequados ao mercado. Um outro aspecto está na determinação do padrão distributivo, que pode ser intensivo, com a utilização de todos os varejistas possíveis; seletivo, com a restrição de alguns varejistas em cada distrito de vendas; e exclusivo, quando se utiliza apenas um varejista em cada distrito. (38) (148)

distribution warehouses / depósitos de distribuição Instalações para armazenamento e embarque de produtos. São usadas para facilitar o movimento rápido dos bens, quando as áreas de comércio estão distantes dos fabricantes. (194)

distributive bargaining / negociação distributiva Negociação coletiva (*collective bargaining*) em que o objetivo principal de cada lado é obter a distribuição mais favorável de recursos limitados. (148)

distributor / distribuidor Atacadista (*wholesaler*) que detém a propriedade dos bens com que negocia. (148) (194)

district / distrito Subdivisão de uma povoação que serve como unidade territorial para policiamento, prevenção de incêndios, instalação jurisdicional de escolas, representação política etc. É também uma região cujos limites e dimensões podem ser aproximadamente os de um Estado, como no caso do Distrito Federal. (35) (231)

District Attorney / Promotor Público Promotor eleito em todos os Estados americanos, exceto em seis, para períodos de dois a quatro anos. Dirige a ação pública no júri popular (*grand jury*). Nos Estados em que não há júri popular, o promotor faz a acusação sob a forma de processo escrito. (31) (231)

disturbed reactive environment / ambiente reativo perturbado Refinamento em administração que consiste em quatro tipos: dinâmico, onde alguns concorrentes (*competitors*) procuram dificultar a posição dos demais, porém, muitas vezes entram em acordo. Nesse ambiente há grandes organizações e a concorrência é agressiva. Os outros três tipos são: ambiente randomizado plácido (*placid randomized environment*), ambiente aglomerado plácido (*placid clustered environment*) e ambiente turbulento (*turbulent environment*). (99)

disutility / desutilidade Termo de interpretação muito subjetiva, significando desconforto, inconveniência ou "mal" causado por um bem ou serviço. Poder-se-ia dizer que o excesso da luz solar é uma desutilidade, ao passo que uma quantidade moderada seria uma utilidade (*utility*). (1)

disutility of labor / desutilidade do trabalho O termo pode englobar qualquer razão para que um trabalhador não aceite ou não ache justo um determinado salário que ele julgue estar abaixo de sua utilidade (*utility*) mínima, isto é, não valha a pena, em comparação ao lazer. (1)

divergent thinking / pensamento divergente Geração de muitas soluções novas para um problema; idéias que constituem novidade. (202)

diversification / diversificação Termo que se aplica a uma empresa que resolve diversificar seus produtos, tendo em vista a demanda do mercado. Uma montadora de automóveis pode decidir fabricar geladeiras, rádios etc. A diversificação pode compensar as fracas vendas de um produto, com grandes vendas de outros. (1) (148) (244)

diversify / diversificar 1. Diz-se da empresa que vai entrar em novos mercados com novos produtos e serviços, o que muitas vezes faz pela aquisição de uma outra empresa, de modo a diminuir os riscos de ter apenas uns poucos produtos em pequeno número de mercados. 2. Distribuir investimentos, isto é, adquirir ações e outros títulos de valor de diferentes companhias, visando a diminuir o risco se alguns investimentos falharem. (244)

divestment / despojamento Processo pelo qual uma companhia vende seus bens ou transfere a propriedade ou parte de seu negócio a uma outra empresa. (9) (244)

dividend / dividendo Pagamento que uma sociedade anônima faz aos portadores de suas ações. É uma parte dos lucros que os diretores desejam distribuir, ficando o restante como dividendos ou lucros não distribuídos (*retained earnings*). As ações preferenciais têm prioridade no pagamento de dividendos. (1) (148) (231) (244)

dividend stripping / despojamento de dividendos Assunção do controle de uma companhia com grande quantidade de lucro retido (*retained earnings*) e declaração de um grande dividendo aos acionistas, de modo a evitar impostos. (148)

divisibility / divisibilidade Conceito econômico segundo o qual um bem pode ser adquirido em pequenas ou grandes quantidades, isto é, pode ser dividido, atingindo os fins a que se destina. O feijão é divisível, porque pode ser dividido em unidades (toneladas ou quilos) separadamente. O mesmo já não acontece com um automóvel, que é indivisível. (39)

divisionalization / divisionalização Uma das divisões da departamentalização. Nas grandes empresas, com produtos diversificados, o conceito de descentralização (*decentralization*) estendeu-se a ponto de cada linha de produto tornar-se base para uma divisão mais ou menos autônoma. Em tal caso, a responsabilidade pelo desempenho, produção e venda dos produtos e realização de lucro (*profit*) é entregue a uma administração de divisão, como acontece com a General Motors, onde cada divisão concorre acirradamente com a outra dentro do mesmo departamento, digamos, entre o automóvel Chevrolet e o Pontiac. O oposto de divisionalização seria funcionalização (*functionalization*). (48)

division of labor / divisão do trabalho Especialização de tarefa dentro de um processo produtivo. É a concentração do esforço do trabalho em tarefas particulares, a fim de melhorar a perícia em cada uma, poupar tempo e promover melhor uso do capital. (128) (148) (164) (244)

docket / sumário de documento Resumo, sumário ou estrato de um documento, que contém todos os pontos que precisam ser conhecidos. (148)

document / documento Qualquer espécie de formulário, comprovante ou evidência escrita de uma transação, que será usada em processamento de dados. (72) (118) (244)

docuterm / docutermo Palavra ou frase que descreve o assunto ou conceito de um item de informação, considerado importante para a recuperação ulterior da referida informação. (72)

dollar diplomacy / diplomacia do dólar Expressão inicialmente usada para significar o desagrado das nações latino-americanas contra o governo dos Estados Unidos no uso do poder diplomático e militar, aparentemente abrindo caminho para os mercados externos e salvaguardar seus interesses financeiros. O termo também se aplica ao emprego da força política e militar para fomentar interesses americanos. (A)

domestic corporation / sociedade anônima local Sociedade anônima que obtém patente de funcionamento em um Estado, onde é considerada doméstica ou local, mas em qualquer outro Estado será considerada forasteira (*foreign corporation*). O termo "forasteira" é para distingui-la de "estrangeira" ou "alienígena". V. (*alien corporation*) e (*foreign corporation*). (48) (231)

domestic draft/saque interno Tipo comum de saque, subentendendo-se que tanto o sacador (*drawer*) como o sacado (*drawee*) residem no mesmo país. Do contrário seria uma letra de câmbio (*bill of exchange*) ou saque externo (*foreign draft*). (88)

domestic value/valor interno Preço de atacado pelo qual os bens importados seriam vendidos no país importador. Contrapõe-se a valor externo (*foreign value*), sendo uma das formas de atribuição de valor para o cálculo de direitos aduaneiros (*customs duties*). A probabilidade é de que o valor interno seja maior do que o externo. (82)

dominant price leader/líder de preço dominante Firma que, por ter custos mais baixos, maior porte, comportamento mais agressivo etc., domina as rivais no mercado; estas passam a ser suas seguidoras. De certo modo uma firma líder de preços que domine o mercado pode agir como se fosse um monopólio (*monopoly*). (155)

domino effect/efeito-dominó Expressão derivada da "teoria do dominó". É a hipótese de que, se uma coisa ou idéia for eliminada, tudo o que lhe estiver associado ou aliado também será eliminado, como uma fileira de peças de dominó, de pé, em seu sentido longitudinal; se a peça que está por detrás cair, as da frente também cairão. Naturalmente, este efeito tem conotações positivas e negativas. Muito parecido com reação em cadeia. (122)

door-to-door selling/vendagem de porta em porta Método de vender procurando os possíveis compradores em suas próprias casas. (244)

dormant partner/sócio comanditário Sócio que não exerce papel ativo na administração da empresa de que faz parte, nem é conhecido como sócio. Também pode ser chamado de sócio em conta de participação (*sleeping partner*). (48) (231)

double-counting/contagem dupla Erro que se poderia cometer no cálculo do produto nacional bruto se fossem somadas as despesas de bens e serviços finais (*final goods and services*) com os bens e serviços intermediários (*intermediate goods and services*). Nesse caso haveria uma contagem dupla, e o PNB (*GNP*) seria grandemente exagerado. (44)

double entry/partidas dobradas Moderno sistema de contabilidade em que a todo crédito corresponde um débito equivalente e vice-versa. Diz-se que as partidas são dobradas porque sempre há necessidade de dois lançamentos: o lançamento de saída de um lugar é o de entrada em outro. (148) (A)

double precision/precisão dupla Uso de duas palavras de computador a fim de representar um número de extensão dupla. (214)

double search/busca dupla Termo que alguns estudiosos de marketing dão ao fato de que os consumidores (*consumers*) procuram produtos para a satisfação de suas necessidades, ao mesmo tempo que os fornecedores (*suppliers*) procuram clientes. (81)

double taxation/bitributação Incidência de um imposto sobre o que já foi tributado. Em certos países, o imposto de renda (*income tax*) incide sobre o dividendo distribuído como lucro das sociedades anônimas e, a seguir, esse mesmo imposto incide sobre a renda da pessoa física que o recebeu. Também pode haver bitributação quando o governo federal e o estadual tributam o mesmo objeto, sob conceitos diferentes. Pode haver o caso de uma remessa para o exterior ser tributada no país de origem e no recebedor. (1) (148) (231)

Dow Jones Index/Índice Dow Jones Preço médio de trinta das ações das companhias mais importantes no mercado de valores de Nova York, publicado diariamente pelo noticiário financeiro, visando a dar uma idéia do quão bem ou mal vai o estoque de valores dos Estados Unidos.

down payment/primeiro pagamento Primeiro pagamento que se faz na compra a prestações (*hire-purchase*) ou (*installments*). Também se considera o pagamento feito quando da assinatura de uma hipoteca (*mortgage*). (244)

downtime/tempo de manutenção Em processamento de dados, tempo de máquina parada para manutenção preventiva ou reparos. (11) (65) (66) (148) (244)

draft/saque Documento preparado por um credor (*creditor*) contra o devedor (*debtor*), exigindo-lhe pagamento de uma determinada importância, por algum motivo. Há diversas espécies de saques: saque à vista (*sight draft*), que se contrapõe a saque a prazo (*time draft*). O saque pode ser pessoal (*personal draft*) e comercial (*commercial draft*). Quando feito no mesmo país de residência do sacado e do sacador, chama-se saque interno (*domestic draft*); quando uma das duas partes reside no exterior é saque externo (*foreign draft*) ou letra de câmbio (*bill of exchange*). O tipo mais comum parece ser o "aceite" e que se chama saque contra a entrega da mercadoria (*arrival draft*). (1) (88) (148) (244)

dram / dracma Termo derivado de dracma. Faz parte dos pesos de farmácia, constituindo a oitava parte de uma onça, ou 60 grãos (*grains*). No sistema (*avoirdupois*), a décima-sexta parte de uma onça. (133)

dram (apothecaries) / dracma (farmacêuticos) Medida fluida de farmacêuticos, igual a 60 mínimos (*minims*) ou 0,2256 polegada cúbica (*cubic inch*), equivalente a 3,6966 ml. Outro conceito dá o peso como igual a 3 escrúpulos (*scruples*), igual a 3,888 gramas. (78)

dram (avoirdupois) / dracma (avoirdupois) Peso igual a 27,34 grãos (*grains*), equivalente a 1,772 g. (78)

draw / sacar 1. Fazer um cheque e receber a quantia nominal. 2. Atrair, arrastar. 3. Usar dinheiro para ganhar juros. (244)

drawback / drawback 1. Direitos aduaneiros (*customs duties*) que um industrial pode receber de volta ao exportar bens que transformou com matéria-prima tributada na importação. 2. Empecilho, desvantagem. (32) (148) (244)

drawee / sacado Aquele contra quem é emitida uma letra de câmbio (*bill of exchange*) ou saque, e deve efetuar o pagamento. No caso de letra de câmbio supõe-se transação internacional.(11) (148) (244)

drawer / sacador Quem emite ou saca uma letra de câmbio (*bill of exchange*), no caso de haver envolvimento internacional, ou faz um saque (*draft*), no caso das duas partes residirem no mesmo país. (11) (148) (244)

drawing account / conta de retirada 1. Conta usada por um sócio ou empregado para a retirada de verbas. 2. Conta que é debitada pelos adiantamentos de verbas para despesas, sendo posteriormente deduzidas de salários, ganhos etc., especialmente no caso de vendedores. (7) (11)

dropin / sinal espúrio Presença de um sinal em uma gravação de computador, quando não deveria existir. Geralmente é causado por imperfeições da fita, como diminutos arranhões e mossas. (77)

drop out / falha de sinal Ausência de sinal em uma gravação magnética, quando deveria estar presente. Geralmente causada por fragmentos, matéria estranha, ou qualquer coisa que faça com que a superfície gravada interrompa o contato com a cabeça de leitura ou de escrita da máquina. (77)

drop-out / desistente Termo que se aplica principalmente a quem abandona um curso escolar antes de completá-lo, como se fosse uma evasão escolar. (A)

drop shipment / embarque direto Embarque feito por um fabricante diretamente a um varejista cliente de seu atacadista distribuidor. O varejista recebe a mercadoria e o faturamento é feito pelo atacadista. O sistema evita despesas redundantes com frete e papelada. (7) (11) (244)

drop shipper / embarcador direto (*Desk jobber*), isto é, um atacadista (*wholesaler*) que não lida diretamente com a mercadoria, mas providencia o seu embarque. (138)

drum / tambor Em processamento de dados, dispositivo semelhante a uma unidade de discos que utiliza um tambor fixo como veículo de armazenamento, em lugar de um conjunto de discos. (77)

dry goods / produtos têxteis e afins Produtos têxteis, peças de vestuário e correlatos. Contrastam com outras mercadorias, como ferragens, produtos de mercearia etc. (11) (244)

DSD / DSD V. (*direct store delivery*). (239:129)

dual economy / economia dual Economia em que há um setor moderno coexistindo com um tradicional; no primeiro setor predominam os avanços tecnológicos e no segundo, os métodos tradicionais ou de subsistência. (113)

dummy / fantasma Falsa representação que se usa em programação de computador e em técnicas de rede (*network*), a fim de satisfazer a uma condição necessária, mas que não afeta o resultado final. (11) (148)

dummy activity / atividade fantasma Sinal em rede de atividade (*activity-on-node network*); não representa uma atividade, mas é colocado para auxiliar a visualização. (148)

dumping / dumping Expressão geralmente usada em inglês que significa a venda de um produto em outro país, por preço menor do que o do mercado interno, visando a obter vantagem na concorrência sobre outros fornecedores estrangeiros e, talvez, evitar o nascimento de uma indústria doméstica concorrente. O dumping implica excesso do produto no país de origem e muitas vezes venda com prejuízo para a eliminação da concorrência. (1) (148) (244)

duopoly / duopólio Estrutura de mercado em que há apenas duas empresas ou indivíduos que vendem o mesmo tipo de mercadoria. Conquanto os duopólios possam ser um fenômeno raro, a teoria é de que há grande interdependência entre as duas firmas monopolistas e, portanto, ambas chegam a um acordo tácito ou explícito para limitar a produção, fixar seus preços e efetuar uma divisão de mercados, além de outras práticas consideradas prejudiciais ao comércio. (1) (32) (148)

duopsony / duopsônio Mercado em que há apenas duas empresas compradoras de um bem ou serviço. (148) (158)

durable good / bem durável Peça de equipamento para consumidores ou produtores que, em uso normal, tem a probabilidade de durar mais de três anos, como automóveis, refrigeradores, aparelhos de rádio, jóias etc. Incluem-se diversas máquinas, mas não prédios, estradas, aeroportos etc. (1) (244)

duress / coerção Tudo o que é conseguido sob coerção e que legalmente é nulo de pleno direito. (11)

Dutch auction / leilão holandês Tipo de leilão em que as mercadorias começam com um preço alto que vai baixando até o ponto em que alguém aceita o preço. (20) (148) (244)

duty / dever; direito 1. Tarefa, especialmente repetitiva, que uma pessoa é obrigada a executar como parte de seu cargo. 2. No Reino Unido é qualquer tributação que não seja o imposto de renda (*income tax*). (148) (244)

duty-free / livre de direitos Bens, geralmente raros e necessários em um país, que para maior facilidade de importação estão livres de direitos aduaneiros. (244)

duty-free shop / loja livre de direitos Loja, por exemplo, em um aeroporto internacional, onde os bens são vendidos barato por estarem livres de certas espécies de direitos. (244)

dwarf industry / indústria anã Indústria que geralmente não emprega mais de 1 a 4 operários. O mesmo que indústria diminuta (*undersized industry*). (67)

dynamic programming / programação dinâmica Técnica para a otimização do efeito global de uma seqüência de tempo de decisões inter-relacionadas. Basicamente, trabalha para trás, a partir do último ponto para o primeiro, numa rede complexa de decisões. (41)

dynamics / dinâmica Estudo das modificações que ocorrem nos sistemas econômicos. Sua característica central é a datação das variáveis, o que introduz a consideração do fator tempo. Considera-se que um modelo econômico é dinâmico se pelo menos uma das variáveis observáveis nas equações tiver valores tomados de diversos pontos do tempo. Uma das vantagens da análise dinâmica é que esta dá uma idéia do tempo necessário para que seja alcançado um novo equilíbrio. (1) (163)

dysfunction / disfunção Perturbação ou defeito da capacidade funcional de um órgão ou sistema, físico, mental etc. (160)

E

earliest event time / mais cedo de evento Tempo, o mais cedo possível, em que pode ocorrer um evento (*event*) em uma rede de atividade de setas (*activity-on-arrow network*). (56) (148)

earliest finish time / mais cedo de final Tempo, o mais cedo possível, em que pode ser terminada uma atividade em rede (*network*). (56) (148)

earliest start time / mais cedo de início Tempo mais cedo de dar início a uma atividade em rede (*network*). (56) (148)

early closing / fechamento mais cedo Fechamento de lojas e outros estabelecimentos, na hora do almoço, em certo dia da semana, variando de um distrito para outro. Serve para dar tempo ao empregado de fazer suas compras, principalmente nos países onde a semana de trabalho é extensa. (244)

early shift / turno da manhã Período de trabalho durante a primeira parte do dia, como das 8 da manhã às 5 da tarde. (244)

early warning system / sistema de alarme em tempo hábil Técnica para descobrir, em tempo hábil, se alguém ou alguma coisa está agindo erradamente em alguma operação. (244)

earned income / renda ganha Renda que um indivíduo obtém de seu emprego ou de seu trabalho autônomo. O termo muitas vezes é intercambiável com receita ganha (*earned revenue*). No Reino Unido, o que se ganha diretamente do trabalho, em contraste com o que se ganha em investimento e, por isso, algumas vezes os impostos são menores. (1) (148) (231) (244)

earned revenue / receita ganha Renda ganha (*earned income*). (1)

earned surplus / lucro acumulado O mesmo que lucro disponível ou excedentes disponíveis. (7) (148) (231)

earnest money / dinheiro sério Primeiro pagamento em compra a prazo, mostrando que o cliente tem a intenção de pagar mais tarde o montante total. (244)

earning assets / ativos rentáveis Títulos negociáveis (*commercial papers*) de quaisquer espécies, que rendem dividendos (*dividends*), juros (*interest*) etc. (14)

earnings / ganhos; lucros Lucros (*profits*) de uma empresa, que se supõe líquidos (*net*), isto é, após o pagamento do imposto e outras despesas (*expenses*). São também salários, comissões, ordenados, honorários e espécies semelhantes de pagamentos feitos. (11) (148) (244)

earnings yield / rendimentos de ação Ganhos por ação ordinária (*ordinary share*) (após o imposto) x 100 e divididos pelo preço de mercado da ação. (244)

easement / servidão Direito que se atribui ao possuidor de um terreno de usar ou tirar algum proveito de uma área contígua que pertence a outrem. Por exemplo, direito de passagem, busca de água, instalação de fios elétricos etc. (9) (148) (163) (231)

easy money / moeda fácil Condição ocasional em uma economia, quando existe maior facilidade na obtenção de moeda e crédito (*credit*) a juros mais convenientes. Ocorre, por exemplo, quando o governo deseja expandir as atividades econômicas e aumenta a oferta de moeda no sistema bancário, permitindo aos intermediários financeiros um atendimento mais fácil de seus clientes. O mesmo que moeda barata (*cheap money*). (1) (163) (244)

EBCDIC/EBCDIC Sigla de (*Extend Binary Coded Decimal Interchange Code*), Código de Informação Codificado em Decimal Ampliado. É um código de oito bits que constitui uma extensão do código BCD de seis bits. (116)

econometrics/econometria Ciência que expressa teorias econômicas em termos matemáticos, a fim de medi-los, quase sempre através de métodos estatísticos. Sua finalidade principal é fazer previsões (*forecasts*) econômicas para ser adotado o comportamento mais racional. A teoria econômica em si proporciona dados qualitativos que são quantificados por econometria. Os modelos econométricos são muito usados para a resolução de problemas que se incluem na teoria do equilíbrio parcial e na teoria da renda e emprego. As hipóteses econômicas são testadas em quatro estágios principais: especificação, estimação, verificação e previsão. Evidentemente, os resultados indicam uma probabilidade. (1) (119) (148) (244)

economic/econômico 1. O que é mais eficiente, rentável e menos desperdiçado. 2. O que se acha ligado à economia ou ciência econômica. (244)

economic activity/atividade econômica Conceito que engloba as relações ou organizações sociais na alocação de recursos escassos entre as várias necessidades ou desejos do homem, e seu uso para maior satisfação de todos. Seus elementos básicos são as necessidades humanas, os recursos e as técnicas de produção. (37)

economic constraints/restrições econômicas Restrições que se verificam num sistema econômico livremente competitivo, onde os preços dos produtos ou dos serviços produtivos são determinados pelas forças do mercado. Para um indivíduo ou uma empresa, os recursos econômicos muitas vezes constituem restrições econômicas importantes para a tomada de decisão (*decision making*), e isso restringe o poder discricionário do decisor. Por conseguinte, no campo da economia, a decisão é um julgamento feito dentro de determinadas restrições. (45)

economic cycle/ciclo econômico O mesmo que (*business cycle*) e (*trade cycle*). (A)

economic development/desenvolvimento econômico Termo usado em referência à elevação da renda per capita, juntamente com as mudanças (*changes*) havidas na estrutura econômica e social, enquanto o termo crescimento econômico (*economic growth*) refere-se apenas à elevação da renda per capita. (73) (244)

economic efficiency/eficiência econômica Pleno emprego (*full employment*) de todos os fatores escassos na produção de 100% da capacidade da empresa, supondo-se um lucro razoável sobre o investimento, de acordo com a tecnologia existente. (1) (A)

economic good/bem econômico Qualquer coisa que tenha um preço de mercado, seja um objeto, seja um serviço; é o que pode ser comprado ou vendido. É um bem escasso (*scarce good*) porque não se encontra gratuito ou livre, e requer um esforço ou sacrifício para ser obtido. Para conseguir-se um bem econômico, este terá de ser produzido ou trocado por algum outro bem econômico. (1) (148) (244)

economic growth/crescimento econômico Termo usado simplesmente em referência à elevação da renda per capita, enquanto desenvolvimento econômico (*economic development*) se refere à elevação da renda mais as mudanças havidas na estrutura econômica e social do país. (73) (244)

economic imperialism/imperialismo econômico Termo de conotação pejorativa que define a influência de um país sobre outro, em base das vantagens econômicas de que desfrute. (158)

economic liberalism/liberalismo econômico De acordo com alguns clássicos, política econômica que permitisse ao mercado (*market*) conciliar os interesses conflitantes dos indivíduos, tendo em conta a idéia de que todos têm os mesmos desejos básicos e que devem ser capazes de fazer valer sua vontade no processo de decisão econômica. (128)

economic lot size/lote de tamanho econômico V. (*economic order quantity*). (107) (148)

economic man/homem econômico Conceito (*concept*) mantido pelos economistas clássicos, e que já cai em desuso, de que o homem é motivado unicamente por razões econômicas, visando a maximizar lucros e satisfação, sem se importar muito com as conseqüências para os outros. Muitas vezes é usado o termo equivalente "Homo economicus". Atualmente se diz que o homem é "contentadiço" (*satisficer*). (1) (148)

economic model / modelo econômico Demonstração de uma teoria econômica, geralmente feita por matemática e estatística, embora também possa ser feita por gráficos geométricos e palavras. Trata-se de uma grande simplificação do que realmente ocorre na vida, por basear-se em pressupostos nem sempre reais e por eliminar muitas das variáveis (*variables*) suscetíveis de mensuração. É de grande uso para o lançamento de hipóteses que, posteriormente, são testadas. Os resultados são probabilísticos. (1)

economic order quantity / pedido de quantidade econômica Quantidade ou tamanho de lote de bens que devem ser fabricados ou adquiridos, que varia com os custos de produção ou compra e manutenção de estoque. Há várias fórmulas para o cálculo do lote econômico de compra, que consideram os descontos por quantidade (*quantity discount*), taxa de inflação (*inflation*), custo de manutenção de estoque (*carrying costs*), e assim por diante. Em geral são usadas as iniciais (*EOQ*) e (*PEQ*). (107) (148) (244)

economic planning / planejamento econômico Método de organizar a economia de um país, consoante um plano feito pelo governo. (244)

economic policy / política econômica Aspecto econômico da política geral seguida pelo governo, que estabelece objetivos, em princípio, suscetíveis de mensuração. (104)

economic price / preço econômico Preço que inclui plena consideração dos elementos de custo direto (*direct cost*) e indireto (*indirect cost*), com uma margem para custo de oportunidade (*opportunity cost*). (164)

economic rent / renda econômica Diferencial de ganho entre os usos mais eficientes e alternativos de um fator de produção (*factor of production*). É o pagamento do excedente de um fator de produção, necessário para mantê-lo em seu uso presente. Subentende-se que há grande demanda desse fator e que sua oferta é bastante fixa e pequena. V. também (*transfer earnings*). (148) (158) (164) (165)

economic Ricardian rent / renda econômica ricardiana Excedente diferencial próprio de terras melhores em conseqüência de sua melhor produtividade ou localização do que a terra (*land*) considerada sem renda (*rent*), que somente produz o necessário para pagar o trabalho (*labor*) e o capital (*capital*) empregados. Não sendo determinante de preço, esta renda não constitui custo de produção. (128)

economics / economia Estudo da maneira pela qual os homens e a sociedade decidem, utilizando moeda ou não, empregar recursos produtivos escassos na produção de diferentes bens e distribuí-los para consumo no presente e no futuro, entre os vários grupos da sociedade. (40) (148) (244)

economic sanctions / sanções econômicas Diversos tipos de embargo (*embargo*) na exportação de bens, serviços e capital, visando a fazer com que o país-alvo se conforme às leis internacionais ou aos tratados em vigor. Podem constituir também um suplemento a operações militares contra um país e, em certos casos, têm conseqüências quase tão desastrosas quanto uma ação militar. As sanções econômicas têm cunho de represália ou castigo. (1) (163)

economic services / serviços econômicos Em administração governamental, serviços que ajudam diretamente a melhorar a produção em um país e constituem uma certa forma de investimento. Relacionam-se a serviços sociais, dos quais o povo obtém uma satisfação direta, como no caso dos serviços de saúde, que constituem uma forma de consumo. (113)

economic trend / tendência econômica O mesmo que tendência secular (*secular trend*). (1)

economic warfare / guerra econômica Situação em que os países lutam entre si usando medidas comerciais e financeiras, restrições, etc. V. também (*embargo*). (244)

economies of mass production / economias de produção em massa V. (*economies of scale*). (1)

economies of scale / economias de escala Economias obtidas dos diversos fatores que ocasionam o declínio no custo médio de produção com o aumento de seu volume. Quando os custos aumentam com o volume, temos o que se conhece como deseconomias de escala (*diseconomies of scale*). As economias de escala podem ser internas e externas. O termo é intercambiável com economias de produção em massa (*economies of mass production*). (1) (148) (163) (244)

economist / economista Indivíduo quase sempre formado por escola superior especializada, sendo capaz de aplicar a teoria econômica ao mundo real, seja como praticante, seja como teórico. Deve conhecer o comportamento dos consumidores e dos produtores e, para tanto, tem de travar conhecimento com as mais diversas disciplinas. (1) (244)

economy / economia 1. O estado financeiro de um país. 2. A operação das atividades financeiras, comerciais e industriais de um país. (244)

edge / linha de conexão Linha que liga dois vértices em um gráfico, também conhecida como elo (*link*). Se os dois vértices ligados forem os mesmos, o elo ou linha de conexão passa a ser um "loop" (*laço*). (148)

edge-notch card / cartão com margem entalhada Cartão com uma série de orifícios nas margens, usados em codificação de informação, para uma técnica mecânica simples. Cada perfuração pode ser codificada, fazendo-se um entalhe no orifício da margem. A seleção do cartão é feita pela inserção de uma longa agulha na posição perfurada. Levanta-se a agulha com a pilha de cartões, o que permite que os entalhados caiam da agulha. Os cartões não desejados permanecem na pilha do arquivo. (72) (148)

edge up / elevação Em bolsa de valores, ligeira elevação no mercado. (244)

Edgeworth box diagram / diagrama de Edgeworth Gráfico para demonstrar a alocação de recursos (*allocation of resources*) mais eficiente entre dois produtores, ou de bens entre dois consumidores. Os consumidores e os produtores podem ser nações em comércio internacional. Trata-se de um retângulo, cujos lados representam o total de dois bens disponíveis. Nos cantos diagonalmente opostos podem ser traçadas curvas de indiferença (*indifference curves*) para cada consumidor, ou isoquantas (*iso-*

quants) para cada produto. Os pontos de tangência das referidas curvas constituem o ótimo de Pareto (*Pareto's optimal*) e a curva de contrato (*contract curve*). (163)

edit / editar Compilar, intercalar, arranjar e, se for o caso, eliminar os dados irrelevantes da unidade de entrada (*input*) do computador, para que a saída (*output*) os imprima de modo adequado. Também equivale a corrigir. (11)

edition / edição Número total de exemplares de um livro, revista ou jornal, produzido em determinada ocasião. (244)

editor / editor 1. Pessoa que edita (coloca em forma final, inclusive corrigindo erros) um jornal, revista, livro, filme ou gravação de fita. (2) Pessoa encarregada de editar um jornal, revista etc. (244)

editorial / editorial Coluna ou colunas em jornal ou revista (às vezes também em rádio e televisão), expondo a opinião do editor sobre algum aspecto de uma notícia ou evento. (244)

EDP / PED Sigla de (*electronic data processing*), processamento eletrônico de dados. (72)

educational technology / tecnologia educacional Métodos mais ou menos recentes de instruir, em faculdades e universidades, com o uso de equipamento eletrônico. (244)

EEC / CEE Sigla de (*European Economic Community*), Comunidade Econômica Européia. (244)

EEO / IOE Sigla de (*Equal Employment Opportunity*), Igual Oportunidade de Emprego. (198)

effective / efetivo Termo que nem sempre encontra o mesmo significado que em português e que freqüentemente pode ser confundido com "effectual", "efficient" e "efficacious", respectivamente, produtor de efeito, eficiente e eficaz. Todos significam produção ou capacidade de produção de um ou mais resultados. "Effective" realça a produção real de um efeito, ou o poder de produzir um determinado efeito, todas as vezes que em uso ativo, em exercício, força etc., como, por exemplo, pensamento efetivo, orador efetivo, lei que se torna efetiva em tal dia, demanda efetiva etc. "Effectual" sugere a realização do resultado que se deseja ou o cumprimento de um propósito ou intenção; por isso, muitas vezes o termo é sinônimo de decisivo e final, relacionando-se mais a situações passadas do que futuras, como providências de efeito, contestação de efeito etc. "Efficient" aplica-se ao que é ativamente operativo e produz seus resultados por meio de um exercício de energia (como em causa eficiente), ou, mais freqüentemente, através do exercício de perícia, vigilância etc. Por isso, muitas vezes é sinônimo de capaz, competente. Aplica-se especialmente, mas não de modo exclusivo, a pessoas que deram provas de seu poder ou perícia, como trabalhador eficiente. "Efficacious" implica a posse de qualidade ou virtude que dá a uma coisa (mais freqüentemente do que a uma pessoa) a potência ou o poder que a torna efetiva; por exemplo, o quinino é eficaz nos casos de malária. (29)

effective competition / concorrência efetiva Situação em que são atendidas certas condições: entrada e saída de firmas do mercado, que podem produzir a preços não muito mais altos que os das já firmadas; se as empresas na indústria forem independentes e ativas, não se empenhando em conluio; se o número de firmas for grande para que nenhuma predomine. Quando a concorrência é efetiva, os compradores têm livre escolha e as firmas são constantemente pressionadas a manter seus preços baixos. (155)

effective date / data efetiva Data real do início de um contrato ou acordo, ou de algum outro acontecimento. (244)

effective demand / demanda efetiva Demanda consubstanciada pela despesa realmente feita na aquisição de um bem ou serviço. Tal pressuposto subsiste quando a demanda é objeto de estudo econômico. Por isso pode-se dizer que a demanda é composta de consumo e investimento. (163) (244)

effective interest rate / taxa de juro efetiva Taxa dos juros realmente pagos por um indivíduo na tomada de um empréstimo ou na compra a prestações, quando não são excluídas a parte do principal e as prestações já pagas. (1)

effectiveness / efetividade Consecução de um objetivo (*objective*) dentro da melhor interpretação possível. É a "quantidade" de bons resultados de uma determinada ação. V. (*efficiency*). (29) (107) (148)

effectual / produtor de efeito V. (*effective*).

efficacious / eficaz V. (*effective*). (29)

efficiency / eficiência Termo que denota efetividade de desempenho da coisa certa, no lugar e ocasião certos. Também é usado como sinônimo de produtividade (*productivity*). V. (*effective*). (29) (107) (244)

efficiency variance / variação de eficiência Em custo-padrão (*standard cost*), variação resultante de outras causas que não uma mudança nos custos diretos de materiais e mão-de-obra. (7) (88)

efficient / eficiente V. (*effective*). (29)

effluent charge / imposto de efluentes V. (*emissions tax*). (155)

EFTA / AELC Sigla de (*European Free Trade Association*), Associação Européia de Livre Comércio. (148) (244)

egocentric speech / fala egocêntrica Fala que deixa de levar em consideração as necessidades do ouvinte e, assim, não é apropriada para comunicação. (193)

eighty-twenty rule / regra oitenta-vinte Regra empírica cuja finalidade é realçar a necessidade de concentrar o controle administrativo em 20% de tudo quanto responde pelo volume ou valor de uma atividade. Foi observada a tendência de que 20% do que é armazenado respondem por cerca de 80% do seu valor total. No que tange aos clientes, 20% respondem por 80% do volume de vendas. Igualmente, 20% dos fornecedores respondem por 80% dos bens comprados. V. (*Pareto's law*). (107) (148) (244)

ejectment / despejo Ação para garantir ou recuperar a posse de um bem imóvel, por seu verdadeiro proprietário. É o caso do locador para retirar do prédio alugado o locatário que ali se mantém de forma ilegítima. (78) (231)

elastic demand / demanda elástica Demanda que decorre de um aumento mais do que proporcional no volume de vendas quando do há um decréscimo nos preços. (80) (244)

elasticity / elasticidade Percentagem de mudança na quantidade demandada de um bem, dividida pela mudança percentual em seu preço, quando ambas as mudanças são infinitamente pequenas. Quando a elasticidade é igual a um, diz-se que é unitária; quando é maior do que um, diz-se que é elástica; quando é menor do que um, diz-se que é inelástica. (215)

elasticity of demand / elasticidade da demanda Medida da responsividade da quantidade de uma mercadoria demandada a uma mudança no preço de mercado, geralmente expressa como a percentagem da mudança na quantidade demandada pela percentagem da mudança em preço. (165)

elasticity of expectations / elasticidade das expectativas Relação entre a alteração percentual nos rendimentos futuros esperados e a alteração percentual nos rendimentos presentes. Quando a elasticidade é unitária, ambos os rendimentos se alteram à mesma taxa; quando é menor do que um, espera-se que os rendimentos futuros se elevarão menos; e se for zero, não se alteram os rendimentos esperados para o futuro. Quando a elasticidade é maior do que um, os rendimentos futuros esperados se elevam mais do que os presentes, e declinam com uma elasticidade menor do que zero. (102)

elasticity of price expectations / elasticidade das expectativas de preços Relação entre a variação relativa nos preços futuros esperados e a variação relativa nos preços vigentes. As expectativas são influenciadas por notícias políticas, eventos econômicos, opinião que prevalece no momento e a experiência com as variações passadas em preços. (155)

elasticity of supply / elasticidade da oferta Medida da sensibilidade de um produtor em ofertar certa quantidade de um bem quando o preço deste foi alterado. Se ele for sensível à modificação, a oferta é elástica; do contrário é inelástica. Diz-se que uma curva de oferta (*supply curve*) é perfeitamente elástica quando é ofertada uma quantidade ilimitada de um bem a quaisquer preços, e perfeitamente inelástica quando a quantidade ofertada é a mesma, não sendo considerados os preços. (1) (244)

elastic supply / oferta elástica Responsividade relativa de um produtor no fornecimento de um bem quando há mudança no preço de mercado. Quando ele é sensível a tal mudança, a oferta é elástica; do contrário é inelástica. Uma oferta é perfeitamente elástica se for limitada a todos os preços, e perfeitamente inelástica se a quantidade ofertada for a mesma, sem consideração aos preços. (1) (244)

elect / eleger Escolher por meio de votação, isto é, eleição (*election*). (244)

election / eleição V. (*elect*). (244)

electrical accounting machine / máquina contábil elétrica Conjunto convencional de máquinas perfuradoras, inclusive separadoras, intercaladoras e tabuladoras. (72)

electronic / eletrônico Dispositivo em que os eléctrons se movimentam em um vácuo, gás etc. (244)

electronic calculating punch / calculadora-perfuradora eletrônica Máquina perfuradora que lê um cartão perfurado, executa seqüencialmente as operações aritméticas e outras e, a seguir, perfura o resultado em um cartão. (72)

electronic data processing / processamento eletrônico de dados Processamento de dados que, em grande parte, é executado por equipamento eletrônico. Relaciona-se a processamento automático de dados (*automatic data processing*). (72) (148) (244)

elegant / elegante Qualificativo usado em vários contextos, inclusive em matérias econômicas, daquilo que se caracteriza por um sentido de adequação e refinamento. (78) (A)

elite / elite Em sociologia, é a pequena camarilha (*clique*) que se destaca ou detém o controle dentro de um grupo, associação ou sociedade. O termo camarilha, neste caso, significa pequenino grupo, sem qualquer conotação pejorativa. (180)

elongated family / família extensa V. (*extended family*). (175)

embargo / embargo Em termos comerciais, proibição completa de importação ou exportação de mercadoria de e para um outro país. (82) (148) (231) (244)

embezzlement / apropriação indébita; desfalque Apropriação indébita de dinheiro ou valores do empregador por parte do empregado, ou de dinheiros públicos por parte de funcionário público. Equivale a desfalque. (163) (148) (231) (244)

embourgeoisement / emburguesamento Assunção de atitudes próprias da classe média por pessoas que pertencem à classe trabalhadora. O conceito (*concept*) é recente e inculca que gradualmente a classe trabalhadora está assumindo um aspecto de classe média, que é a burguesia. V. (*blueing*). (180) (A)

emergency facilities / instalações de emergência Fábrica e equipamento, algumas vezes terra, comprados ou construídos durante um período específico para o cumprimento de contratos da defesa nacional, e amortizáveis durante um período de cinco anos. (7) (88)

eminent domain / domínio eminente Domínio que excede qualquer outro, usado geralmente para indicar o poder de um governo de desapropriar uma propriedade privada para uso público. Em inglês a expressão completa é "right of eminent domain", ou seja, direito de domínio eminente. As leis determinam que as propriedades assim adquiridas recebam o seu justo valor. (42) (78)

emissions tax / imposto sobre poluentes Imposto também conhecido como (*effluent charge*), que pode ser cobrado pelo governo das empresas emissoras de poluentes. (155)

empathy / empatia Situação mental, e possivelmente emocional, em que uma pessoa se identifica com outra, chegando a sentir-se em condições psicológicas semelhantes. (166) (174)

empire builder / construtor de império Termo pejorativo que designa o indivíduo que quer demonstrar a seus superiores hierárquicos sua própria importância, real ou fictícia. Isto é feito através de auto-elogios, velados ou não, mas também por tentativas de dominar outras seções da empresa em que trabalha. Procura ter a seu comando o maior número possível de subordinados, ainda que estes sejam perfeitamente dispensáveis. Preocupa-se mais com sua posição ou *status* do que com a verdadeira realização do trabalho. (A)

empirical / empírico Que se fundamenta em experimentos, levantamentos e fatos provados, diferentemente do que é afirmado por argumento, raciocínio ou opinião. (130)

employ / empregar Conceder trabalho a uma pessoa, por cuja execução esta é paga. (244)

employee / empregado Pessoa que trabalha para uma empresa ou outra organização, em troca de alguma espécie de pagamento. (244)

employee benefits / benefícios aos empregados Coisas de valor, à parte de salários e ordenados, que um empregado pode receber, como uma espécie de complemento à sua remuneração. V. (*fringe benefits*). (244)

employee participation / participação dos empregados Forma de emprego em que os trabalhadores participam da administração da organização, no que tange às decisões que os afetam. Em certos lugares este procedimento tem o nome de co-determinação (*co-determnination*). (244)

employer / empregador Pessoa ou empresa que tem empregados para trabalhar, aos quais paga salários ou ordenados. (244)

employer's association / associação de classe Grupo de proprietários ou diretores de empresas, cujo propósito principal é manter boas relações entre si e, de certo modo, também com os empregados. Também chadado de sindicato patronal. (148) (244)

employment / emprego Estado de ter um emprego. O índice de emprego é um bom modo de avaliar-se a situação de bem-estar de um país (ou de mal-estar). (244)

employment agency / agência de emprego Instituição governamental ou particular, especializada em encontrar empregos adequados às especialidades de um indivíduo. (244)

employment interviewer / entrevistador para empregos Empregado da seção do pessoal de uma empresa, com dotes especiais, encarregado de entrevistar candidatos a emprego. Deve dominar as técnicas de entrevista, avaliar os candidatos e conhecer perfeitamente as condições necessárias ao preenchimento das vagas. (48)

empty nest / ninho vazio Diz-se da família cujos filhos tomaram seus próprios rumos e constituíram novas famílias, deixando a dos pais. V. (*full nest*), (*nuclear family*) e (*extended family*). (159)

enacted role / papel desempenhado Papel dentre os diversos que um indivíduo desempenha em um grupo ou sociedade. Há o papel prescrito, que corresponde ao que dele se espera; o papel subjetivo, que é o que a pessoa espera de si própria em referência a pessoas de outras situações; e o papel desempenhado, que é o que ele realmente assume com pessoas de outras posições: como marido, pai, chefe, subordinado etc., tudo ao mesmo tempo. V. (*role set*). (124)

encash / troca por dinheiro Troca de um objeto ou instrumento de valor, como um cheque, por dinheiro. (244)

enclose / incluir Colocar alguma coisa em um envelope, pacote etc., juntamente com alguma outra coisa, especialmente uma carta. (244)

encounter group / grupo de encontros Formas de terapia em grupo, em que seus componentes falam a respeito de seus problemas, provavelmente para se libertarem de certas inibições. Neste tipo de interação há um esforço para o entendimento mútuo entre grupos hostis, como entre empregados e empregadores. Podem incluir o que se chama treinamento de sensitividade (*sensitivity training*). (130) (180)

encumbrance / empenho; gravame; ônus Em contabilidade pública, dispêndio antecipado, evidenciado por contrato (ou empenho), ou determinado por ação administrativa; compromisso ou vínculo que incide sobre uma propriedade de qualquer espécie. (7) (88) (231)

end event / evento final Evento em uma rede (*network*) que não tem atividades subseqüentes. (148)

end-of-file / fim de arquivo Símbolo que faz cessar automaticamente as operações de computador quando é alcançado o final de uma fita de entrada (*input*) ou saída (*output*). Geralmente é designado pela sigla f.d.a. ou (*e.o.f.*). (11)

end of the month / fim do mês Termo muito usado na maioria das operações contábeis, principalmente em verificação de estoque (*inventory*), que geralmente se abrevia como f.d.m. (*e.o.m.*). (A)

endorse / endossar 1. Assinar o nome no verso de um documento, como um cheque, por exemplo, quando este é nominal. 2. Assinar um documento, o que torna o endossante (*endorser*) igualmente responsável por seu cumprimento. (244)

endogenous business-cycle / ciclo econômico endógeno V. (*exogenous business-cycle*). (1)

endogenous variable / variável endógena Variável cujo valor deve ser determinado pelas forças atuantes no modelo (*model*) que está sendo estudado. Assim, por exemplo, o preço de uma mercadoria (*good*) é endógeno porque depende da oferta (*supply*) e da demanda (*demand*) que, naturalmente, têm de fazer parte do modelo. O termo endógeno significa o que se origina dentro de alguma coisa ou contexto. (78) (158)

endorsee / endossado; endossatário Pessoa para a qual se praticou um endosso. V. (*endorsement*). (148) (231) (244)

endorsement / endosso Declaração que se apõe no verso de título negociável (*security*), como cheque, por exemplo, transferindo a outrem o direito de receber o seu valor nominal. Também se escreve em inglês "indorsement". Em título de dívida o endosso torna o endossante (*endorser*) solidário com o endossado (*endorsee*). (32) (148) (163) (231) (244)

endorser / endossante V. (*endorsement*). (148) (231) (244)

endowment / dotação Em economia, característica local que confira a um país uma certa vantagem comparativa (*comparative advantage*). Em psicologia, é a capacidade para desenvolvimento físico ou mental, condicionada por hereditariedade e constituição. (160) (231) (244)

end product / produto final Produto final ou resultante depois que em sua manufatura foram empregados todos os materiais e partes que o compõem, não necessitando de mais processamento. (11) (244)

end user / usuário final Pessoa que compra algum objeto, sem a intenção de revendê-lo. Supõe-se que o comprador de pneus seja o seu usuário final, salvo se se tratar de uma empresa intermediária. (244)

Engel's curves / curvas de Engel Curvas de renda-consumo que mostram as relações entre as rendas do consumidor e suas compras de mercadorias ou serviços. Geralmente demonstram o relacionamento entre renda e dispêndios monetários e, por isso, não são exatamente idênticas às curvas de renda-consumo (*income-consumption curves*), que relacionam rendas e unidades físicas compradas.(148) (155)

Engel's law / lei de Engel Lei segundo a qual à medida que a renda familiar aumenta, o gasto em alimentos diminui. Tem sido observado que outras necessidades da vida, consideradas como básicas, solicitam uma parte cada vez menor da renda crescente. A lei deu origem ao conceito de consumo opcional. De modo resumido, uma proporção bem grande das despesas de consumo, nas nações relativamente ricas, se dirige à aquisição de bens e serviços que não são essenciais ao bem-estar físico e que, por isso, o consumidor tem a opção de comprar ou não. É possível que este conceito englobe um outro, como o da renda discricionária (*discretionary income*). Esta é uma medida da parte da renda do consumidor que sobra depois das despesas essenciais, com a qual ele pode adquirir artigos de luxo e outras coisas que não são estritamente essenciais. (1) (148)

engrossment / açambarcamento de mercadoria Prática punida por lei, quando um comerciante adquire grandes quantidades de uma mercadoria, visando a criar um monopólio (*monopoly*), vendendo-a posteriormente a altos preços, em prejuízo da economia popular. O termo pode ser intercambiável com "cornering" que, anteriormente, só se aplicava ao açambarcamento de papéis negociáveis (*commercial papers*). Também indica redação final de um documento. (1) (32) (231)

enlargement / ampliação 1. Cópia de alguma coisa, maior do que a original, especialmente uma fotografia. 2. Ampliação de instalações, para torná-las mais amplas. 3. Aumento. (244)

entailed property / bens vinculados Propriedade de qualquer espécie sobre a qual há um vínculo e que, portanto, é inalienável. (14)

enterprise / empresa 1. Qualquer tipo de negócio. 2. Coragem e imaginação para fazer as coisas. (244)

entertainment / entretenimento 1. Alguma coisa que possa ser divertida ou que entretenha as pessoas. 2. Pequena festa em que são dados alimentos e bebidas a amigos, clientes etc. (244)

entrepreneur / empresário Palavra de origem francesa que se refere ao indivíduo ou grupo que se empenha em negócios sob o sistema capitalista. Distingue-se de empresário de serviços artísticos e esportivos, conhecido pelo termo italiano "impresario". O empresário, muitas vezes chamado de "businessman" e que poderia ser "enterpriser", é o indivíduo que, tendo o capital necessário ou conseguindo obtê-lo, entra em alguma forma de negócio em que acredita haver uma oportunidade para lucrar. Para isso, pelo menos tacitamente, está disposto a enfrentar riscos (*risks*). (48) (148) (231)

entropy / entropia 1. Medida termodinâmica da quantidade de energia disponível para trabalho útil em um sistema que se modifica. 2. Medida do grau de desordem em uma substância ou sistema. 3. Na teoria da informação e em ciência de computador, é uma medida do conteúdo de informação de uma mensagem, avaliada por sua incerteza. A palavra é de uso mais ou menos arbitrário e se contrapõe a entropia negativa (*negentropy*). (78)

entry / entrada 1. Diz-se da entrada de uma firma no mercado, tenha ou não havido barreiras. 2. Lançamento contábil. 3. Verbete em um dicionário. (244)

envelope curve / curva envoltória Grande curva que envolve uma série de outras curvas menores em um gráfico, tocando-as em um ponto de tangência. As pequenas curvas são indexadas por uma variável contínua. (163)

environment / ambiente Situação em que as pessoas vivem ou trabalham. A conotação é de proximidade. (244)

e.o.f. / f.d.a. Sigla de (*end of file*), fim de arquivo, em processamento de dados. (72)

e.o.m. / f.d.m. Sigla de (*end of the month*), fim de mês, geralmente em relação a alguma espécie de controle ou ponto de referência. (80)

e.o.q. / p.q.e. Abreviatura de (*economic order quantity*), pedido de quantidade econômica. (244)

equal employment opportunity / igual oportunidade de emprego Expressão que significa dar às pessoas uma justa oportunidade de ingressar em emprego, sem discriminação em fatores não relacionados com desempenho de cargo, como idade, sexo, raça, religião ou origem nacional. A sigla em inglês é EEO. (198)

equal pay / pagamento igual Pagamento igual para homens e mulheres que estão fazendo o mesmo tipo de trabalho. Em alguns países este preceito já foi transformado em lei. (244)

equation solver/solucionador de equações Dispositivo calculador, geralmente analógico, que resolve sistemas de equações lineares simultâneas não diferenciais, ou determina as raízes polinomiais, ou ambas as coisas. (72)

equi-marginal principle/princípio eqüimarginal Princípio de acordo com o qual os consumidores com renda (*income*) finita tendem a distribuí-la entre os vários bens que necessitam, de modo que a relação entre utilidade marginal (*marginal utility*) que obtêm e o preço de cada bem, além de maximizá-la, é igual. É o caso das donas de casa com orçamentos (*budgets*) limitados: mais de uma coisa significa menos de outra. V. (*opportunity cost*). (163)

equilibrium/equilíbrio Situação em uma economia em que todas as forças que podem produzir uma alteração se encontram equilibradas e, portanto, sua tendência (*trend*) é igual a zero. Há equilíbrio quando todas as variáveis significantes não demonstram alteração digna de nota durante um período não inferior a um ano. De acordo com a tendência a manutenção ou afastamento do equilíbrio, este pode ser estável ou instável. O plural é "equilibria". Este é um dos motivos para não se chamar o (*break-even point*) de ponto de equilíbrio. (1) (20) (A)

equilibrium point/ponto de equilíbrio Espécie de estado perfeito na economia, que raramente é conseguido. Não se confunde com (*break-even point*), que muitos chamam de ponto de equilíbrio, mas que na realidade é um ponto onde as receitas (*revenues*) e as despesas (*expenses*) empatam, não havendo prejuízo nem lucro. (80) (A)

equilibrium price/preço de equilíbrio Preço que iguala a quantidade demandada à ofertada. Os compradores estão dispostos a comprar uma certa quantidade e os vendedores a vender exatamente a mesma quantidade. O equilíbrio competitivo deve estar no ponto de interseção das curvas de oferta (*supply*) e demanda (*demand*). O mercado é desembaraçado e não há excedentes nem faltas. (40) (244)

equipment/equipamento 1. Dispositivos especializados, usados para a execução de uma atividade. Pode-se dizer que o equipamento de laboratório químico inclui retortas, bicos de Bunsen etc. Do mesmo modo pode-se dizer que um equipamento de som é bom ou mau. (244)

equities/ações Ações que constituem o capital de uma sociedade anônima (*corporation*). (163) (244)

equity/capital de contrapartida; direito de propriedade; patrimônio líquido Tudo a que o acionista ou proprietário tem direito em uma empresa e que constitui a parte não exigível do balanço, incluindo o capital social (*equity capital*) ou nominal, as reservas, fundos, provisões, lucros suspensos etc. V. (*accounting equation*). (4) (5) (14) (22) (148) (231) (244)

equity capital/capital social Investimento (*investment*) que os indivíduos fazem para a formação de capital de uma empresa ao comprarem suas ações (*shares*), (*stock*), ou quotas. (1) (4) (148) (244)

ergonomics/ergonomia Contração do prefixo grego "ergon" (trabalho) com economia, ou seja, o estudo dos problemas do povo para ajustar-se a seu ambiente; especificamente, ciência que busca adaptar o trabalho ou as condições de trabalho de maneira adequada ao trabalhador. (78) (148) (244)

error/erro Em processamento de dados, quantidade de perda de precisão em uma quantidade; é a diferença entre uma quantidade exata e sua aproximação calculada. Os erros ocorrem em métodos numéricos; os enganos (*mistakes*) ocorrem em programação, codificação, transcrição de dados e operações. As malfunções ocorrem nos computadores e decorrem de limitações físicas das propriedades dos materiais. (74)

error-choice/escolha de erro Teste de informação que força o sujeito a escolher entre duas respostas, cada uma das quais é intencionalmente errada, controvertida, ou de tal natureza que é difícil responder corretamente. O sujeito escolhe pseudofatos em sua memória, e a "direção do erro" é medida como indicação de sua atitude. A técnica tem sido usada no campo de relações trabalhistas a fim de medir informação e atitudes. (45)

errors and omissions excepted/salvo erros ou omissões Ressalva que algumas vezes se coloca em cartas, relatórios etc. visando a tornar claro que quem faz a declaração não é responsável por certos erros ou omissões escriturais, ou que estes são possíveis, embora a declaração tenha sido feita em boa fé (*good faith*). (244)

escalation clause / cláusula de reajustamento Cláusula comum nos contratos para obras de longa duração, principalmente em períodos de inflação (*inflation*), para que haja reajustamentos nos preços dos bens e serviços prestados, se os custos (*costs*) ultrapassarem um determinado limite. Também tem o nome de escalator clause. (148) (163) (231) (244)

escalation price / preço móvel Montante em que o preço de contrato pode ser reajustado quando ocorrem certas contingências como aumento do preço da mão-de-obra, por exemplo. (88)

escalator clause / cláusula de salário móvel Cláusula em acordo coletivo (*collective bargain*), declarando que os salários devem aumentar à mesma taxa que um determinado índice de custo de vida. (148)

escape clause / cláusula de irresponsabilidade; ressalva contratual Ressalva que permite o descumprimento parcial ou total de um contrato, quando ocorrerem circunstâncias imprevistas tais que sua vigência seja danosa ou prejudicial aos signatários. (148) (231) (244)

escrow / custódia; fidúcia Situação em que duas partes contratantes depositam com uma terceira, uma escritura, um compromisso, qualquer documento de execução pendente, ou fundos que sirvam como garantia, para que o que tenha sido entregue seja cuidadosamente guardado até que as condições do referido documento sejam cumpridas. Via de regra, há um documento de custódia, que é o "escrow" propriamente dito. (1) (11) (231)

ESP / CEE Sigla de (*Extra Special Purchase*), Compra Extra Especial, que serve como promoção de algumas firmas varejistas nos Estados Unidos. (243:22)

esprit de corps / espírito de equipe Expressão francesa aplicada em muitas circunstâncias, que significa trabalho harmonioso de vários componentes de um grupo ou empresa para a consecução dos fins em vista. (48)

establish / estabelecer Criar alguma coisa; demonstrar um fato; dar a conhecer. (244)

established brand / marca estabelecida Produto de marca bastante conhecida, firmada no mercado, geralmente com alto nível de vendas. (244)

establishment / estabelecimento 1. Nos Estados Unidos, é um conceito estatístico que abrange as unidades comerciais, industriais e outras que visam a fins lucrativos, com a mesma conotação que em português. 2. Com a inicial maiúscula, círculo governante de qualquer instituição ou sociedade convencional. Na Grã-Bretanha, o termo, que vem precedido do artigo definido, significa o todo das instituições tradicionais que formam a base da cultura, incluindo a igreja, a família real e a plutocracia, que são consideradas como as principais mantenedoras da medida de poder e influência na sociedade. Poder-se-ia dizer que o Estabelecimento é a "ordem vigente". (1) (122) (231) (244)

establishment expense / custo indireto Modalidade inglesa de (*indirect cost*). (148)

estate / acervo 1. Direitos que uma pessoa tem sobre um imóvel ou parte dele. 2. O total de bens de uma pessoa, especialmente na ocasião de sua morte. (148)

estate agent / agente imobiliário Pessoa cuja função é colocar em contato possíveis compradores e vendedores de bens imóveis. É um corretor e recebe uma comissão pelos negócios efetuados. (244)

estate duty / imposto de espólio O mesmo que (*estate tax*). (158)

estate in abeyance / herança jacente Herança que jaz sob a custódia da autoridade competente, e que não foi distribuída porque seus herdeiros são ignorados ou não existem. (231) (240)

estate tax / imposto de espólio; imposto de transmissão "causa mortis" Imposto que incide sobre o total dos haveres deixados por uma pessoa falecida. O imposto de transmissão "causa mortis" (*inheritance tax*) incide sobre a parte da herança que coube a cada herdeiro. Todavia, há pouca diferença, ou nenhuma, entre o imposto de espólio e o de herança, porque quase sempre um cônjuge sem filhos tem direito ao total do espólio que, nesse caso, passa a ser imposto de transmissão "causa mortis". (1) (31)

esteem needs / necessidades de estima Necessidades sociais de um indivíduo, como as de ter prestígio, sucesso e auto-respeito. Fazem parte de toda uma hierarquia de necessidades, quando a satisfação de algumas "abre espaço" para outras. (130) (A)

estimate / estimativa Julgamento de alguma espécie, como custo, dimensão, tempo etc., em relação a algum ponto de referência, como, por exemplo, estimar as vendas futuras em relação às presentes. (244)

estimated liability / passivo eventual Evento que já ocorreu e estabeleceu uma obrigação cujo valor provavelmente se transformará em dívida real. (4) (22)

estimation / estimação Um dos quatro principais estágios do processo econométrico, qual seja, o estabelecimento de parâmetros (*parameters*) da equação matemática que traduz um problema econômico sob consideração. (1)

estoppel / preclusão Proibição absoluta, imposta por lei, a uma pessoa de negar a verdade de uma declaração feita anteriormente. (148) (231) (244)

ethical neutrality / neutralidade ética Diz-se que a ciência é eticamente neutra porque nenhum campo de pesquisa é assim tão sagrado que não possa ser investigado em busca dos fatos. Muitas vezes as descobertas científicas destroem mitos, instituições e valores, mas a ciência prossegue neutra, sem tomar partidos. Já o mesmo não acontece com os cientistas, que têm seus próprios sistemas de valores, dos quais não podem divorciar-se totalmente em seu trabalho e, portanto, não são neutros. Aqui temos um cotejo objetivo com um subjetivo. (180)

ethnic group / grupo étnico Grupo de pessoas com uma herança cultural comum que as coloca à parte das demais em uma variedade de relacionamentos sociais: os japoneses, os índios etc. O conceito é de grande valor em marketing. (180)

ethnocentrism / etnocentrismo Tendência exagerada de supor que as características do grupo ou raça de uma pessoa são superiores às de outros grupos ou raças. Por exemplo, dizer que os brancos são superiores aos não brancos. Um exemplo atual de etnocentrismo está em (*WASP*). (90) (180)

ethos / etos Espírito unificador que ocorre através de vários aspectos de uma cultura, como quando se diz, por exemplo, que uma ou outra coisa é própria da natureza humana. (180).

Euler's theorem / teorema de Euler Teorema concernente às propriedades de equações linearmente homogêneas, se uma mudança em qualquer das variáveis (*variables*) de um lado da equação alterar proporcionalmente o outro lado. Quando aplicado à função produção (*production function*), significa que um dado aumento em todos os fatores de produção aumentará o produto total exatamente na mesma proporção. Se houver rendimentos constantes de escala (*constant returns to scale*), o produto total será igual à soma dos produtos marginais dos vários insumos, cada um multiplicado pela quantidade de seu insumo. O teorema é válido estritamente para mudanças infinitesimais. Foi introduzido em economia para verificar se cada fator produtivo, pago à taxa de sua produtividade marginal, faz com que o produto total seja suficiente e apenas suficiente. (20) (128)

euro-currency / euromoeda V. (*euro-dollar*). (A)

euro-dollar / eurodólar Depósitos em dólares cujos certificados são adquiridos por não residentes americanos e redepositados em bancos fora dos Estados Unidos. Os adquirentes reemprestam estes dólares, através de seus bancos, aos que necessitam de tal moeda para seus pagamentos internacionais, recebendo juro. Londres é o centro dessas transações, mas o eurodólar é de circulação mundial. O prefixo "euro" também se aplica a outras moedas bem cotadas, existindo a euromoeda (*euro-currency*), que não precisa ser necessariamente européia. O iene é uma euromoeda, mas seu país de origem é o Japão, na Ásia. (1) (158) (163) (176) (231) (244)

euro-money / euromoeda Depósitos bancários da moeda corrente de um país em bancos no exterior, como o caso do eurodólar (*euro-dollar*). Tal moeda pode ser de circulação mundial, tendendo a chamar-se, por exemplo, "euro-esterlino", "euro-iene" etc., e o prefixo "euro" serve mais para significar que é depósito de moeda corrente de um país em outro, onde quer que se localize. Sinônimo de (*euro-currency*). (176)

European Coal and Steel Community / Comunidade Européia do Carvão e do Aço Organização estabelecida em 1952 pelo bloco Benelux, França, Itália e Alemanha, a fim de prover um mercado comum para os produtos de carvão e aço de seus membros. Esta organização foi o primeiro passo para a formação do chamado Mercado Comum Europeu, ou Comunidade Econômica Européia (*European Economic Community*). (30) (148) (163)

European Community / Comunidade Européia O mesmo que Mercado Comum Europeu ou Comunidade Econômica Européia. (244)

European Court of Justice / Tribunal de Justiça Europeu Tribunal de Justiça da Comunidade Econômica Européia, criado para colocar em vigor as regras do Tratado de Roma (*Treaty of Rome*). Reúne-se no Luxemburgo e cada Estado-membro tem um juiz. (244)

European Economic Community / Comunidade Econômica Européia União aduaneira (*customs union*) inicialmente formada em decorrência do Tratado de Roma de 1957, pelos países que já eram parte da Comunidade Européia do Carvão e do Aço e que posteriormente permitiram o ingresso de outros, formando o que é mais conhecido como Mercado Comum Europeu. Entre outras finalidades, a CEE visa ao estabelecimento de direitos aduaneiros (*customs duties*) iguais entre os participantes, tarifas externas comuns para os países de fora, mobilidade da mão-de-obra e de capitais, apoio agrícola mútuo, banco de investimento para as partes menos desenvolvidas etc. A comunidade tem sua sede em Bruxelas, sob a direção de um conselho de ministros. (148) (158) (163) (244)

European Free Trade Association / Associação Européia de Livre Comércio Área de livre comércio (*free trade*) criada em 1960 por diversos países europeus, eliminando os impostos aduaneiros e restrições às exportações entre seus membros. Conhecida pela sigla (*EFTA*). (148) (244)

even lot / lote redondo Em bolsa de valores, número de ações aceito como base para transações nesse estabelecimento. Quase sempre, esse número redondo é de cem ações. V. (*odd lot*). (105)

even price / preço arredondado Preço que se usa para mercadorias superiores. Dá a impressão de que o produto é de melhor qualidade. Um vestido de mulher parece ser melhor quando o preço é 500 e não 499. É um preço par que se contrapõe ao ímpar ou não arredondado (*odd price*). (138)

event / evento Em análise de rede (*PERT-CPM*), marco numerado no gráfico que serve para representar um dado momento de um planejamento de obra. Uma de suas características é que não consome tempo ou recursos. Assim, por exemplo, se uma atividade for "quebrar nozes", o evento será "nozes quebradas". Um evento atingido é o que tem concluídas todas as atividades que chegam a ele. Entre dois eventos sucessivos existe uma e somente uma atividade. (56) (137) (148)

evict / despejar Afastar uma pessoa ou empresa de um prédio ou terreno por força de lei. (244)

ex ante / ex ante Expressão latina de grande uso em economia, cujo significado é principalmente "de antemão", ou antes do fato considerado. É o que se espera ou se imagina que deva ou venha a acontecer, tendo em conta certos fatores. Opõe-se a (*ex post*), que é o que realmente aconteceu. (1) (98)

exception principle / princípio de exceção Sistema de informação ou de processamento de dados que relata situações somente quando os resultados reais são diferentes dos planejados. Quando os resultados estão dentro de uma amplitude considerada normal, não são relatados. Grande semelhança com administração por exceção (*management by exception*). (72)

excess capacity / excesso de capacidade Diferença entre o produto realmente produzido e o que seria necessário produzir para que fossem obtidas economias de escala (*economies of scale*). Situação que existe quando o custo médio de uma firma é maior do que seu custo marginal e seria possível diminuí-lo com maior volume de produção. Há mais capacidade do que a utilizada. (158) (163)

excess demand / excesso de demanda Desequilíbrio de mercado em que a quantidade de bens ou serviços ofertados é inferior à quantidade demandada. Em conseqüência, os preços se elevam e, concomitantemente, os compradores diminuem as quantidades que desejam comprar, e os vendedores aumentam as que desejam vender. O preço se elevará até que a oferta e a demanda se equilibrem. (158)

excess profit tax / imposto sobre lucro excessivo Imposto especial, geralmente lançado durante tempos de guerra, que serve para suplementar o imposto de renda das sociedades anônimas. O percentual desse imposto já foi até de 30% nos Estados Unidos, e a arrecadação destina-se principalmente a auxiliar as despesas militares, mas também serve para acalmar a opinião pública sobre a possibilidade de que as empresas se locupletem em conseqüência da situação anormal de guerra. (31) (231)

excess reserves / excesso de reservas Excedente de moeda corrente e depósitos bancários em mãos dos bancos comerciais, além do nível mínimo exigido pelo banco central. (1)

excess supply / excesso de oferta Situação inversa a excesso de demanda (*excess demand*), em todos os sentidos. (158) (163) (244)

exchange control / controle de câmbio Poder exercido por um governo a fim de controlar o valor de troca de sua moeda corrente (*currency*) pela de outros países. Este controle, naturalmente, somente existe para os residentes. Via de regra o controle tem por fim evitar dificuldades no balanço de pagamentos (*balance of payments*), principalmente quando a moeda não é facilmente conversível. (148) (158) (163) (244)

exchange economy / economia de trocas Economia em que ocorrem trocas através de um mecanismo de mercado (*market*) que também inclui escambo (*barter*). (158)

exchange rate / taxa de câmbio Preço ou taxa à qual a moeda corrente de um país é trocada pela de um outro ou por ouro. (148) (158) (163) (244)

exchange restriction / restrição cambial Limitação ou controle imposto pelo governo na compra ou venda de divisas (*foreign currency*). Sinônimo de controle de câmbio (*exchange control*). (163)

exchange value / valor de troca Possibilidade de um bem ser trocado por outro, desde que tenha um valor de uso, isto é, valor econômico. Se não for usada a moeda, trata-se de escambo (*barter*). (128)

exchequer / erário público No Reino Unido, departamento do governo encarregado da coleta de dinheiros públicos. Equivale a um Ministério da Fazenda. (244)

excise duty / imposto de consumo Imposto que incide sobre a produção de certos bens de alta demanda, como bebidas alcoólicas, fumo e derivados de petróleo etc. Em geral o vendedor transfere ao comprador o ônus deste imposto. (7) (11) (88) (148) (164) (244)

exclusion clause / cláusula de exclusão Cláusula em um contrato, declarando alguma coisa que esse instrumento não cobre, por exemplo, certas espécies de riscos. (244)

exclusive dealing contract / contrato de exclusividade Contrato que proíbe os intermediários de negociarem com produtos competitivos, exceto quando isso tiver o efeito de reduzir a concorrência ou criar um monopólio. (194)

exclusive distribution / distribuição exclusiva Situação em que um fabricante concede direitos de distribuição exclusiva a um intermediário (*middleman*) em determinado território. (194)

ex-directory / fora da lista Número de telefone que não figura na lista, porque o assinante não deseja tê-lo publicamente conhecido. (244)

ex dividend / ex dividendo Termo que denota que o preço de uma ação no mercado de valores não inclui os dividendos a que a ação possa fazer jus no próximo pagamento de dividendos. Isto pode fazer com que o seu preço baixe um pouco. É o contrário de "com dividendo" (*cum dividend*). (105) (158) (163)

executive director / diretor executivo Diretor de uma companhia que é um empregado a tempo integral. Também é conhecido como diretor interno (*internal director*). (148)

ex gratia payment / pagamento de favor Dinheiro pago como um favor e não porque tenha de ser pago. Um exemplo é o pagamento a um acidentado, quando a empresa nada teve a ver com o caso. (244)

Eximbank / Eximbank V. (*Export-Import Bank*). (1) (148)

exogenous business-cycle / ciclo econômico exógeno Teoria de que as expansões e recessões que formam o ciclo econômico (*economic cycle*) têm origem em fatores externos e não econômicos, como as manchas do sol, as condições climáticas, guerras, inovações etc. (1) (13)

exogenous variable / variável exógena Variável (*variable*) cujo valor é determinado por forças atuantes fora do modelo (*model*) e que este não explica. Em um modelo de mercado de automóveis, por exemplo, a falta ocasional de combustível pode ser um fator importante na oferta e na demanda e, portanto, influi em seu preço. O modelo, porém, não explica o que causou a falta de combustível; a causa é externa ao citado modelo. (158)

expectation / expectativa Atitude, crença, estado de espírito ou modo de agir, todos eles de cunho bastante subjetivo, que têm alta influência no comportamento econômico de um indivíduo. (158) (163)

expected value / valor esperado Resultado de uma medida de tendência central. Por exemplo, a probabilidade de uma moeda cair cara ou coroa em um lance é de 0,5 se em uma aposta a coroa pagar 10 e a cara pagar 5, e se forem feitos muitos lances, os ganhos médios serão 0,5 x (+10) + (0,5) x (−5) + 2,50. Este é o valor esperado. O decisor escolhe o valor de cada alternativa consoante alguma restrição e opta pelo valor que julgar melhor. (138)

expenditure / dispêndio Ato de efetuar um gasto, muitas vezes sinônimo de despesa (*expense*). Em termos contábeis, consiste em efetuar um pagamento ou incorrer na obrigação de fazê-lo, para a aquisição de um bem ou liquidar uma despesa. (7) (22) (148) (244)

expenditure line / linha do dispêndio V. (*budget line*). (155)

expense / despesa Sinônimo de gasto, ônus, encargo, sacrifício etc. É o custo incorrido para o funcionamento de alguma coisa; causa do dispêndio (*expenditure*) ou desembolso (*outlay*). (7) (15) (78) (148) (244)

expense account / conta de despesas Demonstração do dinheiro gasto em conexão com o negócio, que a companhia compensará, como a conta de despesas de um vendedor. (244)

experimental learning / aprendizagem experiencial Expressão que significa que os participantes aprendem por experiência no ambiente de treinamento as espécies de problemas que enfrentarão no cargo. (198)

expert channels / canais de expertos Em propaganda, canais de transmissão de mensagem, formados por pessoas que têm a probabilidade de ser respeitadas por um comprador potencial. Incluem autoridades e conselheiros independentes, tais como associações de consumidores, grupos de pesquisa, revistas especializadas e outros órgãos não empregados pela empresa, mas que fazem comentários sobre o valor do produto. (160)

expired cost / custo expirado Medida contábil para verificar o valor de caixa do que quer que uma empresa tenha gasto em bens ou serviços, já que não estão mais em disponibilidade, possivelmente porque foram usados na manufatura de alguma coisa que a firma vendeu. (148)

expiry / expiração Término de um acordo ou a data em que isto ocorre. (244)

exponential smoothing / perequação exponencial Método de prever a observação seguinte de uma série cronológica (*time series*), a partir do conhecimento adquirido em observações anteriores. A idéia é atribuir pesos maiores às observações mais recentes, a partir da média aritmética ponderada das observações anteriores. É a substituição de cada termo de uma sucessão dada pela média aritmética simples ou ponderada desse termo e de certo número de termos adjacentes. Também se conhece como ''perequação por médias móveis''. (109) (148)

exporter / exportador Negociante atacadista que vende no mercado exterior. (48) (244)

Export-Import Bank / Banco de Exportação e Importação Órgão independente do governo dos Estados Unidos, também conhecido como Eximbank, que tem por objeto financiar e facilitar o comércio exterior do país. (1) (148) (158) (163)

export incentives / incentivos à exportação Vantagens concedidas por um governo a firmas que vendam seus produtos no exterior e que recebam divisas (*foreign currency*), as quais podem ou não ser controladas pelas autoridades. Os incentivos têm diversas formas, algumas das quais ferem acordos internacionais. (158) (163)

export license / licença de exportação Documento emitido pelo governo, necessário antes que certos bens possam ser enviados para fora do país, como drogas, armas etc. (244)

export multiplier / multiplicador de exportação Razão entre o aumento na renda nacional (*national income*) interna e o aumento nas exportações (*exports*) que lhe deram origem. Essa razão depende da propensão marginal a poupar (*marginal propensity to save*), das pessoas cuja renda (*income*) aumentou, bem como da propensão agregada a importar, do país em apreço. (158) (163)

ex post / ex post Após o fato. V. (*ex ante*). (150)

ex post facto study / estudo ex post facto V. (*retrospective longitudinal study*). (180)

expropriate / expropriar Desapossar alguém de sua propriedade, pagando-lhe o justo valor, através do direito de domínio eminente (*eminent domain*), quase sempre para a construção de uma obra de benefício público. (11)

ex-rights / sem direitos Ações ou outros títulos de valor vendidos sem direito a quaisquer dividendos, rendimentos ou novas ações, que podem ser vendidos a um preço menor que o de mercado. (244)

extended family / família extensa Tipo de família que predomina principalmente nas sociedades pré-industriais. Muitas vezes consiste em diversas gerações que dão origem a um controle patriarcal ou matriarcal, exercido por seu membro mais idoso. É uma forma comunal de organização. Os ganhos de todos poderão formar um fundo comum para o sustento de todos. Este tipo de família inclui parentes longínquos e até mesmo empregados e velhos amigos. Contrapõe-se à família principal ou nuclear (*nuclear family*), composta de pai, mãe e filhos, com os adultos vivendo sós e sem laços familiares imediatos. (82) (180)

extensive margin / margem extensiva Terra (*land*) de mais baixa qualidade que proporciona um produto igual ao custo de uma primeira dose de capital e mão-de-obra. (20)

external deficit / déficit externo Déficit no balanço de pagamentos (*balance of payments*). (158)

external diseconomies / deseconomias externas Deseconomias que, por um motivo qualquer, decorrem de aumentos de custos. Por exemplo, a expansão da indústria pode exigir mais força de trabalho (*manpower*) e, se esta for escassa, a firma terá de pagar mais para tirar trabalhadores de outras firmas. Portanto, essa expansão cria aumentos de custo para uma ou mais firmas. As deseconomias externas podem ser pecuniárias ou tecnológicas. No primeiro caso, surgem pelo aumento de preços dos insumos; no segundo caso, por exemplo, a expansão industrial em certa área pode congestionar o trânsito, o que eleva os custos de transporte. (36) (158)

external economies / economias externas Diz-se das economias que ocorrem quando o crescimento (*growth*) da indústria leva à diminuição de custos para as firmas individuais que a compõem. (39)

external effects / efeitos externos V. (*externalities*). (158) (163)

external environment / ambiente externo Todas as forças fora da companhia, as quais ela não pode controlar, mas que afetam seus planos, como, por exemplo, forças políticas, legais, sociais, culturais e econômicas. (244)

external storage / armazenamento externo Instalações de armazenamento de dados que estão divorciadas do próprio computador, porém mantêm a informação em fitas magnéticas, cartões perfurados, discos etc. Algumas vezes a expressão é conhecida como "memória externa", a qual vem sendo evitada. (65) (74)

externalities / externalidades Custos (*costs*) ou benefícios (*benefits*) que, sem que haja intenção, influem nas atividades de produção e consumo. Exemplos clássicos de externalidades de produção são quando uma fábrica polui o ar da vizinhança residencial, caso em que há um custo social; ou quando uma firma estabelece uma escola que treina indivíduos que podem ser aproveitados por outras, caso em que há um benefício para estas e um custo para aquela. No caso de externalidades de consumo, poderia ser que uma família colocasse um televisor em um local de sua casa, beneficiando muitos espectadores nas vizinhanças, ou quando um vizinho liga seu aparelho de som muito alto, incomodando os outros, caso em que há um custo social, se os incomodados por esse motivo não puderem trabalhar direito. Tem como sinônimo "transbordamento" (*spillover*). (128) (155) (158) (163)

external surplus / superávit externo O mesmo que superávit no balanço de pagamentos (*balance of payments*). (158)

extraterritoriality / extraterritorialidade Direito de jurisdição de um país sobre seus cidadãos que residem em outros países. (31)

extractive industry / indústria extrativa Negócios que extraem materiais da terra ou do mar, como petróleo, madeira, carvão, pedras, peixes. (244)

extractive process / processo extrativo Termo que se aplica a um processo básico de produção, também conhecido como indústria extrativa, como a mineração, por exemplo. Alguns autores consideram como processo extrativo a lavoura e a pesca. (48)

extraordinary general meeting / assembléia geral extraordinária Reunião especial de uma empresa, convocada pelos diretores ou acionistas, a fim de discutir algum assunto urgente que não pode esperar até a assembléia geral anual. (244)

extraordinary resolution / resolução extraordinária Assunto que uma companhia discute em uma assembléia geral extraordinária, a fim de tomar uma decisão. Em certos países, para que a resolução entre em vigor a assembléia precisa suportá-la por mais de três quartos dos votos presentes. (244)

ex works / posto fábrica Preço básico de um produto no local em que é fabricado, o que exclui entrega e seguro. (148) (163) (164) (244)

eye movements / movimentos dos olhos Movimento ocular detectado por um dispositivo usado em pesquisa mercadológica, constituído de uma pequena câmera fotográfica ou cinematográfica que registra continuamente a atividade dos olhos enquanto estes percorrem uma mensagem impressa. O aparelho registra o que mais capta a atenção do sujeito, a trilha que os olhos seguem em sua leitura, e se o sujeito prendeu-se ou não a qualquer parte do anúncio. Um dos sinais observáveis é a dilatação pupilar quando o indivíduo tem uma impressão mais forte na leitura ou visão do anúncio. (138)

F

Fabian Society / Sociedade Fabiana Organização de socialistas ingleses, existente desde 1884, que pretende introduzir o socialismo através de reformas graduais e não por ação revolucionária. O nome decorre do general e estadista romano Fabius, cerca de 200 anos antes de Cristo, que derrotou Aníbal na Segunda Guerra Púnica, por meio de uma estratégia cautelosa de adiamento e evitação de encontro direto. (78)

fabricated materials / materiais intermediários Bens industriais que se tornarão parte de produtos acabados (*final goods and services*) e que sofreram processamento além do requerido para matérias-primas (*raw-materials*). Por exemplo, as chapas de alumínio que serão transformadas em utensílios domésticos. Em suma, são o resultado da produção primária, isto é, a que resulta diretamente da matéria-prima, mas suscetível de novo processamento. (38)

fabricating process / processo de fabricação Termo que se aplica à transformação do produto, então acabado, através de usinagem, corte, estampo e outras espécies de tratamento. Atualmente este processo existe na manufatura de móveis, roupas, parafusos etc. (48)

fabrication / fabricação 1. Transformação de matéria-prima (*raw materials*) em produtos intermediários (*intermediate goods*), como chapas, perfis etc., suscetíveis de novas transformações em outros produtos finais. O termo é usado de preferência em metalurgia. 2. Invencionice. (A)

face validity / validade aparente Aparência de validade em um teste, em decorrência de semelhança entre este e a tarefa a ser desempenhada. Tal validade não é necessariamente verdadeira. Os testes devem ser sempre submetidos a certos exames, para que se possa determinar se são realmente válidos. Para isso há técnicas especiais em diversos campos. (130) (A)

face value / valor nominal Valor nominal (*nominal value*), valor ao par (*par value*), ou seja, valor ostensivo ou aparente. (11) (148) (158) (163) (231) (244)

facilities management / administração de instalações Planejamento, instalação e operação de equipamento de processamento de dados de uma firma, por outra especializada. O conceito se aplica a muitos outros campos além da informática. (148) (157) (A)

fact / fato Descrição da realidade, sobre a qual todos os observadores qualificados estão de acordo e que, depois de exame e verificação rigorosos, acreditam ser exato. Pode ser sinônimo de acontecimento, ocorrência, evento etc. (180) (231)

factor / agente comercial; fator; financiador 1. Entidade bancária ou financeira que se dedica ao financiamento das operações de uma empresa, comprando-lhe suas contas a receber (*accounts receivable*), mediante certa percentagem de lucro (*profit*). 2. Agente com autoridade para vender e receber pagamento pelos bens de seu representado. Usualmente implica a venda de mercadoria sem manuseá-la fisicamente. (106) (107) (148) (231) (244)

factor analysis / análise fatorial Estudo de técnicas para a abordagem de conjuntos de dadas variáveis (*variables*) que quase sempre denotam números relacionados linearmente. É um método estatístico usado em psicologia, por exemplo, que envolve coeficientes de correlação (*coefficients of correlation*), isolando alguns fatores comuns em um grande número de testes, classificações ou outras formas de mensuração. (130) (183)

factor comparison method / método de comparação de fatores Forma de avaliação de cargo (*job evaluation*) que aloca parte do salário de cada um a seus fatores-chave. O resultado é uma avaliação relativa do cargo na organização. V. os verbetes que têm como chave a palavra (*job*), neste caso traduzida como cargo. (148) (198)

factorial / fatorial Produto de todos os inteiros positivos, iguais ou menores que *n*, que se denota *n!*; por convenção, zero seguido de um ponto de exclamação, 0!, é igual a 1. (148) (153) (183)

factor market / mercado de fatores Mercado em que há transações de compra e venda de um fator de produção (*factor of production*). Assim, por exemplo, podemos dizer "mercado de trabalho", "mercado de capitais" etc., que são mercados de fatores de produção. (158)

factor mobility / mobilidade de fatores Conceito econômico para significar facilidade ou desembaraço com que os fatores de produção (*factors of production*) podem ser transferidos entre usos alternativos. (165)

factor of production / fator de produção Expressão quase sinônima de insumo (*input*) e que em muitos outros contextos é com ele intercambiável. Em geral, a conotação de insumos é mais ampla: são todas as coisas que uma empresa detém. Com significado mais restrito, os fatores são terra (*land*), mão-de-obra (*labor*) e capital (*capital*), havendo quem inclua a arte empresarial. O termo muitas vezes é substituído por serviços produtivos (*productive services*). Já que os fatores de produção, como recursos econômicos, são relativamente escassos e têm oferta limitada, todos obtêm um rendimento pelos serviços que prestam. O rendimento da terra é o aluguel ou renda, o rendimento pelo uso de bens de capital é o juro, o rendimento pelo trabalho é o salário, e o rendimento pela aptidão empresarial é o lucro. (1) (148) (155) (244)

factor payment / pagamento de fator Remuneração do fator de produção (*factor of production*) por qualquer serviço que tenha prestado, como renda, juro, salário e lucro. (15)

factory / fábrica Local onde se fabrica alguma coisa; geralmente um prédio ou grupo de prédios com o equipamento necessário. É mais comum o termo "manufacture" para significar fábrica. (11) (244)

factory burden / despesa fabril indireta O mesmo que despesas gerais de fabricação. V. (*factory overhead*). (41)

factory cost / custo fabril Em uma indústria, soma dos custos diretos e indiretos, em decorrência do que o custo de um bem é o de produção, antes de ser incluída a margem de lucro. (163) (244)

factory overhead / despesas gerais de fábrica Todos os custos fabris que não sejam mão-de-obra (*labor*) e material direto (*direct material*). Também se chama despesa fabril indireta (*factory burden*), custos indiretos de manufatura (*indirect manufacturing costs*), despesas gerais de manufatura (*manufacturing overhead*) e despesas de manufatura (*manufacturing expense*). (41)

factory system / sistema fabril Após a Revolução Industrial (*Industrial Revolution*), centro onde se reuniam os trabalhadores para a execução de seus trabalhos com o uso de máquinas movidas por outras energias que não a humana. Anteriormente, os trabalhadores produziam em casa, o que é conhecido como sistema doméstico (*domestic system*). (48)

faculty / congregação; corpo docente 1. Grupo de pessoas responsáveis pela instrução e administração em um estabelecimento de ensino. 2. Corpo docente de uma instituição educacional. 3. Ramo de ensino de uma faculdade que pode ou não estar ligada a uma universidade. (178) (231)

fad / mania passageira; voga Hábitos, atitudes ou manias de curta duração. Por exemplo, na maneira de falar, vestir-se ou conduzir-se, brincar com ioiô, música bossa-nova etc. (180)

fair / justo; feira 1. O que é justo, honesto, razoável. Às vezes tem a conotação de regular. 2. Espécie de mercado, geralmente para a exibição e venda de novos produtos, ocorrendo em certos lugares e ocasiões predeterminados. (244)

Fair Labor Standards Act / Lei de Justos Padrões de Trabalho Lei promulgada em 1938 nos Estados Unidos, que exige que a maioria dos empregadores pague salários-mínimos e horas extras pelas que excederem quarenta por semana. (148) (198)

fair-trade / justo comércio Na maioria dos Estados americanos, direito de um fabricante de estabelecer preços mínimos de varejo para seus produtos e forçar sua vigência, ainda que tenha de recorrer aos tribunais. (11)

Fair-Trade Act / Lei de Justo Comércio V. (*Miller-Tydings Act*). (1) (81)

fair-trade agreements / acordos de justo comércio Acordos entre países que têm tratados para o intercâmbio de mercadorias livres de direitos aduaneiros. (244)

Fair Trading Act 1973 / Lei de Justo Comércio de 1973 Lei britânica que protege contra ações injustas dos monopólios e fusões (*mergers*) que podem não ser de interesse público. Essa lei também promove maior concorrência na indústria e entre os varejistas. (244)

fall-back pay / pagamento compensatório Quantia fixa proporcionada a trabalhadores quando os salários totais não podem ser pagos por motivos que não constituem falta destes. Por exemplo, pagamento feito a trabalhadores de terraplenagem quando o terreno que ia ser trabalhado sofreu uma inundação. (244)

failure / fracasso 1. Situação em que uma empresa não pode pagar seus débitos. Pode ser prenúncio de falência. 2. Insucesso de pessoa ou coisa. (244)

fair wear and tear / desgaste justo Dano causado aos bens em conseqüência de uso normal. V. (*planned obsolescence*). (244)

false brokerage / falsa corretagem Pagamento de comissão de corretagem a um indivíduo ou entidade que esteja sob o controle de uma das partes da transação, exceto a que faz o pagamento. A falsa corretagem é proibida por diversas leis americanas. (48)

false drops / recuperações falsas Documentos espuriamente identificados por um sistema de recuperação de informação, que não satisfazem aos requisitos da busca; decorrem de causas como codificação imprópria, perfuração ou combinação errada de perfurações, uso impróprio de terminologia etc. Relaciona-se a ruído (*noise*) e pode ser sinônimo de recuperação falsa (*false retrieval*). (72)

false retrieval / recuperação falsa V. (*false drops*). (72)

family / família 1. Grupamento aparentado que proporciona a criação dos filhos e a satisfação de certas necessidades humanas. 2. Conceito estatístico que procura medir o número de unidades orçamentárias ou domiciliares (*households*) compostas de indivíduos relacionados por laços de sangue, casamento, adoção ou vida em conjunto. Todas essas pessoas são consideradas como membros de uma família. (1) (180) (231)

family allowance / salário-família Benefício da previdência social (*social security*) pago como auxílio às famílias, geralmente com um mínimo de renda (*income*) e com filhos até um certo limite de idade. (163) (244)

family brand / marca de família Marca nominal usada para identificar produtos de um único fabricante. Por exemplo, os diversos produtos com a marca XYZ. (194)

family corporation / sociedade anônima familial Sociedade anônima geralmente fechada (*close corporation*), cujos acionistas e diretores, na maioria das vezes, são parentes entre si. (88)

Family Income Supplement (F.I.S.) / Suplemento de Renda Familiar Pagamento que pode ser reivindicado por residentes do Reino Unido que trabalhem a tempo integral, que tenham pelo menos um filho e cuja renda familiar total esteja abaixo de um certo nível. Os que recebem o "F.I.S". também têm direito a outros benefícios como receitas gratuitas, tratamento dentário, óculos, leite e vitaminas, merenda escolar e auxílio jurídico. (163)

family life-cycle / ciclo de vida da família Descrição do processo de formação e dissolução de família. Começa com o estágio em que o indivíduo é solteiro, passa pelo casal jovem sem filhos, casal jovem com filhos, casal mais idoso com filhos dependentes, casal mais velho sem filhos em casa, e sobreviventes solitários. As pessoas respondem a diferentes apelos de vendas em diferentes estágios da vida. V. (*full nest*) e (*empty nest*). (194) (244)

family-use system / sistema de uso familiar Sistema que talvez constitua a forma mais antiga de indústria, em que a família produz para seu próprio uso. A divisão do trabalho (*division of labor*) é muito rudimentar, geralmente em base de sexo. Nas sociedades primitivas, as mulheres moem grãos, ao passo que os homens fabricam arcos, flechas etc. Nas sociedades mais evoluídas, as mulheres costuram e os homens trabalham em suas oficinas caseiras, ou constroem aparelhos eletrônicos com componentes comprados fora. (67)

FAO / FAO Sigla de (*Food and Agriculture Organization*), entidade da Organização das Nações Unidas, para Agricultura e Alimentação. (A)

farm out / redistribuição de trabalho Trabalho de uma pessoa ou seção que é parcialmente feito por outrem a fim de ser completado em tempo hábil. (244)

farm subsidies / subsídios agrícolas Auxílios financeiros que o governo dá aos fazendeiros quando o preço de mercado de certos produtos agrícolas é muito baixo para proporcionar um lucro justo. (244)

f.a.s. / f.a.s. Abreviatura de (*free alongside ship*), posto ao lado do navio, que é o mesmo que f.o.b. (*f.o.b.*), com a diferença que o comprador é responsável pelo carregamento do cais para o navio. (148)

fascism / fascismo Sistema político da chamada extrema direita, em contraste com comunismo, dito da extrema esquerda. Criado por Benito Mussolini em 1922, na Itália. É sistema totalitário, tanto quanto o soviético, em que o ditador, apoiado por partido único, tem poderes discricionários. O nazismo é a forma alemã de fascismo. (A)

fashion / moda Variação na fala, decoração ou comportamento, de duração temporária, porém menos trivial ou breve do que voga ou moda passageira (*fad*). (180)

fast access storage / armazenamento de acesso rápido Em processamento de dados, seção que engloba o armazenamento inteiro, do qual os dados podem ser recuperados com maior rapidez. (72)

fatality rate / coeficiente de letalidade Relação do número de óbitos causados por uma doença, determinada por seu número total de casos constatados, geralmente em cada mil. (5) (25)

fathom / braça Medida náutica igual a 6 pés (*feet*) equivalente a 1,829 m. (78)

feasibility study / estudo de viabilidade Em processamento de dados, estudo empreendido para identificar as várias áreas de operação de uma empresa, que pareçam apropriadas ao processamento automático, a fim de ser determinado o seu possível impacto em termos de economia ou melhoria da eficiência da administração. O termo também se aplica em muitos outros contextos. (62) (244)

featherbedding / featherbedding; quase sinecura Literalmente, "cama de plumas", denotando que um indivíduo está em um emprego onde pouco tem a fazer e desfruta de uma vida folgada, quase como sinecura. Muitas vezes o fenômeno é causado por imposição sindical, que pode estabelecer, por exemplo, um número máximo de peças que um operário deve fazer, para que seja colocado mais um empregado, ou mais de um, em prejuízo da empresa. (2) (32) (148) (244)

feature / feição; apresentação; característica 1. Algo que torna uma coisa ou pessoa diferente de outra. 2. Artigo especial em jornal ou revista ou exibição de um filme de longa metragem. 3. Característica de um objeto, como, por exemplo, ser de madeira clara ou escura, ter esta ou aquela vantagem etc. (244)

Federal Insurance Contribution Act / Lei Federal de Contribuição para Seguro Lei americana que afeta empregados e empregadores, os quais devem pagar uma "taxa" sobre os salários (*wages*) recebidos ou pagos. Serve para prover fundos à previdência social (*social security*). (48) (136)

Federal Mediation and Conciliation Services / Serviços Federais de Mediação e Conciliação Nos Estados Unidos, serviços criados pela Lei de Relações Obreiro-Patronais de 1947 (*Labor Management Relations Act*), a fim de ajudar os trabalhadores e as empresas a resolverem pacificamente impasses de negociações, sem necessidade de greve. (198)

Federal Reserve Production Index / Índice de Produção da Reserva Federal Índice feito pela Diretoria do Sistema da Reserva Federal (*Federal Reserve System*) que mede a mudança no volume físico da produção manufatureira e mineradora, o que constitui aproximadmente 35% do PNB (*GNP*). (80)

Federal Reserve System / Sistema da Reserva Federal Conjunto de doze bancos nos Estados Unidos, coordenados por uma diretoria de sete membros e que, em seu todo, são considerados como o banco central do país. Estes bancos estão localizados em várias regiões. (148) (212)

Federal Trade Commission / Comissão Federal de Comércio Órgão do governo americano que administra e fiscaliza as leis sobre prevenção de monopólio (*monopoly*), restrições ao comércio (*trade barriers*) e práticas injustas. Protege a concorrência (*competition*) e investiga as possíveis infrações às leis antitruste (*antitrust laws*). (1)

federated firm / firma federada Firma que faz parte de uma associação de empregadores (*employer's association*). (148)

federation / federação Reunião permanente de vários grupos que têm certos interesses em comum, mas que também desejam manter um certo grau de independência. (244)

fee / honorários; pagamento 1. Importância cobrada por trabalho de profissional liberal. 2. Quantia paga para entrada em certos lugares. 3. Mensalidade escolar. 4. Legalmente, direito de reivindicar uma propriedade que vai ser herdada. (244)

feed / alimentar Em processamento de dados, suprir o material a ser operado por um computador. (244)

feedback / feedback; realimentação; retroinformação Exame de um ato em execução ou já executado, para a verificação de que é ou foi adequado aos fins em vista, geralmente para efeito de controle. O resultado ou produto regula o estado do sistema, ou dá a indicação do que é preciso fazer. É a comparação do estado real com o desejado, ou retorno de informação, ou sinal do ponto de destino para confronto com os elementos de origem. Literalmente, realimentação. (7) (194) (244)

felicific calculus / cálculo felicífico Método utilitário criado pelo filósofo inglês Jeremy Bentham (1748-1832), para calcular a quantidade de prazer ou sofrimento, de vantagem ou desvantagem para o indivíduo ou para a sociedade como um todo, em decorrência de modos alternativos de agir. O cálculo visa a definir a correção das ações humanas em termos de sua contribuição para a felicidade geral. A filosofia aqui citada também é conhecida como benthamismo. (176)

felony / crime sério Crime tão grave quanto assassinato, incêndio propositado, estupro, traição etc. A punição quase sempre é sentença de morte ou de prisão durante algum tempo. (244)

felt-fair pay / pagamento julgado justo Taxa de pagamento que o detentor de um cargo julga ser a justa para esse cargo. (148)

feral man / homem feral Diz-se do indivíduo que não está bem socializado, possivelmente por ter sido criado afastado da sociedade humana. A suposição pode ser de que age de maneira mais ou menos selvagem. (180)

fertility rate / taxa de fecundidade Proporção de partos em cada mil mulheres em idade de procriação, que leva em conta a população inteira. (1)

fiat currency / moeda fiat V. (*fiat money*). (165)

fiat money / moeda fiat Moeda de curso legal ou forçado (*legal tender*) que tem valor apenas porque o governo declara que se trata de moeda. A palavra *fiat*, que em latim quer dizer faça-se, é uma ordem de execução que realmente figura no início dos decretos governamentais, implicando que a moeda é de curso forçado porque as autoriades assim o declararam. O papel-moeda é a forma habitual da moeda fiat. Um outro exemplo é a emissão indiscriminada de notas. V. também (*fiduciary money*). (1) (11) (14) (78)

FICA / FICA Sigla de (*Federal Insurance Contributions Act*), Lei Federal de Contribuições para Seguro, que afeta empregados e empregadores nos Estados Unidos, os quais devem pagar uma "taxa" sobre os salários pagos ou recebidos, a fim de prover fundos para a previdência social (*social security*). (48) (136)

fidelity bond / seguro de fidelidade Apólice de seguro que garante o empregador contra atos desonestos de seus empregados, como pequenos furtos, desfalques etc. (1) (244)

fiduciary / fiduciário 1. Aquilo em que se pode confiar, ter confiança. 2. Merecimento de crédito. (148) (244)

fiduciary money / moeda fiduciária Moeda que tem em si um elemento de crédito (*credit*), isto é, seu valor nominal é maior do que o lastro de ouro ou prata. A moeda-papel emitida por um banco ou governo é um exemplo de moeda fiduciária. Nos Estados Unidos, desde 1933, toda moeda é fiduciária, porque não se pode trocá-la por ouro. No caso, portanto, a moeda é papel-moeda e não moeda-papel, já que esta é conversível e a outra não. (32) (55)

field experiment / experimento de campo Em trabalhismo, pesquisa que permite aos investigadores estudar os empregados de uma empresa sob condições reais. Procuram saber como os sujeitos à experiência e controle se ajustam a novos programas ou quaisquer outras mudanças que os afetem. (198)

field force / força de campo Em marketing, grupo de pesquisadores que entrevistam possíveis fregueses perto de onde vivem ou trabalham. (244)

field research / pesquisa de campo Pesquisa de dados externos à empresa e que se contrapõe à chamada pesquisa interna (*desk research*). São procurados dados primários que podem ser obtidos por observação, experimentação, entrevistas e estimação, por pessoas especializadas. (133) (148)

field review method / método de revisão em campo Revisão feita em campo por elementos especializados da seção do pessoal, a fim de ser preparada uma avaliação de desempenho do empregado. (198)

field study / estudo de campo Estudo também conhecido como dinâmica de grupo (*group dynamics*), que, basicamente, é a descrição daquilo que se estuda em seu ambiente natural. Quando se trata de estudo de grupo, o pesquisador obtém acesso a ele e observa-o ou submete seus membros a diversos testes. Ao estudo de campo, quando se trata principalmente de pequenos grupos, contrapõe-se o estudo de laboratório, que procura imitar as condições do ambiente natural. Há ainda a combinação campo-laboratório, em que as condições encontradas no ambiente natural são reproduzidas em laboratório e os resultados gerais comprovam ou não as hipóteses porventura existentes. (47)

field theory / teoria de campo Teoria psicológica que salienta a importância das interações de eventos no ambiente natural da pessoa. V. (*field study*). (47) (130)

field warehousing / armazenamento de campo Armazenamento de bens ou mercadorias nas dependências físicas do fabricante ou distribuidor, sob a custódia de uma companhia de armazéns gerais. A mercadoria é encerrada em um local que poderá ser abrigado ou não, de acordo com o seu tipo. A empresa que detém a custódia emite um documento denominado warrant (*warrant*) que é negociável, ou instrumento equivalente. A vantagem do armazenamento de campo é a poupança de despesas de manuseio, transportes e outros custos. (48) (148)

FIFO / PEPS Abreviatura de (*first in first out*), primeiro a entrar primeiro a sair, um procedimento de controle de estoque. (1) (7) (97) (148) (244)

figure-ground perception / percepção de figura-fundo Em marketing, é a percepção de objetos ou eventos quando estes sobressaem claramente em um determinado fundo. (130)

figureless accounts / contas sem cifras Sistema de informação de administração em que o desempenho, progresso ou lucro, é registrado por símbolos mais/menos, em comparação a normas predeterminadas, sem que haja registro detalhado de cifras. (107)

file / arquivo 1. Arquivo comum de escritório. 2. A maior unidade em processamento de dados. Pode conter grandes quantidades de rolos de fita ou conjunto de discos. (77) (148) (244)

film analysis / análise cinematográfica Em estudo de trabalho, exame pormenorizado de um filme cinematográfico de uma operação, geralmente de quadro por quadro. (107)

film loop / anel de filme Filme com não mais do que 15 metros, ligado pelas extremidades. É exibido em equipamento especial, ininterruptamente, seja para propaganda, seja para fins de treinamento. Também conhecido como "filme de conceito único". (148)

filmorex system/sistema filmorex Sistema para a seleção eletrônica de cartões microfilmados. Cada cartão tem uma microrreprodução ou extrato do documento e um campo de vinte números de código com cinco dígitos, dando a referência bibliográfica e os assuntos tratados. (72)

film strip/film strip; diafilme Seqüência de diapositivos com um número limitado de exposições que, em conjunto, transmitem uma mensagem ou representam uma estória. Usado em comerciais de televisão. (164)

final consumer/consumidor final Consumidor, principalmente no sistema capitalista, que tem ampla liberdade de escolha, havendo a implicação de que suas compras visam ao consumo próprio e não há intuito de revenda. (48)

final demand/ultimato No contexto britânico, última solicitação escrita para pagamento, antes que seja iniciada uma ação legal. (244)

final dividend/dividendo final Dividendo que uma companhia paga para liquidar o total devido a cada acionista (*shareholder*), no caso de já ter pago dividendo provisório (*interim dividend*). (148) (163) (244)

final form/forma final 1. Forma de redação que é considerada satisfatória e passou por um ou mais estágios de rascunhos. 2. Forma final de um bem ou serviço que pode ser entregue a um consumidor ou cliente. (A)

final goods and services/bens e serviços finais Produto último de uma economia, incluindo os intermediários (*intermediate goods and services*). O Departamento de Comércio dos Estados Unidos adotou uma regra prática de definir bens e serviços finais como os que não são revendidos, ao passo que os intermediários têm a intenção de ser revendidos. (44)

final products/produtos finais Bens que são usados pelos consumidores (para consumo) e não os usados pelas firmas como insumos (*inputs*) no processo de produção, isto é, os que não são bens intermediários (*intermediate goods*). Todavia, um bem final tanto pode ser de consumo como intermediário, dependendo das circunstâncias de seu uso. É a produção de bens e serviços da economia, depois de eliminada a contagem dupla (*double counting*). (158) (165)

finance/finanças Estudo da administração financeira e monetária de uma empresa. (244)

finance company/companhia de finanças Estabelecimento cuja atividade principal consiste em financiar a aquisição de certas mercadorias e, às vezes, efetua empréstimos pessoais. Também pode adquirir com certo desconto, contas a receber (*accounts receivable*). (148)

finance house/casa financiadora V. (*finance company*). O termo é usado principalmente no Reino Unido. (148)

finance market/mercado financeiro Local em que os banqueiros e financistas combinam solicitações e concessões de empréstimos. (244)

financial accounting/contabilidade financeira Processo de apresentar demonstrações aos acionistas (*shareholders*) e/ou administração de uma empresa, a fim de permitir-lhes aquilatar que progresso está sendo feito. (244)

financial gearing/alavancagem financeira Na Grã-Bretanha, alavancagem financeira que, nos Estados Unidos, é (*financial leverage*). (148)

financial instrument/instrumento financeiro Documento escrito ou impresso cujo efeito principal é dar direito, a uma determinada pessoa, de uma certa quantia, como uma letra de câmbio, (*bill of exchange*), por exemplo. (148)

financial intermediary/intermediário financeiro Instituição financeira que recebe fundos dos poupadores e os empresta a outrem. (1)

financial leverage/alavancagem financeira V. (*leverage*). O mesmo que (*gearing*). (148)

financial management/administração financeira Atividades na aquisição de fundos para uma firma e avaliação de qual a melhor maneira de usá-los. (148) (244)

financial ratios/índices financeiros Índices referentes à classificação de crédito que uma empresa pode ter, quase sempre extraídos de seus dados contábeis. O ácido-

financial risk

quociente (*acid test ratio*), por exemplo, é um desses índices. (158) (244)

financial risk / risco financeiro Risco de que os retornos aos proprietários de ações de uma empresa diminuirão pela necessidade de pagar juros aos fornecedores de capital de empréstimo (*debt capital*). (148) (244)

financial statement / demonstração financeira Documento muito à semelhança de um balanço (*balance sheet*) que descreve a situação financeira e/ou o desempenho de uma organização. (244)

financial year / ano financeiro Exercício contábil com doze meses de duração, de acordo com os hábitos de um país ou empresa. Pode ser considerado como ano fiscal (*fiscal year*). Na Grã-Bretanha, termina em 31 de março e nos Estados Unidos, em 30 de junho. (148) (244)

financier / financista Pessoa ou empresa que proporciona fundos para companhias e outras organizações. (244)

financing / financiamento Ato, processo ou caso de levantar ou prover fundos para algum empreendimento. São também os fundos levantados. (148)

finder / intermediário; promotor de negócios Pessoa ou entidade que, por uma determinada comissão ou honorários (*finder's fee*), inicia um negócio entre duas partes. (78) (105)

finder's fee / honorários de intermediário Quantia que se paga a pessoa ou entidade por procurar e iniciar transações entre duas ou mais partes interessadas. É uma espécie de comissão. Em geral, a entidade intermediária não é necessariamente profissional. (78)

fine / multa Importância que se paga pelo descumprimento de um contrato ou infração de uma lei. Também conhecida como "mulct". (11) (244)

fine paper / título de qualidade Título de valor para o qual praticamente não existe risco, de modo que o emitente pode não pagar juros ou resgatá-lo na ocasião do vencimento. (148)

fine tuning / regulagem mais exata Expressão descritiva do uso da política monetária e fiscal para regular as flutuações do produto em curto prazo, conter a inflação ou equilibrar o balanço de pagamentos. (163)

finger dexterity / destreza digital Capacidade de uma pessoa de fazer movimentos habilidosos controlados com seus dedos. É um dos testes feitos em algumas indústrias. (148)

finished goods / bens acabados Bens que um fabricante tem prontos para vender e que por ele não serão ulteriormente transformados. Esses bens podem ser finais ou intermediários, de acordo com as circunstâncias de seu uso. (148) (244)

fire / demitir Maneira deselegante de se referir à demissão de um empregado; a conotação é de queimá-lo, isto é, pô-lo fora da empresa. (11)

firm / firma Termo usado em economia, em lugar de empresa, companhia etc. (148) (165) (244)

firm differentiation / diferenciação de firma Capacidade de uma firma de isolar até certo ponto seus produtos e saber quais são os de seus concorrentes (*competitors*). Na extensão em que o consiga, uma empresa varejista (*retailer*) tem a oportunidade de administrar preços. A prática de preços administrados (*administered prices*) diz respeito à capacidade de uma empresa de estabelecer o preço de mercado para um determinado produto e particularmente para mantê-lo. (80)

firm price / preço firme Preço fixo que figura em um contrato e que não se acha aberto para negociação ou reajustamento depois de feito o acordo. (88)

first-day premium / ágio de primeiro dia Diferença entre o preço em que novas ações são emitidas e aquele ao qual são vendidas em uma bolsa (*stock exchange*) no primeiro dia após a sua emissão. (148)

first in first out / primeiro a entrar primeiro a sair Sistema de atribuição de valor ao estoque (*inventory*) geralmente abreviado pela sigla PEPS (*FIFO*), em que há o pressuposto de que os bens adquiridos em primeiro lugar são também os primeiramente usados ou vendidos durante um exercício contábil. A vantagem do sistema é fazer aparecer o saldo final, quando as fichas do estoque o revelam como igual ao do balanço final, de acordo com o cálculo periódico do estoque. Em suma, é uma comparação dos bens usados ou vendidos com o seu custo original. Quando há uma queda nos preços de mercado, o sistema PEPS pode subestimar o valor do estoque; e quando os preços estão em ascensão, pode superestimá-los. Contrapõe-se ao sistema último a entrar primeiro a sair (*last in first out*), conhecido como UEPS (*LIFO*). (148) (244)

first-line supervis / supervisor de primeira linha; contramestre Administrador que se acha na categoria mais baixa na hierarquia de uma empresa, responsável pelo trabalho de uma quantidade de subordinados, nenhum dos quais tem função de gerência. É quase sempre designado como contramestre, no caso de indústria. Sinônimo de supervisor de linha de frente (*front-line supervisor*). Em serviços exclusivamente braçais, pode ser o capataz. (148) (244)

fiscal / fiscal Em economia, qualificativo que se refere a tudo quanto diz respeito à tributação e ao dispêndio por parte do governo. (148) (231) (244)

fiscal drag / arrasto fiscal Efeito decorrente da política fiscal (*fiscal policy*) que restringe a expansão autônoma da economia sob o regime de impostos progressivos (*progressive taxes*). É considerado um tipo de estabilidade automática indesejável, que inibe a recuperação (*recovery*) de um período de baixa demanda e alto índice de desemprego. (163)

fiscal policy / política fiscal Parte das diretrizes gerais seguidas pelas autoridades competentes para a arrecadação e dispêndio do governo no esforço para influenciar o comportamento de certas variáveis macro, como o PNB (*GNP*) e o emprego total. É através de tal política que o governo procura controlar o nível da demanda. Sinônimo de política orçamentária (*budgetary policy*). (163) (165)

fiscal year / ano fiscal Período anual para finalidades contábeis e fiscais, que não precisa coincidir com o ano civil (*calendar year*). O início e o término de um ano fiscal podem variar em diferentes países. Nos Estados Unidos, tem início em 1? de julho, e no Reino Unido, em 1? de abril. Sinônimo de ano de avaliação (*assessment year*), ou seja, ano para o cálculo de lançamento de impostos. Alguns autores dão o início do ano fiscal no Reino Unido como 6 de abril. (142) (148) (163) (244)

Fisher's capital / capital segundo Fisher Qualquer bem que, no decurso do tempo, produza uma corrente de renda. Destarte, os bens que proporcionam renda (*rent*), isto é, terra, são formas diferentes de capital. Alguns teóricos ampliaram o conceito e incluíram capital humano (*human capital*), já que este também produz uma corrente de moeda no decorrer do tempo. (128)

Fisher's equation / equação de Fisher V. (*Fisher's equation of exchange*). (128) (158)

Fisher's equation of exchange / equação de troca de Fisher Também conhecida como equação de Fisher (*Fisher's equation*), em sua forma mais simples é: MV = PT, onde M = estoque de moeda, V = velocidade de circulação da moeda, P = nível de preços e T = produção de bens e serviços. (128) (158)

Fisher's ideal index / índice ideal de Fisher Número-índice calculado como a média geométrica de um índice de Laspeyres (*Laspeyres index*) e um índice de Paasche (*Paasche index*). O nome é em homenagem ao economista americano Irving Fisher, falecido em 1947. (148)

fit / aderência; ajustamento Em estatística, maior ou menor aproximação dos pontos de uma curva ou valores de uma função, dos pontos marcados em um diagrama, ou de valores observados. Pode ser medida por vários critérios, incluindo o coeficiente de correlação (*coefficient of correlation*). (109) (184)

fixed asset / ativo fixo Parte do ativo que denota o valor dos bens imobilizados de uma empresa, representando seu capital fixo que pode ser tangível ou intangível. (4) (148) (244)

fixed capital / capital imobilizado Parte do acervo de uma companhia que se acha investido em bens do ativo fixo. (244)

fixed charge / despesa fixa Obrigação recorrente de uma firma, como o aluguel ou o pagamento de juros, cujo montante não depende de sua escala de operações. É o mesmo que despesa fixa (*fixed expense*). Também usado como sinônimo de hipoteca (*mortgage*). (148) (244)

fixed costs / custos fixos Custos, também conhecidos como indiretos ou de exercício (*indirect and period costs*), não diretamente afetados por variações no volume de produção, como os custos de juros de empréstimos, prêmios de seguro, aluguel, salários e ordenados etc. São custos que em base unitária se tornam cada vez menores com o aumento da produção. Algumas vezes são chamados de (*overhead costs*) ou (*supplementary costs*). (4) (41) (148) (244)

fixed expense / despesa fixa O mesmo que (*fixed charge*). (148) (244)

fixed factors / fatores fixos Fatores que, em curto prazo (*short term*), não podem ser aumentados. (165)

fixed input / insumo fixo Insumo que, em curto prazo, somente pode ser obtido em quantidades invariáveis. (1)

fixed-interest security / título de juro fixo Todos os tipos de papéis negociáveis, excetuadas as ações ordinárias cujo rendimento em dividendos pode variar no decorrer do tempo. (163)

fixed shift / turno fixo Sistema de trabalho em turnos em que um deles trabalha sempre no mesmo turno. (148)

fixed supply / oferta fixa Bens econômicos (*economic goods*) cuja quantidade é fixa e não aumenta em decorrência de decisões econômicas, como, por exemplo, as primeiras edições de obras raras ou quadros de um famoso pintor de eras passadas. (39)

fixed tangible assets / ativo fixo tangível Item de permanência relativa na empresa, prestando serviços durante longo tempo. Também conhecido como ativo de capital (*capital assets*), incluindo o terreno da empresa, seus prédios, maquinaria, equipamento de loja, móveis e utensílios, equipamento de transporte etc. (15)

flag / marco Sinal que marca o início ou o fim de uma palavra em computadores que empregam palavras de extensão variável. (65)

flag of convenience / bandeira de conveniência Diz-se da bandeira de um navio mercante em cujo país está registrado, mas que não é o país dos proprietários. A conveniência está na matrícula em portos do exterior a fim de evitar salários e impostos internos do país de origem, que podem ser mais elevados do que em outros, como a Libéria, Panamá, Honduras etc. Uma grande parte da frota "americana" navega sob bandeiras de conveniência. (1)

flation / flação Neologismo indicativo de ausência de inflação e de deflação, ou seja, um período de estabilidade, o que, no entanto, não impede a ocorrência de flutuações nos índices de preços (*price indexes*). (1)

flexible budget / orçamento flexível Orçamento em que os custos são estimados para vários níveis de atividade. (148)

flexible price / preço flexível Preço que pode variar conforme as circunstâncias do mercado, como no caso dos produtos sazonais ou hortifrutigranjeiros. (1)

flexible supply / oferta flexível Diz-se da oferta de um bem econômico, quando as quantidades produzidas se modificam com a variação dos preços. V. também (*fixed supply*). (39)

flexible tariff / tarifa flexível Direito aduaneiro que incide sobre um produto importado e que pode ser aumentado ou diminuído de acordo com o julgamento das autoridades alfandegárias, sem que haja necessidade de longos processos decisórios. O aumento pode ser uma medida de represália contra um país discriminador em suas transações de importação e exportação. (1)

flexible working hours / horas de trabalho flexíveis Horário escolhido por um empregado para começar e terminar o seu trabalho. Na maioria dos casos, o empregado tem de estar no trabalho durante um ou mais períodos chamados de "horários-núcleo", ou seja, entre 10 e 16 horas, e tem de trabalhar um número mínimo de horas mensalmente. (148)

flexible working time / tempo de trabalho flexível Tempo de duração de trabalho em que não há rigor para início e término. (148)

flextime / tempoflex Inovação que elimina o horário rígido de entrada e saída do empregado a cada dia de trabalho. O empregado pode iniciar e terminar a jornada de trabalho como o desejar, dentro de uma certa faixa de horas. (198) (244)

flexyear / anoflex Conceito de horário de um empregado que lhe permite estar fora do emprego parte do ano. Em geral o empregado trabalha um ano normal em menos de doze meses, cujo cálculo se faz a partir das horas trabalhadas. (198)

flight from the currency / fuga à moeda Situação que se estabelece em alguns países sujeitos a forte inflação, quando os consumidores (*consumers*) procuram trocar rapidamente seu dinheiro por mercadorias (*goods*), temendo novos e grandes aumentos de preço e/ou baixa do poder aquisitivo (*purchasing power*) da moeda. O termo também se aplica à moeda de um país que a desvaloriza em relação a outras moedas. (1) (159)

float / folga; flutuação; emitir; lançar 1. Termo que se aplica à análise de rede (*network*), como PERT-CPM, para designar a folga de uma atividade. Esta, que também é conhecida como (*slack*), é a diferença entre o cedo e o tarde de um evento na rede. Por outro lado, pode-se dizer que a flutuação é a diferença entre o tempo necessário e o disponível para a realização de uma atividade, a qual pode flutuar entre o evento que a precede e o que a sucede. 2. Pequeno fundo de caixa para facilitar o troco. 3. Emissão ou lançamento de papéis negociáveis (*commercial papers*) pela primeira vez. (78) (148) (231) (244)

floatation / lançamento de ações; levantamento de capital Lançamento de novas emissões de ações ou de outros títulos negociáveis por uma empresa, visando ao levantamento de capital ou tomada de empréstimo. (105) (158)

floating / flutuante Algo que não tem posição fixa ou vencimento com data marcada, por exemplo, uma dívida não consolidada sem data certa para seu vencimento; o que não está investido de modo permanente; disponível para despesas correntes. (78)

floating asset / ativo flutuante V. (*current assets*). (88) (148) (163)

floating capital / capital flutuante Parte do capital de uma empresa que não se acha imobilizado, mas se traduz por ativos correntes ou de giro (*working assets*); é o mesmo que capital de giro (*working capital*). (88)

floating charge / débito flutuante Direito sobre a propriedade de uma empresa sob a forma de um documento emitido aos emprestadores ou aos seus agentes fiduciários, como garantia de um empréstimo. Em caso de inadimplemento, os credores podem converter a dívida em hipoteca (*mortgage*). Até então, a empresa pode tratar de sua propriedade da maneira que julgar mais conveniente. (148) (152) (157) (158) (244)

floating charge debenture / debênture flutuante Direitos sobre uma propriedade dados como garantia por empréstimo, que podem ser transformados em hipoteca da propriedade específica, se o tomador não liquidar o que deve em tempo hábil. Há grande semelhança com débito flutuante (*floating charge*). (140)

floating debt / dívida flutuante Obrigações correntes ou de curto prazo; o mesmo que exigível corrente (*current liabilities*). V. (*floating charge*). (88) (105)

floating exchange rate / taxa de câmbio flutuante Taxa de câmbio determinada pela livre movimentação da oferta (*supply*) e da demanda (*demand*) de divisas (*foreign currency*). Sinônimo de taxa de câmbio livre (*free exchange rate*). (153) (244)

floating labor / mão-de-obra flutuante; circulante Trabalhadores sem emprego estável e que passam rapidamente de um emprego para outro, por não serem especializados. Quase sempre são trabalhadores braçais como os (*braceros*). (148)

floating liability / passivo flutuante; passivo corrente V. (*current liabilities*) e (*floating debt*). (88) (231)

floating rig / plataforma flutuante Plataforma móvel, com perfuratriz e outros aparelhos para a perfuração de poços de petróleo etc. (244)

floor walker / fiscal de loja Pessoa empregada por uma loja para caminhar entre os fregueses, de modo a ser capaz de detectar e impedir furtos. (244)

floppy disk / disco flexível; disquete Disco flexível para computador pessoal onde ficam armazenados os documentos, programas e instruções. Contrapõe-se ao "disco rígido", também chamado de "Winchester", de capacidade muito maior. (244)

flotsam / fragmentos de naufrágio 1. Partes de um navio ou sua carga que foram atiradas ao mar e que ainda se acham flutuando. 2. Restos ainda flutuantes de um navio que afundou ou se acha danificado. (244)

flow chart / fluxograma Em processamento de dados, representação gráfica de uma seqüência de operações utilizando símbolos para representá-las, tais como calcular, substituir, comparar, saltar, copiar, ler, escrever etc. O fluxograma enfoca "onde" ou "quem faz o quê", ao invés de "como" a coisa é feita. Pode ser sinônimo de processograma (*process chart*). (72) (74) (148) (244)

flow-chart form of network / rede em forma de fluxo Rede de atividades (*activity-on-node network*) em que as setas são usadas unicamente para representar a seqüência e o relacionamento lógico das atividades. (148)

flow production / produção em fluxo Produção contínua; na maior parte das vezes trata-se de trabalho feito em linha de montagem. Na realidade, a produção contínua é a que não pode ser interrompida sem que haja grande prejuízo, como numa fundição. V. (*continuous process*). (48) (148) (244)

flows / fluxos Quantidades que têm uma dimensão temporal, tais como a quantidade de poupança que uma pessoa realizou durante certo tempo; contrasta com estoques (*stocks*), que são quantidades sem uma dimensão essencial de tempo, como a quantidade de depósitos em uma conta bancária em dado momento. A distinção entre fluxos e estoques foi salientada por Irving Fisher: uma casa é um estoque, mas seu uso é um fluxo. (158) (165)

fluid dram (apothecaries) / dracma fluido (farmacêuticos) V. (*dram, apothecaries*). (78)

fluid intelligence / inteligência fluida Inteligência usada para ajustar-se a novas situações. Em geral é considerada como pensamento flexível ou adaptável. (202)

fluid ounce (apothecaries) / onça fluida (farmacêuticos) Medida fluida de farmacêuticos igual a 8 dracmas fluidos (*fluid drams*) ou 1,8047 polegadas cúbicas (*cubic inches*), equivalente a 0,0296 l. (78)

fly-by-night / inconfiável 1. Aquele que é irresponsável ou pessoa na qual não se pode confiar. 2. Pessoa que vive secretamente e que só se movimenta à noite para evitar detecção, possivelmente para não responder pelo que é responsável. (11) (244)

f.o.b. / f.o.b. Abreviatura de (*free on board*), livre a bordo ou posto a bordo, que quase sempre figura nos contratos de compra e venda de mercadorias, de acordo com as condições combinadas. Quer dizer que o preço da mercadoria não inclui o frete nem o seguro ou outras despesas, que correm por conta do comprador. (32) (148) (231) (244)

focused gathering / reunião para fim específico Reunião casual ou informal de diversas pessoas para uma atividade que não é contínua, como, por exemplo, reuniões ocasionais de administradores, festas de casamento, de inauguração de casa etc. O conceito implica que os participantes nem sempre têm a intenção de se reunir periodicamente para o mesmo fim. (47)

folk society / sociedade tradicional Sociedade pequena, isolada, muitas vezes iletrada, que se caracteriza por um alto grau de solidariedade grupal, tradicionalismo e controle social informal. Pode ser um clã. (180)

folkways / folkways Comportamento costumeiro normal, que caracteriza os membros de um grupo. O Carnaval e os festejos de Aleluia podem ser considerados como "folkways". (180)

follow-through / seguimento O mesmo que (*follow-up*). (11)

follow-up / seguimento Dar seguimento ou acompanhar alguma ação a fim de verificar seus resultados e dar seqüência a tal ação, se for o caso. (11)

Food and Agriculture Organization of the United Nations / Organização das Nações Unidas para Alimentos e Agricultura Órgão internacional das Nações Unidas que tem como um de seus principais alvos melhores padrões de vida para o povo, através do aumento da produção de alimentos e desenvolvimento da agricultura. O órgão é mais conhecido por sua sigla (*FAO*). (1)

foot / pé Medida linear com 12 polegadas (*inches*), equivalente a 0,3048 m. (78)

f.o.r. / f.o.r. Abreviatura de (*free on rail*), posto sobre os trilhos, com significado semelhante ao de (*f.o.b.*).(148)

force / força Uso ou ameaça de coerção física ou punição para a consecução de algum fim em vista. (148)

forced choice method / método da escolha forçada Para a avaliação do desempenho (*performance appraisal*) do empregado, o avaliador tem de escolher a declaração mais descritiva em cada par de declarações sobre o empregado que está sendo classificado. (148) (198)

force majeure / força maior Expressão francesa, adotada em muitas línguas, para significar que algo aconteceu ou deixou de acontecer por motivo além das possibilidades de controle. Por exemplo, atraso de um trem por queda de barreira sobre a linha férrea. (A)

forced saving / poupança forçada Poupança que ocorre por não haver bens disponíveis para consumo e que, em uma economia de livre mercado (*free-market economy*), pode refletir uma situação de desequilíbrio. (158)

forecast / previsão Declaração ou demonstração do que tem a probabilidade de acontecer no futuro, com base em julgamento e análise do que ocorre no presente ou ocorreu no passado. (148) (244)

foreclosure / execução hipotecária Ação legal em que o emprestador hipotecário procura obter a posse do bem hipotecado por não ter recebido o resgate do empréstimo, ou parte deste, consoante as cláusulas contratuais. (1) (244)

foreign corporation / sociedade anônima "estrangeira" Sociedade anônima ou equivalente que opera em um Estado americano, mas não naquele que lhe deu personalidade jurídica. Em seu próprio Estado é considerada como companhia local ou doméstica (*domestic corporation*), porém nos demais Estados é considerada de fora, ou estrangeira. Termo usado para fazer distinção com companhia alienígena (*alien corporation*). Para fins práticos, no entanto, este último tipo de empresa é considerado como estrangeiro. O mesmo que sociedade anônima forasteira. (48)

foreign draft / saque exterior Saque efetuado em decorrência de uma transação mercantil em que pelo menos uma das partes reside em outro país. V. (*bill of exchange*). (88)

foreign exchange / divisas; moeda estrangeira Moeda forte estrangeira que realmente existe, ou as várias obrigações pagáveis em divisas, tais como saldos bancários ou promessas de pagamentos internacionais. (148) (165) (244)

foreign-exchange market / mercado de câmbio Mercado para a compra e venda de diversas moedas estrangeiras. (148) (244)

foreign investment / investimento estrangeiro 1. Colocação de dinheiro, para lucrar, em negócio localizado no exterior. 2. Importância monetária colocada desta maneira em outro país. (244)

foreign trade / comércio exterior Intercâmbio de bens e serviços, para lucro, entre diferentes países. (244)

foreign-trade zone / zona de comércio exterior V. (*free zone*). (163)

foreign value / valor externo Diz-se do preço, por atacado, no exterior, da mercadoria importada por um país. Em geral este valor é o que serve para a incidência dos direitos aduaneiros (*customs duties*). Contrapõe-se a valor interno ou doméstico (*domestic value*). (82)

foreman / contramestre; capataz; encarregado; principal Supervisor de primeira linha (*first-line supervisor*) muitas vezes responsável pelo planejamento do trabalho de seus subordinados e que, via de regra, não tem a obrigação de produzir pessoalmente. Em serviços braçais, é o capataz. Em questões legais, é o membro principal de um júri. (148) (244)

foreshift / primeiro turno; turno da manhã Período de oito horas, que tem início em algum horário da manhã, nas empresas em que existe mais de um turno de trabalho. (148)

forgery / falsificação 1. Ato de imitar ilegalmente a aparência de alguma coisa. 2. Que foi falsificado. (244)

forgetting / esquecimento Perda total ou parcial da memória, a respeito de matéria que se aprendeu anteriormente. (130)

formal authority / autoridade formal Autoridade quase sempre delegada por superior imediato. Pode ser rastreada de volta, subindo até os executivos, o conselho de administração, os acionistas e, eventualmente, até a sociedade, que permitem o exercício de autoridade com base nos direitos da propriedade privada e outras permissões garantidas por lei. A extensão da autoridade formal é determinada por obrigações, pelas quais o ocupante do cargo é responsável. V. (*informal authority*). (48)

formal group / grupo formal Grupo social que tem uma estrutura relativamente permanente quanto a posições, cargos e papéis, em contraposição a grupos informais, em que não há estabilidade de permanência, cargos e papéis. (130) (A)

formalist / formalista Indivíduo para o qual predominam crenças e valores de natureza institucional. Aferra-se às regras que são por ele consideradas como invioláveis. Geralmente os formalistas são inflexíveis e provavelmente ficam sem ação quando não encontram precedentes bem "regulamentados". Seguem a mesma trilha sempre percorrida e resistem extremamente à mudança. (132)

formal organization / organização formal Associação de pessoas com uma estrutura definida, deliberadamente criada para atuar de acordo com regras bem firmadas, na consecução de metas (*goals*) predeterminadas. Resumidamente, é a coordenação de atividades para o desempenho de uma tarefa. V. (*informal organization*). (91) (180)

form utility / utilidade de forma Termo de economia para significar que o valor aumenta quando as matérias-primas (*raw materials*) são convertidas em produtos acabados, isto é, assumem uma outra forma. (194)

FORTRAN / FORTRAN Abreviatura de (*formula translation*), tradução de fórmulas. É uma linguagem de programação para problemas que podem ser expressos em notação algébrica. O compilador (*compiler*) FORTRAN é uma rotina para determinada máquina que aceita programa escrito em linguagem-fonte e produz uma rotina de linguagem de máquina do programa-objeto. (72) (148) (244)

forward / a termo Expressão equivalente a futuro (*futures*), empregada em operações de bolsa. Qualquer transação em que a entrega foi negociada a um preço de antemão fixado para o futuro próximo. (148)

forward buying / compra antecipada; compra a termo Política de compra de certas empresas, em que estas adquirem grandes quantidades de matérias-primas para produção, que são entregues a intervalos regulares por preço de antemão contratado. Este tipo de compra pressupõe despreocupação com a depreciação do valor do estoque, em caso de escassez existente ou iminente, e com armazenagem bastante ampla. Uma das vantagens para o comprador está na economia do espaço de estocagem. É o contrário de compra precária (*hand-to-mouth buying*). (48)

forward exchange / câmbio a termo Compra ou venda de divisas para entrega em data futura. A vantagem é que um comerciante pode comprar moeda estrangeira, da qual talvez tenha necessidade no futuro, para entrega dentro de alguns meses, a um preço de antemão fixado, sem se preocupar com as flutuações cambiais. (163) (244)

forward integration / integração à frente Fusão de uma empresa industrial com uma outra que comercialize seus produtos. Por exemplo, um fabricante de calçados que compre uma rede de lojas varejistas para a venda do que produz. É o mesmo que encadeamento à frente (*forward linkage*) e contrasta com integração retrógrada (*backward integration*). (1) (98) (163) (244)

forward linkage / encadeamento à frente V. (*linkage*). (1) (40)

forward market / mercado a termo Mercado em que títulos negociáveis ou mercadorias são vendidos para entrega futura a um preço previamente fixado. Equivalente a mercado futuro (*futures market*). (158) (163)

forward price / preço a termo; preço futuro Preço ao qual alguém está disposto a comprar ou vender, valores ou mercadorias, para entrega em uma data especificada no futuro. (148)

founder's share / ações de fundador Ações pertencentes aos fundadores de uma sociedade anônima ou equivalente, que fazem jus aos benefícios residuais depois da distribuição dos dividendos aos portadores de ações ordinárias. (153)

Founding Fathers / Pais da Nacionalidade Diz-se dos estadistas do período revolucionário dos Estados Unidos, principalmente dos membros da Convenção de 1787. (35)

four-day week / semana de quatro dias Semana em que os empregados trabalham somente quatro dias, mas cobrem o mesmo número de horas da semana de cinco dias. Geralmente são trabalhadas 40 horas por semana. (148)

Four-H Club / Clube dos Quatro H Clube da juventude rural dos Estados Unidos que visa a melhorar a cabeça (*head*), as mãos (*hands*), o coração (*heart*) e a saúde (*health*), oferecendo instrução em agricultura, ciências e economia doméstica. (78) (160)

Fourteenth Amendment / Décima-quarta Emenda Emenda estabelecida em 1868, e que define cidadania, restringe o poder dos Estados em suas relações com os habitantes, reduz a representação de qualquer Estado no Congresso dos Estados Unidos que negue ou reduza o direito de voto de todo cidadão do sexo masculino com mais de 21 anos de idade, exceto por crime de rebelião. Como emenda, que surgiu depois da Guerra Civil, também proibiu o exercício de cargos públicos aos que foram rebeldes e invalidou os débitos de guerra dos Estados rebelados. (31) (42)

Fourth World / Quarto Mundo Desmembramento do conceito de Terceiro Mundo (*Third World*), significando países que não dispõem de recursos e têm poucas perspectivas de desenvolvimento, em contraposição aos do Terceiro Mundo, que dispõem de ricos recursos e podem desenvolver-se, como é o caso dos países produtores de petróleo. (176)

fractional money / moeda divisionária Moeda de valor menor do que a unidade-padrão; pequeno troco. (14)

frame of reference / quadro de referência; referencial Diz-se de algum critério que sirva como base para referência ou comparação. (A)

franchise / concessão; licença; privilégio Concessão feita por uma entidade governamental para o uso de uma via pública, seu espaço acima ou abaixo, durante um certo número de anos. Por extensão, direito de uso de uma patente ou sua cessão, mediante pagamento de royalties (*royalties*). (7) (15) (148) (194) (231) (244)

franchisee / concessionário Pessoa ou entidade licenciada para negociar com produtos patenteados de outrem, mediante pagamento de royalties ao licenciador. (244)

franchiser / licenciador Pessoa ou entidade que concede licenciamento para que outros usem de suas marcas ou patentes, mediante pagamento de royalties. (244)

fraud / fraude Engano ou artifício com a intenção de ludibriar ou prejudicar outrem. V. (*ordinary negligence*) e (*gross negligence*). (7) (88) (244)

free alongside ship / posto ao lado do navio V. (*f.a.s.*). (148) (244)

free association / livre associação Técnica de solicitar a um indivíduo que diga o que quer que lhe venha à mente, não importando o quão irrelevante ou objetável isso possa ser, visando à solução de problema. A técnica pode ser usada em sessões de brainstorming (*brainstorming*). (130)

free coinage / cunhagem livre Direito de um indivíduo de levar barras de metal precioso a uma casa da moeda e fazer cunhá-las, o que não exclui os custos do processo. (1)

free competition / livre concorrência Situação em um sistema econômico em que a empresa privada age sem qualquer interferência estatal e quando os preços são determinados pelas chamadas forças do mercado. (153)

free currency / moeda livre Moeda que se permite circular livremente entre países, sem qualquer regra para fazer cessar a prática. (244)

freedom of association / liberdade de associação Direito das pessoas de se reunirem para algo que seja de vantagem comum, como, por exemplo, o direito dos trabalhadores de se juntarem em sindicatos (*unions*). (244)

freedom of choice / liberdade de escolha Característica do capitalismo, especialmente em país democrático. Todos têm liberdade para suas ações econômicas. O empresário tem liberdade para escolher seu campo de ação, manipulando os fatores terra, trabalho e capital, respeitadas as leis vigentes. Também pode escolher seus clientes, respeitando os direitos civis, os quais podem proibir que os locais públicos se recusem a servir freqüentadores em base de raça, religião, cor, sexo ou origem nacional. Uma das variantes é liberdade de contrato (*freedom of contract*). Os consumidores podem aproveitar-se do privilégio de escolha entre os bens que lhes são ofertados, tendo como limite a amplitude de sua renda (*income*). Em suma, a liberdade de escolha é um dos ingredientes básicos do capitalismo. (48)

freedom of contract / liberdade de contrato Liberdade que visa à execução de serviços ou à entrega de bens, desde que não haja violação das leis, quando então o contrato seria nulo e sem direitos (*null and void*). Da mesma forma, os indivíduos e empresas têm liberdade para não assinar qualquer contrato, desde que não o desejem. V. (*consideration*). (48) (231)

freedom of entry / liberdade de entrada Situação em uma economia, na qual uma nova firma ou indivíduo pode ingressar em um mercado (*market*), desde que não existam barreiras à sua entrada (*barriers to entry*). (158)

free enterprise system / sistema de livre empresa V. (*capitalism*). (158) (244)

free exchange rate / taxa de câmbio livre V. (*floating exchange rate*). (163)

free float / folga livre Extensão de tempo em que certa atividade em uma rede PERT-CPM pode ser atrasada ou adiantada, sem interferir no início de qualquer atividade seguinte. (148)

free good / bem livre Ao contrário do bem econômico (*economic good*), bem pelo qual não se tem de pagar preço algum, porque a quantidade ofertada excede a demanda, a um preço zero. São exemplos clássicos o ar e a água do mar. (148) (165)

freehold / propriedade alodial Diz-se da propriedade ou ocupação da terra por um indivíduo que nada deve por possuí-la, ocupá-la, ou por ter direito a ela. Essa propriedade não tem ônus pendente. (163) (231)

freelance / trabalhador independente Pessoa que trabalha independentemente (autonomamente) sem estar vinculada a qualquer organização. Em certas profissões equivale a trabalhar por conta própria. (244)

free list / lista livre Lista de todas as mercadorias cuja entrada em um país está isenta de direitos aduaneiros (*customs duties*). Geralmente são bens de grande essencialidade para o país importador. (1)

free market / livre mercado Expressão que dá a idéia de que a oferta e a demanda operam no mercado sem que haja qualquer interferência, principalmente por parte de regulamentação governamental. (158)

free-market economy / economia de livre mercado Economia em que as decisões das famílias e firmas, distintamente das autoridades governamentais, exercem a influência principal sobre a alocação de recursos (*resources allocation*). A implicação é de que não existem barreiras "artificiais". (165)

free movement of labor / livre movimentação da mão-de-obra Situação em que os trabalhadores podem mudar-se de um país para outro, como na Comunidade Econômica Européia (*European Economic Community*). (244)

free on board / posto a bordo V. (*f.o.b.*). (32) (148) (231) (244)

free on rail / posto sobre trilhos V. (*f.o.r.*). (148) (244)

free port / porto franco; porto livre; zona franca Portos que existem em certos países, nos quais os bens importados podem ser armazenados e processados para reexportação, sem sujeição a imposto aduaneiro e outras formalidades alfandegárias. Uma vez que tais bens deixem o recinto do porto livre, mesmo para entrada no país em que o porto se situa, há incidência de direitos aduaneiros. Equivalente a zona franca (*free zone*). (78)

free recall / recordação livre Conceito psicológico referente à aprendizagem de uma série de palavras ou sílabas, ou outras matérias, sem que sua ordem seja considerada. Os sujeitos podem recordar a matéria em qualquer ordem que lhes ocorra. O conceito é muito usado em pesquisa de marketing, principalmente no que tange à propaganda. V. (*aided recall*). (130)

free reserves / reservas livres Montante acima do requisito de reserva legal (*legal reserve*) no sistema bancário. Nos Estados Unidos, as reservas livres são as excedentes (*excess reserves*) menos as tomadas de empréstimos (*loans*) nos bancos da Reserva (*Reserve banks*). (1)

free-response method / método da livre resposta Método de mensuração do significado de conceitos em que a pessoa é solicitada a descrever ou definir um conceito (*concept*). É como se fosse uma sabatina sobre diversos assuntos. (130)

free riding / compra sem desembolso; carona Transação de bolsa em que um indivíduo compra e vende rapidamente os valores (*securities*) que adquiriu, a fim de cobrir o montante de suas aquisições, sem que tenha de desembolsar coisa alguma. (105)

free trade / livre comércio Situação em que todas as mercadorias (*merchandise*) podem ser livremente importadas e exportadas, sem impostos ou restrições especiais. Deve ser o ideal de uma união aduaneira (*customs union*), pelo menos para os países participantes, mas dificilmente esse ideal pode ser atingido, levando-se em conta as vantagens comparativas (*comparative advantages*) e as desvantagens comparativas (*comparative disadvantages*). (148) (165) (244)

free trade area / área de livre comércio V. (*free zone*). (148)

free trade zone / zona de livre comércio; zona franca V. (*free zone*). (163)

free zone / zona franca Área bem delimitada ao redor de um porto ou aeroporto, onde os bens recebidos para reexportação ou processamento de exportáveis não pagam direitos aduaneiros (*customs duties*), salvo quando importados por qualquer país, inclusive o anfitrião. Sinônimo de zona de livre comércio (*free trade zone*) e de zona de comércio exterior (*foreign-trade zone*). (163)

freight / frete 1. Transporte de mercadorias de um lugar para o outro, principalmente por via férrea ou rodoviária. Com este sentido é usado principalmente nos Estados Unidos. 2. Custo de tal transporte. (244)

freight absorption / absorção de frete Fenômeno que ocorre quando os produtos são vendidos no país inteiro pelo mesmo preço, independentemente da distância do local em que são produzidos. A despesa geral com os fretes é absorvida por cada uma das unidades do produto. Contrasta com o chamado sistema de ponto base (*basing-point system*). (1) (81)

freight forward / frete a pagar no destino Expressão comercial significando que o frete pelo transporte de algum bem será pago pelo comprador quando da entrega da mercadoria. (164) (244)

freight fowarder / embarcador de carga Intermediário que reúne os embarques de diversas empresas embarcadoras, a fim de poupar custos. Geralmente pode usar lotações completas por unidades de transporte. (194) (231)

freight liner / transporte de contêineres Serviço de entrega de contêineres a domicílio. (164)

freight ton / tonelada de carga Unidade de capacidade de transporte de carga em navios, geralmente igual a 40 pés cúbicos (*cubic feet*), ou 1,132 metros cúbicos. V. (*register ton*). (78)

frequency / freqüência 1. Em física, número de ciclos completados por uma quantidade periódica em uma unidade de tempo. É uma das dimensões dos estímulos vibradores, como a luz ou o som, geralmente enunciados em uma quantidade de ciclos ou hertz por segundo. 2. Em estatística, número de vezes que um evento ou item cai ou deve cair dentro de uma certa classe ou categoria. (130) (183) (244)

frequency distribution / distribuição de freqüência Série estatística, como uma tabulação, que mostra as classes em que um conjunto de dados foi grupado com as freqüências correspondentes, ou seja, o número de itens que entra em cada classe. (148) (184) (244)

frequency polygon / polígono de freqüência Representação gráfica de uma distribuição de freqüência pelo traçado de linhas retas que ligam pontos sucessivos que representam as freqüências de classe ou seus pontos médios. O quadro geralmente fica completo quando são acrescentadas classes com freqüência zero em ambos os extremos de uma distribuição. (17) (148) (184)

frictional unemployment / desemprego friccional Desemprego causado pela delonga em igualar as vagas com os desempregados capazes. É desemprego involuntário (*involuntary unemployment*), muitas vezes ocasionado por mudança tecnológica ou alteração da demanda, juntamente com desemprego voluntário (*voluntary unemployment*), que tem origem na mudança das pessoas de uma situação para outra. Quando existe desemprego friccional, não há necessidade de criar mais empregos, porque estes existem para todos. A expressão também é conhecida como desemprego temporário (*temporary unemployment*). É de caráter transitório e não preocupa os governos. Pode-se considerar que um índice de 4% de desemprego friccional não é exagerado. (8) (43)

Friedman-Savage hypothesis/hipótese Friedman-Savage Hipótese levantada por Milton Friedman e L. J. Savage, segundo a qual, para a maioria das pessoas, a utilidade marginal (*marginal utility*) da renda diminui quando esta se encontra abaixo de certo nível, aumenta para a renda entre tal nível e um outro mais elevado, e volta a diminuir quando está acima do nível considerado elevado. A hipótese tem a intenção de explicar o motivo pelo qual os mesmos grupos de pessoas fazem seguros e jogam, e por que evitam e escolhem riscos. V. (*marginal utility of money*). (155)

fringe accounts/clientes marginais Clientes ou "contas" que dão pouco lucro e que fazem uma contribuição marginal às vendas de um fornecedor, em conseqüência do que, estão sujeitos a menor atenção e até mesmo ao abandono em ocasiões difíceis. (164)

fringe benefits/benefícios extras Benefícios nem sempre monetários que uma empresa concede, visando à melhoria das condições de trabalho e diminuição do giro de empregados. Incluem, além de salários e ordenados, seguros, assistência médica e hospitalar, assistência jurídica, férias remuneradas, pensões, determinado número de feriados por ano, freqüência sem ônus a certos clubes, vagas em estacionamento, direito a compras de ações da própria empresa etc. (48) (148) (231) (244)

fringer/arraiano; raiano; fronteiriço Que ou quem se acha na linha divisória de alguma coisa ou situação, sem propensão definida para um lado ou para o outro. (175)

front door/porta da frente V. (*backdoor*). (163)

frontier/fronteira Distinção entre cada grupo que o separa dos demais, manifestando-se por atitudes, insígnias, linguagem e outros dispositivos. É o conjunto das características que formam uma pirâmide sociológica. (180)

front-line supervisor/supervisor de primeira linha V. (*foreman*) e (*first-line supervisor*). (148) (244)

frozen account/conta congelada Dinheiro, em um banco, pertencente a uma pessoa ou empresa, que não pode ser movimentado em decorrência de alguma regra imposta por autoridade competente. (244)

frozen assets/ativo congelado Bens do ativo de uma empresa ou indivíduo que não podem ser vendidos sem que haja muita dificuldade ou prejuízo, e que não fazem parte dos que habitualmente existem para a venda normal. Por exemplo, a venda do balcão frigorífico de um açougue, a fim de levantar fundos. (163) (244)

full cost/custo econômico; custo global Custo de manufatura de um artigo, conforme a determinação do custeio por absorção (*absorption costing*), ou seja, a soma dos custos diretos (*direct costs*) e uma proporção dos custos indiretos (*indirect costs*). (148) (244)

full costing/custeio econômico; custeio global V. (*absorption costing*). (105)

full employment/pleno emprego Nível de emprego no qual todas as pessoas capazes e dispostas estão empregadas e o único desemprego é o chamado friccional (*frictional unemployment*). O nível de pleno emprego da economia significa plena capacidade de produção com o uso de todos os seus recursos. O pleno emprego de todos os recursos constitui um ideal de todas as economias. (163) (244)

Full Employment Act/Lei de Pleno Emprego Lei americana que vigora desde 1946 e que criou o Conselho de Assessores Econômicos do Presidente (*Council of Economic Advisors*), passando a este a responsabilidade de manter o bem-estar econômico da nação. Este Conselho desenvolve e recomenda as políticas econômicas nacionais a fim de fomentar e promover a livre empresa competitiva e manter pleno emprego, produção e poder aquisitivo (*purchasing power*). (48)

full employment national income / renda nacional de pleno emprego V. (*potential GNP*). (165)

full-function wholesaler / atacadista de função plena Intermediário que proporciona serviços como armazenamento, entregas, crédito, devoluções e informação de marketing a seus clientes varejistas (*retailers*). (194)

full-line forcing / imposição de linha completa Em marketing, venda de toda uma faixa de produtos, pela detenção de uma posição monopolística para uma ou mais linhas de produtos essenciais. (164)

full nest / ninho cheio Termo que faz parte da divisão do ciclo de vida da família americana, em seis estágios: (a) solteiros, constituído por solteiros jovens; (b) recém-casados jovens, sem filhos; (c) ninho cheio I, jovens casados, com filhos dependentes; (d) ninho cheio II, casais mais velhos, com filhos dependentes; (e) ninho vazio (*empty nest*), casais mais velhos que não têm filhos em sua companhia; e (f) sobreviventes solitários, isto é, pessoas idosas viúvas e solteiras. (159)

full professor / professor catedrático Professor de faculdade ou universidade, com a mais alta categoria, geralmente em um campo específico. (78)

function / função Relacionamento entre duas ou mais variáveis, como preços e quantidades físicas. Se duas variáveis estiverem relacionadas de tal modo que, para cada valor de uma, a variável independente (*independent variable*) corresponder somente um valor da outra, a variável dependente (*dependent variable*), diz-se que a segunda é função da primeira. (148) (155)

functional analysis / análise funcional O mesmo que engenharia de valor (*value engineering*). É o exame dos objetivos da organização como um todo e para cada unidade, e investigação do trabalho a ser feito para a consecução desses objetivos. Consiste em dividir os deveres de cada cargo e determinar sua relação com outras obrigações, sua relevância para a unidade organizacional e o que é necessário ao seu bom desempenho. (49)

functional authority / autoridade funcional Poder formal para comandar, limitado a uma área especificada de competência, como contabilidade, direito, manutenção etc. Pode ser dirigida através das fronteiras departamentais. (140)

functional autonomy / autonomia funcional Em psicologia, propriedade de certos motivos de continuarem atuando sem reforço ulterior das condições em que ocorreu a aprendizagem. (130)

functional differentiation / diferenciação funcional Disposição bem ordenada em um modelo (*model*) das atividades que foram examinadas por análise funcional (*functional analysis*). As atividades são grupadas em base lógica, consoante o produto ou processo, a fim de ser facilitada a sua execução. No modelo deve ser considerada a localização dos referidos deveres, do mesmo modo que a experiência decorrente de seu desempenho. (49)

functional discount / desconto funcional Desconto que um fabricante concede a certos comerciantes pelos serviços de vendas que estes podem prestar. Se um fabricante vende diretamente aos varejistas (*retailers*), terá despesas de vendas que não ocorrem se ele vender somente a distribuidores que, então, terão esse encargo. Em resultado o fabricante desfrutará de economias por fazer embarques para um ponto central e faturar apenas para uns poucos distribuidores e não para milhares de varejistas. Nesse caso, o distribuidor executa funções que estariam afetas ao fabricante e, por isso, faz jus a uma compensação, que é o desconto funcional — desconto que não seria concedido se a venda fosse do fabricante para o varejista. Por isso, o desconto funcional reflete a estimativa que o fabricante faz das poupanças que obtém pela venda direta ao atacadista. (80)

functional fixedeness / fixidez funcional Diz-se da capacidade de um indivíduo de usar certos objetos de modo diferente do costumeiro, como, por exemplo, um serrote para fazer música. Pode-se especular se o conceito é válido para um consumidor que emprega um produto para usos diferentes dos intencionados. (130)

functional intermediate / intermediário funcional Termo freqüentemente usado para designar o grupo atacadista que abrange os agentes do fabricante (*manufacturer's agent*). Os corretores de mercadorias, os comissionistas, os agentes vendedores e os leiloeiros. (48)

functionalization / funcionalização Condição de administração que, em lugar de divisionalização (*divisionalization*), adota uma estrutura funcional. As operações físicas podem ser dispersas, mas o controle gerencial é centralizado. Há uma só força de vendas para todos os produtos. Quando a empresa não é fisicamente descentralizada, mas é organizada por suas atividades básicas, como produção, marketing, finanças, compras e pessoal, cada departamento é considerado como área funcional, mas presta contas e é supervisionado pelos níveis mais altos de autoridade e responsabilidade. O foco da responsabilidade está no presidente, o que o sobrecarrega de tal modo, que ele não tem tempo para pensar e agir criativamente, já que o consome em supervisão. Sinônimo de organização funcional (*functional organization*). (48)

functional middleman / intermediário funcional V. (*agent*) e (*broker*). (194)

functional organization / organização funcional Máximo em controle direto das operações da empresa, por especialistas. Sua forma de autoridade pode permear a organização inteira, desde a cúpula até a base. Provavelmente, o primeiro a desenvolver este esquema de administração funcional foi Frederick W. Taylor. Corresponde também a estrutura funcional (*functional structure*). V. (*functionalization*). (43) (140) (148)

functional structure / estrutura funcional V. (*functional organization*). (140)

fund / fundos 1. Quantia geralmente posta de lado para um determinado fim. No plural é equivalente a capital de giro (*working capital*). 2. No plural, no Reino Unido, títulos de valor do governo. (148) (244)

funded debt / dívida consolidada; dívida fundada Em finanças públicas, dívida incorrida com a venda de títulos negociáveis de longo prazo, cujo resultado foi usado para a retirada de circulação de uma ou mais emissões de títulos de curto prazo. 2. Nos Estados Unidos, títulos de longo prazo emitidos por sociedades anônimas. 3. Títulos irresgatáveis (*irredeemable debentures*), cujo portador se beneficia apenas com os juros. (1) (4) (14) (148) (163)

funded retirement plans / planos de aposentadoria fundados Planos em que os empregadores separam verbas suficientes para atender às compensações futuras de algum plano de aposentadoria existente. (198)

funding / consolidação de dívida flutuante Conversão de dívida de curto para longo prazo, pela venda de novos títulos com vencimento em futuro distante, ou irresgatáveis, o que torna a dívida fundada ou consolidada, (*funded debt*). (158) (231)

funds / fundos Apólices do governo (*government bonds*) ou qualquer outro tipo de fundos não especificados. (148) (163) (231)

fungible / fungível Aquilo que é da mesma classe ou qualidade. Os materiais fungíveis são os que perdem suas características físicas quando misturados ou armazenados com itens da mesma espécie. Note-se que compósito (*composite*) não é o mesmo que composto. (7) (88)

funnel approach / abordagem do funil V. (*funnel sequence*). (182)

funnel sequence / seqüência do funil Técnica de obtenção de informação em que as perguntas formuladas se deslocam do geral para o específico. Quando ocorre o contrário, diz-se seqüência do funil invertido (*inverted funnel sequence*). Tem o mesmo significado que abordagem do funil (*funnel approach*) e abordagem do funil invertido (*inverted funnel approach*). (181) (182)

furlong / oitavo de milha Medida linear com 40 varas (*rods*), equivalente a 201,168 m. (78)

furlong (surveyors) / oitavo de milha (agrimensores) Medida linear igual a 10 cadeias (*chains*) ou 220 jardas (*yards*), equivalente a 201,17 m. (78)

future value / valor futuro Montante de uma quantia, somado ao que ela render, quando se acumulará em data futura. Assim, o valor de 100 com uma renda de 4% ao ano será 104 ao término desse tempo. Contrapõe-se a valor presente (*present value*) e (*present worth*). (22)

futures / mercado a termo V. (*futures market*). (244)

futures contract / contrato a termo V. (*futures price*). (A)

futures market / mercado a termo Mercados organizados, como em bolsas, onde os que negociam podem comprar e vender valores ou mercadorias para entrega futura a um preço contratado. (148) (163)

futures price / preço a termo Preços que figuram nos contratos de compra e venda de mercadorias e valores que serão entregues no futuro a um preço firme. As transações são feitas em uma bolsa específica e sujeitas a suas regras. (11) (88) (244)

G

gag law / lei da mordaça Regra estabelecida para conferências ou reuniões, que impõe um limite máximo de tempo para que os oradores exponham seus pontos de vista. Também é conhecida como regra da mordaça (*gag rule*). V. (*guillotine*). (78) (244)

gag rule / regra da mordaça V. (*gag law*). (78) (244)

gain / ganho Aumento, vantagem, lucro, benefício, oposto de perda (*loss*). (244)

gains from trade / ganhos do comércio Benefícios que um país pode obter por entrar em comércio internacional, ao invés de produzir e consumir isoladamente. (163) (165)

gallon / galão Medida líquida igual a 4 quartos líquidos (*quarts, liquid*) ou 231 polegadas cúbicas (*cubic inches*), equivalente a 3,7854 l. (78)

gallon (imperial) / galão (imperial) Medida líquida igual a 4 quartos imperiais ou 277,42 polegadas cúbicas (*cubic inches*), equivalente a 4,546 l. (78)

galloping inflation / inflação galopante Alta rápida e ilimitada de preços, resultando em desequilíbrio da economia e desvalorização do poder aquisitivo (*purchasing power*) da moeda. A tendência do povo é livrar-se rapidamente da moeda, adquirindo bens imóveis ou duráveis. A inflação galopante também se chama hiperinflação (*hyperinflation*), como a que assolou a Alemanha em 1923. (1) (158) (244)

galvanic skin response / resposta galvânica da pele 1. Mudança na resistência elétrica da pele, que ocorre na emoção e em certas condições. 2. Processo usado em estudos de marketing para medir as mudanças na transpiração do indivíduo, à medida que este lê ou escuta mensagens de propaganda. Geralmente os eletrodos são colocados nas palmas das mãos. O polígrafo, ou detentor de mentiras, é baseado em grande parte nesta propriedade. (130) (138)

gamble / jogar 1. Apostar, arriscar, perder dinheiro em um jogo de azar. 2. Assumir um risco em um negócio, como jogar na bolsa, por exemplo. 3. Qualquer ação que ofereça um grau de risco. (244)

game / jogo Situação de conflito ou concorrência que pode ser estudada usando-se a teoria do jogo (*game theory*). (148)

game theory / teoria do jogo Teoria desenvolvida por John von Neumann e Oskar Morgenstern na década de 1944, concernente à análise de situações competitivas em vários campos das ciências sociais, notadamente em economia. A ilustração mais comum é a do jogo de soma zero (*zero-sum*), entre duas pessoas, quando o que uma perde a outra ganha. Foi proposta a solução minimax (*minimax*), em que cada jogador minimiza a perda máxima que pode sofrer, através de uma matriz de compensação (*pay-off matrix*). Agindo racionalmente, os jogadores escolhem estratégias mistas, atribuindo probabilidades a cada uma para as ações que encetarem, tudo com base na situação própria, que conhecem, mas sem saberem o que o adversário fará. (128) (135) (148) (158) (163)

Ganntt chart / gráfico de Ganntt Uma das técnicas ainda populares de planejamento e programação, introduzida por Henry L. Ganntt durante a Primeira Guerra Mundial, para a fabricação de munições. O gráfico retrata, essencialmente, o progresso obtido, em comparação a uma escala de tempo. Atualmente a técnica é usada em programas de pesquisa e desenvolvimento (*research & development*), de produção e de tarefas relativamente simples e diretas. (135)

gap analysis / análise de hiato Método para demonstrar como a demanda (*demand*) insatisfeita por parte do consumidor poderia ser uma oportunidade para novos produtos. Consiste na tabulação de todas as suas necessidades de uma classe de produto, em conjunto com um rol cruzado dos produtos atuais que as satisfazem. (164)

garnishee / depositário de penhor Pessoa que tem em seu poder bens de uma outra e que é judicialmente ordenada a mantê-los sob sua guarda até o final de uma decisão judicial. (14) (78) (148) (231)

garnishment / penhora; arresto; embargo Ação judicial que tem por fim a paralisação de um fato como, por exemplo, a alienação de um bem, ou o pagamento de salários, até o final de um litígio entre devedor e credor. (1) (78) (231)

gatekeeper / guardião Classe de indivíduos em uma organização que, pelas posições que ocupam, controlam o fluxo de informação destinado a algum membro. Chamam-se guardiães porque deixam ou não passar a informação. Uma secretária que faz a triagem da correspondência dirigida a seu chefe está agindo como guardiã. (124)

GATT / GATT Sigla em inglês pela qual é mais conhecido o Acordo Geral de Tarifas e Comércio (*General Agreement on Tariffs and Trade*). (143) (163) (244)

Gay Liberation Front / Frente de Liberação Homossexual Movimento iniciado nos Estados Unidos às vésperas da década de 1970, que se alastra pelo mundo, visando a conseguir "um lugar ao sol" para os homossexuais. A intenção do movimento é inculcar que a homossexualidade não constitui uma aberração que deva ser perseguida e condenada pela sociedade. A palavra *gay*, que quer dizer alegre, gaiato, passou a ser sinônimo de homossexual, não importando o sexo do indivíduo. Este fenômeno social pode ter repercussões em estratégias de marketing, desde que forme um segmento de mercado (*market segment*). (176) (A)

gazump / vendedor de imóvel espertalhão Indivíduo que vende um imóvel a um preço acima do que tinha sido previamente combinado. (122) (244)

GDP / PIB Sigla de (*gross domestic product*), produto interno bruto. (153) (244)

gearing / alavancagem Expressão usada na Grã-Bretanha com o mesmo significado que (*leverage*) nos Estados Unidos. Outro nome é índice de endividamento (*debt ratio*). É capital de empréstimo (*debt capital*) usado por uma empresa. Quando esta tem capital que tomou emprestado, qualquer alteração em seu lucro líquido é aumentado ou "alavancado" e produz maior mudança no ganho por ação. O termo também é conhecido como alavancagem financeira (*financial leverage*). (148) (157) (158) (163) (244)

Gemeinschaft / Gemeinschaft Termo alemão que significa uma sociedade na qual a maior parte dos relacionamentos é formal ou tradicional; aparece com certa freqüência em textos de ciências sociais. (180)

General Agreement on Tariffs and Trade / Acordo Geral de Tarifas e Comércio Tratado internacional assinado em Genebra em 1947, com o objetivo geral de facilitar negociações tarifárias multilaterais, abolição de proteção alfandegária, eliminação de barreiras comerciais às importações, como quotas, subsídios e sobretaxas. Geralmente conhecido por sua sigla GATT, o acordo tem sido revisado de tempos em tempos, não só pela formação de mercados comuns, como para maior flexibilidade em relação aos países menos desenvolvidos. (148) (158) (163) (231) (244)

general audit / auditoria geral Verificação das contas em uma empresa, geralmente feita na ocasião da preparação do balanço (*balance sheet*). (244)

general average / avaria grossa Avaria sofrida por mercadorias em um meio de transporte e que é reembolsada pelo segurador, como contribuição. (14) (140) (148) (231)

general average contribution / contribuição por avaria grossa Proporção da avaria grossa (*general average loss*) paga a uma pessoa cujos interesses foram prejudicados por alguém cujos interesses foram beneficiados. (140) (148)

general average loss / prejuízo por avaria grossa Valor monetário de um prejuízo sofrido por alguém que sacrificou voluntariamente seus bens durante uma viagem marítima, a fim de salvar o navio ou a sua carga de perda ainda maior. Todos os interessados na viagem, como o proprietário do navio, aqueles a quem o frete é devido, precisam pagar uma proporção do prejuízo, pagamento este que se denomina contribuição por avaria grossa ou prejuízo (*general average contribution*). (14) (140) (148) (231) (244)

general equilibrium / equilíbrio geral Situação teoricamente plausível em que a oferta (*supply*) é igual à demanda (*demand*) em todos os mercados da economia. Sua análise exige pressupostos altamente simplificadores diante do imenso número de variáveis (*variables*) e da complexidade das inter-relações dos diversos mercados (*markets*), de modo que os resultados podem não corresponder à realidade. (153) (158)

general journal / diário geral Registro cronológico das transações contábeis que proporcionam um histórico das atividades financeiras de uma firma. Cada lançamento (*posting*) é analisado em termos de débito e crédito da quantia envolvida, e de qualquer outra explicação. (15)

general line wholesaler / atacadista de linha geral Tipo de comerciante atacadista (*merchant wholesaler*) que tem um sortimento completo de bens de um único ramo do varejo (*retail*). (138)

generalist / generalista Indivíduo com amplo conhecimento e experiência gerais em diversas disciplinas ou áreas. Contrapõe-se a especialista (*specialist*), que tem conhecimento profundo, principalmente em uma determinada área. (78)

generalized order / ordem generalizada A totalidade dos valores e padrões da comunidade ou do grupo social de uma pessoa, cujos julgamentos ela aplica a seu próprio comportamento (*behavior*) na formação do conceito do eu. A ordem generalizada tem grandes implicações para estratégias de marketing. (180)

generalized other / outro generalizado Compósito (*composite*) das expectativas que uma pessoa acredita que os outros tenham a seu respeito. Esta consciência é desenvolvida por assunção de papel (*role taking*) e desempenho de papel (*role playing*). A expressão é comumente encontrada em ciências sociais. (180)

general manager / gerente geral 1. Pessoa que controla o trabalho dos demais gerentes. 2. Administrador que decide sobre os alvos de uma empresa e quais as necessidades que devem ser atendidas para tal fim. (244)

general meeting / assembléia geral Reunião de todos os membros de uma companhia, seja anual ordinária ou convocada extraordinariamente. (244)

general merchandise / mercadoria geral V. (*GM*). (A)

general merchandise stores / lojas de mercadoria geral Lojas varejistas (*retailers*) como as de departamentos e de descontos, que têm ampla e profunda faixa de mercadorias (*goods*). São muito usadas suas iniciais (*GM*). (194)

general merchandise wholesaler / atacadista de mercadorias gerais Comerciante atacadista (*merchant wholesaler*) cuja existência está em declínio, que trabalha com uma vasta faixa de produtos. Pertence ao grupo de atacadistas prestadores de serviços (*service wholesalers*). (138)

general partner / sócio responsável/sócio solidário Sócio de uma empresa com fins lucrativos que tem responsabilidade ilimitada pelas ações próprias e dos demais sócios. V. (*dormant partner*). (48)

general partnership / sociedade de responsabilidade ilimitada Tipo de sociedade com fins lucrativos na qual todos os sócios têm responsabilidade ilimitada e são mutuamente solidários. Não havendo limite para o capital, os bens particulares dos sócios respondem pela empresa. (48)

general reserves / reservas gerais Parte do balanço (*balance sheet*) que mostra o lucro retido para uso dentro da empresa. A cada ano este lucro retido passa para a reserva geral. (244)

general sales tax / imposto geral de vendas V. (*turnover tax*). (163)

general strike / greve geral Greve simultânea por todos os membros de diversos sindicatos em uma ampla área. (148) (244)

general union / sindicato geral Sindicato (*trade union*) que aceita trabalhadores de quaisquer espécies como seus membros. (148)

generation gap / hiato da geração Diferença de pontos de vista entre a geração mais nova e inovadora e a mais antiga e conservadora. Dessa diferença, que alguns chamam de hiato cultural, resulta o ativismo estudantil, o protesto contra a ordem estabelecida, a violência ou o alheamento social. (166)

generic name / nome genérico Nome que descreve um determinado tipo de produto. Guaraná é um exemplo. (194)

genotype / genótipo Composição genética de um indivíduo ou grupo. (160)

gentleman's agreement / acordo de cavalheiros Contrato ou acordo que pode ser até escrito, mas não tem força de lei; baseia-se na confiança de cada parte de que o combinado será cumprido. (244)

gentrification / enobrecimento Neologismo que deriva de "gentry", que significa classe alta e que está logo abaixo da nobreza propriamente dita. O termo descreve o enobrecimento de um local geográfico, geralmente nos arredores de uma grande cidade, onde são construídas magníficas vivendas, em detrimento dos antigos moradores menos privilegiados, os quais são deslocados para locais mais distantes ou para as cidades, o que nem sempre lhes é conveniente. (176)

geographical selectivity / seletividade geográfica Capacidade de um veículo de propaganda ou publicidade de atingir uma determinada área geográfica. O conceito está muito ligado à segmentação de mercado (*market segmentation*). (48)

geriatrics / geriatria Estudo dos problemas de saúde das pessoas idosas. Tem ligação com a estratégia de marketing para este segmento do mercado, principalmente no que tange à distribuição de drogas e medicamentos. (180)

gerontology / gerontologia Estudo das pessoas idosas e seus problemas gerais. Assim como a geriatria (*geriatrics*), tem ligação com a estratégia de marketing para este segmento de mercado. Uma pessoa de idade, por exemplo, dificilmente comprará um par de patins para seu próprio uso; portanto, seria tolice fazer propaganda de patins para essa classe. (180) (A)

Gesellschaft / Gesellschaft Termo alemão que significa a sociedade que se baseia em relacionamentos contratuais formais, em contraste com os tradicionais. (148) (180)

get down to brass tacks / discutir o que interessa Numa discussão, eliminação de tópicos sem importância e passagem ao que realmente é de interesse; ir ao ponto real da discussão. (244)

g factor / fator g Parte da teoria bifatorial, segundo a qual em todos os comportamentos diante de uma situação intervêm dois fatores: o g, inteligência ou habilidade geral, que se manifesta com maior ou menor intensidade em toda e qualquer s; e um fator s, peculiar à situação s. A existência desses fatores é apurada por análise estatística; sua natureza é admitida consoante a situação das diferentes pessoas em um ou outro desses fatores. (6) (109) (193)

ghetto / gueto Qualquer parte de uma cidade onde a população é restrita a um determinado grupo étnico. Historicamente aplicado a um distrito judeu, hoje muitas vezes o termo é usado para designar bairros negros ou dilapidados e pobres nas grandes cidades. (180)

ghost-writer / escritor fantasma Quem escreve em nome de uma pessoa que não tem habilidade para redação, embora conheça o assunto sobre o qual quer escrever. (244)

GI / GI Sigla de "government issue", isto é, fornecimento feito pelo governo, como uniformes e apetrechos militares, que ganhou grande uso durante a Segunda Guerra Mundial. Os soldados, por serem também um fornecimento do governo, passaram a ser conhecidos como GI. Um soldado anônimo era geralmente chamado de "GI Guy" ou "GI Joe", o que seria em português, mais ou menos, "Zé Fornecido pelo Governo". (78) (A)

Giffen effect / efeito-Giffen Efeito, ou paradoxo de Giffen (*Giffen paradox*), que se verifica quando o efeito-renda (*income effect*) pode ser negativo e suficientemente grande para vencer o efeito-substituição (*substitution effect*). Significa que um preço mais baixo de uma mercadoria faz com que sempre se compre menos e não mais. Essa mercadoria é conhecida como bem de

Giffen (*Giffen good*). Todos os bens de Giffen são inferiores (*inferior goods*). Por exemplo, os consumidores podem ser tão pobres que vivem principalmente de pão. Uma grande baixa no pão libera rendas para outros alimentos, como a carne, dessa forma fazendo com que o consumidor compre menos pão. (155)

Giffen good / bem de Giffen Bem inferior (*inferior good*) para o qual o efeito-renda (*income effect*) negativo supera o efeito-substituição (*substitution effect*) e conduz a uma curva da demanda que se inclina em sentido ascendente. V. (*Giffen effect*). (155) (165)

Giffen paradox / paradoxo de Giffen Paradoxo em que é contrariada a lei da demanda (*demand*), isto é, há menor consumo de um bem quando o seu preço baixa. V. (*Giffen effect*). (155)

gift tax / imposto de doação Imposto cujas taxas são quase tão altas quanto as que incidem sobre o espólio. Serve para evitar que uma pessoa distribua seus bens tributáveis a parentes e amigos, enquanto em vida, a fim de evadir o imposto de espólio. (31) (231)

gift voucher / vale presente Espécie de cartão com o valor claramente visível, que pode ser adquirido em uma loja e dado de presente a alguém, que o trocará na referida loja, pelo que for do seu agrado, dentro do mesmo valor. (244)

GIGO / GIGO Jargão dos processadores de dados, representando a sigla de "garbage in garbage out", que quer dizer "lixo que entra lixo que sai". Isto significa que o melhor computador do mundo somente produzirá refugo se o que lhe alimentarem for refugo. Os bons resultados têm de partir de um sistema bem desenhado para que isso não aconteça. Daí a necessidade de um bom analista de sistemas. O mesmo se aplica a traduções: o melhor tradutor do mundo não poderá transformar um mau livro em um bom. (137) (A)

gill / gill; quatro onças fluidas Medida para líquidos correspondente a 7,219 polegadas cúbicas (*cubic inches*), equivalente a 0,1183 l. V. (*fluid ounce, apothecaries*). (78)

gilt-edged securities / títulos supergarantidos Títulos geralmente emitidos por um governo e com tais garantias que se tornam os preferidos para transações; por isso são chamados, literalmente, "títulos com orla dourada", ou de primeira classe. Excluem-se as notas do Tesouro. (11) (78) (104) (105) (148) (158) (244)

gimmick / coisa Algo novo ou incomum que capta a atenção. Alguma coisa que não tem um nome definido, como "treco", "troço", "coisa" etc., mas que é tangível. (244)

giro / transferência de crédito Sistema de pagamento de contas feito via bancos, e em alguns países também pelo correio, com a transferência de créditos do pagador para o recebedor, como no caso do pagamento de contas telefônicas e outras. (148) (158) (153) (244)

gist / significado Significado mais importante de alguma coisa. (231) (A)

give-away / brinde Algo que se dá como presente a quem compra um certo produto. (244)

giving-effect statement / demonstração "pro forma" Espécie de balancete apresentado a fim de indicar os efeitos de transações que ainda não foram realizadas. (7) (88)

glamour stocks / ações glamourosas V. (*growth stocks*). (163)

glasnost / transparência; abertura Palavra russa que significa transparência. Foi introduzida na linguagem mundial juntamente com reestruturação (*perestroika*) e tende a manter-se no original, já que quer dizer tantas coisas. Por transparência deve-se entender que o governo soviético pretende agir às claras (o que não era feito até 1985), assim também como pode significar "abertura", isto é, uma chance para que o povo participe, por ver na reestruturação da União Soviética um caminho para a verdadeira democracia. (242)

glossary / glossário Lista de palavras ou termos incomuns que geralmente figuram no final de um livro. Este dicionário tem um glossário português-inglês de todos os termos que figuram como verbetes. (244)

glut / excesso Mais do que se necessita de alguma coisa. (244)

GM / MG Iniciais de (*general merchandise*), mercadoria geral, que distingue nas lojas como supermercados, superlojas, lojas de conveniência e outros varejos, o que é comestível e o que não é. (A)

GNP/PNB Abreviatura de (*gross national product*), produto nacional bruto. (244)

gnomes of Zurich/gnomos de Zurique Grandes banqueiros suíços que, segundo se diz, conseguem enormes lucros nas mudanças de câmbio e que supostamente são tão poderosos que causam alterações nas políticas financeiras dos governos. (244)

goal/meta Objetivo de pequeno alcance e que, uma vez atingido, pode ser seguido de outra meta, até que o todo maior, o objetivo, seja alcançado. (148) (244)

go-go/go-go Que envolve especulação e oferece recompensas altas, mas arriscadas. Termo de origem francesa. (148)

going concern/empresa ativa Empresa que visa a fins lucrativos e que está em pleno funcionamento ou atividade, com perspectivas de assim continuar no futuro. O conceito engloba o ativo e o passivo, do mesmo modo que o capital tangível e o intangível. (88) (231) (244)

going price/preço corrente Quantia que está sendo cobrada por alguma coisa no momento. (244)

Gold Bloc/Bloco do Ouro Termo designativo de alguns países que mantiveram o padrão-ouro (*gold standard*) até quando este foi abandonado no início da década de 1930 por aqueles cuja moeda circulante era resgatável em ouro. (163)

golden handshake/indenização por demissão Quantia dada a um empregado quando a empresa se vê forçada a demiti-lo por superfluidade, ou outro motivo que não seja justa causa; é uma espécie de indenização que a empresa dá voluntariamente. (163) (244)

golden rule/regra áurea Expressão equivalente a "não faze aos outros o que não queres que te façam", frase atribuída a Lucas e Mateus. (78)

gold exchange standard/padrão de câmbio-ouro Padrão de troca da moeda corrente de um país pela de outro, de acordo com a sua paridade com o ouro, mas não pelo ouro em si. (1) (163)

gold market/mercado do ouro Termo que engloba os mercados de ouro em barra existentes no mundo, principalmente os de Londres e Zurique, onde são efetuadas as transações de compra e venda. O preço é regulado diariamente, de acordo com a demanda. (158) (163)

gold points/pontos do ouro Limites de câmbio acima ou abaixo dos quais é preferível fazer a remessa de numerário em espécie. É alcançado o ponto do ouro quando a taxa de câmbio se eleva a tal nível que é sobrepujada a vantagem da economia de não fazer a exportação física, e acima da qual a exportação de ouro se torna lucrativa. Na realidade, "exportação" significa apenas a transferência do título de propriedade e não o movimento físico do ouro entre países. (11) (32) (55) (82)

gold pool/"pool" do ouro Organização que se extinguiu na década de 1960, formada por diversos países europeus e os Estados Unidos, cuja finalidade era impedir que o ouro tivesse o seu preço elevado acima de certo limite. (163)

gold reserves/reservas de ouro Estoque de ouro que um país mantém em reserva para o acerto de dívidas internacionais. (244)

gold standard/padrão-ouro Sistema monetário, há muito abandonado pelo mundo todo, em que cada unidade da moeda corrente de um país tinha um lastro equivalente em ouro, podendo ser resgatada em espécie. (156) (163)

gold tranche/fatia-ouro Parte de 25% em ouro que cada país pertencente ao Fundo Monetário Internacional (*International Monetary Fund*) deve pagar como sua contribuição. Os restantes 75% da contribuição ou quota podem ser pagos na moeda corrente do país em pauta. (158) (163)

Gompertz curve/curva de Gompertz V. (*growth curve*). (148)

good/bem Qualquer objeto, substância, mercadoria, ação ou serviço suscetível de atender a uma necessidade humana. Geralmente trata-se de um bem econômico (*economic good*) — que tem valor econômico — ou de um bem livre, como o ar que respiramos. (148)

good faith/boa fé Honestidade geral no tratamento com as pessoas, tornando claras coisas que poderiam ter interpretação errônea e supostamente benéficas, quando tal não é o caso. (244)

goodness of fit/aderência Termo estatístico que significa literalmente "bondade de ajustamento", ou seja, a proximidade de acordo na comparação entre as distribuições de freqüência (*frequency distributions*) esperadas e as observadas. (109) (163)

goods/bens Bens que são postos à venda, com algumas exceções, dentre os quais casas ou terra. (244)

goods and chattels/bens pessoais Pertences de uma pessoa, de acordo com a lei. (244)

goodwill/fundo de comércio; aviamento Item intangível do ativo que representa o prestígio de uma firma, ou a probabilidade de que seus clientes retornem, em resultado de bons serviços ou bens. Normalmente, o valor do aviamento, ou fundo de comércio, que constitui um julgamento subjetivo, só é lançado nos livros contábeis por ocasião da extinção da firma, por venda ou compra. (148) (163) (231) (244)

go public/tornar-se pública Diz-se de uma companhia que pela primeira vez se acha registrada na bolsa de valores (*stock exchange*), geralmente fazendo uma oferta pública de seus valores (*securities*). (148) (244)

go slow/greve tartaruga Forma de greve de "braços cruzados", em que os empregados trabalham vagarosamente, em sinal de protesto por algum motivo. (148) (163) (244)

Gossen's first law/primeira lei de Gossen O prazer auferido de cada unidade adicional no consumo de um bem diminui até ser alcançada a saciedade. Esta lei posteriormente passou a chamar-se lei da utilidade marginal decrescente (*law of diminishing marginal utility*). (158) (163)

Gossen's second law/segunda lei de Gossen Lei segundo a qual, quando um indivíduo gasta toda a sua renda (*income*), deve maximizar seu prazer total se a satisfação obtida com o último item de cada bem adquirido foi a mesma para cada um. (158) (163)

Gossen's third law/terceira lei de Gossen Lei segundo a qual um bem (*good*) tem um valor subjetivo que vai diminuindo progressivamente com cada nova unidade adicional, até que por fim esse valor chega a zero. (158) (163)

governmental corporation/sociedade anônima estatal Companhia organizada por governo federal, estadual ou municipal, ou alguma outra divisão pública, incluindo bancos de habitação, empresas de abastecimento de água, luz, universidades etc. Às vezes são chamadas de sociedades anônimas públicas (*public corporations*), o que dá origem a confusão com empresas privadas que, por meio de ações, pertencem ao público em geral. (48)

government bonds/obrigações do governo; apólices do governo Termo que designa diversos tipos de empréstimos (*loans*) levantados pelo governo, ao alcance de instituições financeiras e do público. No Reino Unido, estes títulos são conhecidos como fundos (*funds*). (105) (163)

government securities/obrigações negociáveis do governo Papéis negociáveis, como títulos mobiliários e apólices (*bonds*), além de outros, emitidos pelo governo, com uma taxa de juro fixa. Incluem-se a dívida fundada (*funded debt*) e as notas do Tesouro (*Treasury notes*). (158) (163)

government stocks/títulos negociáveis do governo Títulos negociáveis emitidos por um governo, geralmente considerados de primeira classe (*gilt-edged*), que rendem juros fixos. (148) (158)

gozinto chart/gráfico gozinto Gráfico que mostra, para um produto, a seqüência em que devem ser fabricadas as suas partes, as submontagens e, finalmente, as montagens completas. (148)

grade labelling/rotulagem de tipo Rotulagem para produtos de consumo, principalmente no domínio de alimentos enlatados ou congelados. O tipo pode ser convencionado como A, B ou C, de acordo com a qualidade. Os rótulos também podem ser descritivos e informativos. (48) (148)

grading/graduação Processo de seleção de um produto, de acordo com os padrões ou classes de antemão determinados, como tipos A, B ou C. Essa graduação faz parte de um sistema de padronização (*standardization*). A escolha não deve ser confundida com preferência de consumidor. Praticamente é o mesmo que rotulagem de tipo (*grade labelling*). (38) (48) (244)

graduated pension/pensão graduada Pensão relacionada aos ganhos da pessoa antes de sua aposentadoria. (244)

graduated tax/imposto graduado Tipo de imposto de renda (*income tax*), fora do convencional, usado em alguns dos novos países africanos. Não existe formulário para a declaração, nem o governo visa à economia monetizada. Ao invés disso, prepara uma lista das principais fontes de renda da região, juntamente com uma série de alíquotas para traduzir a riqueza. Por exemplo, um cabrito ou uma vaca em um fluxo de renda potencial, e o volume de subsistência não comercializado, em termos de valor. As rendas de todos os contribuintes são estimadas dessa maneira, donde é feito o lançamento do imposto, que pode ser coletivo. O esquema tributário pode incluir na base do imposto a maioria dos itens que afetam o padrão de vida, e daí a capacidade tributável da população, embora nem todos esses itens levem diretamente a um fluxo de renda monetária. As listas para o imposto são preparadas pelas autoridades locais de cada região. (119)

graduation of curves / perequação gráfica; polimento de curvas Ligação dos pontos em um diagrama, através de uma linha, segundo seus alinhamentos, distribuindo-os uniformemente em suas proximidades. (5) (17) (28)

graft / logro 1. Transacionar, obter lucros etc. por meios desonestos. 2. Gíria para trabalho. (244)

Graicuna's theory / teoria de Graicuna Teoria sobre a amplitude de controle (*span of control*), segundo a qual, à medida que o número de executivos subordinados aumenta aritmeticamente, as relações resultantes entre eles tendem a aumentar geometricamente. O corolário é que há um limite máximo para a amplitude de controle (*span of control*) de uma pessoa. (49)

grain (apothecaries) / grão (farmacêuticos) Medida equivalente a 0,0648 g. (78)

grain (avoirdupois) / grão (avoirdupois) Medida de peso equivalente a 0,0648 g. Esta medida é a mesma também para as de farmacêuticos e sistema Troy. (78) (A)

grain (Troy) / grão (Troy) Medida equivalente a 0,0648 g. (78)

grain (Troy, apothecaries) / grão (Troy, farmacêuticos) Medida equivalente a 0,0648 g. (78)

gram / grama Peso igual a 10 decigramas (*decigrams*), equivalente a 15,432 grãos (*grains*) ou 0,35274 onça avoirdupois (*ounce, avoirdupois*). (78)

grandfather clause / cláusula especial 1. Antiga lei de alguns Estados sulinos americanos que não exigiam alfabetização para aqueles cujos antepassados votaram antes da Guerra Civil, dessa forma mantendo a concessão para os brancos analfabetos. 2. Cláusula com certa legislação proibindo determinada atividade, que isenta os que nela já se acham empenhados antes da promulgação da legislação. Por exemplo, há necessidade de um diploma de farmacêutico para os que exercem essa profissão, estando excetuados os que, digamos, a exercem como práticos há muitos anos. (78) (198) (231)

grant / concessão; doação; subvenção Concessão de um direito por autoridade legal, como no caso de uma patente, ou a alocação de verbas como doação para um fundo de pesquisa, como no caso de uma universidade. Também pode ser a transferência de propriedade por meio de uma escritura (*deed*). (148) (231) (244)

grant in aid / doação; subsídio; subvenção Doação, alocação ou transferência de fundos, como do governo federal para o estadual, ou de uma fundação para um escritor, cientista, pintor etc., a fim de apoiar ou sustentar um determinado programa ou projeto. Há sempre uma finalidade específica e o doador não espera qualquer retribuição direta. (7) (78) (96) (88) (231)

grapevine / boato; rumor Em uma organização, termo que define boatos, rumores e comentários, muitas vezes verdadeiros ou com algum fundo de verdade, sobre as atividades administrativas que transpiram para os escalões mais baixos da hierarquia. Autores especializados admitem que o boato ou rumor constitui um meio de comunicação bastante satisfatório para certas necessidades individuais. Os rumores também fluem dos escalões mais baixos para os mais altos, às vezes influenciando uma decisão administrativa. (244)

gratuity / presente Presente, especialmente uma pequena quantia, em resposta a um serviço recebido ou previsto. (148) (244)

graveyard shift / turno da noite Turno de serviço das empresas que funcionam durante 24 horas, quase sempre com início à meia-noite, jocosamente chamado de "turno do cemitério". (78) (244)

gray area / área cinzenta Área geográfica de um país em que a situação econômica de seus habitantes está entre os extremos de pobreza e riqueza. (158)

gray market / mercado cinzento; mercado paralelo Situação em que o governo impõe restrições quantitativas ao mercado de câmbio, por exemplo, permitindo que parte da moeda corrente seja trocada legalmente por divisas (*foreign currency*), mas fora de seu sistema de quotas ou restrições. Em geral, o mercado paralelo está entre o que é chamado mercado negro (*black market*) e o oficial. (82) (88)

great leap forward / grande salto à frente Política chinesa iniciada em 1956, visando à industrialização intensa, com um crescimento da ordem de 100% a cada quatriênio, contendo a esperança de igualar ou superar os países mais industrializados do mundo em não mais do que três decênios. A expressão tende a ser adotada para designar o esforço de um país para sair rapidamente do subdesenvolvimento, através da industrialização intensa e outras políticas que sigam trajetórias paralelas. Incidentalmente, a China não conseguiu dar o salto. (176)

green card / cartão verde Documento de seguro que o motorista deve ter em seu poder quando sair com o seu carro para fora do Reino Unido. O cartão mostra que, se ele tiver um acidente, há seguro contra terceiros. (244)

green hand / empregado novato V. (*hand*). (A)

greenmail / pagamento anti-aquisição Pagamento que uma firma de ações vendidas ao público faz a uma outra de grande vulto, como compensação, a fim de impedir que esta adquira a maioria de suas ações. O termo tem muita semelhança com "blackmail", porém não se encontra fora da lei. (R)

green paper / livro verde Publicação do governo britânico, com capa verde, geralmente uma proposta na qual o governo não se acha comprometido, mas gostaria de saber qual o comentário público. (148)

green revolution / revolução verde; revolução agrícola Substituição de técnicas tradicionais e limitadas do cultivo de plantas produtoras de alimentos, por outras mais modernas que usam intensamente espécies de maior rendimento, irrigação, fertilização, eliminação de pragas etc. A expressão pode ser considerada como revolução agrícola, mesmo quando não tenham sido empregados outros tipos de racionalização da lavoura, como mecanização etc. (176)

Gresham's law / lei de Gresham Lei segundo a qual a moeda aviltada afasta a boa. No caso, a moeda aviltada é a de menor teor metálico e, portanto, de menor valor. Isto faz com que ela continue em circulação, enquanto a moeda boa é entesourada. O nome vem de Sir Thomas Gresham, que foi conselheiro da Rainha Elizabeth I, no século XVI. (40)

grievance / queixa; agravo Queixa expressa ou não por um empregado, reivindicação a ser feita, haja ou não fundamento. O agravo, ou reclamação, é algo que causa deterioração nas relações entre o empregado e o empregador. O agravo pode ser resolvido pelo empregador ou pelo sindicato (*union*). (148) (231) (244)

grievance procedure / procedimento de agravo; procedimento de queixa Processo de passos múltiplos que o empregador e o sindicato dão em conjunto para resolver disputas ou queixas que surgem sob os termos do acordo de trabalho. (148) (198) (244)

gross annual value / valor anual bruto Aluguel de um terreno que poderia ser obtido por um ano, se fosse alugado no mercado aberto, com as condições de que o senhorio pagaria todos os reparos e o inquilino pagaria todos os impostos. (148)

gross cash flow / fluxo de caixa bruto Lucro total, sem deduções, mais a margem de depreciação. (1) (148)

gross domestic product / produto interno bruto Produto interno bruto (*gross national product*) menos a propriedade líquida (*net*) no exterior, dentro de um exercício. Pode ser calculado ao preço de mercado ou ao custo de fator, sendo excluídos todos os produtos intermediários, havendo inclusão apenas dos bens usados para investimento ou consumo geral. Também é conhecido como valor bruto adicionado (*gross value added*), mas em geral é referido como PIB (GDP). (148) (158) (163) (244)

gross income / renda bruta O mesmo que receita (*revenue*), isto é, o preço de venda multiplicado pelo número de unidades vendidas. Este é um conceito puramente econômico. (148) (155) (231) (244)

gross income tax / imposto sobre a renda bruta Literalmente, imposto sobre a renda bruta, mas é o mesmo que imposto geral de vendas (*general sales tax*) ou imposto de circulação de mercadoria (*turnover tax*). (1) (231)

gross interest / juro bruto Montante total dos juros de um investimento, antes da incidência do imposto correspondente. (163) (231)

gross investment / investimento bruto Despesa total em bens de investimento feita por uma firma ou economia, estando incluído o equipamento substituído por desgaste ou obsolescência, dentro de um dado período. (158) (163)

gross loss / prejuízo bruto Excesso do custo dos bens vendidos (*cost of sales*) sobre o total das vendas líquidas, muitas vezes considerado como lucro bruto negativo, se bem que esta expressão raramente seja usada. (88) (105)

gross margin / margem bruta Diferença entre o preço de venda e o custo da mercadoria. É um dado vital para que a administração (*management*) possa estimar seus lucros (*profits*), já que todas as despesas de operação da empresa derivam de sua margem bruta. O termo algumas vezes é usado como lucro bruto (*gross profit*). (88) (148) (231) (244)

gross national expenditure / dispêndio nacional bruto V. (*gross national product*). (44)

gross national income / renda nacional bruta V. (*gross national product*). (44) (165)

gross national product / produto nacional bruto Valor atual de mercado de todos os bens finais e serviços produzidos pela economia durante um exercício. É a mais amplamente conhecida e usada das medidas estatísticas para a mensuração do desempenho da economia. O termo "bruto" significa que não se leva em conta o que foi consumido ou desgastado em bens de capital no processo de produção. É sinônimo de renda nacional bruta (*gross national income*) ou dispêndio nacional bruto (*gross national expenditure*). É muito usada a sigla PNB (*GNP*). (44) (148) (165) (231) (244)

gross national product deflator / deflator do produto nacional bruto Índice de preços (*price index*) usado para deflacionar o PNB monetário em época de inflação, de tal modo eliminando a diferença do PNB com o real. (158) (163)

gross negligence / negligência por descaso Ato que tem um elemento de malignidade e de extremo desrespeito aos padrões comuns, auditoria e relato. A ocultação deliberada ou má representação intencional de um fato material, evento ou condição, constitui fraude (*fraud*). (7) (88)

gross profit / lucro bruto 1. Em varejo (*retail*), total das vendas líquidas menos o custo dos bens vendidos (*cost of sales*), sem que tenha havido ajustamentos no valor do estoque, deduções tributárias, rendas casuais e despesas gerais e de vendas. 2. No contexto industrial, diferença entre as vendas líquidas e os custos diretos e indiretos de manufatura. O termo às vezes é intercambiado com margem bruta (*gross margin*) e em certos contextos equivale a margem de lucro (*markup*). (88) (148) (163) (231) (244)

gross rating point / ponto de classificação bruto Ponto que representa 1% da população-alvo da propaganda. Se uma empresa necessita de 50 exposições para 50% da população-alvo, terá de conseguir 2.500 pontos brutos de classificação, isto é, 50 x 50%. Sabendo-se o preço de cada um dos referidos pontos, obtém-se a verba necessária à propaganda. Se, no exemplo acima, cada PCB custar 1.000 unidades monetárias, a verba necessária será 2.500 x unidade monetária. (162)

gross receipts / recebimentos brutos V. (*revenue*) e (*gross income*). (155)

gross sales / vendas brutas Total das vendas antes de diminuir os descontos, devoluções, quebras, enganos em entrega etc. (244)

gross value added / valor bruto adicionado Termo algumas vezes usado em lugar de produto interno bruto (*gross domestic product*), PIB (*GDP*). (163)

gross weight / peso bruto Peso total intrínseco do produto, mais o de sua embalagem. É também a soma do peso total daquilo que se transporta e a tara do meio de transporte. (163) (231) (244)

gross working capital / capital de giro bruto Valor total do ativo corrente (*current assets*). (148)

group / grupo Termo livremente usado, sobre o qual não existe definição única. 1. Qualquer reunião física de pessoas, como "um grupo esperava..."; neste caso, o grupo não precisa partilhar de alguma coisa: poderia ser chamado de agregação ou coletividade. 2. Numerosas pessoas que partilham de características comuns, como médicos, velhos, soldados etc. Categoria seria um termo mais preciso. 3. Diversas pessoas que partilham de configurações organizadas de interação corrente; este conceito (*concept*) exclui as reuniões casuais e momentâneas, nas quais não existe repetição, como os espectadores de um incêndio, quando não há interação organizada ou repetida. Está incluída a família, a igreja, o clube; há contato entre as pessoas que partilhem de uma consciência de afiliação e interação. Os passageiros de um ônibus não seriam um grupo, salvo se começassem a conversar, lutar, ou se interagissem de qualquer modo. Diversas pessoas caminhando por uma rua seriam uma agregação ou coletividade, salvo se algo captasse a sua atenção, transformando-a em uma audiência, que é uma espécie de grupo. Ocasionalmente, um agregado pode tornar-se um grupo, desde que algo propicie sua interação. A essência do grupo social não é proximidade física, mas a consciência de interação conjunta. Neste caso, o grupo está classificado como social. (148) (180) (231)

groupage / consolidação de carga Na Grã-Bretanha, grupamento de carga para o mesmo destino, por diferentes interessados, a fim de haver economia no frete. Esse grupamento é feito em contêineres (*containers*) e aqui se refere à carga terrestre. Para transporte aéreo o termo é consolidação. (137) (244)

group dynamics / dinâmica de grupo Estudo científico da interação dentro de pequenos grupos. (148) (180) (244)

group facilitator / facilitador de grupo O mesmo que "líder" nos grupos de encontro (*encounter groups*). (180)

group insurance / seguro em grupo Seguro de um grupo de pessoas, principalmente seguro de vida, por um único contrato que cobre todos os membros do grupo. (148)

group marriage / matrimônio grupal Diversos homens e mulheres que estão em relacionamento grupal entre si. Não existe exemplo concreto de uma sociedade com tal instituição, exceto, talvez, em dada época, entre os habitantes das Ilhas Marquesas. (180)

group norm / norma de grupo Expectativa ou padrão de comportamento amplamente compartilhada entre a maioria dos membros de um grupo, classe ou cultura. A tendência é de que as normas sejam continuadas pelos descendentes ou aderentes. (180) (A)

Group of Ten / Grupo dos Dez Grupo formado pelos Estados Unidos, Reino Unido, Alemanha Ocidental, França, Bélgica, Itália, Holanda, Suécia, Canadá e Japão. Este grupo colocou à disposição do Fundo Monetário Internacional (*International Monetary Fund*) um crédito de muitos bilhões de dólares para empréstimos aos membros, nos casos de necessidade. O grupo também é conhecido como Clube de Paris (*Paris Club*). (158) (163)

group test / teste grupal Teste que pode ser ministrado a um grupo de pessoas ao mesmo tempo, como a todos os componentes de uma sala de aula, candidatos a emprego etc. (130) (148)

groupthink / pensamento grupal Tratamento de uma questão ou problema por um grupo, por exemplo, uma comissão, diretoria ou grupo de pesquisa. A coesão do grupo é a forte identificação de cada um de seus membros, podendo criar ilusões de unanimidade, mas não há necessariamente consenso sobre qualquer decisão. (122) (181)

growth / crescimento 1. Incremento em um organismo ou em suas estruturas; mudança estrutural ou funcional para um estado mais diferenciado. 2. Ramo da teoria econômica que analisa o crescimento de seus principais agregados, como renda nacional, consumo, capital, emprego etc. 3. Desenvolvimento físico. (158) (160) (A)

growth curve / curva de crescimento Qualquer conjunto de curvas representando uma variável (*variable*) em função do tempo e, portanto, descrevendo seu processo de crescimento. Ilustra o crescimento de qualquer coisa, como indivíduo, população, vendas etc. Liga-se à curva de Gompertz (*Gompertz curve*), que define uma taxa de crescimento que baixa a uma taxa constante, tendendo a zero, quando a variável tempo se torna infinitamente grande. (163)

growth mutual funds / fundos mútuos de crescimento Fundos mútuos de investimento em que um agente fiduciário faz girar os valores de sua carteira com grande freqüência, comprando e vendendo ações de uma companhia em grandes transações de muitos milhares de unidades. Esses fundos são de grande valorização, porém de pequenos dividendos. V. (*growth stocks*). (96) (105) (163)

growth stocks / ações de crescimento Ações ordinárias que fazem jus a um ágio nas bolsas de valores (*stock exchange*) porque são emitidas por sociedades anônimas com alto potencial de lucros, conforme a observação de sua tendência secular (*secular trend*). Equivalem às chamadas ações glamourosas (*glamour stocks*) e a fundos mútuos de crescimento (*growth mutual funds*). (96) (105) (163)

GSR / GSR Abreviatura de (*galvanic skin response*), resposta galvânica da pele. (130)

guarantee / aval; avalizado 1. Aval. 2. Pessoa a quem se deu um aval ou garantia (*guaranty*). (88) (244)

guarantee company / companhia avalista Na Grã-Bretanha, companhia registrada em bolsa que possui membros chamados avalistas; estes garantem que, se a companhia for liquidada e não tiver fundos para saldar seus débitos, cada um contribuirá com um montante estabelecido. A responsabilidade dos avalistas é limitada. (148)

guaranteed annual wage / salário anual garantido Acordo em que um empregador garante aos empregados que eles receberão uma renda mínima anual, não importando as dispensas temporárias ou falta de trabalho. O montante garantido em geral é uma fração dos ganhos normais de quem trabalha a tempo integral. (198)

guaranteed bond / obrigação garantida Obrigação emitida por uma empresa, por exemplo, uma subsidiária, com a garantia de pagamento de juros e resgate por sua matriz ou holding (*holding*). (148)

guaranteed prices / preços mínimos Preços fixos que o governo oferece aos lavradores para certos produtos, a fim de animar a produção. Se o preço de mercado for inferior, os lavradores venderão ao governo pelo preço mínimo que este estabeleceu. (244)

guaranteed stock / ações garantidas Ações garantidas por terceiros, que podem ser uma outra empresa ou o próprio governo, no caso de empresas nacionalizadas. São consideradas de primeira classe (*gilt-edged securities*). (105) (148) (163)

guaranteed week / semana garantida Número mínimo de horas que um empregador concorda em pagar semanalmente a um trabalhador horista, desde que este se ache disponível para trabalhar, quer realmente trabalhe ou não. (148)

guarantee insurance / seguro de garantia Disposição segundo a qual um segurador promete indenizar um segurado se uma pessoa especificada deixar de cumprir uma obrigação determinada para o segurado. (148)

guarantor / avalista Pessoa ou instituição que concede um aval a alguém, assumindo a obrigação em caso de inadimplemento do avalizado. (88) (148)

guaranty / aval; garantia 1. Promessa que um avalista (*guarantor*) faz de cumprir as obrigações do avalizado (*guarantee*) em caso de inadimplemento deste. Também se escreve "guarantee". 2. Acordo que garante a existência ou manutenção de alguma coisa, em geral por um determinado tempo. (78) (88) (148) (231)

guesstimate / estimativa adivinhada Estimativa feita com pouca crença ou pretensão de que seja exata, embora possa haver alguma base em experiência passada. (148) (244)

guidance / orientação Variedade de métodos usados em tratamento psicológico e em administração, como aconselhamento, consultoria, teste, instrução especial e ensino corretivo, por cujo intermédio uma pessoa pode ser auxiliada a encontrar e empenhar-se em atividades condizentes com seu modo de ser, que lhe proporcionem satisfação e ajustamento ulterior. (160)

guillotine / guilhotina Em linguagem política, método de fazer cessar um debate parlamentar, fixando um tempo para a emissão de um voto. (244)

H

habeas corpus / habeas corpus Expressão de origem latina que significa ordem legal para que "se livre o corpo", quando uma pessoa foi atingida ou se acha ameaçada pela autoridade. (231) (244)

haberdashery / camisaria; loja de armarinho Na Grã-Bretanha, loja que vende agulhas, dedais, linhas e outras miudezas para costura. Nos Estados Unidos, loja principalmente especializada em artigos para homens, como camisas, gravatas etc. (9) (11)

habit / hábito Padrão de comportamento (*behavior*) adquirido ou aprendido, relativamente simples e regularmente usado com facilidade. A tendência é usar o hábito ao invés de um outro comportamento. O conceito é de importância quando se trata de retreinamento (*retraining*). (160) (231)

habitat / habitat Termo latino para denotar o ambiente natural de um animal, planta ou coisa. (78) (176)

habit hierarchy / hierarquia de hábitos Em solução de problema (*problem solving*), proposta de que uma técnica aprendida quanto à melhor solução será tentada em primeiro lugar, depois a seguinte, e assim por diante, através de uma seqüência ordenada de soluções possíveis. (202)

habituation / habituação Diminuição de consciência por uma pessoa acostumar-se a um determinado estímulo ou conjunto de circunstâncias. Difere de hábito (*habit*), que é uma forma motora da memória. O desaparecimento de enjôo em um navio é habituação e não hábito. (6) (160)

haggle / pechinchar Argumentar sobre o preço numa situação em que tanto o comprador como o vendedor estão procurando obter a maior vantagem. Em alguns casos, pechinchar pode ser graficamente representado por uma curva de contrato (*contract curve*). (244)

hallmark / marca de pureza; marca registrada Marca ou carimbo oficial que atesta a pureza de artigos de metais preciosos, segundo avaliação do Hall dos Ourives, em Londres. Por extensão, o termo passou a designar pureza, legitimidade, alta qualidade de alguma coisa tangível ou não, e freqüentemente tem sido usado como "marca registrada" ou característica de algo em apreço. (9) (11) (78) (244)

halo effect / efeito-halo Tendência de julgar pessoas ou coisas, para melhor ou pior, consoante uma característica que causou forte impressão. Assim, por exemplo, se um indivíduo fez papel de vilão em um filme, há quem possa considerá-lo sempre capaz de ações semelhantes. Se um produto com marca é insatisfatório, há quem pense que qualquer outro com a mesma marca também não será satisfatório. Sinônimo de efeito-corona (*corona effect*). (90) (148) (244)

Halsey incentive / incentivo Halsey Esquema de incentivo salarial desenvolvido por F. A. Halsey, nos Estados Unidos, a fim de melhorar o sistema de remuneração por peça. O trabalho recebe uma bonificação por produção extra, cuja taxa é calculada por peça (por exemplo, 50% do tempo economizado), além de um pagamento horário garantido. (107)

hammer / exclusão da bolsa Expressão inglesa para indicar que uma certa pessoa foi excluída da bolsa por não poder pagar suas dívidas. (244)

hand / auxiliar não especializado Trabalhador braçal, sem qualquer especialização, que pode ser empregado em várias ocupações que não exijam grande esforço intelectual. Quando sai de uma ocupação para outra à qual não está habituado, é chamado de novato (*green hand*). (9) (11) (A)

handicap competition / concorrência dificultada Tipo de concorrência iniciada nos Estados Unidos durante a depressão da década de 1930. A finalidade era diminuir o impacto da concorrência de preços de bens idênticos entre os grandes e os pequenos varejistas (*retailers*). Foram promulgadas leis que impediam os grandes varejistas de oferecer bens a preços mais baixos do que os negociantes de menor porte. Dessa forma foi possível dificultar a concorrência (*competition*) dos mais poderosos. (48)

handling charge / taxa de manuseio 1. Cobrança feita pela movimentação de bens de um local para outro, como, por exemplo, movê-los das docas para os caminhões. 2. Cobrança que um banco faz para manter a conta bancária de um cliente. (244)

handout / folhetim Folha de papel livremente distribuída, que dá informação a respeito de alguma coisa. (244)

hand over fist / rapidamente Diz-se da capacidade de uma pessoa, especialmente no que tange a ganhar dinheiro, fazê-lo com rapidez e sem problemas. (244)

hands-off / não intervenção Situação em que o detentor do poder deixa de intervir em certos eventos, para que estes se decidam por si próprios, até um limite especificado. Conceito aplicável ao desejo das empresas de que o governo não interfira em seus negócios, como uma espécie de "laissez-faire" (*laissez-faire*). (78) (A)

hand-to-mouth buying / compra estritamente necessária Expressão que descreve a empresa que faz compras estritamente necessárias, em pequenas quantidades e a intervalos freqüentes. Praticada por diversos fatores, como risco de prejuízo por depreciação do estoque (*inventory*), fraqueza financeira ou falta de espaço para armazenamento. Ocorre quando não há perigo de escassez de matéria-prima ou dos produtos necessários. Opõe-se a compras antecipadas ou a termo (*forward buying*). (11) (48)

Hansen's secular stagnation hypothesis / hipótese da estagnação secular de Hansen Hipótese de que há um enfraquecimento progressivo nas forças que ocasionam o crescimento (*growth*). O enfraquecimento decorre do aumento populacional, progresso tecnológico e abertura de oportunidades diferentes. (128)

harbor dues / direitos portuários Quantias pagas pelos navios para a entrada e uso de um porto. (244)

harbor-master / administrador do porto Pessoa encarregada de um porto e da posição que os navios ocupam nele. (244)

hard cash / dinheiro vivo Dinheiro imediatamente disponível. (244)

hard copy / impresso de computador Registro permanente e de leitura imediata de alguns dados feitos por impressora de computador, geralmente em papel contínuo, em oposição ao que é registrado em microfilme ou em fita magnética. (148) (244)

hard currency / moeda forte Moeda da qual há grande demanda e pequena oferta no mercado de divisas, ou, pelo menos, a demanda é mais persistente em relação à oferta. (158) (244)

hard disk / disco rígido Disco magnético de computador, capaz de grande armazenamento de dados. V. (*floppy disk*). (244)

hardening price / endurecimento de preço Preço que está se elevando. (148)

hard goods / bens duráveis O mesmo que (*durable goods*), tais como automóveis, mobílias, refrigeradores etc. São o contrário de bens não duráveis (*soft goods*), como tecidos, vestuário etc. (11) (78)

hard loan / empréstimo em moeda forte Empréstimo em moedas de alto valor, que deve ser resgatado em sua própria espécie, com prazo que não seja excessivo e juros normais do comércio internacional. É o contrário de empréstimo em moeda fraca (*soft loan*) para resgate na moeda do país favorecido, ainda que esta não seja conversível. (82) (A)

hard selling / vendagem sob pressão 1. Venda que ocorre quando o comprador se vê de tal modo assediado pelo vendedor que acaba comprando, mesmo que a oportunidade não seja considerada ótima. 2. Propaganda intensa de um produto. (11) (244)

hardware / hardware 1. Equipamento elétrico, eletrônico e mecânico usado para o processamento de dados, consistindo em gabinetes, gavetas, cabides, válvulas, transistores, fios, motores etc. 2. Qualquer parte de um equipamento de processamento de dados. V. (*software*). (48) (217) (244)

harmonic mean / média harmônica Inverso da média aritmética (*arithmetic mean*) dos inversos de uma série limitada de números. (78) (148) (216)

hatchet man / carrasco Gíria britânica para indicar a pessoa empregada para fazer coisas que as outras não gostariam de fazer, como, por exemplo, demitir empregados indesejados. (244)

haulage / transporte; custo de transporte Transporte em si e seu custo, geralmente por via terrestre, não incluindo outras despesas. (163) (244)

haulage contractor / empreiteira de transportes Companhia que faz contratos para o transporte rodoviário de bens. Grande semelhança com transportador comum (*common carrier*). (244)

Hawley-Smoot Tariff Act / Lei de Tarifas Hawley-Smoot Lei aprovada pelo Congresso dos Estados Unidos em 1930, também conhecida como Lei Smoot-Hawley (*Smoot-Hawley Act*), que estabeleceu as mais altas tarifas protecionistas na história do país. A retaliação tarifária por parte de outros países ocasionou forte declínio no comércio internacional americano. (30) (82)

Hawthorne effect / efeito-Hawthorne Efeito que se observa quando, em um estudo experimental, as pessoas que estão sendo observadas sabem que são alvo da pesquisa; os resultados podem ser interessantes, mas desaparecem logo depois que o estudo termina. É assim denominado porque os experimentos foram feitos na fábrica da Western Electric de Hawthorne, Chicago. (148) (180)

hazard / perigo Algo que contém algum elemento de perigo de qualquer espécie. (244)

hazardous contract / contrato de risco Contrato em que um indivíduo ou empresa se empenha às suas próprias expensas em determinado trabalho, o qual poderá ser muito lucrativo se der certo, mas será um prejuízo se falhar; donde o risco. É comum nas concessões para prospecção de poços petrolíferos. (231)

head hunters / caçadores de cabeças Nome jocoso que se dá a certas organizações do tipo agência de emprego, cujos elementos atuam como agentes secretos de recrutamento para as empresas que se expandem. Muitas vezes colocam "espiões" nas grandes empresas, a fim de descobrirem executivos capazes que possam sentir-se insatisfeitos ou frustrados e que talvez aceitem uma proposta de empregador potencial. Um sinônimo menos conhecido é raptores (*body snatchers*). (101) (244)

heading / cabeçalho Palavra ou palavras que formam o título de um trecho escrito, como o capítulo de um livro. (244)

head office / matriz Literalmente, escritório central, onde se localiza a diretoria. Também conhecido como "headquarters". (244)

headquarters / escritório principal; matriz; sede Sede, matriz ou escritório principal de uma organização de qualquer tipo, com a implicação de centralização. (11)

head tax / imposto de capitação Imposto direto equivalente a (*poll tax*), em que uma quantia fixa incide sobre cada indivíduo. (1)

health hazard / periculosidade Qualquer risco ou mal à saúde decorrente do tipo de serviço e dos métodos de trabalho. (244)

heavy industry / indústria pesada Indústria que trabalha com metais, carvão e maquinaria de grande porte, como nos estaleiros. (244)

heavy user / grande usuário Pessoa ou empresa que compra grande quantidade de um produto ou serviço. (244)

Hecksher-Ohlin model / modelo Hecksher-Ohlin Modelo de intercâmbio internacional, criado em 1919 e aperfeiçoado por Bertil Ohlin em 1933. Focaliza diferentes dotações de fator de cada país e considerações de seus custos, sem que seja levado em conta o grau de esforço para produzir os bens. Os pressupostos básicos são de que não há custos de transporte, a concorrência é perfeita, e as funções-produção são idênticas em todos os países. A idéia dominante é de que os países com boa dotação de capital produzirão bens intensivos de capital e os trocarão por produtos intensivos de mão-de-obra daqueles onde esta é abundante e barata. No fundo está a vantagem comparativa (*comparative advantage*). (148) (163)

hectare/hectare Medida agrária igual a 100 ares (*ares*), equivalente a 2,471 acres (*acres*). (78)

hectogram/hectograma Peso igual a 100 gramas (*grams*), equivalente a 3,5274 onças (*ounces*). (78)

hectoliter/hectolitro Medida de capacidade igual a 100 litros (*liters*), equivalente a 26,418 galões (*gallons*) ou 2,838 alqueires de capacidade (*bushels*). (78) (A)

hectometer/hectômetro Medida linear igual a 100 metros (*meters*) equivalente a 328,08 pés (*feet*). (78)

hedge/cobertura; salvaguarda Termo de bolsa que designa ação compensatória de um indivíduo, a fim de cobrir-se contra possíveis prejuízos em uma transação. Quando um exportador transfere sua mercadoria em troca das divisas do importador, ele na verdade as está comprando. Supondo-se que o contrato seja a termo (*futures*), para pagamento em 120 dias, o exportador vende imediatamente as divisas ao preço do dia, dessa forma evitando um prejuízo se acontecer que na ocasião de seu recebimento o câmbio não lhe seja favorável. Em suma, os prejuízos possíveis de uma transação são cobertos pelos possíveis lucros em outras. (105) (135) (148) (244)

hedge clause/cláusula de ressalva Cláusula que procura isentar de responsabilidade final a pessoa que faz uma assertiva por escrito em uma transação e que tem por base a crença corrente daquilo que se tem como certo, mas que eventualmente pode deixar de corresponder à realidade. Por exemplo, pode-se vender uma vaca com a garantia de que ela "dá" 20 litros de leite por dia, porém, por alguma circunstância, talvez essa quantidade não seja conseguida. Daí a cláusula de ressalva especificando que se houver falha no que se espera, o vendedor está isento de reponsabilidade. (7) (88)

hereditament/herdade; herança imóvel Antigamente, pedaço de terra onde vivia uma família. Depois, passou a designar qualquer lote de terra que passa aos herdeiros quando não há testamento. Atualmente é qualquer terreno e, também, herança. (148)

heterogenous market/mercado heterogêneo Mercado que oferece muitas alternativas para a satisfação de necessidades iguais ou semelhantes. (81)

heterograde/heterógrado Em estatística, diz-se do aspecto quantitativo do que está sendo considerado. (28)

heterograde distribution/distribuição heterógrada Distribuição estatística de caráter mensurável, de acordo com os valores que pode assumir, ou por classes de valores. (25)

heuristic programming/programação heurística Método de solução de problema (*problem solving*) que usa computadores para problemas não estruturados. Baseia-se na suposição de que a mente subconsciente cria soluções fazendo incontáveis combinações de bits (*bits*) únicos de informação e que, por isso, o discernimento nada tem de místico; em segundo lugar, baseia-se no conceito de que podem ser escritos programas de computador que incorporem simulação de bases humanas e regras práticas de solução. (89)

heuristics/heurística Espécie de metodologia para a solução de um problema, por ensaio e erro. A cada passo que se dê em tal metodologia há necessidade de sua avaliação para que seja obtido um resultado final. (118)

H-Form/Forma H Companhia controladora (*holding company*). O aspecto característico da organização é que as unidades operativas não têm negócios correlatos. Opõe-se à empresa Forma U (*U-Form*), onde as unidades ou departamentos operativos são totalmente dependentes entre si. (215)

hidden agenda/agenda oculta Pressões da situação ou pessoais que fervilham sob a superfície das boas maneiras e do intercâmbio amistoso. Autocontrole ditado pelas convenções sociais. O indivíduo não diz o que pensa ou sente, principalmente para não ferir suscetibilidades. É comum nas reuniões de grupo, onde as verdadeiras opiniões nem sempre são manifestadas. (45) (148)

hidden price increase/aumento de preço oculto Redução na quantidade ou qualidade de um produto, enquanto o preço permanece o mesmo, dando a impressão de que não houve aumento algum. (163)

hidden reserve/reserva oculta Artifício contábil que consiste em lançar os bens ativos (*assets*) com valor menor do que o real, e os passivos (*liabilities*) em excesso, de modo a existir uma reserva secreta que pode escapar à percepção dos acionistas (*shareholders*) e do fisco, em um simples exame de balanço (*balance sheet*). Sinônimo de reserva secreta (*secret reserve*). (163)

hidden tax / imposto oculto Imposto que se acha incluído no preço de um bem e que se diz oculto porque o consumidor não conhece sua presença nem montante. É um imposto indireto (*indirect tax*) porque o negociante passa-o para o consumidor, englobando-o no preço da mercadoria. (163)

hidden unemployment / desemprego oculto Situação em que as pessoas estão empregadas, mas o que recebem é excessivo para o pouco que fazem. De certo modo, vivem como parasitas e certamente não fariam falta ao empregador se fossem afastadas. V. (*featherbedding*) e (*disguised unemployment*). (163)

hierarchiology / hierarquiologia Estudo das hierarquias. (180)

hierarchy / hierarquia Disposição ordinal; por exemplo, a disposição dos cargos em categorias numa organização, de modo que o detentor de um cargo é responsável perante o que está em categoria imediatamente mais alta. (148)

hierarchy of needs / hierarquia de necessidades Teoria proposta por Abraham Maslow, de que há cinco necessidades humanas, grupadas em ordem hierárquica, e que cada uma se faz sentir depois que a de mais baixa ordem tiver sido satisfeita. Em classificação crescente: necessidades fisiológicas, como alimento e abrigo; necessidades de segurança, como estabilidade, proteção; pertinência e amor, ou seja, amizade dos outros; necessidades de estima, isto é, auto-avaliação constante e apreço por parte dos outros, apreço próprio; e necessidades de auto-realização, ou seja, a de um indivíduo desenvolver ao máximo seus talentos, mas conhecendo suas limitações. (148) (176)

higher education / educação superior Instrução obtida em faculdade ou universidade. (244)

high pressure selling / vendagem de alta pressão V. (*hard selling*). (164) (244)

hire / alugar; contratar 1. Pagar pelo uso de alguma coisa durante algum tempo. 2. Empregar uma pessoa (alugar seus serviços). (244)

hire purchase / compra a prestações Expressão usada no Reino Unido para designar compras em crediário ou a prestações. Nos Estados Unidos, o equivalente é (*installment buying*). (78) (104) (148) (244)

hiring rate / índice de contratação Contratação de novos empregados em relação ao emprego total existente. Em geral, o índice é uma percentagem do emprego total durante um exercício, com a função de servir como demonstração da atividade empresarial. (1)

histogram / histograma Gráfico de distribuição de freqüência (*frequency distribution*) que se obtém pelo traçado de um conjunto de retângulos sucessivos, tantos quanto forem as classes, cujas bases marcadas na abscissa coincidem com os intervalos de classe e cujas áreas são proporcionais à freqüência das classes. As alturas dos retângulos são proporcionais às freqüências marcadas nas ordenadas. (28) (148) (184) (244)

historical cost / custo histórico O mesmo que custo amortizado (*sunk cost*). Representa despesa já feita e liquidada e, portanto, não é considerada de importância em processo decisório. (4) (41) (148) (244)

historical demography / demografia histórica Estudo estatístico que tem por fim a mensuração das taxas de natalidade, nupcialidade, mortalidade etc. de populações passadas, e verificação de suas principais causas nas épocas observadas. (176)

historical study / estudo histórico V. (*longitudinal study*). (180)

HMSO / HMSO Abreviatura de Her Majesty's Stationery Office, isto é, a imprensa oficial do governo britânico. (244)

hoarding / entesouramento Moeda retirada de circulação por seu possuidor, que não a utiliza em consumo nem na aquisição de bens ativos, preferindo deixá-la como saldo ocioso. V. (*liquidity preference*). (158) (244)

hogshead / pipa Recipiente de madeira cuja capacidade varia de um local para outro e de acordo com a finalidade. Tem a capacidade de 63 a 140 galões (*gallons*) americanos, ou seja, de 240 a 530 litros. (11) (78)

holding company / companhia holding; companhia controladora Empresa que possui subsidiárias e geralmente limita suas atividades à sua administração. Relaciona-se a companhia matriz (*parent company*). Em geral controla ou pode controlar outras empresas pela detenção da maioria de suas ações (*shares*). Também é o nome que se dá à empresa que detém títulos de renda e ações de outras, do que aufere seus ganhos. (7) (11) (88) (148) (244)

holding out / pretensão de ex-sócio Situação que pode ocorrer quando um sócio deixa uma firma e diz ou age como se ainda a ela pertencesse, obtendo crédito e vantagens pelo prestígio de sua antiga empresa. (148)

home market / mercado interno Comércio de uma empresa no país onde tem a sua matriz (*head office*), e não no exterior. (244)

homeostasis / homeostase 1. Manutenção da estabilidade interna de um organismo, através de respostas coordenadas dos sistemas orgânicos que compensam automaticamente as variações ambientais. 2. Resistência a perturbações externas em situações experimentais. O termo é usado figurativamente em diversos contextos. (78)

Homo economicus / Homo economicus V. (*economic man*). (A)

homogeneity / homogeneidade Condição de mercado em que se supõe que os bens econômicos (*economic goods*) que o compõem são da mesma qualidade, de modo a não haver diferença de preço. (39)

homogeneous product / produto homogêneo Produto que, embora sendo feito por diferentes firmas, aos olhos do consumidor é idêntico e indiferenciado. (158) (244)

homograde / homógrado Diz-se do aspecto qualitativo do objeto considerado. (28)

honorary / honorário Dirigente não pago de uma empresa ou sociedade. (244)

honor system / sistema de honra Sistema de certas escolas, institutos correcionais, prisões etc., onde se confia que os indivíduos obedecerão às regras para fazerem seus trabalhos, submeterem-se a testes etc., sem supervisão direta. Em suma, confia-se na honra do indivíduo. (A)

horizontal communication / comunicação horizontal O mesmo que comunicação lateral (*lateral communication*), isto é, a que se estabelece entre indivíduos do mesmo nível hierárquico em uma organização. (64)

horizontal competition / concorrência horizontal Concorrência entre varejistas (*retailers*) do mesmo tipo. V. também (*vertical competition*) e (*intertype competition*). (80)

horizontal conglomerate / conglomerado horizontal Tipo de consolidação ou fusão de empresas que se dedicam a linhas de atividade correlatas. (96)

horizontal cooperative advertising / propaganda cooperativa horizontal Propaganda cooperativa (*cooperative advertising*) feita apenas entre varejistas, para promoção de um produto, sem a participação de verbas do fabricante. (80)

horizontal integration / integração horizontal Expansão de uma empresa por amálgama (*amalgamation*) ou pela construção de instalações adicionais, a fim de cobrir um maior volume de atividades em um campo em que a empresa já se acha engajada. (107) (244)

horizontal merger / fusão horizontal Fusão de duas empresas com atividades muito semelhantes, no mesmo ramo de indústria. (148)

horizontal mobility / mobilidade horizontal Extensão em que os trabalhadores mudam de um emprego para outro, no mesmo nível de habilidade ou especialização. Origina-se principalmente pelos diferenciais de salários, horas, condições de trabalho ou localização. (1)

horizontal policy / política horizontal Política que tem por fim orientar os relacionamentos entre os departamentos do mesmo nível. Por exemplo, um departamento deve consultar o outro quando as ações daquele afetarem o andamento deste. (129)

horns effect / efeito-halo Maneira britânica de dizer efeito-halo (*halo effect*). (148)

HOS / HOS Iniciais de Hecksher, Ohlin e Samuelson, usadas por Bhagwati para determinar um modelo econômico internacional, caracterizado por dois países e (dentro de cada um) duas mercadorias, dois fatores de produção, funções-produção caracterizadas em cada atividade por rendimentos constantes e decrescentes de escala ao longo das isoquantas (*isoquants*), concorrência perfeita e pleno emprego da determinada oferta de fatores de produção. (50)

hotchpot / comunhão de imóveis Combinação de propriedades de duas ou mais pessoas, como se fosse uma mistura ou sopa, a fim de ser efetuada uma distribuição igual entre elas. (88)

hot money / moeda quente Termo que descreve os movimentos especulativos e fuga de capital, geralmente motivados pela previsão (*forecast*) de que haverá uma alteração na taxa de câmbio etc., o que agrava a situação do balanço de pagamentos (*balance of payments*). A moeda quente sai dos países com déficit no balanço de pagamentos e vai para os que têm superávit. (1) (158) (163) (244)

hot-stove rule / regra do fogão quente Regra segundo a qual a ação disciplinar deve ter as mesmas características da penalidade de uma pessoa que toca um fogão quente, isto é, a disciplina deve ter aviso, ser imediata, coerente e impessoal. (198)

house agency / agência da casa Agência de propaganda, própria de uma grande organização, que lhe proporciona serviços pertinentes, não necessariamente em base exclusiva. (164)

household / unidade domiciliar; família censitária Unidade onde as pessoas residem. Conceito estatístico para a mensuração do número de unidades domiciliares ocupadas em uma nação. Esta família censitária pode constituir-se de um único indivíduo, ou de mais de uma família vivendo em conjunto, caso em que se entende que o orçamento familiar é comum. Implicitamente, uma pensão também é uma unidade domiciliar. (1) (158) (244)

household industry / indústria caseira V. (*cottage industry*). (A)

house journal / revista da casa Publicação periódica, geralmente de uma grande empresa, tendo como alvo as relações públicas internas. Também pode ser usada para fins de propaganda. (148) (164) (244)

house mark / marca da casa Marca (*brand*) usada por uma firma ou grupo de firmas em todos os produtos. (148)

house-to-house salesman / vendedor de porta em porta Indivíduo que efetua vendas diretas aos consumidores finais, em suas próprias casas, batendo de porta em porta. (244)

Housing and Residential Building Contracts / Contratos de Construção Habitacional Indicador econômico preparado pelo U. S. Bureau of Labor Statistics em conjunto com a F. W. Dodge Corporation, em que o órgão governamental mede o volume de unidades habitacionais de posse privada, e a empresa privada mede o valor dos contratos para construções que serão em breve iniciadas. (80)

huckster / mascate Vendedor que bate de porta em porta para vender a mercadoria que sempre traz consigo, fazendo a entrega e recebendo na hora. Difere do vendedor ambulante (*house-to-house salesman*) porque este não leva a mercadoria consigo e não tem clientela fixa. (48)

hue / matiz Aspecto de uma cor, geralmente determinado por um comprimento de onda, que permite discriminar o azul do vermelho, este do amarelo, e assim por diante. (130)

human capital / capital humano Capital constituído por educação, perícias, habilidades que um indivíduo possui, que lhe permitem auferir renda pela prestação de serviços pessoais. Este capital se acha incorporado no indivíduo, do qual ele não pode separar-se, por exemplo, para o resgate de uma dívida, o que pode acontecer com outro tipo de capital. (158) (163)

human ecology / ecologia humana Estudo dos seres humanos em relação ao ambiente físico em que vivem; estudo de como as pessoas e instituições se localizam no ambiente. (180)

human engineering / engenharia humana V. (*ergonomics*). (107)

human quocient / quociente humano Complexo de trabalhadores, técnicos, contramestres e os próprios administradores da empresa. (96)

human relations / relações humanas Estudo dos problemas sociais entre as pessoas, como, por exemplo, os que surgem em uma companhia entre seus grupos de trabalhadores e também entre a empresa e seus clientes. (244)

human resources/recursos humanos Pessoas prontas, dispostas e capazes de contribuir para as metas organizacionais. (198)

human resources audit/auditoria de recursos humanos Processo que resume as perícias e capacidades de cada empregado. (198)

human resources forecasts/previsões de recursos humanos Processos que predizem a demanda de futuros empregados da empresa. (198)

hundredweight (avoirdupois)/hundredweight (avoirdupois) Peso igual a 100 libras (*pounds*), equivalente a 45,36 kg. (78)

hundredweight (avoirdupois, Brit.)/hundredweight (avoirdupois, brit.) Peso igual a 112 libras (*pounds avoirdupois*), equivalente a 50,80 kg. (78)

Hungarian method/método húngaro Sistema de pesquisa operacional (*operations research*) que se baseia em um teorema do matemático húngaro König, para calcular a solução mais favorável para uma missão ou problema de transporte. (107)

hurdle rate/taxa barreira Cifra estabelecida pela administração de uma firma para um mínimo de retorno que um investimento precisa ter para que seja aceito. (148)

hydraulic agriculture/agricultura hidráulica Diz-se da lavoura em regiões secas, que depende de irrigação artificial, em contraposição à precipitação pluvial. (176)

hydraulic civilization/civilização hidráulica Termo que define o povoamento rural ou urbano, com base em grandes obras de canalização e reservatórios de água para irrigação, controle de enchentes, usinas hidrelétricas etc., subentendendo-se que tal povoamento depende economicamente destas obras. (176)

hydroponics/hidropônica Cultivo de plantas fora do solo, em água que contém misturas químicas apropriadas, com um substrato-suporte de areia ou grânulos plásticos, suscetível de alto rendimento. Seu uso tem-se limitado principalmente a certas espécies de flores, em decorrência dos altos custos envolvidos. (176)

hygiene factor/fator higiênico Termo que engloba uma série de condições em um cargo ou emprego, como local, condições de trabalho, salários, benefícios extras, relações patronais, regulamentos, extensão das férias etc. Tudo isso constitui um mínimo para que o empregado se sinta apenas satisfeito. O termo higiênico tem a conotação do que é preventivo, isto é, deve evitar a insatisfação. (143) (148)

hygienic management/administração higiênica Administração em que o empregado tem tudo o que é considerado mínimo para que possa sentir-se satisfeito no cargo, como férias remuneradas, benefícios extras, salários normais, bons regulamentos, bom ambiente de trabalho etc., mas que não proporciona uma verdadeira motivação como, por exemplo, se houvesse enriquecimento do cargo (*job enrichment*). (143) (148)

hyperinflation/hiperinflação Tipo de inflação que se acelera rapidamente e atinge proporções alarmantes, podendo causar agitação social. Os preços podem subir até mais de 50% ao mês. Acredita-se que a hiperinflação que atingiu a Alemanha em 1923 tenha alcançado 2.500%. Também conhecida como inflação galopante (*galloping inflation*) e inflação descontrolada (*runaway inflation*). (1) (148) (163) (244)

hypermarket/hipermercado Supermercado de grandes dimensões, geralmente localizado nos arredores de uma cidade, mas com boas vias de acesso e grande espaço para estacionamento. Há numerosas caixas nas borboletas de saída para evitar a formação de filas. (163) (244)

hypothecation/hipoteca Ato que consiste em colocar à disposição de alguém, por meio de documento legal, os bens que servem como garantia de um empréstimo, sem no entanto dar-lhe posse. A transmissão de posse somente ocorrerá se o devedor não pagar no prazo estipulado. V. (*foreclosure*). (148)

hypothesis/hipótese Enunciado tentativo, não verificado, do relacionamento de fatos conhecidos; proposição razoável, digna de teste científico. Uma hipótese confirmada pode transformar-se em teoria. (180)

I

IAEA / AIEA Sigla de (*International Atomic Energy Agency*), Agência Internacional de Energia Atômica. (244)

IBRD / BIRD Sigla de (*International Bank for Reconstruction and Development*), Banco Internacional de Reconstrução e Desenvolvimento. (244)

iceberg principle / princípio do iceberg Conceito psicológico de que a personalidade se assemelha a um *iceberg*, porque os desejos inatos estão ocultos sob o que é aparente. Por isso, em propaganda os anunciantes amiúde fazem apelos aos desejos menos aparentes das pessoas. (154) (225)

ICOR / RICP Sigla de (*incremental capital-output ratio*), razão incremental capital-produto. (A)

IDB / BID Sigla de (*Inter-American Development Bank*), Banco Inter-americano de Desenvolvimento. (A)

ideal / ideal Padrão que se aproxima de algum nível de perfeição, mas que na prática quase sempre é inatingível: nunca se deve colocar um ideal acima do que é viável para o indivíduo ou organização. (10) (A)

ideal capacity / capacidade ideal Quantidade máxima absoluta de unidades que podem ser feitas em uma determinada operação, sem margem para interrupções no trabalho e tempo gasto em reparos. Sinônimo de capacidade teórica (*theoretical capacity*). V. (*ideal*). (41) (A)

ideal points / pontos ideais Em marketing, componentes do que poderia chamar-se produto ideal, isto é, as características que vão ao encontro dos desejos do consumidor (*consumer*). Quanto maior o número de pontos ideais do produto, tanto mais provável é que seja preferido por um dado consumidor. Poder-se-ia considerar como a soma algébrica das vantagens e desvantagens do produto, já que existirão pontos que não serão ideais. (138) (A)

ideal product / produto ideal Produto que reúne a maior quantidade de características de apreciação por parte de um consumidor. Pode ser formado por um único ou diversos pontos ideais (*ideal points*). (138)

ideal self / eu ideal Aquilo que a pessoa gostaria de ser. Contrasta com o eu real, que se compõe das características físicas e emocionais do indivíduo, constituindo a pessoa total como uma entidade objetiva. Para todos os fins práticos o eu ideal é apenas imaginação, ao passo que o eu real é o indivíduo do cotidiano — o que é parte de todas as transações comuns. (162) (A)

identification / identificação 1. Esforço inconsciente de satisfazer a certas necessidades profundamente arraigadas, através de afiliação e imitação de outra pessoa, grupo ou ideal. O conceito é de grande aplicação em marketing. 2. Relacionamento comum entre fatores. (160) (225) (231)

identity / identidade Equação que é satisfeita por todas as escolhas possíveis dos valores para as variáveis (*variables*) envolvidas, ou seja, uma relação entre as variáveis, necessariamente verdadeira para todos os seus valores. (165) (231) (183)

identity of audience / identidade de audiência Extensão em que os nomes, endereços e outras características dos alvos da propaganda são de conhecimento da agência publicitária ou dos veículos de propaganda. (48)

ideology / ideologia Sistema de idéias que aprova e emprega um conjunto de normas próprias, não importando quais sejam os propósitos. (180)

idle capacity / capacidade ociosa Situação em que uma empresa dispõe de mais recursos (*máquinas, pessoal etc.*) do que precisa para seu pleno funcionamento. A capacidade ociosa pode representar falta de produtividade e quase sempre é um prejuízo em que a firma incorre. (105) (244)

idle costs / custos ociosos Custos decorrentes de capacidade ociosa. (105)

idle money / moeda ociosa Moeda que não circula e que, portanto, não rende. Moeda entesourada ou fora de circulação, quaisquer que sejam o motivo e a forma. (244)

idle time / tempo ocioso 1. Parte do horário de trabalho, quando este existe em disponibilidade, mas o ocupante do cargo não o executa. 2. Tempo em que um computador ou máquina não está funcionando, por algum motivo. (105) (148) (244)

IFC / SFI Sigla de (*International Finance Corporation*), Sociedade Financeira Internacional. (82) (244)

iliquidity / iliquidez V. (*nonspending*). (102)

illusion / ilusão Diz-se da situação de um indivíduo cuja percepção está em desacordo com outras percepções que são mais dignas de crédito. V. (*delusion*). (130) (A)

ILO / OIT Sigla de (*International Labor Organization*), Organização Internacional do Trabalho. Mais conhecida pela sigla. (1) (244)

image / imagem Experiência subjetiva que ocorre sem que haja estimulação correspondente. É o quadro mental que se faz de alguém, de uma empresa, de uma organização, produto, inclusive da própria pessoa. (148) (244)

IMF / FMI Sigla de (*International Monetary Fund*), Fundo Monetário Internacional. (1) (148) (158) (163) (244)

immediate order / ordem imediata Em termos de bolsa, ordem cuja execução deve ser imediata a um dado preço, ficando automaticamente cancelada se esse preço não for alcançado. (105)

immunization / imunização Psicologicamente, empedernimento da atitude de uma pessoa quanto a um determinado objeto, dando-lhe a oportunidade de expor-se suavemente a uma atitude de oposição. Esta exposição endurece mais a atitude originariamente mantida, tornando-se resistente à mudança por fatos ou argumentos ulteriores, não importando o quão fortes sejam. A imunização aplica-se à preferência por marca. (130) (A)

impact day / dia de impacto Dia em que os termos de uma oferta pública de valores (*securities*) são tornados conhecidos do público em geral. (148)

impedance / impedância Resistência oferecida por um condutor à passagem de corrente. (78)

imperfect competition / concorrência imperfeita Situação em que qualquer pessoa ou entidade compra ou vende um bem em quantidade suficiente para influir em seu preço de mercado. Tem as formas de concorrência monopolística (*monopolistic competition*) e de oligopólio (*oligopoly*). Concorrência monopolística significa que há muitas firmas, cada qual fazendo e vendendo produtos diferenciados, os quais são substitutos próximos, mas não perfeitos entre si. Os produtos das diferentes indústrias não são idênticos, como na concorrência pura (*pure competition*). O oligopólio significa poucos vendedores, isto é, um número tão pequeno que cada firma sabe que suas ações afetam visivelmente a indústria inteira. (40) (155) (244)

imperfect coordination / coordenação imperfeita Em política de preços, o mesmo que quase acordo (*quasi agreement*). Outros sinônimos são conluio (*collusion*) e paralelismo de ação consciente (*conscious parallelism of action*). (155)

imperfect market / mercado imperfeito Diz-se do mercado cujas forças de concorrência (*competition*) não estão organizadas de maneira a convencer o consumidor (*consumer*) de que ele está obtendo o valor da moeda por aquilo que recebe em troca. (81)

impersonal accounts / contas impessoais Contas que não dizem respeito a pessoas, mas sim a coisas tais como bens, máquinas, dinheiro, salários, aluguéis etc. (244)

impersonal selling / venda impessoal Nome que se dá à venda efetuada através de propaganda (*advertising*). Quase sempre é o cliente que se serve, como nos supermercados. V. (*personal selling*). (48)

implement / implemento Aquilo que é indispensável para completar ou executar alguma coisa. Por exemplo, um implemento agrícola. Muitas vezes a forma verbal implementar é substituída por implantar. (13) (A)

implied warranty / garantia implicada Garantia que se tem como certa, embora possa não estar escrita. Por exemplo, que os bens devem estar bons para usar, que um carro novo deve ser seguro para se dirigir, que a água que se compra engarrafada é perfeitamente pura etc. (244)

implicit culture / cultura implícita Padrões implícitos de comportamento que amparam e determinam a regularidade observada na conduta explícita das pessoas. O termo é antropológico e parece ter relação íntima com certos fatores da psicologia social: cognições, desejos, atitudes etc. (139)

implicit response / resposta implícita Movimento diminuto de um músculo, alteração da sensibilidade da pele etc., quase sempre detectável por métodos especiais de registro. Em marketing tem aplicação na reação pupilar ou resposta galvânica da pele (*galvanic skin response*), quando se submete o sujeito a um teste para verificar, por exemplo, o efeito da propaganda. (130) (A)

implicit value / valor implícito V. (*shadow price*). (155)

import / importação Mercadoria ou bem recebido de um país estrangeiro para a conduta de comércio exterior. Geralmente os bens importados estão sujeitos a direitos aduaneiros (*import duties*). (1) (105) (244)

import duty / imposto de importação Imposto que incide na importação, também conhecido como imposto aduaneiro (*customs duty*). (148) (244)

importer / importador Comerciante atacadista (*merchant wholesaler*) que compra no mercado exterior. (48) (244)

import license / licença de importação Licença que um governo concede a um importador para comprar determinados bens no exterior. (148) (244)

import quota / quota de importação Restrição imposta pelo governo na quantidade de certos bens que entram no país. Quase sempre a quota visa a proteger a produção interna de produtos semelhantes aos importados. (194) (244)

import substitution / substituição à importação Industrialização efetuada por um país, quase sempre em desenvolvimento e com escassez de divisas (*foreign currency*), a fim de poupá-las e talvez ganhar mais por exportação dos excedentes (*surplus*). Quase sempre a industrialização começa com bens não duráveis (*nondurable goods*), passando depois a bens duráveis (*durable goods*) e, finalmente, aos bens de produção (*capital goods*). No caso de exportação, com as divisas obtidas podem ser compradas máquinas mais sofisticadas para a indústria produtiva. (A)

import surcharge / sobretaxa de importação Imposto aduaneiro extra que visa a desencorajar os importadores de trazê-los para o país, quase sempre tendo por alvo proteger uma indústria ou ajudar o balanço de pagamentos (*balance of payments*). (244)

imposed date / data imposta Em técnicas de rede (*network*), ocasião em que deve ocorrer uma atividade que é determinada por circunstâncias externas. (148)

impresario / empresário O termo deriva da palavra italiana *impresa*, equivalente a empreendimento, principalmente nos negócios sem caráter de permanência definitiva, como uma temporada de ópera, balé, luta de boxe etc. O empresário visa a lucrar com o desempenho dos outros. Não possui o que vai empreender para conseguir lucro. Poderá também ser um agente à comissão para um determinado empreendimento. É empresário (*entrepreneur*) o que atua em organizações de caráter mais permanente, como uma companhia ou outra organização do tipo convencional de negócios. (78) (A)

impressionistic studies / estudos impressionísticos Apresentação organizada de observações deliberadas e ponderadas, porém não no mesmo grau dos estudos formais. (180)

imprest / pequeno caixa constante Sistema de controle em que o encarregado do pequeno caixa apresenta ao caixa geral os recibos dos pagamentos que fez, recebendo a quantia correspondente, desta forma mantendo constante o volume monetário do pequeno caixa. (244)

impulse items / artigos de impulso Produtos que são comprados com pouco pensamento ou esforço, e que habitualmente são colocados nas proximidades da caixa registradora das lojas, como lâminas de barbear, canetas, caramelos etc. (148) (194) (244)

imputation/imputação 1. O que é atribuído a algo ou alguém. 2. Putativo. 3. Em economia, atribuição de valor aos fatores de produção (*capital goods*), chamados de bens de "uma ordem mais alta" na terminologia de alguns economistas, em decorrência do que contribuem para o valor da produção. (128)

imputed income/renda imputada Renda não monetária, sob a forma de alojamento, alimentação etc., recebida por prestação de serviços, assim também como residência em que o inquilino não paga aluguel. Em certos países, há renda imputada até mesmo para donas-de-casa, que deve ser igual ao que elas pagariam se contratassem uma empregada. (1)

imputed interest/juro imputado Valor que deve representar o juro ou compensação do capital aplicado em empresa e que, segundo algumas teorias, deveria ser incluído no custo de um produto. É a despesa (*expense*) figurativa que representa o valor que renderia um capital aplicado em outros negócios. V. (*opportunity cost*). (7) (80)

in-and-out/entra e sai Termo de bolsa que expressa uma transação de curta duração, como a compra e venda de um lote de ações de uma empresa num mesmo dia. (105)

incentive/incentivo Algo oferecido para encorajar maior esforço. (244)

incentive rate/salário de incentivo Salário que os assalariados recebem por alguma unidade de produção, ou por peça — produzida ou vendida. É o contrário de salário por tempo (*time rate*), quando o pagamento é feito por uma unidade de tempo, como hora, semana, dia, mês etc. Em ambos os casos as taxas salariais são determinadas por negociação. (1) (148)

incentive scheme/esquema de incentivo Plano de maior pagamento por mais esforço. Por exemplo, um vendedor pode ganhar mais se suas vendas ultrapassarem sua quota. (244)

inch/polegada Medida linear equivalente a 2,54 cm. (78)

incidental expenses/despesas incidentais Pequenos pagamentos ou despesas que se adicionam às despesas principais. (244)

incidental learning/aprendizagem incidental Em aprendizagem animal, a que não tem incentivo ou reforço. Em aprendizagem humana, a que ocorre sem que haja intenção. (130)

income/renda Pagamentos que são efetuados a um indivíduo ou organização durante um determinado exercício. O termo também significa receita (*revenue*), sob a suposição de que ainda não sofreu descontos tributários ou outros. Contrasta com dispêndios (*expenditures*) no mesmo exercício, para finalidades orçamentárias e contábeis. (148) (231) (244)

income and expenditure account/conta de receita e despesa Demonstração de uma organização sem fins lucrativos, como uma instituição de caridade, onde se vê o dinheiro recebido durante um certo período e todo o dinheiro gasto em despesas. É o que ocorre nas empresas que têm fins lucrativos, na demonstração da conta de lucros e perdas. (148) (244)

income-consumption curve/curva de renda-consumo Linha traçada através dos pontos de tangência sucessivos das curvas de indiferença (*indifference curves*) com as linhas do orçamento (*budget lines*). Esta curva delineia a trilha das variações no consumo de um bem, à medida que a renda (*income*) varia. (155)

income curve/curva de renda Segundo George Stigler, quantidade de um bem que é adquirido a diversos níveis de renda (a preços constantes). Às vezes recebe o nome de curva de Engel (*Engel curve*). (20)

income demand/renda-demanda Relação que se estabelece quando outras determinantes da demanda de uma mercadoria são mantidas constantes, enquanto as rendas dos consumidores variam. (155)

income distribution/distribuição de renda Maneira pela qual as rendas são distribuídas. A desigualdade que quase sempre impera pode decorrer de oportunidades de treinamento e instrução, aptidão, propriedade, exercício do poder de mercado e fatores aleatórios, como doenças, acidentes etc. (1)

income effect/efeito-renda Efeito que resulta das oscilações dos preços, assim como no efeito-substituição (*substitution effect*). O efeito-renda é a parte da variação na quantidade comprada, atribuível unicamente ao ganho ou perda de utilidade (*utility*). O efeito-substituição é a outra parte na variação da quantidade comprada, atribuível à mudança de preço, independentemente de ganho ou perda de utilidade. (1) (20) (155)

income elasticity / elasticidade da renda Mudança relativa em quantidade, dividida pela mudança relativa em renda. (20)

income elasticity of demand / elasticidade-renda da demanda Taxa de variação da quantidade no que tange às variações em renda, entendendo-se que as demais variáveis (*variables*) permanecem constantes. (155)

income-expenditure analysis / análise de renda-dispêndio Teoria segundo a qual a economia pode estar equilibrada sem pleno emprego (*full employment*), e assim difere da teoria clássica. O nível de atividade empresarial e de emprego, em qualquer época, baseia-se no volume de demanda (*demand*) por bens e serviços — tanto por parte dos consumidores como pelos empresários — e no volume de investimento pelos que negociam em bens econômicos de todas as espécies, já que o nível de emprego e a atividade empresarial dependem da quantidade de investimento (*investment*). Mas os consumidores (*consumers*) não podem gastar todas as suas rendas em bens e serviços; podem poupar por vários motivos. Isso tende a reduzir o consumo (*consumption*), bem como a diminuir a taxa de investimento. A menos que as poupanças sejam investidas em bens econômicos, a taxa de investimento tenderá a baixar. Por conseguinte, sustenta-se que a taxa de consumo, principalmente a de investimento, não sendo suficientemente grande para assegurar relativamente pleno emprego, os dispêndios (*expenditures*) do governo devem pagar as depesas adicionais necessárias para elevar o nível de emprego. Nos Estados Unidos este sistema tem ocasionado aumento da dívida nacional e dos juros (*interest*) correspondentes. (48)

income sensitivity / sensibilidade-renda Acompanhante rudimentar e prática do conceito de elasticidade-renda (*income elasticity*) que mede a sensibilidade da renda aos dispêndios em consumo. A elasticidade-renda diz respeito às variações de unidades físicas compradas, ao passo que a sensibilidade-renda trata de variações em dispêndios monetários. Mede-se, calculando-se a variação percentual em dispêndios monetários, associada a uma variação de 1% na renda disponível (*disposable income*) no mesmo período. Portanto, tem também um coeficiente. (155)

incomes policy / políticas de renda Regras estabelecidas por um governo em relação aos aumentos em salários ou ordenados. (244)

income statement / demonstração de renda Lista impressa ou escrita do dinheiro recebido e do que foi pago durante um determinado período. Essa declaração é mais conhecida como conta de lucros e perdas (*profit and loss account*). (88) (148) (244)

income tax / imposto de renda Imposto que incide sobre a renda pessoal (*personal income*) e das empresas, cujo propósito é proporcionar receitas (*revenues*) para as despesas (*expenses*) do governo. Baseia-se no princípio da capacidade para pagar (*ability-to-pay*). (1) (148) (231) (244)

in-company training / treinamento na empresa Treinamento de trabalhadores feito dentro de uma empresa e não numa escola ou faculdade. (244)

incorporate / incorporar 1. Tornar alguma coisa uma parte de algo. 2. Formar uma sociedade anônima. (244)

incorporation fee / taxa de incorporação Emolumento estadual que as sociedades anônimas americanas pagam ao governo quando de sua formação, e todos os anos subseqüentes, variando de acordo com o número de ações do capital. (48)

Incoterms / Incoterms Terminologia usada no comércio internacional, com cujo significado concordaram quase todos os países do mundo. Os termos e seus significados foram criados pela Câmara Internacional de Comércio (*International Chamber of Commerce*). (244)

increasing costs / custos crescentes Custos que ocorrem quando a entrada de novas firmas em um ramo da indústria aumenta os preços dos recursos necessários à produção de um determinado bem econômico. Em tais casos, os custos crescentes são chamados de deseconomias externas (*external deseconomies*). (37)

increasing returns to scale / rendimentos crescentes de escala Rendimentos que decorrem do aumento de escala das operações, isto é, todos os fatores são aumentados ao mesmo tempo e no mesmo grau. Quando todos os fatores são dobrados, a produção é mais do que duplicada. V. (*diminishing returns*). Os rendimentos crescentes de escala também são chamados de economias de produção em massa (*economies of mass production*). (40) (244)

incremental / incremental Termo que, na prática, substitui "marginal" (*marginal*). Por exemplo, muitas vezes um decisor não pode, mesmo em imaginação, variar a produção em uma unidade a mais ou a menos (marginal). Por diferentes razões, amiúde as produções são variáveis somente em lotes (*batches*), ou incrementos mais ou menos definidos do mesmo tamanho. Assim, o custo incremental (*incremental cost*), ou de um lote extra, é o que mais se aproxima do custo marginal (*marginal cost*), que nem sempre se pode calcular. Desse modo, incremental significa um lote ou unidade extra do que quer que seja. (55) (A)

incremental capital-output ratio / razão incremental capital-produto Conceito algo rudimentar e empírico significando o aumento no estoque de capital de uma indústria, firma ou país, durante um período, dividido pelo aumento de seu produto ou capacidade produtiva nesse mesmo período. Se associarmos o investimento de 3 bilhões de unidades monetárias em um país, durante certo período, a um aumento no produto anual (PIB) de 1 bilhão de unidades monetárias, a razão incremental capital-produto é 3. Abrevia-se em português RICP e em inglês (*ICOR*). (73) (158) (A)

incremental cost / custo incremental Termo preferido pelos economistas, distinto do preferido pelos contadores, custo diferencial (*differential cost*), equivalente a custo marginal (*marginal cost*). É a alteração no custo total (*total cost*) em conseqüência do acréscimo ou decréscimo de uma unidade de produto, ou alteração nos fatores que afetam o custo, como estilo, tamanho etc. Quase sempre reflete a escolha de uma alternativa. (88) (157) (231) (244)

incremental costing / custeio incremental V. (*marginal costing*). Sinônimo de custeio diferencial (*differential costing*). (157)

incremental revenue / receita incremental V. (*marginal revenue*). (165)

incubation / incubação Período no processo de assimilação e de solução de problema (*problem solving*), durante o qual certas idéias apresentadas ganham em vigor motivacional e começam a condicionar uma parte do comportamento, especialmente durante a meninice. (160)

indemnify / indenizar Promessa a alguém de que, se esta pessoa sofrer perda em resultado de algum evento especificado, ela será reembolsada. (148)

indemnity / indenização Pagamento de uma quantia estipulada como compensação por perda ou dano. (148) (244)

indent / encomenda; dentear 1. Ordem de um comprador em ultramar a uma casa exportadora para comprar certos itens e enviá-los ao comprador. 2. Iniciar uma linha escrita mais para dentro do que as demais linhas; serve para chamar a atenção. (244)

indenture / contrato; escritura; contrato de aprendizagem 1. Acordo, entre uma empresa e um curador, que rege as condições sob as quais são emitidas debêntures, nomeando e dando poderes ao referido curador para agir em nome de todos os debenturistas. Geralmente essas debêntures são títulos de dívida das empresas. 2. Acordo entre uma empresa e um jovem trabalhador quanto ao número de anos que ele tem de trabalhar para tornar-se qualificado em determinado ofício. (1) (7) (88) (105) (244)

independent / independente Loja que pertence a uma única pessoa ou companhia (possuindo somente esta loja). É muito comum no ramo merceeiro, principalmente nos Estados Unidos, onde concorre bravamente com os grandes supermercados. (244).

independent variable / variável independente Quantidade cujo valor pode ser livremente determinado sem referência a outras variáveis. V. (*dependent variable*). (78)

indeterminate price / preço indeterminado Preço em condições de monopólio bilateral (*bilateral monopoly*), isto é, quando um vendedor monopolista negocia com um comprador monopsonista. A indeterminação quer dizer que as condições de custo e demanda não são suficientes para determinar preço e quantidade. (20)

indexation / indexação; correção monetária Correção que se efetua em salários, taxa de juro, despesas governamentais, mercadorias, ativos etc., com base em algum índice que demonstre a modificação havida nos níveis de preço durante um período inflacionário. (148) (163) (A)

index number / número-índice Coeficiente sem dimensão característica das variações no tempo e no espaço de uma grandeza diretamente mensurável ou observada. Pode ser o total de certos números de grandezas simples que representam um conjunto mais amplo que não pode ser diretamente observado. Os números-índices também são chamados de números relativos e servem para facilitar a comparação entre os elementos de uma série. Se, por exemplo, quisermos saber qual a variação no custo de vida, digamos, em 1966, 1967, 1968 etc., devemos tomar um ano chamado base, em que, de preferência, não tenha havido grandes fatores de influência, como guerras, epidemias, depressões, prosperidade rápida etc. A tal ano-base é atribuído um valor 100, e as comparações são feitas por diversos métodos, sendo o mais comum o aritmético. O cálculo é realizado por regra de três. (5) (15) (19) (27) (244)

indicative planning / planejamento indicativo Termo empregado pela idéia de que os planejadores "indicam" o que deve ser feito em um país, e esperam tal consecução em grande parte pela ação voluntária de pessoas e empresas. O papel do governo é triplo: ao traçar um plano focaliza a atenção e promove consenso quanto aos objetivos, meios e maneiras; pela participação direta na economia, executa parte do plano; e pela adoção de diretrizes apropriadas e incentivos encoraja as atividades privadas que implantarão o plano. V. (*laissez-faire*). (82) (110)

indicted / indiciado Pessoa que foi denunciada pelo Ministério Público como autora de um delito e que, por isso, está sujeita a julgamento. (231) (240)

indifference curve / curva de indiferença Demonstração gráfica das diferentes combinações de dois produtos que proporcionarão igual satisfação ao consumidor (*consumer*). Supondo-se que dois bens são substitutos entre si, pode-se traçar uma tabela de indiferença e desta uma curva que contém todas as combinações possíveis de um bem que proporcionará a mesma satisfação. São chamadas curvas de indiferença porque ao consumidor é indiferente qual dos bens consumir, desde que sua satisfação seja maximizada. V. (*isoquant*). (1) (37) (148) (A)

indifference map / mapa de indiferença Representação tridimensional de diversas combinações de dois bens para os quais o consumidor manifesta indiferença. Esta pode ser bem representada por uma curva de indiferença (*indifference curve*) que será convexa para a origem, de inclinação descendente, visto que a taxa à qual um dos bens terá de ser substituído pelo outro terá de ser aumentada para que o indivíduo continue a ser indiferente entre as combinações. (128)

indifference schedule / escala de indiferença Lista de combinação de duas ou mais mercadorias, ordenadas de tal modo, que um consumidor é indiferente a elas, não preferindo qualquer em favor de outra. Numa escala de indiferença de duas mercadorias, o que sobressai é a relação entre os desejos do consumidor e as quantidades. (155)

indifference zone / zona de indiferença Zona que se estabelece quando a autoridade freqüentemente é aceita sem que haja o envolvimento de um processo consciente. A aceitação da autoridade não força uma escolha entre aceitação e rejeição. É um processo inconsciente, de reflexo, habitual. Os pronunciamentos de autoridade que são inconscientemente aceitos são chamados por Barnard de "zonas de indiferença". (45)

indirect and period costs / custos indiretos e de exercício V. (*fixed costs*). (4) (41) (165)

indirect costs / custos indiretos Custos de produção que não variam muito com o volume do que é produzido e que apenas podem ser modificados em longo prazo (*long run*). Incluem despesas (*expenses*) com juros, custos de manutenção, aluguéis, impostos e dispêndios com administração, sendo que, neste último caso, modificam-se em curto prazo (*short term*). Também são conhecidos como custos fixos (*fixed costs*) e custos suplementares (*supplementary costs*). (148) (163) (244)

indirect labor / mão-de-obra indireta Mão-de-obra cujos custos não são justificáveis, ou incorridos na produção de bens e serviços específicos, mas aplicam-se às atividades de produção em geral. (157) (244)

indirect liability / passivo indireto 1. Obrigação ainda não incorrida, mas cuja responsabilidade tem de ser assumida no futuro. 2. Débito de terceiros, em cujo resultado pode ser contraída uma obrigação de pagar. 3. Passivo contingente (*contingent liability*). (7) (88)

indirect manufacturing costs / custos indiretos de manufatura O mesmo que despesas gerais de fábrica (*factory overhead*), encargo de fábrica (*factory burden*) e despesas de manufatura (*manufacturing expense*). Incluem todos os custos fabris que não sejam mão-de-obra e materiais diretos. (41)

indirect material / material indireto Material que não entra diretamente em um produto, como, por exemplo, materiais gastos em limpeza, lubrificação, manutenção etc. Reposição de pequenas peças. (7) (88)

indirect material cost / custo de material indireto Custo de qualquer material que não seja usado na fabricação de um produto, como o óleo que lubrifica as máquinas em que o produto é feito. (244)

indirect mechanism of price change / mecanismo indireto de mudança de preço Hipótese de que o nível geral de preços não muda diretamente, conforme é implicado pela teoria quantitativa da moeda (*quantity theory of money*), mas sim indiretamente, em decorrência das alterações ocasionadas por divergências entre as taxas de juro naturais e monetárias. (128)

indirect production / produção indireta Produção de bens de capital, como máquinas, que, posteriormente, serão usados como bens de consumo (*consumer goods*). Entende-se que a produção indireta não satisfaz imediatamente às necessidades humanas, mas cria possibilidades para maior produção de bens de consumo. Certos economistas preferem o termo equivalente (*roundabout production*). (1)

indirect tax / imposto indireto Imposto que quase sempre é transferido do contribuinte original para o consumidor final do bem ou serviço tributado. São exemplos os impostos de consumo, de vendas etc. (1) (148) (231) (244)

individual enterprise / empresa individual V. (*sole proprietorship*). (A)

individualism / individualismo Conceito político, social e econômico, em que figura em primeiro lugar o bem-estar do indivíduo, independente de seu lugar no grupo, na sociedade e na nação. Base em que repousa a doutrina do *laissez-faire*, isto é, aquela em que o governo assegura liberdade econômica, permite que os indivíduos ajam por si, livres de interferência. É um dos princípios da democracia constitucional. O agregado do individualismo é o próprio capitalismo. (31) (A)

individualist / individualista Pessoa que se acha preparada para aceitar a sua própria autoridade. Seu sistema de valores é mantido em grande parte pela autoridade que julga ter. Acredita na excelência de suas idéias, sem muita consulta aos outros. Contrapõe-se a sociocêntrico e relaciona-se a autocrático e formalista (*formalist*). (132)

individual proprietorship / firma individual V. (*sole proprietorship*). (231) (A)

indivisibility / indivisibilidade Característica de alguns fatores de produção que não podem ser divididos em unidades menores. Um caminhão, por exemplo, tanto pode carregar 1 tonelada como 6; não é possível dividir o veículo por 6 para que opere à sua capacidade total. (1) (A)

indorse / endossar V. (*endorse*). (244)

induced investment / investimento induzido Investimento que depende das condições do momento e das que são esperadas. Quando o investimento não sofre a influência de fatores que causam a indução, como crescimento da população e conseqüente aumento da demanda, passa a ser autônomo (*autonomous investment*). (1) (A)

induced variable / variável induzida Variável matemática que depende totalmente de fatores econômicos. Em curto prazo, sua estrutura muda constantemente. Os dispêndios com vestuário e serviços, por exemplo, são considerados como variáveis induzidas. (1)

induction / indução Método de apresentar uma pessoa que ingressa numa nova posição em uma companhia. (244)

industrial action / ação industrial Ação iniciada pelos trabalhadores, que visa a diminuir o ritmo do trabalho, a fim de interromper ou parar uma fábrica. Quase sempre é conseqüência de uma disputa industrial. (244)

industrial business / empresa industrial Empresa que produz bens pela extração da terra, manufatura em fábrica, ou construção em um terreno. (48)

industrial consumer / consumidor industrial Instituição empresarial que compra bens, geralmente industriais (*industrial goods*), para suas operações de transformação. As indústrias manufatureiras, as minas e a indústria de construção se encontram entre as espécies de empresas que geralmente se incluem na classificação de consumidores industriais. (48)

industrial democracy / democracia industrial Permissão para que os empregados tenham voz mais ativa nas decisões relativas a trabalho que os afetem. (148) (198)

industrial dispute / disputa industrial Desavença entre a administração e os trabalhadores sobre salários, horas de trabalho, nova maquinaria etc. Usualmente o termo é usado quando a disputa conduz a uma greve (*strike*). (244)

industrial distributor / distribuidor industrial Atacadista que opera no mercado de bens industriais (*industrial goods*). (194)

industrial estate / imóvel industrial Área, também conhecida como *trading estate*, dentro ou ao redor de uma cidade, que foi especialmente separada para escritórios e fábricas. Usualmente o imóvel é patrocinado pelo governo e o espaço é concedido por um aluguel baixo. (244)

industrial fatigue / fadiga industrial Situação que ocorre quando um trabalhador executa durante longos períodos uma tarefa (*task*) cansativa ou monótona. A fadiga ocasiona diminuição da percepção e o trabalhador se torna propenso a acidentes. O fenômeno também pode ser causado por más condições de trabalho, má iluminação, excesso de frio ou calor, ou quando o trabalho é sempre repetitivo e constante, como na linha de montagem (*assembly line*). O empregado que não tem inclinação pelo trabalho que executa pode sentir em breve a fadiga industrial. (48)

industrial goods / bens industriais Bens que se destinam à produção de bens comerciais, de consumo e industriais. Caracterizam-se pela transformação que sofrem, porém as ferramentas, maquinaria e outros suprimentos, mesmo quando não transformados, são bens industriais porque servem para a produção de todos os acima mencionados. A melhor maneira de caracterizar um bem é examinar sua destinação imediata. O minério de ferro, por exemplo, dificilmente pertenceria a outra categoria que não a de bem industrial, já que sua destinação é a fornalha para ser transformado em ferro gusa. O pneu de um automóvel que se destinar a uma fábrica de automóveis pode ser um bem industrial, mas, se for para a reposição de um usuário de carro, então será um bem de consumo; pode ser adquirido de um varejista (*retailer*). (48) (148) (194) (244)

industrial market / mercado industrial Mercado constituído por todas as empresas que compram bens ou serviços para ajudá-las em seu próprio trabalho. Todas as fundições, por exemplo, são um mercado industrial. (244)

industrial migration / migração industrial Transferência de indústrias para regiões de um mesmo país, e até entre países, quase sempre em busca de alguma vantagem, como melhor oferta de mão-de-obra, matérias-primas, incentivos fiscais etc. (1) (A)

industrial psychology / psicologia industrial Especialização quanto a métodos de recrutamento, seleção, treinamento e supervisão, tanto no comércio como na indústria. Pode incluir a questão de melhorar a eficiência no cargo e o redesenho de máquinas e equipamento para que estes sejam mais adequados às capacidades verificadas no operário. (130) (148)

industrial relations / relações industriais Principalmente no Reino Unido, relações entre os sindicatos (*trade unions*) e os empregadores ou entre um empregador e os sindicatos que representam seus empregados. O mesmo que relações trabalhistas (*labor relations*). (148) (244)

Industrial Reorganization Corp./Empresa de Reorganização Industrial Sociedade anônima criada em 1966 na Grã-Bretanha, com um capital de 150 milhões de libras para promover fusões (*mergers*) e a racionalização dos setores industriais do país. A finalidade precípua é tornar mais competitiva a estrutura geral da indústria. Usualmente designada pela sigla IRC. (101)

industrial reserve army/exército da reserva industrial Termo marxista para designar os trabalhadores que ficam desempregados à medida que o capital variável vai sendo transformado em capital constante. (128)

Industrial Revolution/Revolução Industrial Substituição do trabalho com a força humana pela força mecânica, originada pelas mais diversas fontes de energia. Embora não haja precisão, atribui-se o seu início à metade do século XVIII na Grã-Bretanha. O avanço tecnológico, com automação e computação eletrônica, é uma continuação da Revolução. Esta fase poderia mais propriamente ser chamada de revolução econômico-social. (48) (244)

industrial tribunal/tribunal industrial No Reino Unido, grupo de três pessoas com poder para dirimir uma disputa entre empregados e empregadores se estes concordarem em levá-la a um tribunal ou junta de conciliação. (244)

industrial union/sindicato operário; sindicato industrial; sindicato de artífices Sindicato americano ao qual podem pertencer trabalhadores especializados e semi-especializados de uma dada indústria, não importando qual a sua ocupação. Distingue-se do sindicato profissional (*craft union*). (1) (2) (78) (148)

industry/indústria Conjunto de atividades de "qualquer ramo". Mais especificamente, conjunto de operações que visam transformar matérias-primas (*raw materials*) ou produtos semi-acabados em produtos finais (*final products*) que serão consumidos de uma maneira ou de outra. (148) (244)

industry-wide agreement/acordo geral para uma indústria Acordo entre os líderes de um sindicato (*union*) e representantes de todos os empregadores em um certo ramo da indústria. (244)

inelastic demand/demanda inelástica Aumento menos que proporcional no volume de vendas quando há um decréscimo de preços. (80)

inelastic supply/oferta inelástica Insensibilidade relativa de um produtor ao fornecimento de um bem quando há alteração no mercado desse bem. Uma curva de oferta é perfeitamente inelástica quando a quantidade ofertada pelo produtor permanece a mesma, não importando o preço. É perfeitamente elástica se for oferecida pelo produtor uma quantidade ilimitada a todos os preços. (1) (244)

inertia selling/vendagem inercial Vendagem de bens por sua entrega, embora não tenham sido pedidos, solicitando depois o pagamento. A entidade vendedora depende de o recebedor pagar pelos bens, ao invés de se dar ao trabalho de enviá-los de volta. No Reino Unido é perfeitamente legal a recusa de enviar os bens de volta e cobrar aluguel ao consignador pelo espaço de armazenagem dos bens. (244)

infant industry/indústria incipiente; indústria nascente Indústria ainda não plenamente desenvolvida e que poderá encontrar sérios obstáculos em seu crescimento, em decorrência da importação de similares estrangeiros, possivelmente mais baratos e aperfeiçoados. A fim de proteger o período de "infância", os governos recorrem à proteção tarifária, tributando altamente os produtos concorrentes importados. Relaciona-se a substituição à importação (*import substitution*). (1) (A)

inference/inferência Juízo de valor ou conclusão lógica a partir de dados pressupostos, fatos ou outros dados. (88)

inferential statistics/estatística inferencial Método estatístico para inferir valores de populações a partir de valores amostrais. Geralmente se conhece como inferência estatística. (130)

inferior good/bem inferior Bem cuja quantidade os consumidores compram menos quando suas rendas se elevam, e compram mais quando estas baixam. Não significa má qualidade. Por suposição, a margarina é um bem inferior relativamente à manteiga, por ser esta mais cara. (155)

infinitesimal calculus / cálculo infinitesimal Termo que abrange o cálculo diferencial e o integral. Deve-se entender uma função matemática cujo valor se aproxima de zero à medida que seu argumento se aproxima de algum limite especificado. (14) (183) (A)

inflation / inflação Ascensão continuada no nível geral de preços. A conseqüência é uma diminuição no poder aquisitivo (*purchasing power*). Há diversos tipos de inflação, porém existe indicação de que a mais nociva é a de preços. Esta pode ser causada principalmente por aumento da demanda (*demand*), havendo baixa oferta (*supply*) de mão-de-obra (*labor*) e utilização total da capacidade. Os níveis salariais excedem os ganhos em produtividade. As fontes de suprimento se esgotam. A oferta da moeda sobe mais depressa do que o volume de produção etc. (1) (148) (244)

inflationary gap / hiato inflacionário Excesso de investimento sobre a poupança numa economia de pleno emprego. É o valor do excesso da demanda por bens e serviços sobre os que podem ser produzidos a pleno emprego. (1)

inflationary spiral / espiral inflacionária Processo que se verifica quando os aumentos salariais fazem subir os custos, o que causa a elevação de preços e ocasiona exigência de aumento salarial. (244)

influence / influência Habilidade de uma pessoa para afetar a decisão e a ação das outras, sem que para tanto tenha autoridade formal. O mesmo se pode dizer quanto a um objeto, ambiente, situação etc. (180) (231)

influentials / influenciadores Indivíduos que, de um modo ou de outro, influenciam o que foi resolvido pelos decisores. Ajudam nas especificações e dão informação para a avaliação das alternativas. Muitas vezes os influenciadores são pessoas especializadas, que podem pertencer ou não à firma onde exercem a sua influência. (235)

informal authority / autoridade informal Autoridade que se desenvolve por meio de relações informais entre o pessoal de uma estrutura de empresa. Representa a autoridade atribuída informalmente a um indivíduo. Tal relacionamento é voluntário e por deferência ao beneficiário. A posição deste e seu *status* são formados por características da sua personalidade, importância e localização do cargo, perícia, conhecimento e outros fatores que fazem jus ao reconhecimento. Destarte, os outros se subordinam à sua liderança e direção. Em sentido real, é uma autoridade adquirida (*acquired authority*). V. (*formal authority*). (49)

informal organization / organização informal Relacionamentos "internos e externos" das pessoas que executam as atividades de uma empresa. A organização informal nem sempre segue rigidamente um organograma ou obedece a uma hierarquia, o que não impede que os resultados sejam os da organização formal (*formal organization*). (A)

information at source / informação na fonte Para finalidades do imposto de renda, informação prestada por quem paga salários, ordenados, comissões etc. aos Serviços de Rendas Internas, para cobrança do imposto de renda. (88)

information retrieval / recuperação de informação Processo de conseguir informação específica necessária de um armazenamento de dados. (148) (244)

information theory / teoria da informação Estudo rigoroso das inter-relações de capacidade, ruído, tamanho, oportunidade e realimentação de uma rede de comunicações. (41) (148)

infrastructure / infra-estrutura Arcabouço de instalações ancilares necessárias à consecução de uma determinada operação. Referindo-se a um país, significa a rede de serviços públicos que o tornam adequado ao bem-estar de seus cidadãos e à introdução de fatores produtivos: luz, água e esgotos, transportes e comunicações, portos, coleta de lixo etc. Para uma empresa de aviação, seriam aeroportos, redes de comunicação própria, centros de controle, manutenção de linha, despachantes, entregas etc. Para qualquer empresa seria planejamento, direção, organização e controle. (82) (244)

ingot / lingote Barra de metal. (244)

in-group / nosso grupo; intragrupo Grupo, ou categoria, em relação ao qual uma pessoa tem um sentimento de identidade ou pertinência. V. (*out-group*). (180)

inherent drama / drama inerente Conceito de propaganda segundo o qual todo produto ou serviço contém um drama inerente. São exemplos a colocação de um pedaço de carne crua contra um fundo vermelho, a fim de expressar seu vigor; ou ter um bolo como símbolo da realização máxima da arte de panificação e confeitaria. (169)

inheritance / herança Bens que foram deixados por uma pessoa que morreu a seus legítimos herdeiros e aos que figuram em seu testamento. (244)

inheritance tax / imposto de herança Imposto de transmissão *causa mortis* que incide sobre os beneficiários de uma herança. Parece diferente do imposto de espólio (*estate duty*) cobrado em alguns países, porque, neste caso, a incidência é sobre o total do espólio. (1) (231) (A)

inhibition / inibição Prevenção do início de processo ou conduta por controle interior, apesar de haver estímulo eliciador. (160)

injection / injeção O termo se refere economicamente à moeda. É a renda percebida pelas firmas, mas que não decorre do dispêndio de unidades domiciliares (*households*), assim também como a renda auferida por estas não decorre do dispêndio das firmas. Relaciona-se ao fluxo circular de renda (*circular flow*). (165)

injunction / interdito; mandado de segurança Ordem judicial para compelir ou impedir a execução de uma ação. (31) (148) (231) (244)

Inland Revenue / Rendas Internas No Reino Unido, parte do governo encarregada de receber os impostos nacionais. (244)

in-lieu / em lugar de; como alternativa de; em vez de Expressão indicadora de que uma coisa substitui a outra. Por exemplo, fulano pagou com uma jóia em lugar (*in-lieu*) de dinheiro. Fulano deu uma volta pela praia como alternativa de viagem turística. Fulano juntou-se a uma moça em vez de casar-se. (88)

inner city / centro decadente Seções de uma grande cidade, dentro ou próximas de seu centro, especialmente quando muito populosas e em decadência, habitadas por muita gente pobre ou inferiorizada por algum motivo, considerada à parte de outros distritos ou subúrbios onde vivem os grupos mais abonados. V. (*central city*). (78) (122)

innovation / inovação 1. Introdução de um novo bem, ao qual os consumidores ainda não estão acostumados, ou lançamento de uma nova qualidade em um bem. 2. Introdução de um novo método de produção que ainda não foi testado no ramo fabril interessado. 3. Abertura de um novo mercado, isto é, um mercado no qual um determinado ramo da indústria de um país ainda não havia ingressado. 4. Conquista de uma nova fonte de matérias-primas ou bens semimanufaturados, sem que se leve em conta se esta fonte já existe ou terá de ser criada. 5. A execução de nova organização em qualquer indústria, como a criação ou destruição de uma posição de monopólio. (73) (244)

innovator / inovador 1. Inovação (*inovation*). 2. Indivíduo que se encontra entre os primeiros a adotar novos tipos de produtos. São os jovens, os bem-instruídos, casais com filhos e os financeiramente otimistas. (A)

innovistic competition / concorrência inovadora Fato que surgiu em 1941 com os supermercados e casas de descontos, que vendem a preços sistematicamente baixos, ganhando pelo volume de vendas. São estabelecimentos de auto-serviço, eliminando gastos com caixeiros. Apresentam mais de 500 000 produtos, ou produtos já conhecidos, com novos desenhos. A ênfase está na conveniência do comprador e nas novidades apresentadas. Um fator importante é a boa localização do estabelecimento. Este tipo dinâmico de concorrência ameaça a situação de muitas firmas no ramo de bens de consumo, e acredita-se que o sistema será de grande duração. (A)

input / insumo; entrada 1. Em economia, quase sinônimo de fator de produção (*production factor*) e em muitos contextos ambos são usados intercambiavelmente. Entretanto, a conotação de insumo é mais ampla: são todas as coisas que a empresa consegue para sua produção, isto é, para aquilo que constitui a finalidade de sua existência. 2. Fatores de produção que se referem à terra, capital e mão-de-obra. Em processamento de dados, o termo significa entrada, isto é, o que se lança como entrada no computador. (155) (244)

input-output analysis / análise de insumo-produto Técnica estatística que descreve, em termos quantitativos, os inter-relacionamentos de todas as principais atividades econômicas, particularmente as das indústrias manufatureiras, em decorrência de sua maior disponibilidade de dados. Em palavras mais simples, a análise dos dispêndios e das receitas de uma produção. (119)

insert / inserção Material escrito ou impresso colocado dentro de alguma coisa, como uma revista. (244)

inside director / diretor interno Sinônimo de diretor executivo. (148)

insolvency / insolvência Situação em que um indivíduo ou uma empresa não dispõe de meios para saldar suas dívidas. A lei americana considera como insolvência a situação em que a empresa tem um passivo que excede o ativo, o que seria insolvência real (*actual insolvency*), mas os tribunais aceitam como insolvência a situação em que uma empresa ou indivíduo tem um ativo maior que o passivo, mas não dispõe de liquidez (*liquidity*) suficiente para saldar as dívidas na medida em que estas vencem; é a chamada insolvência técnica (*technical insolvency*). (1) (148) (231) (A)

installment buying / compra a prestações Compra a prestações ou por crediário. No Reino Unido tem o nome de (*hire purchase*). (78) (104) (244)

instant / mês presente Termo arcaico que quer dizer o mês presente, algumas vezes colocado em cartas, em lugar do nome do mês. (244)

institutional advertising / propaganda institucional Propaganda com o propósito de promover um conceito ou o fundo de comércio (*goodwill*) de uma organização. É de grande raio de ação em seu impacto e raramente está vinculada às vendas imediatas. (80) (194)

institutional brand preference / preferência institucional por marca Escolha regular por parte de um consumidor de diferentes produtos que têm a mesma marca da casa (*house mark*). (148)

institutional economics / economia institucional Também conhecida como economia vebliana, sustenta que a maior parte das atividades econômicas é a determinada por instituições grandemente psicológicas e composta dos costumes econômicos existentes. Dizem os institucionalistas que os classicistas erraram ao basear o comportamento econômico grandemente em motivos racionais, ao invés de em instintos e costumes. (1)

institutional investor / investidor institucional Termo que abrange vários tipos de organizações que, embora tendo outras atividades, como empresas, bancos comerciais, fundos de pensões, caixas econômicas, empresas de seguros etc., recebem fundos de seus clientes e os investem a fim de não ficarem ociosos. (105) (158) (163)

institutionalization / institucionalização Estabelecimento de padrões ou regras invariáveis de comportamento social. (148)

institutional underemployment / subemprego institucional Termo também conhecido como (*overmanning*). Reflete o excesso de empregados de baixa produtividade. Comparar com (*featherbedding*). (101)

instruction / instrução Em processamento de dados, é um padrão de dígitos que, para um computador, quer dizer que deve ser feita uma determinada operação. Também pode indicar os operandos (*operands*) com os quais se vai lidar e a sua localização. (214)

instructor / instrutor Pessoa que dá instrução, que é mestre ou professor em faculdade, mas cuja categoria é inferior à de um professor assistente (*assistant professor*). Trata-se de um americanismo. (78)

instrument / instrumento Documento legal, como um contrato, por exemplo. (244)

insurance / seguro Contrato com uma empresa seguradora para compensar qualquer perda financeira, se acontecer algo que cause prejuízo ao segurado. (A palavra *insurance* geralmente é usada em conexão com alguma coisa que pode acontecer, como um incêndio; a palavra *assurance* é usada para alguma coisa que tem de acontecer, por exemplo, uma morte. Não é raro que uma mesma empresa faça ambas as espécies de seguro.) (244)

intangible assets / ativos intangíveis Ativo não circulante e imaterial, de valor para a empresa, no qual se encontram direitos autorais, concessões, patentes, fundos de comércio (*goodwill*) etc. (15) (148) (244)

intangible costs/custos intangíveis Custos ou benefícios que não podem ser quantificados. Outros, embora quantificáveis, não podem ter um valor de mercado, como, por exemplo, as providências governamentais para a redução na perda de vidas. (A)

integer programming/programação de inteiros Problema de programação em que a resposta tem de ser em números inteiros, isto é, sem partes fracionárias. Aplica-se aos casos em que não pode haver divisibilidade (*divisibility*) física; por exemplo, 1,5 automóvel. (111) (138) (148)

integral calculus/cálculo integral O inverso de cálculo diferencial (*differential calculus*). Envolve encontrar o relacionamento principal (a integral) entre uma variável dependente (*dependent variable*) e uma variável independente (*independent variable*) através do conhecimento da taxa de mudança da primeira em relação à segunda. (163)

integrate/integrar Juntar partes para formar um todo. Quando uma fábrica de calçados adquire um curtume, está havendo integração; está formando um todo que independe de uma das partes principais. (244)

intelligence quocient/quociente de inteligência Escore matemático calculado pela divisão da idade mental (*mental age*) de um indivíduo por sua idade cronológica (*chronological age*), multiplicado por 100, cuja fórmula é QI + IM/IC x 100. O termo é mais conhecido por suas iniciais QI ou (*IQ*). (193)

intensive distribution mix/composto de distribuição intensiva V. (*distribution mix*). (A)

intensive margin/margem intensiva 1. Última dose de capital e trabalho que são apenas remunerativos em qualquer espécie de terra. 2. Ponto de produção além do qual o produto marginal (*marginal product*) é negativo, com todos os demais fixos. Há excesso de consumo variável para a quantidade de fatores fixos. (20) (163)

interaction/interação Processo de agir e reagir que ocorre quando duas ou mais pessoas se reúnem. É o que se tenciona manifestar por gestos, palavras ou símbolos e o que se expressa; é também a interpretação de expressão tanto pelo comunicador como pelo comunicado. (47) (A)

interactional amplification/amplificação de interação V. (*social contagion*). (180)

inter alia/inter alia Expressão latina que quer dizer "entre outras coisas". (78)

Inter-American Development Bank/Banco Interamericano de Desenvolvimento Instituição financeira criada em 1960 para fomentar o progresso dos países que compõem a América Latina. Os empréstimos (*loans*) concedidos por esse banco podem ou não ter garantias governamentais. É mais conhecido por sua sigla em inglês (*IDB*) ou BID, em português. (1) (A)

intercompany comparison/comparação entre empresas Processo muito usado, principalmente entre as sociedades anônimas do mesmo ramo, para ver se elas se acham em pé de igualdade. Isto é feito pela comparação dos resultados publicados, geralmente sob a forma de quocientes, que incluirão, por exemplo, lucro bruto, lucro líquido, retorno do capital etc. (244)

interest/juro Resumidamente, preço que se paga pelo dinheiro que se usa durante um certo período de tempo. (1) (148) (244)

interest arbitrage/arbitragem de juros Arbitragem (*arbitrage*) que consiste em aproveitar vantagens das discrepâncias em taxas de juros, tomando empréstimo a uma taxa baixa e fazendo empréstimos a uma taxa mais elevada. (148)

interest rate/taxa de juro Quantia paga ou ganha pelo uso da moeda; é o juro. O emprestador pode considerá-la como um ganho ou lucro. O tomador tem a possibilidade de considerá-la como um custo (*cost*). A taxa de juro, paga ou recebida, geralmente é considerada durante um período específico de tempo, quase sempre um ano. Se forem pagas 8 unidades monetárias pelo uso de 100 durante um ano, a taxa de juro é 8% ao ano. (140)

interest selectivity/seletividade de interesse Em propaganda ou publicidade, a capacidade de um veículo de propaganda de levar a mensagem do anunciante a grupos mais ou menos exclusivos de consumidores, como, por exemplo, antenas para possuidores de televisão. (48)

interface/interface 1. Em termos simples, significa "ter fronteiras comuns". 2. Em processamento de dados, refere-se a canais e circuitos associados que fazem conexão entre um processador central e suas unidades periféricas. Também pode referir-se à conexão entre duas unidades quaisquer. (118) (121) (244)

interface activity / atividade interface Atividade comum a duas ou mais redes (*networks*). (148)

interface event / evento interface Evento comum a duas ou mais redes (*networks*). (148)

intergeneration equity / eqüidade entre gerações Estabelecimento de igualdade de benefícios ou de encargos entre gerações, a fim de que haja benefício ou sacrifício proporcional entre elas, em conseqüência de um bem público criado por tributação ou contribuição de cada uma. O espírito de eqüidade está em que os benefícios só devem ser distribuídos na proporção das contribuições. A previdência social (*social security*) é uma ilustração. (102) (A)

interim dividend / dividendo provisório Parte do dividendo total que uma companhia paga a seus acionistas (*shareholders*) por conta do que cada um tem a receber ao cabo do ano financeiro. (148) (163) (244)

interim report / relatório provisório Demonstração curta, antes do final de alguma coisa, como a prestação de contas aos acionistas, feita por uma empresa pública (*que tem ações nas mãos do público*) antes do término de seu ano financeiro. (244)

interindustry competition / concorrência interindústrias Esforço feito por indústrias diferentes para captar o dinheiro do consumidor para seus respectivos produtos. A indústria de plásticos pode lutar para que os consumidores de vidros passem a usar recipientes de plástico; nesse caso, a concorrência é de substitutos próximos (*close substitutes*), mas as empresas de poupança podem lutar para que os consumidores façam poupanças em seus estabelecimentos, ao invés de comprarem supérfluos de luxo. (1)

interlocking directorate / diretoria interligada Diretoria de um ou mais indivíduos que também são diretores em empresas concorrentes. Nos Estados Unidos essa prática foi tornada ilegal por leis antitruste. (1)

intermediate goods / bens intermediários Bens que entram na produção de outros.

O exemplo típico é o da indústria de aço, que produz lingotes que podem ser transformados em chapas, posteriormente transformadas em carroçarias de automóveis. Assim, o que é um bem final para uma fábrica, pode ser um produto intermediário para outra. (1)

intermediate goods and services / bens e serviços intermediários Bens que entram na composição de bens e serviços finais (*final goods and services*), distinção que se faz para evitar a dupla contagem (*double-counting*), principalmente no cálculo do PNB (*GNP*). (44)

intermittent production / produção intermitente Processo manufatureiro em que, após a produção de um lote (*batch*), as máquinas são paradas e reajustadas, possivelmente para a produção de alguma coisa diferente. É o contrário de processo contínuo (*continuous process*), como nas refinarias de petróleo. (48)

internal economies / economias internas Economias realizadas individualmente por determinadas empresas, quando expandem sua escala de produção e organização. Não sendo igualmente disponíveis para todas as empresas do mesmo ramo, seu efeito é reduzir a concorrência. (128)

internal economies of scale / economias internas de escala Poupanças em custos que uma grande empresa pode fazer, como, por exemplo, usar maquinaria atualizada, melhorar o treinamento de seus trabalhadores, cortar os custos de materiais comprando a grosso etc. (244)

internalization / internalização Neologismo, cuja definição mais resumida é a sensatez de adotar conhecimento, idéias ou atitudes convenientes de outrem, para a solução de eventuais problemas, sem que haja submissão verdadeira a influências estranhas. Quando se diz 2 + 2 = 4, foi internalizado o que se aprendeu na escola. O mesmo acontece quando se diz que o mundo é redondo ou se define um termo aplicado a uma disciplina. O aluno que repete o que o professor explicou na aula não está plagiando: internalizou o que aprendeu. (47) (A)

internal rate of return / taxa de retorno interna Taxa de juro que, usada para descontar o fluxo de caixa (*cash flow*) associado a um projeto de investimento, reduz seu valor presente (*present value*) a zero. Por isso, proporciona o ponto em que a taxa de retorno do investimento não causa lucro ou prejuízo. O conceito é parte da teoria do juro desenvolvida por Fisher e aproveitada por Keynes, sob o nome de eficiência marginal do investimento (*marginal efficiency of investment*). Também é conhecida como eficiência marginal do capital (*marginal efficiency of capital*), rendimento do investidor (*investor's yield*) e rendimento do fluxo de caixa descontado (*discounted cash flow yield*). (148) (158) (163)

internal research / pesquisa interna V. (*desk research*). (130)

internal revenue / receita interna Receita ou rendimento a que uma entidade pública tem direito, através de taxas, impostos etc. (7) (A)

Internal Revenue Service / Serviço de Receitas Internas Órgão governamental dos Estados Unidos que tem a seu cargo a fiscalização e a arrecadação das receitas consideradas internas. Esse órgão existe também em todas as representações consulares americanas. (7) (A)

International Atomic Energy Agency / Agência Internacional de Energia Atômica Agência estabelecida em 1957, sob os auspícios da ONU, para a promoção dos usos pacíficos da energia atômica. Esse órgão está autorizado a comprar e vender materiais físseis e serviços para a aplicação pacífica da energia nuclear. (30) (244)

International Bank for Reconstruction and Development / Banco Internacional de Reconstrução e Desenvolvimento Instituição afiliada à ONU, conhecida como Banco Mundial (*World Bank*), cuja finalidade precípua é fazer empréstimos (*loans*) quando não há capital privado disponível, a fim de financiar os investimentos privados dos países membros. O banco também empresta a governos e entidades privadas, exigindo, neste último caso, garantia do governo do país beneficiado. Fundado em 1944, começou a operar em 1946. O banco é popularmente conhecido por (*BIRD*). (1) (148) (244)

International Chamber of Commerce / Câmara Internacional de Comércio Organi-zação com ramificações em muitos países, que ajuda as empresas em seus negócios gerais e problemas econômicos. (244)

international company / companhia multinacional Nome dado na Grã-Bretanha a uma multinacional. (148)

international economics / economia internacional Ramo da economia que trata das relações econômicas entre as nações, exigindo instrumentos algo diferentes para a análise do que os da economia aplicada. Abrange a teoria pura da troca, que examina a base de troca e os ganhos decorrentes; política comercial, que estuda as razões e os resultados das obstruções ao livre comércio; balanço de pagamentos, que trata das transações de uma nação com o resto do mundo; e ajustamento do balanço de pagamentos, isto é, do mecanismo que trata de seus desequilíbrios sob diferentes sistemas monetários internacionais. (154)

International Finance Corporation / Sociedade Financeira Internacional Entidade legal autônoma que faz parte do Banco Internacional de Reconstrução e Desenvolvimento (*International Bank for Reconstruction and Development*) ou Banco Mundial (*World Bank*), criado para dar assistência aos países afiliados em seu desenvolvimento, investindo em empreendimentos privados, sem necessidade de garantia do governo do país beneficiado. (1) (148) (244)

International Labor Organization / Organização Internacional do Trabalho Órgão autônomo da ONU cuja responsabilidade principal é o campo trabalhista. Fundada em 1919 pelo Tratado de Versalhes, visa a desenvolver os padrões de trabalho nos vários países e sua amplitude inclui interesse por todas as questões econômicas que dizem respeito a emprego e padrões de trabalho. (1) (148) (244)

International Monetary Fund / Fundo Monetário Internacional Órgão criado na Conferência de Bretton Woods, passou a vigorar com sede em Washington, em 1947. Visa à promoção de cooperação monetária internacional, expansão do comércio, eliminação de controles cambiais, estabilização do câmbio, concessão de verbas a países com dificuldades de curto prazo no balanço de pagamentos etc. As quotas pagas por cada participante são revisadas a cada cinco anos e dependem da importância do comércio internacional dos membros. Os direitos de voto são em proporção às quotas pagas, que são 25% em ouro e o restante em moeda corrente do país em apreço. Os países desfrutam de direitos especiais de saque (*special drawing rights*), mas, após a retirada da fatia-ouro (*gold tranche*), estão sujeitos a pagamento de juros. Os membros têm de aceitar os conselhos do Fundo quando sofrem desequilíbrios. Os direitos de saque são a unidade de conta do Fundo. Este não objeta quando um país desvaloriza sua moeda em menos de 10%, porém, se a desvalorização for maior, o Fundo oferece conselhos. Após a desvalorização do dólar, as iniciativas para grandes reformas no Fundo são de iniciativa do Grupo dos Dez (*Group of Ten*). (148) (163) (244)

international nautical mile / milha náutica internacional Por acordo internacional, medida igual a 10 cabos (*cables*), ou 6.076,11549 pés (*feet*), equivalente a 1,852 km. Também é igual a 1,150779 milhas terrestres (*statute miles*), que é a extensão de um minuto de longitude no equador. (78)

international settlement / acerto internacional Pagamento em dinheiro de um país para outro, ou pelo residente de um país a um não-residente. (148)

interstate commerce / comércio interestadual Nos Estados Unidos, comércio entre dois ou mais Estados, isto é, quando há o cruzamento de divisas geográficas. Geralmente o termo "comércio" implica transações mais transporte. (1)

intertype competition / concorrência intertipos Concorrência entre varejistas que vendem aproximadamente o mesmo tipo de mercadoria, mas usam diferentes métodos de distribuição. Poderiam ser exemplos a casa de descontos (*discount house*) e a loja de departamentos (*department store*). V. também (*horizontal competition*) e (*vertical competition*). (80)

intestate / intestado 1. Diz-se da pessoa que faleceu sem fazer testamento e, também, da que não figura em testamento. 2. Testamento nulo por algum motivo legal. (11) (148) (231) (244)

intuition / intuição Lampejo de discernimento, certo ou errado, cuja fonte o receptor não pode identificar ou explicar totalmente. (180)

inventory / estoque; inventário Arrolamento detalhado demonstrando quantidades e valores de matérias-primas, trabalho em andamento, bens acabados no depósito e algumas vezes também inclui prédios e fábricas. Freqüentemente é usado como sinônimo de estoque (*stock*). (7) (107) (148) (231) (244)

inventory change / variação de estoque Variação que ocorre dentro de um dado período no nível agregado dos estoques das empresas. Constitui um dado que entra na formação do produto nacional bruto (*gross national product*), já que o investimento em estoques, grande ou pequeno, tem grande influência na estrutura econômica de um país. (1) (A)

inventory valuation / avaliação de estoque 1. Determinação do custo ou parte deste atribuível a matérias-primas (*raw materials*), bens em processamento, bens acabados, mercadoria para revenda e suprimentos. 2. Determinação do preço de mercado de valores (*stock exchange*). A avaliação do estoque de bens pode ser feita de diversas maneiras, porém as principais são pelos métodos PEPS (*FIFO*) e UEPS (*LIFO*). (7) (88) (A)

inverted funnel sequence / seqüência do funil invertido V. (*funnel sequence*). (181)

invested capital / capital investido O mesmo que estrutura de capital, ou seja, a soma de capital contribuído pelos proprietários, como ações e excedentes. Logo, o capital investido é o total do patrimônio líquido de uma firma e sua dívida de longo prazo. A taxa de retorno do investimento é o melhor índice da rentabilidade (ou não) de uma empresa. (1)

investment company / empresa de investimento Empresa que combina fundos derivados das poupanças de muitas pessoas e os investe em uma série de diferentes títulos negociáveis (*commercial papers*). O mesmo que empresa fiduciária (*investment trust*). O investidor adquire quotas, conhecidas como (*units*). (1) (148)

investment grant / subsídio para investimento Importância monetária que era possível a uma empresa, no Reino Unido, receber do Departamento do Comércio e Indústria, como auxílio para a aquisição de nova maquinaria e equipamento. Há notícias de que este benefício foi descontinuado. (148) (244)

investment guarantee / garantia de investimento Espécie de seguro que um governo concede a seus empresários que fazem investimentos no exterior, principalmente em países subdesenvolvidos, a fim de cobrir certos riscos, como a inconversibilidade das moedas e desapropriações. (1)

investment income / renda de investimento Renda obtida pela simples detenção de papéis comerciais (*commercial papers*) e não das transações efetuadas com eles. Em certos países as autoridades tratam a renda de investimento como proveniente de serviços que não os pessoais. Sinônimo de receita de investimento (*investment revenue*). (148) (163) (244)

investment revenue / receita de investimento V. (*investment income*). (148) (A)

investment-saving curve / curva de investimento-poupança Gráfico mais conhecido como curva IS (*IS curve*), traçado através de todos os pontos em um diagrama no qual as combinações de renda e da taxa de juro proporcionam um mercado de bens em equilíbrio. Isto acontece quando o investimento, que varia com a taxa de juro, é igual à poupança, que varia com o nível de renda. A curva IS e a curva de liquidez monetária (*liquidity-money curve*), mais conhecida como curva LM (*LM curve*), quando usadas em conjunto, proporcionam as ferramentas-padrão da macroeconomia. Ilustram os efeitos de mudanças nas variáveis exógenas e endógenas. (163)

investment trust / empresa fiduciária V. (*investment company*). (148) (244)

investor's yield / rendimento do investidor V. (*internal rate of return*). (158) (163)

invisible balance / saldo invisível Parte das contas que forma a balança comercial (*balance of trade*). (163)

invisible exports or imports / exportações ou importações invisíveis Importação ou exportação de serviço, como seguro, despachos, desempenho bancário, turismo, que podem gerar dinheiro sem que na realidade seja vendido qualquer bem. (244)

invisible hand / mão invisível Expressão de Adam Smith, referente à liberdade existente para as atividades julgadas mais vantajosas e o natural desejo humano de maximizar a renda e participar da concorrência, como que com o auxílio de uma mão invisível. Esta orientaria os homens para atividades que maximizariam o volume de produção e o bem-estar do país. Haveria coincidência do lucro privado com o benefício público. (73)

invisibles / invisíveis Diz-se do que um país paga e recebe pelas transações internacionais de serviços, em contraposição a bens visíveis ou tangíveis. Os itens invisíveis incluem os ganhos da navegação, seguros, serviços bancários, turismo, juros de investimentos externos, remessas de lucros, royalties e despesas efetuadas no exterior. (148) (163)

invitation for bid / convite para concorrência 1. Convite enviado a diversas firmas fornecedoras potenciais, para que façam suas propostas para concorrência, com o estabelecimento de preços, prazos e demais especificações. 2. Publicação de firma vendedora que procura propostas para o que tem a vender. (105)

invoice / fatura; nota fiscal Lista detalhada dos bens fornecidos ou dos serviços executados, com a declaração de seu valor e, possivelmente, com o imposto incidente. Assemelha-se à nota fiscal (*waybill*). (148) (244)

involuntary unemployment / desemprego involuntário Fato que ocorre quando os membros da força de trabalho (*labor force*) que têm aptidão desejam trabalhar pelo salário que prevalece em seu ramo de atividade, mas não conseguem obter emprego. (44)

IOU / documento de dívida; vale Iniciais da expressão I owe you (*devo-lhe*), segundo a fonética inglesa, que constitui um documento informal que evidencia um débito para com alguém. Também se aplica popularmente a documentos formais de dívida. (88) (231) (244)

IQ / QI Abreviatura de (*intelligence quocient*), quociente de inteligência. (A)

iron law of oligarchy / lei de ferro da oligarquia Lei sugerida por Robert Michels, que simplesmente expressa a tendência de todos os grupos de caírem sob uma forma de controle oligárquico. Em outras palavras, a preguiça, a indisponibilidade de tempo, a incompetência, e outros fatores, fazem com que sempre um pequeno grupo exerça o controle numa organização. (180)

ironmonger / ferragista Loja de varejo que lida com bens feitos de metal, como fechaduras, cadeados, trincos etc.; uma loja de ferragens. (244)

irredeemable debenture / debênture irresgatável Debênture que não pode ser resgatada em ocasião alguma e que é adquirida exclusivamente pelos juros que rende. (163)

irredeemable securities / títulos irresgatáveis V. (*undated securities*). (158)

IRS / SRI Abreviatura de (*International Revenue Service*), Serviço de Receitas Internas. (A)

IS curve / curva IS Maneira abreviada de designar curva de investimento-poupança (*investment-saving curve*). (163)

island / ilha Expositor separado de um determinado bem em uma loja. A suposição é de que o expositor pode ser "rodeado de fregueses por todos os lados". (148)

isocost / isocusto Igual custo; demonstração gráfica, em forma de curvas, das diferentes combinações de recursos com que uma firma pode comprar, dado o preço unitário de cada recurso e o dispêndio que ela pode fazer. (37)

isoexpenditure / isodispêndio Termo usado por Richard D. Musgrave para significar uma linha de igual dispêndio. (102)

isoproduct curve / curva de isoproduto V. (*isoquant*). (155)

isoquant / isoquanta Demonstração gráfica do mesmo tipo geral de uma curva de indiferença (*indifference curve*). Revela as diferentes combinações de dois recursos com os quais uma firma pode produzir quantidades iguais de um mesmo produto. Também conhecida como curva de isoproduto (*isoproduct curve*), como as de indiferença, também é convexa para a origem. (126) (128) (155)

isostabilization curve / curva de isostabilização Termo empregado por Richard D. Musgrave para definir curvas de isodispêndio (*isoexpenditure*), convexas para a origem, em um diagrama comparativo de isocusto (*isocost*) e isodispêndio (*isoexpenditure*), em política financeira de liquidez de títulos de curto e longo prazos. (102)

issued capital stock / capital acionário emitido Parte das ações de capital emitidas por uma companhia, pelo recebimento em dinheiro, direito a dinheiro ou alguma outra consideração (*consideration*). (22) (244)

issuing house / casa emissora Companhia ou organização que vende ao público a emissão de novas ações (*shares*) de uma empresa. Muitas vezes a casa emissora é um banco comercial e muitas vezes a emissão de novas ações ocorre quando uma companhia privada se torna pública. (244)

Ivy League / Ivy League (*Liga da Hera*) Nome popular das oito principais universidades da costa leste dos Estados Unidos, que dão a seus alunos e ex-alunos um *status* algo superior ao de outras universidades. São elas: Brown, Columbia, Cornell, Dartmouth, Harvard, Pennsylvania, Princeton e Yale. A Liga foi formalizada em 1946 como grupo atlético. Em 1954 seus laços se tornaram ainda mais estreitos. (30)

J

jack-of-all-trades / homem dos sete instrumentos Pessoa que pode fazer muitas espécies de trabalho manual ou intelectual; pau-para-toda-obra. (11)

jack-up / elevação Elevação em preços, salários, custos etc. Às vezes é usado o termo *jack*. (11)

J curve / curva J Desenho em um gráfico, com a forma de J, que marca as variações no balanço de pagamentos (*balance of payments*) no decorrer do tempo, depois de uma desvalorização da moeda corrente. A desvalorização (*devaluation*) fará com que as importações se tornem mais caras e as exportações mais baratas. A dívida externa aumenta na proporção da desvalorização. A volta ascendente do J significa melhoria no balanço de pagamentos, porque os importadores se decidirão a importar produtos mais baratos. (163)

jerque slip / etiqueta de conferência Nota fornecida pela alfândega (*customs*) atestando que a carga foi verificada e encontrada em ordem. (163) (225)

jerry-built / construção ordinária Qualquer coisa construída com materiais de má qualidade, mau desempenho dos construtores, métodos baratos. (244)

jetsam / carga alijada 1. Bens que foram jogados ao mar, a fim de tornar o navio mais seguro. 2. Bens atirados ao mar, a fim de garantir o salvamento de um navio, e que foram levados à praia pelo movimento das ondas. (244)

jettison / carga ao mar Mercadorias e outros objetos atirados deliberadamente ao mar visando a aliviar o peso de um navio, a fim de tentar salvá-lo, em tempestade ou outras circunstâncias que ofereçam perigo. (163) (244)

jingle / jingle Canção curta e repetida que anuncia alguma coisa, enquanto esta se acha em demonstração no cinema, televisão, ou é anunciada pelo rádio. (244)

job / cargo; emprego; trabalho Grupo de posições semelhantes quanto à espécie e nível de trabalho. Também significa trabalho, emprego ou ocupação. Trabalho pode ser obra. (110) (244)

job analysis / análise de cargo Estudo e coleta de informação relacionada às operações e responsabilidades de um cargo (*job*) específico. Os produtos imediatos dessa análise são descrição de cargo (*job description*) e especificação de cargo (*job specification*). (110) (244)

job bank / banco de emprego Organização existente nos escritórios de emprego estaduais que visa a combinar os candidatos com os cargos vagos existentes. (198)

jobber / atacadista; jobber 1. Comerciante atacadista, especialmente o que vende aos varejistas ou consumidores individuais, como o proprietário de um posto de gasolina. Pode ser um atacadista arrematador. 2. Operário que recebe por peça. 3. Pessoa que compra e vende na bolsa de valores (*stock exchange*). (11) (78) (194) (244)

jobbing system / sistema de produção por lotes Termo oposto ao de produção em massa (*mass production*); por isso, ressente-se da falta de economias de escala (*economies of scale*). (101)

job card / cartão de trabalho Cartão que contém os detalhes de um trabalho feito em fábrica, como, por exemplo, o custo dos materiais, o tempo necessário para completá-lo etc. (244)

job center / centro de emprego Escritório governamental na parte principal de uma cidade que ajuda as pessoas a encontrar empregos, mostrando aos candidatos cartões com detalhes dos cargos vagos. Anteriormente, no Reino Unido, bolsa de mão-de-obra (*labor exchange*). (244)

job classification / classificação de cargo Agrupamento de cargos em alguma base específica, como a espécie de trabalho ou de pagamento. A classificação pode ser feita por qualquer característica escolhida, mas quase sempre tem maior relação com pagamento e avaliação de cargo (*job evaluation*). (110)

job costing / custeio de trabalho Prática de alocar custos a trabalhos específicos ou a itens de produção. (148) (244)

job cycle / ciclo de cargo Tempo que um trabalhador leva para completar cada tarefa de seu cargo antes de repetir o ciclo. (148) (189)

job description / descrição de cargo Declaração organizada e fatual dos deveres e responsabilidades de um cargo, demonstrando o que deve ser feito, como a coisa é feita e por quê. É uma função-padrão, já que define o conteúdo apropriado e autorizado de um cargo. (110) (148) (244)

job design / desenho de cargo Decisão sobre as tarefas e responsabilidades que devem ser incluídas em um determinado cargo, e sobre quais os métodos que devem ser usados para a sua execução. (148)

job enlargement / ampliação de cargo 1. Adição de mais tarefas a um cargo a fim de aumentar o seu ciclo. 2. Permissão concedida ao trabalhador para planejar seu trabalho, exercer a auto-supervisão e o autocontrole, bem como fazer uma auto-avaliação do que está fazendo. Confunde-se com enriquecimento de cargo (*job enrichment*). (129) (148) (198)

job enrichment / enriquecimento de cargo 1. Permissão ao empregado que trabalha em serviço repetitivo e monótono para exercer algumas outras tarefas técnicas que causem o prazer de realização e de *status* mais elevado, sem que haja necessariamente aumento de salário ou ordenado. 2. Adição de mais responsabilidade, autonomia e controle a um cargo. (129) (148) (198) (244)

job evaluation / avaliação de cargo Maneira sistemática de determinar o valor relativo dos cargos. O objetivo é estabelecer o nível correto de remuneração. Não se deve confundir com análise de cargo (*job analysis*). (110) (148) (198) (244)

job factor / fator de cargo Requisito identificável e mensurável que um detentor de cargo deve contribuir, assumir ou suportar em um cargo específico (habilidade, responsabilidade, esforço, condições de trabalho). (148)

job families / famílias de cargos Grupos de cargos diferentes que solicitam habilidades semelhantes. (198)

Job-Flo / Job-Flo Nos Estados Unidos, relatório mensal de vagas freqüentemente listadas nos bancos de emprego (*job banks*). (198)

job grading / graduação de cargo Forma de avaliação de cargo que atribui cargos a classificações predeterminadas, de acordo com sua valia relativa para a organização. Técnica também conhecida como "método de classificação de cargo" (*job classification*). (198)

job holder / detentor de cargo Pessoa empregada em uma posição especificada em uma organização. (148)

jobholders reports / relatórios para os empregados Relatórios dirigidos aos empregados sobre o desempenho econômico de uma firma. (198)

job instruction training / treinamento de instrução no cargo Treinamento que se proporciona diretamente no cargo, usado para exercitar os trabalhadores sobre como executar o trabalho. (148) (198)

job lot / sortimento de arremate Lote de bens diversos que devem ser vendidos em seu todo, especialmente quando são de qualidade inferior. Relaciona-se a (*jobber*). (78) (244)

job method / método de trabalho Maneira de executar uma peça de trabalho. (148)

job mobility / mobilidade da mão-de-obra Extensão em que as pessoas se mudarão de uma parte do país para outra, em busca de empregos ou para trocar de emprego. (244)

job number / número do trabalho Número dado a cada trabalho em uma fábrica, de modo que o seu progresso possa ser acompanhado. (244)

job order / ordem de serviço Em contabilidade de custos (*cost accounting*), "pedido por encomenda". Equivale a um pedido especial para construção, manufatura, reparo etc. de um produto ou serviço de qualquer espécie. (88) (A)

job-order costing / custeio por ordem de serviço Sistema de contabilidade de custos (*cost accounting*) em que os custos são compilados para uma quantidade específica de produtos, equipamento, reparos ou outros serviços que se movimentem através do processo de produção, como uma unidade continuamente identificável: material aplicável, mão-de-obra direta, despesas diretas e quase sempre uma parte calculada de despesas gerais debitadas à ordem de serviço (*job order*). Não se confunde com custeio de processo (*process costing*). (88)

job-order production / produção por encomenda Em marketing, sistema de produção em que os produtos são feitos especificamente para atender aos pedidos de padrões diferentes, por parte de um cliente. (194)

job performance standards / padrões de desempenho no cargo Requisitos do trabalho esperados de um empregado em determinado cargo. (198)

job progression ladder / escala de progressão no cargo Trajetória de carreira em que alguns cargos têm certos pré-requisitos. (198)

job ranking / categorização de cargo Forma de avaliação de cargo (*job evaluation*) que categoriza subjetivamente os cargos, de acordo com sua valia global para a organização. (198)

job relations / relações de cargo Um dos programas de treinamento dentro da indústria (*training within industry — TWI*). Visa a promover entendimento dos relacionamentos humanos, com particular ênfase na prevenção de problemas. (148)

job rotation / rotação de cargo Movimentação de empregados de um cargo para outro a fim de lhes permitir maior variedade e aprendizagem de novas habilidades. Pode ou não ter em vista promoção futura. (148) (198)

job satisfaction / satisfação no cargo Ponto de vista do empregado, favorável ou desfavorável, quanto a seu cargo, isto é, quanto de satisfação obtém ou não em sua ocupação. (148) (198) (244)

job security / segurança no emprego Garantia que se dá a um empregado, ou que ele sente existir, de que continuará por tempo indefinido em seu emprego, desde que não haja justa causa para demissão. Evidentemente não se aplica a emprego sazonal. (148) (244)

job selling / venda de saldos Venda que uma empresa efetua por atacado e a preço mais baixo que os concorrentes dos saldos de que dispõe, geralmente a um (*jobber*), ou seja, uma espécie de atacadista. (164)

job sharing / partilha de cargo Inovação que permite que dois ou mais trabalhadores ocupem o mesmo cargo, trabalhando em horas, dias ou até meses diferentes. As horas totais trabalhadas nesse sistema geralmente são equivalentes às trabalhadas por um empregado a tempo total. A implicação do sistema é de mais disponibilidade de emprego, ainda que a tempo parcial para cada empregado. O conceito está relacionado ao (*flextime*). (198)

job sheet / folha de trabalho Formulário onde um trabalhador registra os trabalhos em que está empenhado, quantidades, tempos e outros dados que possam ser úteis. (148)

job shop / oficina empreiteira Pequeno estabelecimento fabril capaz de fazer dentro de seu ramo quase tudo o que seja desejado por um cliente. Seu processo de produção não é contínuo e os produtos podem variar radicalmente de uma empreitada para outra. Relaciona-se a manufatura por encomenda (*custom manufacture*). (48)

job shopper / empregado inconstante Empregado que está constantemente procurando um novo emprego, do qual muda com freqüência, para conseguir pequenas vantagens em pagamento. (148)

job specification / especificação de cargo Declaração das qualidades humanas mínimas aceitáveis, necessárias ao desempenho adequado de um cargo. Contrasta com descrição de cargo (*job description*), que é um padrão pessoal, e designa as qualidades requeridas para um desempenho aceitável. É uma conseqüência da análise de cargo (*job analysis*). (11) (148) (244)

job title / título de cargo Nome dado a um determinado cargo, como contador, motorista etc. (148)

joint account / conta conjunta Conta bancária à ordem de duas ou mais pessoas. (244)

joint consultation / consulta conjunta Discussões amistosas entre a administração e os empregados a fim de promover entendimento, melhorar relações e definir políticas interessantes para as duas partes. Difere de negociação coletiva (*collective bargain*). (148) (163) (244)

joint consumption / consumo conjunto Situação em que uma quantidade de indivíduos "consome" alguma coisa, como, por exemplo, numa partida de futebol. (102)

joint cost / custo conjunto Custo equivalente à despesa geral, comum a todos os segmentos em apreço, e que não é alocado de maneira clara ou prática, exceto em alguma base de alocação duvidosa. O mesmo que custo comum (*common cost*). (4) (41) (148)

joint demand / demanda conjunta Demanda por dois bens que são complementares (*complementary goods*) em seu uso e, por isso, têm de ser adquiridos em conjunto, como um par de sapatos — o pé direito e o pé esquerdo. A demanda de carne conduz à demanda de sal; a de automóveis conduz à demanda de combustível, e assim por diante. (1) (158) (244)

joint industrial council / conselho industrial conjunto Na Grã-Bretanha, entidade permanente e voluntária que considera as condições de emprego em determinada indústria ou setor da indústria. Há um número igual de representantes dos empregadores e dos empregados. (148)

joint loan / empréstimo conjunto Empréstimo feito, por exemplo, pelo (*Export-Import Bank*) a outros países, com a participação de fundos governamentais e privados. Geralmente esses empréstimos são feitos somente com a participação direta do governo. (82)

joint owners / co-proprietários Duas ou mais pessoas que possuem a mesma propriedade. (244)

joint ownership / co-propriedade; condomínio Nos Estados Unidos, propriedade de bens de raiz ou pessoais, de duas ou mais pessoas, sob duas formas distintas. A primeira é a forma de co-proprietário (*joint tenant*) e a segunda é a de proprietário em comum (*tenant in common*). No primeiro caso, a propriedade, por morte de um dos co-proprietários, passa para os demais, não figurando em seu espólio; e no último caso, a propriedade figura em seu espólio. (88)

joint product offer / oferta de conjunto de produtos Forma de promoção de vendas (*sales promotion*) em que os consumidores têm a oferta de um pacote com dois ou mais produtos diferentes da mesma marca, ou de outras diferentes, com boa redução de preço. (148)

joint products / co-produtos Dois ou mais bens produzidos por um único processo, ou de uma única matéria-prima, de tal modo que é impossível produzir um bem sem produzir o outro. Tais bens são feitos sob condições de custo conjunto (*joint cost*). Um exemplo típico está no refino de petróleo, do qual se extraem gasolina, querosene e outros subprodutos por um único processo. V. (*by-product*). (1)

joint-stock association / sociedade por quotas ou ações Tipo de associação precursora das sociedades anônimas. Consiste em um grupo de indivíduos que agem em conjunto para operar uma empresa com fins lucrativos. O capital investido é dividido em ações ou quotas transferíveis, é eleito um conselho de administração e outras características empresariais, porém na maioria dos Estados empresas desse tipo funcionam sem autorização formal do governo. Os quotistas ou acionistas têm responsabilidade ilimitada e a empresa é tributada como se fosse uma sociedade anônima (*corporation*). Também conhecida como (*joint stock company*). (48) (88) (148)

joint-stock bank / banco de fundo acionário Na Grã-Bretanha, bancos comerciais de fundo acionário, destinados principalmente a contas de movimento, que não fazem jus a juros. O dinheiro depositado a prazo fixo, a juro baixo, somente pode ser retirado com aviso prévio. (1) (148) (244)

joint-stock company / companhia de fundo acionário Companhia cujo capital é formado de ações (*shares*) pertencentes a numerosas pessoas. (244)

joint study committee / comitê de estudo conjunto Espécie de comissão que inclui representantes empresariais e dos sindicatos que se reúnem fora da mesa de negociações para estudar algum tópico que seja de interesse comum. (148) (198)

joint supply / oferta conjunta Situação em que dois ou mais bens são produzidos simultaneamente, de modo que os custos individuais não são separáveis e, portanto, sua oferta é feita em conjunto. V. (*joint cost*) e (*by-product*). (128) (A)

joint tenant / co-proprietário V. (*joint ownership*). (88)

joint tenure / mandato conjunto Termo em desuso, significando uma sociedade (*partnership*) que se extingue após um prazo contratado. (163)

joint venture / empreendimento conjunto Empreendimento com fins lucrativos de que participam duas ou mais pessoas. Difere de sociedade comercial (*partnership*) porque se relaciona a um único projeto, após cujo término dissolve-se automaticamente a associação. (7) (88) (148) (244)

journal / diário Relação das transações financeiras, registradas à medida que ocorrem, sem uma análise detalhada de como se encontra no livro razão (*ledger*). (148) (244)

journey / jornada Dia de visitas de negócios feitas por um vendedor. (244)

journeyman / diarista Artífice que, tendo terminado seu período de aprendizagem, trabalha por salários (originalmente calculados por dia ou por "jornada"). (148) (244)

judgement creditor / credor por sentença judicial Documento judicial provando que uma pessoa é credora de outra. Neste caso, a outra parte é devedora por sentença judicial (*judgement debtor*). (148) (163) (231) (244)

judgement debt / dívida por julgamento Dinheiro que um tribunal ordenou que seja pago a um credor (*creditor*). (244)

judgement debtor / devedor por sentença judicial V. (*judgement creditor*). O devedor é suscetível de execução. (148) (163) (231) (244)

judgement sample / painel de julgamento Grupo de pessoas reunidas a fim de emitir sua opinião e idéias sobre algum assunto. Geralmente dá-se preferência aos que são considerados expoentes no assunto em pauta. (225)

judicial mortgage / hipoteca judicial Hipoteca conseqüente a uma sentença condenatória que vincula o bem de raiz do devedor à obrigação que causou a hipoteca, até que a obrigação causadora seja eliminada. (231)

jurisdictional strike / greve jurisdicional Greve ilegal com origem nas disputas entre os vários sindicatos trabalhistas, e não entre estes e as empresas. Pode ocorrer pela questão de qual o sindicato que tem o direito de representar determinados tipos de trabalhadores, ou quais os trabalhadores que devem desempenhar certos tipos de trabalho. (31)

jus sanguinis / jus sanguinis "Lei do sangue." Princípio de que a cidadania (*citizenship*) seja determinada pela paternidade e não pelo lugar de nascimento do indivíduo (*jus soli*). (31)

jus soli / jus soli "Lei do solo." Regra básica em que a cidadania é determinada pelo lugar de nascimento e não pela paternidade (*jus sanguinis*). (31)

justify / justificar Em tipografia, arranjar a disposição das palavras em um texto impresso ou datilografado, de modo que a margem direita fique tão alinhada quanto a da esquerda, dando uma aparência de bom acabamento, como em quase todos os livros. (225)

just price / justo preço Avaliação que a sociedade faz sobre o valor de um dado bem ou serviço. (163)

K

kaffir / cafre Na Bolsa de Londres, minerador de ouro ou portador de ações de alguma empresa mineradora da África do Sul. (225)

kangaroo / canguru Na Bolsa de Londres, portador de ações de empresas australianas de mineração, terras e fumo. (225)

kangaroo court / tribunal canguru Tribunal "faz de conta", onde são ignorados os princípios da lei e da justiça. (148)

karat / quilate Teor de pureza do ouro que corresponde à vigésima quarta parte do ouro puro, já que este se compõe de 24 partes. (11)

KD / KD Iniciais de (*knocked down*), desmontado, geralmente para embarque. (88) (244)

keelage / capatazia de ancoragem Emolumentos que um navio deve pagar quando entra e permanece em certos portos. (163) (244)

keen price / preço baixo Expressão britânica que significa preço baixo. (225)

kerbside conference / conferência de calçada Diz-se da discussão entre um vendedor e seu supervisor de vendas, sobre a análise do método de venda, o desempenho e a realização, supostamente depois de ter sido visitado um cliente em perspectiva. (225)

key area / área-chave V. (*key-results area*). (148)

keyboard / teclado Dispositivo para a codificação de dados por pressão sobre teclas, como em uma máquina de escrever, o que ocasiona a geração do elemento do código escolhido. (217) (244)

key event / evento-chave Acontecimento que marca uma época e que pode ser sinônimo de marco (*milestone*). (148)

key factors / fatores-chave Elementos essenciais de uma situação, ou seja, indispensáveis para que se realize alguma coisa que se tem em vista. (225)

key industry / indústria-chave Indústria básica para uma série de outras indústrias. Por exemplo, para a montagem de automóveis, a indústria-chave é a de autopeças. (14) (A)

key jobs / cargos-chave Cargos comuns numa organização e em seu mercado de trabalho, quase sempre considerados imprescindíveis. (198)

key money / luvas Pagamento extra que se faz, além do preço normal ou de contrato, para a obtenção de algo difícil de ser conseguido. Por exemplo, pagamento de ágio que se faz a um inquilino para desocupar um imóvel; dinheiro que se paga para se conseguir um ponto de vendas de grande valor etc. (7) (163) (231)

Keynes effect / efeito-Keynes 1. Efeito estimulante de uma redução salário-preço sobre o emprego, que atua se as taxas de juro caírem em relação à eficiência marginal do capital (*marginal efficiency of capital*), em resposta a uma demanda reduzida de moeda para transações a um nível de renda mais baixo. 2. Mudança em consumo que resulta do crescimento em ativos reais à medida que prossegue o investimento (*investment*). Desde que a razão capital-produto (*capital-output ratio*) seja constante, o ativo cresce à mesma taxa que a renda, de modo que o efeito-Keynes é neutralizado. (102) (128)

Keynesian / keynesiano 1. Relativo a Keynes. 2. Adepto de Keynes que advoga a criação de emprego pelo governo, a fim de manter ocupada a força de trabalho (*labor force*) e evitar o desemprego (*unemployment*). (101)

Keynesian consumption function / função consumo keynesiana Função que relaciona os dispêndios em consumo à renda real. Implica que as pessoas não estão sujeitas à ilusão monetária (*money illusion*), também chamada de armadilha monetária. (128)

Keynesian multiplier / multiplicador keynesiano Expansão da renda nacional (*national income*) que se pode esperar do dispêndio criador de renda, em conseqüência de seu efeito sobre o consumo. Matematicamente, é igual à recíproca da propensão marginal a poupar (*marginal propensity to save*). (128)

Keynes psychological law / lei psicológica de Keynes Lei segundo a qual, via de regra, e em média, o consumo aumentará com a renda, porém não tanto quanto o aumento em renda. Em conseqüência, a propensão marginal a consumir (*marginal propensity to consume*), ou seja, a taxa à qual o consumo aumentará, dada uma elevação de renda, será menos do que proporcional. (128)

key points / pontos-chave Pontos importantes em uma tarefa (ou fatores-chave), ou em um discurso ou mensagem de vendas. Vale dizer que são salientados os pontos considerados de maior importância para o fim em vista. (244)

key-results area / área de resultados-chave Em administração por objetivos (*management by objectives*), verificação das áreas em que a organização deve dar atenção contínua aos resultados, estabelecer objetivos e lutar por aperfeiçoamento a fim de garantir seu êxito sem interrupção. Também conhecida como área-chave (*key area*). (148) (198)

key subordinates / subordinados-chave Empregados de importância crucial para o sucesso de um administrador, em determinado cargo. (198)

kickback / propina Espécie de suborno, como, por exemplo, quando um empregado dá parte de seu salário ao supervisor para poder manter-se no emprego, ou quando um comprador só efetua a compra se o vendedor lhe der parte de suas comissões. Também conhecido como (*rake-off*). (1) (7) (148) (244)

kicked upstairs / chute para cima Processo de dar a alguém um cargo mais bem pago dentro de uma empresa, porém com menor responsabilidade. A pessoa é "chutada para cima", geralmente para ser retirada de uma posição que ela não tem competência para manter. (244)

kill / matar Em propaganda e impressão, eliminar a matéria, palavra ou símbolo que esteja assinalado para isso. (119) (225)

killing / sucesso Gíria para designar um golpe de sorte ou a execução excelente de um fim em vista, como, por exemplo, acertar na bolsa de valores. (11)

kilogram / quilograma Peso igual a 10 hectogramas (*hectograms*), equivalente a 2,2046 libras (*pounds*). (11) (78)

kiloliter / quilolitro Medida de capacidade igual a 1.000 litros (*liters*), equivalente a 254,18 galões (*gallons*) ou 35,315 pés cúbicos (*cubic feet*). (78) (A)

kilometer / quilômetro Medida linear igual a 1.000 metros (*meters*) equivalente a 0,621 milha (*mile*) ou 3.280,8 pés (*feet*). (78) (244)

kinaesthetic / cinestésico Termo de ergonomia (*ergonomics*) ou de tecnologia de treinamento que descreve as sensações de movimento nos músculos ou juntas humanas, derivadas da resposta a estimulações do receptor, porém não implicando necessariamente movimento objetivamente perceptível. (107) (148)

kingpin / chefão Gíria significando a principal pessoa de uma empresa e, também, a maior ou principal empresa em determinado ramo. (11)

kinked demand curve / curva da demanda quebrada Curva da demanda com um "cotovelo" no ponto em que prevalece o preço. É mais elástica em resposta a aumentos do que a diminuições de preço. Associa-se a mercados oligopolísticos e é relativamente elástica nas faixas mais altas e inelástica nas mais baixas. Mostra um desvio abrupto, quando o preço de venda tenderá a ser rígido. Isto ocorre porque não é satisfatório reduzir o preço dentro do segmento da curva da demanda, que é inelástico, e não é possível vender a preços mais elevados nos segmentos em que a demanda é elástica. (128) (165)

kit / kit; estojo 1. Conjunto de ferramentas, peças, suprimentos etc., para uma determinada finalidade, quase sempre dependendo de montagem por parte do comprador. 2. O estojo que contém o mencionado em 1. (11) (148)

kite / papagaio Papel negociável (*commercial paper*) fictício que não representa uma verdadeira ação comercial e que serve para levantar dinheiro ou manter crédito. (11) (148) (163)

Kiwanis / Kiwanis Organização que abrange muitos clubes americanos e canadenses, cujo objetivo é proporcionar liderança para a realização dos mais altos ideais na vida empresarial, industrial e profissional. (11)

knocked down / desmontado Vendas e embarques de mercadorias, principalmente máquinas e móveis, que, por conveniência do embarcador ou por seu grande volume, devem ser montados pelo usuário final. O termo é mais conhecido por suas iniciais (*KD*). (11) (88)

knock-for-knock agreement / seguro sem sub-rogação Acordo entre seguradores segundo o qual, quando um veículo segurado por um deles se envolve em acidente com veículo segurado pelo outro, cada segurador pagará pelos danos do veículo que segurou. Normalmente as empresas seguradoras usam a sub-rogação (*sub-rogation*), isto é, cada qual procura obter uma indenização da pessoa que alegadamente é culpada pelo acidente. (148) (244)

knocking competition / concorrência desleal Tática pouco aconselhável de depreciar a qualidade dos produtos ou serviços de um concorrente, em desrespeito aos códigos de ética que possam existir. (164) (225)

knocking copy / propaganda desleal Matéria de propaganda que deliberadamente submete os produtos concorrentes a uma comparação em que estes são vistos sob um ângulo desfavorável. (148) (164) (225) (244)

knocking-off time / hora de parar Hora em que cessa o dia de trabalho. (244)

know-how / know-how Conhecimento de técnicas ou detalhes práticos de alguma coisa que permite mais eficiência e melhores resultados em uma operação ou processo. (148) (158) (231) (244)

know-how agreement / contrato de know-how Contrato em que uma firma paga royalties a outra para uso de seu conhecimento em dado processo ou fabricação. (148)

knowledge of results / conhecimento dos resultados Conhecimento que uma pessoa tem quanto ao que está progredindo no treinamento ou no desempenho de seu trabalho. Este conhecimento é necessário para uma aprendizagem mais rápida e para dar a conhecer ao indivíduo em que pontos está forte ou fraco. (130)

Kondratieff cycle / ciclo Kondratieff Hipótese de Kondratieff, segundo a qual os ciclos econômicos consistem em surtos de flutuação de preços, produção e comércio, que duram de cinqüenta a sessenta anos. (1)

König method / método König V. (*Hungarian method*). (107)

KRA / ARC Sigla de (*key-results area*), área de resultados-chave, termo criado por Peter Drucker e usado em administração por objetivos (*management by objectives*). (181)

L

label / rótulo Parte da identificação de uma embalagem que geralmente contém a marca nominal, o nome do fabricante ou distribuidor, os ingredientes do produto e os usos sugeridos. Também pode figurar o grau de qualidade. (148) (194) (225) (231) (244)

labelled cargo / carga rotulada Carga explosiva, inflamável ou perigosa, que tem de ser visivelmente declarada por quem a transporta. (11)

labor / mão-de-obra; trabalho 1. Em teoria econômica, exprime a atividade humana para fins de produção. É um dos fatores de produção (*factor of production*). 2. Todas as pessoas que trabalham para viver. 3. Todas as pessoas aptas para o trabalho, entre uma idade mínima e uma máxima, para fins estatísticos. (1) (11) (163) (231) (244)

labor agreement / acordo trabalhista Acordo, também chamado contrato de trabalho. É um documento legal negociado entre o sindicato (*union*) e o empregador. Declara os termos e as condições de emprego. (198) (231) (244)

laboratory training / treinamento em laboratório Em trabalhismo, forma de treinamento grupal, usado principalmente para aumentar as perícias interpessoais. (198)

labor cost / custo da mão-de-obra Custo que diz respeito exclusivamente ao dispêndio (*expenditure*) com a remuneração dos empregados. Também pode ser o total dos custos de um centro de custo (*cost center*) durante um exercício. (148) (244)

Labor Day / Dia do Trabalho Na maior parte dos Estados Unidos e no Canadá, feriado oficial, comumente na primeira segunda-feira de setembro. Em outras partes do mundo, é o dia 1º de maio. (11) (A)

labor relations / relações trabalhistas Relações entre os sindicatos (*trade unions*) e os empregadores, ou entre um empregador e os sindicatos que representam seus empregados. Na Grã-Bretanha o termo usado é relações industriais (*industrial relations*). (148)

laborer / trabalhador Pessoa empenhada em trabalho que exige mais vigor corporal do que habilidade ou treinamento; muitas vezes é horista ou diarista. Neste sentido, é um trabalhador sem especialização. (11) (231) (244)

labor exchange / bolsa de mão-de-obra Expressão arcaica para significar agência de empregos, também conhecida como *labor center*. (148) (244)

labor force / força de trabalho 1. Termo que define o contingente de mão-de-obra, compreendendo a população acima de catorze anos de idade que está empregada ou procurando emprego. Estão incluídos os autônomos, assalariados, lavradores etc. 2. Pessoas que executam o trabalho de uma organização. (1) (148) (244)

labor force participation rate / taxa de participação da força de trabalho V. (*activity rate*). (5)

labor-intensive / intensivo de mão-de-obra Diz-se do empreendimento cujas operações são executadas principalmente por um grande número de trabalhadores, como a colheita do café, por exemplo, onde há poucas disponibilidades de bens de capital (*capital goods*). Contrapõe-se a empreendimento intensivo de capital (*capital intensive*), quase sempre com equipamento sofisticado que economiza mão-de-obra. A automação (*automation*) é um exemplo. (163) (244)

labor law / lei trabalhista; direito trabalhista Lei que regulamenta as transações entre empregadores e empregados, cobrindo padrões de trabalho, pagamentos, direitos e deveres, períodos de férias etc. (148)

Labor-Management Reporting and Disclosure Act / Lei Obreiro-Patronal de Relato e Divulgação V. (*Landrum-Griffin Act*). (31)

labor market / mercado de trabalho Disponibilidade de oferta de mão-de-obra, relativamente à demanda, quase sempre em determinada área. Incluem-se as especializações e as taxas de pagamento. (11) (148) (163) (244)

labor market analysis / análise de mercado de trabalho Estudo que o empregador faz do mercado de trabalho visando a avaliar a disponibilidade de trabalhadores no presente e no futuro. (198)

labor mobility / mobilidade da mão-de-obra Facilidade com que os trabalhadores podem mudar de cargos e ocupações. De modo geral, há dois tipos de mobilidade: a horizontal (*horizontal mobility*) e a vertical (*vertical mobility*). A primeira é a extensão em que os trabalhadores passam de um emprego para outro, no mesmo nível de especialização; a segunda refere-se à ascensão do trabalhador para um nível mais elevado, por maior treinamento ou qualquer outro tipo de instrução. V. (*labor turnover*). (1) (244)

labor only subcontracting / contrato para serviços Prática de empregar pessoas mediante um "contrato de serviço", quando seria mais apropriado, dadas as circunstâncias, fazer um "contrato de emprego". Os trabalhadores não fornecem suas próprias ferramentas, portanto, o contrato é somente de mão-de-obra. As leis trabalhistas funcionam de modo diferente para os que têm contrato de emprego. (148)

labor organization / sindicalização Organização da força de trabalho em sindicatos. (148)

Labor Reform Act of 1959 / Lei da Reforma Trabalhista de 1959 Denominação informal da Lei Landrum-Griffin (*Landrum-Griffin Act*). (A)

labor-saving device / dispositivo poupador de trabalho Dispositivo que facilita o trabalho e é mais eficiente; reduz o número de empregados e, portanto, a folha de pagamento. Pode ser resultado da automação (*automation*). (11)

labor stability index / índice de estabilidade da mão-de-obra Número de empregados em uma firma que nela se acham há um ano ou mais, em data especificada, relativamente ao número total de empregados. (148)

labor theory of value / teoria do valor do trabalho Suposição de que a taxa à qual um bem pode ser trocado por outro é igual ao valor do trabalho nele contido. Uma outra versão é de que o valor de troca se inclina a ser proporcional ao valor do esforço do trabalho que se acha contido em um bem. (128) (154)

labor turnover / rotação da mão-de-obra Freqüência de contratações e dispensas de empregados em uma firma. No agregado, a taxa de giro proporciona indicação da mobilidade da mão-de-obra (*labor mobility*). Geralmente as firmas evitam esse giro fugindo aos gastos com treinamento; fazem anúncios procurando empregados, expondo as vantagens que oferecem. O giro também é conhecido como mobilidade. (1) (148) (244)

labor union / sindicato trabalhista Organização de assalariados ou de empregados com ordenados fixos, para auxílio e proteção mútuos e para negociar coletivamente com os empregadores. (11) (163) (231)

laches / caducidade de direitos Negligência ou delonga irracionável de uma pessoa de reclamar o que por direito lhe pertence. Um exemplo poderia ser um cheque não apresentado e que, após certo tempo, perde o direito de ser descontado. (11) (148) (163) (231)

ladder activities / superposição de atividades Duas atividades superpostas em uma rede (*network*), uma das quais está sempre fornecendo informação, partes ou bens à outra. (148)

lade / carregar Colocar objetos uns sobre os outros, a fim de formar uma carga ou carregamento. (11)

lading / carregamento Ato de carregar, formar uma carga para despacho ou entrega. Geralmente é emitida uma nota do que foi carregado. (11)

laesio enormis / dano extraordinário Expressão latina de doutrina legal do Direito Romano, de acordo com a qual o preço pago sob um contrato tem de ser justo e razoável; do contrário o contrato pode ser rescindido. (163)

LAFTA / ALALC Sigla de (*Latin American Free Trade Association*), Associação Latino-americana de Livre Comércio. (163) (244)

lagniappe / brinde de compras Algo que um negociante, geralmente varejista (*retailer*), dá a quem fez alguma compra, como brinde ou promoção. (11)

Lagrangian optimization / otimização de Lagrange Determinação do melhor valor de uma função objetivo (*objective function*) quando as variáveis independentes (*independent variables*) se relacionam com uma ou mais restrições. (163)

laissez-faire / laissez-faire Doutrina defendida principalmente por Adam Smith, e que teve origem na França e na Grã-Bretanha, segundo a qual os produtores diziam ao governo *laissez-nous faire*, isto é, deixe-nos agir, o que implicava a não-interferência governamental. De acordo com a doutrina, o governo deve limitar-se à manutenção da ordem e da lei, removendo todas as barreiras por ele impostas ao comércio e aos preços. Essa diretriz permite maior liberdade individual, melhor uso dos recursos e crescimento econômico. A reponsabilidade do governo seria principalmente a de controlar as condições de concorrência, a oferta de moeda e certas atividades da previdência social (*social security*). (1) (11) (148) (163) (244)

lamb / simplório Gíria americana para designar a pessoa que é facilmente fraudada em negócios, especialmente um especulador inexperiente em papéis comerciais (*securities*). (11)

lame duck / político não reeleito; caloteiro; incapaz 1. Político que não conseguiu reeleger-se e que agora está às vésperas de transmitir o cargo que exerce a outrem. 2. Empresa ou pessoa que deixa de pagar suas dívidas (*debts*). 3. Pessoa ou organização fraca e incapaz de dirigir seus próprios negócios. (148) (231)

Lancashire flat / paleta rodomarítima Paleta de madeira de aproximadamente l,5 x 3 metros para sustentar contêineres e ajustar-se a um caminhão. No cais é sobreposta a ro-

das a fim de movimentar-se para dentro do navio. (163)

land / terra 1. Qualquer parte da superfície da terra que possa ser possuída como propriedade, e tudo quanto lhe esteja anexado, seja pela natureza, seja pela mão do homem. 2. Em economia, um dos recursos naturais, como um fator de produção (*factor of production*). (11) (163) (231)

land bank / banco agrícola 1. Banco hipotecário e agrícola. 2. Montante de terra possuída por um promotor de áreas que as tem em reserva. (163)

landed / posto no destino Preço de um contrato de exportação em que o exportador paga todos os custos de frete e seguro, além dos custos de estivadores nos portos, mas não paga a entrega à porta do importador. (163)

landed cost / custo posto no destino Custo dos bens importados, inclusive todas as despesas incorridas de trazê-los do exterior para o país importador. A expressão pode aplicar-se igualmente aos bens adquiridos em um mesmo país. (11) (A)

landed price / preço posto no destino Preço cotado ou citado no conhecimento ou fatura, que inclui todos os custos de carga, embarque e descarga no ponto de destino. (7) (88) (231)

landed terms / inclusive descarga Preço de exportação que inclui todas as cobranças até que os bens sejam descarregados no porto para o qual foram enviados. (244)

landfill / aterro de lixo Terreno onde se faz aterro com lixo e entulho, posteriormente coberto com uma camada fina de terra. (78) (189)

land grant / trato de terra Terra cedida pelo governo, geralmente para a implantação de infra-estrutura, como água, esgotos, ferrovias, estradas e organizações de serviço público em geral. (11)

landing account / conta de desembarque Conta enviada pelo armazém das docas ao importador, mostrando as condições e a quantidade dos bens recebidos e a data em que o armazém começa a cobrar aluguel. (163)

landing charges / cobranças por descarga Custo da descarga de bens de um navio mais os de movimentá-los para um armazém e os dos direitos aduaneiros (*cus-

toms duties) que têm de ser pagos às autoridades do porto onde os bens foram descarregados. (244)

landlord / senhorio 1. Pessoa que possui e arrenda terras, prédios etc. 2. Proprietário de latifúndios. 3. Dono de um estabelecimento de uso público, como uma cantina, albergue etc. Senhorio. (11) (244)

land office / escritório imobiliário Título de um escritório governamental americano para a transação de negócios relacionados a terras públicas. (11)

Land Registry / Registro de Imóveis Departamento de registro de imóveis do governo britânico, existente desde 1862, a fim de facilitar as transferências imobiliárias. (163)

Landrum-Griffin Act / Lei Landrum-Griffin Lei americana que fortalece as restrições impostas pela Lei Taft-Hartley, de 1947 (*Taft-Hartley Act*), sobre o funcionamento interno dos sindicatos trabalhistas, proporcionando um estatuto dos direitos dos afiliados. Entre as principais providências há a exigência de relatórios detalhados das finanças e da execução do estatuto de cada sindicato (*union*); considera crime o desperdício de fundos sindicais; proíbe o exercício de qualquer cargo sindical aos comunistas, ex-sentenciados e aos que tenham interesses colidentes com os fins sindicais etc. A lei resultou das investigações de uma comissão de inquérito que demonstrou corrupção por parte de muitos líderes sindicais. (2) (31) (148) (231)

landscape / paisagem Em propaganda, impressão ou cartaz cuja largura é maior do que a altura, como no caso dos quadros de pintura de paisagem. Os quadros de marinhas têm ainda menor altura. (225) (A)

landscape advertising / propaganda ao ar livre Anúncio de propaganda, ou matéria não paga, em um meio impresso, com altura menor do que a lagura, em um muro ou terreno vazio. V. (*landscape*). (164)

land waiter / fiscal aduaneiro Na Grã-Bretanha, conferente responsável pelo exame das amostras do que entra e do que sai do país, para calcular qual o imposto aduaneiro devido. (163)

Lang factor / fator Lang Nome derivado de Hans L. Lang, significando o custo do equipamento em uma indústria de processamento, relativamente ao custo de erguer a fábrica. Lang observou que a proporção é constante para um grande número de fábricas, principalmente para as que processam fluidos. (148)

lapidary / lapidário Indivíduo ou empresa que se especializa em lapidar e gravar pedras preciosas. (11)

Laplace criterion / critério de Laplace Uma das estratégias da teoria do jogo (*game theory*). Tem o máximo da soma das compensações para todas as conseqüências possíveis. O critério supõe que existe uma probabilidade igual de que o oponente escolherá qualquer das estratégias a seu alcance. Em suma, é um meio caminho entre dois extremos. (163)

lapse / extinção de direito; tempo decorrido 1. Término de um direito ou privilégio por falha em exercê-lo ou por alguma circunstância. 2. Em seguro, término de uma apólice e seus benefícios por falta de pagamento dos prêmios ou infração de alguma cláusula contratual. 3. O que se torna nulo de pleno direito. 4. Tempo decorrido entre dois eventos. (11) (231) (A)

larceny / furto Tomada ilegal de algo que pertence a alguém, supostamente com a intenção de não devolver e possivelmente em benefício de quem praticou o furto. (11) (231) (244)

LASH / LASH Sigla de *lighter aboard ship*, barcaça a bordo de navio. É um sistema de carregamento que visa a evitar as instalações portuárias, que sempre são caras. As barcaças podem penetrar no navio, cujo casco talvez se assemelhe ao de um catamarã. A carga e a descarga são extremamente rápidas e aparentemente muito mais econômicas. Um tipo semelhante é o (*BACAT*), tipo de navio que usa barcaças menores e que flutuam entre os dois cascos do catamarã. No caso do LASH, geralmente as barcaças têm 20 metros de comprimento e podem carregar quase 400 toneladas de mercadoria. Os guindastes usados são os do próprio navio. (122) (163)

Laspeyres index / índice de Laspeyres Número-índice (*index number*) que relaciona uma média aritmética ponderada de observações em um período a uma outra observação desse mesmo tipo de ano-base, usando pesos que determinam este ano-base. (148) (163)

last/lastro 1. Lastro de um navio. 2. Uma das grandes unidades de peso ou capacidade, variando com o produto a ser medido ou pesado, muitas vezes equivalente a 4.000 libras (*pounds*). (7) (11)

last-bag system/sistema do último saco V. (*two-bin system*). (148)

last in first out/último a entrar primeiro a sair Sistema contábil de avaliação de estoque, geralmente abreviado para UEPS (*LIFO*), fazendo-se a suposição de que os últimos bens comprados para estoque são os primeiros esgotados durante um período contábil. O método visa a comparar o custo dos bens usados com o de reposição. O sistema atribui maior valor ao estoque quando os preços estão baixando e vice-versa. Contrapõe-se a "primeiro a entrar primeiro a sair", PEPS (*FIFO*). (1) (7) (97) (148) (225) (231) (244)

latent functions/funções latentes Efeitos que poderiam ser considerados espúrios ou não intencionados de uma política, programa ou instituição. (180)

latent learning/aprendizagem latente Aprendizagem que se torna evidente apenas quando surge a ocasião para usá-la. (130)

latent variable/variável latente Em análise fatorial (*factor analysis*), variável que não é diretamente observável, mas que se supõe intervir num modelo descritivo de certa estrutura. (25)

lateral communication/comunicação lateral O mesmo que comunicação horizontal (*horizontal communication*), isto é, comunicação entre pessoas do mesmo nível hierárquico em uma organização. (64) (148)

lateral diversification/diversificação lateral Situação que se estabelece quando uma empresa ingressa em um ramo diferente daquele em que se iniciou. Por exemplo, uma alfaiataria que entra no campo de cosméticos. V. (*vertical integration*). (225)

lateral integration/integração lateral V. (*horizontal integration*). (163)

laterality/lateralidade Propensão a usar um dos lados do corpo; uso preferencial de uma mão, principalmente quando há necessidade de uma só, ou de um olho apenas, como para fazer uma visada, ou de um pé para chutar uma bola. Supõe-se o predomínio de um hemisfério cerebral sobre o outro, quanto às funções motoras do indivíduo. (177) (178)

late shift/turno tardio Último turno de firma que trabalha com dois ou três turnos. (148)

latest allowed date/última data permissível V. (*latest event time*). (148)

latest event time/última data de evento Ocasião mais tardia possível para ocorrer uma atividade em uma rede (*network*), sem aumentar a duração da obra. (148)

latest finish time/última data de finalização Tempo mais tardio possível em que uma atividade de rede (*network*) pode terminar sem aumentar a duração da obra. (148)

latest start time/última data de início Tempo mais tardio de início de uma atividade em uma rede (*network*) sem aumentar a duração total da obra. (148)

Latin American Free Trade Association/Associação Latino-americana de Livre Comércio Espécie de mercado comum dos países latino-americanos, criado em 1960, com finalidades semelhantes às dos demais mercados comuns. Essa associação jamais funcionou como devia. (158) (163) (A)

laundromat/lavanderia automática Máquina especializada em lavar e secar roupa. É de auto-serviço, disseminada em diversos países. (225)

law/direito; lei 1. Regulamentação imposta por poder coercivo que é organizado ou sancionado pela sociedade. Às vezes referido como *stateways*. 2. Qualquer regra positiva ou escrita, estabelecida pela autoridade de uma nação. 3. Direito. (11) (180) (231)

law merchant/direito mercantil Princípios e regras, geralmente extraídas do hábito, que determinam os direitos e obrigações nas transações comerciais. Também se conhece como direito comercial. Sinônimo de (*lex mercatoria*). (11) (148) (231)

law of comparative advantage/lei da vantagem comparativa Ponto de vista defendido por David Ricardo, segundo o qual uma nação deve especializar-se em exportar a mercadoria que produza com mais eficiência e na qual tenha uma vantagem comparativa, importando aquela cuja produção seja menos eficiente e que constitua sua área de desvantagem comparativa (*comparative disadvantage*). Esta lei pode ser explicada em termos de custos de oportunidade (*opportunity costs*). (154)

law of contract / lei do contrato Ramo da legislação britânica que rege os acordos escritos ou orais entre dois ou mais interessados. É uma parte do direito civil, isto é, a que julga os processos de um cidadão contra o outro, em oposição ao direito criminal, quando é o Estado que age contra o indivíduo. (163)

law of demand and supply / lei da demanda e da oferta Lei segundo a qual o preço de um bem varia diretamente com a quantidade demandada e inversamente com a ofertada. (128)

law of diminishing demand / lei da demanda decrescente Lei segundo a qual quando o preço de um bem aumenta, tudo o mais permanecendo constante, sua demanda será menor. Ou se uma quantidade muito maior de um bem for lançada no mercado, tudo o mais sendo igual, esse bem só poderá ser vendido a um preço mais baixo. (40)

law of diminishing marginal utility / lei da utilidade marginal decrescente Lei segundo a qual a utilidade (*utility*) de um bem varia com a sua quantidade, porém aumenta menos rapidamente do que tal quantidade. (20)

law of diminishing returns / lei dos rendimentos decrescentes Lei também conhecida como lei das proporções variáveis (*law of variable proportions*), segundo a qual quando o produto total, ou produção de uma mercadoria, é aumentado pela adição de uma unidade de um insumo variável — enquanto as quantidades dos outros insumos são mantidas constantes —, a partir de certo ponto os aumentos na produção total se tornam cada vez menores. (148) (155) (225)

law of effect / lei do efeito Lei segundo a qual as pessoas aprendem a repetir comportamentos que tiveram conseqüências favoráveis e adquirem o hábito de evitar os que mostraram ter conseqüências desfavoráveis. (198)

law of large numbers / lei dos grandes números A lei é um dos grandes postulados estatísticos. Tendência de um grupo de mostrar maior uniformidade de comportamento do que um indivíduo isoladamente, e de que essa uniformidade aumente com o grupo. É um dos grandes postulados da estatística. (163)

law of markets / lei dos mercados Lei, também chamada lei de Say (*Say's law*) ou lei da igualdade de Say, segundo a qual a demanda agregada (*aggregate demand*) sempre é suficiente para liquidar os mercados da oferta agregada de todos os bens, já que o processo de produção cria, ao mesmo tempo, os bens e gera poder aquisitivo (*purchasing power*). A igualdade entre a demanda e a oferta existe para que não seja interrompido o fluxo circular (*circular flow*) da economia. (128) (163)

law of statistic regularity / lei da regularidade estatística Propensão de uma amostra aleatória, tirada de um grupo maior, de refletir as características deste. Trata-se de uma das principais hipóteses da estatística aplicada. (163)

law of the situation / lei da situação Ação que tem de ser executada por causa das circunstâncias e não por ordem de um superior a um subordinado, o que a torna mais aceitável. (148)

law of variable proportions / lei das proporções variáveis V. (*diminishing returns*). (1) (155)

lay / partilha de pesca Uma parte dos lucros do pescado distribuído entre os oficiais e os tripulantes de um barco pesqueiro. (11)

lay away / pôr de lado; reservar Separar ou reservar mercadoria para entrega futura. (78)

lay-away plan / plano de entrega por quitação Em varejo (*retail*), método de compra em que se faz um depósito monetário inicial, para qualquer mercadoria, a qual somente será entregue depois de totalmente paga. O pagamento poderá ser feito a prestações (*installments*). (78)

lay day / isenção de sobreestadia Dia que se concede a um fretador para carga e descarga de um navio sem pagar sobreestadia (*demurrage*). (11) (244)

layering / formação de camadas Excesso de níveis em uma estrutura organizacional, dificultando as comunicações, que podem ser deturpadas na passagem de um canal para o outro. (49)

layoff / dispensa temporária de empregado Empregado dispensado temporariamente por diminuição dos negócios; não perde a situação de antiguidade (*seniority*) de que desfrutava, quando é novamente chamado a trabalhar, salvo se tiver arranjado emprego em outro lugar. É também o intervalo de tempo de desemprego forçado. (11) (148) (244)

lay-off agreement / acordo de dispensa temporária Acordo em que o empregador, ao dispensar temporariamente seus empregados, lhes dá como compensação um pouco de dinheiro (*lay-off pay*). (148)

lay-off pay / indenização por dispensa temporária V. (*lay-off agreement*). (148) (244)

layout / leiaute Termo inicialmente usado para designar o formato de um anúncio impresso, mas atualmente empregado para significar a disposição de alguma coisa em determinado lugar. (11) (225) (244)

lead / perspectiva de venda Oportunidade de vender, quando o cliente em perspectiva já mostrou interesse em comprar. Assemelha-se a sinal de compra (*buying signal*). (225) (244)

leader / líder 1. Chefe de grupo. 2. Em marketing, é um artigo destacadamente anunciado por todos os modos, especialmente oferecido a preço baixo, a fim de atrair clientes. Quase sempre é objeto de um grande anúncio em jornal. V. (*loss leader*). (11) (244)

leadership / liderança Influência interpessoal exercida pelo processo de comunicação, a fim de ser atingida uma meta determinada. O líder procura influenciar o comportamento dos seguidores. (45)

leading question / pergunta enviesada 1. Pergunta formulada de modo a obter detalhes ulteriores quanto à resposta dada. 2. Pergunta que sugere, em qualquer circunstância, qual a resposta que se deseja. (225)

leads and lags / adiantamentos e atrasos Jogo que ocorre nos pagamentos internacionais. Quando se espera uma desvalorização (*devaluation*) em um país, os devedores domésticos de credores no exterior se apressarão (se adiantarão) em resgatar suas dívidas a fim de não terem de pagar mais quando houver a desvalorização. Ao mesmo tempo, os devedores do exterior esperarão (atrasarão) seus pagamentos visando a reduzir seu valor real quando ocorrer a desvalorização. (163)

lead time / tempo de avanço 1. Intervalo de tempo entre um pedido e uma entrega. 2. Tempo que decorre entre a tomada de uma providência e sua concretização. 3. Intervalo de tempo para que um projétil atinja um alvo em movimento. (7) (41) (148) (225) (244)

leaf / folha Unidade geralmente abrangendo duas páginas impressas de um livro, uma de cada lado, mas aplicável tambem a páginas em branco. (11)

leaflet / folhetim Folha de matéria impressa, geralmente com propaganda, dobrada diversas vezes, para distribuição quase sempre gratuita. (11) (225) (244)

league (*land*) / légua (*terrestre*) Medida linear igual a 3 milhas (*miles*) terrestres, equivalente a 4,83 km. (78)

leakage / vazamento 1. Margem que se dá a certos recipientes para vazamento natural. 2. Perda de estoque, geralmente por furto. 3. Divulgação de um segredo. (11) (244)

learning / aprendizagem Mudança relativamente permanente no comportamento, em resultado de experiência ou prática passada. Pode-se supor que aprendizagem progressiva produz mudança progressiva de comportamento. (130) (A)

learning curve / curva de aprendizagem Representação gráfica do índice ao qual uma pessoa aprende uma matéria no decorrer do tempo. (90) (148) (155) (163) (198)

learning curve of change / curva de aprendizagem para mudança Gráfico do período de ajustamento e adaptação dos empregados à mudança necessária em sua organização. (198)

learning principles / princípios de aprendizagem Conjunto comprovado de linhas de orientação para que as pessoas tenham maior facilidade em aprender. (198) (A)

learning set / atitude para aprendizagem Espécie de treinamento em que o sujeito se torna cada vez mais apto ou disposto a aprender a solução de problemas do mesmo tipo geral. (130) (A)

lease / arrendamento-compra; lease Acordo em que um proprietário (*lessor*) concede a um arrendatário (*lessee*) o uso de alguma coisa, mediante um pagamento, quase sempre mensal. Ainda por contrato, é possível que a propriedade passe para o arrendatário ao cabo de um determinado período, quando então se trata de um arrendamento-compra, o que, na prática, é compra a prestações. Entende-se neste último caso que a coisa comprada estará sempre em perfeitas condições, mantidas pelo arrendador-vendedor. (148) (158) (163) (225) (244)

leaseback / arrendamento de ex-propriedade Negócio em que uma empresa vende a outra ou a alguém parte ou o todo de sua propriedade e equipamento, ao mesmo tempo em que obtém um contrato de arrendamento de longo prazo para continuar usando o que vendeu. A finalidade quase sempre é a consecução de fundos para capital de giro (*working capital*), por conversão dos custos de ocupação em aluguel, que nos Estados Unidos pode ser deduzido dos impostos como despesa. (1) (78) (148) (163) (244)

leasehold / arrendamento Direito de usar a propriedade de outrem sob condições estipuladas em um contrato. Geralmente a propriedade é a de um bem tangível. (7) (15) (244)

leaseholder / inquilino Ocupante de terra ou prédio sob contrato formal de arrendamento. (11)

least squares estimation / estimação de mínimos quadrados Estatisticamente, estimação de parâmetros de um modelo colocado sob a forma de regressão. (163)

least squares line / linha de mínimos quadrados Gráfico da equação de regressão encontrado pelo método dos mínimos quadrados em análise de regressão simples. (148)

ledger / razão Livro de escrituração mercantil; registro de operações contábeis. (7) (88) (148) (244)

Leeman's Act of 1867 / Lei Leeman de 1867 Lei britânica que obriga as sociedades anônimas a especificar os números de séries das ações da empresa nos contratos de venda. (163)

left / esquerda 1. O lado esquerdo em si. 2. Ideologia política de inclinação socialista ou radical. (11)

legacy / legado Transmissão de propriedade por intermédio de um testamento. (11) (231) (244)

legal / legal 1. Nomeado, estabelecido ou autorizado por lei. 2. Permitido por lei. 3. Admissível na justiça comum. 4. Mais reconhecido por lei do que por eqüidade. (11) (231)

legal cap / papel pautado oficial Papel pautado de tamanho oficial, com uma dobra no topo, geralmente usado por advogados. (11)

legal entity / pessoa jurídica Sociedade anônima (*corporation*) ou outra do mesmo tipo. Classifica-se como S.A. privada (*private corporation*); S.A. estatal (*governmental corporation*); S.A. com fins lucrativos (*profit corporation*); S.A. sem fins lucrativos (*nonprofit corporation*); S.A. por ações (*stock corporation*); S.A. sem emissão de ações (*nonstock corporation*); S.A. local (*domestic corporation*); S.A. forasteira (*foreign corporation*); S.A. alienígena (*alien corporation*); S.A. fechada (*close corporation*) e S.A. aberta (*open corporation*). (48)

legalism / legalismo Princípio de seguimento estrito de tudo quanto é legal. (11)

legality / legalidade Situação de conformidade à lei. (11) (231)

legalize / legalizar Tornar legal, autorizar de acordo com a lei. Legitimar (11) (231)

legalized invoice / fatura legalizada Cópia de uma fatura em que a câmara de comércio certificou que os detalhes estão exatos. (148)

legal mortgage / hipoteca legal Hipoteca lavrada por imposição judicial e não por contratação comum entre partes interessadas. V. (*judicial mortgage*). (231)

legal reserve / reserva legal Reserva líquida que certas empresas são obrigadas a manter por estatutos legais, como proteção e segurança para seus clientes, principalmente um banco, a fim de atender aos saques de seus depositantes. (163) (244)

legal tender / moeda de curso forçado Qualquer meio de troca que, por lei, deve ser aceito em pagamento de dívida pública ou privada. A moeda circulante tornou-se de curso forçado para que o governo pudesse impor a lei nos contratos redigidos em termos monetários e, também, para forçar a aceitação pública da moeda fiat (*fiat money*) e a moeda fiduciária (*fiduciary money*). Na época colonial, a escassez de moeda fez com que as colônias às vezes declarassem mercadorias como moedas de curso forçado. Até o século XIX, alguns Estados permitiam que seus bancos emitissem notas que circulavam como moeda, mas não de curso forçado. Em 1865, o Congresso criou um imposto de 10% sobre essas notas, forçando-as a sair de circulação, diminuindo assim o perigo para a uniformidade e estabilidade monetária do país. Pelo mesmo motivo, os cheques podem circular como moeda, mas não de curso forçado. (1) (39) (163) (225) (244)

legatee/legatário Beneficiário de um legado. (11) (231) (244)

legator/doador de um legado Pessoa que beneficia outra (*legatee*) por deixar-lhe um legado. (11) (231)

legend/legenda 1. Título ou descrição de uma ilustração. 2. Tradução aposta a filme de cinema falado em outra língua que não a do país em que está sendo exibido, quando não há dublagem. (225)

legit/legal Termo de gíria: legal ou legítimo. (11) (78)

legitim/legítima dos herdeiros Parte do espólio de um falecido que precisa ser deixada à sua esposa, filhos ou outros parentes. (11) (231)

legitimacy/legitimidade 1. Estado ou fato de ser legítimo. 2. Legitimidade de um filho nascido de casamento válido. (11) (231)

legitimate/legítimo 1. De acordo com a lei, regras ou princípios vigentes e reconhecidos. 2. Do tipo normal ou regular. 3. De acordo com as leis do raciocínio. 4. Autorizado ou justificado. (11) (231)

lend/emprestar Dar alguma coisa para uso temporário, inclusive dinheiro, com a garantia de que haverá devolução, dentro de prazo estipulado ou não. (11)

lender of last resort/banco de último recurso Uma das funções de um banco central quando os bancos comerciais não querem efetuar empréstimos. Os clientes são "forçados" a recorrer a esse banco que cobra juros mais altos, sendo, portanto, o banco de último recurso. No Reino Unido é o Banco da Inglaterra. (163) (244)

lender of last resource/emprestador de último recurso Entidade financeira disposta a conceder empréstimo, quase sempre com uma taxa de juro mais elevada, quando os emprestadores habituais não desejam efetuar empréstimos. (163)

leniency bias/viés de lenidade Situação que pode existir se os empregados forem classificados mais altamente do que se justifica por seu desempenho. V. (*featherbedding*). (198) (A)

Leontief model/modelo Leontief Modelo econômico criado por W.W. Leontief, que emprega a análise de insumo-produto (*input-output analysis*) para a consideração de bens intermediários (*intermediate goods*) e a dependência em que uma indústria está da outra. (163)

Lerner effect/efeito-Lerner Deslocamento ascendente da função consumo (*consumption function*), que ocorre quando o nível de obrigações (moeda ou dívida pública) é aumentado no decurso de financiamento de déficit (*deficit financing*), o que dessa forma leva a um nível de equilíbrio da dívida pública, em que prevalece um nível de pleno emprego (*full employment*) sem déficit ulterior. (102)

lessee/arrendatário Aquele que arrenda alguma coisa de terceiros. (11) (14) (148) (231) (244)

lessor/arrendador Aquele que arrenda alguma coisa a terceiros. (11) (14) (148) (163) (231) (244)

let/alugar Permitir o uso ou ocupação de um espaço de terra, apartamento, casa, quarto etc., mediante pagamento previamente combinado. (11)

letter-box company/empresa-caixa postal Empresa formada em um país simplesmente porque este tem baixos impostos ou pequeno controle sobre as operações empresariais, e que não faz qualquer negócio em tal país. O escritório da empresa nada mais é do que uma caixa postal. (148)

letterhead/cabeçalho em papel de carta Cabeçalho impresso em papel de carta, geralmente dando o nome da firma, endereço etc. (11) (225) (244)

letter of advice / carta de aviso 1. Documento que se envia com embarques de mercadorias, dando informação específica sobre o representante do embarcador no território do consignatário, seu banco, depósito etc. 2. Aviso de um embarcador, geralmente enviado à frente do conhecimento (*bill of lading*) e outros papéis, dando posse dos bens embarcados e avisando que irá fazer um saque correspondente à mercadoria enviada. (11)

letter of allotment / carta de distribuição Documento formal declarando o número de ações que uma empresa concedeu a um candidato à compra, ou que tenha direitos de compra. (148) (163)

letter of attorney / procuração V. (*power of attorney*). (148)

letter of credit / carta de crédito 1. Documento emitido por um banco, instruindo um correspondente a fornecer uma quantia especificada ao portador, quantia esta que será resgatada pelo banco emitente. 2. Documento que uma firma pode emitir a alguém para desconto em alguma firma ou banco correspondente em algum lugar. (1) (148) (163) (225) (231) (244)

letter of hypothecation / ordem de execução Autorização dada por um credor a um banqueiro para que venda os bens de seu devedor dados como penhora, sob a custódia do banco, em caso de não pagamento de dívida. (148) (163) (244)

letter of indemnity / garantia de indenização Documento proporcionado por um exportador, dizendo que ele será responsável por quaisquer perdas decorrentes de má embalagem ou falta de peso na ocasião do embarque. Quando os documentos de embarque são acompanhados de uma garantia de indenização, a empresa transportadora emite uma guia de que está tudo em ordem, desse modo permitindo que o exportador receba o que lhe é devido. (163) (225)

letter of indication / reconhecimento de assinatura Carta que um banco envia a um cliente a quem concedeu uma carta de crédito, que deverá ser apresentada para reconhecimento da assinatura. (163)

letter of regret / carta de lástima Carta que declara não poder atender à solicitação de compra de mais ações da empresa por parte de um interessado. (148) (163)

letter of renunciation / carta de renúncia Carta em que um acionista renuncia a seus direitos de adquirir as ações que lhe foram reservadas. (163)

letter patent / carta-patente Documento fornecido pelo poder apropriado, conferindo ao requerente por um tempo determinado o direito exclusivo de fazer, usar ou vender sua invenção. (11) (148) (163) (244)

letters of administration / cartas de administrador Autorização do Supremo Tribunal para que uma pessoa aja como distribuidora a quem de direito das propriedades deixadas por uma pessoa falecida que não nomeou um testamenteiro. (148) (163) (244)

letter spacing / espaçamento de letra Em propaganda, inserção de espaço entre as letras de uma palavra, tendo em vista torná-la mais legível. (225)

level of aspiration / nível de aspiração Objetivos que um trabalhador espera alcançar, principalmente no que tange a promoções e aumentos salariais. A melhoria a que o trabalhador aspira pode resultar em produção acima da satisfatória, porém, se suas expectativas não forem satisfeitas dentro de um prazo razoável, o resultado será frustração e, em conseqüência, má produção. (A)

leverage / alavancagem Relação entre o capital de contrapartida e o tomado por empréstimo, sendo muitas vezes um artifício especulativo. Uma sociedade anônima, por exemplo, pode tomar capital de empréstimo (*loan capital*) a juros fixos e utilizá-lo para ganhar mais do que tem a pagar em juros: a diferença é benefício para os acionistas. A alavancagem pode ser expressa em termos percentuais. Se uma empresa tem seu capital total de 10, com 2 de capital de empréstimo, diz-se que sua alavancagem é de 20%. Sinônimo de (*gearing*). (1) (11) (105) (122) (148) (158) (163) (244)

leveraging / alavancagem trabalhista Pedido de demissão de uma empresa a fim de melhorar a carreira com outro empregador que supostamente pague mais e promova mais depressa. (198)

lex mercatoria / direito mercantil; lex mercatoria Termo latino que significa lei mercantil (*merchant law*). (148)

liability / obrigação; passivo Débito ou dívida que se tem para com um credor (*creditor*), geralmente com origem em uma transação passada, e que em alguma ocasião futura será pago em dinheiro, recursos ou serviços de igual valor. Em determinado momento, constitui o valor monetário dos bens econômicos que a empresa obteve de seus proprietários, através de investimento, mais, ou menos, a renda cumulativa retida no negócio desde que este foi formado. Em contabilidade quase sempre o termo figura no plural (*liabilities*). (4) (5) (7) (11) (22) (88) (148) (158) (163) (244)

liable / responsável 1. Indivíduo ou objeto sujeito a que algo lhe aconteça, especialmente de natureza desagradável. 2. Que pode ser responsabilizado por alguma coisa. (11) (231)

libel / difamação impressa 1. Difamação por palavras escritas, figuras ou quaisquer outras formas que não palavras faladas ou gestos. 2. Declaração formal escrita contendo as alegações de um queixoso ou o motivo de uma acusação. (11) (231)

libelee / réu de difamação Pessoa que está sendo judicialmente processada por ter difamado outra. (11) (78)

libeler / libelista Indivíduo que difama um outro, que publica um libelo contra uma outra pessoa. (7) (11)

libelous / difamatório Acusação pública que difama alguém. (7) (11)

liberal / liberal Pessoa livre, favorável ao progresso ou reforma em assuntos econômicos ou políticos. (11) (231)

license / licença Permissão formal que o detentor de uma patente ou invenção concede a uma pessoa, geralmente para a exploração de algo com diretos de propriedade garantidos, sob o pagamento de (*royalties*). (11) (148) (163) (231) (244)

licensed dealer / negociante licenciado Em termos de bolsa, corretor que não pertence à bolsa de valores, mas está licenciado para comprar e vender valores por sua própria conta, como um "negociante de fora". (225)

licensee / licenciado Pessoa a quem se garante ou concede uma licença. Concessionário. (11) (148) (231) (244)

licensing / licenciamento; concessão Acordo legal em que uma firma transfere a outra os direitos de fabricar ou mercadizar um produto, pertencente a uma firma, mediante pagamento de (*royalties*). Muitas vezes o licenciamento é apenas para usar o nome de uma firma famosa. O mesmo que (*franchise*). (225)

licensor / licenciador Pessoa que garante o direito de usar o que lhe pertence por lei a alguma outra pessoa, por meio de uma licença (*license*). (148)

licit / lícito Que é permitido, que é aprovado por lei. (11)

lie / sustentável Perante a lei, o que é sustentável ou admissível, como uma ação ou apelo. (11)

lie detector / detector de mentiras V. (*polygraph*). (231) (A)

lien / vínculo Direito atribuído a um indivíduo ou empresa, via de regra um credor (*creditor*), de vincular ou manter a posse de algum tipo de propriedade do devedor (*debtor*) para a liquidação de uma dívida, até que esta seja paga. Vale por direito de retenção, gravame, reserva de domínio, ônus etc. (1) (163) (231) (244)

lieu bonus / bonificação compensatória Pagamento que se faz a um trabalhador que, por motivos especiais, não pode participar de um plano de incentivos da empresa. V. (*in-lieu*). (148) (244)

lieutenant governor / vice-governador Vice-governador estadual que é eleito na maioria dos Estados americanos, juntamente com o governador, para o mesmo período. Substitui o governador em seu impedimento, preside o Senado Estadual, e tem o voto de Minerva nos casos de empate em decisões. (31)

life cycle / ciclo de vida Tempo total de um indivíduo, desde o nascimento até a morte, dividido em diversos estágios e fases, realçando a recorrência de certos eventos importantes. Em marketing, usa-se a analogia do ciclo de vida para determinar o de um produto. V. (*product life cycle*). (160) (225) (244)

life expectancy / expectativa de vida Tempo de vida que se espera de um indivíduo ou que é por ele esperado. (244)

life style / estilo de vida Maneira pela qual as pessoas vivem, em termos sociais, de carreira e de consumo. O conceito é de grande importância para a segmentação de mercado (*market segmentation*) e a estratégia geral de marketing. (194) (225) (244)

life tenant / usufrutuário vitalício Pessoa que tem direito ao uso de uma propriedade enquanto viver. (231)

LIFO / UEPS Abreviatura de (*last in first out*), último a entrar primeiro a sair, conceito de controle e avaliação de estoque. (1) (7) (97) (148) (231) (244)

lighter / barcaça Embarcação quase sempre de fundo chato e não motorizada para ajudar a carregar e a descarregar navios que não se acham encostados ao cais. V. (*LASH*). (11) (244)

lighterage / emolumento por uso de barcaça 1. Quantia estipulada para o uso de barcaças na carga e descarga de navios. 2. Uso das referidas barcaças. (11) (244)

likelihood function / função probabilidade Em estatística, função densidade conjunta das variáveis aleatórias extraídas de uma amostra casual. A função probabilidade é necessária para a determinação dos estimadores de maior probabilidade. A densidade é o conjunto das probabilidades. (163)

likelihood ratio test / teste de quociente de probabilidade Método para determinar a melhor região crítica no caso de uma hipótese de muitas premissas. Este método estatístico acarreta um quociente de duas funções probabilidade (*likelihood functions*). (163)

limit / limite Instrução dada por um cliente a um corretor de valores sobre os preços máximos e mínimos que deverá pagar ou cobrar por determinados valores. (163)

limitation / prescrição Atribuição legal do período de tempo em que pode ser encetada uma ação judicial. Limite de tempo. (11) (231)

limitation of action / limite de tempo para ação judicial Impedimento dos direitos legais de uma pessoa nos tribunais, se ela não agir dentro de um prazo estipulado. (163)

limitation period / período de prescrição Período determinado por lei, após o qual prescreve o direito de agir judicialmente. (148) (231) (244)

Limited / Limitada Empresa de responsabilidade limitada, qualificação que deve figurar após o final de seu nome. (148) (244)

Limited and Reduced / Limitada e Reduzida Empresa que foi Limitada e da qual foram reduzidas as quotas de capital nominal (o que deve ser escrito como as três últimas palavras do nome da empresa), geralmente por ordem judicial que sancionou a redução. (148)

limited audit / auditoria limitada Auditoria em que a efetividade do sistema de controle interno e a exatidão de todas as informações são determinadas apenas pelo exame de itens considerados representativos. Trata-se de uma auditoria parcial. (11)

limited by guarantee / garantia limitada Passivo de certas organizações profissionais, limitado pela garantia dos membros. (163)

limited company / companhia limitada Sociedade anônima, pública ou privada, na qual a responsabilidade dos acionistas limita-se ao valor das ações que adquiriram. (148) (163)

limited function wholesaler / atacadista de função limitada Atacadista que, por limitar a quantidade de serviços que presta aos varejistas, consegue reduzir seus custos. (194)

limited letter of credit / carta de crédito limitada Carta de crédito circular que é pagável em um número limitado de localidades. (163)

limited libiality / responsabilidade limitada Limite máximo do prejuízo de uma empresa ao capital nela investido. Aplica-se à quantidade de ações que um acionista tem em uma sociedade anônima. (1) (11) (148) (163)

limited-line store / loja de linha limitada Loja de varejo (*retailer*) que oferece um sortimento completo de uma estreita linha de produtos. É uma loja mais ou menos especializada. (194)

limited-line strategy / estratégia de linha limitada Estratégia de fornecer pouca variedade dentro de uma única linha de produto. (148)

limited market / mercado limitado Em linguagem de bolsa, determinada ação difícil de ser comprada ou vendida por motivos vários, dentre os quais o número mínimo para ser negociada. (163)

limited partner / sócio interessado Membro de uma sociedade limitada que não tem direito de tomar parte ativa na empresa, sem responsabilidade pelos débitos que estejam acima de seu investimento, às vezes chamado de sócio especial (*special partner*). (48) (163) (231) (244)

limited partnership / sociedade limitada Variação da sociedade comum (*general partnership*). A diferença está em que um ou mais sócios podem ter responsabilidade limitada, desde que pelo menos um deles tenha responsabilidade ilimitada. Os nomes dos sócios com responsabilidade limitada não devem aparecer na firma, e eles não têm parte ativa na empresa. Se um destes sócios se retirar, a firma não precisará ser extinta. (48) (231)

limited partnership association / associação de responsabilidade limitada Tipo especial de sociedade, que tem a vantagem de proporcionar aos sócios um limite de responsabilidade. A propriedade pode ser evidenciada por certificados, e a administração é delegada. À razão social precisa seguir-se o termo "Limited" ou "Ltd". Nos Estados Unidos, porque apenas cinco Estados permitem esta forma de sociedade, ela não é muito difundida. As palavras "Limited" ou "Ltd.", no Canadá e em alguns outros países, figuram após o nome de uma sociedade anônima, ao passo que nos Estados Unidos a S.A. tem no final de seu nome a palavra "Corporation" ou "Incorporated", por extenso ou abreviadamente. (48)

limited payment insurance / seguro de pagamento limitado Seguro de vida em que os aumentos de prêmios para um determinado número de anos fazem com que o seguro se torne totalmente pago a uma idade menor do que a data de vencimento da apólice. (11)

limited policy / apólice limitada Apólice de seguro que dá cobertura somente a alguns tipos de prejuízos dentro de um âmbito de riscos prováveis. (11)

limited service wholesalers / atacadistas de serviços limitados Atacadistas que não proporcionam uma lista completa de serviços a seus clientes. Entre os diversos tipos, há os que entregam a mercadoria em seu próprio recinto; os que fornecem pelo reembolso postal; os ambulantes, que vendem uma linha limitada de dentro de um caminhão; e aqueles que são proprietários da mercadoria, mas não a movimentam fisicamente. (138)

limit pricing / preço-empecilho Formação de preço que limita ou impede a entrada de outras firmas no ramo. Agindo assim, é possível que a empresa sacrifique lucros de curto prazo para obtê-los em períodos mais longos. Esta é uma das barreiras à entrada no mercado (*barriers to entry*). (155)

linage / número de linhas Quantidade de linhas de propaganda ou outra matéria impressa. O mesmo que (*lineage*). (11) (225)

line / linha 1. Parte da estrutura de uma organização que se dedica ao trabalho operativo propriamente dito. 2. Grande quantidade de ações de uma determinada empresa, para compra ou venda em uma bolsa de valores. (163) (231) (A)

line-and-staff organization / organização de linha e assessoria Passo lógico derivado da organização funcional (*functional organization*), já que elimina o problema de que cada supervisor tenha de ser altamente competente em cada fase de seu cargo, ao mesmo tempo em que preserva a vantagem a um trabalhador, em qualquer nível, de ter um único chefe. Isto é conseguido com especialistas que têm posição de assessoria (*staff*), mas não detêm a autoridade real da linha. O papel da assessoria é mais de aconselhamento, como o de um estado-maior. É muito popular pela flexibilidade que introduz na rigidez da organização de linha. A organização de linha e assessoria incorpora os princípios da divisão do trabalho (*division of labor*), sem perda da importante combinação de autoridade e responsabilidade. (48)(163)

line-and-staff structure / estrutura de linha e assessoria V. (*line-and-staff organization*). (48)

lineage / linhagem O mesmo que (*linage*). (11) (231)

linear / linear Termo usado para significar que os relacionamentos tratados são os mesmos que os representados por linhas retas. (155)

linear function / função linear Função em que não há uma única variável independente elevada à potência maior do que um. (163)

linear programming / programação linear Técnica analítica matemática usada principalmente em pesquisa operacional (*operations research*). Com base também em estatística, serve para a tomada de decisão administrativa; solução de problemas complexos de alocação de recursos escassos para fins alternativos; determinar problemas de composição de produção, mistura ou combinação; programação de produção e seu planejamento de estoque; alimentação de máquinas; transporte e distribuição física. Seus pressupostos centrais são linearidade e certeza, onde linearidade significa que todas as relações do problema podem ser expressas em equações lineares, e certeza indica que não se esperam variações importantes no valor numérico de um fator do problema. É processo essencialmente iterativo (*repetitivo*), facilitado por computador. (21) (148) (163)

linear programming instruction / instrução linear programada Instrução programada em que os quadros são apresentados na mesma seqüência para todos os aprendizes. (148)

linear regression / regressão linear Regressão (*regression*) executada em base de uma função linear (*linear function*). (163)

linear regression analysis / análise de regressão linear Análise em que a meta é encontrar uma equação de regressão que expresse a variável dependente como uma função linear das variáveis independentes. (148)

line authority / autoridade de linha Poder formal para agir e comandar. Os poderes de comando cobrem todas as operações e funções dentro de uma determinada dimensão física da organização, assim como seção, departamento ou firma. (140) (148)

line balancing / equilíbrio de linha Disposição de uma linha de produção de tal forma que são alocadas quantidades iguais de trabalho para todos os postos ao longo da linha. (148)

line chart / diagrama de linha Diagrama bidimensional mostrando relacionamento entre dois conjuntos de dados. (225)

line management / administração de linha Função executada por gerentes de linha, isto é, por aqueles que se acham mais perto da produção. (148) (244)

line manager / gerente de linha Indivíduo geralmente especializado que tem a responsabilidade pelo sucesso ou fracasso de uma seção da organização, geralmente na parte mais próxima da produção. (148) (225) (244)

line of balance / linha de equilíbrio Técnica desenvolvida de uma combinação do gráfico de Ganntt (*Ganntt chart*) e fluxogramas (*flow charts*). Serve para demonstrar o relacionamento entre o progresso realmente feito em uma tarefa e as entregas programadas e verificar onde podem ocorrer estrangulamentos. Tem certa relação com (*PERT-CPM*). (101) (A)

line-of-balance diagram / diagrama da linha de equilíbrio Diagrama que mostra, para cada evento na rede de linha de equilíbrio, o número de partes, submontagens ou outros itens que alcançaram o estágio manufatureiro representado por esse evento. (148)

line-of-balance network / linha de equilíbrio de rede Rede que mostra a seqüência de atividades necessárias para fabricar e montar um lote de unidades idênticas de um produto acabado, usada para calcular a linha de equilíbrio do processo manufatureiro. (148)

line of command / linha de comando Seqüência hierárquica de pessoas em uma organização, através das quais passam as instruções do executivo principal. Também conhecida como "corrente de comando". (148) (244)

line of credit / linha de crédito Limite de crédito que, por algum motivo, se concede a um consumidor que compra a prazo. (11) (148) (244)

line organization / organização de linha Organização segundo a qual cada subordinado tem apenas um superior e cada dirigente de linha tem o encargo completo de sua unidade. Os papéis são definidos com mais rapidez por todos os participantes do que no caso em que a estrutura se torna mais elaborada. O gerente responsável pela linha tem autoridade incontestável para o cumprimento de suas atribuições. O termo é equivalente a estrutura de linha (*line structure*). (140) (244)

liner / navio de linha regular Navio de qualquer bandeira que faz viagens regulares entre portos de escala permanente. Contrasta com navio sem linha regular (*tramp*). (163) (244)

line relationship / relacionamento de linha Relacionamento entre dois membros de linha, um dos quais pode dar instrução e delegar autoridade ao outro. (148)

line responsibility / responsabilidade de linha Responsabilidade de um gerente de linha (*line manager*). (148)

line structure / estrutura de linha V. (*line organization*). (140)

link / elo 1. Medida de cadeia que, para agrimensores, tem 7,92 polegadas (*inches*), equivalente a 20,12 cm, e para engenheiros mede 1 pé (*foot*), equivalente a 0,3048 m. 2. Sinônimo de linha de conexão (*edge*) e rede de setas (*arrow network*). (78) (148)

linkage / encadeamento; integração Capacidade de uma indústria de induzir a criação de outras. Desenvolve-se pela interdependência de matérias-primas e bens acabados e semi-acabados. Quando uma indústria adquire insumo de outras, sem importar, o efeito é chamado encadeamento retrógrado (*backward linkage*); quando vende sua produção como insumos para outras indústrias, em vez de exportá-los como produtos acabados, o efeito é denominado encadeamento para a frente (*forward linkage*). A indústria de ferro e aço tem ambos os encadeamentos: cria mercado para as matérias-primas de outras indústrias domésticas, como as de carvão e minério de ferro, que por sua vez produzem maquinaria e energia, e o aço e o ferro que produzem podem ser usados em outras indústrias. (1) (A)

link financing / financiamento por saldo compensatório Disposição segundo a qual uma firma toma emprestada de outra uma quantia que deverá ficar depositada em um banco como saldo compensatório. V. (*compensating balance*). (148)

liquid assets / ativo disponível; bens líquidos Dinheiro, mais qualquer bem que possa ser rapidamente conversível em dinheiro, sem grande perda. É a parte do ativo que reúne os valores representativos da forma mais líquida do capital, isto é, a moeda. (1) (3) (4) (163) (244)

liquidate / liquidar 1. Saldar uma dívida. 2. Extinguir um negócio. 3. Dirimir uma pendência. 4. Dar por terminado. (11) (148) (231) (244)

liquidated damages / danos liquidados Montante estipulado em um contrato que será pago por quem o infringir, como, por exemplo, se uma firma não executar dentro de um certo prazo um determinado trabalho, terá de pagar um tanto. Se no contrato nada estipulou, a parte prejudicada terá de recorrer aos tribunais, que determinarão quais os danos "não liquidados". (148) (163) (244)

liquidation / liquidação 1. Venda dos bens do ativo, como estoques ou títulos negociáveis, para a obtenção de mais fundos em caixa. 2. Terminação de um negócio pela conversão do ativo em disponibilidade, com o pagamento do passivo e a distribuição do resíduo aos sócios, quotistas ou acionistas. 3. Promoção de vendas de certos artigos pelos varejistas, a preços mais baixos, quase sempre para renovação do estoque. (1) (163) (225) (231)

liquidator / liquidante Pessoa nomeada por um tribunal para levar a efeito uma liquidação, quase sempre em decorrência de uma dívida, massa falida etc. (11) (148) (163) (231) (244)

liquidity / liquidez Capacidade de um indivíduo ou empresa de apresentar moeda corrente em qualquer momento. É também a facilidade de transformar um título de valor (*security*) ou um investimento em moeda corrente. (148) (163) (225) (231) (244)

liquidity-money curve / curva de liquidez monetária Curva que reúne todas as combinações de renda e taxas de juro quando o mercado monetário (*money market*) está em equilíbrio. Usada em conjunto com a curva IS (*IS curve*) obtém-se a análise ILSM, que é fundamental para a macroeconomia (*macroeconomics*). (163)

liquidity preference / preferência por liquidez Preferência de detenção de moeda corrente a investimento. O conceito é de Keynes. O setor privado pode ter tal preferência por três motivos: transações, especulação e precaução. (163)

liquidity ratio / quociente de liquidez Um dos muitos índices financeiros (*financial ratios*), (*acid test*), também conhecido como (*quick ratio*). (148) (244)

liquidity trap / armadilha da liquidez Situação que surge na economia quando a taxa de juro é tão baixa que a preferência por liquidez é suficiente para que os investidores prefiram moeda a obrigações que rendem juros. Em conseqüência, há uma acumulação de saldos ociosos a taxas de juro muito baixas. (128) (163)

list / lista; listar 1. Registrar um papel negocíavel em uma bolsa de valores (*stock exchange*), o que nem sempre está dentro das possibilidades de certas empresas. 2. Em processamento de dados, seqüência de itens escritos em formato significativo, designando as quantidades que devem ser transmitidas para entrada/saída. 3. Lista de endereços para envio de mala direta. (11) (148) (217) (225) (231)

list broker / corretor de listas Indivíduo ou empresa que se dedica a fornecer listas de endereços de clientes de categorias específicas, mediante pagamento. (225)

listed company / empresa registrada em bolsa Empresa que emitiu títulos (*securities*), com permissão para serem comprados e vendidos em um mercado oficial de valores. Também é conhecida como empresa pública, porque seus títulos podem ser adquiridos pelo público. (148) (244)

listed securities / ações registradas Ações e valores de uma companhia aberta, registrados para operações em uma bolsa de valores. (105) (163) (231) (244)

list price / preço de lista Preço total cotado para um cliente potencial e geralmente recomendado pelo fabricante. (163) (194) (225) (244)

lists closed / listas fechadas Termo da Bolsa de Valores de Londres, quando esta tem as listas abertas para compras durante algum tempo, fechando-as depois, seja por prazo decorrido ou por venda total dos valores. (163)

liter / litro Medida de capacidade igual a 1.000 mililitros (*milliliters*) ou 10 decilitros (*deciliters*), equivalente a 1,0567 quartos líquidos (*liquid quarts*) ou 0,9081 quarto para secos (*dry quart*). (78) (244)

literal / erro tipográfico Erro tipográfico que exige correção antes que comece a impressão do texto em que figura. (225)

litigable / litigável Aquilo sobre o que pode haver litígio. (11)

litigant / litigante Parte envolvida em um litígio. (11) (231)

litigate / litigar Mover uma ação judicial, litigar, debater em juízo. Processar. (11) (231)

litigation / litígio Processo de solicitar a um tribunal que decida uma disputa. (148) (244)

litigious / litigioso Que se acha em litígio ou tem a probabilidade de ser objeto de litígio. (11) (231)

live / vivo 1. O que ainda está em uso ou vai ser usado, principalmente no que tange à impressão. 2. Transmissão por rádio ou televisão de programas efetuados no momento e não pré-gravados. (11)

livery / libré Desenho criado por uma organização para distinguir seus uniformes e viaturas. Serve como propaganda. (148) (225)

livery companies / companhias de libré Guildas medievais de Londres, que adquiriram tal nome por causa das vestimentas elaboradas por seus membros em ocasiões de cerimônia. (163)

livestock / semoventes Bens que se movem por si próprios, como os animais, e que têm valor econômico. (14) (231) (A)

livestock and bloodstock insurance / seguro animal Seguro, principalmente de cavalos e bois, pelo valor de mercado, no caso de o animal perecer, salvo se por faísca elétrica ou incêndio. (163)

living wage / salário de subsistência Quantia julgada suficiente para um assalariado viver de acordo com os padrões habituais do local em que reside. (11) (244)

Lloyd's / Lloyd's Associação existente na Bolsa Real em Londres, compreendendo subscritores, comerciantes, proprietários de navios e corretores, que fomentam o comércio, especialmente o seguro marítimo. A casa teve origem no século XVII para negócios com café. (163) (244)

LM curve / curva LM Curva compósita derivada do relacionamento de uma série de funções de preferência por liquidez (*liquidity preference*) e uma outra curva que representa a quantidade de moeda. Existe a sugestão de que esta curva interage com a curva IS (*IS curve*) para determinar a taxa de juro. Também chamada de curva da liquidez monetária. (128) (163)

load / carregamento 1. Que se coloca geralmente em um meio de transporte para ser levado de um ponto a outro. 2. Determinada quantidade de um produto que cabe exatamente dentro de um meio de transporte de dada dimensão. 3. Em fundos mútuos, parte do preço de oferta de títulos negociáveis que cobre as comissões de vendas e todos os demais custos de distribuição. 4. Uso que será feito de uma instalação de produção, como, por exemplo, uma máquina, geralmente expressa em unidades de tempo, como carga de máquina. (11) (148) (244)

load chart/gráfico de carga Gráfico que mostra a futura carga de trabalho das máquinas, do pessoal, ou de outros dispositivos de produção. (148)

loaded words/palavras carregadas Palavras que têm uma tonalidade emocional, usadas por propagandistas, anunciantes etc., a fim de criar e manter atitudes. (30)

load factor/fator de carga Diz-se do tempo necessário para executar um trabalho consoante a rapidez da máquina, caso em que o fator de carga é a proporção do tempo de um ciclo, durante o qual o empregado está ocupado no trabalho necessário, em desempenho julgado normal. (148)

loading/sobretaxa Em seguro, acréscimo ao prêmio matemático líquido que visa a cobrir despesas e contingências e permitir uma margem de segurança. (11) (231) (244)

load line/linha de flutuação Linha traçada ao redor do casco de um navio, geralmente com diversas marcas que mostram o limite de carregamento para os diversos tipos de mar e salinidade da água. Também conhecida como linha Plimsoll (*Plimsoll line*), nome do engenheiro Samuel Plimsoll, que a inventou. (163)

loan/empréstimo Ato de emprestar alguma coisa, com ou sem valor, com o entendimento de que o objeto será devolvido dentro de um prazo estipulado. (11) (148) (244)

loanable funds theory/teoria dos fundos emprestáveis Teoria segundo a qual a taxa de juro é determinada pela demanda e oferta de fundos disponíveis para empréstimos. (163)

loan account/conta de empréstimo Conta debitada por saque a descoberto ou empréstimo efetuado por um banco, sendo acrescentados os juros devidos. (163) (244)

loan capital/capital de empréstimo Parte do capital de uma empresa que não integra seu fundo acionário e obtém uma taxa fixa de juros ao invés de lucro proveniente de ações. Esse empréstimo pode ser obtido por hipoteca (*mortgage*) ou por emissão de debêntures (*debentures*). É o mesmo que capital de dívida (*debt capital*). (148) (163) (244)

loan office/escritório de empréstimos Entidade que se dedica a efetuar empréstimos, muitas vezes recebendo algo sob penhor. Também pode ser uma repartição governamental encarregada de vender apólices de empréstimos públicos. (11)

loan shark/agiota; tubarão Pessoa que empresta dinheiro cobrando juros excessivos. Usurário. (11) (148) (231) (244)

loan stock/ações de empréstimo V. (*debenture*). (163)

l.o.b./l.d.e. Sigla de (*line of balance*), linha de equilíbrio. (101)

lobby/lobby Pessoa ou grupo que procura influenciar alguém no poder, como um membro do Congresso, ministro do governo, por argumento ou discussão, geralmente em benefício da classe a que pertence. (244)

lobbyism/lobismo Neologismo que significa trabalho nos bastidores políticos, por parte de grupos de pressão, visando a uma legislação que poderá beneficiar uns e prejudicar outros. É trabalho de bastidores. (11) (231) (A)

lobster shift/turno da meia-noite Um dos muitos apelidos do último turno. Um deles é (*graveyard shift*), isto é, turno do cemitério. (148)

local authority/autoridade local Sociedade anônima que consiste em membros eleitos pelos habitantes de uma determinada área, mas independente do governo central, com poderes para prover certos serviços na área e levantar fundos por tributação. Muitas vezes chamada apenas de "authority", é uma empresa paraestatal. (148) (244)

local bargaining/negociação local Negociação coletiva sobre as condições de emprego em um determinado local. (148)

Local Employment Act (1960)/Lei do Emprego Local (1960) Lei britânica que proporciona doações e empréstimos a empresas que proporcionem novos empregos nas áreas em que existe o risco de desemprego. (163)

local option / opção municipal Direito que uma cidade tem de escolher se deseja ou não permitir o exercício de alguma atividade, principalmente a de vender bebidas alcoólicas. (11)

local press / imprensa local Jornais locais, nem sempre diários, que dão cobertura a um município ou distrito rural. (225) (244)

local unions / sindicatos locais Menores unidades organizacionais dos sindicatos trabalhistas, responsáveis pela representação de seus membros no local de trabalho. (198)

location / locação; localização 1. Aluguel ou arrendamento de um local, sob o ponto de vista de um locador. 2. Ambiente da vida real para filmagem, em oposição a ambiente artificial. 3. Parte do armazenamento em um computador que pode reter uma pequena quantidade de dados como uma unidade. (11) (148) (225) (244)

location of industry / localização da indústria Localização das indústrias de acordo com as vantagens que possa oferecer. Essas vantagens podem ser naturais, econômicas, sociais e políticas. Os fatores naturais são geográficos e geológicos; os econômicos incluem custos de transporte, de mão-de-obra, proximidade de energia barata etc.; os fatores sociais devem incluir as amenidades da área considerada; e as vantagens políticas são as considerações governamentais, defesa e política local. (163)

locator / localizador Pessoa que estabelece os limites da alegação de propriedade de terras ou minas. (11)

locked / trancado Em bolsa, situação do especulador que poderia lucrar com valores, mas não vende porque imediatamente estaria sujeito ao imposto de ganhos de capital (*capital gains tax*). (11)

locked-in effect / efeito-bloqueio Expressão de Richard Musgrave para designar a impossibilidade de um detentor de títulos passá-los a outrem, visando a evitar um prejuízo em sua venda ou troca. (102)

lockout / greve patronal; lockout Artifício de um empregador que se recusa a admitir os trabalhadores em seus cargos. Não são os empregados que não querem trabalhar; é o empregador que não os deixa entrar.

A finalidade é principalmente a de evitar uma greve dos empregados, que se acha preparada. Raramente os empregadores usam de tal dispositivo. Ao fim de um contrato de trabalho, o empregador pode anunciar em que condições o renovará, fazendo-o de modo unilateral, permitindo ao sindicato trabalhista que aja como julgar melhor: decretando greve, entrando em acordo ou permitindo o trabalho enquanto prossegue a negociação coletiva. (1) (148) (163) (244)

lock-stock and barrel / tudo Maneira generalizada e popular de dizer que uma coisa foi feita completamente. (244)

lock-up / lucro a longo prazo Investimento que, segundo se espera, será bastante lucrativo, porém a longo prazo. É um investimento "trancado". (163)

locus / local; lugar; locus Termo latino que significa lugar. Em matemática, qualquer sistema de pontos, linhas etc., que satisfaça a uma ou mais condições dadas: uma linha, um plano etc., em que cada um de seus pontos satisfaz a uma dada condição, não tendo ponto que não a satisfaça. O plural é *loci*. (78) (231)

locus penitentiae / locus penitentiae Expressão latina que significa "oportunidade para se arrepender", o que quer dizer que duas partes contratantes podem mudar de idéia e não assinar um contrato que seria ilegal. (163)

logarithmic function / função logarítmica Função monotônica intimamente relacionada com a função exponencial e que tem a forma $y = \log_b x$. (163)

logarithmic ratio chart / gráfico do quociente logarítmico Gráfico em que se plota a escala dos eixos dos logaritmos das variáveis. Em resultado, os intervalos sobre os eixos ficam iguais às mudanças percentuais e, por isso, uma função linear representa crescimento contínuo composto. (163)

logbook / diário de bordo Livro anotado pelo patrão de uma embarcação, no qual ele registra todos os eventos durante uma viagem, especialmente condições climáticas, velocidade etc. Atualmente os aviões têm o mesmo livro, onde também são anotadas as falhas e defeitos durante a navegação. (244)

logic / lógica 1. Em processamento de dados, vários tipos de *gates flip-flops* e outros circuitos *on/off* que são usados para solucionar problemas em um computador digital. 2. Ciência do raciocínio. Seu principal requisito é que todos os aspectos de uma proposição sejam coerentes. (99) (214) (231)

logical decision / decisão lógica Em processamento de dados, escolha de um de muitos caminhos, a qual depende dos dados intermediários da programação. É sinônimo de decisão (*decision*). (65) (72) (217)

logistics / logística Termo usado pelos militares, que atualmente descreve a prática de estimar os fluxos e ocasiões prováveis dos recursos de uma empresa para um determinado projeto e prover os meios de consecução. O termo é usado principalmente em distribuição física, tanto em vendas quanto em manutenção de estoque. (225)

logistics curve / curva logística V. (*growth curve*). (163)

logistics mix / composto logístico Distribuição física dos bens, compreendendo a seleção das instalações de armazenamento e transporte, numa combinação em que a mercadoria se desloca do produtor para o comprador ao mais baixo custo coerente com a demanda do consumidor. (48)

logo / logo Nome abreviado de logotipo (*logotype*), símbolo usado por uma organização para se identificar. (148)

logotype / logotipo V. (*logo*). (148) (225)

logrolling / conluio político Política comum em quase todas as câmaras legislativas, quando dois ou mais membros, ainda que de partidos adversários, concordam em apoiar-se mutuamente nas respectivas propostas. (31) (A)

Lombard Street / Lombard Street Rua de Londres onde está localizado o centro bancário, como a Wall Street em Nova York. O nome deriva dos banqueiros que no século XVIII vieram da Lombardia. (163)

London Metal Exchange (LME) / Bolsa de Metais de Londres Bolsa dos metais não ferrosos mais importantes usados na indústria britânica, existente desde 1881. Já que o país não tem mineração desses metais, a sucata é importante na determinação dos custos industriais, donde a existência da bolsa que negocia a termo (*futures*). (148) (163)

long / especulação altista Termo de bolsa, usado no mercado a termo (*futures*), quando um especulador compra a um preço na expectativa de vender posteriormente a preço mais elevado. Seria o comportamento de um altista ou otimista (*bull*). É o oposto de especulação baixista (*short*). (105) (157)

long end of the market / extremidade longa do mercado Parte do mercado de valores com títulos de juros fixos, interessada em transações de emissões antigas. (163)

longitudinal study / estudo longitudinal Estudo em que o mesmo indivíduo ou grupo é medido em mais de uma ocasião. Estende-se ao longo do tempo, descrevendo uma tendência ou fazendo uma série de observações "antes" e "depois". (180)

long position / posição longa de uma carteira Posição em que o bem está em excesso das quantidades que devem ser entregues. Geralmente trata-se de um especulador otimista. (148) (163)

long-range planning / planejamento de longo prazo Planejamento geralmente feito para períodos não inferiores a cinco anos ou mais. (148) (225) (244)

long run / longo prazo V. (*long-term*). (39)

long-term / longo prazo Dimensão de tempo durante o qual pode ser alterado o equipamento fixo das firmas, de modo que o volume de produção possa se adaptar melhor à variação das condições de demanda do que em curto prazo. Haverá tempo para construir novas máquinas e fábricas, podendo-se deixar de lado as antigas, que se tornaram obsoletas por desgaste ou advento de nova tecnologia. A extensão de longo prazo é muito subjetiva. O termo é equivalente a (*long run*). (39)

long-term bond / obrigação de longo prazo Obrigação pública ou não, cujo vencimento ocorre em muito longo prazo. (11) (244)

long-term disability / incapacidade de longo prazo Apólice que beneficia os trabalhadores por ela cobertos, com uma proporção de seu salário ou ordenado, quando ficam incapacitados. Há um período de carência de seis meses. (198)

long-term investment / investimento de longo prazo Ações detidas para controlar outras empresas e ações e títulos de dívida, principalmente para a produção continuada de renda. Investimentos desta espécie são escriturados ao custo e, já que não existem para revenda, não constituem parte do ativo corrente (*current assets*). No balanço (*balance sheet*), são demonstrados em uma parte separada. (15)

long-term lease of real property / aforamento; enfiteuse Cessão perpétua ou a longo prazo do usufruto de terras não cultivadas ou terrenos destinados à edificação, mediante pagamento de foro. (A)

long-term liability / passivo de longo prazo Dívida que, por algum motivo, não será resgatada antes de um ano ou mais tempo. (148) (244)

long ton (avdp, Brit.) / tonelada longa (avdp britânica) Peso igual a 2.240 libras (*pounds, avoirdupois*), equivalente a 1.016,05 kg. (78)

loop / laço 1. Em um gráfico, elo que tem o mesmo vértice em cada extremidade. 2. Uma seqüência de instruções em um programa que deve ser obedecida repetitivamente pelo computador. (148)

loose / livre; impróprio Coloquialismo para significar uma pessoa desempregada ou alguma coisa que é livre ou imprópria. (11)

loose insert / encarte solto Anúncio sob a forma de impresso ou panfleto a ser colocado dentro de uma publicação, mas não preso a ela. (148) (225)

loose rate / taxa livre Taxa de trabalho por peça suficientemente alta para permitir a um trabalhador ganhar bastante sem muito esforço. Sinônimo de valor do tempo livre (*loose time value*). (148)

loose time value / valor do tempo livre Tempo de trabalho medido inexatamente para a execução de uma peça que geralmente leva menos tempo. (148)

Lorenz curve / curva de Lorenz Gráfico em forma de curva que mostra a extensão da igualdade representando a proporção cumulativa das unidades recebedoras de renda, a partir da mais pobre, contra um eixo vertical representando a distribuição cumulativa da renda agregada. (1) (158) (163) (165)

lorry / caminhão Termo usado em certos países de fala inglesa para significar caminhão. Também podem ser os carrinhos que correm sobre trilhos, como os que existem em certas minas. (11)

loss / prejuízo 1.Perda de qualquer espécie em que se estabelece um prejuízo. 2. Em seguro, ocorrência de morte, dano à propriedade ou o que quer que esteja coberto por uma apólice, que passa a ser uma obrigação que o segurador pagará. (11) (148) (231) (244)

loss adjuster / ajustador de prejuízo Consultor independente que, mediante um certo emolumento, aconselhará um segurador sobre a extensão do que deve pagar pela reivindicação de um segurado. (148)

loss assessor / avaliador de prejuízo Consultor independente que, mediante um certo emolumento, aconselhará a um segurado quanto deve reivindicar de seu segurador. (148)

losses unrealized / prejuízos não realizados Prejuízos estimados do valor de um bem do ativo, como prédio, ações, estoques etc. (105)

loss leader / mercadoria-isca Produto que é vendido abaixo do custo a fim de atrair clientes para uma loja. (80) (148) (194) (225) (244)

loss ratio / quociente de prejuízos Nas seguradoras, proporção dos prêmios pagos pelos prejuízos havidos durante um determinado exercício. (11) (163)

lost cost / custo perdido Dispêndio feito que não produziu qualquer benefício. (148)

lost order reports / relatório de pedidos perdidos Relatórios explicativos dos motivos pelos quais certos contratos não foram renovados ou conseguidos. (225) (244)

lot / lote 1. Grande quantidade de alguma coisa. 2. Quantidade ou grupo de coisas semelhantes vendidas em conjunto em um leilão (*auction*). 3. Principalmente nos Estados Unidos, é um terreno à parte para uma finalidade especial, como um estacionamento. 4. V. (*batch*). (148) (244)

lot production / produção em lotes O mesmo que produção em quantidades determinadas, ou por encomenda ou por incapacidade das instalações. (148)

lower case / letras minúsculas Convenção tipográfica para letras minúsculas, em contraposição a letras maiúsculas, chamadas *upper case*. (225)

low pressure selling / venda de baixa pressão V. (*soft selling*). (164) (225) (244)

loyalty factor / fator lealdade Impressão de que quanto mais um periódico é lido, tanto mais os leitores prestarão atenção ao seu conteúdo. (225)

luddites / ludditas Trabalhadores que, não muito depois da Revolução Industrial, destruíram maquinaria em massa, sob a alegação de que esta causava desemprego. O nome deriva de Ned Ludd, iniciador da campanha de destruição. (163)

lump sum / quantia global Qualquer quantia que se paga de uma só vez, sem parcelas individuais. (163) (231) (244)

lump-sum tax / imposto fixo Imposto que seja um montante fixo, não variando com o tamanho ou valor do que está sendo tributado. Incide sobre uma firma cujos custos fixos (*fixed costs*) estão sendo aumentados, mas deixará sem alteração seus custos marginais (*marginal costs*). (163)

Lutine bell / sino da Lutine Sino da fragata francesa Lutine, cedido aos britânicos, que afundou em 1799 com grande quantidade de ouro e prata, segurada pela Lloyd's. Foi recuperado em 1853 e figura no saguão da Lloyd's em Londres. Toca uma vez para anunciar más notícias e duas vezes para boas novas. (148) (163)

luxury good / bem de luxo Bem do qual se compra mais quando a renda aumenta. Sua elasticidade-renda da demanda (*income elasticity of demand*) é maior do que 1. Trata-se de produto ou serviço que está acima e além dos necessários para um padrão normal de vida. (163) (244)

luxury tax / imposto sobre luxo Imposto que se cobra sobre artigos de luxo e que não são necessários a um padrão normal de vida, como jóias etc. (244)

M

mabiocentric / mabiocêntrico Diz-se dos administradores (*managers*) jovens, com curso superior, que freqüentemente mudam de empresa, havendo a implicação de que suas promoções praticamente só se efetuam quando passam de uma empresa para outra. Há quem diga que o tempo médio que esses indivíduos permanecem em um emprego é de três a quatro anos. (96)

machine / máquina 1. Aparelho que consiste em partes inter-relacionadas, usado no desempenho de alguma espécie de trabalho. Teve maior desenvolvimento após a Revolução Industrial (*Industrial Revolution*). 2. Nome atualmente dado aos diversos tipos de computadores. 3. Nome usado figurativamente para designar uma pessoa ou organização que trabalha muito. (11) (244)

machine code / código de máquina V. (*machine language*). (244)

machine downtime / tempo de máquina parada Tempo durante o qual uma máquina não está trabalhando por ter-se quebrado ou por estar em processo de manutenção. (244)

machine hour / hora de máquina Unidade de medida de uso de máquina durante uma hora. Serve para cálculos de custo, assim também como para aluguel eventual. (148)

machine idle time / tempo ocioso de máquina Tempo em que uma máquina está disponível para trabalhar, mas permanece ociosa, qualquer que seja o motivo. (148) (163) (244)

machine language / linguagem de máquina Ilustrações escritas em um código apropriado que podem ser imediatamente seguidas por um computador, sem necessidade de tradução. (118) (163) (244)

machine loading / carregamento de máquina Planejamento do trabalho a ser feito em uma máquina, em uma fábrica, de modo que se obtenha melhor uso do tempo, dos homens e das próprias máquinas para o trabalho em apreço. (244)

machinery / maquinaria Conjunto de máquinas diversas para uso em um determinado trabalho. (11)

machine shop / oficina Oficina ou estabelecimento fabril de proporções diminutas, quase sempre trabalhando na usinagem de metais, fabricando ferramentas para máquinas e efetuando pequenos reparos. (11) (244)

machine tool / máquina-ferramenta Máquina movida por algum tipo de energia (normalmente elétrica), como tornos, furadeiras etc., usadas em diversas operações nos mais variados materiais. (11) (148) (244)

machinist / maquinista Indivíduo especializado no trabalho com algum tipo de máquina, na aquisição de cuja habilidade dependeu de aprendizagem e prática. (11) (244)

macroeconomics / macroeconomia Estudo da economia, com base nas teorias sobre os efeitos agregados do comportamento individual de bens, moeda e mão-de-obra em seus respectivos mercados (*markets*). A teoria deriva das previsões sobre os níveis de renda real e de preços, da taxa de juro, do índice de poupança e investimento, da taxa de crescimento, do balanço de pagamentos (*balance of payments*) e do nível de emprego. (148) (158) (163) (165) (244)

macroforecasting / macroprevisão Previsão (*forecast*) de longo alcance para situações mercadológicas que envolvem uma idéia das tendências básicas em gostos do consumidor, mudanças em tecnologia, alterações na população por região e grupo etário, e nível geral de atividade econômica. (138)

macromarketing / macromarketing Panorama geral das necessidades de uma sociedade no intercâmbio de ações mercadológicas dentro de uma economia. (225)

Madison Avenue / Madison Avenue Avenida central de Nova York, onde se concentram muitas firmas de propaganda e relações públicas e que, por isso, tornou-se o símbolo de suas atitudes, práticas e métodos. Um *Madison Avenue man* é um homem de relações públicas ou propaganda (*advertising*) com idéias muito próprias. V. (*media*). (11) (A)

magazine / magazine 1. Publicação periódica, geralmente do tipo revista, contendo artigos variados, muitas vezes com ilustrações e propaganda. 2. Estojos de certas armas de fogo automáticas (chamados "pentes"), onde ficam alojadas as balas que serão disparadas. (11) (225) (244)

magic brain / cérebro mágico V. (*decision*). (65) (72)

magnate / magnata Pessoa de vulto, geralmente muito rica, em uma região ou cidade, especialmente no campo empresarial. (11) (244)

magnetic board / quadro magnético Quadro feito com material magnético, geralmente para conferências ou aulas, em que os itens pertinentes se agregam por força de um ímã, facilitando sua modificação e posição no quadro. (148) (344)

magnetic disk / disco magnético Chapa chata e circular, feita de vários plásticos, em que se faz o armazenamento de um grande número de dados. V. (*floppy disk*) e (*hard disk*). (244)

magnetic tape / fita magnética Filme de plástico, longo e muito fino, em que se armazena som ou outra informação. (244)

mahogany row / turma do mogno Expressão jocosa significando escritórios feitos com madeira de lei, geralmente usados por executivos de cúpula e que simbolizam seu alto *status*. (A)

mail / correspondência Cartas, pacotes etc., que são entregues pelo correio. Nos Estados Unidos, o sentido é mais o de enviar correspondência. (244)

mail deposit / depósito postal Depósito efetuado por um cliente de banco, através dos serviços postais e não por meio de caixa eletrônico ou no balcão. (11) (A)

mail-in / encomenda postal Brinde oferecido por uma firma e que deve ser reivindicado em alguma agência postal determinada. (225)

mailing list / lista de endereços Lista classificada de nomes e endereços apropriada para uso de mala direta. As listas são classificadas por ramos de atividade. (225) (244)

mailing piece / item postal Carta ou qualquer espécie de correspondência enviada pelo correio em ampla base, como mala direta (*direct mail*). (225)

mailing shot / mala direta única Uma única operação de envio postal com o uso de lista de endereços para mala direta. Se houvesse mais de uma remessa, a mala direta deixaria de ser única, para ser dupla ou múltipla.(225)

mail-order / reembolso postal Compra de mercadorias (*merchandise*) por intermédio do correio. Após o pedido, o cliente recebe pelo correio o que pediu e paga na hora de efetuar a retirada. Quando as vendas são a prestações (*installments*), apenas o primeiro pagamento é feito ao correio. (38) (163) (225) (244)

mail-order advertising / propaganda para reembolso postal Propaganda que visa a persuadir as pessoas a comprar através do reembolso postal. (148)

mail-order sales / vendas pelo reembolso postal Sistema de vendas em que os produtos são promovidos através de correspondência, espaço de propaganda, telefone, rádio, televisão etc., e os pedidos são recebidos e atendidos usando-se o correio. (194)

mail-order wholesaler / atacadista pelo reembolso postal Um dos quatro tipos de atacadistas de serviços limitados (*limited service wholesalers*) que, conforme o nome implica, trabalha através do correio. (138)

mail teller / contador postal Em serviços bancários, empregado encarregado de verificar a exatidão dos depósitos efetuados pelo correio e enviar o recibo correspondente ao depositante. (11) (A)

main frame / main frame Computador central de grande porte, ao qual podem estar ligados outros computadores menores ou microcomputadores. (R)

main office / escritório central; matriz Termo aplicável principalmente a empresas descentralizadas, ou com ligações em diversas áreas geográficas, que devem prestar contas a uma unidade central, quase sempre a matriz. (A)

main storage / armazenamento principal Em processamento de dados, armazenamento de onde são executadas as instruções. Quase sempre é o armazenamento mais rápido de um computador. (118)

maintenance / manutenção; interferência oficiosa; pensão alimentícia 1. Interferência oficiosa de um indivíduo que não é parte de um processo judicial, mas que proporciona meios para que este seja instaurado. 2. Pensão alimentícia. 3. Trabalho feito em uma fábrica, equipamento ou maquinaria para mantê-lo em condições normais de funcionamento. (11) (148) (163) (231) (244)

maintenance engineering / engenharia de manutenção Atividade que visa a estudar a manutenção de uma fábrica ou equipamento para seu melhor aproveitamento e duração. (148)

maintenance factor / fator de manutenção O mesmo que fator higiênico (*hygiene factor*). O termo inclui diversas condições em um cargo ou emprego, como local, condições de trabalho, salários, regulamentos, férias etc. Tudo isso é um mínimo para que o empregado se sinta apenas satisfeito. O termo "higiênico" tem a conotação do que é preventivo, isto é, deve evitar a insatisfação. (143) (148)

maintenance of membership / manutenção de afiliação Acordo entre um empregador e um sindicato trabalhista, segundo o qual os empregados sindicalizados na ocasião do emprego, ou afiliados posteriormente, devem continuar como membros de seus sindicatos até que termine o acordo ou expire o contrato de trabalho. (11)

maintenance shift / turno de manutenção Período especial no horário de uma fábrica, digamos das 18 às 24 horas, a fim de checar as máquinas para haver a certeza de que elas estão funcionando apropriadamente. (244)

majority-owned subsidiary / subsidiária de matriz majoritária Subsidiária em que mais de 50% do estoque de capital com direito a voto são de propriedade da matriz ou de alguma outra das subsidiárias em que a matriz também é majoritária. (7) (88)

major retail center / grande centro varejista Categoria estatística do governo americano para designar centros comerciais importantes fora do centro da cidade, porém dentro da área metropolitana de comércio. Nas estatísticas é habitual o uso da sigla *MRC*. (80)

make good / compensação de erro; ter sucesso 1. Prática de veículos de propaganda de repetirem gratuitamente um anúncio ou restituírem ao anunciante a importância paga, quando a propaganda saiu errada sem culpa do cliente. 2. Lograr êxito em algum empreendimento. (164) (225) (244)

make or buy / fazer ou comprar Ato de calcular os custos e benefícios para uma empresa, entre fazer uma peça necessária para sua máquina ou comprá-la pronta de alguma outra firma. Do resultado do exame de custos e benefícios, a empresa decidirá se deve "fazê-la ou comprá-la". (244)

make-ready time / tempo de preparo Tempo gasto na preparação de máquinas e outras instalações antes de ser iniciada a produção. (7) (88)

make-up / composição Disposição de tipos e clichês em forma de página para propaganda. (225)

make-up pay / pagamento de compensação Situação que se estabelece quando os pagamentos são feitos pelo que foi produzido, e cada trabalhador tem a garantia de um ganho mínimo semanal. Quando ele não consegue efetuar o trabalho que lhe garanta esse mínimo, recebe uma compensação, que é a diferença entre o trabalho que não conseguiu fazer e o mínimo semanal. (148)

make-whole remedies / remédios compensatórios Dispositivos segundo os quais um empregado é compensado pelo ofensor quando sofre maus-tratos por ter transgredido algum regulamento. (164)

malfeasance / infração Procedimento errado, podendo ter caráter de delito, executado por pessoa que não tem o direito de proceder de tal forma ou se acha proibida de fazê-lo por uma cláusula contratual. (7) (88)

malfunction / malfunção Quebra ou mau funcionamento que redunda na operação incorreta de algum dispositivo. (11)

Malthusian theory / teoria malthusiana Teoria desenvolvida pelo clérigo e economista britânico Thomas Robert Malthus (1776-1834), segundo a qual a população do mundo tende a crescer mais depressa do que os meios de subsistência. A população cresce a uma taxa geométrica, ao passo que a alimentação cresce apenas em progressão aritmética. A conclusão é que um dia no mundo haverá fome geral. A teoria tem sido combatida pelos que julgam que, dado o surto tecnológico do final do século XX, os cientistas encontrarão meios de combater a ameaça de fome. (1) (163)

managed cost / custo predeterminado Um dos custos fixos (*fixed costs*) que surgem das decisões periódicas, geralmente anuais, refletindo diretamente as políticas da empresa. Trata-se de um custo previsto, também conhecido como custo programado (*programmed cost*). (4) (41)

managed currency / moeda administrada Moeda cuja taxa de câmbio (*exchange rate*) é influenciada pela ação do governo no mercado de divisas, o que atualmente acontece com quase todas as moedas. (158) (163)

management / administração Nome dado aos indivíduos que compõem a direção de uma empresa. Primitivamente, os proprietários de empresas também eram os seus administradores, o que ainda acontece com as firmas de pequeno porte. Mas nas grandes empresas, como as sociedades anônimas, a propriedade e a administração estão separadas. Os administradores podem ou não possuir parte ou o todo da empresa, porém, na maioria dos casos, a administração consiste em pessoas capazes, nomeadas pelo conselho de administração (*board of directors*). Neste caso, existe a suposição de que os administradores visam mais à sua própria segurança na empresa do que aos lucros e, por isso, fazem jus a altos ordenados. (7) (48) (88) (148) (163) (225) (231) (244)

management accounting / contabilidade gerencial Aplicação de conhecimento contábil para gerar e interpretar informação pertinente e estatística, visando a dar assistência à administração em suas funções de promover o máximo de eficiência, formulação e coordenação de planos e, subseqüentemente, verificar a sua execução, neste caso, o seu controle. (88) (148) (157) (158) (244)

management audit / auditoria de administração Exame sistemático e detalhado da qualidade de administração (*management*) em uma dada empresa. A idéia é a melhoria de desempenho. (148) (225) (244)

management board / diretoria administrativa V. (*two-tier board*). (148)

management by exception / administração por exceção Provisão de informação para a administração, quando somente os afastamentos significativos das previsões ou planos são revisados para ação corretiva. A finalidade é reduzir a quantidade de detalhes contidos nos relatórios e dados estatísticos. São fornecidos somente os dados que mostram onde deve ser encetada a ação corretiva, isto é, quando há exceção no que se considera boa administração (*management*). (88) (107) (148) (225) (244)

management by objectives / administração por objetivos Processo de administração por meio do qual o supervisor e o subordinado, operando com uma definição das metas (*goals*) e prioridades da organização, identificam as principais áreas de responsabilidade de cada indivíduo, em termos dos resultados que dele são esperados. Esses resultados servem como orientação para operar qualquer unidade e avaliar a contribuição de cada um dos membros da organização. Usam-se as siglas, em inglês (*MBO*) e em português (APO). (148) (181) (225) (244)

management company / empresa de administração Empresa que decide que valores deve comprar e vender por uma unidade fiduciária (*unit trust*) e providencia a venda de unidades, em troca de emolumentos que são deduzidos da renda do fundo. (148)

management consultant / consultor de administração Pessoa ou empresa de comprovada perícia em ciência de administração e capaz de modificar os métodos existentes numa organização a fim de fazê-la ganhar em eficiência. (11) (148) (163) (244)

management consulting / consulta de administração Identificação e pesquisa, por perito independente, de problemas de política, organização, procedimentos de uma organização, e recomendação do que é apropriado para o que foi investigado. Esse perito ajudará na implantação de suas recomendações. (148)

management development / desenvolvimento de administração Transformação dos administradores de uma firma em melhores elementos, através de treinamento, melhoria em atitudes e personalidade. Tudo isso é feito através de cursos periódicos. (148) (225) (244)

management fee / emolumento de administração Em serviços de investimento, parte reservada ao administrador pela seleção e supervisão de uma carteira de valores (*portfolio*). (11) (A)

management functions / funções de administração Funções que se dividem em: planejamento, organização, direção e controle. Há autores que aumentam muito o número de funções, mas quase todos salientam que a coordenação das funções é essencial. Desde que haja administração, não importa quantas sejam as funções. (48) (A)

management games / jogos de administração O mesmo que jogos empresariais (*business games*), com a finalidade de dar treinamento aos empregados de certa categoria. Quase sempre os jogos são feitos através de computadores. (48) (148) (244)

management guide / orientação de administração Em administração por objetivos (*management by objectives*), são algumas normas que devem ser seguidas, como um esboço do trabalho do administrador, os resultados da última análise feita e os planos que ele tem para seu próprio aperfeiçoamento. (148)

management inventory / inventário de administração Resumos contendo a descrição das habilidades e especializações do pessoal que futuramente poderá ocupar cargos de administração. O inventário evidentemente engloba todas as capacidades do indivíduo, além das que possa obter por treinamento. (198)

management-investment company / companhia de administração de investimento Empresa de investimento cuja administração tem ampla liberdade para comprar e vender valores. (7) (88)

management psychology / psicologia de administração Termo usado pela Academia Naval de Annapolis para designar a disciplina de "liderança". Todavia, o estudo é de muito grande alcance nas diversas áreas do comportamento humano. (96) (A)

management review / exame de administração Avaliação feita por um auditor público ou outro profissional sobre o desempenho de uma administração, englobando todas as suas nuances. (88)

management rights / direitos da administração Direitos e liberdades que o administrador precisa ter para que possa dirigir com eficiência a sua empresa. Quase sempre, nos acordos trabalhistas, essas áreas de livre arbítrio ficam garantidas. Os direitos devem ser comensuráveis com o grau de autoridade e responsabilidade. Durante o desempenho, os direitos da administração raramente são contestados. (198)

management science / ciência de administração Ciência que, por muitos considerada como arte, tem certa semelhança com a pesquisa operacional (*operations research*). Esta é, principalmente, um instrumento de planejamento, ao passo que a ciência de administração é mais controle. Esta, segundo se crê, tem papel subordinado, porque decorre de decisões que freqüentemente são tomadas da pesquisa operacional, e, como se sabe, o planejamento figura em primeiro lugar nas funções de administração (*management functions*). (41) (88) (148)

management services / serviços de administração Partes da organização de uma empresa que aconselha e auxilia os administradores em decisões, especialmente a respeito de estudo de trabalho e organização e métodos. (244)

management style / estilo de administração Modo característico pelo qual um administrador lida com seus subordinados. (148) (244)

manager / administrador; gerente Pessoa encarregada da administração ou gestão de uma empresa, departamento ou qualquer outra parte de um negócio. Só não tem função gerencial quem não tem uma outra pessoa sob suas ordens. (7) (11) (88) (148) (231) (244)

managerial / gerencial Termo que se aplica a uma imensa quantidade de funções de administração (*management functions*), porém, especificamente em marketing, enfatiza julgamento, planejamento, organização, avaliação e ajustamento. (121) (231) (A)

managerial economics / economia gerencial Ramo da teoria econômica que concerne ou é aplicável à administração de empresas. (140) (148)

managerial effectiveness / efetividade gerencial Grau em que um administrador consegue atingir os requisitos de sua posição. (148)

managerial grid / grid gerencial Representação de estilos de administração em um gráfico bidimensional que, na realidade, corresponde a coordenadas. O administrador é colocado em uma de 9 categorizações possíveis, de 1 a 9. O sistema, que é patenteado por Robert Blake e Jane Mouton, dá as diversas categorizações que um administrador (ou qualquer outro funcionário) pode ter em relação ao que tange à empresa e ao que tange às pessoas. (148)

managerial structure / estrutura gerencial Relacionamento existente entre as posições administrativas em uma empresa, usualmente descrito em termos de responsabilidade e autoridade. (148)

managing director / diretor gerente; presidente Na Grã-Bretanha, diretor que tem a responsabilidade final (*accountability*) pelo desempenho de uma empresa. Nos Estados Unidos, o equivalente é o presidente — um executivo nomeado pelo conselho de administração (*board of directors*). (148) (163) (244)

Manchester School / Escola de Manchester Na Alemanha, os adeptos da política do (*laissez-faire*). A política que vigorou entre 1820 e 1850 teve apoio na economia de David Ricardo. A escola acreditava no livre comércio e na liberdade política e econômica com um mínimo de restrição por parte do governo. (158)

mandamus / mandado de segurança Ordem de um tribunal superior a um inferior, ou a um dirigente de empresa, ordenando a efetuação de algo específico. Atualmente o termo *mandamus* está sendo substituído por interdito (*injunction*). (11) (231)

mandate / mandado Autorização escrita dando poder a um terceiro para agir em seu nome. (163) (231) (244)

mandatory / obrigatório Obrigatório, compulsório, que não oferece opções. (11) (231)

mandatory retirement / aposentadoria compulsória Idade em que um indivíduo é obrigado a aposentar-se, tanto em empresas privadas como públicas. A idade varia nos diversos países, tanto para civis como para militares. (A)

man-hour / homem-hora Unidade de medida do tempo de trabalho que um homem executa em uma hora. (11)

manifest / manifesto Lista da carga de um navio, assinada por seu comandante ou substituto, para informação e uso das autoridades aduaneiras dos países exportadores e importadores. Também se aplica à carga enviada por outros meios de transporte. (11) (163) (225) (231) (244)

manipulate / manipular Adaptar ou modificar, sobretudo com malícia ou ilegalmente, em geral visando a um proveito próprio, um documento e até mesmo uma pessoa. (11)

manpower / força de trabalho Contingente total da mão-de-obra de um país, incluindo todos os que estão em idade de trabalhar, não importando o sexo. Naturalmente, há uma idade mínima e uma máxima para os que figuram na força de trabalho, também conhecida como (*labor force*). (148) (163) (231)

manpower planning / planejamento de força de trabalho Planejamento do número e tipo de trabalhadores e gerentes que uma empresa necessitará no futuro e de como obtê-los. (244)

man profile / perfil do homem Demonstração das características, experiência e treinamento do homem para bom desempenho em determinada função. (225) (244)

manslaughter / homicídio Homicídio em que não houve premeditação, e que também pode ser considerado como do segundo grau de gravidade (*murder in the second degree*). (231)

mantissa / mantissa Décima parte de um logaritmo (*logarithm*) comum. (88)

manual / manual 1. Documento impresso, geralmente sob a forma de livro, contendo instruções específicas para um dado trabalho. 2. Feito com as mãos. (225) (244)

manual dexterity / destreza manual Capacidade de uma pessoa de efetuar movimentos perfeitamente controlados com as mãos e os braços. Também existe a destreza digital, que é uma capacidade semelhante, mas com os dedos. (148)

manual rate / taxa de prêmio de seguro Taxa fixada de prêmio-padrão, usualmente expressa em unidades monetárias por milhares de unidades monetárias (*dólares por milhares de dólares*). (7) (88)

manual worker / trabalhador manual Pessoa que trabalha principalmente com as mãos, muitas vezes sem a necessidade de qualquer habilidade. (244)

manufacture / manufatura Anteriormente, fabricação de bens e utensílios por meio de trabalho manual ou máquinas, sobretudo em grande escala. Atualmente o termo abrange todo tipo de fabricação ou transformação. (11) (148) (244)

manufacturer / fabricante Companhia ou pessoa que fabrica alguma coisa. (244)

manufacturer's agent / agente do fabricante Agente que geralmente trabalha sob um contrato de longo prazo, vende dentro de um território exclusivo e opera com uma linha de produtos correlatos, mas não concorrentes entre si. Tem autoridade limitada quanto à determinação de preços e condições de venda. Nem sempre estoca ou assume a propriedade dos bens vendidos. (38) (48) (148) (163) (194) (225) (244)

manufacturer's inventories / estoques do fabricante Indicador econômico preparado sob os auspícios do Departamento de Comércio dos Estados Unidos, representando o valor contábil dos estoques disponíveis dos fabricantes no fim de cada mês ou trimestre. (80)

manufacturer's representative / representante do fabricante Eufemismo para "vendedor", palavra que, segundo alguns, tem conotação de menor *status*. Trata-se de um vendedor ou agente do fabricante (*manufacturer's agent*). (48) (244)

manufacturing cost / custo de fabricação V. (*factory cost*). (7) (88)

manufacturing expense / despesa de manufatura Custos indiretos de fabricação. V. (*factory overhead*). (41)

manufacturing overhead / despesas gerais de fábrica V. (*indirect manufacturing costs*) e (*factory overhead*). (41)

manufacturing statement / demonstração de custo fabril Demonstração que apresenta todos os particulares do custo dos bens manufaturados. (7) (88)

manuscript / manuscrito Redação final de um documento ou livro a ser submetido a um publicador para composição e finalmente reprodução. (225) (244)

margin / margem 1. Rendimento mínimo, abaixo do qual uma atividade não é suficientemente lucrativa para ser continuada. 2. O lucro mínimo que permite que uma transação seja economicamente viável. 3. Última unidade de um fator econômico usado em produção ou consumo. Resumidamente, é o lucro bruto (*gross profit*). (7) (78) (88) (148) (163) (225) (231) (244)

marginal / marginal 1. O que está na fronteira entre ser ou não ser lucrativo. 2. Unidade final de um fator econômico, tal como o usado em produção ou consumo. (78) (163) (231)

marginal analysis / análise marginal Análise que enfoca incrementos extremamente pequenos de magnitudes econômicas, como utilidade (*utility*), custo (*cost*), produção (*production*), receita (*revenue*) etc., visando à sua maximização ou minimização, conforme o caso, e constitui a ferramenta principal para a análise de equilíbrio parcial (*partial equilibrium*). (88) (128) (158) (163) (165)

marginal balance / saldo marginal Excesso da receita (*revenue*) sobre o custo variável (*variable cost*). (7) (88)

marginal cost / custo marginal Acréscimo ou decréscimo no custo total, com uma pequena variação na produção, como uma unidade adicional. É de grande importância para a determinação da quantidade que uma firma decide produzir. Relaciona-se a custo diferencial (*differential cost*) e a custo incremental (*incremental cost*). (88) (148) (158) (163) (165) (194) (225) (231) (244)

marginal costing / custeio marginal Embora freqüentemente considerado como custeio diferencial (*differential costing*) e custeio incremental (*incremental costing*), é essencialmente um conceito de curto prazo e constitui um estudo dos relacionamentos custo-volume-lucro (*cost-volume-profit*), com base em uma classificação de custos, como fixos ou variáveis. Os custos diferenciais e incrementais englobam muitos custos classificados como fixos ou semifixos que podem ser considerados como uma classe geral, da qual os custos marginais são apenas uma pequena parte. O custo marginal refere-se a uma única espécie de incremento, isto é, a adição de outra unidade à instalação fixa. (88) (148) (157) (225)

marginal cost pricing / preço de custo marginal Sistema em que os preços são tornados iguais ao custo marginal. Já que este precisa ser estabelecido de modo que toda a produção seja vendida, e já que o custo marginal varia com o produto, o preço de custo marginal implica estabelecer preços em um ponto onde a curva da demanda (*demand*) cruze a de custo marginal. (158)

marginal distribution / distribuição marginal Distribuição estatística de uma variável, em contraste com a distribuição condicional. O produto desta e da marginal, cujo valor é fixo na distribuição condicional, é a distribuição conjunta das duas variáveis em pauta. (163)

marginal efficiency of capital / eficiência marginal do capital Taxa de desconto que iguala uma série esperada de lucros de um bem de capital (*capital good*) a seu preço de oferta. Equivalente à taxa de retorno do capital interno, que Keynes chamou de eficiência marginal do investimento (*marginal efficiency of investment*). Em outras palavras, é a taxa de retorno de uma unidade monetária adicional de investimento líquido, o que vale dizer sua adição ao estoque de capital. V. (*internal rate of return*). (128) (158) (163) (165)

marginal efficiency of investment / eficiência marginal do investimento V. (*internal rate of return*). (158) (163)

marginal income / renda marginal V. (*contribution margin*). (41)

marginal-income ratio / taxa da receita marginal Percentagem das vendas monetárias que se acha em disponibilidade para cobrir os custos fixos e os lucros, após a dedu-

ção para a cobertura dos custos variáveis. (7) (88)

marginal land / terra marginal Terra que cobre o custo de produzir safras, mas que não apresenta lucro. (244)

marginal man / homem marginal Indivíduo que está dividido entre duas ou mais culturas, parcialmente assimilado em cada uma, porém não totalmente. Via de regra trata-se de um imigrante que traz em si o assimilado em sua terra de origem e procura assimilar a cultura do país anfitrião. (180) (A)

marginal physical product / produto físico marginal Produto físico que é a última unidade de um insumo adicionado ao produto total, permanencendo constantes todas as demais unidades. V. (*marginal product*). (158) (163) (165)

marginal pricing / preço marginal Estabelecimento do preço de venda de um produto ao custo marginal (*marginal cost*) de produzi-lo. (244)

marginal product / produto marginal Contribuição marginal de uma unidade de qualquer insumo multiplicado por seu produto marginal. O mesmo que produto físico marginal (*marginal physical product*). (20) (158) (165)

marginal productivity / produtividade marginal Incremento no valor monetário total (ou quantidade física) que resulta de uma única unidade de aumento no montante de um fator de produção (*factor of production*). (88)

marginal productivity theory of wages / teoria da produtividade marginal dos salários Idéia de que a demanda por mão-de-obra (*labor*) é determinada por sua produtividade marginal e, na verdade, que o salário da força de trabalho será igual ao valor do produto marginal (*marginal product*). (158)

marginal propensity to consume / propensão marginal a consumir Proporção da quantia adicional que as pessoas gastarão em consumo (*consumption*), a partir de uma quantidade adicional de renda. O conceito está ligado ao multiplicador (*multiplier*). (1) (158) (163)

marginal propensity to save / propensão marginal a poupar Poupança adicional que tem origem em renda nacional (*national in-*

come), ou seja, a relação entre modificação na poupança e modificação em renda. Conceito relacionado ao multiplicador (*multiplier*). (1) (158) (163)

marginal rate of substitution / taxa marginal de substituição Dada uma curva de indiferença (*indifference curve*), digamos, para duas mercadorias, taxa à qual o consumidor troca uma delas pela outra para a maximização de sua utilidade ou satisfação. (155) (158) (163)

marginal rate of taxation / taxa marginal de tributação Montante de imposto que incide como percentagem de uma unidade adicional de renda. (158) (163)

marginal rate of technical substitution / taxa marginal de substituição técnica Quociente dos produtos marginais de dois fatores em um determinado produto, isto é, a inclinação da isoquanta (*isoquant*) ao composto deste insumo. É a contrapartida na produção da taxa marginal de substituição em consumo. (163)

marginal rate of transformation / taxa marginal de transformação Índice que se obtém quando a produção de um bem pode ser substituída pela de um outro, por meio de novas combinações de insumo. (163)

marginal relief / auxílio marginal Quando a renda está abaixo de uma determinada quantia, se houver concessão de auxílio, uma proporção deste geralmente é dada a pessoas com rendas ligeiramente acima deste limite. Esta proporção é que tem o nome de auxílio marginal. Em outras palavras, é uma concessão feita a um contribuinte que apenas marginalmente cai dentro de uma categoria ou faixa de imposto mais elevado. (148) (163)

marginal revenue / receita marginal Variação na receita total, resultante da venda de uma unidade adicional. Alternativamente, perda em receita total pela venda de uma unidade a menos. Seu outro nome é receita incremental (*incremental revenue*). (148) (155) (158) (163) (165) (194) (244)

marginal revenue product / produto da receita marginal Receita marginal (*marginal revenue*) multiplicada pelo produto marginal (*marginal product*), ou seja, a adição à receita atribuível à última unidade de insumo. (158) (163) (165)

marginal social cost / custo social marginal Custo de uma unidade adicional de produção para a sociedade, levando-se em conta as economias ou deseconomias externas, podendo ser formuladas as condições de um ótimo de Pareto (*Pareto's optimal*), usando-se o custo social marginal ao invés do custo marginal individual na indústria. (163)

marginal social product / produto social marginal Efeito de uma pequena mudança na quantidade de insumo usado sobre o bem-estar social. (158)

marginal utility / utilidade marginal Modificação na utilidade total, resultante da alteração em consumo de uma unidade do bem por unidade de tempo. A utilidade marginal depende da natureza da utilidade total (*total utility*), à medida que o consumo aumenta ou diminui. V. (*total utility*) e (*saturation point*). (1) (37) (88) (158) (163) (225)

marginal utility of money / utilidade marginal da moeda Aumento na utilidade total (*total utility*), em conseqüência do aumento de uma unidade monetária adicional. Imaginando-se que o valor da moeda está em seu poder para a aquisição de bens, imagina-se também que a sua utilidade marginal (*marginal utility*) decorre da utilidade marginal dos bens em que é gasta. Um dos corolários é que a utilidade marginal da moeda diminui com o aumento da renda, o que constitui uma das premissas para a tributação progressiva, sob o pressuposto de que cada indivíduo sacrifica um montante igual de utilidade (*utility*). (158) (163)

marginal value product / valor do produto marginal Aumento na utilidade total que resulta do aumento da quantidade de moeda que um indivíduo tenha como unidade. Já que a moeda só tem valor por seu poder de troca, sua utilidade marginal acaba derivando das utilidades marginais que possa comprar. (158)

margin call / pedido de cobertura Em termos de bolsa de valores, pedido a um cliente que forneça dinheiro ou valores a um corretor depois de ter sido feita uma compra, para que a operação possa prosseguir com margem. (11) (105)

margin of safety / **margem de segurança** Excesso de vendas sobre o volume de vendas do (*break-even*), expresso em unidades monetárias ou em outras unidades quantitativas, ou como uma relação (*ratio*). (7) (88) (244)

marine insurance / **seguro marítimo** Seguro que cobre perda ou dano à propriedade marítima ocasionada pelos diversos perigos próprios do mar. (11) (163) (244)

marine league / **légua marítima** Igual a 3 milhas náuticas (*international nautical miles*) ou 3,45 milhas terrestres (*statute miles*), equivalente a 5,56 km. (78)

maritime law / **direito marítimo** Área especial do direito, também chamada de "a lei do mar", relacionada a navios, portos etc. (244)

markdown / **rebaixa** Redução que um varejista (*retailer*) faz no preço por que vendia anteriormente. Sua intenção é eliminar o estoque do produto rebaixado dentro do menor prazo. (148) (231) (244)

markdown cancellation / **anulação de rebaixa** Parte original de um preço marcado que é restaurada depois que foi feita a rebaixa. (7) (88)

marked check / **cheque visado** Cheque marcado por um banco, significando que a conta tem fundos adequados para que seja descontado. Na Grã-Bretanha, há muito tempo que não existe o cheque visado; em seu lugar é feito um saque bancário (*bank draft*). (148) (163)

market / **mercado** Qualquer organização por cujo intermédio os compradores, através da demanda, e os vendedores, através da oferta, se mantêm em estreito contato. Os mercados estão sujeitos a numerosas forças que os alteram. Os economistas criaram para definição de mercado quatro suposições principais, que são: homogeneidade (*homogeneity*), divisibilidade (*divisibility*), concorrência pura (*pure competition*) e mercado perfeito (*perfect market*). Em marketing, a definição é de um grupo identificável de consumidores com poder aquisitivo (*buying power*), disposto e capaz de pagar por um produto ou serviço. V. (*market mechanism*) e (*market forces*). (39) (158) (163) (194) (225) (231) (244)

marketability / **liquidez** Rapidez e a facilidade com que um bem, principalmente na classe de valores, pode ser convertido em moeda corrente. (11) (231)

marketable / **mercadizável** Produto ou serviço que se julga prontamente mercadizável, isto é, que exercerá atração para os clientes. (11) (148) (244)

marketable security / **valor mercadizável** Valor suscetível de ser vendido em uma bolsa de valores. (148) (158) (163)

market acceptance / **aceitação de mercado** Diz-se da situação em que um produto atende e satisfaz a uma boa proporção do mercado, de modo que o produtor possa continuar a fabricá-lo e possivelmente aumentar sua produção. (225)

market aggregation / **agregação de mercado** Oposto de segmentação (*market segmentation*) e consiste em reunir todos os clientes potenciais em um grupo, formando um mercado de massa indiferenciado. De acordo com algumas opiniões, a agregação se relaciona a considerações de custo de produção, armazenamento e transporte. Julga-se que as grandes quantidades são mais econômicas, que os custos de estocagem serão menores se houver um número menor de linhas de produto, e que serão mais fáceis as mensurações de eficiência dos fundos para promoção. (138)

market analysis / **análise de mercado** Subdivisão da pesquisa mercadológica que procura determinar a extensão e as características de um mercado. V. também (*marketing research*). (38) (244)

market attrition / **desgaste de mercado** Fenômeno que ocorre quando tem início um declínio nas vendas de um produto, com o abandono de lealdade à marca (*brand loyalty*), quase sempre por falta de estímulo promocional, mas também por características melhores de produtos concorrentes. V. (*product life cycle*). (164) (225)

market capitalization / **capitalização de mercado** V. (*capitalization*). (158) (163)

market coverage / **cobertura de mercado** 1. Extensão em que os veículos de propaganda alcançam as audiências-alvo. 2. Medida em que a força de vendas fornece a todos os clientes em perspectiva. 3. Quantidade de estabelecimentos de vendas que fornecem para todos os clientes disponíveis. (225) (244)

market demand / demanda do mercado Total de vendas de um produto dentro de um exercício, geralmente um ano. (244).

market demand curve / curva de demanda do mercado Curva composta das curvas de demanda individuais. A curva demonstra as diferentes quantidades que um consumidor comprará a todos os preços possíveis, tudo o mais sendo igual. Somando todas as quantidades que todos os consumidores adquirirão a cada preço, chegamos à curva de demanda do mercado. (37) (158)

market economy / economia de mercado V. (*free market economy*). (158)

marketer / mercadizador Gerente ou proprietário de uma firma, responsável pela venda de seus produtos no mercado. (148) (235)

market financing / financiamento de mercado No sistema capitalista, método solicitado pelas lidas com qualquer bem econômico (*economic good*). Se os bens são pagos à vista, o comprador tem de prover os fundos necessários, que podem ser próprios ou tomados de empréstimo. Do contrário o vendedor proporciona o crédito necessário e assim, durante certo tempo, assume o encargo de financiar a transação. Já que muitas vendas são feitas a crédito, esta fase da função financiamento é muito importante. Os fabricantes dão crédito aos atacadistas, estes ao varejistas e os varejistas aos consumidores. Muitas vezes há necessidade de se recorrer a empresas financiadoras. (48)

market forces / forças do mercado 1. Fenômenos que afetam a venda de um produto, como preço, concorrência, estado da economia etc. 2. Conseqüências da oferta e da demanda, representadas pelas influências agregadas das atividades econômicas. Estas determinam os preços e as quantidades transacionadas de bens e serviços. Imagina-se que o governo e as grandes empresas podem ter poder suficiente para ignorar e até mesmo influenciar as referidas forças. (158) (163) (244)

market imperfections / imperfeições do mercado Termo que, bastante encontrado em literatura econômica, cobre uma vasta faixa de condições que, se existissem, constituiriam um mercado perfeitamente competitivo; haveria perfeito conhecimento de todos os fatores que influenciam as chamadas forças de mercado (*market forces*). A diferenciação de produto (*product differentiation*), por exemplo, embora talvez não permanente, pode causar imperfeição de mercado. (163)

market information / informação de mercado Informação de que necessita o empresário se espera conseguir êxito perante a concorrência característica de muitos campos de atividade, para tomar decisões. A informação cobre tópicos como preços, dimensão do mercado, localização, preferência do consumidor, caráter da demanda e condições de oferta. As muitas fontes de informação incluem relatórios de órgãos governamentais, associações de classe, jornais especializados, bolsas de mercadorias, escritórios de pesquisa empresarial, consultores e os próprios registros das empresas. Toda instituição de mercadização (*marketing*) é uma fonte de informação de mercado, e cada empresário tem de prover-se de certa quantidade de informação de mercado para que possa operar com eficiência. (48)

marketing / marketing; mercadologia; mercadização Resumidamente, processo que se constitui das atividades que visam a conseguir e manter um mercado para os produtos de uma firma. Pode equivaler a mercadologia, termo pouco usado, e também mercadização, ou seja, a comercialização dos produtos, sendo usadas todas as formas de alcançar os clientes. Mercadologia ou marketing é um longo e complicado estudo por si só. (148) (158) (163) (212) (225) (231)

marketing audit / auditoria de marketing Estudo rigoroso e intenso da eficiência de "todas" as atividades mercadológicas de uma firma. (225)

marketing chain / cadeia de marketing Diz-se dos elos essenciais que compõem todas as atividades mercadológicas. (225)

marketing channels / canais de marketing Meios pelos quais um produto segue do produtor para o consumidor, sujeito a uma grande quantidade de variáveis, como tipo de vendedor, de produto, de segmento de mercado, de preços e de muitos outros quesitos. (194)

marketing communications / comunicações de marketing Mensagens criadas com a finalidade de facilitar o processo mercadológico, por meio de todos os veículos de propaganda e publicidade, visando ao segmento de mercado escolhido pela empresa vendedora. (194) (225)

marketing concept / conceito de marketing Resumidamente, idéia de que os produtos devem ser desenhados e criados para atender à necessidade de um consumidor e proporcionar lucro a seu produtor e intermediários de vendas. (194) (225) (244)

marketing cost / custo de marketing Custo de localizar clientes, persuadi-los a comprar, fazer a entrega dos bens e receber o devido. (7) (88)

marketing functions / funções de marketing Passos imprescindíveis que precisam ser dados na mercadização dos bens industriais, comerciais e de consumo. Nem sempre se concorda sobre quais as atividades incluídas como as referidas funções, mas em geral são: compra, venda, transporte, armazenamento, padronização, financiamento, risco e informação de mercado. (48) (225)

marketing game / jogo de marketing Simulação de problema de marketing que deverá ser resolvido pelos gerentes. É uma das formas dos jogos empresariais (*business games*). (148)

marketing information / informação de marketing Dados e notícias oriundos da pesquisa, relevantes para a operação mercadológica. (225)

marketing manager / gerente de marketing Pessoa cuja responsabilidade é a supervisão do programa de mercadização, tendo autoridade em pesquisa e desenvolvimento (*research and development*) e escala de produção que, anteriormente, eram seara dos departamentos de engenharia e produção. Isto acontece por haver o reconhecimento de que uma das verdades básicas é que as empresas de maior sucesso são aquelas cujos bens mais se aproximam dos desejos do consumidor. A gerência de marketing é a que está mais próxima dos clientes, sendo, portanto, a que deve determinar que itens devem ser produzidos,

com as estimativas das qualidades e quantidades que podem ser consumidas. (48) (244)

marketing mix / composto de marketing Reunião de todos os elementos de planejamento de produto, estratégia de distribuição, promoção, preço, diferenciação, para que sejam atendidas as necessidades supostas ou comprovadas de um mercado específico. (148) (194) (225) (244)

marketing orientation / orientação de marketing Orientação que exige que uma empresa se lance à mensuração das preferências do consumidor, como base para dispor dos recursos que controla, visando a maximizar o valor adicionado (*added value*) a seu uso. (133) (225)

marketing policy / política de marketing Curso de ação estabelecido para garantir a coerência ou constância de procedimentos mercadológicos, sob circunstâncias essencialmente semelhantes e repetitivas. (38) (A)

marketing research / pesquisa de marketing Pesquisa que tem por objetivo a coleta, registro e análise de todos os fatos sobre problemas relacionados ao encaminhamento e venda de bens e serviços do produtor ao consumidor. Em suma, o que a empresa deseja é informação de marketing (*market information*). (48) (148) (225) (244)

marketing strategy / estratégia de marketing Estratégia utilizada para alcançar os alvos do planejamento de marketing. (244).

marketing upweight discounts / concessão de preços a anunciantes Concessão de preços feita a anunciantes preparados para despender uma quantidade mais do que proporcional em qualquer das áreas de televisão. (225)

market intelligence / inteligência de mercado V. (*market information*). (225) (244)

market leader / líder de mercado Empresa que tem a maior participação de mercado (*market share*) para um determinado produto. Quase certamente essa empresa será também a líder de preços (*price leader*). (163) (225) (244)

market mechanism / mecanismo de mercado Meio através do qual as forças de mercado (*market forces*) movimentam os preços e as quantidades vendidas. (163)

market order / ordem de mercado Ordem transmitida a um corretor para comprar ou vender ao preço corrente de mercado, principalmente valores. (11)

market-oriented company / companhia orientada por marketing Empresa que permite que o mercado influencie suas principais decisões, isto é, cujos diretores e gerentes acreditam no conceito de marketing (*marketing concept*). (88) (244)

market penetration / penetração de mercado Fatia conseguida por uma firma em determinado mercado, relativamente às suas vendas totais de um produto, frente a todas as demais que concorrem com produto semelhante. A base de estimativa para a penetração de mercado é seu índice percentual de vendas em comparação com os das demais firmas concorrentes. (163) (225)

market potential / potencial de mercado Máximo possível de oportunidade de vendas para todas as empresas, relativamente a um bem ou serviço econômico. (38) (138) (225) (244)

market price / preço de mercado Preço ao qual um valor ou mercadoria está sendo vendido no mercado aberto. É o mesmo que valor de mercado (*market value*). (11) (148) (163) (225) (231) (244)

market profile / perfil de mercado Características dos componentes de um determinado grupo de mercado que sirvam para identificar seus membros. (225)

market purchasing / compra de mercado V. (*speculative purchasing*). (48)

market rate of discount / taxa de desconto de mercado Taxa em que os corretores de valores descontarão letras de câmbio aprovadas para não mais do que três meses. Usualmente esta taxa é inferior à cobrada por um banco central como emprestador de último recurso (*lender of last resource*). (163)

market reach / alcance de mercado Número total de clientes em perspectiva dentro de um determinado mercado, que pode ser alcançado através de alguma campanha. (225)

market research / pesquisa de mercado Pesquisa que tem como finalidade descobrir informação sobre o mercado para um determinado produto. (132) (148) (163) (225) (244)

market research analyst / analista de pesquisa de mercado Indivíduo especializado que pesquisa a condição dos mercados em âmbito nacional a fim de determinar o potencial de vendas de um produto ou serviço. Examina dados estatísticos de vendas anteriores e as tendências (*trends*) dos intermediários, visando à previsão (*forecast*) de vendas futuras. Coleta informação sobre os concorrentes (*competitors*) e analisa seus preços e métodos de operação. Coleta dados sobre os hábitos de compra e as preferências dos clientes em perspectiva. (48)

market risk / risco de mercado Uma das muitas funções mercadológicas. A simples posse de bens traz consigo o peso inevitável da assunção de riscos (*risk taking*), como danos, deterioração, roubos, preços desfavoráveis, obsolescência etc. Quando os bens são vendidos a crédito, há o risco de que o comprador não pague. (48)

market sales potential / potencial de vendas de mercado Estimativa do valor potencial das vendas cumulativas de um determinado mercado, levando-se em conta as diferentes escalas de preferência dos consumidores. (225)

market segment / segmento de mercado V. (*market segmentation*). (148) (A)

market segmentation / segmentação de mercado Processo pelo qual uma empresa divide seus clientes em perspectiva, que constituem um mercado, em subgrupos ou submercados, que são seus segmentos. O objetivo da segmentação é grupar os clientes em perspectiva, de modo que suas respostas aos insumos de marketing sejam semelhantes, o que vale dizer, as sensibilidades a estes insumos podem variar muito entre os segmentos, mas pouco dentro deles. (138) (148) (225) (244)

market share / participação de mercado Parte do mercado geral dominada por um determinado produtor ou comerciante. Quase sempre a medida é percentual e visa a um certo segmento. (148) (158) (163) (194) (225) (244)

market structure / estrutura de mercado Conjunto de características que determinam as relações de concorrência em um mercado. (158)

market supply / oferta de mercado Oferta de um bem (*good*) ou serviço (*service*) proveniente de todas as entidades vendedoras de um mercado. (158)

market trend / tendência de mercado Direção em que um mercado propende a se desenvolver. (225) (244)

market value / valor de mercado O mesmo que preço de mercado (*market price*) em determinado ponto do tempo. (11) (148) (163) (225) (231) (244)

market weight / peso de mercado Termo usado para ponderar o dispêndio com propaganda, variando a verba de acordo com o consumo por diferentes segmentos. (225)

marking names / marcação de nomes Lista de nomes das casas financeiras mantidas pelas autoridades da Bolsa de Valores de Londres, em cujo nome os possuidores de valores norte-americanos e canadenses podem tê-los registrados para comodidade de coleta de dividendos. (163)

markings / marcações Detalhes dos preços aos quais determinadas ações são negociadas a preços de ocasião na Bolsa de Valores de Londres. As marcações são feitas em tiras especiais por escriturários não autorizados, e esta informação é usada para lançar nas listas oficiais os detalhes das operações do dia. (163)

markon / margem de lucro; preço de venda Quantia somada ao custo no estabelecimento dos preços de venda, a fim de cobrir as despesas de operação e a margem de lucro. Também conhecida como (*markup*). (7) (88) (231)

Markov chain / cadeia de Markov Seqüência que descreve uma série de eventos em que cada um depende do resultado do anterior para seu próprio resultado particular e independe das conseqüências em todos os estágios anteriores. (163) (225)

markup / markup; margem de lucro 1. Remarcação para um preço de venda mais elevado. 2. Em bancos e firmas corretoras de papéis negociáveis (*securities*), reavaliação dos referidos papéis em conseqüência de uma alta em suas cotações de mercado. 3. O mesmo que (*markon*). (88) (148) (225) (231) (244)

markup cancellation / anulação de remarcação para cima Eliminação de uma margem de lucro ou parte dela, no que diz respeito à mercadoria que não foi vendida. (7)

married print / impressão casada Diz-se da situação em que a trilha visual e a sonora são feitas separadamente e depois "casadas" por impressão dos dois filmes em uma única trilha. (225)

marshal / dispor em ordem de liquidez 1. Estabelecer a ordem dos bens do ativo em classes, no que tange à sua aplicação para liquidação de obrigações (*liabilities*). 2. Estabelecer classes de obrigações para liquidação prioritária. As prioridades devem ser arranjadas de tal modo que os credores se sintam tratados eqüitativamente. (7) (88)

mask / máscara Quadro, quase sempre retangular, usado para cobrir as partes de uma ilustração que não precisam ser reproduzidas; o mesmo que se faz cortando parte de uma fotografia com uma tesoura. (225)

mass / massa Grupo relativamente grande de pessoas, especialmente dispersas e anônimas, que atuam independentemente em resposta a estímulos semelhantes. Poder-se-ia dizer que massa é o povo em geral. (180)

Massachusetts trust / fiduciária Massachusetts Sob cláusulas contratuais, um pequeno número de curadores aceita fundos de numerosos investidores, emitindo certificados de benefício sobre o fundo acionário (*trust shares*). Esses curadores (*trustees*) distribuem os lucros aos portadores de certificados. A autoridade dos administradores é semelhante à do conselho de administração (*board of directors*), mas nenhum deles pode ser desligado do cargo. Os portadores de certificados não podem votar, mas sua responsabilidade é limitada, além de terem outros direitos semelhantes aos dos acionistas de uma sociedade anônima. O nome deriva de uma proibição, no Estado de Massachusetts, de sociedades anônimas criadas para negócios imobiliários. A fim de obter grandes capitais e proporcionar responsabilidade limitada para os investidores, foi usado o artifício da curadoria. Este tipo de organização também é conhecido como (*business trust*) e associação voluntária (*voluntary association*). Quase todos os fundos de investimento ou companhias fiduciárias são conhecidos como fundos mútuos (*mutual funds*), divididos em uma carteira (*portfolio*) como unidades (*units*). (48) (231)

mass advertising / propaganda de massa Utilização de veículos de massa para alcançar mercados. (225)

mass behavior / comportamento de massa Comportamento desorganizado, não estruturado, sem coordenação, selecionado individualmente. Difere de comportamento de multidão (*crowd behavior*), porque este é breve, episódico e constitui a ação de pessoas como um grupo, ao passo que o comportamento de massa é mais duradouro e tem origem na soma total de muitas ações individuais. (180) (A)

mass communication / comunicação de massa Transmissão de mensagem (*message*) à audiência-alvo por meio de veículos de massa, como a imprensa nacional e a televisão. (225)

mass display / exposição em massa Vendas nas casas de auto-serviço, como supermercados, onde praticamente não há balconistas. A função vendas é transferida para exibição em massa. Em lugar dos vendedores, funcionam a propaganda interna e a externa. É um tipo de venda impessoal (*impersonal selling*). (48)

mass hysteria / histeria de massa Crença ou comportamento irracional e compulsivo que se dissemina entre numerosas pessoas, geralmente em uma multidão (*mob*). Seria mais correto dizer histeria de multidão. (180) (A)

mass media / mídia de massa Diz-se dos meios de comunicação que alcançam um grande mercado. Esses meios são televisão, rádio, jornais, revistas etc. V. (*media*). (164) (225) (244)

mass production / produção em massa 1. Fabrico de grande quantidade de um produto para a obtenção de economias de escala (*economies of scale*). 2. Técnica fabril que resulta na criação de grande volume e redução de custos unitários. É principalmente a padronização e possibilidade de intercâmbio de peças. A linha de montagem automobilística estendida a outras atividades é um símbolo de produção em massa, quando o empregado tem o seu trabalho subdividido em uma série de operações simples e repetitivas, nas quais se especializa. (48) (148) (163) (244)

mass society / sociedade de massa Sociedade na qual os relacionamentos, baseados na comunidade e orientados pela tradição, foram em grande parte substituídos por relacionamentos contratuais e utilitários; caracteriza-se por anonimidade, mobilidade, especialização e individualismo. (180) (A)

master / mestre; principal 1. Trabalhador especializado com qualificação para ensinar aprendizes no ramo a que se dedica. 2. Comandante ou patrão de uma embarcação. 3. O que tem uma qualidade principal, como, por exemplo, arquivo principal (*master file*). (11) (244)

master budget / orçamento-mestre Orçamento que proporciona um plano global para o período fiscal vindouro, inclusive o objetivo de lucro e o programa apropriado para obtê-lo. (7) (88)

master control account / conta de controle principal Conta de controle mantida no razão geral, com o apoio de um razonete, ou outras contas de controle, cada qual relacionando-se a um número limitado de contas a receber ou outras detalhadas. (7) (88)

master file / arquivo principal Em processamento de dados, arquivo de consulta com mudança infreqüente, usado para proporcionar dados a um sistema em base rotineira. É também um arquivo atualizado no qual são contidas mudanças de registros. (118)

master sample / amostra principal Amostra cuidadosamente tirada, principalmente para fins agrícolas, que pode substituir a base relativa de uma população; dela pode ser extraída imediatamente uma série de subamostras para investigação de diversas características da referida população. (25) (225)

masthead / cabeçalho Cabeçalho principal ou título de um texto impresso, quase sempre contendo outras informações, como os nomes dos editores, número do exemplar, localização, preço de subscrição etc. (78) (164) (225)

matched orders / falso mercado Tipo de mercado que ocorre quando uma pessoa ordena a dois corretores diferentes no mesmo mercado organizado. Uma ordem é para vender uma quantidade a não menos do que o preço estabelecido, isto é, acima do que prevalece; a outra ordem é para comprar até esse preço. Os corretores efetuam os negócios que, então, são relatados ao público dando a impressão de que os preços do mercado estão se elevando. (148)

matched-pair / par igualado Técnica para estabelecer grupos experimentais e de controle. Para cada sujeito do grupo experimental é encontrado um outro com todas as variáveis importantes, como idade, religião, educação, ocupação, ou qualquer outro fator relevante para a pesquisa, e colocado no grupo de controle. É, portanto, um par igualado. (180)

matched sample / amostra combinada Combinação de duas ou mais amostras com características iguais, usadas para comparações realísticas em diferentes objetos de teste. (225) (244)

matching / igualação de periodicidade; lance de moeda 1. Em bolsa de valores, lance de uma moeda a fim de decidir por cara ou coroa que proponente deve prevalecer quando o lance feito simultaneamente por dois concorrentes é igual ou maior do que o montante de ações em oferta. 2. Princípio de identificar receitas e despesas correlatas com o mesmo período contábil. 3. Determinação ou reconhecimento de itens que devem compor uma demonstração de renda (*income statement*). (7) (11) (88)

material culture / cultura material Objetos manufaturados, como ferramentas, móveis, máquinas, edifícios, canais, lavouras, vias de comunicação e até mesmo qualquer substância física modificada e usada pelo povo. A parte a salientar é a material, não a cultural. (180) (A)

material fact / fato material Em seguro, fato que deve influenciar a mente de um segurador prudente na avaliação de um risco. O que é material é a questão do fato a ser decidido pelos tribunais de justiça. Há certos fatos que são evidentemente materiais para um contrato de seguro, como, por exemplo, o de que um proponente de seguro de vida sofre de moléstia que pode abreviar-lhe a vida, mas da qual não tem conhecimento, e que, por isso, não pode ser apenado por não o revelar. (163)

materials control / controle de materiais Registros e procedimentos destinados a manter a administração (*management*) constantemente informada de que materiais e quantas unidades de cada se acham na fábrica e em que departamentos estão localizados. Proporcionam uma escrituração das transferências de materiais de um departamento para outro. É uma fonte importante de dados para a contabilidade de custos (*cost accounting*). (48) (244)

materials cost / custo de materiais Custo que se associa a dispêndio com materiais ou fornecimentos. (148)

materials handling / manuseio de materiais Movimentação de materiais, tais como produtos em diversos estágios de produção ou acabados, de acordo com estudos, planejamento e prática, tudo visando a diminuir os custos. (148) (244)

materials management / administração de materiais Diversas maneiras para diferentes operações com os materiais, tais como compras, armazenamento, controle de produção, de qualidade, de estoque etc. (48) (148)

materials requisition / requisição de materiais Solicitação formal de materiais do almoxarifado para a linha de produção, ou de materiais acabados para entrega por vendas. (148)

maternity benefit / benefício de maternidade No Reino Unido, dinheiro pago pelo governo a uma mulher enquanto ela está afastada do trabalho pouco antes e pouco depois de dar à luz. (244)

mate's receipt / recibo do comandante Recibo assinado pelo comandante de um navio ou de quem lhe faça as vezes, declarando que os bens descritos no documento foram embarcados. Serve de prova como cláusula contratual f.o.b. (163) (244)

mathematical programming / programação matemática Técnica relacionada à análise de insumo-produto (*input-output analysis*), também chamada de programação linear (*linear programming*), destinada a revelar a alocação ótima de recursos dentro de um processo, negócio ou indústria. É um exame sistemático de uma série de alternativas viáveis, a fim de que se encontre o ótimo. (119) (148)

matrix / matriz 1. Em circuito de computador eletrônico, arranjo dos componentes tais como relés, válvulas, transistores, diodos, núcleos de armazenamento magnético, memória etc. Cada matriz destina-se a desempenhar uma única função. 2. Qualquer tabulação para operações matemáticas. 3. Disposição dos elementos, em forma retangular, de um conjunto, com linhas e colunas. É muito usada na teoria do jogo (*game theory*). (11) (163) (216) (225) (244)

matrix algebra / álgebra de matriz Ramo da matemática que define as regras pelas quais as matrizes podem ser somadas, subtraídas, multiplicadas e divididas. Encontra ampla aplicação em econometria (*econometry*). (158)

matter / matéria Texto a ser reunido para finalidades de impressão. (225)

maturity / data de vencimento 1. Vencimento de algum título a pagar ou a receber. 2. Um dos estágios do ciclo de vida, muitas vezes chamados de maturação. (148) (231) (244)

maturity curve / curva de maturidade Gráfico que tem por fim compensar os trabalhadores por sua antiguidade e desempenho. São planos de remuneração de trabalhadores e técnicos. (148) (198)

maturity date / data de vencimento V. (*maturity*). (148) (A)

maximand / maximand Diz-se daquilo que se deseja maximizar. O lucro de uma firma é o maximando quando se deseja encontrar um meio que o torne o máximo possível. (158)

maximax / maximax Princípio segundo o qual o decisor deve escolher o melhor do melhor no processo decisório. V. (*maximin*). (140) (163)

maximin / maximin Princípio que poderia ser adotado por um decisor pessimista. A base é revisar as conseqüências associadas a cada alternativa e "escolher a melhor da pior" ou maximizar o que é mínimo. (140) (163)

maximin criterion / critério maximin Critério de maximizar a compensação mínima que puder ser conseguida. (148)

maximin strategy / estratégia maximin Estratégia sugerida pelo teoria do jogo (*game theory*) como a racional a ser adotada em situações teóricas de jogo. A suposição é de que antes de mais nada o jogador identificará o pior resultado possível da escolha de uma das estratégias, isto é, descobrirá a conseqüência mínima para cada uma. Depois descobre a estratégia cuja pior conseqüência seja melhor do que a pior conseqüência possível de qualquer outra que pudesse ter escolhido. Esta é, portanto, sua estratégia máxima. (158)

maximize / maximizar Tornar tão grande ou maior quanto seja possível. (148)

maximum working area / área máxima de trabalho Espaço dentro do qual, em qualquer posição, um trabalhador possa alcançar e usar suas ferramentas e materiais, movendo apenas os braços, sem ter de mexer o corpo. (148)

MBO / APO Sigla de (*management by objectives*), administração por objetivos. (244)

mean / média Soma de todos os itens dividida pelo número de itens; algumas vezes referida como promédio (*average*). (148) (158) (163) (180) (225) (244)

mean deviation / desvio médio Média aritmética dos desvios de todos os itens em uma distribuição ou conjunto de números de sua média aritmética, quando todos de tais desvios são tidos como números positivos. (163)

mean price / preço médio Média aritmética de dois preços, algumas vezes considerada como preço de mercado. (163)

means-ends / meios-fins Análise por meio de heurística (*heuristics*) para alcançar uma meta estabelecida, para a solução de um problema. (A)

means test / teste de meios Teste feito na Grã-Bretanha, desde a depressão da década de 1930, em que o auxílio de bem-estar é concedido somente aos que demonstrarem que sua falta de meios pode justificar a assistência dada. É um método para estabelecer a validade da reivindicação de auxílio de bem-estar por parte de um requerente. (158) (163) (244)

measure / medida; providência 1. Uso de certo instrumento econômico ou financeiro, durante certo tempo, a fim de promover um ou mais objetivos, como, por exemplo, a decisão de elevar a taxa bancária durante um período ou reduzir o imposto de renda em determinado orçamento. 2. Dimensão de linha em que será feita a composição tipográfica. (104) (225)

measured daywork/dia de trabalho medido Tipo de pagamento por resultados em que é paga uma bonificação fixa ao trabalhador todas as vezes que o seu desempenho for igual ou superior ao padrão estabelecido. Alguns sindicatos proíbem esta prática. (148) (163)

measurement ton/tonelada de medição V. (*register ton*) e (*freight ton*). (78)

measure of central tendency/medida de tendência central Medida em uma distribuição de freqüência ou no gráfico respectivo, em que os valores tendem a concentrar-se no centro da série ou próximos do centro. Geralmente essas medidas são designadas como médias, tais como média aritmética simples, média aritmética ponderada, média geométrica, média harmônica e média quadrática etc. (5) (28) (225) (244)

mechanical-ability test/teste de capacidade mecânica Teste de aptidão vocacional a fim de prever sucesso em trabalhos que exijam habilidade mecânica. Esse teste é feito quase sempre para trabalhadores de colarinho azul (*blue collar*). (130)

mechanic's lien/vínculo de mecânico Reivindicação aprovada por lei em muitos Estados de um vínculo sobre a propriedade de uma pessoa que trabalhou ou forneceu materiais para um determinado bem. Isto pode garantir-lhe preferência em caso de liquidação de espólio ou encerramento de negócios. (11)

media/mídia Em latim, plural de "meio" (*medium*). É o jargão do publicitário e significa veículos ou meios de publicidade e propaganda, como jornais, revistas, rádio, televisão etc. A palavra mídia deveria, em tal caso, ser usada como do gênero masculino e no plural, mas não é o que acontece. O termo parece ser uma espécie de afetação dos publicitários, talvez influenciados pelos homens da (*Madison Avenue*). (178) (225) (244)

media analyst/analista de mídia Empregado de agência de propaganda encarregado de manter e classificar estatísticas de veículos de propaganda, ao melhor de sua possibilidade, para a consecução dos fins em vista. (225)

media broker/corretor de mídia Agência independente que quase sempre compra espaço ou tempo em veículos de propaganda por conta de um cliente. (225)

media budget/orçamento de mídia Verba alocada para veículos de propaganda, com classificação para cada um e respectivos períodos de tempo. (225)

media buyer/comprador de mídia Executivo de uma agência de propaganda responsável pela compra oportuna e econômica de tempo ou espaço em veículo de propaganda, para uso do programa de um cliente. (225) (244)

media commission/comissão de mídia Comissão concedida pelos proprietários de veículos de propaganda às agências de propaganda reconhecidas como dedicadas a esse mister. (225)

media data form/fomulário de dados de mídia Formulário estabelecido para aprensentar dados quanto à publicação, visando a facilitar comparação, principalmente no que tange à circulação e taxas. (225)

media evaluation/avaliação de mídia Consideração de veículos alternativos para propaganda, antes da escolha, a fim de determinar a significância dos fatores qualitativos e quantitativos relevantes para os objetivos da propaganda. (225)

media mix/composto de mídia Composto da quantidade de verba para propaganda alocada a cada veículo dentro do orçamento de mídia. (225)

median/mediana Valor que ocupa exatamente o meio de uma série quando seus valores estão dispostos em ordem crescente ou decrescente. Além de representar a série, serve também para analisar sua distribuição e, ainda, as demais medidas de tendência central (*measures of central tendency*), para a comparação de fenômenos da mesma espécie. (17) (148) (244)

media owners/proprietários de mídia Publicadores e empreiteiros que proporcionam veículos, inclusive jornais, cinema, TV, rádio, posters etc. para propaganda. Em suma, são os que oferecem canais de comunicação para propaganda. (225) (244)

media planner/planejador de mídia Executivo de uma agência de propaganda encarregado de formular planos envolvendo todos os tipos de veículos, a fim de permitir ao cliente alcançar seus mercados potenciais com um mínimo de despesa. (225) (244)

media research / pesquisa de mídia Análise do potencial relativo de propaganda de televisão, rádio, jornal etc. (163) (225) (244)

media schedule / programa de mídia Gráfico feito por um anunciante, usualmente com o auxílio de uma agência de publicidade, estabelecendo os veículos e as épocas dos anúncios que devem ser feitos, custos, oportunidade etc. (225)

media selection / seleção de mídia Decisão sobre quais os veículos que são apropriados para uma determinada propaganda, consoante a avaliação feita. (225)

media strategy / estratégia de mídia Verba para propaganda definida por suas finalidades e alocada aos fatores de impacto, cobertura, freqüência e duração. (225)

mediate / mediar Atuar entre partes ou efetuar um acordo entre elas, como um compromisso ou conciliação, especialmente em uma disputa trabalhista. (11) (231) (244)

mediation / mediação Procedimento em que um terceiro presta seus bons ofícios a ambos os lados em uma disputa, na tentativa de fazer com que se chegue a um acordo amigável. Na mediação não há coerção. Presume-se vontade de auxiliar, por parte do mediador. Há uma ligeira diferença entre mediação e conciliação. Conciliação significa que o mediador examina as propostas feitas pelas partes, enquanto em mediação o mediador também sugere. (48) (163) (244)

medium / meio; veículo Canal de comunicação, como um órgão da imprensa, uma estação de rádio ou televisão, mala direta etc. É um veículo de comunicação. O plural (*media*) é usado no Brasil como mídia e, aparentemente, vai perdendo sua velha e imprescindível raiz latina. (164) (225) (244)

medium of exchange / meio de troca V. (*money*). (158) (163)

mediums / mediums; obrigações de longo prazo Títulos do governo que serão resgatados entre 5 a 15 anos a partir do presente. (148) (163)

meeting / reunião Trabalho de grupo que resulta tanto da filosofia de que "duas cabeças pensam melhor do que só uma", como da influência da especialização nos tempos modernos. Quando na reunião está presente um perito no assunto, este quase sempre assume a liderança e o problema se inclina a ser resolvido em base individual; o que atrapalha é que ele é um especialista (*specialist*) e não um generalista (*generalist*), geralmente desconhecedor de outros problemas porventura existentes. (89) (A)

member corporation / sociedade anônima membro Sociedade para corretagem de valores na Bolsa de Nova York, em que pelo menos um diretor ou portador de ação da empresa, com direito a voto, é membro da referida bolsa. (11)

memomotion photography / fotografia para estudo de trabalho Fotografia feita em determinados momentos do tempo de desempenho de uma tarefa, para um estudo de trabalho. (148)

memorandum account / conta de compensação Conta mantida por uma empresa, principalmente um banco, mas não incluída em seu ativo ou passivo, especialmente o registro de dívidas de recebimento duvidoso, cuja baixa já foi dada, mas cuja recuperação é possível. (7) (11)

memorandum of association / memorando de associação Documento que em alguns países se chama carta-patente e que declara os alvos básicos e as condições para a existência de uma companhia. (148) (158) (163) (244)

memorandum of satisfaction / memorando de quitação Documento assinado declarando que uma hipoteca que pesava sobre uma propriedade foi perfeitamente liquidada. (163)

memory / memória Em processamento de dados, armazenamento de um computador. Esse dispositivo armazena dados que dele podem ser recuperados quando necessário. (118) (163) (214) (231) (244)

memory lapse / lapso de memória Fenômeno natural, muitas vezes considerado como esquecimento, cuja regularidade pode levar a muitas perdas de negócios. Daí a grande verba gasta em propaganda para "lembrar" a existência do produto. (225)

mental-ability test / teste de capacidade mental Teste para estimar as funções intelectuais de uma pessoa. Pode-se considerar como teste de inteligência. (148)

mental age / idade mental Nível de eficiência intelectual determinado por um teste de inteligência; é a idade em que ocorre um escore calculado sobre o teste referido. Em inglês abrevia-se *MA* e, em português, IM. (160)

mentor/mentor Alguém, dentro de uma firma, que oferece orientação informal quanto à aprendizagem do trabalho, em base regular. O mentor é como se fosse um "padrinho", como acontece nos cursos superiores, entre veterano e calouro. (198) (A)

mercantile agency/firma de informação comercial Firma que obtém informação concernente à posição financeira, reputação comercial e crédito concedido a indivíduos, firmas etc., em benefício de interessados. (11)

mercantile agent/agente mercantil Agente comercial com autoridade para comprar e vender em nome de quem o encarregou das transações. (163)

mercantile law/direito comercial; lei comercial Ramo do direito concernente ao comércio, principalmente ao internacional, transporte marítimo etc. (163)

mercantile paper/papel negociável Qualquer tipo de documento que represente valor e que possa ser vendido em mercado organizado ou não. (11)

mercantilism/mercantilismo Crescimento do comércio internacional após a criação do poder mercantil seguinte à era medieval, que entre os séculos XVI e XVII levou ao relacionamento entre a riqueza das nações e sua balança de comércio. Os mercantilistas reconheciam o poder da economia nacional e apoiavam a intervenção estatal nesse sentido. (158) (163)

mercantilist/mercantilista Seguidor de um grupo europeu do século XVII, cuja atenção se concentrava no relacionamento entre o comércio internacional de um país e a situação do próprio país, sugerindo que o governo devia impor controles ao comércio. Aparentemente não se pensava em (*laissez-faire*). (148)

merchandise/mercadoria Bens, especialmente os manufaturados, vendidos à vista ou a prazo. Verbalmente equivale a vender, comprar, comercializar, tendo em vista o lucro (*profit*). (11) (148) (244)

merchandise balance/balança comercial Expressão ocasionalmente empregada para significar balança comercial (*balance of trade*). (1)

merchandise broker/corretor de mercadoria Comerciante considerado como atacadista, mas sua principal característica é que não se torna proprietário legal dos bens com que lida. Compra e vende no comércio internacional por conta de terceiros. Uma de suas funções importantes é o fornecimento de informação mercadológica. Geralmente, recebe sua remuneração sob a forma de comissão ou honorários. Também tem sido usado o termo intermediário funcional (*functional intermediate*) como designação para este tipo de atacadista. (48) (231)

merchandise manager/gerente de mercadoria Executivo, quase sempre de lojas de departamentos (*department stores*), encarregado da supervisão dos compradores para os departamentos sob sua chefia. Lida com mercadorias afins dos diversos departamentos, como eletrodomésticos, ferramentas, roupas etc. (11) (48)

merchandiser/mercadizador Aquele que mercadiza, comercializa, compra e vende bens, sem lhes alterar a forma física. (148) (244)

merchandising/merchandising Série de atividades promocionais, integrando o expositor, e a propaganda global dentro do estabelecimento, ou seja, no ponto de vendas. Inclui, entre muitas outras coisas, a embalagem, a exposição, a política de preços, as ofertas especiais etc., e o que no final acaba sendo comercialização. (162) (163) (164) (225) (A)

merchandising control/controle de mercadização Coleta e análise de dados estatísticos sobre vendas, estoque e métodos de determinação de preços, com a finalidade de orientar a compra e venda lucrativas de mercadorias. (38)

merchandising institution/instituição de merchandising O mesmo que intermediário, isto é, conjunto de atacadistas (*wholesalers*) e varejistas (*retailers*) que são instituições de mercadização e servem como intermediários entre os varejistas e os consumidores finais (*final consumers*). (48) (A)

merchant/comerciante Pessoa ou entidade que compra e vende bens sem lhes alterar a forma física. O termo é de pouco uso, e, no Reino Unido, exclui varejistas (*retailers*). (148)

merchant bank / banco de comércio e indústria Banco ou casa bancária cuja atividade principal está em prover financiamento para o comércio e a indústria, sem deixar de exercer outras atividades normais de um banco comercial. (148) (158) (163)

merchantman / navio de carga Navio cujo negócio é transportar carga. (244)

merchant wholesaler / negociante atacadista A expressão abrange comerciantes atacadistas que são proprietários da mercadoria que vendem e dispõem de um estoque sortido. Podem ser atacadistas de serviços (*service wholesalers*) e atacadistas de serviços limitados (*limited service wholesalers*). Os primeiros estocam amplos sortimentos das linhas com que trabalham, efetuam entregas, concedem crédito e empregam vendedores. Os segundos não proporcionam uma linha completa de serviços aos clientes. (138)

merger / fusão Aquisição de uma ou mais empresas por outra, em que a compradora não perde a sua identidade. As que foram adquiridas deixam de existir. Difere da consolidação (*consolidation*), quando todas as empresas envolvidas perdem a sua identidade para a formação de uma nova empresa. Este último caso também é conhecido como amálgama (*amalgamation*) ou absorção. (1) (11) (107) (148) (158) (163) (225) (231) (244)

meritocracy / meritocracia Sistema social em que a posição do indivíduo tem como alicerce o seu mérito. Este é medido por escores padronizados, para acesso a programas de educação e papéis ocupacionais. Elite intelectual. (78) (180)

merit payment / pagamento por mérito Pagamento adicional feito a um empregado por sua habilidade ou responsabilidade especiais. (244)

merit raise / aumento por mérito Aumento no que se paga a um empregado, consoante a avaliação de seu bom desempenho. Não é um aumento para todos (*across the board*), mas sim para os merecedores. (148) (198) (A)

merit rating / categorização de mérito Avaliação do desempenho de um empregado e de suas qualidades pessoais, de modo que seu salário ou ordenado possa ser determinado por algum tipo de padrão. (148) (163) (225) (244)

merit system / sistema de mérito Nos Estados Unidos, método de contratar e promover servidores públicos para os vários cargos, em base de mérito determinado por concurso. (78)

message / mensagem Em qualquer sistema de comunicação, informação transmitida visando a ilustrar um cliente, um leitor ou quaisquer outros indivíduos sobre determinados valores ou vantagens. (194) (231) (A)

meta marketing / metamarketing 1. Conceito de marketing aplicado às tarefas de aumentar a aceitação pública de idéias, fazendo caridade, dando apoio a líderes políticos e outros assuntos não diretamente ligados à compra de bens e serviços. 2. Estudo de mercadologia e seu relacionamento com cada aspecto da vida humana, a fim de estabelecer uma massa de conhecimento com base na experiência e todas as facetas das personalidades e estilos de vida. (148) (225)

meter / metro Medida linear igual a 10 decímetros (*decimeters*) equivalente a 39,37 polegadas (*inches*) ou 3,2808 pés (*feet*). (78) (231) (244)

method of the least squares / método dos mínimos quadrados Método de análise de regressão em que se supõe que a forma da equação deixa somente seus parâmetros para serem calculados. (148)

methodology / metodologia Conjunto de métodos estritamente relacionados à pesquisa e à análise de suas aplicações para alcance dos melhores resultados. (225)

methods engineering / engenharia de métodos Qualquer estudo de trabalho. (148)

methods-time measurement / mensuração de métodos-tempo Método de estudo de tempos e movimentos em que um trabalho é medido e analisado nos tipos mais elementares do movimento humano. (148)

method study / estudo de métodos Maneira científica de estudar métodos a fim de aprimorá-los. Em geral há alguns passos principais: a escolha do que tem de ser estudado; registro de todos os seus dados relevantes; exame crítico dos dados; criação de um método melhorado; manutenção e observância correta do novo método. O estudo de métodos tem por fim melhorá-los, o que sempre introduz modificações; estas se consubstanciam em um novo método. Pode ser sinônimo de estudo de trabalho (*work study*). (89) (148) (163) (244)

metrication / metrificação Passagem de algum sistema de medidas para o sistema métrico. Também conhecido como *metrification* pelos britânicos. (122) (163) (A)

metric system / sistema métrico Sistema decimal de pesos e medidas, obrigatório em muitos países, e permitido nos Estados Unidos e na Grã-Bretanha. (11) (244)

metric ton / tonelada métrica Peso igual a 10 quintais (*quintals*) ou 1.000 quilogramas (*kilograms*) equivalente a 2.204,6 libras (*pounds*). (78) (244)

metroplex / metroplex Grande complexo metropolitano, como a área Dallas-Fort Worth, por exemplo. (243:22)

metropolitan area / área metropolitana Grande cidade e seus subúrbios, social e economicamente integrados, embora possa haver unidades de administração local separadas. (31)

metropolitan shift system / turnos metropolitanos Sistema de turnos muito rápidos em que ocorre a mudança de um tipo de trabalho para um outro a cada dois dias. (148)

M-Form / Forma M Estrutura empresarial em que há muitas divisões separadas, cada qual fazendo e vendendo uma linha de produto diferente. Porém, os administradores dessas empresas assumem papéis duais. De um lado, cada gerente de divisão é encorajado a maximizar lucros, tomar decisões e comportar-se como se fosse um único concorrente (*competitor*) no mercado. Do outro, cada um também precisa agir como se fizesse parte de uma equipe. (215)

microcomputer / microcomputador Diminuto sistema de computador que consiste em (*hardware*) e (*software*), cujos principais blocos de processamento são feitos de circuitos semicondutores integrados. V. (*minicomputer*). (217)

microcopy / microcópia Cópia fotográfica extremamente reduzida de uma carta, contrato ou qualquer outro documento. A leitura é processada através de um aparelho provido de lentes. A finalidade da microcópia é a diminuição de espaço para arquivo. (11) (148) (A)

microeconomics / microeconomia Análise econômica moderna relativamente aos dados em forma individual, em oposição à forma agregada, macroeconomia (*macroeconomics*). Estuda a firma individual e não o seu agregado, o consumo individual e não o agregado, e assim por diante. Há ligeira diferença com teoria do preço (*price theory*). (1) (148) (158) (163) (244)

microfiche / microficha Pequena fita de filme de 8 mm que contém informação igual a muitas páginas de tamanho grande. A informação pode ser obtida com uma leitora de microfilmes ou um projetor de 8 mm. O microfilme é a mesma coisa, mas de extensão maior. (244)

micromarketing / micromarketing Funções de marketing que englobam apenas uma empresa e não o todo, bem como sua organização e administração. (121) (225)

micrometer / micrômetro Instrumento usado, principalmente por artífices e mecânicos, para a mensuração exata de distâncias muito curtas. (244)

micromotion analysis / análise de micromovimento Análise do desempenho de trabalho repetitivo em seus elementos básicos constitutivos de movimentos corporais (*therbligs*). É comum analisar um filme ou o videoteipe de um trabalho. (148)

micromotion study / estudo de micromovimento Refinamento da técnica de estudo de movimentos, cuja finalidade é captar as ações de um operador de tarefa cíclica. Em geral é usada uma câmera cinematográfica, já que os olhos humanos nem sempre podem captar certos movimentos. A câmera é acoplada a um relógio que marca os tempos dos movimentos. É possível que esse estudo vise a comparar os movimentos do operador com os de um dispositivo de automação. (48)

middleman / intermediário Indivíduo ou grupo, atacadista ou varejista, que, nesses dois últimos casos, são instituições de mercadização (*merchandising institutions*). São intermediários entre o produtor e o consumidor final, ou entre o produtor e o varejista. (11) (48) (148) (163) (244)

middle management / administração intermediária Parte da administração de uma empresa composta de gerentes ou chefes de departamentos, de sucursais, de fábricas e superintendentes de produção. No organograma (*organization chart*), localiza-se entre o primeiro e o último nível de supervisão. (48) (148) (244)

midnight shift/turno da meia-noite Terceiro turno de uma fábrica, que começa à meia-noite e termina às oito da manhã, quando entra o primeiro turno. (148)

migrant/migrante Em trabalhismo, pessoa que muda de um lugar para outro, ou até mesmo de país, em busca de emprego. (148)

migration/migração 1. Mudança de um canal de televisão para outro. 2. Passagem de atenção de uma apresentação ou notícia na imprensa para um anúncio. 3. Movimentação da mão-de-obra de um local para outro. (225)

mil/milésimo de polegada Medida linear com 0,001 de polegada (*inch*) equivalente a 0,0254 mm. Usada principalmente para medir diâmetro de fios. (11) (78)

mile (engineers)/milha (engenheiros) Medida de 52,8 cadeias (*chains*), equivalente a 1.609,3 m. (78) (244)

mile (statute)/milha terrestre Medida linear igual a 1.760 jardas (*yards*) ou 5.280 pés (*feet*), equivalente a 1,6093 km. O mesmo que milha terrestre. (78) (244)

mile (surveyors)/milha (agrimensores) Medida com 80 cadeias (*chains*) ou 1.609,3 m. (78) (244)

milestone/marco 1. Evento considerado como particularmente importante em análise de rede (*network*). 2. Qualquer acontecimento de vulto que constitua um marco histórico, como o descobrimento do Brasil, por exemplo. (148) (A)

military capital/capital militar Diz-se do dispêndio (*expenditure*) de um governo com as instalações de bases militares em outros países, que, por serem improdutivas, embora constituam uma forma de investimento, são uma forma de exportação de capital. (82)

milky cows/vacas leiteiras Serviços de uma organização que proporcionam alta participação em mercados de crescimento lento. Sem vacas leiteiras haveria necessidade de financiamentos contínuos. (235)

mill/fábrica; moinho; usina 1. Tecelagem, moagem de grãos, fabricação de aço etc. 2. Moinho. 3. Moeda de conta (*money of account*) dos Estados Unidos, equivalente a um milésimo de dólar ou um décimo de centavo. (11)

Miller-Tydings Act/Lei Miller-Tydings Lei federal americana para cobrir o país inteiro na proibição de baixa de preços em mercadoria de consumo, o que ocorre por parte dos pequenos varejistas. A lei procura fazer com que os produtores façam contratos com os varejistas (*retailers*) para que estes não vendam abaixo de um mínimo predeterminado, a fim de que o mercado não seja prejudicado. (81)

milligram/miligrama Peso igual a 0,001 g, equivalente a 0,01543 grão (*grain*) ou 0,0000353 onça (*ounce, avoirdupois*). (78) (A)

milliline rate/taxa de espaço pago em jornal Sistema usado principalmente nos Estados Unidos que compreende o espaço para propaganda com a largura de uma coluna por 1/4 de polegada de altura para cada milhão de exemplares do jornal. (148)

milliliter/mililitro Medida de capacidade igual a 0,001 de litro (*liter*), equivalente a 0,0338 onça fluida (*fluid ounce*). (78) (A)

millimeter/milímetro Medida linear equivalente a 0,03937 polegada (*inch*). (78)

mill pricing/preço na usina Sistema em que o comprador assume a responsabilidade de transportar o produto da usina ou da fábrica, e o produtor dá a cotação de um preço exclusive os custos de transporte. (163)

mineral rights/direitos de lavra Permissão concedida por quem de direito para tirar da terra, em certas áreas, os minerais que lá se encontram, como carvão, ouro etc. (244)

miniaturization/miniaturização Em eletrônica, construção de equipamentos e componentes em escala cada vez menor, sem qualquer prejuízo de seu desempenho. As vantagens são óbvias no que tange a preço e espaço para a sua instalação. É possível que tenha tido seu maior impulso no programa espacial. (48) (A)

minicomputer/minicomputador Sistema binário paralelo, com extensão de palavras de 8 a 32 bits (*bits*), incorporando memória de semicondutores ou núcleo magnético de 4K a 64K palavras de armazenamento e um ciclo de tempo de 0,2 a 8 microssegundos ou menos. Tem melhor desempenho que o microcomputador, melhores conjuntos de instrução, custa mais caro e aceita linguagem de alto nível. (148) (217) (244)

minimarketing / minimarketing Experiência mercadológica em zona circunscrita para verificar se o composto de marketing (*marketing mix*) consegue realizar o que a entidade vendedora tem em mente. A vantagem é que não há grandes compromissos permeados de incerteza, e durante o processo pode-se observar o que deverá ser modificado no composto. São observadas todas as condições locais, talvez diferentes de outras, mas os resultados dão boa indicação do que se pode esperar. (133)

minim (apothecaries) / minim (farmacêuticos) Medida fluida de farmacêuticos, igual a 0,0038 polegada cúbica (*cubic inch*), equivalente a 0,0616 ml. Quase sempre é considerado como uma gota, aproximadamente. (78) (A)

minimand / minimando Diz-se daquilo que se deseja minimizar. O custo de uma firma é o minimando quando se deseja encontrar um modo que o torne o mínimo possível. É o contrário de maximando (*maximand*). (158) (163)

minimax / minimax Princípio segundo o qual, quando uma escolha deve ser feita entre diversas ações possíveis, o decisor examina somente a pior conseqüência e escolhe a ação que cause o menor dano. Assim, minimiza o dano máximo decorrente de sua escolha. Em muitos casos, este princípio levaria a ações que um empresário rejeitaria, porque o faria violar o bom julgamento. A decisão deve ser aquela em que o erro seja menor. (1)

minimil / minimil Menor taxa por (*milliline*) ou uma média das mais baixas. (225)

minimum lending rate / taxa mínima de empréstimo Juro mínimo ao qual o Banco da Inglaterra colocará fundos de curto prazo nas casas de descontos de Londres. (148)

minimum regret / pesar mínimo Princípio que tem por base a consideração da oportunidade que se deixou passar, permitindo ao decisor "minimizar o máximo pesar possível". (140)

minimum stock / estoque mínimo V. (*safety stock*). (148) (244)

minimum wage / salário mínimo Salário mais baixo permitido, determinado por lei ou por acordo com um sindicato, pagável aos empregados de um determinado grupo. Supõe-se que esse salário permita um viver decente e "desafogado". (11) (244)

mining partnership / sociedade de mineração Empresa especial legalizada em alguns Estados do oeste americano. A administração é delegada a um sócio; as quotas de propriedade são certificados que podem ser vendidos sem o consentimento dos demais sócios; os lucros são distribuídos na proporção do número de quotas; as responsabilidades dos sócios estendem-se somente aos custos necessários à operação da mina. (48)

minor / menor Pessoa que ainda não está autorizada a assinar contratos e que ainda não atingiu a maioridade, que, na Grã-Bretanha, por exemplo, ocorre aos 18 anos. (225) (244)

minor coin / moeda fracionária Moeda metálica, cujo metal é de valor relativamente baixo, porém resistente à corrosão. Nos Estados Unidos, são exemplos as moedas chamadas níqueis, de 5 centavos, e os *pennies*, de cobre, de 1 centavo. (1)

minority interest / interesse minoritário Quantia registrada em contas consolidadas a fim de representar o valor contábil das ações de subsidiárias da empresa controladora (*holding*) que não são de sua posse. (148) (158) (168) (244)

mint / casa da moeda Órgão de um governo federal onde são cunhadas ou impressas as moedas, medalhas etc. Em forma verbal, o termo *mint* significa cunhar. (14) (163) (244)

mint par of exchange / paridade monetária Taxa de câmbio (*exchange rate*) entre duas moedas, conforme seja determinado pelo teor de metal puro que cada unidade-padrão da moeda contenha. As taxas de câmbio do padrão-ouro (*gold exchange standard*) eram determinadas pela quantidade de ouro que as moedas continham à saída da Casa da Moeda, isto é, sem desgaste. (148) (163)

minute book / livro de atas Livro em que são registradas as atas das reuniões dos diretores de uma empresa ou de sua assembléia geral. (148) (244)

minutes/atas; minutas Registro oficial dos procedimentos na reunião formal de uma diretoria, ou qualquer outro grupo. É também uma espécie de rascunho do qual se fará um documento definitivo. (11) (148) (244)

misdemeanor/contravenção Legalmente, ofensa menos séria do que crime doloso (*felony*). (11) (231)

misfeasance/transgressão Execução errada de um ato legal, ou violação de um direito. (88)

misfeasance summons/intimação por má administração Solicitação a um tribunal, feita pelo liquidante ou acionista de uma empresa em liquidação, para examinar os procedimentos do diretor atual e, se necessário, forçá-lo a compensar a empresa por malversação de verbas. (163)

misrepresentation/declaração falsa Indução de terceiros a participar de um contrato com base em informação falsa ou inadequada. (148) (225) (244)

missionary sales/vendas missionárias Tarefa de vender em um mercado, quase sempre novo, a partir do nada; por exemplo, a introdução de um novo produto, de uma nova empresa ou de um novo conceito. Essas vendas muitas vezes são para introduzir o produto, atuando como propaganda, mas as vendas reais e efetivas podem ser feitas por outros vendedores em data posterior. (194) (225)

mistake/engano 1. Em processamento de dados, erro humano que ocasiona um resultado indesejado. Quando o "engano" é de máquina, o termo certo é erro (*error*). 2. Erro ou interpretação errônea de um fato que induz uma pessoa a entrar em um contrato. Não invalida necessariamente o contrato, o que pode ocorrer algumas vezes. Se o erro for comum a ambas as partes, o contrato será nulo de pleno direito. (163) (214) (231)

mitigation of damage/mitigação de danos Minimização de prejuízo por quem o sofreu. Geralmente os tribunais não decretam uma indenização total, mas sim uma que mitigue o prejuízo tanto quanto possível. (163)

Mitre Corporation/Mitre Corporation Sociedade anônima sem fins lucrativos do Massachusetts Institute, Technology Research Engineering, criada para dar conselhos técnicos objetivos aos governos americanos sobre planejamento de sistemas e engenharia para instalações de informação e comunicação. (101)

mixed economy/economia mista Tipo de economia bastante comum nos países em desenvolvimento, quando uma grande parte das atividades industriais e comerciais é levada a efeito pelo governo ou por organizações paraestatais. Há controle e intervenção por parte do governo, mas uma boa parte da atividade econômica é do tipo de livre empresa. (148) (163) (225) (244)

mixed strategy/estratégia mista Na teoria do jogo (*game theory*), regra adotada por um jogador, especificando as probabilidades de selecionar cada uma de diversas escolhas. (148)

mob/turba 1. Multidão emocionalmente despertada, que enceta ação violenta. 2. Rixa entre muitas pessoas. (180) (231)

mobile shop/loja móvel Loja (ou oficina) dentro de um furgão, ou outro tipo de veículo, que pode ser dirigido de um lugar para outro. (244)

mobility/mobilidade Facilidade relativa com que um fator de produção pode ser transferido para um diferente uso ou localização. Entre terra, capital e mão-de-obra, a terra e os bens de capital de grande volume são os de menor mobilidade. (163)

mobility of labor/mobilidade da mão-de-obra Extensão em que os trabalhadores se mudarão para encontrar novo emprego. (244)

mock auction/leilão fraudulento Leilão que contém alguma modalidade de injustiça ou fraude, de modo a tornar-se ilegal. (163) (244)

mock-up/mock-up; modelo de plena escala 1. Modelo de uma nova máquina, prédio, avião, arma, do tamanho do protótipo, usado para se estudar detalhadamente a sua construção, visando a testar novos desenvolvimentos. 2. Fac-símile de um pacote ou produto para fotografia ou televisão ou outra forma de apresentação visual. (11) (225) (244)

modal personality/personalidade modal Tipo de personalidade característica da maioria dos membros de um grupo ou sociedade, mas não se trata de estereótipos. (180)

mode/moda Valor que aparece com maior freqüência em uma série estatística. Sua utilidade está em empregá-lo quando o objetivo em vista é salientar esse valor para estudo e análise de um fenômeno, de acordo com a exigência. (5) (17) (25) (27) (158) (163) (180) (225) (244)

model/modelo Formulação de equações matemáticas destinadas a representar situações empresariais que se deseja observar. Os modelos estão muito ligados aos jogos empresariais (*business games*) e à simulação (*simulation*) que fazem parte dos cursos de treinamento de administradores. (11) (48) (158) (163) (225) (231) (244)

modeling/modelagem 1. Aprendizagem, muitas vezes involuntária, pela observação do comportamento de outra pessoa. 2. Técnica de modificação de comportamento, sem embargo da resistência que o indivíduo possa apresentar. (130) (A)

modified capitalism/capitalismo modificado Sistema surgido a partir da década de 30, quando a forma americana de capitalismo, que se aproximava um pouco do (*laissez-faire*), começou a sofrer fortes influências externas, principalmente governamentais, reduzindo a liberdade empresarial que até então existia a rédeas soltas. A característica principal do capitalismo modificado é a imposição de leis antitruste, leis dos direitos civis, lei do salário mínimo, além da intervenção crescente do governo no setor privado, como a Comissão Federal de Comércio (*Federal Trade Commission*). (48)

module/módulo Um de uma série de itens desenhados para uso em conjunto com outros módulos em qualquer combinação que o usuário escolha. (148)

monadic/monádico Teste singelo de produto. Usado como teste de aceitação ou validade como alternativa para uma avaliação comparativa. (225)

monetarism/monetarismo Teoria de que a atividade de uma economia e problemas como inflação (*inflation*) e depressão (*depression*) podem ser simplesmente melhorados pelo controle do estoque de moeda na economia. (148)

monetarist/monetarista Pessoa que acredita que a economia de um país pode ser administrada pelo controle de oferta da moeda. (244)

monetary analysis/análise monetária V. (*real analysis*). (128)

monetary economy/economia monetária Economia em que a moeda é o meio de troca. V. (*barter*). (163)

monetary inflation/inflação monetária Teoria que enfatiza o papel da expansão na oferta de moeda (*money supply*). (163)

monetary policy/política monetária Administração, por parte de um banco central, da oferta de moeda (*money supply*) de uma nação, a fim de garantir crédito, a preços que sejam coerentes com determinados objetivos governamentais. Regula o nível de liquidez monetária para controlar a inflação. Faz parte da política monetária alterar os encaixes bancários. (1) (148) (158) (163) (244)

monetary reform/reforma monetária Lançamento de uma nova unidade monetária em um país, em substituição à que vigorava anteriormente. Foi o caso do mil-réis, substituído pelo cruzeiro, e deste, substituído pelo cruzado. A transformação atual da libra esterlina também é considerada como uma reforma monetária; esta moeda passou do sistema de números complexos para o centesimal. (84) (163) (A)

monetary system/sistema monetário Sistema que consiste nos métodos e diretrizes adotados por um país para a emissão e controle de sua moeda corrente, unidade-padrão, suas divisões fracionárias etc. Em uma economia de escambo (*barter*) extremamente primitiva e isolada, não existe tal sistema. (84) (163)

monetary theory/teoria monetária Teoria que diz respeito à quantidade de moeda existente no sistema econômico e suas conseqüências. Relaciona-se à teoria quantitativa da moeda (*quantity theory of money*). (163)

monetary union/união monetária Diz-se de um grupo de países, como já aconteceu com os escandinavos, que adotaram uma única moeda e um único padrão de valor. (163)

monetary unit/unidade monetária Unidade-padrão de moeda corrente de um país, como dólares, libras, cruzados, que mantém um valor de troca em relação às moedas de outros países. (163) (A)

monetization of debt / monetização de dívida Modo de aumentar o meio circulante, por aumento das dívidas públicas, tendo-se em conta que a moeda pode ser considerada como um título de dívida do governo, com prazo de vencimento zero. Ocorre a monetização quando os novos títulos de dívida governamentais são adquiridos pelo sistema bancário para expandir as reservas. Uma outra maneira de encarar o processo é que ele consiste em o governo emitir moeda e comprar suas obrigações. Isso pode ser feito por operações no mercado aberto (*open market*) ou por intermédio do Banco Central. (1) (102)

money / moeda Para finalidades econômicas, nome que se dá ao dinheiro. É qualquer instrumento que sirva como um meio de troca (*medium of exchange*) ou como uma unidade de valor para a determinação de preços. Já que a moeda está sujeita a mudanças de valor, suas funções nunca são perfeitas. (1) (11) (148) (158) (163) (225) (231) (244)

money broker / corretor de moeda Firma que, por uma certa comissão, lida com o mercado de moeda em empréstimos de curto prazo e compra e venda de valores. Também é intermediária entre bancos de empréstimos a terceiros. (148) (163)

money illusion / ilusão monetária Avaliação psicológica da moeda, sem que haja consideração a seu poder aquisitivo (*purchasing power*). O indivíduo imagina seu valor nominal, mas não cogita do que a moeda pode comprar. Um trabalhador, por exemplo, pode dar mais valor a um grande salário, sem cuidar de seu valor real. (1) (158) (163)

money in circulation / moeda em circulação Moeda que está sendo utilizada para financiar transações, em oposição à moeda ociosa (*idle money*). (158)(163)

money market / mercado monetário Mercado para a compra e venda de ativos líquidos (*liquid assets*), como letras de câmbio, notas do Tesouro e outros títulos de valor que são resgatáveis dentro de muito pouco tempo e sem risco de inadimplemento. (84) (148) (158) (163) (244)

money of account / moeda de conta Denominação monetária usada em cálculo, especialmente de moeda não emitida, como é o caso do (*mill*) nos Estados Unidos, que vale um milésimo de dólar. (11)

money-off pack / desconto rotulado Pacote com uma mensagem impressa mostrando um preço baixo especial. (244)

money order / ordem de pagamento Ordem que tanto pode ser feita por um banco como por uma agência postal. Atualmente, as lojas de conveniência (*convenience stores*) também fazem esse serviço, mediante uma pequena comissão. (11) (231)

money shop / crédito pessoal Escritório, possivelmente em um banco, que proporciona uma vasta gama de serviços financeiros a clientes individuais, ao invés de empresas. (148)

money stock / estoque de moeda Quantidade total de moeda em um país, cuja mensuração é feita de diversas maneiras, variando de um país para outro. Também tem o nome de oferta de' moeda (*money supply*). (148)

money supply / oferta de moeda Montante total da moeda que circula em um país, em dado momento, não estando incluído o estoque de moeda reservado pelas autoridades. Essencialmente, a moeda costuma ser aceita como um meio de troca, mas essa característica não permite uma definição única de oferta de moeda; outros meios de pagamento também são aceitos. (1) (158) (244)

money wage / salário monetário Remuneração por serviços de um assalariado, em termos do dinheiro recebido. Comparar com salário real (*real wage*), que é o poder aquisitivo da moeda quanto às necessidades da vida e outras coisas desejadas pelo assalariado. Também se chama salário nominal (*nominal wage*). (88) (163)

monitor / acompanhar; controlar; monitorar; monitor 1. Acompanhar, controlar, observar, fiscalizar, dirigir etc., porém sem o mesmo vigor de controle e retroinformação (*feedback*). 2. Vídeo de um computador. (148) (225) (244)

monolithic society / sociedade monolítica Sociedade em que o governo monopoliza o uso da força física ou domina virtualmente todas as organizações — condição que os governos comunistas procuraram conseguir. Contrapõe-se a sociedade pluralística (*pluralistic society*). (82)(A)

monometallism / monometalismo Sistema monetário baseado em um único metal, ouro ou prata. Quando as moedas são de dois metais, chama-se bimetalismo. A vantagem do monometalismo é a Lei de Gresham (*Gresham's Law*), isto é, a moeda pior (a prata) afasta a melhor (o ouro). Esta última, de maior valor, passa a ser entesourada. (84) (163)

monopolist / monopolista Pessoa ou empresa com o direito exclusivo de fazer ou vender um determinado produto ou serviço. (244)

monopolistic competition / concorrência monopolística Pressuposto de que existem muitos produtores de bens com usos finais idênticos, que marcam seus produtos para diferençá-los dos demais concorrentes. A prática é conhecida como diferenciação de produto (*product differentiation*). (48) (128) (155) (158) (166) (225)

monopoly / monopólio Termo econômico que descreve a condição em que um único vendedor domina o mercado, podendo discriminar preços. (11) (84) (148) (158) (163) (194) (225) (231) (244)

monopoly capitalism / capitalismo de monopólio Segundo Marx, é o último estágio do sistema capitalista. Haverá um aumento do tamanho ótimo da unidade de produção, concentração do capital em poucas instituições financeiras de grande porte e separação entre a propriedade do capital e a função do empresário. Este último caso parece estar em vigor com o advento de administradores para empresas que não são de sua propriedade. (128) (A)

monopoly price discrimination / discriminação de preços de monopólio Maximização de lucros que pode ser utilizada por um monopolista que venda a diferentes grupos de compradores, os quais podem ser identificados por sua elasticidade de demanda (*elasticity of demand*). (128) (A)

monopoly profits / lucros de monopólio Lucro decorrente do controle que um monopolista exerce sobre os preços e a produção de mercado. É a diferença entre o custo médio (inclusive o de oportunidade) e o preço, multiplicado pelo produto. (163)

monopsony / monopsônio Estrutura de mercado, também conhecida como monopólio do comprador, em que existe um único comprador para um bem econômico, o qual pode determinar o preço. Por exemplo, onde existem grandes plantadores de tomate e uma única firma capaz de industrializar o produto, há monopsônio, embora a situação não seja muito comum. O monopólio implica excesso de produção para produtos competitivos com muito poucos compradores. (1) (148) (163) (225) (244)

monotonic / monotônico Diz-se da função que somente aumenta ou somente diminui, mas não faz as duas coisas. Assim, a inclinação (*slope*) de uma função monotônica é positiva ou negativa, dentro de seu alcance. (163)

montage / montagem 1. Mostra de uma sucessão rápida de cenas em filmagem de televisão. 2. Reunião em uma ilustração de diferentes materiais artísticos. (225)

Monte Carlo method / método Monte Carlo Procura de probabilidades com as possíveis conseqüências de uma dada atividade, processo, tentativa etc., com base em experimentação e simulação (*simulation*). Esta técnica é bastante usada em pesquisa operacional (*operations research*). Também é conhecida como estudo Monte Carlo (*Monte Carlo study*). (158) (163)

mood advertising / propaganda animadora Propaganda que visa deliberadamente a colocar clientes em potencial em boa disposição de espírito, que os conduza à aceitação do produto. (225)

moonlighting / duplo emprego Situação da pessoa que trabalha com dois empregadores, principalmente quando um trabalho é de dia e o outro é à noite. (148) (163) (244)

morale survey / levantamento de moral V. (*attitude survey*). (148)

moratorium / moratória Suspensão do pagamento de alguma dívida durante um período determinado, autorizada por quem tenha autoridade para tanto. (84) (148) (163) (244)

mores / mores Idéias ou hábitos tradicionais do que é certo ou errado, e que autorizam certas ações e proíbem outras. Popularmente, trata-se de costumes. (180)

morning shift / turno da manhã Turno que geralmente começa às oito horas da manhã, ou o turno que começa mais cedo em uma empresa que tenha três turnos. (148) (A)

morphological analysis / análise morfológica Análise para animar pensamento criativo. A solução de problema é vista como encontrando a combinação certa dos fatores alternativos. Todos os fatores são arrolados como combinações possíveis, sendo testado um em cada classe para adequação como solução. (148)

morphological research / pesquisa morfológica Estudo de estruturas e relacionamentos de eventos de forma ordenada, que visa a reduzir os problemas a seus parâmetros básicos, considerando, a seguir, as várias combinações e permutações de que são suscetíveis. As combinações ou permutações químicas constituem um exemplo. A finalidade pode ser previsão (*forecast*) de longo prazo. (133)

mortality rate / índice de mortalidade Relação, geralmente expressa em milhares, entre o verdadeiro número de óbitos, de quaisquer idades, e a média efetiva da população em cujo meio os óbitos foram observados. (5) (25) (163) (244)

mortality table / tabela de mortalidade Tabela atuarial que mostra a expectativa de vida de uma pessoa com uma determinada disposição de saúde. Essa tabela foi feita principalmente para cálculo das possibilidades, tendo em vista seguros de vida. (163) (244)

mortgage / hipoteca Transferência de terra ou de uma propriedade vendável como garantia de uma dívida ou resgate de uma obrigação. O tomador de empréstimo é o hipotecado (*mortgagor*), e quem concede o empréstimo é o credor hipotecário (*mortgagee*). (7) (11) (148) (158) (163) (231) (244)

mortgage bank / banco hipotecário Banco que se especializa em financiamento de hipotecas imobiliárias. (11)

mortgage bond / título garantido por hipoteca Título de uma emissão, garantido por propriedades específicas do emitente. (7) (88)

mortgage debenture / debênture hipotecária Debênture emitida por uma empresa que hipotecou bens ativos específicos a um curador dos debenturistas. (148) (158) (163) (231)

mortgagee / credor hipotecário Entidade que deu dinheiro emprestado com a garantia de alguma propriedade como hipoteca (*mortgage*). (7) (88) (148) (231) (244)

mortgagee clause / cláusula de hipotecado Cláusula de uma apólice de seguro contra fogo, destinada a proteger o hipotecado contra eventuais prejuízos. (11)

mortgage in possession / credor hipotecário empossado Credor hipotecário que tomou conta da hipoteca. Se desejar evitar as obrigações decorrentes da manutenção da propriedade, pode nomear um recebedor para administrar, receber aluguéis etc. (163)

mortgagor / devedor hipotecário; hipotecante Entidade que tomou dinheiro emprestado, dando alguma propriedade como hipoteca (*mortgage*). (7) (88) (148) (231) (244)

mortmain / mão-morta Condição de terras e prédios mantidos sem direito de alienação, como no caso de entidades eclesiásticas; propriedade inalienável. (11) (231)

most favored nation / nação mais favorecida Cláusula nos tratados comerciais e econômicos entre dois ou mais países que os protege contra a discriminação tarifária mútua. De acordo com a cláusula, todos os signatários reduzirão entre si as tarifas aduaneiras, não fazendo concessões aos países que não pertencerem ao acordo. (158) (163) (244)

most likely / mais provável Tempo estimado para completar uma atividade em (*PERT*) se esta fosse constantemente repetida. (148)

most optimistic / mais otimista Estimativa do tempo para completar uma atividade em (*PERT*) que tenha a probabilidade de 0,01 de estar correta, tendo como base o pressuposto de que não será encontrado problema algum. (148)

most pessimistic / mais pessimista Estimativa do tempo para completar uma atividade em (*PERT*) que tenha a probabilidade de 0,01 de estar correta, tendo como base o pressuposto de que tudo sairá errado. (148)

motion study / estudo de movimentos Estudo que, intimamente ligado ao estudo de tempos, tem por fim analisar a execução de uma tarefa, principalmente de cunho operativo, com vistas a eliminar movimentos supérfluos que ocasionem perda de tempo. A finalidade principal é ver se existem condições para economia de movimentos e, portanto, de tempo. (48) (148) (244)

motivate / motivar Dar a uma pessoa fortes razões para que ela faça alguma coisa. (244)

motivation / motivação Luta íntima de um indivíduo para prover ímpeto a seu comportamento. Termos como desejos, vontades, carências, necessidades, metas e coisas parecidas podem ser sinônimos de motivos. (124) (148) (225) (244)

motivational conflict / conflito motivacional Conflito entre dois ou mais motivos, resultando na frustração de um deles. V. (*approach-approach conflict*), (*avoidance-avoidance conflict*) e (*approach-avoidance conflict*). Certamente o conflito motivacional não se limita a estes três tipos considerados clássicos. (130) (A)

motivation-hygiene theory / teoria da motivação-higiene Ponto de vista de que o empregado deriva satisfação no cargo de duas fontes separadas: "fatores higiênicos" (*hygiene factors*) e "motivadores" (*motivators*). (148)

motivation research / pesquisa motivacional Técnica relativamente nova para obter informação útil de marketing por meio de contato direto com os clientes. Procura penetrar as atitudes psicológicas do consumidor, por meio de testes ou técnicas projetivas. (11) (80) (163) (225) (244)

motivator / motivador Aspecto do emprego que pode contribuir para a satisfação, mas não a insatisfação, do detentor do emprego, de acordo com a teoria da motivação-higiene. (148)

motive / motivo Causa emocional ou razão para agir de uma certa maneira. (244)

motor learning / aprendizagem motora Aprendizagem de uma especialização ou perícia, como dirigir um automóvel, escrever à máquina ou tocar um instrumento musical. (130)

mover / proponente Pessoa que faz uma proposta, isto é, sugere uma moção em uma assembléia ou conferência. (244)

moving average / média móvel Maneira estatística para reduzir a significância de grandes variações. Move-se para a frente em base periódica, isto é, a cada semana ou mês, pelo acréscimo dos dados mais recentes e descarte dos mais antigos. (7) (88) (148) (225) (244)

moving budget / orçamento contínuo Projeção móvel das operações financeiras para uma série de semanas, meses ou trimestres imediatamente à frente; ao fim de cada um desses períodos, a parte da projeção que então se atrasou é eliminada e uma extensão semelhante é acrescentada à série, porém nenhuma estimativa de intervalo interveniente é mudada, se o julgamento crítico em capacidade de projeção for uma característica do processo. (88)

moving parity / paridade móvel V. (*sliding peg*). (158)

moving projection / projeção móvel Visão de vanguarda revelada por um orçamento contínuo (*continuous budget*); a sugestão é de que o procedimento orçamentário é freqüentemente modificado (mensalmente), sempre procurando o mesmo número de semanas, meses ou outros períodos, sem levar em conta os anos fiscais. (88)

multi-client survey / levantamento de clientes múltiplos Pesquisa de marketing financiada por um grupo de organizações interessadas. (225)

multicollinearity / multicolinearidade Existência de uma correlação (*correlation*) importante entre as variáveis independentes (*independent variables*) em um modelo de análise de regressão. O problema de multicolinearidade ocorre com freqüência em estudos econométricos; seu efeito é invalidar alguns dos pressupostos que servem de base à regressão dos mínimos quadrados. (158) (163)

multilateralism / multilateralismo Comércio internacional, presumivelmente sem restrições, entre dois ou mais países. (158)

multilateral trade / comércio multilateral Comércio internacional em que cada Estado aceita um excedente ou déficit em seu balanço de pagamentos, embora procure mantê-lo em equilíbrio. (163) (244)

multinational / multinacional Empresa, em numerosos países, com instalações de produção ou serviço fora de seu país de origem. O processo decisório engloba todas as associadas ou subsidiárias e, via de regra, fora do país anfitrião. O crescimento rápido destas empresas e seu poderio têm causado algum conflito em certos países, ou por repatriação dos lucros ou pelo poder de monopólio que muitas vezes exercem. (148) (158) 163) (225) (244)

multinational company / empresa multinacional Empresa que opera em muitos países. Também conhecida como empresa internacional (*international company*). (148)

multinominal distribution / distribuição multinominal Distribuição multivariada envolvendo variáveis discretas, de uso difícil tanto para análise como para cálculo numérico. (163)

multi-pack / pacote múltiplo Pacote que contém diversos itens separados, mas vendidos como uma unidade. (148)

multi-packaging / embalagem múltipla Pacote contendo diversos itens pequenos, reunidos para venda em uma única embalagem, como se fossem uma unidade. (148)

multiple-activity chart / gráfico de atividades múltiplas Gráfico que apresenta atividades inter-relacionadas de dois ou mais assuntos, como, por exemplo, diversos trabalhadores em uma equipe, na ordem em que ocorrem as atividades. (148)

multiple banking / serviços bancários múltiplos Prestação de todas as espécies de serviços por um banco, como contas de movimento, contas de poupança, empréstimos, cobranças, curadoria etc., em contraposição a somente um ou dois serviços. (11) (84)

multiple branding / marcas múltiplas Prática de alguns fabricantes de vender produtos semelhantes sob marcas diferentes, concorrendo entre si. (148)

multiple choice question / pergunta de escolha múltipla Sistema em que um respondente tem a alternativa de diversas respostas possíveis, já formuladas e respondidas, uma das quais ele escolhe como a que mais se aproxima de seu ponto de vista. (225) (244)

multiple correlation / correlação múltipla Medida do grau de associação entre uma variável de um lado e duas ou mais variáveis do outro. É uma extensão da correlação simples que considera apenas a associação entre duas variáveis. (158) (163) (225)

multiple exchange rates / taxas de câmbio múltiplas Taxas de câmbio que um país impõe para a sua moeda corrente através de controles cambiais e que diferem de acordo com o tipo de transação. O sistema foi introduzido pela Alemanha ao redor de 1930. (148) (158) (163)

multiple fixed exchange rate / taxa de câmbio múltipla fixa Taxa de câmbio que varia de acordo com o tipo de transação ou de acordo com o produto que está sendo importado ou exportado. (104)

multiple floating exchange rate / taxa de câmbio flutuante múltipla Taxa que não apenas flutua — à semelhança da taxa de câmbio fixa múltipla — como também pode variar com o movimento de demanda e oferta de ouro nos mercados de divisas e, ainda, de acordo com o tipo de transação ou produto. (104)

multiple management / administração múltipla Sistema de administração em que os empregados participam, como já há algum tempo ocorre na Alemanha Ocidental. (148)

multiple readership / leitura múltipla Mais de um leitor por exemplar, geralmente envolvendo leitores secundários e terciários. Na imprensa técnica pode chegar a dois leitores por exemplar. (225)

multiple regression analysis / análise de regressão múltipla Análise de regressão (*regression analysis*) que envolve duas ou mais variáveis independentes. (148)

multiple shops / lojas múltiplas Antigo nome das lojas em cadeia (*chain stores*). (163)

multiple taxation / tributação múltipla Impostos aplicados por várias autoridades, na mesma base. Por exemplo, o nova-iorquino paga tributos ao Estado, e o Estado ao governo federal. (163)

multiplex telegraphy / telegrafia multiplex Sistema para enviar mensagens simultâneas pelo mesmo fio ou canal de comunicações. (11)

multiplexor / multiplexor Dispositivo que combina diversas mensagens para transmissão simultânea, usando um canal de comunicação. (148)

multiple-zone delivered prices / preços de entrega de zonas múltiplas Preços de entrega dentro de duas ou mais zonas. Pode haver uniformidade ou diversidade de preços e, também, discriminação entre zonas. (134)

multiplier / multiplicador Conceito que deriva diretamente da propensão marginal a poupar (*marginal propensity to save*) ou da propensão marginal a consumir (*marginal propensity to consume*). Basicamente compara as grandezas relativas de um determinado aumento inicial no investimento (*investment*) e do aumento final total (direto e indireto) na renda (*income*). Mostra quantas vezes o efeito de um aumento no que foi investido se multiplicou ao causar repercussões no consumo (*consumption*), dessa forma aumentando a renda nacional (*national income*). É como uma reação em cadeia. Por exemplo, o investimento na construção de uma grande represa aumenta a renda dos trabalhadores diretamente envolvidos, as dos que fornecem materiais, dos fabricantes que suprem os negociantes etc. Mas, via de regra, ninguém despende toda a sua renda; parte é poupada. Teoricamente, o efeito multiplicador pode ser calculado dividindo-se a unidade (soma da propensão marginal a poupar e a consumir) pela percentagem da renda poupada. (1) (39) (84) (148) (163) (225)

multiplier effect / efeito multiplicador Processo segundo o qual a criação de mais bens de capital (*capital goods*), ou seja, investimento, pelas empresas aumenta a renda nacional (*national income*) em mais do que o valor do investimento. A relação entre o aumento em renda e o aumento em investimento líquido é chamado de multiplicador (*multiplier*). (148)

multiprocessing / multiprocessamento Uso de dois ou mais computadores com uma única unidade de controle, de modo que muitos trabalhos diferentes possam ser executados simultaneamente. A principal unidade de controle determina a unidade de processamento que deve fazer uma certa operação. (148)

multiprogramming / multiprogramação Diz-se do uso de uma única unidade central de processamento que executa diversos trabalhos simultaneamente. Isto é possível porque o equipamento periférico opera mais lentamente do que a unidade de processamento central. (148)

multi-unionism / multi-sindicalização Existência de numerosos sindicatos trabalhistas em um único local de emprego. (148)

multiunit organização / organização de unidades múltiplas Termo usado pelo Censo dos Estados Unidos para designar as organizações em cadeia. Está sob este título a empresa que tem mais de duas unidades da mesma espécie. O termo designa apenas os varejistas (*retailers*). (48)

multivariate analysis / análise multivariada Série de procedimentos estatísticos que permitem a um pesquisador trabalhar com duas ou mais variáveis de cada vez. O termo também poderia ser análise multidimensional. (109) (180) (225)

municipal / municipal 1. Que diz respeito ao governo local de uma cidade ou povoado. 2. Apólice isenta de imposto emitida por um governo municipal. (11) (231) (244)

municipal corporation / companhia municipal Forma da lei de acordo com a qual uma municipalidade (*county*), cidade, povoado, vila, distrito escolar ou outra divisão territorial de um Estado efetua as suas transações. É uma pessoa jurídica (por ser *corporation*) de direito público municipal. (7) (88)

murder in the first degree / homicídio doloso Homicídio qualificado em que houve premeditação, intenção de matar. (231)

murder in the second degree / homicídio culposo Homicídio em que não houve a intenção de matar. Também chamado (*manslaughter*). (231)

Murphy's law / lei de Murphy Expressão mais ou menos jocosa, segundo a qual há uma ''lei'' que parece operar nos escritórios, fábricas e lares, em maquinaria e projetos, que diz que se alguma coisa pode sair errada, certamente sairá. (244)

must / imprescindível 1. Item editorial considerado essencial e que deve ser publicado. 2. Qualquer coisa que por algum motivo é considerada como imprescindível. (225)

mutual / mútuo Partilhado por mais de uma pessoa; tido em comum. (244)

mutual company / companhia mútua Empresa sem ações de capital, em que os lucros, após as deduções para as reservas legais, são divididos entre os participantes na proporção do negócio que cada um faz com a empresa. Seu uso principal está em seguros de vida e, num número limitado de Estados, em bancos de poupança (caixas econômicas). O comprador de uma apólice de seguro de vida de uma companhia mútua é automaticamente participante, do mesmo modo que a pessoa que faz depósito nas caixas econômicas. Os dividendos sobre as apólices de seguros de vida não são tributados, por serem considerados como reembolsos parciais de prêmios pagos pelo portador. As caixas econômicas mútuas podem garantir suas contas por meio de uma agência do governo federal e tomar empréstimos do Banco de Habitação. (1) (158) (244)

mutual corporation / sociedade anônima e cooperativa Forma de sociedade anônima permitida por leis estaduais, limitada principalmente a bancos de poupança e companhias de seguros. (7) (88)

mutual fund / fundos mútuos Companhia de fundos mútuos, também conhecida como (*open-end investment company*). Sua estrutura de capital é flexível, já que constantemente vende e resgata ações. Os preços das ações são determinados pelos preços dos valores por ela detidos e não diretamente avaliados pelo mercado. (1) (7) (11) (88) (148)

mutual insurance / seguros mútuos Seguro em que os indivíduos que estão cobertos por uma apólice pertinente se tornam membros da empresa, pelo pagamento de certas quantias para um fundo comum e pela indenização mútua contra prejuízos. (11)

mutuality / mutualidade Regra de eqüidade que impede um tribunal de conceder uma compensação a uma parte de um contrato que não possa ser garantida à outra, se esta o requerer. Por exemplo, se uma parte tem direito a uma mercadoria, a outra tem direito ao valor correspondente. (163)

mutual life assurance company / companhia mútua de seguro de vida Empresa que proporciona seguro de vida, mas na qual todos os detentores de apólices são membros da empresa. Os lucros da empresa são distribuídos aos portadores de apólices como uma bonificação. (148) (163)

mutually exclusive / mutuamente excludente Expressão para significar que a aceitação ou escolha de uma determinada alternativa automaticamente exclui a outra. Em um jogo de cara ou coroa, as alternativas se excluem mutuamente: ou dá cara ou dá coroa. (A)

mutual savings bank / banco de poupança mútua Banco de poupança, não capitalizado, que distribui seus lucros aos depositantes. (11)

myopia / miopia Falta de visão de um indivíduo ao não agir segundo o que é melhor para seus interesses econômicos. As causas são várias e entre elas podem figurar fatores psicológicos. (163)

myriagram / miriagrama Peso equivalente a 10 quilogramas (*kilograms*), ou seja, 22,046 libras (*pounds*). (78)

myriameter / miriâmetro Medida linear igual a 10 quilômetros (*kilometers*), equivalente a 6,21 milhas (*miles*). (78)

N

Naderism / Naderismo Campanha desenvolvida pelo jovem advogado americano Ralph Nader contra a insegurança que constatou nos automóveis americanos, nos riscos industriais e na poluição do ambiente. V. (*consumerism*). (122)

nailed down product / produto chamariz Produto anunciado por uma loja como grande chamariz, mas que ela não tem a menor intenção de vender. O cliente é atraído pela propaganda, mas o balconista procura convencê-lo a comprar algum outro produto mais vantajoso para o lojista. O atendente da loja pode dizer que o produto já acabou e que será melhor levar um outro com qualidades iguais ou melhores, apenas "ligeiramente" mais caro. (80) (A)

naïve model / modelo ingênuo Expressão do economista Milton Friedman para designar alternativas improváveis, como, por exemplo, "o que aconteceu antes pode acontecer agora". As alternativas também podem ser do tipo em que a procura de preços baixos talvez seja um evento casual, normalmente distribuído e que dificilmente terá relevância nos preços. No modelo ingênuo, se o elemento certo for isolado, poderá haver melhores previsões do que qualquer teoria alternativa. (20)

naked debenture / debênture nua Debênture emitida por uma empresa que não ofereceu qualquer garantia para o empréstimo. (148) (163)

name-dropping / falsa familiaridade Diz-se da pessoa que procura impressionar outras, mencionando freqüentemente as que são famosas, como se realmente tivesse com elas grande intimidade. (175)

name of the game / nome do jogo Maneira informal de dizer "a maior parte de alguma coisa", ou de que se trata. (244)

nanometer / nanômetro Um bilionésimo de metro, igual a 10^{-9} m. (130)

narc / agente contra entorpecentes Termo de gíria nos Estados Unidos que distingue um agente de repressão aos narcóticos. (122) (180)

narration / narração Explicação que se faz em uma conta quando de seu lançamento. (148)

narrative form / forma de narrativa O mesmo que forma de relatório (*report form*). (7) (88)

narrow gauge / bitola estreita Distância de menos de 4 pés e 8 1/2 polegadas (que é a bitola-padrão) entre os trilhos de uma ferrovia. (11)

narrow market / mercado estreito Em bolsa, mercado fraco, com baixo volume de transações e poucas variações nos preços dos valores. (105)

natality rate / índice de natalidade Relação do número total de nascimentos por cada parcela determinada da população, excluídos os natimortos. (A)

nation / nação Conjunto de habitantes unidos sob uma liderança. Difere de Estado, que é um corpo político que ocupa um território definido, organizado por um governo que seja especialmente soberano sem qualquer controle externo. Nação, portanto, enfatiza um corpo unido de indivíduos, como, por exemplo, a nação guarani, ao passo que o conceito de Estado enfatiza a organização política e o poder de governo. (82) (231)

national / nacional Em sentido político, pessoa que deve lealdade ou submissão a um país, mesmo que não tenha nascido nele e que não seja naturalizada. Às vezes o termo é usado com o mesmo sentido de cidadão (*citizen*), mas na realidade significa que a pessoa nasceu em um protetorado americano. Até 1917 os habitantes de Porto Rico eram "nacionais", porém agora são "cidadãos". (31) (231)

national account / conta nacional Grande cliente, possivelmente de âmbito nacional, muitas vezes com vários estabelecimentos no país inteiro. Algumas vezes essa conta é tratada por um único executivo, em propaganda, relações públicas etc. (225) (244)

national accounts / contas nacionais Apresentação das contas da renda nacional (*national income*) e dos dispêndios, de um modo que mostre as transações durante determinado exercício entre os vários setores da economia. (158)

national advertising / propaganda nacional Propaganda geralmente feita por vários veículos, patrocinada pelo produtor do bem anunciado, salientando sua marca (*brand*), que é divulgada pelo país inteiro. A propaganda local, por outro lado, é a que divulga os artigos dos comerciantes varejistas (*retailers*) de uma cidade. (80) (244)

national banks / bancos nacionais Bancos americanos com carta-patente expedida pelo governo, anteriormente autorizados a emitir notas que serviam como moeda. Em alguns países são os bancos governamentais. (11) (163)

national brand / marca nacional Marca de um produto que teve sua propaganda feita pelo produtor, em âmbito nacional. Geralmente o produto é conhecido dos consumidores (*consumers*) no país inteiro, em decorrência de ampla campanha promocional que amparou seu desenvolvimento. Há casos em que empresas como a Sears Roebuck e outras criaram marcas privadas (*private brands*) que atingiram *status* nacional. (80)

national campaign / campanha nacional Campanha de marketing que tem por fim dar cobertura ao país inteiro para um determinado produto ou serviço. (225) (244)

national claim / reivindicação nacional Exigência de mais pagamento ou melhores condições para todos os seus membros, feita por um sindicato de determinada indústria. (244)

National Coal Board / Conselho Nacional do Carvão Entidade governamental do Reino Unido que organiza a indústria carbonífera. (244)

national debt / dívida nacional Verbas tomadas de empréstimo pelo governo, a fim de pagar as despesas que estão acima e além do montante de arrecadação tributária. (244)

national development bonds / apólices de desenvolvimento nacional Apólices criadas pelo governo britânico, em 1964, a fim de substituírem as Apólices de Defesa que haviam sido introduzidas em 1939. Estão disponíveis em unidades de £ 5. São reemitidas de tempos em tempos, com vencimento a cada cinco anos, a diferentes taxas de juros. A detenção máxima permitida é até £ 2.500 de cada emissão. (158) (163)

National Giro / Transferência Nacional de Crédito Sistema de depósito bancário efetuado pelo Correio britânico. V. (*giro*). (148)

National Health Service / Serviço Nacional de Saúde No Reino Unido, serviço médico para todos no país, que proporciona tratamento para curar e prevenir doenças. O serviço é pago pelas companhias, pelo governo e pelos empregados. V. também (*national insurance*). (244)

national income / renda nacional Valor total anual de todos os bens e serviços produzidos por um país, necessariamente igual ao produto nacional líquido (*net national product*) a custo de fator. Algumas vezes é calculada como o produto nacional bruto (*gross national product*) a custo de fator. (8) (11) (105) (163) (244)

national insurance / seguro nacional Pagamentos feitos pelos trabalhadores e empresas a fim de ajudar a pagar o Serviço Nacional de Saúde (*National Health Service*), para pensões e pagamentos por desemprego. (244)

nationalization / nacionalização Processo de nacionalizar, ou seja, transferir alguma coisa, em geral compulsoriamente, da propriedade privada para a governamental de um país. (148) (231) (244)

nationalize / nacionalizar Submeter uma companhia ou grupos de companhias ao controle do governo. (244)

nationalized industries / indústrias nacionalizadas Indústrias possuídas ou adquiridas pelo governo, principalmente as responsáveis pela infra-estrutura, como abastecimento de águas, serviços de esgotos, fornecimento de luz etc., não só por constituírem um monopólio natural (*natural monopoly*), como muitas vezes por envolverem a segurança nacional. (158) (244)

National Labor Relations Act / Lei Nacional de Relações Trabalhistas Lei americana, conhecida como Lei Wagner (*Wagner Act*). Tem por fim garantir que os empregados possam afiliar-se ou não a sindicatos, em benefício mútuo e proteção em negociação com os empregadores. (148) (198)

national press / imprensa nacional Jornais diários ou semanais distribuídos no país, mas não necessariamente constituindo mídia de massa. (225) (244)

National Security Council / Conselho de Segurança Nacional Órgão da assessoria da presidência da República norte-americana que a informa sobre questões internas e externas que envolvam a segurança nacional. É a consultoria do mais alto nível em questões de defesa e outras correlatas. Todas as vezes que surge uma crise séria no mundo, o presidente convoca o Conselho, mas tem liberdade para vetar suas sugestões. O Conselho tem sob sua direção a CIA — Central Intelligence Agency. (31)

nativism / nativismo Rejeição da cultura contemporânea e desejo de retornar aos padrões tradicionais, e fuga aos grupos e influências externos. (180)

NATO / OTAN Sigla de (*North Atlantic Treaty Organization*), Organização do Tratado do Atlântico Norte. (30) (31) (244)

natural-born citizen / cidadão nato Cidadão nativo de um país. A lei americana estipula que não poderá ser presidente da República quem não for cidadão nato. (31) (231)

natural break / interrupção natural Interrupção para comerciais de televisão que deveriam ocorrer entre as paradas naturais na continuidade dos programas. Difícil de ser conseguido. Um exemplo é uma corrida de automóveis que leva muitas horas. (225) (A)

natural business year / exercício natural Ano fiscal (*fiscal year*) que termina com o ponto anual baixo da atividade empresarial ou ao fim de uma temporada. (7) (88)

natural economy / economia natural Economia de escambo (*barter*), assim chamada porque a moeda é uma invenção artificial que substituiu o sistema mais "natural" que é o escambo. (163)

natural increase / aumento natural Diferença entre os óbitos e os nascimentos em uma população durante um dado período. (163)

naturalistic study / estudo naturalístico Estudo que observa os indivíduos em seus habitats naturais, sem que haja manipulação do ambiente. (193)

naturalization / naturalização Procedimento legal, por cujo intermédio um estrangeiro (*alien*) obtém cidadania (*citizenship*). A naturalização pode ser individual ou coletiva de acordo com as circunstâncias. A coletiva geralmente concede cidadania por lei ou tratado, como nos casos de certas ilhas e territórios. Um indivíduo maior de 18 anos pode naturalizar-se americano, desde que resida no país há mais de cinco anos, seja alfabetizado, tenha bons antecedentes, conheça a história e os princípios do governo, não advogue o comunismo ou outra doutrina considerada subversiva, nem seja membro de organizações desta espécie ou totalitárias, e jure fidelidade e submissão ao governo americano, renunciando a qualquer fidelidade a governos estrangeiros. (31) (231) (244)

natural justice / justiça natural Regras e procedimentos que devem ser seguidos no arbitramento de uma disputa, no sentido de que não haja vieses por parte do árbitro. (163)

natural level of unemployment / nível natural de desemprego Nível de desemprego que seja congruente com o equilíbrio na estrutura das taxas de salários reais. (163)

natural monopoly / monopólio natural Ramo da indústria na qual a concorrência poderia resultar em duplicação inútil de instalações. São exemplos os fornecimentos de energia elétrica, abastecimento de água etc. (155) (163)

natural observation / observação natural Observação de eventos à medida que ocorrem na natureza ou durante as lidas humanas, sem controles experimentais ou amostragem sistemática. (130)

natural person/pessoa física Ser humano individual. (7) (88)

natural rate/taxa natural de juro De acordo com J. S. Mill, taxa ao redor da qual a taxa de mercado sempre oscila e à qual sempre tende a voltar. (190)

natural rate of growth/taxa natural de crescimento Maior taxa de crescimento de longo prazo que pode ser sustentada em um determinado modelo de economia. Está diretamente relacionada ao aumento da força de trabalho e à taxa de mudança tecnológica, e deve ser igual à taxa de crescimento justificada (*warranted growth*) para que seja mantido o equilíbrio da economia. (163)

natural rate of interest/taxa de juro natural Taxa de juro em que há equilíbrio entre a demanda e a oferta de fundos emprestáveis. (163)

natural resources/recursos naturais Materiais que são encontrados na natureza e podem ser usados para fins econômicos, como petróleo, ouro etc. (244)

natural wastage/desperdício natural Diminuição da quantidade de indivíduos da força de trabalho, por motivos naturais, como aposentadoria, demissões voluntárias ou morte. (163) (244)

navicert/certificado consular Na Grã-Bretanha, certificado consular sobre o caráter da carga de um navio ou avião, ou ainda de qualquer outro meio de transporte internacional. (11) (A)

near money/quase-moeda Bem cujo valor é fixado em termos monetários e que pode facilmente ser convertido em moeda, como valores, apólices etc. Em épocas de inflação, a quase-moeda pode apresentar problemas. As empresas que dão crédito ou fazem empréstimos estão criando algo que também se assemelha à moeda, portanto, à quase-moeda. (1) (14) (85) (148) (158) (163) (244)

necessary condition/condição necessária Propriedade de uma proposição de tal modo relacionada a outra, que esta última não pode ser verdadeira, salvo se a primeira também o for. V. (*sufficient condition*). (7) (88)

necessities/necessidades Coisas sem as quais uma pessoa não pode passar: alimentos, vestuário, abrigo. (244)

necessity certificate/certificado de necessidade O mesmo que (*certificate of necessity*), ou seja, termo aplicado ao imposto de renda federal, consistindo numa autorização que permite a amortização (*amortization*) ou a depreciação acelerada (*accelerated depreciation*), em base de 60 meses, do custo do todo ou de uma parte das instalações de emergência (*emergency facilities*), sendo a finalidade induzir os contribuintes a construir ou a adquirir itens fabris ou equipamentos essenciais à produção durante um período de emergência nacional. (7) (88)

need/necessidade Algo de que um indivíduo precisa para seu bem-estar físico ou mental. Alguma coisa que ele quer e que pode agir como motivação (*motivation*). Não é preciso que a necessidade seja material. (148) (225)

need of achievement/necessidade de realização Característica de uma personalidade que faz com que o indivíduo sinta satisfação no seu desempenho, em comparação a um padrão de excelência. (73)

negative acceleration/aceleração negativa Característica de uma curva que é muito inclinada no início, mas que se torna cada vez mais achatada à medida que se aproxima de seu fim. As curvas de aprendizagem (*learning curves*) são deste tipo. (130)

negative asset/ativo negativo V. (*accounting equation*). (A)

negative assurance/garantia negativa Comunicação de um contador público a um negociante de investimentos de que durante sua investigação dos registros do emitente, ou em determinado período imediatamente após, nada foi revelado de um caráter adverso. (88)

negative cash flow/fluxo de caixa negativo Situação de uma firma em que esta se encontra desembolsando mais do que embolsando. Isto não significa que está tendo um prejuízo, pois esse desembolso pode estar programado para um período relativamente curto. (163) (244)

negative easement/servidão negativa Diz-se da servidão em que o proprietário de um terreno impede um vizinho de usar suas terras da maneira prevista por servidão. V. (*easement*). (163)

negative entropy / entropia negativa V. (*negentropy*). (64)

negative goodwill / aviamento negativo; fundo de comércio negativo V. (*surplus from consolidation*). (7) (88)

negative slope / inclinação negativa Caso comum da curva de demanda (*demand curve*) que baixa da esquerda para a direita. A inclinação é positiva quando sobe em direção à direita. A inclinação é zero quando a curva não sobe nem desce, isto é, as tangentes à curva são horizontais. (155)

negentropy / entropia negativa Importação, sob todas as formas, de quantidades de energia maiores do que a que uma organização devolve ao ambiente sob a forma de produto. (64)

negligence / negligência Falha em aplicar o cuidado que um indivíduo normal usualmente exerce nas obrigações que lhe são atribuídas. V. (*ordinary negligence*) e (*gross negligence*). (7) (88) (148) (163)

negotiable / negociável Transferível por endosso e entrega, ou por entrega no curso normal de negociar. (7) (88)

negotiable instruments / instrumentos negociáveis Documentos perfeitamente negociáveis, como cheques, ações, notas etc. de pronta liquidez, que podem ser usados por seu proprietário em lugar de moeda. Seus valores são líquidos e certos. (148) (163) (244)

negotiable warehouse receipt / warrant Recibo de um armazém geral usado como evidência de propriedade do que foi depositado e que, por endosso, pode transferir a posse dos objetos depositados para terceiros. (148)

negotiate / negociar Conversar com uma ou mais pessoas, visando ao acerto de algum negócio; alcançar um acordo etc., por meio de discussão. (244)

negotiated sale / venda negociada Em investimento, proposta não competitiva da venda de uma emissão de valores a um grupo comprador, sob preços e condições com que as duas partes concordaram. (11)

neoclassical economics / economia neoclássica Conceito atribuído principalmente a Marshall, segundo o qual a economia era clássica no sentido de que via o papel central da economia como a explicação da distribuição de renda de acordo com a opinião dos clássicos, de que a concorrência (*competition*) levava a uma alocação eficiente de recursos. Porém, sua abordagem era essencialmente microeconômica. Usava o princípio da utilidade (*utility*) e da maximização de lucros a fim de derivar as curvas de demanda e oferta. Estas eram combinadas em um equilíbrio geral para a determinação de preços relativos e, portanto, as participações relativas de produto. Era usado o cálculo diferencial para demonstrar as regras básicas da análise marginal (*marginal analysis*) que caracterizam os relacionamentos ótimos da economia de concorrência perfeita (*perfect competition*). (128) (163)

neo-Keynesian theory / teoria neokeynesiana V. (*income-expenditure analysis*). (A)

neolocal marriage / matrimônio neolocal Casamento em que o casal deve formar um lar próprio, abandonando o sistema patrilocal (vida com a família do marido) e o matrilocal (vida com a família da esposa), de tal forma abandonando a chamada família extensa (*extended family*) para formar a família nuclear (*nuclear family*). (180) (A)

neo-Malthusianism / neomalthusianismo Concepção, de certo modo recente, de que se pode restringir o crescimento da população do mundo e evitar a fome, por controle da natalidade. V. (*Malthusian theory*). (163)

nepotism / nepotismo Termo que deriva de *nepote* (sobrinho) do papa, ou seu conselheiro, em decorrência dos favores excessivos concedidos por alguns papas a seus sobrinhos e parentes. É favoritismo escandaloso. Em política atual, é a concessão de favores especiais a parentes e amigos. (11) (23) (31) (231)

net / líquido 1. O que resta depois de terem sido feitas todas as reduções pertinentes. 2. O que não está sujeito a reduções ulteriores. 3. Peso exato unicamente do que está contido em uma embalagem. (7) (11) (88) (148) (231) (244)

net asset value per share / valor de bem líquido por ação 1. Tratando-se de investimentos, montante líquido de dividendos e juros ganhos durante um período contábil em uma carteira de valores, dividido pelo número de ações em circulação. 2. Índice que certas empresas de investimento calculam para saber o valor de suas ações. (11) (105)

net asset value / valor de bem líquido Em empresas de investimento, total do valor monetário de todos os papéis negociáveis existentes em carteira. (11)

net assets / ativo líquido 1. Valores de bens cujos ônus foram extintos. 2. Excedente do total do ativo sobre o passivo (*liability*). (5) (22) (105) (148) (158) (244)

net audience / audiência líquida Número não duplicado ou exagerado de lares, leitores, telespectadores etc. (225)

net avail / produto líquido Produto monetário líquido de uma nota descontada. (7) (88)

net balance / saldo líquido Saldo de uma conta após todos os descontos legais. (A)

net book amount / quantidade contábil líquida Valor de baixa de um bem contábil depois da margem de depreciação (*depreciation*). (163)

net book value / valor contábil líquido Diferença entre o montante bruto de um bem do ativo, conforme o lançamento nos livros, e qualquer reserva ou outra compensação aplicável, tal como a depreciação acumulada (*accumulated depreciation*). V. (*written-down value*). (7) (88)

net capital formation / formação de capital líquido Valor monetário da adição aos bens de capital (*capital goods*) de uma nação, após um período específico. (11)

net capital gain per share / ganho líquido de capital por ação Montante de lucro líquido da venda de valores de uma carteira durante um período contábil, após a dedução das despesas operacionais e a divisão pelo número de valores em circulação. (11)

net cash / pagamento à vista sem desconto Expressão usada para anunciar que a empresa não concederá desconto e somente aceitará pagamento à vista. (148)

net cash flow / fluxo líquido de caixa Lucro retido (*retained earnings*) somado à margem de depreciação (*depreciation*). Lucro líquido após o pagamento dos impostos de uma firma por um certo exercício. (1) (148) (158)

net change / mudança líquida Em bolsas de valores, variação entre o preço de fechamento de um dia e o de abertura no dia imediatamente seguinte. (105)

net cover / cobertura líquida Percentagem de audiência visada que recebe pelo menos uma exposição de um comercial ou anúncio. (225)

net current assets / ativo líquido corrente Diferença entre o ativo e o passivo corrente; também pode ser tido como "capital de giro líquido". (148) (244)

net domestic product / produto interno líquido Produto interno bruto durante um certo exercício, menos uma estimativa da depreciação (*depreciation*) de seus bens de capital (*capital goods*) durante o mesmo período. (48) (158) (163)

net income / renda líquida Receita bruta menos os custos de operação. Em outras palavras, é o saldo (*balance*) que fica para os acionistas ou proprietários depois da dedução da receita bruta de todas as despesas (*expenses*) de operação e deduções da renda durante o mesmo exercício. (77) (88) (148) (158) (163) (244)

net investment / investimento líquido 1. Dispêndio bruto em formação de capital (*capital formation*), após a dedução dos impostos e, quando conveniente, depois do interesse da minoria (*minority interest*). 2. Mudança no estoque de capital da economia ou de uma firma, após investimento. É igual ao investimento bruto menos a quantia necessária para reposição do capital desgastado, ou seja, depreciação. (158) (163)

net loss / prejuízo líquido Inverso de renda líquida ou lucro, determinado de um modo semelhante: o excesso da soma das despesas e prejuízos sobre as receitas e rendas. (7) (88) (244)

net margin / margem líquida Lucro líquido como percentagem das vendas. (244)

net national product / produto nacional líquido Produto nacional bruto (*gross national product*) de uma economia durante um determinado período, menos a depreciação (*depreciation*) dos bens de capital (*capital goods*) ao longo do referido período. Quando o produto nacional líquido é calculado ao custo de fator, passa a chamarse renda nacional (*national income*). (148) (158) (163) (231)

net operating income / renda operacional líquida Lucro realizado pelas principais operações de uma firma durante um exercício. É formado pelas vendas líquidas menos os custos de vendas e outras despesas operacionais. (148) (244)

net paid circulation / circulação paga líquida Parte da circulação total de um meio impresso paga pelos leitores, ou seja, após o desconto de exemplares gratuitos e não adquiridos. (225)

net present value / valor presente líquido Valor presente de uma seqüência de entradas de caixa associadas ao projeto, menos o valor presente da seqüência de saídas de caixa, também referentes ao projeto. (148) (163)

net price / preço líquido Preço pago por um comprador depois de terem sido feitos todos os descontos e abatimentos. (163) (225)

net proceeds / resultados líquidos Resultado da venda ou outra disposição de propriedade ou da mercadização de uma emissão de títulos de valor, menos os custos diretamente decorrentes dessa venda. (7) (88)

net profit / lucro líquido Margem financeira obtida por uma firma durante um exercício ou de uma certa atividade, medida depois de dar margem a todas as despesas e custos perdidos. Pode ser calculado de várias maneiras, incluindo ou não o que foi pago em impostos, dividendos etc., desde que tal situação seja tornada explícita. Muitas vezes se considera como lucro líquido o que se obtém após a dedução dos impostos. (7) (88) (148) (158) (163) (244)

net profit margin / margem de lucro líquido Proporção entre o lucro líquido (*net profit*), adquirido durante um certo período, e as receitas (*revenues*), durante o mesmo período. Quase sempre se traduz por uma percentagem. (148)

net profit on sales / lucro de vendas Saldo remanescente depois da dedução do lucro bruto sobre a vendagem e outras despesas que variam diretamente com as vendas. (7) (88)

net purchases / compras líquidas Custo das compras mais o frete para a entrega, menos os retornos e margens e usualmente os descontos concedidos. (7) (88)

net rate / taxa líquida Taxa que fica com o publicador depois de descontadas as comissões dos agentes. (225)

net reach / alcance líquido Quantidade de pessoas que terão pelo menos uma oportunidade de ver um anúncio, depois de ser dada margem para duplicação de leitura entre os exemplares e entre a publicação. (225)

net reproduction rate / taxa de reprodução líquida Número de crianças do sexo feminino em uma população, expressa como uma proporção do número de adultos femininos na geração anterior. Se o quociente for maior do que a unidade, a população estará crescendo; do contrário, estará diminuindo. (163)

net revenue / receita líquida Total líquido de todas as receitas, às vezes erroneamente considerado como lucro líquido (*net profit*). (148)

net sales / vendas líquidas Total das vendas, menos os descontos concedidos, devoluções e outras despesas porventura existentes que constem do faturamento. (7) (88) (148) (244)

net satisfaction / satisfação líquida De acordo com A. C. Pigou, satisfação ocasionada pela renda, menos a insatisfação ocasionada pelo trabalho. (102)

net statutory income / renda líquida estatutária Renda líquida de um indivíduo, na Grã-Bretanha, sobre a qual incidirá o imposto de renda, estando já incluídas todas as deduções e concessões. Não obstante as deduções permitidas, esta renda também é conhecida como "renda total". (148)

net terminal value / valor terminal líquido Valor final das entradas de caixa em ligação com um projeto de investimento, menos o valor final das saídas de caixa em determinada ocasião, geralmente quando o investimento está para cessar. (148)

netting / plastificação Embalagem de certos produtos, como frutas e legumes, em folhas plásticas extrudadas, a fim de realçar-lhes a aparência, como acontece em certos produtos de supermercado. (225)

net weight / peso líquido Diferença entre o peso total de uma mercadoria e sua embalagem ou tara. (163) (244)

network / rede 1. Cadeia de estações de rádio e televisão através de uma região ou país. 2. V. (*PERT*) e (*CPM*). 3. Diagrama que representa as atividades componentes e/ou eventos em um projeto, mostrando seus inter-relacionamentos. (11) (148) (225) (244)

network analysis/análise de rede Diagrama que representa as atividades componentes e/ou os eventos em um projeto, mostrando seus inter-relacionamentos. Consiste em linhas, às vezes chamadas "setas", que juntam pontos representados por círculos ou retângulos numerados, chamados nós (*nodes*). É a base do sistema PERT-CPM, também conhecido como diagrama de setas (*arrow diagram*). V. (*PERT*) e (*CPM*). (137) (148) (225) (244)

network-beginning event/evento inicial de rede V. (*start event*). (148)

network-ending event/evento terminal de rede V. (*end event*). (148)

network flow-chart form/fluxograma de rede Atividade em rede (*network*) em que as setas são usadas unicamente para representar a seqüência e o relacionamento de atividades. (148)

net working capital/capital de giro líquido Diferença entre os valores do ativo total de uma empresa e o total de seu passivo em determinada ocasião. Capital líquido de giro. (7) (88) (148)

net worth/patrimônio líquido Valor residual do ativo de uma empresa, após a dedução de todas as obrigações, isto é, o passivo. Muitas vezes as firmas britânicas se referem ao patrimônio líquido como patrimônio total (*total equity*). É o inexigível. (4) (7) (88) (148) (163) (231) (244)

net yield/rendimento líquido Quantia obtida de um investimento, menos o imposto. (244)

neutral innovation/inovação neutra De acordo com Hicks, fenômeno que ocorre quando certas quantidades de dois fatores estão sendo usadas para dar uma determinada produção e o efeito da inovação é aumentar a produtividade marginal de cada um, exatamente na mesma proporção. (39)

neutral rate of interest/taxa de juro neutra Taxa de juro de equilíbrio à qual a demanda e a oferta de fundos serão iguais. (163)

New Deal/Nova Ordem Programa de reforma social liberal, encabeçada na década de 30 por F. D. Roosevelt. A reforma introduziu modificações na política, previdência social, regulamentação empresarial, legislação trabalhista, desenvolvimento de recursos etc. Em sua maior parte, no entanto, o programa foi considerado inconstitucional. Isso, porém, não impediu que, com base na Nova Ordem, o bem-estar econômico e social tivesse sido ampliado. (11) (31) (A)

new entrants/novos entrantes Todos os que entram em um mercado pela primeira vez, sejam estudantes à procura de emprego, sejam firmas que se estabelecem para uma determinada finalidade. (163)

new high/nova alta Maior preço jamais atingido por um título negociável. (105)

new issue/nova emissão Ações que são lançadas ao público pela primeira vez e, portanto, constituem uma nova emissão. (105) (163) (244)

new product development/desenvolvimento de produto novo Processo de determinar as necessidades do mercado e desenvolver produtos para atendê-las. Para tanto, é preciso dispor de muita informação de mercado (*market information*). (194) (244)

newsletter/relatório informativo Relatório informal, às vezes confidencial, com a análise de noticiário a respeito de um determinado campo de atividade. (11)

newsprint/papel de jornal Papel grosseiro, muito absorvente, com que geralmente são feitos os jornais. (225) (244)

news release/circular noticiosa Notícia que uma empresa faz circular entre seus empregados e/ou imprensa, que pode ser considerada como uma ação de relações públicas. É praticamente o mesmo que informação à imprensa (*press release*). (164) (244)

new town development/desenvolvimento de nova cidade No Reino Unido, cidades criadas desde 1946, planejadas para conter um certo número de casas, fábricas e lojas. (244)

next of kin/parente mais próximo Parente mais próximo na ordem de sucessão, principalmente quando se tem em vista a distribuição do espólio de uma pessoa. (231) (A)

next-to-reading matter / perto de editorial Posição de anúncio bem perto de um editorial. (225)

nickel / níquel Moeda de 5 centavos de dólar, feita de níquel. (11)

Nielsen Index / Índice Nielsen Famosa firma que se dedica à auditoria de marcas dentro de determinados grupos. A classificação é feita por zonas geográficas dentro de períodos regulares de tempo. (225)

night letter / telegrama sem prioridade Telegrama de maior extensão que os comuns, enviado a uma taxa reduzida porque os telegramas normais das horas comerciais têm prioridade sobre as "cartas noturnas" em transmissão e entrega. (11)

night safe / cofre noturno Caixa externa de um banco, especial para receber fundos, que funciona nas horas em que o banco não tem expediente normal. (163) (A)

night shift / turno da noite Turno trabalhado principalmente à noite e popularmente conhecido como turno do cemitério (*graveyard shift*). (148) (244)

nightwork / trabalho noturno Trabalho executado à noite. Segundo a Organização Mundial do Trabalho, a noite é definida como um período de pelo menos onze horas consecutivas, inclusive o intervalo entre 22 e 5 horas. (148)

NNP / PNL Sigla de (*net national product*), produto nacional líquido. (A)

no-claims bonus / bonificação de seguro Dedução que se concede ao comprador de uma apólice de seguro, principalmente de veículos a motor, se na apólice anterior o segurado não deu qualquer despesa à empresa seguradora. (11) (244)

node / nó Sinal que, em análise de rede (*network analysis*), é geralmente representado por um círculo que, por sua vez, representa um evento (*event*). Os nós são ligados por linhas ou setas; estas indicam uma atividade. V. (*PERT*) e (*CPM*). (56) (137) (148)

node diagram / diagrama de nós V. (*node*). (148)

noise / ruído Interferência em comunicações e em correntes ou voltagens de um dispositivo ou sistema elétrico. (214) (A)

nolle prosequi / nolle prosequi Arquivamento de processo, geralmente por parte do promotor. (11) (231)

nolo contendere / nolo contendere Pronunciamento de um réu de que não admite culpa, mas que se sujeita à punição como se culpa tivesse, ficando a determinação da culpa a critério de melhor julgamento. (11) (231)

nominal / nominal 1. Valor citado apenas como uma formalidade, constituindo uma bagatela ante seu verdadeiro valor. 2. O que se atribui a uma pessoa por seu nome, como, por exemplo, uma ação nominal e não ao portador. (11) (231)

nominal capital / capital nominal 1. Capital declarado. 2. Capital insignificante. 3. Total de todas as ações que formam o capital de uma empresa. (148) (163) (231)

nominal element / elemento nominal Parte de um ativo ou de uma obrigação que reflete o custo expirado ou a renda realizada, transferível para lucros e perdas. (7) (88)

nominal income / renda nominal Quantia em moeda corrente que se paga a um trabalhador por seus serviços. (163)

nominal ledger / razão nominal Livro contábil obrigatório mais importante de uma empresa. (163)

nominal partner / sócio ostensivo Pessoa que, na realidade, não é sócia de uma firma, mas publicamente se anuncia como tal, ou permite que os outros assim a considerem, mesmo que não participe dos investimentos da firma, nem de seus lucros. Sob certas circunstâncias, os tribunais mantêm que o sócio virtual pode obrigar os verdadeiros membros da firma pelos atos que comete, ou tornar-se responsável pelos débitos em que a firma incorrer. (48) (163) (231)

nominal price / preço nominal Cotação dada por um especialista a determinado bem, porque este não é negociado com a freqüência necessária para estabelecer um preço definido de mercado. Não se confunde com valor nominal (*nominal value*). (1) (163) (225)

nominal value / valor nominal Valor estabelecido por convenção. O exemplo é a ação de uma S.A. Este valor está sujeito a flutuações por determinação do mercado. Também se diz valor par (*par value*) e valor ostensivo (*face value*). (4) (11) (148) (158) (163) (244)

nominal wage / salário nominal 1. Salário medido em termos da moeda e não por seu poder aquisitivo (*purchasing power*). 2. Que engloba mais do que o salário estipulado em dinheiro, como benefícios extras (*fringe benefits*) etc. (7) (11) (78) (88)

nominal yield / rendimento nominal Rendimento proporcionado pela venda de um papel negociável (*securities*), geralmente expresso como uma percentagem de seu valor nominal ou par. (158) (163)

nominee / nomeado Em bolsas de valores, dirigente de banco ou de empresa fiduciária, ou agente nomeado, em cujo nome os valores são transferidos por acordo. (11) (148) (231) (244)

nonassessable capital stock / ações não sujeitas a chamadas Ações de capital completamente pagas, não sujeitas a outras obrigações por parte dos acionistas. É o tipo geralmente usado pelas sociedades anônimas americanas. (7) (88)

non-callable securities / valores irresgatáveis antes do vencimento Títulos de valor que não podem ser resgatados antes do seu vencimento. (105)

non-checking account / conta bancária de rendimento Conta de depósitos bancários para o recebimento de juros, da qual não se pode efetuar retirada sem aviso prévio ao banco. (14)

non-contributory benefits / benefícios gratuitos Benefícios extras (*fringe benefits*). O empregado nada tem a contribuir, correndo tudo por conta do empregador. (198)

non-contributory pension scheme / esquema de pensão não contributório Programa em que os empregados são beneficiados por pensões sem que tenham de contribuir para isso. O ônus é inteiramente do empregador e constitui mais um benefício extra (*fringe benefit*). (148) (163) (244)

noncontrollable cost / custo não controlável Custo atribuído a uma unidade organizacional (*organizational unit*), mas que foi incorrido e controlado externamente. (7) (88)

noncumulative dividend / dividendo não cumulativo Dividendo de ação preferencial que, se não distribuído, não terá de sê-lo mais tarde. Em alguns Estados americanos esse dividendo é, em efeito, cumulativo. (7) (88)

noncumulative share / ação não cumulativa Ação preferencial para a qual não se acumulam dividendos, os quais, via de regra, ficam perdidos para sempre. (11)

noncurrent asset / ativo não circulante Bem do ativo que não constitui parte do ativo circulante. (148)

nondirective counseling / aconselhamento não dirigido Em trabalhismo, ato que consiste em ouvir cuidadosamente e animar um empregado a expor os problemas que o preocupam, compreendê-los e ver quais são as soluções cabíveis. A "não direção" está principalmente interessada em ouvir declarações voluntárias. (198)

nondirective interview / entrevista não dirigida Tipo de entrevista que pode ocorrer na seleção de candidatos a emprego. O entrevistador deixa que o candidato determine a tendência da conversação, dessa forma revelando o seu verdadeiro eu. Não há qualquer iniciativa por parte do entrevistador. (129)

nondurable goods / bens não duráveis Bens também chamados de (*soft goods*); são aqueles que duram relativamente pouco tempo, como roupas, calçados, medicamentos etc. Estão enquadrados os bens cuja durabilidade é inferior a três anos. (1) (148) (244)

nonemployed / não empregado Categoria existente no Seguro Nacional da Grã-Bretanha que cobre os que não são empregados a tempo integral, nem autônomos. As pessoas que caem nesta categoria gozam de todos os benefícios, exceto os de acidente no trabalho, auxílio-maternidade, auxílio-doença e seguro-desemprego. (163)

non-executive director / diretor não executivo Diretor de uma empresa que não é um empregado a tempo integral. Diretor, neste caso, é um funcionário não do tipo nomeado pela diretoria propriamente dita (*board of directors*). (148) (244)

nonexpendable fund / fundo congelado Fundo cujo principal tem de permanecer intato. Por exemplo, um fundo para empréstimos, mas que só pode emprestar o que rendeu; fundo de dotação; fundo sujeito a um acordo anual. (7) (88)

nonfeasance / não execução Expressão para indicar que um indivíduo ou empresa deixou de fazer aquilo que estava a seu cargo, possivelmente com prejuízo para terceiros. (88) (231)

nonfrictional involuntary unemployment / desemprego involuntário não friccional Situação em que se todos os empregadores preenchessem todas as vagas, ainda assim haveria gente procurando emprego. O problema é grave e tende a agravar-se em decorrência de automação (*automation*) e novas tecnologias. Acredita-se que a forma de atenuar esse desemprego seja o retreinamento (*retraining*) dos trabalhadores para que estes possam tomar parte nos fatores de automação e nova tecnologia. (8) (A)

nonimmigrant / não imigrante Pessoa que vai a um país em base temporária. Inclui visitantes, trabalhadores sazonais, comerciantes, tripulantes, estudantes, jornalistas e representantes diplomáticos. Não há restrições de quotas, mas os interessados precisam satisfazer a muitas das qualificações impostas aos imigrantes. (31)

nonledger assets / ativo não escriturado Bens ativos ou seus incrementos que, por costume, como nas empresas financeiras, não figuram nos livros contábeis. Por exemplo, receitas acumuladas ainda não vencidas; aumento de valor de um bem; propriedade existente à qual se deu baixa. (7) (88)

nonlinear programming / programação não linear Técnicas de programação matemática (*mathematical programming*) usadas em solução de problema (*problem solving*), em que as funções objetivo ou as restrições, ou ambas, não são funções lineares. É o caso, por exemplo, da programação quadrática. (148) (158) (163)

nonliquidating investment / investimento sem prazo de liquidação Investimento feito por um órgão governamental, cuja liquidação ou recuperação não tem prazo determinado. Esta é feita com o pagamento de juros e amortização do capital pela receita de taxas cobradas. Uma estrada de rodagem, com cobrança de pedágio, seria um exemplo. Sinônimo de investimento autoliquidável (*self-liquidating investment*). (102)

nonmanufacturing industry / indústria não manufatureira Diz-se da indústria que não está envolvida na produção de bens usando matérias-primas (*raw materials*). São exemplos o comércio, agricultura, construção, serviços, comunicações, transporte, finanças e serviços públicos. (1)

nonmarketable securities / valores não mercadizáveis Parte da dívida nacional não fundada que não pode ser comprada ou vendida na bolsa de valores. Os títulos de dívida são de vários tipos e rendem juros que também variam. (163)

nonmonetary assets / bens incorpóreos ou intangíveis Bens que não encontram correspondência material para a sua significação, como patentes de fabricação, fórmulas de processamento, planos de trabalho, clientela etc., embora a empresa deva registrar esses valores em suas imobilizações técnicas. (4) (22) (A)

nonoperating company / companhia inativa 1. Empresa cujas propriedades, se houver, estão ociosas, e cujas atividades resultam em lucros ou prejuízos incidentais. 2. Empresa cujas propriedades são arrendadas e operadas por outros, e que meramente distribui suas receitas líquidas ao seu quadro de acionistas. (7) (88)

nonoperating income / renda não operacional Receita (*revenue*) acessória, derivada mais de investimento do que das operações normais de uma empresa. São dividendos, juros etc. (4) (11)

nonoperating revenue / receita extraordinária Receita que não se verifica normalmente e que não constitui parte da operação empresarial; por exemplo, a venda de um objeto que era para ser usado, mas que por algum motivo foi vendido e deu uma margem de lucro. O aumento do ativo líquido não é propriamente um lucro, mas um ganho de capital (*capital gain*). (5) (22) (A)

nonparametric test / teste não paramétrico Teste usado em inferência estatística, quando não se supõe a forma da distribuição de probabilidades. (148)

nonpar item / item não par Nos Estados Unidos, cheque que não pode ser descontado ao par, ou valor ostensivo (*face value*), quando apresentado a um banco que não pertença ao Sistema da Reserva Federal. Sobre esse item recai uma taxa de desconto. (11)

nonprescription drugs / remédios populares Medicamentos que não precisam de receita médica para a sua aquisição, como certos analgésicos, laxativos, comprimidos para resfriados etc. Também podem ser chamados de remédios de balcão (*over-the-counter drugs*). (A)

non-price competition / concorrência extra preço Tipo de concorrência, principalmente de firmas monopolísticas, cuja forma principal está na variação de produto e propaganda. A variação de produto pode ser concorrência de qualidade. Na extra-preço, a luta entre firmas assume a forma de manipulação de qualidade e atividades de propaganda. Os preços podem permanecer constantes por muito tempo e por muitas razões. A finalidade deste tipo de concorrência é evitar a guerra de preços, que poderia ser ruinosa. (1) (7) (37) (88) (155) (158) (163) (244)

non-price offerings / ofertas extra-preço Ofertas que ocorrem quando um comerciante se interessa por localizações monopolísticas, tais como um centro comercial restrito, mercadoria exclusiva e serviços característicos, além de decoração elaborada. A finalidade é desviar a atenção do consumidor (*consumer*) quanto a preços e, no caso de mercadoria exclusiva, restringir sua capacidade para fazer comparações. Assim, ele está oferecendo coisas que não alteram o seu preço, isto é, não concorrem com baixa de preços e sim com outras vantagens. (80) (A)

nonproductive labor / mão-de-obra improdutiva Termo anteriormente usado para designar mão-de-obra indireta (*indirect labor*). (7) (88)

nonprofit / sem fins lucrativos Organizações que quase sempre operam em base de prestação de serviços, como algumas de assistência médica, universidades etc. (96)

non-profit corporation / sociedade anônima sem fins lucrativos Organização à semelhança de uma S.A. (*corporation*), mas na qual não há distribuição de lucros, nem existe tal intenção. Os lucros são usados para o progresso da empresa, tendo em vista os fins a que se destinam. Exemplos deste tipo são as instituições governamentais, sociais, de caridade, escolas, entidades religiosas etc. (7) (48) (88)

non prosequitur / non prosequitur Termo latino muito usado por advogados para significar que uma causa não prossegue e deve ser arquivada. (231)

nonquota immigrant / imigrante sem quota Estrangeiro (*alien*) admitido nos Estados Unidos e outros países isento das quotas restritivas atribuídas a diversas origens nacionais. (31)

nonrecourse basis / irrecobrável Cláusula em um papel negociável (*commercial paper*) de empresa privada, significando que seu comprador — em geral uma empresa financiadora — está disposto a assumir o risco de que o referido título não seja pago. Contrapõe-se a recobrável (*recourse basis*). (1) (A)

nonrecurring charge / débito não recorrente Qualquer despesa ou prejuízo involuntário considerado pela administração como de um tipo que não ocorrerá outra vez. (88)

nonrevenue receipts / recebimentos que não são receitas Principalmente em contabilidade pública, é a coleta que não constitui receita, durante um dado período; aplica-se aos recebimentos de empréstimos e dispêndios recuperáveis. (7) (88)

nonspending / iliquidez Situação que se estabelece no seguinte caso: quando não se monetiza a dívida (*monetization of debt*), o governo incorre em um custo; este é considerado como o preço de persuadir as pessoas a não gastar em consumo ou investimento privado; devem circular seus fundos na aquisição de bens públicos ativos. Essa aquisição de iliquidez evita o aumento inflacionário que resultaria dos dispêndios (*expenditures*) privados se a dívida fosse monetizada, isto é, transformada em moeda. (102)

nonstandard material / material fora do padrão Matéria-prima (*raw material*) ou submontagem de um padrão acima ou abaixo do que aparece numa especificação-padrão de engenharia. (7) (88)

nonstock corporation / sociedade anônima sem capital acionário Tipo de sociedade anônima governamental ou privada, sem fins lucrativos, que geralmente não emite ações, como hospitais, igrejas, universidades etc. (7) (48) (88)

nonstore / não loja Tipo de varejo por meio de máquinas automáticas de vender. (90)

nonstore retailer / varejista sem loja Varejista que, em geral, não tem lojas; são casas de vendas pelo reembolso postal (*mail order*), organizações de vendas diretas, como a Avon, e as empresas concessionárias de máquinas de vendagem automática. (81)

nonsuit / improcedência de ação Julgamento emitido contra um queixoso que não quer processar a outra parte ou deixa de mostrar causa legal para a ação ou não apresenta provas consideradas suficientes. (11)

non-taxable income / renda não tributável Renda excluída antes de ser avaliada a obrigatoriedade de ser calculado o imposto devido. Naturalmente há diversas deduções e isenções, como acontece com o imposto de renda. Um único exemplo deve bastar: gastos com médicos. (163) (244)

nonunionism / não sindicalismo Desconsideração ou oposição aos sindicatos trabalhistas. (11)

nonunion shop / estabelecimento não sindicalizado Estabelecimento em que a administração fixa as condições de trabalho e pagamento de modo unilateral, sem reconhecer ou negociar com os sindicatos a que seus empregados deveriam estar afiliados. (11)

nonverbal communication / comunicação não verbal Comunicação feita através de gestos, sinais ou postura do corpo. (198) (A)

non-voting shares / ações sem direito a voto Ação ordinária de uma empresa na qual não consta o direito de voto em reuniões dos acionistas. (148) (163) (244)

no-par-value capital stock / ações sem valor nominal Estoque de capital sem valor par ou nominal especificado, mas ao qual pode ser incorporado um montante determinado como valor legal ou declarado. (7) (88)

no-rent land / terra sem aluguel Conceito teórico de Ricardo, explicando as variações nos preços de aluguel de diferentes terrenos. A terra sem aluguel foi definida como a que somente valeria a pena cultivar se não houvesse aluguel a ser pago. (163)

norm / norma Regra de orientação ou padrão de comportamento. (7) (9) (29) (88) (180) (244)

normal curve / curva normal Distribuição de freqüência, de forma campanular, também chamada de curva de probabilidade normal. Constitui um ideal aproximado por muitas distribuições e pode ser derivada matematicamente. Essa curva de distribuição é muito importante em estatística porque corresponde à distribuição de freqüência de muitos fenômenos naturais. (7) (88) (130) (148) (244)

normal density function / função densidade normal Função freqüência de uma distribuição normal. (148)

normal distribution / distribuição normal Em estatística, processo que consiste em mostrar, em um gráfico, quais as médias, modas e medianas que partilham do mesmo valor e têm um perfil campanular. (7) (88) (225)

normal equations / equações normais Equações resultantes do processo de cálculo da estimação dos mínimos quadrados. As equações normais serão todas lineares e seu número será o mesmo que o de parâmetros a estimar. (163)

normal goods / bens normais Em literatura econômica, bens comprados em maior quantidade quando as rendas se elevam. V. (*inferior good*). (155)

normal necessary good / bem normal necessário Bem para o qual a elasticidade-renda da demanda (*income elasticity of demand*) é positiva, porém menor do que a unidade. O consumo do bem aumenta com a renda, mas a uma taxa mais lenta. (163)

normal population / população normal População associada a uma variável aleatória (*random variable*) que tem uma distribuição normal. (148)

normal price / preço normal Preço de equilíbrio de um bem ou serviço. O preço real de um bem é influenciado por diversos fatores, mas no final a concorrência garantirá um retorno ao preço normal, o qual apenas cobre os custos. (7) (88) (163)

normal profit / lucro normal Quantia necessária para prender um empresário (*entrepreneur*) em uma dada atividade. Diz-se que o lucro é o pagamento pelo risco que o empresário enfrenta. O lucro normal compensará exatamente o empresário por seus serviços. (163)

normal return / retorno normal Renda ou investimento a uma taxa de juro-padrão. (7) (88)

normal standard cost / custo-padrão normal Custo-padrão que se respalda no custo médio de numerosos períodos passados e nas mudanças futuras previstas em preço, eficiência ou volume. V. (*standard cost*). (7) (88)

normal value / valor normal Preço que as forças econômicas tendem a estabelecer e ao redor das quais gravitam muitos preços de mercado. (7) (88)

normal working area / área de trabalho normal Espaço dentro do qual uma pessoa sentada ou de pé pode alcançar e usar ferramentas, materiais e equipamento quando seus cotovelos caem naturalmente ao lado do corpo. (148) (163)

normative / normativo Que se baseia em médias, padrões e valores. (148) (158) (160) (180)

normative economics / economia normativa 1. De acordo com Herbert A. Simon, é ciência de administração, engenharia econômica e pesquisa operacional (*operations research*). 2. Ramo da economia que procura determinar o que deveria ser feito sobre a desejabilidade ética de determinadas situações econômicas. A declaração de que cada um deve pagar impostos de acordo com sua capacidade é normativa. (163) (A)

normative relevance tree / árvore da relevância normativa Técnica de estruturação que aborda o problema da previsão a partir de um sentido inverso. Salienta primeiramente os objetivos e metas da organização, examinando a seguir as alternativas para a sua consecução. Por analogia, as metas e os objetivos constituem o tronco, e as alternativas são os ramos. Seguindo pelas alternativas, ou ramos, a análise se torna cada vez mais intensa e resulta na demonstração da eficiência ou ineficiência do estado atual da ciência e da tecnologia. Estas técnicas foram usadas no programa Appolo da NASA. (133)

norms of evasion / normas de evasão Maneiras habituais, reconhecidas, de violar certas normas da sociedade. Por exemplo, fazer deduções nem sempre autorizadas para menor pagamento do imposto de renda etc. (180)

Norris-LaGuardia Act / Lei Norris-LaGuardia Lei americana que tornou ilegal a prática dos acordos trabalhistas chamados de (*yellow-dog contracts*), que obrigavam os trabalhadores a não fazerem parte de qualquer sindicato, e limitou o uso de interditos (*injunctions*) nas disputas trabalhistas. (31) (148)

North Atlantic Treaty Organization / Organização do Tratado do Atlântico Norte Organização que criou uma força unificada para a defesa da área do Atlântico Norte. Um ataque a um dos países membros é considerado como um ataque comum contra todos os signatários do tratado. (31) (244)

Northeast Corridor / Corredor Nordeste Linha que liga Boston, Nova York e Washington, e que é de grande movimento. (101)

nostro account / nostro account Conta de um banco do Reino Unido com um banco no exterior. (163)

notary public / tabelião Indivíduo nomeado pelo governo para redigir e certificar documentos, a fim de garantir sua autenticidade. Para ser nomeado, um tabelião tem cinco anos de aprendizagem. (148) (163) (244)

note / nota; apólice de dívida Título de dívida pública nos Estados Unidos, cujo vencimento varia de um a cinco anos. Se o prazo de vencimento for superior a cinco anos, passa a chamar-se obrigação (*bond*) e se for inferior a um ano, será letra (*bill*) ou certificado (*certificate*). (1) (148) (244)

note of hand / nota promissória Nota assinada por indivíduo ou empresa denotando o valor e a data de vencimento de alguma transação que a originou. É um instrumento negociável. (A)

notice / aviso 1. Declaração formal que se faz a uma pessoa de que ela será objeto de alguma ação por parte de quem a avisa ou manda avisar. 2. A expressão *to give notice* significa dar um aviso prévio de que a pessoa irá ser demitida. (148) (244)

notion / noção Idéia aproximada que uma pessoa tem de alguma coisa ou assunto, mas sobre a qual não tem certeza. Também equivale a pequeno conhecimento de um assunto. (A)

notional income / renda imaginada Satisfação não monetária que um indivíduo tem de um bem que possui. Para ele a satisfação equivale a uma renda. (163)

not negotiable / não negociável Palavras escritas na face de um cheque, significando que ele não pode ser usado por quem não estiver autorizado a isso. (244)

novation / novação 1. Troca de um contrato, por um outro novo, entre as mesmas partes, mas possivelmente também entre outras. 2. Substituição de uma obrigação por outra. (231)

nuclear family / família nuclear Tipo de família que prevalece nas sociedades mais evoluídas. Geralmente é constituída do pai, da mãe e dos filhos menores. Os demais membros devem ser outras tantas famílias nucleares. Sinônimo de família conjugal (*conjugal family*). Contrasta com família extensa (*extended family*). (A)

nugatory / bagatela; inválido; inexistente Coisa trivial, sem valor real, vã, que não tem força ou efeito. (11) (231)

nuisance tax / imposto aborrecido Imposto pago em pequenas parcelas, geralmente pelos consumidores, quando efetuam compras que estão sujeitas a taxas e impostos. (11) (A)

nuisance value / valor incômodo Ágio em excesso do justo valor que precisa ser pago por uma reivindicação, um bem ou o patrimônio líquido em um negócio, porque sua propriedade existente é danosa ao comprador em perspectiva ou ao interesse dos possuidores do referido patrimônio. (7) (88)

null and void / nulo e sem direitos Que não é apoiado por força ou efeito legal, ou seja, nulo de pleno direito. (11) (231) (244)

null hypothesis / hipótese de nulidade Postulado de que entre duas amostras não há realmente diferença significante e que a diferença que possa ocorrer é atribuível somente a erros de amostragem aleatória. Estatisticamente, é enunciada sob a forma de uma ou mais igualdades equivalentes a zero. (5) (16) (109)

numbered account / conta numerada Conta bancária em que o nome da pessoa que a usa é mantido em segredo. (244)

numéraire / numéraire Bem econômico escolhido arbitrariamente para servir como denominador comum de um valor imutável, ou seja, como moeda de valor constante, em cujos termos são expressos todos os demais preços. (128) (163)

numerical concentration / concentração numérica Em propaganda, seleção dos veículos mais econômicos ou efetivos com base nos dados de leitura que mais se aproximem da audiência visada, feitos os descontos para leitura desperdiçada e duplicada. (225)

numeric control / controle numérico Sistema em que as máquinas operatrizes funcionam eletronicamente, por meio de cartões ou fitas perfuradas, em determinadas operações. O termo está intimamente ligado à automação (*automation*), porque diminui muito o número de trabalhadores que seriam necessários à execução da mesma operação sem as máquinas. (48) (148) (244)

O

OAS/OEA Sigla de (*Organization of American States*), Organização dos Estados Americanos. (244)

objective function/função objetivo Em programação não linear, função que expressa dadas condições para um sistema que se procura otimizar sob determinadas restrições. (183)

objectives/objetivos Com referência a uma empresa, planos de longo prazo que governam sua estrutura e operação. São os alvos básicos para os quais está dirigida a existência da empresa; são os objetivos que criam as fronteiras para todos os planos subordinados. São mais específicos do que simplesmente obter lucros; indicam a área de operação, especificam o tamanho e as finalidades e definem as funções econômicas. (120)

objective test/teste objetivo Perguntas a serem respondidas para as quais só existe uma resposta correta; evita a tendenciosidade do aplicador do teste. (244)

objectivity/objetividade Observação e aceitação dos fatos como eles são e não como se poderia desejar que fossem. É também a intenção de se efetuar algo como se determinou. (28)

object permanence/permanência de objeto Em psicologia, a consciência da existência de um objeto, mesmo quando este se acha fora do campo visual. Por exemplo, para uma criança, a existência de uma pessoa que se ocultou atrás da porta; ela não a vê, mas sabe que está lá. (193) (A)

object program/programa-objeto Resultado da tradução de um computador que usa rotina de tradução de um programa-fonte. O programa-objeto fica em forma mais prontamente utilizável do que o programa-fonte. (148)

obligation/obrigação; dívida 1. Acordo entre duas ou mais partes, normalmente assinado e selado, se for o caso, cuja execução tem o apoio na lei, desde que se trate de um contrato legal. 2. Qualquer título de valor tomado como empréstimo. 3. Passivo de uma firma, isto é, o que ela tem de pagar, seja qual for o prazo. (7) (11) (88) (105) (231) (244)

oblige/obrigar Manter uma pessoa ou firma sob a obrigação moral ou legal de cumprir uma promessa ou contrato. (11)

obligee/credor de uma obrigação Legalmente, pessoa ou firma que, por contrato ou acordo legal, tem o direito de receber o que foi contratado ou acordado. (11) (148) (231)

obligor/devedor Pessoa que, por lei, é obrigada a cumprir o que prometeu ou com o que concordou em um contrato considerado legal. (11) (148) (231)

observation/observação Técnica de pesquisa em que os dados são coligidos ao mesmo tempo em que os pesquisadores observam e anotam o que vai acontecendo. (225)

observational study/estudo por observação Pesquisa que se efetua, em qualquer campo, pela observação real dos sujeitos, em uma situação de teste. (194)

obsolescence/obsolescência 1. Depreciação que ocorre em um bem durável ou de capital em resultado de uma mudança em tecnologia ou gostos, e não por desgaste físico. 2. Situação em que um empregado já não possui mais o conhecimento a ou capacidade para ter um bom desempenho. (7) (88) (105) (163) (198) (225) (231) (244)

obsolescent/obsolescente Que vai sendo objeto de obsolescência; quase obsoleto; o que já não representa a produção corrente. (148) (225) (244)

obsolete securities / valores obsoletos Títulos ou papéis negociáveis (*negotiable papers*) de uma empresa que deixa de existir, ou títulos já pagos, retirados do mercado. (105)

occupancy / ocupação 1. Tomada de posse. 2. Posse, principalmente de imóvel. 3. Prazo em que uma pessoa ocupa um imóvel. 4. Exercício de domínio sobre coisa que não tem proprietário, pela aquisição dos direitos legais de propriedade. (11) (231) (244)

occupancy expense / despesas de ocupação Despesas relacionadas ao uso de uma propriedade: aluguel, calefação, luz, depreciação, manutenção etc. (7) (88)

occupation / ocupação Grupo de cargos (*jobs*) semelhantes quanto à espécie de trabalho que pode ser encontrado em uma indústria ou país. A rigor, cada ocupação faz jus a um título especializado, como, por exemplo, lustrador, lavador, analista de sistemas, carregador etc. É o cargo geral que se ocupa em um trabalho, pago ou não. (110) (148) (231) (244)

occupational / ocupacional Que diz respeito a uma ocupação, ofício ou cargo. (11) (231)

occupational guidance / orientação ocupacional Aconselhamento a uma pessoa sobre a espécie de trabalho para o qual aparenta ter maior vocação. (244)

occupational hazard / risco ocupacional Possibilidade de acidente ou moléstia própria de uma profissão, que dá origem a um pagamento extra de periculosidade. Pelos riscos existentes, certas profissões permitem um número limitado de anos de trabalho. (163) (244)

occupational psychology / psicologia ocupacional Estudo dos problemas psicológicos ligados ao trabalho. Esses problemas podem surgir por orientação vocacional, testes de aptidão, seleção de pessoal, treinamento, adaptação etc. (148)

occupational role / papel ocupacional Papel adotado por uma pessoa a fim de seguir aquilo que tem como ocupação. (148)

occupational title / título ocupacional Nome dado a uma ocupação, como subgerente de marketing, por exemplo. (148)

OECD / OCDE Sigla de (*Organization for Economic Co-operation and Development*), Organização para Cooperação e Desenvolvimento Econômico. (244)

octroi / taxa sobre comestíveis 1. Taxa municipal que incide sobre certos artigos, como alimentos, em sua admissão a uma cidade. 2. Local onde é cobrada a referida taxa. 3. Exator da referida taxa. O termo não é de uso muito freqüente. (11)

odd-job man / biscateiro Homem sem especialização, disposto a fazer diversos serviços de pouca responsabilidade e pequeno pagamento; pau-para-toda-obra. (244)

odd lot / lote fracionado Em bolsa de valores, nome que se dá à venda de um grupo de ações, sem que seja seguida a regra de lotes redondos (*round lots*), isto é, de 100 títulos ou seus múltiplos, ou de 10 ações para as que estão inativas. Também é possível empregar o mesmo termo para um lote fracionário de mercadorias. (7) (11) (88)

odd-lot broker / corretor de lotes incompletos Corretor que se especializa em compra e venda de lotes incompletos de ações. Via de regra são auxiliares de outros corretores, que precisam de "quebrados" para lotes redondos, e raramente entram em contato com o público. (105)

odd-lot house / casa de lotes fracionários Empresa de corretagem de valores (*securities*) especializada em vender lotes com número fracionário de ações. (105)

odd price / preço não arredondado; preço ímpar Forma de preços psicológicos com terminações numéricas ímpares, como 19,50 ao invés de 20,00 ou 29,99 ao invés de 30,00. As pessoas podem ter a impressão de que os preços não arredondados ou de terminações ímpares são mais baixos. Algumas vezes são chamados de preços psicológicos. (138) (194)

off-board / valores não listados Em termos de bolsa, valores (*securities*) que não figuram nas listas oficiais, ou uma transação especial de uma quantidade de ações que figuram nas listas mas não são compradas nem vendidas em uma bolsa organizada. (11)

offense / transgressão Transgressão da lei em que o indivíduo não é indiciado, mas é suscetível de ser punido sumariamente. (11) (244)

offer / proposta Proposição de uma entidade a outra dos termos de um contrato, negócio ou transação semelhante. Não se confunde com oferta (*supply*), que a rigor quer dizer suprimento, nem com (*bid*), cuja conotação é de lance. O proponente é o (*offeror*) e o proposto é o (*offeree*). (105) (148) (163) (225) (231) (244)

offer by tender / proposta por concorrência Maneira de fazer propostas públicas para títulos negociáveis (*commercial papers*) quando da sua aquisição. (148)

offer curve / curva de proposta Plotagem em um gráfico dos bens que um país deseja exportar em troca de outros que deseja importar. Também chamada de curva de contrato (*contract curve*). (163)

offeree / proposto V. (*offer*). (148) (231)

offer for sale / proposta de venda Oferta, geralmente feita por um banco, de uma nova emissão de ações ou debêntures de uma empresa. O banco cobra um preço ligeiramente mais alto do que a própria empresa o faria. (148) (163)

offer for sale by tender / proposta de venda por concorrência Sistema de vendas em que um banco adquire novas ações ou debêntures de uma empresa, estabelece um preço mínimo para cada unidade e aceita propostas para sua venda de modo a ter um lucro. (163)

offer price / preço de proposta Preço ao qual a empresa administradora de fundos mútuos (*unit trust*) venderá unidades ou venderá um título de valor (*security*). (148) (244)

offering price / preço de proposta Preço unitário em que as ações de fundos mútuos são oferecidas ao público. (11) (105)

offeror / proponente V. (*offer*). (148) (231) (A)

office / escritório; ofício; posto 1. Sala ou salas onde é realizado o trabalho escritural de um estabelecimento de qualquer espécie. 2. Local onde são realizadas transações, desempenhados trabalhos profissionais etc. 3. Assessoria ou pessoal que executa o trabalho em um escritório empresarial ou não. 4. Posição de dever, confiança ou autoridade, especialmente nos serviços públicos ou em algumas sociedades anônimas. 5. Serviços ou tarefas que têm de ser desempenhados. 6. Profissão na maioria das vezes adquirida através de aprendizagem. (11) (105) (148) (231) (244)

office-block ballot / sufrágio por cargo Tipo de votação em que os candidatos se acham agrupados sob o título do cargo eletivo ao qual se candidataram por seus respectivos partidos. Neste sistema, os que votam escolhem um "homem" para o cargo, de preferência ao sufrágio por legenda (*straight ticket ballot*). Um outro tipo de sufrágio é o de votação dividida (*split ticket ballot*), quando o votante não tem de ater-se à legenda, escolhendo quem julgar melhor, não importando o cargo, qualquer que seja o partido. (31) (A)

office hours / horas de expediente Horas que uma pessoa passa trabalhando em um escritório ou em que um profissional executa seu trabalho normal. (11) (244)

officer / autoridade; dirigente; oficial 1. Oficial das forças armadas ou título respeitoso que se dá a uma autoridade, mesmo a um simples policial uniformizado. 2. Designação dos dirigentes de cúpula de uma sociedade anônima ou órgão governamental. Geralmente é um executivo nomeado pelo conselho de administração (*board of directors*). Os que são algumas vezes também chamados de diretores são, no mínimo: presidente, vice-presidente, secretário e tesoureiro. (7) (48) (88) (231) (244)

official / oficial de serviço público Pessoa que mantém um cargo público ou é encarregada de algum serviço desse tipo, exercendo poder de autoridade. (11) (231) (244)

official rate / taxa oficial Taxa de câmbio que um governo atribui à sua moeda. Esta taxa talvez não seja a que prevalece no mercado; por isso, a fim de impô-la, o governo pode dispor-se a manipular a moeda, comprando ou vendendo, de modo a que seu valor coincida com o da taxa oficial. (163) (A)

official receiver / recebedor oficial No Reino Unido, representante do governo que dá assistência na liquidação de empresas. Atua como síndico em falências. (148) (163) (244)

official reserves / reservas oficiais Bens ativos que uma empresa tem no banco central de seu país em disponibilidade para efetuar pagamentos a não-residentes: estoques de ouro, direitos especiais de saque e divisas. (148) (244)

official strike / greve oficial Greve que tem o apoio do sindicato trabalhista ao qual os grevistas pertencem, dando-lhes todo o apoio que figure nos estatutos, dentro de suas possibilidades. (148) (163) (244)

off-line / fora de linha Em processamento de dados, o que não se acha ligado a um computador. (163) (244)

off-peak time / hora fora do pico Partes de tempo de rádio e televisão que não representam a hora de maior movimento ou pico e cujos preços são mais baixos. (225) (244)

offset / contrabalanço Quantia que iguala ou contrabalança uma outra quantia no lado oposto da mesma ou de outra conta ou demonstração. V. (*absorption account*). (7) (88)

offset account / conta de compensação Conta que serve para contrabalançar uma outra. É uma conta de absorção (*absorption account*). (14) (88) (231)

offshore / proteção de regulamentação fiscal 1.Literalmente, o termo quer dizer "ao largo" e significa que uma empresa, nessas condições, não está sujeita à regulamentação do país em que opera, principalmente no que tange à proteção aos investidores e à tributação. O sistema é particularmente usado por empresas que estão registradas em "abrigos tributários" (*tax havens*) ou países onde há pouca regulamentação sobre atividades financeiras. 2. No mar; a uma distância da costa; ao largo. (148) (244)

off-the-job training / treinamento fora do trabalho Treinamento que possa ocorrer enquanto o estagiário não se encontra no desempenho de seu trabalho normal. (148) (244)

ogive / ogiva Gráfico de uma distribuição de freqüência. (148)

oil rig / perfuratriz petrolífera Aparelho usado para fazer perfuração de poços petrolíferos. (244)

oil slick / superfície oleosa Superfície do mar coberta por uma quantidade de petróleo que vaza de um navio e cobre uma parte da superfície do mar. (244)

oil well / poço petrolífero Perfuração feita no solo, seja na terra ou no mar, a fim de chegar a uma camada que se supõe petrolífera. (244)

old-age pensions / pensões por idade avançada No Reino Unido, pensões pagas pelo governo aos que têm mais de 80 anos de idade e que não fizeram parte de um Programana Nacional de Seguro. (163)

oligarchy / oligarquia Qualquer sistema de governo em que um pequeno grupo exerce o poder. A oligarquia geralmente se apóia na riqueza, no poder militar ou na posição social. Comparar com aristocracia (*aristocracy*). (31) (231)

oligopoly / oligopólio Palavra de origem grega que significa "poucos vendedores". É, portanto, algum ramo de atividade empresarial dominado por um pequeno número de empresas. Supõe uma situação de mercado em que poucas firmas fazem produtos idênticos ou similares e podem influir nos preços. (7) (48) (88) (96) (128) (163) (225) (231) (244)

oligopsony / oligopsônio Mercado dominado por um pequeno número de compradores, porém muitos vendedores. Em conseqüência, os compradores exercem certa influência nos preços. (7) (88) (148) (163) (225) (244)

ombudsman / ombudsman Palavra sueca, derivada de *ombud*, que quer dizer "deputado" ou "representante". Geralmente é uma pessoa nomeada pelo governo a fim de investigar queixas e proteger os direitos dos cidadãos privados, mesmo contra a ação das demais autoridades. O termo também abrange qualquer pessoa que defenda os direitos individuais. (180) (231)

omnibus / ônibus Levantamento contínuo que serve para cobrir diversos tópicos ao mesmo tempo. (225)

omnibus account / conta combinada Em negociações a termo (*futures*), conta escriturada por um comissionista com outro, na qual as transações dos dois clientes são combinadas, ao invés de serem escrituradas separadamente. (11)

omnibus clause / apólice de cobertura combinada Cláusula em uma apólice de seguro que amplia a cobertura para uma outra pessoa além da que se acha segurada. (11)

on account / em conta 1. A crédito. 2. Em pagamentos parciais. (7) (88)

on approval / dependendo de aprovação Tipo de transação em que um cliente potencial pode levar os bens de uma entidade vendedora, com o consentimento desta, a fim de estudá-los e ver se deve ou não comprá-los. Esse tipo de venda é feito por muitas grandes lojas. (163)

on call / a chamado Pessoa que se acha disponível para efetuar um determinado trabalho, tão logo seja chamada. (148)

on close / no fechamento Em comércio de valores, execução de uma ordem de compra de um determinado papel negociável (*commercial paper*) ao preço oficial de fechamento da bolsa de valores. (11)

on consignment / em consignação Bens enviados a um agente em consignação, para serem vendidos a um preço estipulado. Geralmente o agente somente paga as quantidades vendidas, podendo devolver o restante, se o desejar. (7) (88) (163)

oncost / custo indireto Termo usado principalmente pelos britânicos para significar custo indireto (*indirect cost*). (7) (88) (107) (163) (231)

on demand / na apresentação Na ocasião em que seja feita a apresentação, como, por exemplo, uma letra de câmbio pagável no momento em que é apresentada. (148)

one-bank holding company / companhia holding de um banco Tipo de companhia que surgiu das entrelinhas das leis que proíbem que um banco se empenhe em negócios gerais por sua própria conta, exceto no caso de agir como curador de fundos. Essas empresas efetuam quaisquer tipos de transações impróprias de bancos. Apesar das providências tomadas pelo governo, ainda existem nos Estados Unidos muitas companhias *holding* de propriedade de um banco. (96)

one for one / cada um por si Comparar com (*one-to-one*). (78) (172)

one-off / um por vez Expressão britânica que significa ser uma coisa feita ou tencionada para uma única vez, ocasião ou pessoa. Assemelha-se a encomenda especial, que se faz uma de cada vez. O que não é feito em série. (122)

one-sector model / modelo de um setor Modelo econômico para estudo, em que o único bem produzido serve como bem de capital ou de consumo. (163)

one-stop shopping / compras com uma só parada Expressão adotada pelos hipermercados que inculcam a idéia de que os clientes podem encontrar "tudo" o que desejam em seu estabelecimento, não precisando ter o trabalho de procurar de loja em loja suas compras programadas ou de escolha. Também pode ser o caso de um *shopping center*. (163) (225) (244)

one-to-one / de uma espécie para outra Expressão que designa o relacionamento de um indivíduo ou elemento de uma espécie para outra. (78)

one-way price / preço de mão única Preço único cotado por um corretor de valores ao qual ele comprará ou venderá, de acordo com as circunstâncias. (163)

one-worldism / unimundismo Expressão, provavelmente criada por Richard J. Barber, para explicar que a internacionalização da empresa fará com que a economia do mundo seja uma só. (96) (A)

on hand / em mãos; em disponibilidade Aquilo de que se dispõe no momento: dinheiro, materiais etc.; o que existe em estoque. O que se acha em pauta. (11)

on-line / em linha Em ligação direta com a unidade de processamento central de um computador. (148) (244)

on order / sob ordem Que vai ser adquirido mas está pendente da ordem do comprador, ou o que foi pedido, mas ainda não recebido. (11)

on-pack / sobre a embalagem Brinde ou informação impressa na superfície exterior de bens embalados. Quase sempre se relaciona a prêmios em concursos ou outros tipos de promoção semelhantes. (225)

on-pack price reductions / reduções impressas na embalagem Corte de preço de um produto, impresso em sua embalagem, durante o tempo em que durar a campanha promocional. (225)

on the air / no ar Indicação de que está sendo irradiado um programa. (225)

on-the-fly print / impressão ultra-rápida Impressão de computadores que empregam vários dispositivos para acelerar a taxa de impressão. (11)

on-the-job training / treinamento em serviço Qualquer treinamento que ocorra enquanto o estagiário está em seu trabalho normal. Às vezes tem a conotação de "aprender fazendo". (148) (244)

on the shelf / na prateleira Tanto o que se acha numa prateleira para ser vendido, como o que se põe de lado, fora de uso ou serviço. (11)

op cit / op. cit. Abreviatura da expressão latina *opere citato*, isto é, obra citada. (30)

OPEC / OPEP Sigla de (*Organization of Petroleum Exporting Countries*), Organização dos Países Exportadores de Petróleo. (163) (244)

open / em aberto Condição que permite lançamentos adicionais em livros contábeis. (7) (88)

open account / caderneta; conta aberta Conta permanente de um cliente em determinado estabelecimento. Nela são debitadas as compras feitas durante um certo período, geralmente um mês, quando a soma dos débitos será liquidada. Em tempos idos eram cadernetas onde um varejista anotava as compras dos clientes, apresentando-lhes a soma para liquidação no fim do mês. (7) (88) (148) (231) (244)

open check / cheque não cruzado Cheque que pode ser descontado no balcão do banco sacado, sem necessidade de depositá-lo primeiramente. (163) (244)

open corporation / sociedade anônima aberta Companhia cujas ações estão em disponibilidade para quem desejar comprá-las. Geralmente as transações são feitas por intermédio de um corretor (*broker*). (48) (231)

open cover / seguro automático Seguro marítimo em que a empresa seguradora concorda em garantir tudo o que for embarcado por um cliente durante um ano. O prêmio é pagável depois da declaração feita pelo embarcador, mas não há limite para o que é automaticamente segurado. (163) (244)

open credit / crédito aberto Meio pelo qual um cliente pode descontar cheques de seu banco em suas filiais, mediante um cartão comprobatório de assinatura. Com o advento do "cartão eletrônico" o sistema tende a desaparecer. (7) (88) (163) (231)

open dating / data-limite ostensiva Marcação de data na embalagem de bens perecíveis ou semiperecíveis, a fim de mostrar o último dia em que podem ser usados. (194)

open-door policy / política de porta aberta Política adotada por um gerente ou supervisor de que qualquer de seus subordinados que tenha um problema ou assunto que julgue importante poderá procurá-lo em qualquer ocasião. (148) (190) (244)

open economy / economia aberta Situação pouco provável de uma área em que não há qualquer espécie de restrição ao comércio; onde há liberdade para importações e mobilidade de fatores através de fronteiras geográficas. (1)

open-ended / dimensão ilimitada 1. Expressão usada para descrever uma instituição de investimento coletivo com fundo ilimitado. 2. Tem por fim responder a uma pergunta, principalmente em questionário, com declaração ilimitada de opiniões e sentimentos quanto a fatos. 3. Descreve um compromisso de emprestar ou tomar emprestado uma quantia sem limite. 4. Expressa, também, reunião sem limite de tempo para terminar etc. (1) (7) (148) (231)

open-ended question / pergunta sem limite para resposta Pergunta que se faz em pesquisa, que permite ao indagado dar uma resposta em seus próprios termos; não existe o limite do tipo "sim" ou "não". (225) (244)

open-end investment company / companhia de investimento ilimitado V. (*mutual fund*). (1) (7) (88)

open-end trust / fundo mútuo aberto Nos Estados Unidos, forma de fundo mútuo (*unit trust*) em que seus operadores podem variar os investimentos sem notificar os acionistas, o que também acontece em muitos outros países. (163)

open general license / licença geral aberta No Reino Unido, diz-se dos itens que podem ser importados e exportados sem necessidade de uma licença especial. (163)

open indent / contrato aberto Compra no exterior ordenada por uma firma a seu agente, sem especificar qual o fabricante a ser contratado. (163)

opening / inauguração; vaga 1. Início de um negócio ou de uma temporada sazonal de vendas. 2. Vaga para um empregado. 3. Exposição de um caso em tribunal, ficando pendente apenas a apresentação de provas. (11) (244)

opening balance / saldo de abertura 1. Saldo de uma conta no início de um determinado exercício, como um mês ou ano. 2. Conjunto de contas do razão geral que constituem o balanço (*balance sheet*) no fim de um ano, transportado para o seguinte. (7) (88)

opening entry / lançamento inicial 1. Um dos diversos lançamentos por cujo intermédio o ativo, o passivo e os interesses dos proprietários são lançados no livro. 2. Lançamentos que iniciam um novo sistema de contas para uma empresa já estabelecida. 3. Lançamento para reabrir contas do ativo e do passivo no início de um exercício contábil, onde foram fechadas por um lançamento de diário no final do exercício precedente: prática atualmente em grande parte obsoleta. (7) (88)

opening prices / preços de abertura Preços de ações cotadas no início das operações de uma bolsa de valores. (163)

open loop control / controle de laço aberto Atuação de computador ou de máquina numericamente controlada que não faz por si só, independentemente de um operador, os ajustes necessários ao funcionamento programado. Por um dispositivo especial, a máquina dá sinal ao operador para que este aja de acordo com a necessidade. (48) (148)

open market / mercado aberto Mercado em que as vendas se efetuam por leilões ou bolsas de várias espécies. A maioria se caracteriza por produtos indiferenciados e grandes quantidades de ofertantes, não havendo entre compradores e vendedores o que se conhece por lealdade quanto à marca. O comércio é intermitente, sendo feitos contratos somente durante períodos bem definidos, nos quais a quantidade ofertada é fixa. Assim, o preço sofre grande influência do nível da demanda. Há alto grau de instabilidade de preços, algumas vezes determinada por compras especulativas. (134) (231)

open order / ordem aberta Em bolsa de valores, ordem dada por um cliente a um corretor para que compre ou venda um determinado valor (*security*) a um preço especificado. (11)

open policy / apólice aberta Apólice de seguro que cobre uma quantidade variada de bens e que geralmente solicita um cômputo mensal dos prêmios que devem ser pagos. (11) (244)

open position / posição aberta Posição de bolsa equivalente a (*short*). (148)

open-price agreement / conluio de preços oligopolísticos Espécie de conluio de preços que ocorre em determinados mercados oligopolistas, quando as firmas concordam em divulgar os detalhes dos preços de seus produtos entre si, de modo a chegarem a uma espécie de denominador comum. (163)

open pricing / política de preços aberta Prática de política de preços tendo em vista a conformidade dentro de um ramo. (225)

open role / papel aberto Diz-se que o papel é aberto no treinamento de assunção de papel (*role taking*), quando os participantes conhecem a informação referente a cada papel. Quando não têm essa informação, diz-se que o papel é fechado (*closed-role*). (181)

open shop / estabelecimento aberto Empresa que dá emprego a trabalhadores, quer eles estejam ou não filiados a um sindicato trabalhista. (1) (163) (231) (244)

open system / sistema aberto Um sistema que tem de interagir com o seu ambiente, como acontece com os organismos vivos. O sistema importa materiais, transforma-os por meio dos processos de conversão, consome parte do produto para manutenção e exporta o restante. Direta ou indiretamente, esse sistema troca seus produtos por outros insumos, inclusive mais recursos para manter-se. Um organismo biológico importa alimentos, transforma-os e exporta os resíduos depois de aproveitar para sua manutenção o máximo que possa de insumos. Uma empresa importa matérias-primas, faz a sua manutenção e se desenvolve, satisfazendo aos investidores que proporcionaram os recursos para a sua formação. (91)

open-to-buy / liberdade para comprar Sistema em que o encarregado de compras planeja suas compras, vendas, forma estoques e reduções de preço que deverão prevalecer durante certo tempo. O sistema é auto-ajustável, porque as falhas em atender aos planos específicos de vendas resultam em uma redução automática do futuro poder de compra e, portanto, diminuem o estoque disponível. (7) (80) (88)

open union / sindicato aberto Sindicato trabalhista que aceita como membro quem quer que deseje fazer parte. (148)

operand / operando Qualquer das quantidades usadas como entrada (*input*) ou saída (*output*) de uma operação de computador. (214)

operating assets / ativo operacional Bens ativos de uma empresa que são usados em suas operações normais, ou delas derivados. Entende-se que esses ativos são essenciais para o seu funcionamento. (148) (244)

operating accounts / contas operacionais Contas da receita (*revenue*) e da despesa (*expense*). (7) (88)

operating budget / orçamento operacional Orçamento de curto prazo que estabelece os requisitos para que a empresa funcione pelo menos durante um ano. Estão excluídos os bens de capital (*capital goods*), já que estes pertencem ao longo prazo. (7) (88) (163) (225) (244)

operating company / empresa operante Empresa ativamente empenhada em negociar. (7) (88)

operating costs / custos operacionais Custos normais de operar um negócio, tais como salários e ordenados, aluguel, impostos etc., isto é, as despesas normalmente encontradas na conta de lucros e perdas (*profit-and-loss-account*). (244)

operating cycle / ciclo operacional Tempo que uma firma emprega para converter componentes comprados fora em produtos acabados, vendê-los e receber o seu valor. O ciclo implica a continuidade das operações. (148)

operating expenses / despesas operacionais Despesas em que uma empresa incorre durante um período, na execução de suas operações normais. Não se acham incluídas despesas de financiamento, pagamento de juros etc., e muitas vezes são excluídas as despesas de custo de vendas. (7) (88) (148)

operating management / administração operativa Administração dos supervisores de fábrica, compreendendo contramestres e os chefes de subdivisões dos departamentos maiores. A função da administração operativa é a supervisão imediata dos trabalhadores. (48)

operating profit / lucro operacional Lucro que uma firma aufere de suas operações normais. Evidentemente estão excluídos os lucros extraordinários, como os decorrentes de algum bem do ativo já em desuso. (7) (88) (148) (244)

operating ratio / quociente operacional Um dos índices empresariais, neste caso consistindo nas despesas operacionais divididas pelas vendas líquidas. (105)

operating report / relatório operacional Relatório interno que revela os custos orçados, os custos-padrão, os custos reais e coisas semelhantes. (7) (88)

operating result / resultado operacional V. (*net income*) e (*net loss*). (7) (88)

operating revenue / receita operacional 1. Vendas brutas ou receitas brutas, menos os retornos, concessões e descontos à vista recebidos de qualquer fonte regular de renda. 2. Receita líquida da venda de serviços. (7) (88)

operating statement / demonstração operacional Demonstração de renda (*income statement*), especialmente a que mostra grande número de detalhes. Nos Estados Unidos essa demonstração tem o nome de conta de lucros e perdas (*profit-and-loss-account*). (7) (88) (244)

operation / operação 1. Funcionamento efetivo de um estabelecimento comercial ou fabril. Uma loja de varejo, por exemplo, pode ser chamada de operação varejista. 2. Intenção de modificar as características físicas ou químicas de alguma coisa, ou derivar dados intencionalmente, como na efetuação de uma soma. (7) (11) (88) (148) (244)

operational game / jogo operacional Simulação de planejamento e decisão dentro dos limites proporcionados por um (*modelo*) representativo. (88)

operational research / pesquisa operacional Forma britânica de dizer pesquisa operacional (*operations research*). (88)

operation job card / cartão de trabalho Cartão em que é anotado o tempo total que um empregado gasta em uma tarefa. (163)

operation process chart / processograma Gráfico que detalha os diversos processos de uma operação. (A)

operations / operações 1. Atividades de uma empresa, menos as transações financeiras e as de caráter extraordinário, como (produção), ou serviço, distribuição ou administração. 2. Geralmente, atividades de uma empresa que resultam em débitos ou créditos para receitas ou despesas. 3. Geralmente contas de receita e despesa. (88)

operations management / administração de operações Aplicação dos princípios e técnicas de administração de produção à gerência de operações manufatureiras. (148)

operations research / pesquisa operacional Reunião dos modelos matemáticos e estatísticos aplicados à tomada de decisão. Caracteriza-se por busca rigorosa e definição de um problema central; abordagem organizacional global; trabalho conjunto de matemáticos, estatísticos, engenheiros e contadores. A pesquisa operacional teve início na Grã-Bretanha durante a Segunda Guerra Mundial. Os grupos pertinentes juntaram seus talentos com os comandantes militares a fim de solucionar os problemas complexos de operações de guerra: dimensões dos comboios, escalas de consertos para aviões militares, colocação de navios para diminuir as perdas em conseqüência dos ataques de aviões suicidas etc. (41) (88) (148) (225) (244)

operative / operativo Que se acha em vigor; que é efetivo. (244)

operator / operador 1. Parte "que fazer" de uma operação de computador. Por exemplo, somar é o operador da operação "some x". 2. Pessoa que realmente manipula os controles de um computador ou outra máquina. 3. Trabalhador ou pessoa que conduz alguma espécie de trabalho em comércio, indústria ou serviço. (11) (217) (244)

operator performance / desempenho de operador Índice do total dos tempos-padrão para todo o trabalho medido e estimado executado por um determinado indivíduo durante o tempo que ele realmente usa para efetuar tal trabalho. (148)

operators's console / console de operador Espécie de mesa onde se acham localizados diversos controles que são manipulados por um operador de qualquer espécie de máquina. (11)

opinion formers / formadores de opinião Pessoas cujas atitudes e/ou ações são tidas como suscetíveis de afetar as dos outros. (225)

opinion leader / líder de opinião Indivíduo cuja opinião é respeitada e que influencia outros em um grupo. Quando um artista famoso recomenda um produto, ele está agindo à forma de um líder de opinião. (194) (244)

opinion research / pesquisa de opinião Pesquisa que visa a captar pontos de vista de uma população sobre determinado assunto ou produto, tendo por objetivo verificar qual a opinião representativa de um universo. (225) (244)

opportunity cost / custo de oportunidade Custo que decorre das escolhas que têm de ser feitas. Em conseqüência, é o custo da alternativa que tem de ser sacrificada. Entre construir uma ferrovia ou uma rodovia, se esta última for a escolhida, o custo de oportunidade será o da ferrovia. (7) (41) (88) (113) (128) (148) (163) (225) (244)

opportunity cost theory / teoria do custo de oportunidade Em economia internacional, teoria segundo a qual o custo de um bem é a quantidade de um segundo bem, do qual se deve desistir a fim de liberar os fatores de produção ou recursos suficientes para a produção de uma unidade adicional do primeiro bem. A nação com um custo de oportunidade mais baixo para um bem tem uma vantagem comparativa (*comparative advantage*) para tal bem e uma desvantagem comparativa (*comparative disadvantage*) para o outro bem. (154) (225)

opportunity to see / oportunidade de ver Índice dos veículos de propaganda oferecidos aos anunciantes, representando a média da oportunidade de ver, em relação à audiência alcançada. (164) (225)

optical character reader / leitora de caractere óptico Dispositivo que pode ler informação especialmente impressa e passá-la diretamente a um computador. (244)

optimal economic growth / crescimento econômico ótimo Taxa que, no transcurso do tempo, maximiza a soma do bem-estar social. O julgamento desta taxa é bastante subjetivo e, por isso, sujeito a controvérsias. (163) (A)

optimality / grau de ótimo Graduação de ótimo. Sua criação tem apenas a finalidade de acompanhar traduções, principalmente em economia, onde aparece com freqüência. Resumidamente, é o grau da condição considerada como a mais favorável em determinada circunstância. (148) (A)

optimal population / população ótima Tendo em vista que o tamanho da população está relacionado à renda *per capita*, passou a existir o conceito de população ótima, ou seja, aquela que pode maximizar a referida renda. (165)

optimization / otimização Processo de tornar algo ótimo. Ótimo tem a conotação de "melhor", dadas as circunstâncias. (148)

optimum / ótimo Quantidade, grau ou condição mais favorável para uma determinada situação. O adjetivo é (*optimal*), que não existe em português, o que também acontece com o advérbio (*optimality*). (78) (225) (244)

optimum order quantity / pedido de quantidade ótima Sinônimo de lote de tamanho econômico (*economic lot size*). (148)

optimum output / produto ótimo Produção a uma taxa que resulta na menor unidade de custo marginal e custo médio unitário. V. (*marginal cost*). (88)

option / opção Acordo entre um vendedor e o comprador, permitindo que o detentor do título compre ou venda, se assim o desejar, a um dado preço, dentro de um prazo estipulado. Na bolsa de valores uma opção pode ser comprada de um vendedor, que inclui o direito de comprar um certo número de ações a um dado preço, dentro de um período de tempo. Se, entrementes, o preço cair em mais do que o custo da opção, o vendedor perderá e o comprador ganhará, e vice-versa. A opção para comprar chama-se (*call*) e para vender é (*put*). (7) (88)(158)

optional bond / obrigação opcional Obrigação que pode ser resgatada antes da data de seu vencimento por opção da empresa emitente. (11)

optional dividend / dividendo opcional Dividendo que pode ser pago opcionalmente à escolha do detentor, seja em dinheiro, seja em novas ações. (7)) (88) (105)

option forward / opção de venda futura Contrato para a venda de divisas a uma dada taxa de câmbio em ocasião futura a ser determinada pelo comprador, dentro de limites especificados. (148)

option money / emolumento de opção Quantia paga pelo detentor de uma opção por essa opção. (148)

Oracle / Oracle Sistema de visão de dados oferecido pela televisão independente no Reino Unido. (244)

oral evidence / evidência verbal Declarações feitas perante um tribunal, não substanciadas pela apresentação de provas concretas. (163)

order / intimação; ordem; pedido 1. Intimação feita por um tribunal ou autoridade legal. 2. Ordem de compra de alguma coisa, geralmente para fins comerciais ou industriais. 3. Posição ordinal em que alguma coisa se classifica. (11) (225) (244)

order-call ratio / quociente pedidos-visitas Relação entre o número de visitas feitas a clientes e o número de pedidos conseguidos durante um certo período. (225) (244)

order check / cheque nominal Cheque emitido para ser pago à ordem da pessoa nomeada, que deverá endossá-lo na ocasião do desconto. (163)

ordering costs / custos de pedido Custos incorridos para alimentar o estoque. Incluem os custos de fazer os pedidos, o seguimento (*follow-up*), receber o carregamento dos bens, colocá-los fisicamente no estoque e pagar o fornecedor. Evidentemente, tudo isso incorre em custos de fazer o pedido. (140)

ordinal number / número ordinal Designação de uma determinada ordem ou série de unidades, como primeira, segunda, terceira etc. (88)

ordinal utility / utilidade ordinal Suposição de que o consumidor coloca em uma ordem, como em 1º, 2º ou 3º lugares etc., as utilidades subjetivas dos bens. Por isso, os gostos (preferências) ou utilidades para o consumidor são descritos como idéias de preferência ou indiferença. (128) (155)

ordinary annuity / anuidade simples Anuidade pagável ao final de cada período. É o mesmo que anuidade (*annuity*). Contrasta com (*annuity due*), anuidade pagável no início dos períodos. (7) (88)

ordinary depreciation / depreciação ordinária Perda de utilidade de um bem do ativo fixo por desgaste normal, envelhecimento, ação do tempo etc. V. (*depreciation*). (7) (88)

ordinary negligence / negligência comum Surge de erros de julgamento atribuíveis, por exemplo, à falta de experiência, e de omissões e enganos que poderiam ser cometidos por qualquer pessoa, mas nunca por desejo de fraudar. (7) (88)

ordinary resolution / resolução ordinária Resolução debatida em uma reunião ordinária, que será levada a efeito se votada por mais de metade dos participantes que têm direito a voto. (148) (163)

ordinary share / ação ordinária Ação que constitui capital de risco de uma sociedade anônima, no sentido de que seus portadores não ganham dividendos como um direito que possam ter, mas são beneficiários do crescimento dos dividendos se a empresa tiver sucesso. Essas ações dão direito a voto. (148) (163) (244)

ordinary shareholder / acionista ordinário Indivíduo que possui uma ou mais ações ordinárias de uma sociedade anônima ou equivalente. (148) (244)

ordinate / ordenada Valor da variável dependente (*dependent variable*) de uma função em um ponto específico de um gráfico, dado pelo eixo vertical. V. (*abscissa*). (7) (88) (163)

organic act / lei orgânica Lei que autoriza um órgão governamental a empenhar-se em determinadas atividades, estabelecendo as políticas e métodos gerais que devem ser seguidos, e autorizando a subseqüente apropriação de verbas. Distingue-se de (*appropriation act*). (7) (88)

organization / organização 1. Uma das quatro principais funções de administração (*management*). Significa que uma empresa procura atingir seus objetivos dirigindo os esforços dos que se acham sob sua supervisão. 2. Hierarquia de posições ou funções para maior facilidade de desempenho. 3. Conjunto de indivíduos ou objetos para algum fim em vista. (7) (48) (88) (148) (231) (244)

organizational unit / unidade organizacional 1. Subdivisão administrativa de uma empresa, especialmente a que tem de executar uma ou mais funções ou atividades. 2. Em contabilidade oficial, a menor subdivisão administrativa reconhecida. (7) (88)

organizational behavior / comportamento organizacional Diz-se do comportamento das pessoas quando estas estão atuando como membros de uma organização. Se não pertencessem a esta, talvez se comportassem de maneira diferente. (148)

organizational change / mudança organizacional Mudança na estrutura de organização ou nas formas habituais do comportamento organizacional em determinada organização. (148)

organizational climate / clima organizacional V. (*organization climate*). (148) (A)

organizational family / família organizacional Supervisor em qualquer nível hierárquico e os subordinados que lhe prestam contas. (64)

organizational purchasing / compras organizacionais Compras feitas para a organização, para seu funcionamento ou produção de bens de capital (*capital goods*), em comparação a compras efetuadas pelo indivíduo, quase sempre para o seu próprio consumo. (88) (225)

organizational structure / estrutura organizacional Arcabouço dentro do qual a administração pode controlar, supervisionar, delegar poderes e fixar responsabilidades, além de sincronizar o trabalho executado pelas divisões, departamentos, grupos e indivíduos. É um plano por cujo intermédio uma grande empresa pode conseguir a mesma eficiência, ou eficiência ainda maior do que uma pequena empresa dirigida por uma única pessoa. (48) (105)

organization and methods / organização e métodos Conjunto de técnicas empresariais que acarretam a formulação e síntese dos procedimentos, administração, organização e métodos de controle relacionados a qualquer espécie de empreendimento. A técnica é mais especializada do que a administração geral. É comumente usada a sigla O & M. (163) (244)

organization chart / organograma Esquema gráfico da estrutura interna de uma organização, dando o título de cada posição, embora não detalhe os deveres e responsabilidades de cada uma. Algumas vezes os organogramas incluem os nomes dos titulares das diversas posições. A representação gráfica é feita por intermédio de retângulos, ligados entre si por linhas retas. A entidade máxima figura no retângulo do topo. Abaixo aparecem as diversas camadas com as funções de administração intermediária (*middle management*). Na base ficam os trabalhadores, que nada administram. (17) (48) (231) (244)

organization climate / clima organizacional Situação favorável ou desfavorável no ambiente de trabalho de uma organização, da qual decorre a satisfação ou insatisfação dos empregados, de acordo com a situação reinante. (198) (A)

Organization for Economic Cooperation and Development / Organização para Cooperação e Desenvolvimento Econômico Organização fundada em 1961, em Paris, para auxiliar o desenvolvimento econômico e o padrão de vida (*standard of living*) dos países mais pobres. (A)

organization man / homem de organização Termo que, em sentido pejorativo, designa um executivo de baixo, médio ou alto nível, que se desenvolve em uma empresa já firmada. Distingue-se do empresário por não ter criado nem ser o proprietário da firma em que exerce suas funções. Na maioria, são homens que saem da faculdade com algum diploma, aceitam e conformam-se aos valores da empresa. (46) (99) (244)

Organization of American States / Organização dos Estados Americanos Grupo de 28 países formado em 1948 para a consecução da paz, ordem e justiça entre os Estados americanos e para encorajar o crescimento econômico, social e cultural de seus membros. Sede em Washington. (244)

Organization of Petroleum Exporting Countries / Organização dos Países Produtores de Petróleo Cartel internacional de países produtores de petróleo que, em 1973, elevaram excessivamente os preços do produto, ocasionando uma crise mundial e obrigando a procura de meios alternativos de energia. (163) (244)

organization structure / estrutura de organização O mesmo que (*organizational structure*). Os quatro tipos principais são: linha (*line*), linha e assessoria (*line and staff*), organização funcional de Taylor (*Taylor's functional organization*) e organização em comitê (*committee organization*). (48) (244)

organization theories / teorias de organização Historicamente, existem três teorias de organização: a doutrina clássica, que se interessa pela estrutura da organização formal; a teoria neoclássica, que se interessa especialmente pelo aspecto de relações humanas; e a moderna teoria, que a concebe como um sistema e centraliza-se na análise de sistemas. (48)

organize / organizar 1. Colocar as coisas ou pessoas em ordem. 2. Fazer com que os trabalhadores ingressem em um sindicato. (244)

organized labor / mão-de-obra organizada Diz-se dos trabalhadores que formam sindicatos próprios de suas profissões e se acham organizados para diversos assuntos obreiro-patronais, principalmente negociação coletiva. (11) (A)

organized market / mercado organizado Instituição, como uma bolsa, que proporciona facilidades para que as pessoas aprovadas comprem e vendam determinados bens, podendo as entregas ser feitas na hora ou em futuro especificado. (148) (163)

orientation program / programa de orientação Programas que servem principalmente para que os novos empregados travem conhecimento com seus papéis, com a organização e sua política e com os demais empregados. Também são conhecidos como programas de indução. (148) (198)

origin / origem País de origem de uma mercadoria. O termo "embarque na origem" serve para explicar que a mercadoria não veio de estoques de outros países. (163)

original capital / capital original Montante do capital da empresa pago na ocasião em que a organização foi incorporada. (88)

original cost / custo original 1. Desembolso que um empresário faz para a compra de um bem, sem incluir quaisquer ajustamentos de custo surgidos após a aquisição por vários motivos. 2. Custo primário. (7) (88)

original entry / escrituração original Registro contábil, na forma apropriada, de uma transação contendo a informação total necessária, ou fazendo referência a comprovantes que contenham os dados previamente registrados e nos quais se baseia o lançamento. (7) (88) (163)

original goods / bens originais Bens da natureza que prescindem de investimento de capital, como fontes de águas minerais, florestas virgens, vias aquáticas etc. Não têm valor econômico antes da aplicação de fatores de produção. (163)

origin period / período de origem Em estatística, lapso de tempo dentro de uma série temporal selecionada como o período-base. (7) (88)

other assets / outros ativos Termo de balanço (*balance sheet*) para bens do ativo, de menor importância, sob outros títulos de classificação. Geralmente não montam a mais do que 5% de todo o ativo. (7) (88)

other deductions / outras deduções Reunião de pequenos custos de vários tipos das demonstrações operacionais que aparecem em um total único, a fim de evitar detalhes que não têm importância. (7) (88)

other liabilities / outras obrigações Termo do balanço (*balance sheet*) que resume a parte do passivo que não figura sob outros títulos e que geralmente não monta a mais do que 5% do passivo total. Evita detalhes sem importância. (7) (88)

ounce (apothecaries) / onça (farmacêuticos) Peso igual a 8 dracmas (*drams*) ou 480 grãos (*grains*), equivalente a 31,1035 g. (78)

ounce (avoirdupois) / onça (avoirdupois) Peso igual a 16 dracmas (*drams*) ou 437,5 grãos (*grains*), equivalente a 28,3495 g. (78)

ounce (Troy) / onça (Troy) Peso igual a 20 (*pennyweights*) ou 480 grãos (*grains*) equivalente a 31,1035 g. Equivale a uma onça de farmacêuticos. (78)

oust / derrubar; depor; expelir Ação de expelir ou derrubar algo, como uma administração, um empregado, um regime político, e assim por diante. (11)

out / fora Entre as muitas conotações do termo se acham: não estar presente; não estar na posse ou uso de algo pessoal; em greve; fora de cogitação; desempregado; ter falta de alguma coisa. (11) (A)

outage / quebra; falta Quantidade perdida ou faltante de um contêiner (*container*). (11)

outbid / lance mais alto Em concorrência, diz-se da empresa ou indivíduo que fez um lance mais alto para compra ou um lance mais baixo para venda, superando os demais concorrentes. (11) (244)

outdoor publicity / propaganda ao ar livre Propaganda por intermédio de pôsteres, cartazes, tabuletas em veículos, postes etc. (148) (225)

outfit / organização Maneira informal de designar uma organização de qualquer espécie, feita para uma determinada operação: uma empresa, um esquadrão militar, e assim por diante. (11) (A)

outgoings / gastos Expressão britânica para significar dinheiros que estão sendo gastos. (11) (244)

out-group / grupo alheio; extragrupo Grupo ou categoria para com o qual uma pessoa não tem sentido de identidade ou pertinência. (180)

outlay / desembolso Sinônimo de dispêndio monetário. (7) (163) (231)

outlay line / linha de desembolso V. (*budget line*). (155)

outlet / estabelecimento; loja; ponto de revenda Ponto de revenda de algum produto, como um loja, um posto, uma máquina de vender, e assim por diante. (225) (244)

outline process chart / processograma de esboço Gráfico usado no estudo de trabalho que dá uma visão global de um processo, registrando em seqüências as principais operações. (107) (148)

out of date / fora de data Diz-se da letra de câmbio para pagamento à vista que foi apresentada para resgate depois de um período muito longo e injustificável. (163)

out of line / fora de linha Ações cujo preço se localiza excessivamente alto ou baixo no mercado de ações do mesmo tipo de empresa. (105)

out of stock / fora de estoque Item que se acha temporariamente fora de estoque, quase sempre por controle defeituoso ou vendas fora do comum. (163)

outplacement / emprego em outra firma Situação que se estabelece quando uma empresa ajuda seus empregados atuais a encontrar colocação em outra firma, seja por excesso de empregados, seja porque suas habilitações superam o que a atual firma necessita. (198)

output / produto; saída; produção 1. Resultado do processamento de insumo (*input*), através de processamento (*throughput*). Quando se usa o termo produção (*production*), este não se limita às mudanças físicas materiais; abrange a prestação de serviços como transporte, financiamento, vendas por atacado e a varejo etc. 2. Saída de computador. 3. Volume de produção. (105) (148) (155) (185) (231) (244)

output tax / imposto sobre produtos industrializados Imposto sobre o valor adicionado (*added value*). (148)

outright forward / venda completa a termo Contrato em que uma entidade vendedora se compromete a entregar os bens adquiridos em uma data fixa no futuro. É termo de bolsa. (148)

outside broadcast / irradiação externa Transmissão de rádio ou televisão feita de algum determinado lugar que não o próprio estúdio. (225)

outside broker / corretor externo Corretor que negocia com valores de empresas que não se acham oficialmente inscritas nas bolsas de valores. (105)

outside director / diretor de fora Diretor não executivo (*nonexecutive director*). (148)

outsider / de fora Alguém que não pertence a uma organização, como, por exemplo, um auditor de fora (*outside auditor*). (7) (11) (88)

outstanding / não liquidado; em circulação 1. Em geral se refere a contas a pagar ou a receber, cheques emitidos mas ainda não descontados e ações ou outros títulos que ainda não foram resgatados e talvez não o sejam. 2. Coisa pendente. 3. Saliente ou extraordinário. (7) (88) (105) (231) (244)

outstanding capital stock / estoque de capital em circulação Ações de capital de uma sociedade anônima, emitidas e em circulação. (5) (22) (148)

outturn / arrecadação tributária Quantidade real da receita arrecadada por tributação, independente da estimativa feita no orçamento. (163)

outwork / trabalho fora da fábrica Trabalho que uma pessoa executa em sua própria residência, geralmente de caráter industrial, para o proprietário de uma fábrica, possivelmente com suas próprias ferramentas. Pode ser considerado como sistema a façção (*putting-out system*). (148) (163)

overage / excesso 1. Excesso de oferta de uma determinada mercadoria. 2. Valor dos bens em excesso da quantidade necessitada, de acordo com as fichas de estoque. 3. Excesso de algo em geral, até mesmo de dinheiro. (11)

overall balance / saldo global Saldos que cobrem os fluxos correntes e os de capital, exceto os empréstimos tomados ou concedidos pelo governo. É igual ao saldo corrente menos o dispêndio de capital mais os recebimentos de capital. Em termos de contabilidade nacional, é a alteração ou variação das obrigações líquidas do governo em outros setores. (103)

over-and-short / a mais ou a menos Diz-se da conta em que são lançadas as pequenas diferenças entre os recebimentos em dinheiro e os documentos comprobatórios correspondentes. Ao fim de um certo tempo a conta é encerrada como débito ou crédito. (7) (88)

overbid / lance excessivo Fazer um lance muito acima do valor daquilo que se desejava comprar por concorrência. (11)

overbook / excesso de reserva Dar como reservados mais lugares em um avião, quartos em um hotel etc. do que o espaço disponível. (244)

overbuy / compra excessiva 1. Compra de quantidades excessivas. 2. Comprar além da capacidade de pagamento. 3. Comprar papéis negociáveis (*negotiable papers*) em margem que excede a capacidade de respaldo em um caso de emergência. (11) (105)

overcapitalize / capitalizar em excesso 1. Fixar o capital nominal de uma empresa (o montante total de ações) muito acima dos limites impostos por lei ou por sólida política financeira. 2. Superestimar o valor de uma propriedade ou empresa. 3. Prover mais capital para um empreendimento do que seria justificável. 4. Empresa que não consegue realizar lucros que proporcionem um retorno razoável do capital empregado. O valor nominal das ações quase sempre é maior do que seu valor real expresso em lucros. (11) (105) (148) (163) (244)

overcertify / certificar em excesso Emissão por um banco de um cheque certificado (visado) de quantia mais alta que o saldo do sacador. (11)

overcharge / cobrar em excesso Cobrar preço excessivo por alguma coisa, ou fazer um lançamento em conta que excede o preço do que foi comprado. (11)

overdraft / saque a descoberto Espécie de empréstimo que um banco concede a um correntista, de acordo com o crédito que este mereça. Nessa situação, há cobrança de juros diários. (7) (88) (105) (148) (163) (231) (244)

overdraw / sacar em excesso Sacar em uma conta, margem ou concessão mais do que o saldo existente a crédito ou à disposição de uma pessoa. (11) (148) (244)

overdue / atrasado; vencido 1. Que já passou do momento em que devia ocorrer, como, por exemplo, o atraso de um trem. 2. Dívida cujo vencimento ocorreu, mas ainda não foi paga. (11) (244)

over-entry certificate / certificado de excesso de exação Documento que permite que o excesso de imposto aduaneiro cobrado pela alfândega possa ser devolvido. (163)

overextention / excesso de concessão 1. Excesso de crédito concedido ou recebido além da capacidade de pagamento do devedor. 2. Obrigação de um corretor de títulos por um montante acima de sua capacidade de pagar ou poder de tomada de empréstimo. 3. Qualquer tipo de expansão de uma empresa, em prédios, equipamento etc., ultrapassando muito suas necessidades atuais ou do futuro próximo. (11)

overhead / custo indireto; despesa geral Termo aplicado de modo geral aos custos de bens e serviços que não são diretamente identificáveis, nem se somam ao produto ou serviço que constitui o objeto principal da operação. Tem diversos sinônimos, entre os quais encargo (*burden*), despesas de manufatura (*manufacturing expenses*) e (*oncost*). (88) (107) (148) (225) (244)

overhead absorption / absorção de custo indireto Atribuição de parcelas do custo indireto a determinadas atividades, produtos ou centros de custo (*cost centers*). São ações arbitrárias, mas justificáveis e fazem parte da contabilidade de custos (*cost accounting*). (148) (244)

overinvestment / excesso de investimento Emissão excessiva de ações ou notas de dívida, além das necessidades ou da patente de autorização. (11) (163)

overkill / supermatança Capacidade de um país considerado como potência nuclear de exterminar populações muitas vezes maiores de um outro país, contra o qual use armas nucleares. (78) (138)

overlap / superposição 1. Área coberta por dois ou mais transmissores de televisão. 2. Sobreposição de autoridade, de territórios, de conceitos, e assim por diante. (225)

overlapping jurisdiction / jurisdição conflitante O termo é auto-explicativo. A jurisdição é conflitante por haver superposição parcial. (14)

overly large syndicate / sindicato exageradamente grande Em um sistema bancário de investimento, grupo comprador que abrange uma quantidade desproporcionadamente grande de banqueiros, que habitualmente lideram na compra e venda de valores, ou cujo vigor combinado é desproporcionadamente grande em comparação à qualidade e tamanho da emissão ou emissões que comercializam. (11)

overmake / produção excessiva Produção feita acima do necessário ou requisitado. (148)

overmanning / excesso de empregados Termo que, também conhecido como subemprego institucional (*institutional unemployment*), pode refletir o excesso de empregados de baixa produtividade. (101) (244)

overmatter / impressão excessiva Excesso de tipos impressos, relativamente ao espaço disponível. (225)

overnight loan / empréstimo "overnight" Empréstimo feito por um banco a um corretor, a fim de permitir-lhe comprar letras de câmbio, sob a condição de resgatar o empréstimo no dia seguinte. (163)

overnight telegram / telegrama noturno No Reino Unido, telegrama entregue pelo primeiro estafeta na manhã seguinte, que pode ser passado a taxas reduzidas desde 8 até 22:30 horas. (163)

over-priced / preço excessivo Mais do que os clientes desejam ou podem pagar. (225)

overproduction / superprodução Produção acima da demanda (*demand*) que quase certamente causará uma baixa nos preços dos bens produzidos. (11) (244)

overreach / auto-estimação excessiva 1. Pessoa ou firma que se prejudica por ter estimado excessivamente sua capacidade de produzir, pagar, ou seu potencial de vendas. 2. Pode ter o sentido pejorativo de fraudar. (11)

overseer / capataz; supervisor Pessoa encarregada de fiscalizar, orientar, administrar e supervisionar o trabalho dos outros. (11)

oversell / vender em excesso Vender acima do que pode ser entregue dentro do prazo estipulado, ou mais do que um cliente pode esperar vender ou consumir. (11) (225)

overstock / estocar em excesso Manter em estoque mais do que o necessário de um determinado item. (244)

oversubscribe / subscrever em excesso Contratar uma compra excessiva da emissão de ações ou outros títulos de valor, além do que é necessário. É também o caso quando os candidatos à compra excedem o número das quantidades disponíveis. (11) (163)

over-the-counter / mercado de balcão Tipo de transação que não é feito em mercado organizado, como uma bolsa, ou que independe de regulamentos especiais, como remédios que precisam ser receitados. Mais simplesmente, pode-se transacionar sobre um balcão, sem outras formalidades. (7) (88) (148)

over-the-counter drugs / remédios populares Remédios que não precisam de receita médica e podem ser comprados diretamente no balcão da farmácia. V. (*nonprescription drugs*). (A)

over-the-counter market / mercado paralelo Mercado de papéis negociáveis não registrados em bolsa ou de transações de títulos à margem da bolsa. (148)

overtime / horas extras Trabalho efetuado além das horas normais e que faz jus a um pagamento extra. (148) (163) (244)

overtrade / comerciar em excesso Comerciar em excesso do capital possuído ou dos requisitos do mercado. (11) (163) (225)

overtrading / abuso de limite Termo aplicável a uma empresa que faz negócios que vão muito além de seu capital social. (9) (148) (163) (225) (244)

overt search / procura explícita Em marketing, extensão em que um comprador busca ativamente informação quando não se sente seguro sobre os méritos de marcas alternativas do produto. (138)

owe / dever Estar sob a obrigação de pagar, resgatar ou ceder algo. (7) (11) (88)

own brand / marca própria Produto que tem a marca própria de um varejista, embora possa ser feito por terceiros. (148) (244)

owner / proprietário Pessoa que tem o direito final e indiscutível à posse de algum bem. (163)

owners' equity / patrimônio dos proprietários V. (*accounting equation*). (7) (88)

ownership / propriedade Direito final à posse de alguma coisa. Todavia, não é posse (*possession*), já que existem muitas circunstâncias em que um possuidor pode abandonar ou perder a posse, como, por exemplo, para um ladrão ou fiel depositário. (7) (88) (148)

own label / rótulo próprio V. (*own brand*). (148) (225)

P

Paasche index / índice de Paasche Número-índice (*index number*) em que os preços são ponderados pelas quantidades correspondentes produzidas, consumidas, vendidas etc. em um dado ano. (163) (184)

pack / pacote 1. Tipo de pacote ou embalagem, como um maço de cigarros. 2. Qualquer coisa empacotada, embrulhada e amarrada, para armazenamento, venda ou transporte. 3. Algo estreitamente reunido. 4. Manipular pessoas para um determinado fim em vista. (11)

package / pacote; embalagem Feixe ou pacote; aquilo que serve como pacote ou embalagem para alguma coisa. (11) (244)

package agreement / acordo global Acordo entre duas ou mais partes, que assenta todos os pontos de divergência entre elas. Abrange concessões e compromissos de ambos os lados, para que se possa chegar a um acordo de interesses, como nos casos de negociação coletiva, por exemplo. A expressão também é conhecida como pacote de acordo (*package deal*). (163) (225)

package deal / pacote de acordo V. (*package agreement*). (163) (225) (244)

packaged goods / bens empacotados Diversos bens que quase sempre são objeto de propaganda e que aparecem embalados, como alimentos, sabão, utensílios de cozinha, mercadizados no pacote, embrulho ou embalagem do produtor. (11)

packaging / empacotamento 1. Diz-se de um produto acabado pronto para transporte, armazenamento ou entrega. Também é a massa de conhecimentos concernentes a tais operações. 2. O que cobre os bens, a fim de protegê-los. (148) (163) (244)

packer / empacotador Entidade que se dedica a empacotar principalmente alimentos, em especial carnes, para o mercado. (11)

packing / material de embalagem Material como papel, palha, retalhos de plástico etc., usado para a embalagem de bens. (244)

packing case / caixa de embalagem Caixa de material resistente usada para manter bens para armazenamento ou entrega. (244)

packing house / frigorífico Local em que são processadas e embaladas carnes, frutas e legumes para venda aos varejistas. (78)

packing list / lista de embalagem Lista do conteúdo de uma caixa de embalagem (*packing case*) com detalhes de quantidade, peso, qualidade etc. (244)

packing note / nota de embalagem Documento que segue junto com um pacote de bens enviados a um cliente, informando-o sobre o conteúdo. (148)

pad / bloco; almofada 1. Bloco de papel, geralmente para anotações 2. Almofada de vários tipos, inclusive para carimbos. 3. Parte do teclado de um computador para funções especiais. (11)

page rate / taxa por página Custo de uma página de propaganda em uma revista ou jornal. (244)

paid-in / pago Que foi totalmente pago, como mensalidades, prestações (*installments*). (11)

paid-in capital / capital realizado Dinheiro considerado permanentemente em disponibilidade por parte de uma empresa, recebido em troca de sua emissão de quotas ou ações. (11) (22) (105) (148)

paid-in surplus / excedente pago Excedente pago pelos compradores de cautelas de ações vendidas com um ágio. Em outras palavras, ações vendidas a um preço acima do nominal. (11) (105) 148)

paid-up capital / capital integralizado Total do montante monetário que os quotistas ou acionistas de uma empresa subscreveram para a formação do capital e que foi totalmente integralizado. (105) (148) (163) (244)

paid-up insurance / seguro pago Apólices das quais foram pagos todos os prêmios. (11)

paid-up share / ação integralizada Ação cujo preço foi totalmente pago à empresa que a emitiu. (163)

pallet / paleta Armação de madeira, retangular, em que os bens são armazenados. Também tem o nome de palheta. Sua parte inferior contém o espaço necessário para a inserção dos "garfos" de uma empilhadeira. (244)

palletization / paletização Uso de estrados, geralmente de madeira, adaptáveis a empilhadeiras de garfo, para facilitar a distribuição, armazenamento e transporte de certas espécies de bens. A carga é montada sobre as paletas (também chamadas "palhetas") e transportada por empilhadeiras ou guindastes, havendo grande economia de tempo. (163) (244)

pamphlet / panfleto Pequeno livro de poucas páginas, algumas vezes com gráficos ou fotografias, dando o resumo de alguma coisa. (244)

panel / painel Grupo de pessoas, mais ou menos permanente, não necessariamente agrupadas, que assumiram o compromisso de emitir um parecer sobre determinado assunto. Muito usado em marketing para a emissão de parecer sobre produtos novos. (244)

panic / pânico Temor súbito e disseminado concernente a assuntos financeiros, levando à contração de crédito e venda de valores a preços deprimidos, no esforço para garantir liquidez. (11)

paper bid / lance em papel Lance para a aquisição de uma empresa, em que o pagamento a seus acionistas será feito com ações da adquirente. (163)

paper gold / ouro-papel Ligada aos direitos especiais de saque (*special drawing rights*), moeda internacional de reserva que visa a suplementar os haveres desses direitos, em ouro e moedas conversíveis. (148) (163)

paper money / moeda-papel Notas, e algumas vezes cheques ou letras de câmbio. (148) (163) (231)

paper profit / lucro no papel Diz-se do aumento monetário no valor de um bem ativo, mas que não foi realizado. É o que ocorre em períodos inflacionários, por exemplo, quando um imóvel passa a valer mais no presente do que quando foi adquirido, neste caso por diminuição do poder aquisitivo (*purchasing power*) da moeda. (105) (158) (231) (244)

par / ao par Valor legal estabelecido para a unidade monetária de um país, em termos da moeda de um outro, usando o mesmo metal como valor-padrão. É também o valor de um papel comercial (*commercial paper*) a seu preço nominal. (11) (148) (231) (244)

parabola / parábola Curva de segunda ordem, uma cônica. Conjunto dos pontos de um plano que eqüidistam de uma reta dada e um ponto fixo (não pertencente à reta) deste plano. V. (*quadratic function*). (230) (R)

paradox of plenty / paradoxo da abundância Fenômeno segundo o qual uma safra abundante ocasiona uma receita total menor para os produtores, já que a abundância tende a fazer com que os preços (*prices*) baixem. (155)

paragraph / parágrafo Uma das seções em que um trecho escrito se acha dividido (iniciando uma nova linha para cada seção). Geralmente, de um parágrafo para o seguinte há modificação do tópico. (244)

parallel import / importação paralela Importação de um produto com marca (*brand*) por alguma firma que não tenha garantidos os direitos de importação exclusiva para distribuí-lo no país. (148) (244)

parameter / parâmetro Constante a que se atribui um valor ou série de valores. Difere de uma variável (*variable*), a qual pode ter qualquer valor. Os valores do parâmetro limitam-se aos problemas que estão sendo examinados e só variam quando há alteração no sistema todo. (1) (148) (163) (244)

parametric programming / programação paramétrica Técnica matemática usada em alocação de recursos. É empregada nas situações em que os vários parâmetros (*pa-

rameters) de um problema assumem diferentes valores. (107)

paraphrase / paráfrase Emissão de um conceito conhecido, mas não com as palavras exatas originalmente usadas, porém sem mudar o seu significado. (202)

parcel / parcela; porção; pacote 1. Pacote ou embrulho. 2. Porção; parcela de alguma coisa. 3. Parte de um terreno. (11)

parcel post / encomenda postal Ramo do serviço postal encarregado do despacho, transporte e entrega de determinadas encomendas. (11)

parcenary / composse; co-herança 1. Parte individida de um imóvel pertencente a mais de uma pessoa. 2. Herança que se deixou a diversas pessoas que, supostamente, devem compartilhá-la igualmente. (11) (231)

parent company / matriz Matriz ou empresa principal de um grupo interligado; exerce controle e tem subsidiárias ou filiais. Não tendo negócio próprio, a matriz também pode ser considerada como a empresa controladora (*holding company*). (11) (17) (88) (105) (148) (163) (231) (244)

Pareto's law / lei de Pareto Ponto de vista que não encontra validade em seu sentido estrito, de que quaisquer que sejam as condições políticas ou tributárias de um país — não importando qual o nível médio —, a renda será distribuída do mesmo modo. Em conseqüência, a renda do setor mais pobre somente pode ser aumentada com a elevação da renda (*income*) no país todo. (1) (158) (244)

Pareto's optimal / ótimo de Pareto Situação em que é maximizado o bem-estar no sentido especial de que a situação de qualquer indivíduo não pode ser melhorada a não ser às expensas de alguma outra pessoa. (128) (163)

pari passu / pari passu Expressão latina que indica simultaneidade de efeitos, ou seja, andar passo a passo. (163)

Paris Club / Clube de Paris V. (*Group of Ten*). (158) (163)

parish / paróquia Em alguns Estados do sul dos Estados Unidos, antigo distrito ou subdivisão de um município (*county*), que servia como a última unidade política de uma administração local. De acordo com algumas interpretações equivale a comarca. (35) (231)

parity / paridade Qualidade de par, como em câmbio. Significa a relação que existe entre o valor de diversas moedas. Assim, por exemplo, a paridade do dólar em relação à libra esterlina pode ser de 1:4, 1:8, e assim por diante. A modificação no valor de uma moeda altera sua paridade. (32) (148) (231) (244)

parity demand / paridade da demanda Aumento no volume de vendas, na proporção exata de um corte efetuado nos preços. (80)

Parkinson's law / lei de Parkinson Lei segundo a qual o trabalho se expande de modo a ser preenchido o tempo disponível para que seja completado. (107) (148) (163) (244)

parliamentarism / parlamentarismo Sistema governamental baseado no tipo britânico. A autoridade final pertence ao poder legislativo — o parlamento. Neste há um primeiro-ministro, também chamado *premier*, que é escolhido entre os membros do parlamento e mantém sua posição enquanto obtiver a maioria de votos. Quando há divergência grave entre o parlamento e o gabinete, o resultado é a nomeação de um novo primeiro-ministro ou a eleição de uma nova legislatura. (31)

parochialism / paroquialismo Estreiteza de ponto de vista; administração acanhada, tacanha. (A)

par of exchange / câmbio ao par Situação teórica em que a demanda e a oferta de divisas estão exatamente equilibradas entre um país e outro. (163)

partial equilibrium / equilíbrio parcial Análise que focaliza a determinação de preço de um bem ou fator individualmente. Difere da análise de equilíbrio geral (*general equilibrium*), quando todos os preços são determinados ao mesmo tempo. (128) (163)

partial loss / perda parcial Em seguro, uma perda que não é completa, mas houve dano ou perda somente em parte da propriedade segurada. (244)

partial payment / pagamento parcial Pagamento de parte de uma dívida, quando o credor concorda em que o pagamento parcial liquide o débito inteiro. (11)

participating preferred share / ação preferencial participatória Ação preferencial com direito a seu dividendo fixo e outros adicionais, em base específica, após o pagamento dos dividendos das ações ordinárias. (11) (148) (163)

participation rate / taxa de participação Proporção da população que constitui a força de trabalho. Varia de região e entre a população, dependendo da estrutura industrial da área e do trabalho disponível, particularmente para mulheres. (163)

participative management / administração participativa Estilo gerencial que se caracteriza pelo grande uso de decisão tomada pelo grupo todo e onde cada pessoa tem a oportunidade de usar sua discrição naquilo em que trabalha. (148)

particular average loss / perda parcial por avaria Em seguro marítimo, perda parcial da propriedade segurada, causada por alguma coisa contra a qual foi feito o seguro, como uma tempestade, uma colisão etc., seguro que não é partilhado pelos seguradores da carga total, como acontece com o prejuízo por avaria grossa (*general average loss*). (244)

part learning / aprendizagem de parte Aprendizagem, geralmente no sentido de memorizar, em que a tarefa é dividida em unidades menores, sendo cada uma delas aprendida separadamente. Contrapõe-se à aprendizagem do todo (*whole learning*), que, supostamente, oferece maior dificuldade. (130)

partly paid shares / ações parcialmente pagas Ações para as quais foi paga apenas uma proporção de seu valor nominal. O restante será pago por chamada da empresa. (163) (244)

partner / sócio Um dos membros de uma sociedade com fins mercantis, isto é, uma (*partnership*). (148) (244)

partnership / associação; parceria; sociedade Associação de duas ou mais pessoas que atuam como proprietárias de uma empresa, visando a lucros. Um relacionamento deste tipo baseia-se em acordo que tanto pode ser verbal como escrito, desde que seja voluntário e siga os preceitos legais. (105) (148) (163) (231) (244)

part-time worker / trabalhador a tempo parcial Pessoa empregada para trabalhar muito menos horas do que as demais, ou seja, apenas parte de seu tempo, com pagamento correspondente apenas ao tempo trabalhado. (148) (244)

party / parte 1. Uma das partes litigantes em uma pendência jurídica, ou seja, um queixoso ou um réu em uma ação. 2. Signatário de um documento legal. 3. Participante de algum grupo. (11) (148) (244)

par value / valor nominal As ações de empresas de fundo acionário têm um valor impresso que representa simplesmente o valor com que cada uma foi escriturada, consistindo em uma parcela do capital. Não indica o valor real da ação, que, no mercado, pode ser maior ou menor. (15) (148) (231) (244)

pass a dividend / não declarar um dividendo Deixar de declarar dividendos na ocasião em que isso deveria ser feito. (105)

passbook / caderneta de compra a crédito Caderneta de um comerciante onde são anotadas as compras de um cliente que serão liquidadas no fim do mês. V. (*open account*). (11) (163) (244)

passive / passivo 1. Termo já em desuso que significa um déficit no balanço de pagamentos (*balance of payments*). Todavia, continua o sentido de passividade. 2. O que é usado para refletir mas não para registrar ou ampliar pulsos energéticos. (122) (153) (158) (231)

pass off / fingir ser 1. Pretender ou tentar fazer crer que alguma coisa é algo diferente. Por exemplo, afirmar que é escocês um uísque feito no Paraguai. 2. Tentar passar por outra pessoa. (244)

pass the buck / passar a culpa Transferir a outrem a culpa por algo que não deveria ter acontecido. (A)

patent law / lei de patentes Legislação que visa a proteger os direitos de um inventor de objeto ou de processamento, durante um número específico de anos. (194)

patent medicine / medicamento patenteado Medicamento distribuído por um laboratório farmacêutico detentor de uma patente para a sua fabricação. (11)

patent monopoly / patente de monopólio Qualquer monopólio concedido pelo governo, embora as patentes agora somente sejam emitidas para proteger invenções e inovações tecnológicas durante um certo número de anos. No Reino Unido, a duração da patente é de 16 anos. (163)

patent rights / direitos de patente Direitos que uma pessoa adquire quando lhe é concedida uma patente. (148) (244)

paternalism / paternalismo Situação em que uma figura de autoridade, que pode ser uma empresa ou um órgão governamental, supõe ser melhor juiz das necessidades de uma pessoa, agindo como julgar conveniente, porém em bom sentido, o que nem sempre é satisfatório para a pessoa ou entidade interessada. (148) (163) (198)

path / caminho Seqüência ininterrupta de linhas ou setas (*arrows*) em uma rede (*network*), como no método do caminho crítico (*critical path method*). (148)

patron / patrocinador; freguês Aquele que é freguês e, portanto, patrocina uma loja, hotel etc. (11) (244)

patronage dividends / dividendos de patrocinador Dividendos pagos pelas cooperativas a seus membros acionistas. Não são tributados pelo imposto de renda (*income tax*), o que é uma vantagem sobre os dividendos das sociedades anônimas, que são bitributados. (A)

pattern bargaining / negociação padronizada Técnica usada por certos sindicatos que, após terminarem as negociações com uma empresa-líder em uma indústria, oferecem as mesmas condições a todas as outras empresas do ramo, sob ameaça de greve, se os termos não forem aceitos. (1)

pawn / penhor Ato de dar alguma coisa de valor a um penhorista por uma quantia fornecida como empréstimo, durante prazo e juros de antemão estabelecidos. (244)

pawnbroker / penhorista Pessoa ou empresa que empresta dinheiro mediante o penhor de algum objeto, que poderá vender se o empréstimo concedido não for pago com os juros dentro de um período especificado. (158) (163)

pawn shop / casa de penhores Estabelecimento que concede pequenos empréstimos mediante o penhor de objetos pessoais. (11)

pay / pagamento Especificamente, dinheiro que se paga a alguém por algum trabalho feito. V. (*payment*). (244)

payable to order / pagável à ordem Documento de valor em que figura o nome do beneficiário. Pode ser pagável a quem o endossar, isto é, à ordem da pessoa nomeada no documento. (163)

payable to the bearer / pagável ao portador Documento de valor em que não figura o nome de quem deve recebê-lo, sendo pago ao portador. Pode ser pago a quem o endossar. (163)

pay-as-you-earn / pague à medida em que ganha Sistema recomendado por Keynes para a arrecadação do imposto de renda (*income tax*) da pessoa física. O empregador desconta do salário ou ordenado do empregado uma certa quantia a cada pagamento e o remete ao órgão arrecadador. (148) (158) (163) (244)

payback / recuperação de investimento Tempo necessário para recuperar, sob forma de entrada de caixa, a quantia inicialmente investida, geralmente em um bem do ativo. Sinônimo de (*payoff*). (41) (140)

pay by results / pagamento por resultados V. (*productivity bargaining*). (101) (148)

PAYE / PAYE Sigla de (*pay-as-you-earn*). (148) (163)

payee / recebedor Pessoa ou pessoas a quem se paga ou se deve pagar. Em um cheque, é a pessoa a cuja ordem este será pago. (163)

payload / carga útil Carga transportada que produz renda. A gasolina de um caminhão não é carga útil, mas as batatas que ele carrega, sim. (11)

payment / pagamento 1. Importância monetária paga por alguma coisa, não necessariamente o trabalho. 2. Ato de pagar. (244)

payment by results / pagamento por resultados Forma de estrutura salarial em que os pagamentos dos trabalhadores estão relacionados à sua produção. A forma mais comum é o pagamento por peça (*piece rate*) e dia de trabalho medido. (163) (244)

payment in due course / pagamento no vencimento Pagamento de um título de dívida no seu vencimento. (163)

payment in kind / pagamento em espécie Pagamento em bens e serviços ao invés de dinheiro. (163)

payment on account / pagamento por conta Pagamento parcial de uma dívida, ficando o saldo para ser liquidado em data combinada com o credor. (163) (244)

payoff / compensação; pagamento; demissão 1. Resultado de alguma ação passada, ou o resultado previsto de alguma possível ação futura. 2. Na teoria do jogo (*game theory*), medida do valor de um resultado do jogo para quem participa. 3. Demissão de uma pessoa, fazendo-lhe o pagamento final. (148) (163) (244)

payoff matrix / matriz de compensação; matriz de pagamento Matriz formada dos pagamentos ou compensações (*payoffs*) em um jogo de duas pessoas. Liga-se à teoria do jogo (*game theory*). (148)

pay packet / discriminação de pagamento Pequeno envelope contendo o pagamento do trabalhador e usualmente um pedaço de papel com os detalhes de como foi formado o salário. (244)

payroll / folha de pagamento Relação com os nomes de todos os empregados de uma empresa e seus respectivos salários ou ordenados. (11) (148) (244)

payroll tax / imposto de previdência social Imposto que incide sobre a folha de pagamento de uma firma. Tem por base as quantias pagas em salários e ordenados e é ônus do empregador. O imposto é usado para financiar a parte do empregador nos programas de previdência social (*social security*). (1) (148) (163)

peaceful picketing / piquete pacífico Direito dos trabalhadores de dissuadir os colegas de trabalharem durante uma disputa com os empregadores, desde que não haja o uso da força. (163) (244)

peak / pico 1. Marca mais alta de uma fase de expansão da atividade econômica. Geralmente a medida é tomada a intervalos regulares. O oposto de pico é ponto baixo (*through*). 2. Termo usado para significar que alguma ação atingiu o seu ponto máximo. (1) (244)

peak load pricing / preço de hora de pico Forma de discriminação em que o monopolista cobra um preço (*price*) mais elevado para uso do serviço durante as horas de maior intensidade de movimento, como as empresas telefônicas, cujas tarifas são mais baixas nas horas em que o movimento é fraco. (155)

peak time / hora de pico 1. Hora em que se prevê que haverá um máximo de audiência para um programa de televisão ou rádio. Seria um horário nobre. 2. Horário em que o uso de algo atinge o seu máximo em determinado período. (164)

peck / celamim Medida para secos igual a 89 quartos ou 537,61 polegadas cúbicas (*cubic inches*), equivalente a 8,8098 l.

peculate / peculato Apropriação indébita de dinheiro ou propriedades públicas, ou de algo confiado à guarda de terceiros. (11)

pecuniary external economies / economias pecuniárias externas Benefícios auferidos por uma empresa, em decorrência das atividades de outras. Quando um fornecedor reduz seus custos, poderá baixar seus preços, fazendo com que os custos da empresa que use o seu produto como insumo também baixem. Em sentido mais amplo, o termo pode incluir aumento nos lucros, resultante de uma elevação na demanda, causada pela expansão da renda como um todo. Este conceito, introduzido por Scitovsky em 1954, distingue-se das chamadas economias externas (*external economies*). (73)

peddle / mascatear 1. Ir de um lugar para outro vendendo coisas sem importância. 2. Vender drogas ilegais. (244)

peddler / mascate Pessoa que mascateia, também conhecida como *pedlar*. (244)

peer / par Pessoa mais ou menos do mesmo nível que outra em seu desenvolvimento ou posição e, portanto, igual em integração ou algum outro modo de associação. Um igual. (160) (231)

peer goal-setting / estabelecimento de metas pelos pares Estabelecimento de objetivos pessoais, como em administração por objetivos (*management by objectives*) por grupos de pessoas que em uma organização estão no mesmo pé de igualdade. (148)

peg / cotar Em termos de economia e finanças, fixar o valor de uma coisa em relação a outra, como, por exemplo, estabelecer o valor de uma moeda em relação à de um outro país que sirva como padrão. Por extensão, um congelamento de preço. (14) (88) (148) (231) (244)

pegging of exchange / cotação da moeda Fixação do valor da moeda de um país em termos de outras moedas. A ação é governamental a fim de estabilizar a taxa de câmbio de sua moeda. (163)

penalty clause / cláusula de penalidade Cláusula contratual em que uma parte se obriga a pagar uma multa à outra se não cumprir o que foi estipulado. (163) (244)

pending / pendente Que está para ser feito ou cuidado, sempre dependendo de alguma coisa; o que está para ser realizado. (244)

penetration price / preço de penetração Preço propositadamente baixo para o lançamento de um produto novo, a fim de encorajar compradores. Uma vez conseguida a clientela, o preço pode ser gradativamente aumentado. É o contrário de preço de desnatação de mercado (*skimming price*). (134) (148) (194)

penny stock / ação de baixo preço Ação ordinária negociada a preços inferiores a um dólar. Virtualmente, são altamente especulativas, e o termo muitas vezes designa qualquer ação especulativa ou cujo valor de investimento seja duvidoso. (1) (A)

pennyweight (Troy) / pennyweight (Troy) Peso igual a 24 grãos (*grains*) equivalente a 1,5552 g. (78)

pension / pensão Pagamento periódico fixo a um empregado aposentado, quase sempre depois dos 65 anos, em consideração por serviços prestados no passado e financiado por contribuições de verbas e seguros pelo empregador, pelo empregado, ou ambos. (11) (148) (244)

pensionable earnings / ganhos para pensões Ganhos que são levados em conta para ser calculado o total de aposentadoria e pensões a que uma pessoa fará jus. Podem ser excluídas horas extras (*overtime*), bonificações e comissões. (163)

pep talk / fala entusiástica Conversa com uma pessoa, que lhe dá ânimo, especialmente quando até então ela não tem tido sucesso. (244)

peppercorn rent / aluguel simbólico Aluguel insignificante que o arrendatário paga ao arrendador de um imóvel para mostrar que não se trata de uma propriedade livre e alodial. (163) (169)

per annum / por ano Que ocorre ou deve ocorrer a cada ano ou durante um ano. Por exemplo, ter ordenado por ano. (244)

per capita / per capita Expressão latina que literalmente quer dizer "por cabeça", ou seja, para cada pessoa de uma população. (244)

per capita income / renda per capita Renda total de um grupo dividida pelo número de indivíduos que o compõem. Constitui um índice para a comparação dos padrões de vida entre várias economias. (158) (163)

percentile / percentil A enésima parte de uma distribuição de probabilidade, onde *n* é um número entre 1 e 100 e constitui o valor da variável aleatória para a qual a função é igual a *n*/100. (148) (163)

percept / percepto Conceito psicológico que significa unidade de percepção de resposta ou reação; conhecimento imediato do objeto percebido. (160)

perception / percepção Atribuição de significado à informação recebida através de todos os sentidos do corpo. (130) (194)

perceptive selection / seleção perceptiva Inclinação de uma pessoa de somente perceber o que deseja, e que confirme aquilo que pensa ou vê, excluindo as exceções. Assim, quando gostamos de alguém, nossa propensão é vermos unicamente seus bons traços, ignorando os que não são bons. É possível que o fenômeno tenha dado origem ao ditado de que "o amor é cego". (180) (A)

perceptual bias / viés perceptual Em marketing, tendência do comprador de ser seletivo não somente à informação de que dispõe como também à maneira pela qual altera a informação a fim de torná-la congruente com o seu quadro de referência (*frame of reference*). (138)

perceptual set / disposição perceptual Estado de concentração ou de disposição de um indivíduo sobre uma determinada faixa de estímulos sensoriais. (148)

per diem / diária Termo latino que se refere à concessão de quantias, em base diária, para a manutenção de uma pessoa que viaja em conexão com o trabalho que exerce, e que se desloca de sua residência. (11) (148) (231)

perestroika / reestruturação Reestruturação. É a reestruturação do sistema soviético que existe desde 1917, que tem impedido a U.R.S.S. de desfrutar da democracia e cuidar do bem-estar do povo soviético em geral. A reestruturação, criada por Mikhail Gorbachev, secretário do Partido Comunista desde 1985, é geral sob todos os aspectos, porém, até bem recentemente, os saudosistas (dos tempos de Stálin) têm-se oposto. V. também (*glasnost*). (242)

perfect (pure) competition / concorrência perfeita (pura) Mercado perfeitamente competitivo em que os agentes econômicos, produtores e consumidores são tomadores de preços e não podem influenciar o preço de mercado. Mais especificamente, para justificar este pressuposto, geralmente se supõe que há um grande número de produtores e consumidores, que o produto é homogêneo, que há perfeita informação sobre as condições do mercado e que não há barreiras à entrada da indústria no mercado. (163)

perfectionism / perfeccionismo Tendência de uma a pessoa exigir freqüentemente, de si própria ou dos outros, uma qualidade máxima de realização, sem considerar apropriadamente os fatores limitantes. (160)

perfect knowledge of market / conhecimento perfeito de mercado Conhecimento sem o qual haverá uma série de preços e quase todos os mercados demonstram que tal série existe. Então, sempre haverá motivo para regatear, e nesse ponto surge a situação denominada monopólio bilateral (*bilateral monopoly*). (20)

perfectly competitive market / mercado perfeitamente competitivo Mercado em que subsistem quatro condições principais: conhecimento perfeito; grandes quantidades de bens; homogeneidade de produto; divisibilidade de produto. (20)

perfect market / mercado perfeito Condição em que tanto os compradores como os vendedores sabem o que estão fazendo, e em que o preço é o mesmo onde quer que o mercado se localize. Se o preço variar em um mercado, variará em todos os demais segmentos. (39) (148) (163)

performance appraisal / avaliação de desempenho Processo pelo qual as organizações avaliam o seu próprio desempenho e, também, o dos empregados em seus respectivos cargos. (148) (198) (244)

performance bond / seguro-desempenho Apólice fornecida para proteger contra prejuízo resultante de desempenho impróprio ou falta de cumprimento dos termos de um contrato. (11) (244)

performance review / exame de desempenho Em administração por objetivos (*management by objectives*), reunião regular entre um administrador e seu chefe para discussão de um novo plano de melhoria de trabalho. (148) (244)

performance standard / padrão de desempenho Resultado que deve ser conseguido em cada área-chave em uma análise de resultados-chave (*key-results*). (148)

peril point / ponto de perigo Mais baixa taxa à qual se pode reduzir uma tarifa aduaneira sem colocar em risco a existência de uma indústria doméstica. (1) (148) (163)

period cost / custo de exercício Qualquer despesa feita em base de um período de tempo, como pagamento de aluguéis, juros, impostos de renda e de propriedade etc. Muitas vezes a depreciação em linha reta (*straight-line depreciation*) é considerada como um custo de exercício. O termo está associado a custo por absorção (*absorption cost*) e custeio direto (*direct costing*). Sinônimo de débito de período e de despesa de período (*period expense*). O mesmo que custo fixo (*fixed cost*). (88) (105)

period expense / despesa de exercício V. (*period cost*). (88)

period of grace / período de graça; período de carência Concessão de tempo sem pagamento que um credor concede a um devedor, geralmente antes do início do pagamento de uma grande dívida. É comum nos empréstimos internacionais. Normalmente o período de carência é de três dias após o vencimento de uma letra de câmbio, mas em dívidas internacionais pode ser de anos. (163)

peripheral equipment / equipamento periférico Dispositivos de coleta de dados, armazenamento e outros usados na principal unidade de cálculo de um computador, mas que não são parte integrante de máquina da unidade de processamento central. (11) (148) (163) (244)

perishables / perecíveis Todos os produtos, geralmente alimentícios, que podem deteriorar-se no decorrer do tempo, salvo se conservados a temperaturas muito baixas, havendo um limite para sua utilização. (225) (244)

permanent income / renda permanente Hipótese de que o comportamento no consumo individual depende da renda permanente, ou seja, dos recursos que uma pessoa espera ter à sua disposição durante a vida. Vale dizer, renda vitalícia. (128) (A)

permanent investment / investimento permanente Propriedade de algum bem, ou evidência de propriedade em alguma outra empresa, com a intenção de assunção de seu controle, de assegurar uma renda permanente para o investidor, ou para estabelecer relações comerciais privilegiadas. Tal investimento não inclui os títulos resgatáveis a curto prazo. Em geral, o investimento permanente tem a forma de ações de outras empresas, debêntures, fundos acumulados para fins específicos, prédios alugados a outrem, empréstimos a empresas ou a indivíduos. (15)

permit/permissão Documento escrito que permite ou dá licença para a execução de alguma coisa. Termo muito usado em importação e exportação. (11)

perpetual bonds/obrigações perpétuas Obrigações que não têm data estipulada para vencimento. (11)

perpetual debenture/debênture perpétua Tipo de debênture que não pode ser resgatada mediante sua apresentação. Os motivos são contratuais. (148) (163)

perpetual inventory/estoque perpétuo Sistema por cujo intermédio o estoque por unidades de propriedade em qualquer data pode ser obtido diretamente dos registros sem que se tenha de recorrer a uma contagem geral. (11) (105) (148) (163)

perpetuity/perpetuidade Investimento do qual se espera receita (*revenue*) monetária em um período de tempo indefinidamente longo. A soma do capital representando seu valor nunca se esgotará. (22)

per procurationem/por procuração Poder legal concedido por uma pessoa para que outra assine e aja em seu lugar. O termo geralmente é abreviado "pp". (244)

perquisite/lucro eventual Emolumentos, honorários ou lucros incidentais acima e além da renda fixa, salários ou ordenados. (11) (244)

personal allowance/margem pessoal Quantia da renda (*income*) de uma pessoa que está livre do imposto de renda (*income tax*). (244)

personal bias/viés pessoal Tendência de uma pessoa de ver, inconscientemente, os fatos de certa maneira, em conseqüência de hábitos, desejos, interesses e valores. Por conseguinte, sua opinião não merece muita fé. (180) (A)

personal computer/computador pessoal Computador com características de baixo custo, com base em diminutas pastilhas (*chips*) de microcomputador, portátil, pessoalmente controlável e facilmente utilizável. Pode ser ligado a um aparelho de TV, tem teclado completo para digitação e um registrador em disco flexível e/ou rígido. (A)

personal draft/saque pessoal Saque efetuado contra uma pessoa sem que haja necessariamente o envolvimento de uma operação comercial. (A)

personal effects/objetos pessoais Bens que uma pessoa possui e que podem ser mudados de um lugar para outro sem maiores formalidades, como livros, roupas, papéis. (244)

personal income/renda pessoal Renda de um indivíduo, sob a forma de ordenados, aluguéis, participação pessoal, benefícios sociais etc. (80)

personal income tax/imposto de renda da pessoa física Pagamento feito ao governo dos ganhos de uma pessoa, e não os de uma empresa. (244)

personal interview/entrevista pessoal Conversa face a face com uma pessoa, especialmente com alguém que esteja em posição de autoridade. Consiste em perguntas e respostas, que podem ser gerais ou específicas. (244)

personality/personalidade 1. Pessoa muito conhecida em televisão, cinema, esportes etc. 2. Qualidades ou atributos que formam o caráter de uma pessoa. (244)

personality promotion/promoção por personalidade Vendagem de bens com o auxílio de uma pessoa muito conhecida, de televisão, cinema, esportes etc. (244)

personality traits/traços da personalidade Características de um indivíduo, herdadas ou adquiridas, que compreendem seu modo de pensar, de relacionar-se, iniciativa, julgamento, estabilidade emocional, dimensão física etc., tudo sujeito à mensuração, principalmente para contratação de candidatos a emprego. (48) (90)

personal property/propriedade pessoal Todos os bens que uma pessoa possui, como, por exemplo, casa, roupas, papéis etc. (244)

personal property tax/imposto de bens pessoais Forma de imposto, geralmente não federal, que incide sobre os bens pessoais, não sendo contados os imóveis (*real estate*). Trata-se de bens tangíveis, como cambiais, ações, moeda etc. A administração deste imposto é difícil, face aos problemas de avaliação para lançamento e a facilidade de evasão. (1)

personal relief / dedução pessoal Montante que um contribuinte do imposto de renda, no Reino Unido, pode deduzir de sua declaração antes da incidência do imposto. (148)

personal representative / representante pessoal Pessoa nomeada para assumir todos os bens de uma pessoa falecida, usá-los para pagar suas dívidas e distribuir o restante de acordo com o testamento ou com a lei. (148)

personal selling / vendagem pessoal Tipo de venda em que os representantes ou vendedores procuram clientes em perspectiva, sem que haja propaganda ou qualquer outro tipo de promoção. (48) (148) (244)

personal tax / imposto pessoal Imposto que deve ser pago pela pessoa física, principalmente o de renda (*income tax*) e o de ganhos de capital (*capital gains tax*) sobre suas posses. (148)

personnel / pessoal Todas as pessoas empregadas em uma empresa e que devem estar registradas no departamento de pessoal. (244)

personnel audit / auditoria do pessoal Auditoria periódica de pessoal para avaliar, por diversos motivos, as atividades dos empregados de uma organização. Dessa auditoria podem resultar promoções, transferências, demissões etc. (198)

personnel department / departamento de pessoal Departamento em uma empresa que trata da administração do pessoal (*personnel management*). (244)

personnel management / administração do pessoal Tendo em vista que a função do departamento de pessoal é a que se dedica à procura, desenvolvimento, remuneração, integração e manutenção dos empregados de uma organização, para que esta siga suas principais metas e objetivos, a administração consiste em planejar, organizar, dirigir e controlar o desempenho das mencionadas funções. (110) (148) (163) (244)

personnel psychology / psicologia de pessoal Aplicação da psicologia na seleção, recrutamento, treinamento e supervisão das pessoas em ambientes comerciais e industriais. Também diz respeito à melhoria de comunicações, consultoria para os empregados e tentativas para resolver dissídios, tanto coletivos como individuais. (130) (A)

PERT / PERT Abreviatura, adotada em português, da expressão inglesa (*Program Evaluation and Review Technique*). É uma parte da pesquisa operacional (*operations research*) e constitui um diagrama formal probabilístico de várias inter-relações de uma série cronológica de atividades complexas, conhecidas como rede (*network*). O objetivo é descobrir onde podem ocorrer estrangulamentos, o delineamento do progresso e quais as atividades prioritárias. Está intimamente ligado a (*CPM*). (41) (148) (244)

Peter principle / princípio Peter Princípio de autoria de Laureen J. Peter, que também criou a hierarquiologia (*hierarchiology*), cujo enunciado é de que em uma hierarquia cada empregado tende a elevar-se para seu nível de incompetência. O princípio parece ligar-se a nível de aspiração (*level of aspiration*). (122) (148) (180) (244)

petition / petição; abaixo-assinado Papel ou documento, assinado por grande número de pessoas, pedindo o atendimento por parte de uma autoridade a respeito de matéria de seu interesse ou da coletividade. (231)

petitioner / abaixo-assinado; requerente Pessoa signatária de um abaixo-assinado (*petition*) ou apelo a uma autoridade em favor de algo que se julga com direito. (231)

petro-dollars / petrodólares Grandes excedentes de divisas, especialmente de dólares americanos, acumulados pelos membros da Organização dos Países Produtores de Petróleo (*Organization of Petroleum Exporting Countries*). As quantidades acumuladas foram tão grandes que excederam a capacidade das economias subdesenvolvidas produtoras de petróleo de absorver bens. Por esse motivo, os petrodólares foram reciclados nas nações mais desenvolvidas, compensando parcialmente os grandes déficits nos balanços de pagamentos (*balances of payment*) e proporcionaram auxílio financeiro aos países de moedas mais fracas, dispostos a pagar juros mais altos para atraí-los. (163) (244)

petty cash / pequeno caixa Pequena quantidade de dinheiro mantida por uma empresa, sob a forma de moedas ou notas, a fim de pagar pequenas despesas, como selos do correio, tarifas de ônibus para mensageiros etc. (244)

Phillips curve / curva de Phillips Curva que estabelece uma relação entre o índice de aumento nos salários e o percentual de desemprego da mão-de-obra (*labor*) civil. A intenção é demonstrar a substitutibilidade (*trade-off*) entre emprego e aumentos salariais. É também um relacionamento hipotético entre desemprego e inflação. (128) (163)

physical controls / controles físicos Providências diretas empregadas por um governo para regular as atividades de uma economia, de preferência à maneira indireta de influenciar o mecanismo de preços. Um exemplo de controle físico é a imposição de quotas de importação, ao passo que uma sobretaxa já não o seria. (163)

physical distribution / distribuição física Processo por cujo intermédio os bens se deslocam do fabricante, através dos vários intermediários (*middlemen*) para o cliente, incluindo embarque, armazenamento, controle de estoque, assim como o processamento de pedidos e as funções de serviço ao cliente. (148) (194) (244)

physical market / mercado físico V. (*spot market*). (1)

physical product / produto físico Produto em si, juntamente com as embalagens e os rótulos, que algumas vezes constituem o elemento da chamada diferenciação de produto (*product differentiation*). (121)

physical stocktaking / contagem física do estoque Espécie de balanço de uma loja em que cada item é contado individualmente. (244)

physiocrat / fisiocrata Membro da escola francesa de economistas do século XVIII. A escola baseava-se principalmente nas idéias de François Quesnay e Anne Robert Jacques Turgot, de que a terra constitui a única fonte de renda e de riqueza. Somente a terra teria o poder de proporcionar um volume de produção que exceda os materiais empregados no processo produtivo. (1) (148)

picket / piquete Grupo de pessoas em greve (*strike*) que forma uma reunião fora do local de trabalho, a fim de tentar fazer outros trabalhadores juntar-se a elas ou apoiá-las. (244)

pictogram / pictograma; diagrama pictórico Diz-se de certos tipos de gráficos estatísticos representados por desenhos de figuras que não dão impressões enganosas. Os desenhos são acompanhados de outros dados necessários, como o ano a que se referem as quantidades ou valores. (5) (18) (244)

piece goods / tecidos a retalho O mesmo que (*yard goods*), isto é, tecidos que são vendidos em porções de medida linear, como metros, polegadas, jardas etc. (78)

piece wage rate / taxa salarial por peça Remuneração de um empregado com base no que ele produz. O que ganha depende da quantidade. (1) (198) (244)

piece work / trabalho por peça Sistema de trabalho em que a remuneração é feita pela quantidade de peças que cada empregado produz. Os sindicatos podem restringir a quantidade de peças diárias que um operário tem a possibilidade de fazer, geralmente estabelecendo um máximo. O mesmo que taxa salarial por peça (*piece wage rate*). (1) (148) (163) (198) (244)

pied type / pastel Expressão usada nas empresas gráficas para designar caracteres tipográficos misturados e confundidos, linhas fora de posição etc. (164)

Pigou effect / efeito-Pigou Aumento em consumo com recurso a uma dada renda real que resulta à medida que o nível de preços declina e o valor real dos saldos monetários se eleva. A significação está em demonstrar que, não se considerando fatores dinâmicos, um equilíbrio de desemprego é incompatível com salários flexíveis. (102)

Pigou effect theory / teoria do efeito-Pigou Teoria segundo a qual, se for reduzido o nível global de preços, haverá um aumento de dispêndio em bens e serviços. Resumidamente, a idéia é de que os indivíduos estabelecem uma relação entre os saldos monetários à mão e bens e serviços; as reduções em preço elevam o valor real de suas detenções monetárias, isto é, aumentam a quantidade de bens que podem comprar com determinada quantia; desse modo, a relação desejada entre os equilíbrios reais e as despesas é desfeita, e os indivíduos ficam com um excesso de oferta de disponibilidades líquidas; despendem parte deste excesso em bens e serviços. O efeito-Pigou funciona somente em mercados de bens e serviços. Sob este aspecto, é diferente do efeito-Keynes, que funciona somente em um mercado de obrigações, e do efeito-equilíbrio real (*real-balance-effect theory*), que funciona em ambos os mercados. (1)

pilfer / surrupiar Furtar uma pequena quantidade de alguma coisa. (244)

pilferage / ratonice Furto praticado sempre em pequenas quantidades. (244)

pilot production / produção piloto Produção em pequena escala de um produto novo que, no futuro, deverá ser produzido em maior quantidade. A produção piloto permite o estudo do produto para seu aperfeiçoamento em qualidade e métodos de processamento e muitas vezes serve para testar o mercado. (163)

pint / pinta Medida para secos com 33,60 polegadas cúbicas (*cubic inches*), equivalente a 0,556 litro. A pinta, agora adotada, é antiga medida portuguesa. (78)

pint (apothecaries) / pinta (farmacêuticos) Medida fluida de farmacêuticos, com 16 onças fluidas (*fluid ounces*) ou o equivalente a 28,875 polegadas cúbicas (*cubic inches*) igual a 0,4372 litro. A pinta britânica é igual a 20 onças fluidas, equivalente a 0,592 litro. (78) (A)

pint (liquid) / pinta (líquida) Medida igual a 28,875 polegadas cúbicas (*cubic inches*) equivalente a 0,4732 litro. (78)

pioneer selling / vendagem pioneira Vendagem intensiva em novos mercados, muitas vezes de um produto completamente novo, e amiúde efetuada por uma força de vendas especial, sem aumento efetivo do pessoal existente. Assemelha-se à vendagem missionária (*missionary selling*). (164) (244)

pipe / pipa Grande barril de capacidade variável, para vinho e semelhantes. (11)

pipeline / oleoduto Extensa linha tubular para o transporte de petróleo, gás e semelhantes de um ponto para outro. A instalação é permanente e tem os menores custos de transportes. (11)

piracy / pirataria 1. Roubo em alto-mar e, atualmente, também no ar. 2. Uso não autorizado do trabalho escrito, patente ou invenção de uma pessoa. (244)

pitch / teor de argumentação Razões para comprar que um vendedor apresenta a um possível comprador. Em época inflacionária, o teor de argumentação da maioria dos vendedores é: "Amanhã vai estar muito mais caro". (244)

placebo effect / efeito-placebo Caso semelhante ao efeito-Hawthorne (*Hawthorne effect*), no qual as pessoas agem de modo diferente quando sabem que estão sendo observadas. Em pesquisa médica, muitos sujeitos no grupo de controle recebem placebos (pílulas ou gotas que não contêm medicamentos) e relatam que se sentem em melhores condições. (180) (A)

placement / colocação 1. Ato de colocar trabalhadores em seus cargos. 2. Trabalho em uma empresa ou em algum determinado cargo. (244)

place utility / utilidade de lugar Valor que se soma a um produto por estar disponível no lugar quando os consumidores desejam adquiri-lo. O fator é o local adequado. (48) (194)

placid clustered environment / ambiente aglomerado plácido Um dos ambientes de empresa; é estático, tem lugares preferidos de trabalho e função. Economicamente o ambiente é de concorrência limitada. Os três outros ambientes são: ambiente randomizado plácido (*placid randomized environment*), ambiente reativo perturbado (*disturbed reactive environment*) e ambiente turbulento (*turbulent environment*). (99)

placid randomized environment / ambiente randomizado plácido Um dos quatro ambientes empresariais, em que as coisas mudam vagarosamente. A estratégia de longo prazo e as táticas para curta duração não são prontamente distinguíveis. É um tipo de ambiente estático. Os três outros ambientes são: (*placid clustered environment*), (*disturbed reactive environment*) e (*turbulent environment*). (99)

placing / colocação de novas ações Venda de novas ações por meio de firma intermediária e especializada no ramo, que geralmente negocia com investidores institucionais. Dessa forma, o custo de venda é menor do que se fosse feita pelas próprias empresas emitentes. Se as ações figurarem nas cotações das bolsas de valores (*stock exchanges*), uma parte deverá ficar à disposição do público. (148) (158) (163)

plaintiff / queixoso Pessoa que move na justiça uma ação contra outra; autor de uma ação judicial. (11) (231) (244)

planned economy / economia planificada Economia em que o governo é quem decide sobre a alocação de recursos, especialmente a quantidade certa de produção e consumo, sem que seja levado em conta o mecanismo de preços. Na maioria das vezes usa-se o termo "economia de planejamento central" para designar a economia planificada pelo governo, como acontece nos países comunistas. (163)

planned obsolescence / obsolescência planejada Alterações intencionais em um produto, principalmente em seu estilo. A duração é para períodos curtos, induzindo o consumidor a trocá-lo antes da obsolescência real. O termo também é conhecido como obsolescência automática (*built-in obsolescence*), porque os materiais e a mão-de-obra empregados são de má qualidade, sempre com a intenção de curta durabilidade, como dizem ser os tubos de televisão. (1) (A)

planning / planejamento A mais básica das funções de administração. É a previsão atual do que podemos desejar no futuro, do que deve ser realizado. É um curso de ação predeterminado; é a projeção de hoje para a atividade de amanhã. (140)

planning blight / planejamento ruinoso Estagnação que ocorre em uma região, terreno, prédio etc., por se acharem incluídos ou serem afetados por alguma forma de plano de desenvolvimento de uma autoridade local. Por exemplo, a notícia de que vai ser aberta uma avenida em dada região pode arruinar o valor das casas que serão desapropriadas. No caso, o planejamento é ruinoso para os proprietários. (163)

plant / planta Unidades do ativo, como fábricas, edifícios, depósitos, lojas e outras edificações comerciais e industriais. O termo também é usado para designar a configuração de uma empresa. Na maioria das vezes trata-se de uma fábrica e seus elementos periféricos. (1) (148) (244)

pledge / empenhar Ato que consiste na entrega de um objeto de propriedade pessoal como garantia pelo pagamento de alguma obrigação, e que está sujeito a passar para a propriedade do credor se o devedor não cumprir o contratado. (11) (148) (244)

pledgee / recebedor de penhor Pessoa que recebeu um objeto em penhor. (11)

pledgor / empenhador Pessoa que deu algo a outra como empenho ou penhor. (11)

plenary session / sessão plenária Reunião à qual podem comparecer todos que têm o direito de estar lá. (244)

Plimsoll line / linha Plimsoll O mesmo que (*load line*), isto é, a marca que existe ao redor do casco de um navio, mostrando até onde pode ser carregado ao máximo. O nome Plimsoll é do engenheiro que a inventou. (163)

PL/1 / PL/1 Programação de linguagem de máquina, com finalidades múltiplas, que pode ser usada em aplicações comerciais e científicas. Pode substituir (*FORTRAN*) e (*COBOL*). (163) (176) (214)

plough back / reinvestir Grafia britânica de (*plow back*). (244)

plow back / reinvestir Reinvestir os lucros (*profits*) na mesma empresa, o que pode ser feito voluntariamente ou por força de controle sobre os dividendos. Acredita-se que entre os benefícios esteja o de aumentar o investimento. O mesmo que (*plough back*). (78) (104) (244)

plural executive / executivo plural Grupo de pessoas, como uma comissão, que recebe a incumbência de exercer em conjunto algum tipo de autoridade (*authority*) para a realização de um objetivo. (148)

pluralistic society / sociedade pluralística Sociedade em que há numerosas organizações voluntárias, empresariais, profissionais e sociais, por cujo intermédio os indivíduos cooperam para um fim comum, podem expressar-se livremente e influenciar o comportamento (*behavior*) individual, exercendo poder econômico, pressão social ou persuasão. Contrapõe-se a sociedade monolítica (*monolithic society*). (82)

plus / mais; plus; vantagem Que envolve uma vantagem ou ganho extra. Por exemplo, a embalagem de um certo produto, como a margarina, posteriormente pode servir como manteigueira ou açucareiro; ou a compra de três lenços pelo preço de apenas dois. O termo *plus* aplicado a marketing é uma afetação moderna. (78) (103) (A)

plus value / mais-valia Na economia marxista, suplemento do trabalho não remunerado e que, por conseguinte, é a fonte do lucro capitalista. (A)

plutocracy / plutocracia Tipo de governo em que o poder é exercido por uma pequena elite, cuja posição se baseia na riqueza. (163)

pluvial insurance / seguro pluvial V. (*weather insurance*). (163)

point elasticity / elasticidade no ponto Expressão usada quando a elasticidade é computada em um único ponto sobre a curva, para uma modificação infinitesimal em preço. V. (*arc elasticity*). (37)

point of purchase / ponto de compras V. (*point of sales*). (148) (163)

point of purchase advertising / propaganda no ponto de compras Expositores, tabuletas, cartazes e demonstrações que promovem um produto na ocasião e no local onde se efetuam as compras ou as vendas. (148) (194)

point of sales / ponto de vendas Lugar onde um produto é exibido a um cliente e onde este o compra, se assim o desejar. Geralmente é designado pelos fabricantes a uma seção de um estabelecimento varejista, onde os seus produtos são oferecidos ao público. Sinônimo de ponto de compras (*point of purchase*). (148) (163) (244)

point system / sistema de pontos Em trabalhismo, forma de avaliação dos principais fatores do cargo para se chegar à sua importância relativa. (148) (198)

police power / poder de polícia Direito de um governo de fazer as leis necessárias à saúde, moral e bem-estar do povo. Nos Estados Unidos, o Supremo Tribunal define poder de polícia como o dos Estados em promulgar tais leis, ainda que estas colidam com os termos liberais da Constituição. (30) (231)

police state / estado polícia Governo que procura intimidar e suprimir a oposição política por meio de uma polícia, especialmente a secreta, em âmbito nacional. (78)

policy / política; diretriz; apólice 1. Diretriz ou linha de ação seguida por uma empresa ou entidade. 2. Maneira expressa ou tácita que se usa para a consecução de um fim em vista. 3. Apólice. (148) (231) (244)

policy mix / composto de diretrizes Composto de políticas fiscais, monetárias e outras que um governo usa para atingir seus objetivos econômicos. (163)

political economy / economia política Sinônimo de economia usado nos séculos XVII e XVIII e atualmente em desuso. (163)

poll / sondagem de opinião Sondagem ou levantamento da opinião pública a respeito de um evento, produto ou qualquer outro item. O termo também tem conotação de indivíduo. (31) (164) (231) (244)

polling place / posto eleitoral Local dentro de um distrito eleitoral, onde os eleitores depositam seus votos. (31)

poll tax / imposto de capitação 1. Imposto direto, de quantia fixa, que incide sobre os indivíduos. Pode ser usado nos países subdesenvolvidos, pela facilidade de cálculo. 2. Imposto especial cobrado em certos Estados sulinos dos Estados Unidos, como qualificação para votar. Também conhecido como (*head tax*). (1) (31) (163)

poll watcher / mesário eleitoral Indivíduo nomeado por um partido político para fiscalizar a honestidade das eleições em cada um dos postos de votação. (31)

polyarchy / poliarquia Estrutura de organização (*organization structure*) caracterizada por ausência de superiores e subordinados. (148)

polygraph / polígrafo Detector de mentiras. Em condições experimentais, mede mudanças na respiração, pressão arterial e resistência elétrica da pele, quando o sujeito está emocionalmente perturbado. Um psicopata que possa mentir sem compunção, pode enganar o polígrafo. Em investigação policial, serve principalmente como prova circunstancial. (127) (A)

pool / pool; comunhão 1. Comunhão de concorrentes que concordam em controlar a produção, o mercado e o preço de uma mercadoria, embora possam parecer rivais. 2. Combinação de interesses e fundos para um bem comum. 3. Pessoas ou partes envolvidas em alguma espécie de acordo. Nem sempre esta associação é legal. A tendência é de que o termo seja usado em inglês, embora "comunhão" também possa expressar o que é "comum" a diversos interessados. A expressão popular "fazer uma vaca", em certos sentidos, pode ser equivalente a "fazer um pool". Historicamente era a associação temporária de duas ou mais pessoas que agiam como um grupo para manipular o mercado de valores. Mas desde que o comércio de valores foi regulamentado, o pool tornou-se virtualmente extinto. (1) (11) (105) (244)

population / população Em estatística, também sob o nome de universo, conjunto total de itens existentes ou possíveis, definidos por alguma de suas características. A população pode ser finita ou infinita. (5) (16) (148) (163) (244)

population parameter / parâmetro de população Número caracterizado por algum aspecto da distribuição de uma variável (*variable*) numa população, como, por exemplo, sua média aritmética ou amplitude. (5) (16) (148)

population projection / projeção da população Previsão com base estatística do tamanho da população em determinada ocasião no futuro. (163)

population pyramid / pirâmide populacional Representação gráfica da distribuição por classe etária de uma população, por meio de um histograma (*histogram*) correspondente aos dois sexos, onde o eixo vertical comum tem a escala de idade e o horizontal as escalas dos efetivos masculino e feminino. A relação da área dos dois histogramas é igual ao das populações totais correspondentes. (5) (25) (163)

populism / populismo Movimento socialista fundado na Rússia no século XIX, que encontrou forte apoio dos camponeses, até o advento do bolchevismo. Consistia na distribuição equitativa da terra e mais liberdade, com melhoria do padrão de vida. Era rejeitada a crença de Marx de que o capitalismo é um dos estágios conducentes ao socialismo. (1) (A)

pork barrel / demagogia política Qualquer ação que vise a fins de propaganda política. Por exemplo, a apropriação de fundos por uma legislatura para obras que não são criticamente necessárias, a fim de demonstrar aos eleitores os serviços que lhes foram prestados, em troca de votos. Neste tipo de ação demagógica, os legisladores geralmente não se criticam, porque também desejam fazer coisas parecidas, tendo em vista as eleições futuras. (1)

portability clause / cláusula de transferência Cláusula que permite aos trabalhadores americanos transferir direitos de pensão acumulados, em suas respectivas contas, para seus empregadores subseqüentes, quando mudam de emprego. O procedimento é parecido com a transferência do fundo de garantia por tempo de serviço. (198) (A)

portable pension / pensão transferível Fundo acumulado para pensão ou aposentadoria que continua pertencendo ao empregado, mesmo quando ele muda de emprego. (48)

portal to portal pay / pagamento por relógio de ponto Salário que os trabalhadores recebem, com base no tempo total, a partir da batida de ponto na entrada até a saída do local de trabalho. Distingue-se do pagamento de horas fixas, ou por tarefa. Se o empregado trabalhou mais (pelo ponto), receberá mais. É possível uma combinação com o que exceder um "justo dia de trabalho". (78) (A)

portfolio / portfolio; carteira de valores Listas de papéis negociáveis (*commercial papers*), à disposição de eventuais interessados. O nome mais usado é carteira de títulos. Um portfolio pode conter ações de numerosas empresas. (148) (158) (163) (244)

portfolio investment / investimento em carteira de valores Investimento feito por indivíduo ou empresa, não implicando o desejo de controlar a empresa; visa mais à obtenção de rendimentos. (148)

port of entry / porto de entrada Qualquer lugar em que indivíduos e mercadorias entrem oficialmente em um país; é guarnecido por autoridades aduaneiras ou seus representantes, a fim de serem cobrados os direitos alfandegários, taxas, emolumentos e exercida fiscalização sobre contrabando etc. (1)

port of exit / porto de saída Qualquer lugar guarnecido por autoridades aduaneiras onde haja a saída de indivíduos ou mercadorias para o exterior. (1)

position / posição Grupo de tarefas atribuídas a um indivíduo. Nas empresas existem tantas posições quantas formem o quadro total do pessoal. O termo usado neste sentido técnico restrito visa a facilitar a análise de cargo (*job analysis*). (110) (148)

positioning / posicionamento Estratégia de marketing que se concentra em um determinado segmento de mercado, buscando relacionar um produto aos que concorrem com ele. Por exemplo, certa locadora de automóveis se anunciou como a número 2 no ramo, procurando posicionar-se favoravelmente em relação a uma outra locadora gigantesca. (194)

position of authority / posição de autoridade Posição de um indivíduo em uma organização que, não importando quem ele seja, lhe confere um certo grau de autoridade, a partir de supervisor de primeira linha. (148)

position statement / demonstração de posição V. (*balance sheet*). (148)

positive cash flow / fluxo de caixa positivo Situação em que está entrando mais dinheiro em um negócio do que está saindo. (244)

possession / posse Ato de ter algo sob custódia, distintamente de ser seu legítimo proprietário. Um seqüestrador pode estar com algo (ter a posse) daquilo que seqüestrou, mas a posse não lhe confere direito de propriedade. (148) (163)

post / posto; usar o correio; escriturar 1. Lugar em uma bolsa de valores onde são negociados títulos de um determinado tipo. 2. Posição de uma pessoa em um emprego de qualquer espécie. 3. No Reino Unido, simplesmente correio. 4. Fazer lançamento em um livro contábil. (11) (148) (244)

postage / postagem 1. Cobrança pela remessa de carta, pacote etc. 2. Valor em selos sobre alguma coisa que deve seguir pelo correio. (244)

postal order / ordem de pagamento postal Maneira de se fazer pequenas remessas monetárias através de formulários apropriados do correio. (163)

postcode / código de endereçamento postal Letras ou números que formam parte de um endereço num envelope, a fim de tornar a entrega mais rápida e mais fácil. (244)

post-date / predatar Colocar uma data, especialmente em um cheque, posterior ao dia em que este foi preenchido. Pode equivaler a uma nota promissória (*promissory note*). (148) (163) (244)

posting / lançamento contábil 1. Depois de uma transação ter sido escriturada no diário, ela é transferida para o razão (*ledger*), na conta adequada, em termos de débito ou crédito. 2. Colocar uma notícia no quadro de avisos. (15) (A)

Post Office / Correio Departamento do governo que trata da coleta e entrega de cartas, encomendas, dinheiro etc. (244)

post-test / pós-teste Teste que verifica como alguma coisa foi feita. Por exemplo, depois de uma empresa ter feito diversos anúncios de TV, ela pode efetuar um pós-teste para ver se a propaganda surtiu o efeito desejado. (244)

potential entrant / entrante potencial Empresa que possui a tecnologia a fim de produzir ao custo marginal de produção que prevalece em um ramo e que, com um pequeno aumento de preço ou redução de barreiras à entrada (*barriers to entry*), pode julgar lucrativo estabelecer-se nesse ramo. (163)

potential GNP / PNB potencial Produto nacional bruto (*gross national product*) que poderia ser obtido se o desemprego fosse mantido a uma determinada taxa percentual da força de trabalho. Sinônimo de renda nacional de pleno emprego (*full employment national income*). (165)

pound (apothecaries) / libra (farmacêuticos) Peso igual a 12 onças (*ounces*) ou 5.760 grãos (*grains*), equivalente a 373,24 g. (78)

pound (avoirdupois) / libra (avoirdupois) Peso igual a 16 onças (*ounces*) ou 7.000 grãos (*grains*), equivalente a 453,59 g. (78)

pound (Troy) / libra (Troy) Peso igual a 12 onças (*ounces*) ou 5.760 grãos (*grains*), equivalente a 373,24 g. (78)

poverty / pobreza Situação em que a renda é insuficiente para fazer frente às necessidades de subsistência. Os padrões de vida são considerados abaixo dos julgados como adequados. V. (*welfare program*). (1)

poverty line / linha de pobreza Nível mínimo de renda estabelecido como o padrão de subsistência adequada, abaixo da qual uma pessoa ou família é classificada como vivendo em pobreza. Há certa semelhança com salário mínimo. (122) (A)

poverty trap / armadilha da pobreza Situação que existe quando os recebedores de baixa renda são financeiramente desencorajados de trabalhar mais arduamente. Por exemplo, existe tal armadilha quando os custos dos benefícios extras (*fringe benefits*) são maiores do que o empregado teria de pagar por si próprio se ganhasse mais. Racionalmente o empregado preferirá ganhar menos para não perder tais benefícios. (163)

power / poder; potência Capacidade de indivíduo ou grupo de controlar as ações dos outros, não importando os desejos que estes possam ter. (148) (180)

power of appointment / poder de nomeação Outorga de poder a uma pessoa para nomeação de beneficiários de um fundo ou de um legado, ou ainda para dispor da propriedade de um doador ou criar direitos sobre esta. (11) (231)

power of attorney / procuração Instrumento legal que delega a outrem poderes específicos para agir em nome do outorgante. Este deve assinar o documento na presença de testemunhas. O termo (*procuration*) raramente é usado. V. (*proxy*). Sinônimo de (*letter of attorney*) (130) (138) (163) (231) (244)

practice / prática 1. Ato de fazer alguma coisa, em comparação com o pensar a seu respeito. 2. Maneira habitual de fazer as coisas. 3. Trabalho de um médico, advogado etc. (244)

practise / praticar 1. Fazer alguma coisa repetidamente a fim de adquirir melhor desempenho. 2. Fazer alguma espécie de trabalho, como, por exemplo, praticar contabilidade. (244)

precautionary motive / motivo precautório Um dos três alegados motivos pelos quais um indivíduo tem preferência por liquidez (*liquidity preference*), ou seja, deseja ter reservas em disponibilidade imediata a fim de atender a emergências. Os dois outros motivos são: o transacional e o especulativo. (1)

précis / sumário Palavra de origem francesa com o significado de resumo. (244)

predicted cost / custo previsto V. (*standard cost*). (88)

prediction / previsão Em econometria e outras ciências, maneira de arranjar o modelo matemático que representa a equação do problema a ser resolvido, com o acréscimo de novos dados sobre as variáveis autógenas (*autogenous variables*) e seus efeitos sobre as variáveis endógenas (*endogenous variables*). (A)

pre-empt spot / preempção de comercial Compra antecipada de um comercial de televisão, para determinado momento, com a obtenção de um desconto. Entretanto, esse comercial não será transmitido se algum outro anunciante desejar o referido momento para seu comercial, pagando o preço integral da tabela. (164)

preempt / primazia Ocupação (da terra) a fim de estabelecer primazia para sua aquisição. (11)

preemption / preempção; supremacia Direito a alguma coisa por ação antecipada. (163)

preemptive rights / direitos de preempção Direito prioritário que certos Estados americanos concedem aos acionistas na aquisição de novas ações emitidas, na proporção das que compraram anteriormente. (1) (231)

preference shares / ações preferenciais Ações que têm direito a um dividendo antes de ser paga qualquer coisa às ações ordinárias (*ordinary shares*). Se uma empresa vender todo o seu ativo, muitas vezes as ações preferenciais têm o direito de ser pagas ao seu valor nominal (*face value*) antes de ser feito qualquer pagamento às ações ordinárias. Os direitos de voto (*voting rights*) que vêm com as ações preferenciais, geralmente são menores do que os das ações ordinárias. Esses detalhes são dados nos artigos de associação (*association articles*). (244)

preferential duty / direito aduaneiro preferencial Imposto aduaneiro que favorece alguns países em relação a outros que produzem os mesmos bens. Neste caso quase sempre existe entre os interessados a cláusula de nação mais favorecida (*most favored nation*). (163)

preferential shop / estabelecimento preferencial Estabelecimento em que o empregador tem de dar preferência à contratação de trabalhadores sindicalizados. O empregador tem o direito de contratar um não sindicalizado se dentro de 24 horas não encontrar um que o seja. A medida foi tomada para garantir produtividade à falta de empregados sindicalizados para o preenchimento de vagas. (1)

preferred share / ação preferencial Ação que representa parte do capital de uma empresa, com diversas características próprias, uma das quais é que seus portadores (*shareholders*) têm prioridade no recebimento de dividendos. Em geral estas ações não dão direito a voto. Muitas vezes são conversíveis, e a empresa pode a qualquer momento readquiri-las de seus portadores. (148) (163) (231)

Pregnancy Discrimination Act / Lei de Discriminação à Gravidez Lei promulgada em 1978, nos Estados Unidos, que impede a discriminação em emprego a mulheres grávidas capazes de executar seu trabalho. É uma emenda à Lei dos Direitos Civis de 1964. (198)

premium / prêmio; melhor qualidade; ágio Em mercadização, bonificação oferecida na compra de um determinado produto. Também significa um produto de melhor qualidade e que faz jus a um preço mais elevado. (148) (194) (244)

premium bonus / bonificação-prêmio Bonificação que se paga a um empregado de produção que completou um dado trabalho em tempo menor do que o padrão alocado. O montante da bonificação depende da percentagem de tempo economizado e é acrescentado ao seu ganho horário. (163)

premium package / embalagem-prêmio Embalagem de um produto de consumo que posteriormente pode servir como um utensílio doméstico, como, por exemplo, uma leiteira, um açucareiro etc. (148)

prescribed role / papel prescrito Expectativas que existem no mundo social para o comportamento das pessoas que ocupam uma posição, especialmente quanto ao comportamento para os que se acham em outras posições. (124)

prescription drug / medicamento ético Medicamento que, nos Estados Unidos, somente é vendido mediante receita médica. (A)

present cash flow / fluxo de caixa presente V. (*discounted cash flow*). (A)

present value / valor presente Preço atual que se paga por benefícios futuros. Também conhecido como valor descontado (*discounted value*), tem como sinônimo patrimônio presente (*present worth*), que representa um valor útil para se decidir se um bem do ativo fixo, de longa duração, vale o preço presente que se pede por ele. (22) (88) (148) (163) (244)

present worth / patrimônio presente V. (*present value*). (88)

president / presidente Nas empresas britânicas, o mesmo que diretor-gerente (*managing director*). (163)

press release / informação à imprensa Informação que um indivíduo fornece à imprensa, geralmente por escrito, e que esta deseja divulgar. O informante nada tem a pagar, ainda que o assunto seja de seu interesse. Comparar com (*news release*). (164)

prestige pricing / preço de prestígio Prática de adotar preços relativamente altos, a fim de manter uma imagem de prestígio do produto, como, por exemplo, a etiqueta de um costureiro famoso. (194) (A)

pre test / pré-teste Teste que se faz de alguma coisa antes que ela seja totalmente executada. Por exemplo, um anúncio de jornal pode ser pré-testado, de modo que o seu efeito sobre os prováveis fregueses possa ser verificado antes da inserção. (244)

price / preço Em sua expressão mais simples, valor de troca, em termos de um denominador comum: a moeda. Os fatores de preço são múltiplos e complicados, tanto que se criou uma teoria do preço (*price theory*) na qual são examinados diversos fatores constitutivos. (39) (128) (163)

price-consumption curve / curva de preço-consumo Curva que mostra as quantidades de uma mercadoria que o consumidor compraria a cada preço. Ela liga os pontos de tangência das curvas de indiferença (*indifference curves*) nas linhas do orçamento (*budget lines*) para as diversas quantidades e preços, supostamente em decorrência da renda (*income*). (155)

price control / controle de preços Preços fixados pelo governo, geralmente em uma condição de emergência, a fim de evitar uma situação inflacionária. Durante uma guerra, por exemplo, é comum que haja controle de preços em conjunto com racionamento. Por si só o controle de preços não é remédio contra a inflação. (158) (163) (244)

price coordination / coordenação de preços Eufemismo para conluio de preços, designando as atividades que visam a manter preços únicos entre as diversas empresas de produtos concorrentes. (134)

price-cutting / corte de preços Prática que consiste em oferecer alguma coisa por menos do que o seu preço habitual, a fim de aumentar as vendas. (244)

price differential / diferencial de preços Cobrança de preços diferentes para bens ou serviços idênticos, a diferentes clientes e/ou ocasiões diferentes. (134)

price discrimination / discriminação de preços Venda do mesmo bem a dois ou mais preços. A essência da discriminação é separar os compradores em duas ou mais classes, cujas elasticidades de demanda (*demand elasticities*) sejam apreciavelmente diferentes. Isto requer que o produto vendido para as várias classes seja diferente em tempo, lugar ou aparência, a fim de evitar que os compradores se afastem. (20) (163) (244)

price effect / efeito-preço Mudança total na quantidade de um bem comprado, em conseqüência de uma alteração em seu preço. Esse preço alterado pode ser dividido em dois componentes: o efeito-renda (*income effect*) e o efeito substituição (*substitution effect*). Normalmente estes dois efeitos se reforçam, mas o comprador pode preferir comprar um bem inferior (*inferior good*). (39) (166)

price elasticity / elasticidade de preço Aumento ou decréscimo de vendas quando um negociante eleva ou baixa o preço de um produto; a quantidade da mercadoria tende a ser maior com a diminuição de preço, e vice-versa. Estas mudanças são medidas em termos de 1%. Assim, uma elasticidade de 3 indica que uma dimimuição de 1% em preço resultaria em um aumento triplo no volume de vendas. Um produto assim é altamente elástico, isto é, as mudanças de preço têm alto impacto sobre as vendas. Inversamente, uma elasticidade de 0,5 indicaria que o produto é relativamente inelástico; vale dizer, as mudanças em preço têm pouco impacto sobre o volume de vendas. (80)

price elasticity of demand / elasticidade-preço da demanda Mudança percentual na quantidade de um bem demandado dividida pela mudança percentual de seu preço, quando essas alterações são infinitamente pequenas. Se a quantidade demandada corresponder à alteração em preço, uma baixa pode aumentar o dispêndio no produto. Se a quantidade demandada não reagir às modificações em preço, sua baixa pode diminuir os gastos nesse bem. (37) (128)

price fixing / conluio de preços Em inglês, o verbo *to fix* tem a conotação de "coisa arranjada". Daí a inferência de uma combinação entre os interessados para a formação de preços artificiais em detrimento dos consumidores. Quando uma empresa açambarca o mercado, temos um caso que não é de conluio, mas de *price fixing* — arranjo benéfico para alguns, em prejuízo de outros. A prática é sempre condenada. (134) (148) (244)

price-income line / linha de preço-renda O mesmo que linha do orçamento (*budget line*). (155)

price index / índice de preços Índice que mede a mudança percentual nos preços de um dado volume de bens. Deriva dos números-índices (*index numbers*). Na maior parte das vezes o índice se refere aos preços de varejo de bens de consumo. Se 1963 foi tomado como ano-base = 100 e em 1964 o índice de preços foi de 123, houve um aumento de 23% nos preços. (163) (244)

price leader / líder de preço Firma que se pode considerar como a maior em seu mercado, que geralmente é a primeira a alterar seus preços, com a certeza de que os concorrentes a seguirão logo após. Geralmente, essa firma é um oligopólio (*oligopoly*). (148) (163) (244)

price leadership / liderança de preços Situação que ocorre principalmente em monopólio (*monopoly*), quando uma firma lidera as alterações de preço, certa como está de que os seus concorrentes de menor porte a acompanharão, aumentando ou diminuindo os preços. V. (*administered prices*). (48) (194)

price limits / limites de preço Parte da estratégia de marketing que usa um fenômeno psicológico, qual seja, estabelecer limites altos e baixos para um produto, de modo que um preço muito baixo pode implicar inferioridade, e um mais alto restringe as vendas por razões econômicas. (194)

price line / linha de preço 1. Linha do orçamento (*budget line*). 2. Lista de preços determinados por um varejista que quase sempre tem um montante centesimal constante para as mercadorias, como 1,99, 3,99 etc., não havendo preços intermediários. (48) (155)

price relative / preço relativo Número-índice (*index number*) que dá o preço de uma quantidade-padrão de um bem em uma data, como percentagem de seu preço em data anterior. (148) (163)

price ring / aliança de preços Associação de diversas firmas que concordaram em estabelecer um preço mínimo para seus produtos concorrentes. A finalidade é limitar a concorrência e aumentar o lucro de todos. Portanto, é um tipo de cartel (*cartel*). (163)

price-sensitive / sensível a preços Termo usado para descrever um bem para o qual a demanda baixa quando o preço é aumentado. (244)

price stability / estabilidade de preço Situação no decorrer de um ciclo, em que os preços quase não sofrem alteração. As alterações e, por conseguinte, a estabilidade, são notadas pelo índice de variação dos preços de varejo. (104)

price support / preço-suporte Preço que se mantém acima de um certo nível, por intervenção governamental, geralmente no ramo agrícola. Em alguns lugares é conhecido como "preço mínimo de produtos agrícolas". Sendo este preço ligeiramente acima do que existe no mercado, o governo se compromete a adquirir a produção que os agricultores não consigam vender. (163)

price-taker / aceitante de preço Produtor que não tem controle sobre o preço de seu produto e, por isso, somente vende aos preços de mercado ou abaixo, dessa forma não afetando o nível dos preços em que são feitas as transações. O pressuposto é de que ele opera em mercado perfeitamente competitivo. (148) (163)

price theory / teoria do preço Teoria que investiga de que modo os preços são estabelecidos, visando a alocar recursos escassos (*scarce goods*) entre finalidades concorrentes ou alternativas. Também tem o nome de microeconomia (*microeconomics*), que é um dos ramos principais da moderna teoria econômica; o outro ramo é a teoria da renda ou macroeconomia (*macroeconomics*). Quando adaptada à tarefa de enunciar normas e padrões da economia ideal, a economia do preço passa a chamar-se economia do bem-estar (*well-fare economics*), porque uma economia ideal proporciona o máximo de bem-estar econômico. A serviço da empresa, a teoria do preço passa a chamar-se economia gerencial (*managerial economics*). A tendência é de que a teoria do preço mude de nome para microeconomia. (155) (163)

price variance / variação de preço Custo-padrão (*standard cost*) ou variação resultante no preço de materiais ou mão-de-obra. (7) (88)

price war / guerra de preços Situação em que os vendedores de um bem reduzem drasticamente os seus preços na esperança de que um concorrente não possa mais continuar a fornecê-lo e saia do mercado. (148) (163) (244)

prima facie / prima facie Expressão latina que quer dizer "à primeira vista", isto é, que pode ser facilmente reconhecível ou dar uma primeira impressão que talvez não seja a verdadeira. (A)

primage / rebate diferido Percentual acrescentado a uma cobrança de frete que usualmente é devolvido como um rebate diferido (*deferred rebate*). (163)

primary data / dados primários Informação de primeira mão, colhida para um estudo específico de pesquisa de mercado (*market research*). A informação obtida dentro da empresa que efetua o estudo é secundária. (194) (244)

primary demand / demanda primária Demanda que diz respeito a uma classe de produto, como, por exemplo, o café. (138) (A)

primary factors of production / fatores primários de produção Diz-se do homem e da terra, pois que ambos, embora sejam fatores de produção, não existem em conseqüência de fatores econômicos, mas sim de fatores físicos e biológicos. (40)

primary group / grupo primário Pequeno grupo em que as pessoas passam a conhecer-se intimamente como personalidades individuais. Distingue-se de grupo secundário, impessoal, formal, utilitário. (180)

primary issue / emissão primária Emissão de títulos negociáveis (*securities*) feita pelos próprios vendedores. (140) (188)

primary perception / percepção primária Experiência pessoal ou de primeira mão de uma pessoa. Contrapõe-se a percepção secundária. Nesta, o conhecimento é obtido através de leitura, treinamento, instrução etc. A interação das duas espécies permite a percepção do mesmo material em contextos diferentes, e dessa forma revela e corrige certas distorções. (89)

primary producing country / país produtor primário País cujo comércio exterior baseia-se na exportação de produtos primários, isto é, com pouco ou nenhum processamento. (148)

primary production / produção primária Produção de safras agrícolas, alimentos, minerais e outras matérias-primas ao invés de produtos manufaturados (produção secundária). São as mercadorias das quais se produzem os bens de consumo e manufaturados. As exportações das nações em desenvolvimento do Terceiro Mundo caem principalmente nesta categoria. (163)

primary readership / leitura primária Dados sobre a quantidade de leitores de um veículo impresso, que tem por base os que realmente compram a publicação, isto é, cada exemplar. Os demais leitores do mesmo exemplar constituem leitura secundária. (164) (A)

prime costs / custos diretos V. (*direct cost*). (163) (244)

prime interest rate / taxa de juro preferencial Taxa de juro mais baixa que os bancos podem conceder a alguns clientes considerados privilegiados. Em geral, é sempre a taxa de juro comercial mais baixa. O diferencial entre as duas taxas constitui compensação pelo risco. Também é conhecida como taxa privilegiada ou preferencial (*prime rate*). (1) (163)

prime rate / taxa privilegiada V. (*prime interest rate*). (A)

prime time / horário nobre Em televisão e rádio, horário que atrai a maior audiência. (244)

priming the pump / reflação da economia V. (*pump-priming*). (78) (102) (163)

principal / principal 1. Montante de um capital, distintamente dos juros correspondentes. 2. Em direito, pessoa que autoriza outra a representá-la. (11) (148) (244)

principal budget factor / principal fator orçamentário Fator que tende a restringir mais que os outros o desenvolvimento futuro de uma empresa. Quase sempre é o nível de vendas, mas poderiam ser muitos outros fatores, inclusive racionamento de material. (163)

principle of population / princípio da população Hipótese de que, na ausência de restrições, a população propenderá a aumentar a uma taxa geométrica enquanto houver disponibilidade de alimentos. V. (*Malthusian theory*). (128)

principles of taxation / princípios de tributação De acordo com Adam Smith, os quatro princípios gerais para a tributação devem ser: igualdade de sacrifício; certeza em todas as matérias vinculadas ao imposto; conveniência de pagamento; economia na coleta dos impostos. (163)

print-out / listagem de computador Instrução para fazer a listagem dos dados que estão armazenados no computador ou outros meios externos. (217) (244)

private brand / marca privada Linha de mercadorias vendidas por um atacadista ou varejista com a sua própria marca nominal. V. (*national brand*). (148) (194) (244)

private company / companhia privada Companhia cujas ações não podem ser livremente transferidas em uma bolsa de valores, cujos membros não podem ser mais do que 50, não contando os empregados, e que é proibida de convidar o público para subscrever suas ações ou debêntures. Enfim, é uma companhia que visa a ser inacessível ao público geral. V. (*public company*) e (*private corporation*). (163)

private corporation / sociedade anônima privada Companhia de fundo acionário que não pertence de modo algum a entidades governamentais. Em geral é criada para promover interesses privados de seus acionistas. Contrasta com sociedade anônima pública (*public corporation*), porque não oferece seus produtos ou serviços ao público em geral. A sociedade anônima privada quase sempre tem um pequeno número de acionistas, e há quem a considere como fechada (*close corporation*), na qual, presumivelmente, todos os acionistas estão empenhados nos seus negócios. Quando os proprietários são parentes entre si, essa sociedade anônima passa a ser conhecida como de família (*family corporation*). (48) (88) (148)

private costs / custos privados Custos incorridos por um indivíduo ou companhia no transcorrer dos negócios, em contraste com custos sociais (*social costs*). (163)

private enterprise / empresa privada Uma das liberdades importantes do capitalismo, significando que pertence a indivíduos que investiram seus próprios recursos em organização de sua escolha, de cuja operação esperam obter lucro (*profit*). Poder-se-ia dizer que a empresa privada é também uma livre empresa. Mesmo quando uma delas necessita de aprovação do Estado para seu funcionamento, continua como empresa privada, respeitadas as leis vigentes. (48) (244)

private limited company / companhia privada limitada Empresa cujas quotas ou ações não podem ser adquiridas na bolsa de valores. Geralmente as companhias privadas são pequenas — firmas de duas pessoas ou de uma família. Uma companhia privada limitada, no Reino Unido, é registrada com Artigos de Associação, que determinam como esta conduz seus negócios. Ela não pode ter mais de 50 quotistas ou acionistas. A abreviatura Ltd. após o nome comercial indica que se trata de uma companhia privada limitada. (244)

private ownership / propriedade privada V. (*private property*). (A)

private placement / colocação privada Venda de ações diretamente pela empresa emitente, as quais são oferecidas a um grupo limitado de investidores institucionais. (11)

private placement agency / agência de emprego privada Organização com fins lucrativos que ajuda os que querem empregar-se a encontrar emprego. Há também agências governamentais que nada cobram para a mesma finalidade. (198)

private property / propriedade privada Condição para a existência do capitalismo. Isto significa que os indivíduos e empresas têm o direito de adquirir, vender, manter a posse de propriedades de todas as espécies, inclusive terra, prédios, maquinaria, e assim por diante. A propriedade privada implica que seus proprietários têm o direito aos bens que produzem e aos lucros que podem auferir da venda do que possuem. (48) (244)

private sector / setor privado Setor de uma economia que consiste em indivíduos, firmas e instituições financeiras que não se acham sob controle governamental. O que o governo controla é o "setor público" (*public sector*), que, juntamente com o privado, é o que constitui a economia interna. (163) (244)

proactive management / administração proativa Administração em que as decisões antecipam os problemas e tomam providências afirmativas para minimizá-los, ao invés de esperar que ocorram, antes de ser encetada alguma ação. Contrapõe-se a administração reativa (*reactive management*). (198)

probability / probabilidade Possibilidade ou freqüência relativa da ocorrência de alguma coisa. Em geral é expressa por um número entre 0 e 1 ou uma percentagem. (148) (163) (244)

probability density / densidade de probabilidade Densidade da função probabilidade. (148)

probability distribution / distribuição de probabilidade Padrões de probabilidades associados a uma população (*population*) quando se usa a teoria da probabilidade (*probability theory*). (148) (163)

probability theory / teoria da probabilidade Parte da matemática que trata de modelos abstratos de fenômenos que ocorrem imprevisivelmente (como o número de vendas feitas por uma firma em um dia, ou o número de itens defeituosos que uma máquina imperfeita pode produzir em uma hora). É possível aplicar a teoria da probabilidade se o fenômeno sob análise puder ser considerado como um experimento, isto é, uma única atividade que resulte no que é imprevisto, mas tem de ser um número dentre conhecidos resultados possíveis. (148)

probationary period / período probatório Período relativamente curto no começo do emprego de uma pessoa, a fim de ser verificada sua adequação ao cargo para o qual foi contratada. (148) (244)

problem solving / solução de problema Termo geral para descrever um tipo de experimento, em que um indivíduo, ser humano ou animal, se defronta com uma situação de certa complexidade que exige iniciativa e síntese mental para que a meta seja alcançada. (90)

problem solving interview / entrevista para solução de problema Tipo de entrevista em que a administração (*management*) confia em perguntas limitadas a situações e problemas hipotéticos. O candidato é avaliado por sua capacidade em resolver problemas. (198)

procedure / procedimento Regra (*rule*) que usualmente incorpora um elemento temporal ou exige uma atividade seqüencial. Poderia ser o meio de implantar uma política (*policy*). (140) (244)

procedure agreement / acordo sobre procedimento Acordo entre os sindicatos trabalhistas e os empregadores, que define o procedimento a ser seguido por ambas as partes na tentativa de assentar uma disputa entre um empregador e seus empregados, sem a necessidade de recurso à greve. (148)

proceeds / resultado monetário Quantia que se recebe pela venda de alguma coisa ou prestação de serviços, mas que não constitui salário ou ordenado. Estaria nesse caso o que se arrecada pela venda de cartões de uma rifa. (148) (244)

process / processo Seqüência de operações de caráter mais ou menos permanente, para uma linha de produção constante, que pode ser exemplificada pela linha de montagem, contrapondo-se, portanto, ao sistema de pedidos por encomenda (*job order*). (88) (244)

process chart / processograma Desenho que mostra a ordem de eventos de um trabalho a ser feito, o que pode levar a um melhor método de produção. (244)

process costing / custeio por processo Sistema de contabilidade de custos (*cost accounting*), usado principalmente quando um produto acabado (*finished good*) resulta de uma operação mais ou menos contínua, como uma fábrica de cimento. Distingue-se de custeio por ordem de produção (*job-order costing*), quando os custos são distribuídos a pedidos específicos, lotes ou unidades. No custeio por processo, os custos são debitados aos processos ou departamentos, tirando-se a média das unidades produzidas. (88) (148)

process industry / indústria de processo Companhias que mudam líquidos, pós, grãos etc., em forma final ou semifinal, como a indústria de óleo, de açúcar, de farinha de trigo etc. (244)

processing tax / imposto de processamento Imposto cobrado por um governo sobre o estágio intermediário de um produto que está sendo processado. (11)

procuration / procuração Função ou ação de um portador de procuração propriamente dita (*power of attorney*) por conta de terceiros. A fim de demonstrar essa circunstância, quando da assinatura de documentos em nome de terceiros, o portador da procuração antecipa à sua assinatura as iniciais de "por procuração", pp. V. (*proxy*). (163)

procurement / compra Termo que engloba todas as atividades do departamento de compras, como localização de firmas, preços, especificações, compra em si, transporte, recepção e tudo o mais que um departamento de compras faz. (105) (244)

producer cooperative / cooperativa de produtores Diz-se das cooperativas que se unem para vender os produtos de seus membros sob a forma de mercadização organizada. Às vezes criam marcas mundialmente conhecidas. (48)

producer's goods / bens para produtores Bens que satisfazem aos desejos somente de modo indireto, como os fatores para a produção de outros bens, como ferramentas, matérias-primas etc. São bens de produção (*production goods*) também conhecidos como bens de capital (*capital goods*). (23) (148) (163)

producer surplus / excedente do produtor Medida dos ganhos do comércio que um fornecedor consegue em um mercado. Em um gráfico cujos eixos são o preço do bem e a quantidade vendida, o excedente do produtor é representado pela área mais ou menos triangular formada pela linha de preço, curva da oferta e eixo vertical. Há certa semelhança com excedente do consumidor (*consumer surplus*). (163)

product / produto Qualquer objeto ou serviço oferecido à venda por seu produtor. Os serviços são bens intangíveis, ao passo que os produtos são tangíveis. (121) (148) (244)

product acceptance / aceitação de produto Percentagem correspondente à aceitação que um produto tem por parte de seus fregueses. (244)

product benefits / benefícios do produto Diz-se dos fatores que contribuem para a satisfação dos requisitos de um consumidor. Via de regra, os benefícios do produto contêm os fatores que ocasionam a decisão de comprá-lo. (225)

product champion / padrinho de produto Indivíduo de alta posição e influência em uma empresa que apóia de todos os modos a idéia do lançamento de um produto novo, baseado mais em intuição do que em pesquisa empírica. (133)

product costing / custeio de produto Método em que os custos (*costs*) incorridos em produção, processamento ou manuseio de diversos produtos são atribuídos às operações diretamente relativas a cada determinado produto e/ou serviço. (107)

product differentiation / diferenciação de produto Conjunto de técnicas em concorrência monopolística (*monopolistic competition*), em que os produtores marcam seus produtos para diferençá-los de outros, esperando persuadir os consumidores de que seus produtos são diferentes e presumivelmente melhores. Dessa forma, os produtores tentam estabelecer lealdade para com a marca (*brand loyalty*), o que lhes permite evitar a concorrência estritamente de preços. O grande número de marcas para produtos similares apóia esta teoria. (48) (163) (244)

product evolutionary cycle / ciclo evolucionário do produto Produto novo, cujo ciclo, segundo a maioria dos autores, tem seis estágios: geração de idéia, triagem, avaliação mercantil, desenvolvimento físico, teste e, finalmente, comercialização. (133)

product feature / característica de produto Vantagens em um produto que uma empresa procura indicar a seus compradores, induzindo-os a comprar. Por exemplo, os benefícios de uma nova bicicleta podem incluir menor peso, multiplicador de velocidade, freios de chapa, estrutura de alumínio etc. (244)

product homogeneity / homogeneidade de produto Diz-se que há homogeneidade de produto quando a produção de firmas diferentes para uma mesma classe de produto é indiferenciada e idêntica perante o consumidor (*consumer*). (158)

production / produção 1. Fornecimento, por parte do empresário, de bens ou serviços de valor econômico feitos para venda. Para os economistas, é uma criação de utilidade (*utility*). Nesse sentido, a produção inclui não apenas a manufatura de produtos como automóveis, alimentos etc., mas também seu transporte, financiamento e distribuição por atacado e a varejo. 2. Refere-se à manufatura de bens físicos, quer se trate de um processo extrativo, como a pesca, lavoura, mineração, ou dos produtos de tipo altamente complexos para a produção de outros itens. (48) (148) (155) (163) (244)

production bonus / bonificação por produção Tipo de incentivo que proporciona ao empregado uma remuneração adicional, ou benefício extra (*fringe benefit*), quando ele ultrapassa as metas estabelecidas. (198)

production control / controle de produção Administração de materiais, pessoas, máquinas e métodos de modo a prover a produção planejada da maneira mais rentável. (244)

production costs / custos de produção Custos incorridos pela empresa a fim de fazer o produto, transportá-lo, colocá-lo ao alcance dos consumidores etc. Distinguem-se dos custos de venda (*selling costs*), que são os incorridos para modificar os desejos dos consumidores, incluindo propaganda (*advertising*), despesas com vendedores, margens concedidas aos varejistas (*retailers*) e qualquer espécie de atividade promocional. (155)

production factors / fatores de produção Em economia, os fatores de produção mais considerados são quatro: a terra, o trabalho, o capital e a iniciativa. Todos estes fatores são considerados escassos (*scarce goods*) porque têm quantidades limitadas. (39)

production function / função produção Volume máximo de produção que pode ser alcançado com determinadas quantidades dos insumos (*inputs*) necessários, e que se altera com o nível da tecnologia empregada. Há rendimentos constantes de escala (*constant returns to scale*) quando um aumento proporcional de insumo de cada fator aumenta a produção na mesma proporção; há rendimentos crescentes de escala (*increasing returns to scale*), quando tal aumento de insumos ocasiona rendimento mais do que proporcionalmente; porém, se aumentar menos do que proporcionalmente, haverá rendimentos decrescentes de escala (*diminishing returns to scale*). (1) (155) (163)

production indifference curve / curva de indiferença de produção V. (*isoquant*). (155)

production line / linha de produção Seqüência de estações de trabalho (*work stations*) em que são executadas operações sucessivas em uma peça de trabalho que se movimenta de uma estação para a seguinte, onde será executada uma operação quase sempre diferente da anterior. Geralmente é uma espécie de esteira rolante que se move com velocidade suficientemente lenta para que os operários em cada estação possam cumprir suas tarefas. É o mesmo que linha de montagem (*assembly line*). (148) (212) (244)

production manager / gerente de produção Pessoa encarregada de dirigir o processo de fazer os bens em uma fábrica. (244)

production-oriented company / companhia orientada para produção Empresa que pensa mais em como faz seus produtos do que as necessidades de seus fregueses. (244)

production overheads / custos indiretos de produção Custos indiretos de operar uma área fabril em comparação aos custos diretos de, na realidade, fazer os produtos; por exemplo, custos de calefação, impostos, dispêndios com limpeza, salários e ordenados etc. (244)

production planning / planejamento de produção Parte do controle de produção (*production control*) que diz respeito à estimativa de materiais, homens e máquinas necessários à satisfação das vendas futuras. (244).

production possibilities curve / curva de possibilidades de produção Curva que, também conhecida como curva de transformação (*transformation curve*), ilustra custos de oportunidade (*opportunity costs*), mostrando todas as várias combinações alternativas de duas mercadorias que uma nação pode produzir, utilizando totalmente seus fatores de produção (*factors of production*) com a melhor tecnologia disponível. A inclinação da curva de possibilidades de produção refere-se, portanto, à taxa marginal de transformação (*marginal rate of transformation*), ou à quantidade de uma mercadoria que uma nação tem de abandonar para obter mais uma unidade da segunda. (154)

production worker / operário Empregado que em geral se classifica em qualquer das muitas fases de produção, processamento ou montagem. A faixa vai desde o carregador até o contramestre. O cargo superior ao do contramestre já não é mais considerado como de operário. Todos fazem parte da chamada classe de colarinho azul (*blue collar*). (1)

productive services / serviços produtivos V. (*factor of production*). (155)

productivity / produtividade Aumento anual médio da produção por homem-hora (*man-hour*). (96) (148) (163) (244)

productivity bargaining / negociação de produtividade Contrato de trabalho em que o pagamento do assalariado é feito em base do aumento de produtividade da indústria coberta pelo sindicato. O sistema também tem o nome de pagamento por resultados (*pay by results*). (101) (148) (163)

product layout / leiaute de produto Disposição das máquinas em uma fábrica que é determinada pela ordem em que as operações precisam ser executadas em um produto. O leiaute se acha associado à produção contínua (*continuous production*). (148)

product life cycle / ciclo de vida do produto Analogia entre a vida de um produto e a dos organismos vivos. Depois de um período de gestação, a maioria dos organismos vivos passa por um período de crescimento rápido, até alcançar um estágio de maturidade. Ao atingi-lo, exibe mudanças apenas limitadas e marginais durante um período que é mais longo do que para alcançar a maturidade. Por fim, tem início o declínio que, no caso do organismo vivo, culmina com a morte. No que tange ao produto, este passa por um período introdutório, seguido de crescimento rápido que conduz à maturidade e, finalmente, ao declínio. Sua retirada do mercado é equivalente à morte. (133) (148) (244)

product line / linha de produto Conjunto de todos os produtos fabricados por uma única firma. (148) (194)

product manager / gerente de produto Indivíduo pertencente a uma empresa, com a responsabilidade de determinar objetivos, estabelecer estratégias e administrar um programa para um produto ou linha de produto (*product line*). (48) (148) (194)

product market / mercado de produto Mercado para determinado produto de uma firma. (148)

product mix / composto de produto Variedade compósita (*composite*) de bens produzidos ou mercadizados por um produtor, ou vendida por uma organização atacadista ou varejista. (107) (148) (244)

product planning / planejamento de produto Avaliação da faixa, composto, especificação e política de preços dos produtos existentes e dos novos, em relação às solicitações presentes e futuras, tanto do mercado como da concorrência (*competition*). Determinação do apoio necessário de pesquisa (*research*), desenho e desenvolvimento. (113) (148)

product-plus / produto plus Maneira informal de dizer algo a respeito de um produto que, na opinião do comprador, torna-o melhor que outros do mesmo tipo. (244)

product policy / política de produto Orientação de uma empresa quanto à importância do composto de produto (*product mix*) na estratégia global de marketing; taxa, direção e natureza das mudanças na demanda dos artigos existentes e as implicações para a eliminação do produto e desenvolvimento de outros novos; política de produtos concorrentes, e assim por diante. (133)

product testing / teste de produto Situação em que, presumivelmente, a empresa fez um teste da idéia ou do conceito de um produto novo e resolveu levá-lo avante. O teste é feito com protótipos que são expostos à experiência dos consumidores em potencial, que responderão sobre o que pensam. (133) (244)

product transformation curve / curva de transformação de produto Curva que retrata a taxa marginal de transformação entre dois produtos, vale dizer, as diversas combinações de dois bens que podem ser produzidos por um dado insumo de fator. A curva é côncava para a origem. (128)

profession / profissão Cargo que solicita longos anos de estudo em um ramo especial do conhecimento, como direito ou medicina. (244)

proficiency test / teste de proficiência Teste para avaliar o desempenho de uma pessoa ao executar um certo trabalho. (244)

profit / lucro 1. Excesso da receita (*revenue*) sobre as despesas (*expenses*) de uma firma. 2. Preço do risco do empresário. (8) (48) (148) (163)

profitability / rentabilidade Qualidade ou estado de rentável. (148) (163) (244)

profitability accounting / contabilização por rentabilidade V. (*responsibility accounting*). (88)

profitable / rentável Produto ou serviço que tem uma renda maior do que os custos em que incorreu. (244)

profit and loss account / conta de lucros e perdas Parte de um balanço (*balance sheet*) que demonstra as receitas e despesas de uma firma e, portanto, o lucro ou prejuízo obtido durante um exercício contábil (*accounting period*). (163) (244)

profit center / centro de lucro Parte de uma empresa que é responsável tanto pela receita como pela despesa, à qual os lucros são atribuídos. (41) (107) (148) (244)

profit corporation / sociedade anônima com fins lucrativos Empresa privada de capital acionário que funciona com o fim de produzir lucro para seus acionistas. Contrapõe-se a sociedade anônima sem fins lucrativos (*nonprofit corporation*). (48)

profiteer / aproveitador Pessoa que tira vantagem da escassez de bens, especialmente em ocasiões de emergência, visando a obter lucros excessivos. (163)

profitgraph / gráfico de lucro O mesmo que gráfico do ponto de nivelamento ou igualação, erradamente chamado de ponto de equilíbrio (*break-even chart*). (107) (A)

profit margin / margem de lucro V. (*profit*). 2. Relação entre o lucro e as receitas. (148) (244)

profit sharing / participação nos lucros Plano que permite a empregados elegíveis receber uma proporção dos lucros da empresa em que trabalham. (148) (163) (198)

profit squeeze / arrocho de lucro Diminuição de lucros que ocorre quando os preços são mantidos obrigatoriamente estáveis, não acontecendo o mesmo com os custos, que se elevam. (1) (A)

profits tax / imposto sobre lucros Pagamento ao governo de uma certa parte dos lucros de uma empresa. (244)

profit volume / volume de lucro Índice geralmente abreviado para L/V (P/V), que é a taxa à qual o lucro aumenta ou diminui proporcionalmente ao volume, segundo a fórmula:

$$L/V = \frac{1 - \text{custos variáveis}}{\text{vendas}}$$

ou

$$L/V = \frac{\text{vendas} - \text{custos variáveis}}{\text{vendas}}$$

Este índice representa a inclinação da linha de lucro no gráfico de lucro-volume, permitindo determinar a alteração no lucro em resultado de alteração em volume, tudo o mais permanecendo constante. (157)

profit-volume chart / gráfico de lucro-volume Gráfico de lucro líquido proveniente da venda de um produto, em comparação com a quantidade de unidades vendidas. (148) (244)

pro forma invoice / fatura pro forma Documento que representa uma transação, servindo para notificar o embarque dos bens e para a obtenção de divisas no caso de importação. (163) (164) (244)

program / programa Plano para a solução automática de um problema, por meio de um computador, consistindo na lista de estágio por estágio das instruções relativas ao plano. (11) (148) (163) (244)

Program Evaluation and Review Technique / Técnica de Avaliação e Controle de Programa V. (*PERT*). (148) (244)

program flow chart / fluxograma de programa Diagrama que mostra como um programa de computador tratará de um determinado item de dados. Na maior parte das vezes é chamado simplesmente de fluxograma (*flow chart*). (148)

programmed cost / custo programado Custo que figura entre os que são fixos, que surgem das decisões periódicas anuais e que refletem diretamente as diretrizes da administração. É um custo previsto, ou seja, custo administrado (*managed cost*). (4) (41)

programmed fixed costs / custos fixos programados Custos decorrentes das determinantes políticas da empresa e não do relacionamento funcional entre custo e volume. Por exemplo, quando a administração (*management*) apropria mais fundos em base do volume de vendas do que era previsto, o custo, embora fixo, pode variar com o volume de atividade. (157)

programmed instruction / instrução programada Instrução individualizada que usa retroinformação (*feedback*) de outras fontes que não um professor, para melhorar a eficiência da aprendizagem (*learning*). A instrução programada é muito útil para quem deseja aprender fora de uma escola. (148) (202) (244)

programmed learning / aprendizagem programada Auto-instrução por meio de perguntas ou itens cuidadosamente preparados. Há reforço imediato em benefício do aprendiz, o que motiva e aumenta o processo de aprendizagem. Também se chama instrução programada (*programmed learning*). V. (*teaching machine*). (130) (148)

programmer / programador Pessoa que prepara programas para computadores. (148) (244)

progress chaser / buscador de progresso Empregado em uma firma que tem por função garantir que a produção esteja de acordo com o que foi programado. Nos casos em que o progresso da operação se ache embaraçado, toma providências para eliminar estrangulamentos e recomenda as ações apropriadas. (163) (244)

progress function / função progresso V. (*learning curve*). (155)

progressive discipline / disciplina progressiva Punições cada vez mais severas aplicadas aos empregados por reincidência em transgressões e ofensas repetidas. (198)

progressive-part method / método das partes progressivas Espécie de treinamento em que a operação a ser aprendida é dividida em diversas pequenas partes; o aprendiz pratica as duas primeiras partes separadamente, depois as duas primeiras combinadas, depois a terceira parte em si, depois todas as três combinadas, e assim por diante. (148)

progressive tax / imposto progressivo Qualquer imposto em que as alíquotas aumentem de acordo com a quantia a ser tributada. É o contrário de imposto regressivo (*regressive tax*). O imposto progressivo é cobrado por todos os governos, abrangendo as pessoas físicas e jurídicas. Tem por base a capacidade para pagar (*ability-to-pay*). Esse imposto é considerado justo, mas seus críticos julgam que ele prejudica a iniciativa e o sucesso. (31) (163)

progress payments / pagamentos parcelados Pagamentos feitos por um fabricante ou algum outro contratante, à medida que cada estágio do contrato vai sendo terminado, o que é muito comum nos contratos muito grandes, como construção de pontes, navios etc. Os pagamentos são parcelados de acordo com o trabalho realizado. (244)

prohibitive tariff / tarifa proibitiva Tarifa que eleva de tal modo a importação de um bem que poucos se acham dispostos a comprá-lo. A conseqüência é a mesma que proibir a importação, já que praticamente não haverá compradores. (163)

project / projeto Atividade executada de acordo com um plano a fim de realizar um dado objetivo dentro de um certo tempo, e que cessará quando o objetivo for atingido. (148) (244)

project group / grupo de projeto Pequeno número de pessoas que se reúnem para resolver um problema. Há um chefe de projeto sob o qual todos trabalham. Uma vez resolvido o problema, o grupo de projeto se desfaz, voltando cada participante à unidade de onde veio. É como uma força-tarefa (*task-force*). (244)

projection / projeção Mecanismo de defesa por cujo intermédio uma pessoa atribui a outra suas próprias qualidades e traços, geralmente indesejáveis, como hostilidade e desonestidade, por exemplo. (160) (244)

project management / administração de projeto Sistema temporário de administração. Forma-se uma equipe de especialistas, dirigida por um gerente de projeto (*project manager*), responsável pela consecução da meta. Terminado o projeto (*project*), a equipe é desfeita. As características são de uma força-tarefa (*task-force*) dos militares, que se dissolve depois de atingidos satisfatoriamente os objetivos. (135) (148)

project manager / gerente de projeto Administrador responsável pela consecução de um projeto. (148)

project network / rede de projeto V. (*network*). (148)

project network analysis / análise de rede de projeto Método de analisar e apresentar informação para auxiliar o planejamento e controle de obras. Engloba o método do caminho crítico (*critical path method*) e a técnica de avaliação e controle de programa (*program evaluation and review technique*). Atualmente esta técnica, que faz parte da pesquisa operacional (*operations research*), é conhecida simplesmente como (*PERT-CPM*). (56)

project network technique / técnica de rede de projeto Técnica de qualquer grupo de métodos de descrição, análise, planejamento e controle de obras que usem rede (*network*). (148)

project organization / organização de projeto Sua característica é que o grupo reunido para executar uma determinada tarefa é dissolvido logo após o seu término, do mesmo modo que uma força-tarefa (*task-force*). (91)

proletariat / proletariado Classe trabalhadora consciente de sua situação subprivilegiada e sem propriedades. (128) (180)

promissory note / nota promissória Promessa escrita de pagar uma quantia especificada a uma pessoa designada, à sua ordem, ou ao portador, em uma data marcada ou à apresentação. (11) (148) (163) (244)

promotion / promoção 1. Tarefa de marketing que visa a informar, persuadir, influenciar e manter os indivíduos na escolha de um determinado produto ou serviço. 2. Designação de um empregado ou diretor para um posto superior ao que ocupa no momento, geralmente com um aumento correspondente no ordenado ou salário. (148) (163) (194) (244)

promotional allowance / margem promocional Concessão monetária feita por um fabricante aos que estão em canais de distribuição (*distribution channels*), para ajudar a promover o produto. O conceito tem certa semelhança com propaganda cooperativa (*cooperative advertising*). (194)

promotional mix / composto promocional Atividades de marketing concernentes à tarefa de comunicação persuasiva, que tem quatro componentes principais: propaganda, vendagem pessoal, publicidade e promoção de vendas. (148) (162) (244)

promotional price / preço promocional Preço criado especificamente como parte de uma estratégia de venda, como, por exemplo, dizer ao cliente que pode levar três e pagar dois. Este preço é transitório. (194)

proof / prova 1. Demonstração de que alguma coisa é verdadeira. 2. A primeira cópia de uma matéria impressa, de modo que os enganos possam ser corrigidos antes da impressão definitiva. 3. Medida do conteúdo alcoólico de uma bebida. (244)

propaganda / propaganda Todos os esforços deliberados para persuadir os outros à aceitação de um ponto de vista. O termo propaganda pode ter um cunho político. V. (*advertising*). (180) (A)

propensity to consume / propensão a consumir Desejo de consumir, expresso como a proporção de renda gasta em bens e serviços ao invés de poupada. (163)

propensity to save / propensão a poupar Desejo de poupar, expresso como a proporção de renda que não é gasta em bens e serviços. (163)

property / propriedade 1. Direito à propriedade de um determinado bem. 2. O bem que constitui a propriedade. 3. Terra, edifícios e tudo o mais que é considerado como propriedade real. Não se confunde com posse (*ownership*). (148) (163) (244)

property reserved / reserva para depreciação Principalmente no Reino Unido, depreciação acumulada (*accrued depreciation*). (88)

property tax / imposto de propriedade Imposto (*ad valorem*) que incide sobre a propriedade real ou pessoal, tangível ou intangível. Geralmente é cobrado pelas municipalidades. (31) (163) (244)

proprietary account / conta de inexigível Conta ou contas que prepresentam os direitos dos proprietários de uma empresa; é o inexigível (*owner's equity*). V. (*accounting equation*). (7) (88)

proprietary function / função de proprietário Atividade federal, estadual ou municipal, cujo modo de operar é semelhante ao das empresas privadas, como, por exemplo, o fornecimento de água, luz, transportes etc. A finalidade é regularizar certas atividades que outras empresas não podem exercer. O motivo principal pode ser a obtenção de receita. (31)

proprietary goods / bens com proprietário Produtos possuídos por uma empresa, isto é, somente ela tem o direito de fazê-los. Quase sempre, um bem patenteado. (244)

proprietorship / firma individual Organização que tem em vista fins lucrativos e que pertence a um único indivíduo, em seu próprio nome, ou com nome de fantasia, como uma loja "Ao Barateiro do Povo". A responsabilidade do proprietário é ilimitada. Quase sempre essas empresas terminam com o falecimento do proprietário, salvo se houver providências em contrário. (1)

pro rata / rateio Que é proporcional a alguma coisa. Em geral, relaciona-se à distribuição de um valor em base eqüitativa. (88)

prospect / cliente prospectivo; prospectar 1.Pessoa que pode tornar-se um freguês. 2. Fazer um exame do solo para encontrar algum minério de valor. (244)

prospecting / prospecção Estratégia no processo de marketing em que os vendedores de um produto ou serviço procuram identificar clientes em potencial. (194)

prospectus/prospecto Descrição de um plano de ação. Pode ser também a descrição de uma empresa de fundo acionário que se pretende fundar. (11) (148) (163) (244)

prospectus issue/emissão de prospecto O mesmo que oferta pública (*public offer*). Tem esse nome porque as leis da maioria dos países exige a publicação de um prospecto detalhado das condições financeiras de qualquer firma que faça oferta pública de seus títulos de valor. (148)

protected groups/grupos protegidos Classes de pessoas, geralmente pertencentes às minorias, protegidas contra discriminação em emprego, sob uma ou mais leis. (198)

protectionism/protecionismo Aumento dos direitos aduaneiros de importação, visando a fomentar a indústria nacional a produzir para substituir as importações e proteger os produtos nacionais com similares estrangeiros mais baratos. Às vezes, existe por represália. (11) (148) (163) (244)

protective duty/direitos protecionistas Direito aduaneiro cobrado sobre certas importações a fim de proteger os produtores domésticos da concorrência estrangeira. (163)

protective practice/prática protecionista V. (*restrictive practice*). (148) (244)

protective tariff/tarifa protecionista Tarifa aduaneira que tem várias finalidades, sendo a principal proteger da concorrência estrangeira as indústrias locais. Uma outra finalidade é diminuir as importações, visando ao equilíbrio do balanço de pagamentos (*balance of payments*). (48) (148)

protest/protesto Declaração formal em que uma pessoa protesta perante uma autoridade competente contra uma outra que deixou de cumprir uma obrigação, e garante o seu direito contra qualquer lesão, direito este que pode ser exercido quando parecer melhor a quem faz o protesto. (148) (231) (240) (244)

Protestant ethic/ética protestante Tentativa feita pelo sociólogo alemão Max Weber (1864-1920) para demonstrar que, sob a doutrina calvinista, o indivíduo tem de se esforçar ao máximo para merecer a vida. Em conseqüência, esse mister, que Weber chama de burocrático, é grande fator de progresso, porque os adeptos da doutrina se esforçam mais do que os outros, nada aceitando que seja fácil. A asserção é discutível, tendo o mérito de ser contrária à crença marxista de que a religião é o ópio da humanidade e impede o progresso. (30) (73) (82)

protocol/protocolo Sistema de regras de fala e comportamento que deve ser seguido em certas ocasiões importantes, como quando chefes de estado se encontram. (244)

prototype/protótipo 1. Primeiro exemplo de produto ou máquina do qual serão feitos outros melhorados. 2. Primeiro de alguma coisa. (244)

provision/provisão; víveres; cláusula 1. Quantia que se coloca de lado, especialmente dos lucros de uma firma, prevendo uma obrigação (*liability*) futura. 2. Alimentos ou suprimento de alimentos. 3. Cláusula em um contrato. (148) (244)

provisional remedy/medida cautelar Providência de prevenção de direitos e que acautelam o interesse das partes. Há vários tipos, mas todas procuram garantir a aplicação da lei e impedir que as decisões judiciárias sejam frustradas. (231) (240)

proxy/procurador; representante; substituto Em administração (*management*), procuração outorgada por um acionista a um membro da diretoria (*board of directors*) para votar nas assembléias anuais. Quase sempre o conselho de administração detém, por procuração, a maior parte das ações e, por isso, seus membros tendem a perpetuar-se nos cargos. Ocorre a batalha das procurações (*proxy battle*) quando algum grupo procura obter a maioria de ações de muitos milhares de acionistas que podem estar espalhados pelo mundo todo. A situação de *proxy* também é válida em muitos outros contextos de procuração, substituição e representação. V. (*procuration*). (48) (148) (163) (244)

proxy battle/batalha das procurações V. (*proxy*). (48)

psychic costs/custos psíquicos Tensões e ansiedades que afetam uma pessoa em seu íntimo, em várias situações, principalmente em períodos de mudança, já que esta quase sempre encontra resistência. (198)

psychic income/renda psíquica Renda calculada em termos de prazer, satisfação ou sensações gerais de euforia. É altamente abstrata e não se confunde com a renda material que se traduz por riqueza e outras formas de compensação quantificável. São exemplos a criação de alguma coisa, prestígio, *status* etc. A renda psíquica também pode acompanhar a renda material quando o indivíduo sente prazer no que faz, ainda que seus ganhos sejam minguados. (1)

psychogalvanometer / psicogalvanômetro Aparelho para verificar as reações de um indivíduo a certos tipos de propaganda. Medindo a resistência elétrica na palma das mãos do sujeito, é registrada a taxa de transpiração, que aumenta com o excitamento. O impacto causado no indivíduo é usado em marketing por uma série de anúncios de propaganda. Relaciona-se a resposta galvânica da pele (*galvanic skin response*). (132)

psychological pricing / preços psicológicos Preços que têm mais atração do que outros. Por exemplo, 99 tem mais atração do que 100, embora a diferença seja apenas de 1. É comum nas lojas de varejo (*retailers*). (148) (194)

psychomotor test / teste psicomotor Teste que envolve o movimento e a coordenação do examinando, geralmente para verificar a aptidão vocacional. (130)

public / público Público; o povo em geral. O que está em conexão com o povo em geral ou com o governo. (244)

public accountant / auditor independente Título que se dá ao contador que exerce liberalmente a sua profissão, mediante um certificado de capacidade obtido sob exame. Também designa o contador que trabalha junto às entidades públicas. (4)

public authority / autoridade pública Pessoa ou entidade administrativa com as funções a executar em benefício do público, mas não para lucro privado. (148) (244)

public company / companhia pública Companhia que, segundo as leis de sua incorporação, tem permissão legal para fazer convites gerais aos membros do público para que comprem seus títulos de valor (*securities*). (148) (244)

public corporation / sociedade anônima pública Sociedade anônima estatal (*governmental corporation*), às vezes chamada "pública", por pertencer ao poder público, o que dá margem a confusão com a sociedade anônima privada e aberta ao "público". (48) (148)

public finance / finanças públicas Parte da economia que estuda os efeitos resultantes da receita obtida e das despesas das autoridades públicas. (163)

publicity / publicidade Atividade de relações públicas (*public relations*) ligada à promoção de produtos ou serviços. Ao contrário da propaganda (*advertising*), a publicidade não é paga e pode ser feita por entrevistas ou através de informações à imprensa (*press release*). (148) (194) (244)

public limited company / companhia pública limitada Companhia limitada (*limited company*) que também é pública (*public company*). (148) (244)

public offer / oferta pública Convite geral ao público para que compre títulos de valor de uma determinada empresa. Também tem o nome de emissão de prospecto (*prospectus issue*). (148)

public opinion poll / sondagem de opinião pública Método de fazer levantamento das opiniões do público em geral, pela seleção de uma amostra da população e entrevistando seus membros a respeito de um determinado assunto, quase sempre de domínio público. (130)

public ownership / propriedade pública Propriedade e operação de uma empresa com fins lucrativos pelo governo. Quando este assume o controle de uma empresa privada, dá-se ao fato o nome de nacionalização (*nationalization*). (1) (244)

public relations / relações públicas Termo que tende a restringir-se à propaganda institucional, não sendo um conceito adequado para dar cobertura à importante função de relacionar a organização ao total do sistema social de que é parte. Geralmente as relações públicas visam a dar uma boa imagem da empresa. (64) (163) (244)

public sector / setor público Setor da economia de um país que consiste em todas as instituições que são propriedade do Estado, muitas das quais podem ser indústrias nacionalizadas por questões de segurança, serviços de utilidade pública etc. (163) (244)

public utility / utilidade pública Serviço ou fornecimento, geralmente constituindo um monopólio natural (*natural monopoly*), como abastecimento de água, luz, telefone, transporte etc. para utilização do público. (148) (244)

public welfare payment / pagamento de bem-estar público Pagamento feito por qualquer tipo de governo nos Estados Unidos a um indivíduo que se qualifica para receber assistência, por estar desempregado, ser aposentado, ou um dependente, como um cidadão idoso, uma viúva, uma órfã, uma pessoa com incapacidade física ou mentalmente perturbada. (1)

public works / obras públicas Desembolsos governamentais como que para uma frente de trabalho, visando a suavizar os declínios cíclicos em negócios. Os desembolsos são para projetos como abertura de estradas, eliminação de favelas, eletrificação rural etc. (1) (163) (244)

pulling strategy / estratégia de atração Plano que usa os mais diversos artifícios para criar a demanda por um produto, e que os distribuidores devem cumprir. (194)

pump priming / reflação da economia Grandes despesas efetuadas por um governo, sob a forma de uma injeção de mais moeda do que a retirada por tributação, ainda que haja um pequeno déficit orçamentário. Havendo mais moeda, a renda e o consumo aumentam, encorajando as empresas a investir. A expressão também é conhecida como escorva da bomba (*priming the pump*). V. (*reflation*). (78) (102) (163)

purchase / compra Compra de alguma coisa. (244)

purchase order / ordem de compra Ordem escrita de uma empresa, geralmente feita em formulário apropriado, comprando bens e/ou serviços, estabelecendo especificações, prazo de entrega, preço e data do pagamento. (148) (244)

purchase tax / imposto de compras Tributação indireta na aquisição de certos bens de consumo, introduzida em 1940 e substituída em 1973 pelo imposto sobre valor adicionado (*added value tax*). (148) (163)

purchasing power / poder aquisitivo Quantidade de bens que uma moeda pode comprar, tomando-se como padrão um ano-base. Em situação inflacionária, o poder aquisitivo da moeda decresce em consonância com o tipo de inflação (*inflation*). (38) (A)

pure competition / concorrência pura Mercado tipificado por grande quantidade de fornecedores de um bem homogêneo para o qual há muitos compradores que despendem somente uma pequena parcela de sua renda. Em resultado, o preço tem origem na interação da demanda e da oferta. O conceito não descreve a situação do mundo real, porém serve como ponto de partida para uma análise econômica. É uma norma para a avaliação do desenvolvimento real da economia. (37) (128) (163)

pure economics / economia pura Economia teórica usada especialmente para as áreas econômicas que não podem ser aplicadas aos problemas do mundo real. (163)

pure monopoly / monopólio puro Situação em que uma única empresa vende um produto para o qual não existem substitutos (*substitutes*). O mercado (*market*) pertence inteiramente à empresa que exerce o poder de monopólio (*monopoly*). (37)

pure science / ciência pura Estudo que tem por si a finalidade básica de adquirir conhecimento, sem qualquer consideração principal de sua utilidade ou conseqüências práticas. Geralmente essa procura de conhecimento tem lugar nas universidades e nos laboratórios privados de uma fundação, por exemplo. (180)

pushing strategy / estratégia de forçar Método que visa aos canais de distribuição e não aos usuários finais. A empresa vendedora procura "forçar" sua mercadoria (*merchandise*) aos intermediários (*middlemen*), quase sempre usando algum incentivo para isso. Relaciona-se à estratégia de atração (*pulling strategy*). (194)

put / operação a termo Contrato opcional de bolsa que concede o privilégio de entregar uma certa quantidade de valores, a um preço específico, dentro de determinado tempo, a quem faz o contrato. V. (*call*). (11) (105)

put and call broker / corretor de opções Corretor especializado em lidar com opções (*options*). (105).

putative / putativo Que é suposto, mas não é real, como, por exemplo, um homem que toma conta de uma criança que não lhe pertence pode ser um pai putativo. Geralmente é o que se atribui a alguém. (231) (240)

putting-out system / trabalho a fação Sistema industrial também conhecido como fabril disperso (*dispersed factory system*), que é o elo entre a produção do tipo artesanal e o fabril propriamente dito, tendo constituído o limiar da Revolução Industrial. Os artesãos trabalham em suas próprias casas por conta de um ou mais estabelecimentos, seguindo as normas apropriadas. Cada artesão pode ser considerado como um pequeno empresário independente. (67) (163)

Pygmalion effect / efeito-Pigmalião V. (*self-fulfilling prophesy*). (223)

pyramid / pirâmide Em comércio de valores, séries de transações em que um especulador aumenta suas detenções usando o valor crescente de mercado destas detenções como margem para compras futuras. (11)

pyramiding / piramidar Técnica usada pelos especuladores de mercado de valores, geralmente em algum cujos preços se elevam. É a compra adicional de ações na expectativa de uma alta de preços. (1) (105)

Q

quadratic function / função quadrática Função que tem pelo menos uma variável independente elevada ao quadrado, não apresentando nenhuma variável elevada a uma potência maior do que 2. Graficamente representada por uma parábola (*parabola*). (163)

quadratic mean / média quadrática Como medida de tendência central (*measure of central tendency*), número representativo de uma série. Seu uso apresenta vantagens em probabilidades e medidas de dispersão. (17) (163)

quadratic programming / programação quadrática Caso particular de programação não linear (*nonlinear programming*), em que a função a ser otimizada ou as restrições são funções quadráticas; por exemplo, em qualquer variável x aparece como x^2. (148) (158) (163)

quadriphonic / quadrifônico Som que se relaciona à reprodução de alta-fidelidade, envolvendo sinais que são simultaneamente transmitidos através de quatro canais diferentes. Aparentemente a novidade não conseguiu vencer a transmissão em apenas dois canais. (122) (A)

quadro / quadra Terreno quadrado, ou quase quadrado, de uma cidade formada sob planejamento ou desenvolvimento urbano, que funciona tendo pelo menos uma unidade residencial com um prédio de apartamentos e, possivelmente, um (*shopping center*). Alguns autores citam o exemplo de Brasília. (122)

quaesitum / quaesitum Termo latino que quer dizer procura, questão que se busca. (100) (163)

Quaker meeting / reunião quacre Reunião de qualquer espécie de organização em que há grandes lapsos de tempo sem que alguém se manifeste. A analogia pode servir para as reuniões inúteis, mas obrigatórias, em que os participantes nada têm a dizer, ou não o querem dizer. (78) (A)

qualified acceptance / aceite ressalvado Aceite de uma letra de câmbio (*bill of exchange*) cujo efeito varia no saque por conter diversas ressalvas que são aceitas por alguns, mas não por todos os interessados. (163) (244)

qualified accounts / contas com ressalva O mesmo que (*qualified report*). Relatório feito por um auditor declarando que ele não se acha satisfeito com alguma coisa nas contas cuja auditoria fez. (244)

qualified certificate / certificado ressalvado Relatório de auditoria que menciona alterações em uma demonstração tida como certa e que, portanto, carece de ressalvas para que possa ser recebida como documento legítimo. (105) (A)

qualified handicapped / defeituosos qualificados Portadores de defeitos físicos, porém considerados como qualificados, que podem trabalhar, desde que o empregador lhes proporcione uma acomodação razoável. Dessa forma, os cegos, aleijados etc. têm uma oportunidade para ganhar a vida. (198) (A)

qualified report / relatório ressalvado Relatório de auditoria que contém uma ou mais ressalvas ou exceções. (7) (88)

qualified worker / trabalhador qualificado Trabalhador com desempenho-padrão (*standard performance*). (148)

qualify / qualificar; ressalvar 1. Indivíduo, empresa ou coisa que está dentro dos parâmetros ou atributos mínimos para que possa servir a um determinado fim. 2. Cláusula ou declaração aposta a um documento, visando a esclarecer alguma dúvida porventura existente ou eliminar ou acrescentar algo que torne o documento aceitável para todas as partes interessadas. (A)

qualitative research/pesquisa qualitativa Pesquisa feita em lugar de dados difíceis de quantificar. O resultado muitas vezes é expresso como juízos de valor, sendo difícil chegar-se a um consenso. (225)

quality control/controle de qualidade Verificação sistemática pós-manufatureira de que o produto atende aos padrões de qualidade estabelecidos. Geralmente o controle é feito por amostragem (*sampling*); por exemplo, uma em cada dez unidades produzidas. O controle de qualidade é imprescindível para a exportação de produtos manufaturados, a fim de que estes tenham larga aceitação por suas boas qualidades. A exportação e mesmo as vendas internas estão sujeitas ao fracasso quando uma empresa se descura do controle de qualidade. (148) (163) (244)

quality control chart/gráfico de controle de qualidade Gráfico usado em controle estatístico de qualidade a fim de mostrar o desempenho de um processo produtivo. São traçadas linhas de controle que representam os limites de variação dos dados estatísticos que seriam esperados para que o processo estivesse sob controle, isto é, se somente a variação na produção fosse imprevisível em conseqüência de fatores incontroláveis. (148)

quality of work life/qualidade da vida de trabalho Boa supervisão, bom pagamento, benefícios extras atrativos e um cargo interessante, desafiador e compensador por vários motivos. (198) (A)

quality stock/ações de qualidade Ações consideradas pelos corretores como as que se acham entre as de melhor qualidade, seja pela garantia que oferecem, seja pelos dividendos que costumam pagar. (105) (A)

quantification/quantificação Resumidamente, trata-se da expressão de uma propriedade ou qualidade em termos numéricos, isto é, que seja quantificável. (176)

quantitative research/pesquisa quantitativa Constatações de pesquisa suscetíveis de expressão numérica, isto é, que possam demonstrar quantidades. Esse tipo de pesquisa é de grande auxílio para previsões (*forecasts*) mercadológicas. (225)

quantity/quantidade Porção de alguma coisa. A quantidade pode ser grande ou pequena, mas geralmente usa-se para definir um grande número ou grande abundância de objetos. (244)

quantity discount/desconto por quantidade Desconto que uma parte vendedora pode conceder a uma entidade que comprar um volume muito grande de seus produtos. O desconto por quantidade é comum e ocasiona as chamadas economias de escala (*economies of scale*). (225) (244)

quantity index/índice quantitativo V. (*index number*). (163)

quantity rebate/abatimento por quantidade Redução concedida em preço quando se faz a compra de uma grande quantidade. Acredita-se que o abatimento (*rebate*) seja uma concessão que na maior parte das vezes é feita *a posteriori*, ou seja, depois de paga a fatura respectiva. (163) (A)

quantity surveyor/estimador de quantidade Pessoa cujo trabalho é descobrir a quantidade de mão-de-obra e de materiais que será necessária para construir alguma coisa. (244)

quantity theory of money/teoria quantitativa da moeda Teoria segundo a qual a quantidade de moeda na economia é proporcional ao valor monetário de todas as transações, as quais são iguais ao volume físico da produção, multiplicado pelo nível de preço. (129) (163)

quantum jump/avanço espetacular 1. Grande progresso repentino efetuado em algum setor, quase sempre de caráter tecnológico. 2. Grande descoberta; sinônimo de (*quantum leap*). (122)

quantum leap/avanço espetacular V. (*quantum jump*). (122)

quantum meruit/quantum meruit Expressão latina equivalente a "tanto quanto ganhou". Geralmente é uma expressão jurídica para se determinar quanto deve ser pago por trabalho executado sem a existência de um contrato pertinente. (148) (163) (231)

quarentine/quarentena Processo de forçar uma pessoa, animal ou coisa a permanecer separado dos outros, quase sempre para evitar a disseminação de uma doença. (244)

quarry / mina a céu aberto Escavação para a retirada de algum tipo de minério ou outros produtos minerais, como diversas qualidades de pedras etc. (11)

quart / quarto Medida igual a duas pintas (*pints*) ou 67,20 polegadas cúbicas (*cubic inches*), equivalente a 1,1012 litro. Medida para secos; também há para líquidos. O quarto britânico é igual a 1,032 quartos americanos. (78)

quart (liquid) / quarto (líquido) Medida igual a 2 pintas líquidas (*pints, liquid*), ou 57,75 polegadas cúbicas (*cubic inches*), equivalente a 0,9464 litro. (78)

quarter days / dias de trimestre Dias convencionais para que se considere completado um trimestre. Esses dias variam de país para país. Na Inglaterra, por exemplo, esses dias são 25 de março, 24 de junho, 29 de setembro e 15 de dezembro. (163) (244)

quarterly / trimestral Que ocorre a cada 13 semanas, ou seja, a cada três meses. É também o nome que se dá a uma revista publicada trimestralmente. (244)

quartile / quartil 1. Primeiro, segundo e terceiro quartis de uma distribuição de probabilidade (*probability distribution*) são os valores da variável aleatória (*random variable*) para a qual a função distribuição é igual a 1/4, 1/2 e 3/4, respectivamente. 2. Primeiro, segundo e terceiro quartis de uma distribuição de freqüência (*frequency distribution*) são os valores da variável aleatória (*random variable*) excedidos por 3/4, 1/2 e 1/4, respectivamente, dos itens na amostra. O segundo quartil também é chamado de mediana (*median*). (148) (163) (244)

quasi agreements / quase acordos Diz-se das firmas oligopolísticas que se comportam da mesma maneira. Respeitam a crença de que baixar preços não é ético; não participam do mercado e dos territórios de vendas de outras firmas; fazem os mesmos cálculos para a formação de preços etc. Outros nomes para tal modo de agir são: paralelismo de ação consciente (*conscious parallelism of action*), coordenação imperfeita (*imperfect coordination*), conluio (*collusion*) etc. (155)

quasi contract / quase-contrato Obrigação existente entre duas partes, embora não haja contrato formal que um tribunal possa julgar como de cumprimento obrigatório. Poderia estar nesse caso o sócio virtual (*nominal partner*). (163)

quasi-money / quase-moeda V. (*near money*). (163)

quasi-rent / quase-renda Rendimento de um fator produtivo durável. Será usado enquanto durar, desde que produza mais do que seu valor como sucata. Já que esse fator é concretamente positivo, como terra, máquinas etc., não pode transformar-se em outra coisa se a demanda de seus serviços for diminuída. O termo foi criado por Marshall, por haver certa semelhança com o "aluguel" da terra. As quase-rendas dependem em grande parte das alterações da demanda e não da oferta. Resumidamente, são os rendimentos dos fatores de produção que temporariamente excedem o valor de seus produtos marginais (*marginal products*). (1) (20) (128) (163)

questionnaire / questionário Formulário geralmente usado em alguma espécie de pesquisa, em que a pessoa englobada no universo emite suas respostas em consonância com as perguntas formuladas. Os questionários tanto podem ser preenchidos pelo respondente como por um entrevistador. De qualquer maneira, as respostas, ainda que verbais, são registradas por escrito. (148) (244)

queue / fila Quantidade de pessoas, itens de trabalho em andamento ou unidades de quaisquer coisas que, em determinada ocasião, estão esperando atenção ou processamento. Também tem o nome de fila de espera (*waiting line*). (148)

queuing theory / teoria da fila Teoria da pesquisa operacional (*operations research*) para determinar o tempo de espera em uma fila (*waiting line*), quando um serviço tem de ser prestado a um cliente que chega ao acaso. Ajuda a determinar, por métodos estatísticos, o tempo médio de espera, o comprimento da fila etc. Auxilia a administração a calcular a quantidade de instalações que precisa ou o número de empregados para atender à clientela, e assim por diante. (1) (41) (122) (244)

queuing time / tempo na fila Tempo passado em uma fila de espera (*waiting line*). (148)

quick and dirty / lanchonete Expressão jocosa para denominar uma lanchonete ou fornecedor de alimentos rápidos. (A)

quick assets / ativo realizável a curto prazo Bens do ativo que são prontamente transformados em moeda. De preferência não estão incluídos os estoques. De fato, não são os bens com que a empresa costuma negociar. (1) (163)

quick ratio / quociente rápido Índice de liquidez da empresa, também conhecido como (*acid test ratio*). (A) (244)

quick turn / giro rápido Especulação de bolsa em que há uma compra e logo após uma venda, com um bom lucro resultante. (105)

quid pro quo / qüiproquó 1. Uma coisa em troco da outra. 2. Confusão entre duas coisas. 3. Contrapartida contratual (*consideration*). (78) (148) (163) (244)

quintal / quintal Peso igual a 10 miriagramas (*myriagrams*) equivalente a 220,46 libras (*pounds*). (78)

quire / caderno sem costura Caderno como o de papel almaço, sem costura, com 24 folhas. Atualmente a tendência é de fazer os cadernos com 25 folhas, a fim de representarem um vigésimo de resma (*ream*). (244)

quittance / quitação Espécie de recibo que mostra o cumprimento de uma obrigação. (11)

quorum / quorum Número fixo de membros de um comitê, de uma reunião etc., cuja presença é necessária para a validade do que se esteja tratando. (148) (244)

quota / quota 1. Quantidade máxima determinada por um governo para a exportação ou importação de determinadas mercadorias durante um certo período. 2. Limite de imigração para cidadãos de certas nacionalidades. (82) (244)

quota sample / amostra de quota Amostra que é extraída depois que se estratifica uma população e, em seguida, dentro de cada parte estratificada, o amostrador seleciona os itens de acordo com o número necessário para cada parte. (163) (244)

quotation / cotação 1. Declaração feita em resposta ao pedido de um comprador em perspectiva sobre o que uma empresa cobraria pelo fornecimento de bens e serviços específicos. 2. Preço que se dá a algum bem econômico em determinadas circunstâncias e ocasiões. 3. Numa bolsa de valores (*stock exchange*), as cotações somente podem ser dadas para os valores de uma empresa registrada ou (*quoted*). (148) (163) (244)

quoted / empresa registrada em bolsa Companhia sobre a qual os negociantes na bolsa podem dar cotações (*quotations*), somente para os títulos de valor resgistrados. (148)

quoted company / companhia registrada em bolsa Sinônimo de companhia ou sociedade anônima registrada em bolsa de valores (*listed company*). (148) (163) (244)

quoted price / preço cotado Preço oficial de um valor ou mercadoria. Os preços cotados são dados em listas de uma bolsa de valores ou de mercadorias. (163)

quotient / quociente Resultado que se obtém quando um número é dividido por outro. (78)

R

racket / atuação desonesta Gíria americana que significa alguma atividade ilegal organizada, como extorquir dinheiro oferecendo proteção contra vandalismo, agressão etc. (11) (244)

rack jobber / atacadista consignador Atacadista (*wholesaler*) geralmente designado por seu título em inglês. Mantém estoques de artigos de sua especialização, que coloca em consignação nas lojas de varejo, como brinquedos, cosméticos etc., encarregando-se muitas vezes de fazer sua exposição nas prateleiras e gôndolas, além de controlar o estoque. (138)

rack rent / aluguel de terra Aluguel mais alto possível, igual ou quase igual ao total de seu valor anual. Resumidamente, aluguel exorbitante. (11) (148) (231)

raid / incursão Nas transações com valores, tentativa feita de comum acordo entre os especuladores visando a baixar preços, a fim de comprá-los nessa oportunidade e vendê-los com o mercado em alta. (11)

raiding / pirataria Prática bastante divulgada entre as firmas de alta tecnologia de atrair empregados de empresas rivais, oferecendo-lhes salários mais elevados. Seus praticantes podem ser chamados de caçadores de cabeça (*head hunters*) ou de raptores (*body snatchers*). (148)

Railex / Railex No Reino Unido, serviço de encomendas postais, via estrada de ferro, de domicílio a domicílio, executado em certas partes do país e durante os dias úteis. (163)

railroading / ação mal pensada 1. Envio de um anteprojeto de lei ao Congresso, sem a devida consideração de todos os seus pontos fortes ou fracos. 2. Tentativa de fazer com que um indivíduo ou grupo tome uma decisão para a qual não foi dedicada a consideração necessária. (23) (A)

raise / elevação 1. Qualquer tipo de elevação, seja de salários, aluguéis ou preços. 2. Aumento fraudulento no valor de um cheque. (11) (231) (244)

rake-off / propina Partilha do lucro de um negócio, especialmente de um que seja ilegal, ou quando o quinhão é sob a forma de propina. (244)

rally / revivescência Elevação firme nos preços de valores ou mercadorias após um período de declínio. Quase sempre o motivo da elevação é o otimismo reinante, embora um excesso de compradores em relação aos vendedores também possa ocasionar a referida elevação. (105) (163) (244)

random / aleatório Tudo o que depende de fatores incertos ou casuais. (148) (244)

randomize / randomizar Tornar aleatório. Comando de computador para a seleção de um número aleatório, possivelmente já existente na memória. (A)

random numbers / números aleatórios; números randômicos Conjunto de números produzidos inteiramente por acaso. Números que, para uma finalidade específica, são tidos como livres de viés estatístico; não têm seqüência determinada. Números randômicos e aleatórios são a mesma coisa. (118) (148)

random observation / observação aleatória V. (*activity sampling*). (107)

random sample / amostra aleatória Amostra de cada população em que todos os elementos têm oportunidades iguais de serem selecionados, isto é, tirados ao acaso. (5) (16) (148) (163) (244)

random sampling / amostragem aleatória Procedimento em que cada membro individual do grupo que está sendo amostrado tem uma oportunidade igual de ser escolhido. (244)

random variable / variável aleatória Qualquer variável que tenha uma distribuição de freqüência (*frequency distribution*). (148) (163)

range / faixa Diferença entre o mais alto e o mais baixo valor de uma população. É a mais rudimentar e menos desejável das medidas de dispersão, especialmente quando se está lidando com um grande universo. (148) (163) (244)

rank / categoria Posição ordinal de um indivíduo ou objeto em um grupo específico relativamente a outros. A categorização pode ser feita por condições internas e externas. (47) (148) (244)

rank and file / gente comum Em uma empresa, pessoal da mais baixa categoria na hierarquia. Entre os militares são os que não têm graduação alguma. (11)

ranking method / método de categorização Sistema de avaliação de cargo (*job evaluation*) em que todos os cargos a serem avaliados são classificados de acordo com algum sistema constante; por exemplo, colocá-los em ordem de importância, após a consideração das descrições (*job descriptions*). (148)

rapport / rapport Em sentido geral, relacionamento baseado em alto grau de comunhão de pensamento, interesse e sentimento. Em sentido particular, relacionamento entre um influente e um influenciado. (90) (A)

ratchet effect / efeito-catraca Termo que define a situação em que os indivíduos ajustam continuamente seus padrões de vida em direção ascendente. É como se fosse uma catraca, que não deixa voltar atrás. (163)

rate / taxa classificatória; imposto municipal; taxa 1. Taxa a cobrar ou a pagar, segundo uma determinada classificação. 2. Imposto ou taxa sob determinação de autoridade municipal, geralmente sobre a ocupação (às vezes propriedade) do imóvel em sua área. Este imposto é relativo ao montante de renda que a autoridade acredita que a propriedade poderia obter em um ano. 3. Montante pago em troca de alguma quantidade fixa de bens ou serviços. (148) (244)

rateable value / valor tributável No Reino Unido, montante que poderia ser razoavelmente cobrado pelo aluguel anual de uma propriedade. Serve como base para dar um certo valor à propriedade para fins tributários municipais. (244)

rate buster / rompe quotas Operário que excede as tarefas designadas pelo empregador ou pelo sindicato. O rompe quotas nunca é benquisto pelos colegas, já que a firma pode perceber que os trabalhadores são capazes de maior produção, sem que haja aumento salarial. (A)

rate of exchange / taxa de câmbio Taxa à qual a moeda de um país é trocada pela de um outro. Também se diz (*exchange rate*). (1) (14) (163) (231)

rate of return / taxa de retorno Índice de rentabilidade calculado como a razão entre o dispêndio de capital em um investimento e o lucro que se espera. (148) (163) (231) (244)

rate of turnover / índice de vendas Número de vezes em que o valor médio do estoque é vendido durante determinado período. É encontrado dividindo-se o custo de vendas (*cost of sales*) pelo custo médio do estoque, multiplicando-se por 100. Se o custo dos bens vendidos foi 2.000 e o valor do custo médio do estoque foi 500, o índice de vendas é 4. (88) (163) (164)

rate rebate / abatimento de imposto imobiliário No Reino Unido, dedução de imposto territorial ou equivalente que pode ser reivindicada pelos chefes de unidades domiciliares de baixas rendas. (163)

rates / impostos municipais No Reino Unido, impostos municipais pagos tanto por propriedade privada como comercial. (244)

rate setter / avaliador de tarefa Encarregado de um grupo, que pode ser o contramestre (*foreman*) ou um representante sindical (*waiter*), que determina quanto um operário deve produzir por um justo dia de trabalho. V. (*rate buster*). (A)

ratification / ratificação Confirmação de um contrato. (244)

ratify / ratificar 1. Concordar e assumir responsabilidade pelas condições de um contrato negociado por conta de alguém. 2. Concordar. (244)

rating / classificação Método com o qual um observador classifica a aptidão, interesse, habilidade ou outras características de um indivíduo ou grupo. Quase sempre a classificação é por uma escala que pode ser alfabética ou numérica. O termo também é aplicável à situação financeira de uma empresa. (130) (231) (244)

rating scale / escala de classificação Sistema de comparar as coisas, quase sempre dando a cada uma um valor numérico. (244)

ratio / quociente O resultado de dividir uma quantidade por outra; a comparação resultante. (148) (244)

ratio analysis / análise de quociente Uso de quocientes financeiros a fim de avaliar a eficiência de uma empresa e ajudar a encontrar as razões para ineficiência. (148) (244)

ration / ração Quantidade de alguma coisa que se permite que uma pessoa tenha, em época de escassez; limite ao suprimento de bens. (244)

rational behavior / comportamento racional Pressuposto de que os indivíduos sempre agem de maneira lógica e racional para a consecução de seus objetivos, o que nem sempre é o fato revelado pela vida real. Entretanto, para os modelos econômicos essa suposição tem de prevalecer para que haja maior facilidade em seu entendimento. (163)

rationalization / racionalização 1. Termo de psicologia que expressa o processo por cujo intermédio a pessoa redefine uma situação desagradável em termos que sejam social e pessoalmente aceitáveis. Muitas vezes a pessoa acredita no que racionalizou. 2. Reorganização de uma indústria doméstica a fim de aumentar a eficiência, principalmente por maior integração horizontal (*horizontal integration*) ou concentrando a produção em um número menor de fábricas. (163) (180) (244)

rationing by price / racionamento por preço Efeito semelhante ao de racionamento causado pelo mecanismo de preços no controle da alocação de bens, em decorrência de seus preços. (163)

rationing of exchange / racionamento de divisas Maneira de controlar a moeda estrangeira, pela exigência de que seus detentores a entreguem em troca de moeda doméstica a uma taxa especificada. O governo aloca as divisas aos importadores cujas atividades quer encorajar e nega-as aos considerados menos essenciais aos planos nacionais e estrangeiros. (1)

rationing of goods / racionamento de bens Alocação racional de bens quando a oferta e a demanda não se equilibram aos preços estabelecidos. Ajuda a distribuir os produtos igualmente entre a população e a prevenir a inflação. (1) (244)

rat race / corrida de ratos Maneira depreciativa de expressar a corrida competitiva entre os indivíduos. (244)

raw material / matéria-prima Substância ou elemento básico de uma indústria. Pode ser o que foi extraído da terra, como produtos agrícolas, petróleo etc., ou bens semiacabados, como produtos químicos, perfis de aço e outras coisas, que são os produtos finais (*end products*) de outras indústrias, mas que ainda podem ser submetidos a novo processamento para outros bens finais. (48) (231) (244)

R & D / P & D Iniciais de (*research and development*), pesquisa e desenvolvimento. (A)

reach / alcance Em termos de marketing, alcance da propaganda em direção a uma audiência cumulativa. (164)

reactive management / administração reativa Situação em que os administradores somente respondem aos problemas depois que estes ocorrem. É o oposto de administração proativa (*proactive management*), quando a administração se antecipa aos problemas que podem surgir. (198)

readership / índice de leitura Número de pessoas que na realidade lêem uma publicação, distintamente das que adquirem um exemplar. Equivalente a "circulação". (244)

readjustment / reajustamento Modificações de caráter importante efetuadas na estrutura financeira de uma empresa, porém não tão drásticas como as que ocorrem em uma reorganização (*reorganization*). (11)

read most / leitura da maior parte Expressão usada na avaliação de propaganda pela imprensa. Um entrevistado indica se, ao notar um anúncio, leu a maior parte. Os dados podem ser expressos como uma percentagem. (164) (225)

ready made/já pronto Qualquer coisa que esteja pronta para ser vendida da maneira feita pelo fabricante a qualquer cliente, ao invés de feita por encomenda, de acordo com as especificações, isto é, sob medida (*custom manufacture*). (11)

real analysis/análise real Análise em que a moeda não tem influência sobre os preços relativos de fatores, ou sobre o nível de atividade econômica. (128)

real balance/saldo real Poder aquisitivo (*buying power*) ou o valor real representado por detenções de moeda. (133)

real-balance-effect theory/teoria do efeito-equilíbrio geral V. (*Pigou effect theory*). (1)

real estate/imóveis Bens que são imóveis, como casas, terrenos etc., em contraposição a qualquer coisa que possa ser facilmente transportada de um lugar para outro. (163) (231) (244)

real income/renda real Poder aquisitivo (*purchasing power*) da renda de um indivíduo ou de uma nação. É calculado pelo ajustamento da renda monetária às alterações nos preços de bens de consumo (*consumer goods*). Se o índice de preços subir na mesma proporção que as rendas monetárias, a renda real permanecerá inalterada. (1) (244)

real investment/investimento real Dispêndio em equipamento de capital, como prédios, máquinas, equipamento etc., de preferência à aquisição de títulos negociáveis (*securities*). (163)

realization account/conta de realização Conta que se cria antes da extinção de uma empresa a fim de facilitar os problemas decorrentes da liquidação. A diferença entre o que for creditado e o que for debitado demonstrará qual foi a realização da firma: lucro ou prejuízo. (163)

realization of assets/venda do ativo Venda dos bens ativos de uma empresa para a obtenção de dinheiro; venda de propriedade. (244)

realized profit/lucro realizado Ganho de capital convertido em moeda corrente. Quando certos valores aumentam de preço, somente existirá lucro realizado quando forem convertidos em dinheiro. (163)

real property/propriedade real Direito de propriedade de terra ou algo que lhe esteja anexado ou agregado, como prédios, minerais, vegetais etc., ou de algum benefício que derive da terra como direito de servidão (*easement*). Em muitos casos a propriedade real é chamada bem de raiz (*realty*). (148) (163)

real time/tempo real Tempo durante o qual um computador está processando dados ao mesmo tempo em que gera outros dados. (163) (244)

realtor/corretor imobiliário Indivíduo que se dedica como profissional à venda de imóveis. O termo é usado principalmente nos Estados Unidos. (148)

realty/bem de raiz V. (*real property*). (148)

real value/valor real Valor monetário de qualquer variável econômica dividida pelo índice de preços (*price index*) relevante. (163)

real wage/salário real Poder aquisitivo (*purchasing power*) dos ganhos de um assalariado (*wage earner*). É encontrado dividindo-se o salário monetário (*money wage*) por um número-índice (*index number*) dos preços globais. Este salário não se modifica quando os preços e salários se alteram em conjunto, aumentando e diminuindo. (1) (158) (163) (231)

ream/resma Entre os que negociam com papel, é a quantidade-padrão de 500 folhas, ou seja, 20 cadernos de 25 folhas. (11) (244)

reasoning/raciocínio Ato de pensar, em que uma pessoa procura resolver um problema, combinando dois ou mais elementos da experiência passada. Em outras palavras, é uma maneira ordenada de pensar que varia de acordo com a mente de cada pessoa. (130) (A)

rebate/abatimento posterior Devolução de um percentual monetário sobre alguma transação, "depois" do pagamento correspondente. Difere do desconto que é feito no ato do pagamento. (148) (163) (244)

recall/recordação Capacidade de evocar, repetir ou reproduzir, verbal ou mentalmente, algo que esteja na memória. (6) (90)

recapitalization/recapitalização Revisão da estrutura de capital de uma sociedade anônima (*corporation*) pela emissão adicional de ações, resgate ou troca dos valores que se acham em circulação. (11)

receipt / recibo Documento que prova um determinado pagamento. Um cheque nominal pode substituir um recibo. Os recibos no Reino Unido devem ser conservados durante seis anos; depois desse prazo não pode ser exigido qualquer pagamento, ainda que o suposto devedor não disponha mais de um recibo. (148) (163) (244)

receivable / recebível Dívida. Quantia que se tem a receber de alguém. (148) (244)

received for shipment / recebido para embarque Expressão carimbada em um conhecimento (*bill of lading*) a fim de indicar que os bens estão ao lado do navio. Não indica que os bens tenham sido postos a bordo. V. (*f.a.s.*). (64) (163)

receiver / receptor; curador; síndico; receptador 1. No contexto de marketing, pessoa a quem se dirige uma mensagem. 2. Pessoa legalmente nomeada para administrar os haveres de uma outra formalmente declarada incapaz de agir por si própria. 3. Também pode exercer o papel de síndico. 4. Pessoa que compra coisas roubadas: receptador. (1) (11) (148) (163) (231) (244)

receiving order / nomeação de síndico Ordem de um tribunal nomeando um síndico oficial para assumir a propriedade de um devedor, até que, tanto quanto possível, suas dívidas tenham sido pagas. (244)

recency bias / viés de recenticidade Fenômeno psicológico em que a avaliação que uma pessoa faz da outra é colorida pelo impacto de eventos ou incidentes ocorridos pouco tempo antes do julgamento do que está sendo feito. (181)

recency effect / efeito-recenticidade Viés por parte do avaliador que ocorre quando ele permite que o desempenho recente do empregado modifique a avaliação global. (198)

recession / recessão Movimento descendente do ciclo econômico (*economic cycle*), geralmente de curta duração. Durante a recessão diminui o crescimento econômico do país, há desemprego e a demanda geral baixa. Tem certo relacionamento com depressão (*depression*) e contração (*contraction*). (48) (163) (231) (244)

reciprocal buying / compra recíproca Compra que ocorre quando uma empresa prefere comprar o que necessita de quem compra o que ela produz. (48)

reciprocity / reciprocidade Acordo tarifário, quase sempre bilateral, em que as nações concordam em conceder uma à outra reduções nas tarifas de importação, geralmente dentro de certos limites e para uma certa faixa de bens. (163)

recitals / justificação Declaração dos acontecimentos que conduziram, ou justificativa para a assinatura de um documento legal, como uma escritura ou tratado. Geralmente, cada cláusula começa com a expressão "considerando que" (*whereas*). (148)

reclaim / melhoria da terra Transformar uma área improdutiva ou desolada, como um deserto, em local que pode produzir safras agrícolas etc. (244)

reclamation / regeneração; recuperação 1. Processo de conseguir materiais utilizáveis de produtos considerados como sucata (*scrap*), ou de regenerar terras, introduzindo melhorias para aumento da sua produtividade, como, por exemplo, aterrar alagadiços para construir. 2. O mesmo que recuperação. (11) (244)

record / recorde; registro 1. Que supera um rival em tudo e por tudo; que é maior ou melhor. 2. Relato escrito. 3. Lista das coisas que alguém fez: um rol. 4. Fazer uma anotação para uso futuro. 5. O que se acha registrado em uma escala, como um termômetro. (244)

recorded delivery / registrado postal Carta ou encomenda enviada pelo correio, com ou sem valor declarado, em que o remetente obtém um recibo de remessa e o recebedor assina um documento de que o registrado foi entregue. (163) (244)

recourse / recurso Direito de uma pessoa portadora de uma nota de dívida de solicitar seu pagamento do sacador (*drawer*) ou do endossante (*endorser*), se a pessoa que aceitou a nota não puder pagar. Este direito deixa de existir se o sacador ou o endossante escreveu "sem recurso" ao lado de sua assinatura. (244)

recourse agreement / acordo de recuperação Acordo contratual entre uma empresa que vende a prestações e um comprador de que o atraso nas prestações dá direito à parte vendedora de recobrar o objeto vendido. (163)

recourse basis / recobrável Cláusula em um título mobiliário, segundo a qual o comprador nada perde se o devedor não pagar; a responsabilidade é de quem efetuou a venda. (1)

recovery / recuperação Aumento de atividade empresarial depois do ponto mais baixo de uma recessão (*recession*) ou depressão (*depression*). O período de recuperação perdura até o ponto em que a atividade econômica em geral se encontrava antes do declínio. Daí por diante o progresso é expansão. (1) (163)

recruit / recruta Soldado recém-entrado em uma corporação militar ou empregado que acaba de entrar em um emprego. (244)

recruitment / recrutamento Processo de procurar empregados em perspectiva e estimulá-los a se empregarem na organização. (110) (148) (198) (244)

recruitment advertising / anúncio de recrutamento Anúncio visando a recrutar e contratar empregados, quaisquer que sejam as suas especializações. Geralmente é um anúncio que figura na seção de classificados. (148) (225)

rectify / retificar Colocar em ordem aquilo que não está certo. Corrigir. (244)

red circle rates / índices do círculo vermelho Expressão americana para designar salários e ordenados que, de algum modo, são impróprios para um dado cargo, consoante um plano de avaliação de cargo (*job evaluation*). (198)

redeem / resgatar 1. Liquidar uma obrigação ou dívida que se tenha com terceiros, efetuando o pagamento adequado. 2. No mercado de valores, recomprar um título que se vendeu anteriormente. 3. Liquidação de uma hipoteca. (148) (244)

redeemable / resgatável Suscetível de resgate. O termo é usado para descrever um título de valor quando o emissor exige sua devolução mediante pagamento à vista. No caso, *redeemable* é sinônimo de *callable*. (148)

redeemable preference share / ação preferencial resgatável Ação preferencial (*preferred share*) que a companhia emitente pode trocar ou "redimir" por dinheiro ou por novas ações, dentro de algum tempo no futuro. (148) (244)

redeemable securities / títulos resgatáveis Títulos de crédito resgatáveis ao seu valor nominal em certas datas especificadas. Há valores que não são resgatáveis (*irredeemable debentures*). (158) (163) (244)

redemption / resgate Pagamento de dívida, em geral no vencimento. Pode ser feito antecipadamente para diminuição dos juros, por exemplo. Neste caso, o contrato deve ter uma cláusula de direito de resgate antecipado (*call*), desde que sejam atendidas certas condições prévias. Há duas outras formas de resgate de dívida: restituição do valor (*refunding*) e conversão (*conversion*). (1) (163)

redemption date / data de resgate Data em que um título de dívida será pago pelo devedor. (163)

redemption premium / ágio de resgate Quantia que excede o valor nominal de um título de valor, quando de seu resgate. (148) (163)

redeployment of labor / redisposição da mão-de-obra Movimentação da força de trabalho entre os diversos ramos da indústria à medida que a situação afetar a demanda de mão-de-obra. Equivale à recolocação em posições diferentes (163) (244)

rediscount / redesconto Desconto de uma letra de câmbio (*bill of exchange*) que já foi descontada com alguma outra pessoa. Isto acontece quando os descontadores se vêem obrigados por falta de fundos a descontar letras com o banco que atua como emprestador de último recurso (*lender of last resource*). (148) (163)

redistribution of income / redistribuição de renda Política adotada por muitos governos, principalmente nos países democráticos, que tem por finalidade reduzir a desigualdade de rendas, através da tributação progressiva da renda e da riqueza. (163)

redraft / reescrever; ressaque 1. Escrever alguma coisa novamente. 2. Novo saque feito pelo portador de uma letra de câmbio estrangeira que não foi paga, contra o sacador e o endossante, mais as despesas que tenham ocorrido no processo de protesto. (244)

redress / corrigir Emendar ou compensar alguma coisa que se fez errada ou injustamente, inclusive por meio de indenização, se for o caso. (231)

red tape / formalidade burocrática Nome que deriva da fita vermelha com que geralmente são amarrados papéis de processos oficiais. A conotação é de demora ou de formalidades burocráticas. (78) (244)

redundancy / superfluidade Na Grã-Bretanha, situação em que um empregado pode ser dispensado por não haver mais necessidade de seus serviços. Se for dispensado por superfluidade e tiver mais de dois anos de tempo de serviço, faz jus a uma indenização (*redundancy payment*). (148) (163) (244)

redundancy payment / indenização por demissão Na Grã-Bretanha, pagamento que se faz como indenização ao empregado demitido porque a empresa, por algum motivo, não necessita mais de seus serviços. Essa indenização decorre de lei vigente. (148) (244)

redundant / supérfluo 1. Que excede as necessidades. 2. Empregado que já não é mais necessário, possivelmente porque uma nova máquina pode fazer melhor e maior quantidade do seu trabalho. (148) (244)

re-exports / reexportações Bens importados e subseqüentemente reexportados sem que tenham sofrido reprocessamento, ou foram apenas ligeiramente processados, em cujo caso os direitos aduaneiros pagos pela importação podem ser diminuídos através de (*drawback*). (163) (244)

referee / juiz esportivo; referência; juiz 1. Em esportes, pessoa que decide se um jogo está sendo jogado de acordo com as regras. 2. Pessoa que pode dar referências sobre um candidato a emprego. 3. Pessoa a quem se atribui poder para dirimir uma disputa. (244)

reference / referência 1. Opinião escrita sobre o caráter, habilidade e honestidade de uma pessoa, em apoio ao pedido de emprego feito por esta. 2. Pessoa citada por um candidato a emprego, como capaz de fornecer o apoio citado em 1. 3. Consulta a um livro, artigo etc. 4. Números ou letras colocados em locais apropriados para facilitar no arquivar e desarquivar. (244)

reference book / livro de consulta Publicação que se consulta a fim de identificar certos fatos ou para a obtenção de informação, como livros especializados, dicionários etc. (11)

reference groups / grupos de referência Grupos com os quais uma pessoa se identifica. (148) (160) (194)

refer to drawer / consulte emitente Palavras escritas por alguns bancos nos cheques que demonstram não ter fundos suficientes. Na verdade é um conselho que o banco dá ao sacador para consultar o emitente sobre o motivo por que o cheque não foi pago. (163) (244)

refinance / refinanciar Vender valores a fim de resgatar debêntures ou ações preferenciais em circulação. (11) (244)

reflate / reflacionar Estimular a economia aumentando a oferta de moeda, dessa forma aumentando o emprego e oportunidades de negócios. (244)

reflation / reflação Tipo de atividade que se destina a restaurar uma estrutura de preços desejável, e que se realiza por diminuição do poder aquisitivo (*purchasing power*) da moeda, quando o governo faz uso de seus poderes monetários. É tida como o início da recuperação (*recovery*). (78) (163) (244)

refresher training / treinamento de reatualização Treinamento que tem por finalidade melhorar o desempenho de um trabalhador, quase sempre revisando os atributos básicos que o seu cargo solicita. (148)

refugee capital / capital refugiado Montante monetário que excede as necessidades imediatas de um governo, investindo no país que oferecer a mais alta taxa de juro compatível com a garantia do capital. O mesmo que dinheiro quente (*hot money*). (163)

refunding / restituir Emissão de outros fundos em substituição aos originalmente emitidos. Efetua-se a restituição quando as condições de mercado permitem uma nova emissão a juros menores do que a anterior. Serve para alongar o período de vencimento. Também se age da mesma maneira quando se deseja retirar do mercado títulos cujas condições não são tão favoráveis a quem os emitiu. V. (*conversion*). (1) (148) (163) (231)

regional development grant / concessão para desenvolvimento regional No Reino Unido, quantia dada pelo governo, visando a encorajar o desenvolvimento de negócios nas áreas mais pobres da nação. (244)

regional employment premium / prêmio por emprego regional No Reino Unido, montante monetário que o governo concede aos empregadores, a fim de diminuir os custos de empregados em áreas de grande desemprego. (244)

register / registrar; oficial de registro 1. Registrar ou lançar alguma coisa em lugar apropriado. 2. Pessoa encarregada de efetuar registros. (105) (231)

registered debenture / debênture registrada Debênture emitida como um título de valor registrado (*registered security*). (148)

registered security / título de valor registrado Título de valor com o nome do proprietário registrado, quase sempre pelo emitente. Se o detentor de um título registrado desejar transferi-lo, tem de ser feita uma alteração no registro. (148)

registered share / ação registrada Ação (*share*) cujo proprietário tem seu nome registrado pela empresa que a emitiu. (148) (163)

register of deeds / cartório de notas Cartório de âmbito municipal para o registro de notas e documentos, principalmente dos que se referem a imóveis (*real estate*). (31)

register ton / tonelada de registro Unidade de capacidade de carga dos navios, igual a 40 pés cúbicos ou 1,132 metros cúbicos. Também conhecida como tonelada de medida (*measurement ton*) e tonelada de frete (*freight ton*). (78)

registrar / registro 1. Entidade responsável por impedir a distribuição de ações de uma empresa em quantidade maior que a autorizada. Na realidade, é uma repartição em que são feitos os registros e lançamentos de atos e fatos que devem ser lançados em livros apropriados. 2. Oficial de registros ou pessoa encarregada disso. V. (*register*). (105) (148) (231) (244)

regression / regressão 1. Técnica para quantificar a relação estatística entre duas ou mais variáveis (*variables*). Serve para testar hipóteses e problemas de previsão (*forecast*). A regressão postula um relacionamento sob a forma de uma equação com uma variável dependente e uma ou mais independentes. Não demonstra nem implica causalidade. 2. Em psicologia, comportamento agonístico, ou seja, de luta, que ocorre quando as pessoas tratam de ameaças, voltando a modalidades de comportamento imaturo. (163) (203)

regression analysis / análise de regressão Técnica quantitativa pertencente à econometria que, através de estatística, mede o grau de associação entre dois ou mais fenômenos. (119) (148) (244)

regression line / linha de regressão Termo estatístico que indica uma relação entre duas ou mais variáveis. Uma linha de regressão ou de mínimos quadrados (*least squares*) é derivada de uma equação matemática que relaciona uma variável econômica a outra. A técnica de regressão é útil na previsão (*forecast*) da atividade econômica geral e em outros campos de atividade. (1) (148)

regressive supply curve / curva de oferta regressiva Curva de oferta em que a quantidade de um bem ou serviço declina com o aumento de preço. Por exemplo, um tradutor que recebe 50 unidades monetárias por hora e trabalha 8 horas, poderia trabalhar apenas 4 horas se fosse aumentado para 100 por hora. Também conhecida como curva de oferta de inclinação retrógrada (*backward-bending supply curve*). (163)

regressive tax / imposto regressivo Qualquer forma de imposto que seja mais pesada para os grupos de menor renda. Contrasta com imposto progressivo (*progressive tax*), caso em que os tributos aumentam com a capacidade para pagar (*ability-to-pay*). Um imposto uniforme sobre as vendas é um caso de imposto regressivo, pois relativamente pesa menos para os mais abonados. (31) (163) (244)

regulation Q / regulamento Q Regulamento bancário que determina as taxas que o sistema bancário dos Estados Unidos pode pagar sobre depósitos a prazo. (1)

Rehabilitation Act / Lei de Reabilitação Lei promulgada nos Estados Unidos em 1973, proibindo discriminação dos portadores de defeitos físicos mas com qualificações para trabalhar (*qualified handicapped*). Aplica-se aos empregadores que recebem verbas federais e aos órgãos federais do poder executivo. (198)

reification / reificação Atitude que consiste em tratar conceitos abstratos como se fossem realidades ou objetivos. (6) (64) (78)

reinforcement / reforço Qualquer objeto, evento ou processo que aumente a probabilidade de que será eliciado um comportamento específico sob circunstâncias semelhantes. (A)

re-insurance/resseguro Cobertura que um segurador obtém de uma entidade seguradora de uma parte do risco pelo qual se responsabilizou. Dessa forma, o segurador inicial se garante parcialmente do risco por ele coberto. (148) (163) (244)

relative price/preço relativo Razão entre o preço de dois bens, ou seja, a razão entre dois preços absolutos (*absolute prices*). (165)

reliability/confiabilidade 1. Grau de confiança que se pode ter quanto ao desempenho de um produto ou serviço. 2. Dispositivo de seleção, como um teste, que proporciona resultados coerentes todas as vezes que o indivíduo é submetido a ele. (148) (198) (244)

reliable/confiável Que merece confiança. (244)

relief work/frente de trabalho A expressão "frente de trabalho" é de cunho relativamente moderno e define a situação em que o governo dá início a obras públicas que não são de necessidade imediata, a fim de manter os níveis de emprego. Alguns economistas chamam a este recurso "cavar valetas" e outros o chamam "escorva de bomba" (*pump priming*), ambos com o sentido de reflação (*reflation*). (163)

remit/remeter; remeter a um tribunal superior; remir 1. Enviar dinheiro ou algo a uma pessoa para a ação necessária. 2. Remeter um caso judicial a um tribunal superior. 3. Liberar uma pessoa de um débito ou punição. (244)

remittance/remessa Quantia que foi enviada de um lugar para outro. (148)

remuneration/remuneração Pagamento a uma pessoa por algum serviço feito. (244)

rent/aluguel; renda econômica 1. Importância monetária paga pelo uso da terra ou dos edifícios porventura existentes. 2. Excedente pago a qualquer fator de produção (*factor of production*) acima do que é necessário para mantê-lo em sua ocupação. Por exemplo, se um aviador ganha 20, mas conseguisse apenas 15 em alguma outra ocupação, sua renda econômica (*rent*) seria 5. Esta quantia poderia desaparecer sem afetar a produção. (1) (98) (148) (163) (244)

rental/aluguel V. (*rent*). (148) (158) (244)

rent freeze/congelamento de aluguel Fixação de aluguéis em seus níveis presentes por um tempo especificado ou indefinido. Certas leis prevêem o congelamento, mas quase sempre por tempo definido. (163)

rentier/rentier Pessoa que vive de rendas, como juros, dividendos etc., mas não presta serviços pessoais. O termo deriva do francês *rente*, renda. (158) (163)

renting back/relocação Artifício para levantar capital como terra, prédios, fábricas etc. sem ter de vagá-los. Uma empresa pode vender sua propriedade com o contrato de que a parte compradora a alugará por longuíssimo prazo à parte vendedora. Presumivelmente a parte vendedora terá capital e tempo suficientes para compensar a venda que efetuou. (163)

renunciation/renúncia Desistência de uma pessoa dos direitos que lhe foram formalmente concedidos para a aquisição de uma quota de novas ações emitidas por uma empresa. (163)

reorder point/ponto de reabastecimento Ponto atingido no nível de estoque de uma firma em que ela deve se reabastecer a fim de não sofrer falta do item em pauta. (148) (244)

reorganization/reorganização Reformulação completa ou drástica na maneira de agir de uma empresa, incluindo uma alteração marcante na estrutura de capital, muitas vezes após um fracasso na operação dentro da modalidade anterior. (11)

reparations/reparações Indenização que um país vitorioso exige do derrotado pelos danos sofridos em conseqüência de guerra. (163)

repatriation/repatriação Transferência de capital, qualquer que seja a origem, de um país anfitrião para o mercado externo. O caso mais comum é a repatriação de lucros de empresas estrangeiras a seus países de origem. (163)

repeal/cancelamento de lei Cancelamento de uma lei. (244)

replace/repor Colocar uma coisa ou pessoa, nova ou diferente, no lugar de uma antiga. (244)

replacement/reposição Substituição de equipamento velho por novo, muitas vezes sem que haja obsolescência, mas simplesmente porque a produtividade do novo é maior. (1) (231)

replacement analysis / análise de reposição Problema geralmente estudado por pesquisa operacional (*operations research*) sobre a oportunidade de fazer a reposição de máquinas, já que aos poucos estas se desgastam, ou efetuar troca por máquinas novas e mais eficientes que estão surgindo no mercado. (148)

replacement charts / gráficos de reposição Sistema usado em grandes empresas, representando visualmente os indivíduos que substituirão outros quando ocorrerem vagas nos diversos cargos. (148) (198)

replacement cost / custo de reposição Custo de fazer a reposição de um bem em uma ocasião específica, isto é, em termos dos preços atuais e não de seu custo original. (148) (163) (244)

replacement demand / demanda para reposição Nível de vendas de um produto para substituir os velhos ou desgastados. (244)

replacement value / valor de reposição Em seguro, montante que custaria aos preços correntes comprar a coisa segurada. (244)

replevin / ação reivindicatória Devolução de bens a uma pessoa que acredita que estes lhe foram tomados ilegalmente, desde que possa entrar com um processo judicial dentro de um mês da ocorrência. (163) (231)

replicate / replicar Repetição de um estudo, quer para detectar erros, quer para confirmar resultados anteriores. (203)

reply-paid postcard / resposta comercial paga Tipo de cartão postal que pode ser posto no correio sem selos, sendo estes pagos pelas empresas que fazem uso do sistema, a fim de facilitar aos clientes responder aos anúncios. (244)

report form / forma de relatório Estilo geralmente seguido na apresentação de uma demonstração de renda, em que a matéria é lida do alto para baixo, começando com as vendas e terminando com subtotais em vários pontos e, finalmente, a renda líquida. Algumas vezes a forma de relatório é encontrada num balanço (*balance sheet*). (7) (88)

reporting pay / pagamento por presença Pagamento mínimo garantido a qualquer empregado que se apresenta para trabalhar (a menos que tenha sido avisado para não comparecer), quer haja trabalho para ele ou não. (148)

repossessed goods / bens reavidos Bens que são recuperados por uma empresa que vendeu a prazo, ou a prestações, porque o cliente deixou de pagar. Supõe-se a existência de um contrato de reserva de domínio. (105)

repossession / reintegração de posse Retomada de posse sem processo judicial e sem disputas, do que for vendido com cláusula de reserva de domínio (*conditional sale*). Ocorre por falta de pagamento ou outra infração contratual. (1) (231) (244)

representative / representante; representativo 1. Pessoa nomeada a fim de trabalhar para outras. 2. Exemplo de grupo ou classe. (244)

representative firm / firma representativa Hipótese de Marshall de uma firma ideal, a fim de ilustrar os efeitos de economias internas e externas (*externalities*). (163)

representative sampling / amostragem representativa Amostragem para a obtenção de uma boa seção transversal de uma população, sem introduzir quaisquer tendenciosidades (*bias*) que possam torná-la não representativa. (130)

repressed inflation / inflação reprimida Situação em que o estado da economia é inflacionário: a demanda agregada de bens e serviços excede a oferta; os preços tendem a elevar-se se tudo o mais permanecer constante (*ceteris paribus*), mas a elevação de preços é impedida ou diminuída por atuação das autoridades. (158) (163)

repudiation / repúdio Recusa em cumprir um contrato ou resgatar uma dívida. Pode ocorrer quando um Tribunal de Contas decide que um governo não está obrigado a liquidar dívidas contraídas pelo que o antecedeu. (163) (244)

required reserves / reservas legais; encaixe mínimo Percentagem dos depósitos bancários que os bancos comerciais, membros do Sistema da Reserva Federal, são obrigados a depositar nos bancos regionais da Reserva, ou a ter como encaixe em seus cofres. (1) (14)

requisition / requisição Solicitação formal e por escrito, geralmente feita de um departamento para o outro da mesma organização, para o fornecimento de artigos especificados ou serviços. (7) (88) (244)

resale price maintenance / manutenção de preço de revenda Determinação de um produtor ou atacadista (*wholesaler*) do preço mínimo de revenda para seu produto. Há quem julgue que o sistema tem conotações de conluio de preços. Em geral, a manutenção de preços de revenda se aplica a marcas bem firmadas ou exclusivas. (134) (148) (163) (244)

rescind / rescindir 1. Fazer com que uma coisa deixe de ser efetiva. 2. Cancelar um contrato. (244)

rescission / rescisão Distrato ou anulação de um contrato, com ou sem aplicação de multa, quase sempre por descumprimento de uma das partes contratantes. V. (*rescind*). (163) (244)

research / pesquisa Investigação sistemática de fatos que cercam determinada situação, visando a encontrar métodos mais eficientes. Incide sobre métodos de produção, materiais, pessoal, mercadologia, produtos, embalagem, propaganda etc. A concorrência crescente é a poderosa força subjacente ao incremento de todas as espécies de pesquisa, principalmente no que tange a marketing. (48)

research and development / pesquisa e desenvolvimento A expressão, quase sempre abreviada como R & D (P & D) e considerada como termo no singular, descreve a aplicação da pesquisa a métodos redutores de custo, criação de produtos novos, ou aumento no valor dos que já existem. Um de seus aspectos é a pesquisa operacional (*operations research*), que é a aplicação de certos procedimentos estatísticos para solucionar problemas. (48) (148) (163) (244)

research design / desenho de pesquisa Esquema abrangente para um projeto de pesquisa de mercado (*market research*). (194)

reservation price / preço-limite Preço abaixo do qual um bem ou serviço não será colocado no mercado, qualquer que seja o motivo. (163)

reserve / reserva 1. Palavra geralmente usada no plural, significando lucros retidos (*retained earnings*), que não foram postos de lado para determinadas finalidades, como a obrigação de pagar um imposto. 2. Estoque de segurança. (148) (163)

reserve army of the unemployed / exército de reserva dos desempregados Expressão de Marx para designar a massa de trabalhadores desempregados em conseqüência de progresso tecnológico. (163)

Reserve bank / banco da Reserva Banco em que são depositadas as reservas de outros bancos. Nos Estados Unidos são membros do Sistema da Reserva Federal (*Federal Reserve System*). (78)

reserve currency / moeda de reserva Tipo de divisas que um governo deixa em alguma instituição internacional a fim de financiar o comércio entre países. A principal moeda desse tipo é atualmente o dólar americano. (148) (163) (244)

reserve for bad debts / reserva para dívidas incobráveis Quantia posta de reserva para cobrir as dívidas que, segundo se julga, não serão pagas. (244)

reserve for obsolescence / reserva para obsolescência Verbas deixadas como reserva que eventualmente servirão para a aquisição de um bem que se tornou obsoleto antes de ter sido completamente depreciado. (163)

reserve price / preço de reserva No Reino Unido, preço mais baixo que uma pessoa que pôs algo em leilão está disposta a aceitar. Nos Estados Unidos e na Escócia a expressão é (*upset price*). (78) (164) (244)

reserve ratio / proporção de reserva Proporção de depósitos que um banco deve fazer no banco central, dos que são recebidos dos clientes. Tem como sinônimo "razão de encaixe" ou reservas legais (*required reserves*), isto é, a proporção de dinheiro com que o banco fica em relação aos depósitos totais que recebeu. (39) (104)

reserves / reservas; lastro Para a maioria dos países, o que o banco central possui em ouro ou moedas conversíveis; lastro. (104) (163) (244)

reserve stock / estoque de reserva V. (*safety stock*). (244)

resident buyer / comprador local Pessoa encarregada por uma empresa de comprar materiais no mercado local em que reside. V. (*buying office*). (38)

residual payment/pagamento residual O que sobra para o empresário (*entrepreneur*), depois de pagas todas as despesas (*expenses*). Não se pode saber antecipadamente qual o seu montante, ao contrário do que acontece com juros, aluguéis etc. (163)

residual saving/poupança residual Parte das quantias disponíveis que um indivíduo deixou de gastar e que, por isso, é poupança discricionária (*discretionary saving*). (159)

residual unemployment/desemprego residual Número de pessoas que permanecem desempregadas, mesmo quando há pleno emprego, porque seus defeitos físicos ou mentais fazem com que não sejam empregáveis. Estas pessoas não figuram nas estatísticas de desemprego (*unemployment*). (163)

residuary legatee/legatário residual Pessoa com direito ao restante das propriedades de uma outra falecida, depois de liquidadas todas as suas dívidas, taxas e doações feitas em seu testamento. (163)

residue/resíduo 1. Que foi deixado de alguma coisa. 2. Que foi deixado por um espólio depois de pagos todos os dispêndios, dívidas e legados especiais. (244)

residuum/resíduo Em alguns países de fala inglesa, nível de renda mais baixo de uma sociedade, seja em valor absoluto ou relativo. (163)

resolution/resolução Proposta debatida em uma reunião, aprovada pela maioria dos presentes e que entra em vigor como uma decisão coletiva. (148) (163) (231) (244)

resources/recursos Diversos elementos, de qualidade material ou abstrata, que uma pessoa ou organização usa para a execução de seu trabalho. Via de regra, esses recursos têm um valor econômico ou contábil e por isso são considerados como bens escassos (*scarce goods*) e não como bens livres (*free goods*), como o ar que respiramos, por exemplo. Um empregado é considerado um recurso humano, ao passo que um minério é um recurso material. (140) (148) (244)

respondent/réu; respondente 1. Pessoa que tem de responder judicialmente a uma acusação que lhe foi feita. 2. Pessoa que responde a uma interpelação, verbalmente ou por escrito. (244)

respondentia bond/penhor de navio Empréstimo levantado pelo comandante de um navio, empenhando a sua carga como garantia ou até mesmo o navio. O mesmo que penhor de navio (*bottomry*). (163) (231)

response/resposta Comportamento eliciado por um estímulo. Tem a conotação de reação. (203) (244)

responsibility/responsabilidade V. (*accountability*). (244)

responsibility accounting/contabilidade por responsabilidade Sistema também conhecido como contabilidade por rentabilidade (*profitability accounting*), que reconhece vários centros de responsabilidade na organização e reflete os planos de ação de cada um, distribuindo receitas e custos para quem seja diretamente responsável. (88)

responsibility costing/custeio por responsabilidade Método contábil em que os custos são identificados com as pessoas designadas para seu controle, não com produtos ou funções. (88)

restitution/restituição Ordem judicial para que uma propriedade seja devolvida a seu legítimo dono. (163)

restraint of trade/restrição ao comércio; restrição ao ofício 1. Acordo, conluio ou ação entre dois ou mais indivíduos ou firmas, com o efeito de prejudicar a livre concorrência. 2. Situação em que um empregado é proibido por contrato de usar conhecimento adquirido em seu atual emprego em benefício de alguma firma concorrente para a qual ele possa vir a trabalhar no futuro. (1) (2)

restrictive covenant/convênio restritivo V. (*collusion*). (1) (31) (163)

restrictive endorsement/endosso restritivo Endosso em uma letra de câmbio (*bill of exchange*) que restringe a capacidade do endossado (*endorsee*) de negociá-la. (148) (163) (244)

restrictive practice/prática restritiva Restrição dos trabalhadores no sentido de não fazerem o máximo que puderem, julgando que assim protegem seus empregos, mas os empregadores acreditam que isso impede a melhoria dos métodos de trabalho. (148) (163)

restrictive trading agreement/acordo de restrição ao comércio Acordo feito entre produtores e fornecedores para a adoção de algum método de restrição ao comércio, visando à obtenção de mais lucros ou até de uma situação parecida com a de monopólio. (148) (163)

résumé/curriculum vitae Termo francês equivalente a "resumo", que é uma breve listagem de um cadidato a emprego, relativamente à sua experiência de trabalho, educação, dados pessoais e outras informações pertinentes. (198) (A)

retail/varejo Elo final na cadeia de distribuição (*distribution channels*), a partir do fabricante ou fornecedor, para o consumidor final (*final consumer*). Há muitas espécies de varejo, que podem abranger até mesmo uma máquina automática para vender cigarros, pipocas, refrigerantes etc. (1) (148) (158) (244)

retailer/varejista Pessoa ou empresa ou até mesmo equipamento na cadeia de marketing, que vende produtos diretamente ao consumidor final (*final consumer*). (148) (194) (231) (244)

retailer's cooperative/cooperativa varejista Grupo formado por varejistas a fim de criar um armazém de atacado, do qual farão seus estoques de maneira mais econômica. O armazém pode ser de atacado, mas seus participantes são os varejistas. (194) (244)

retailing revolution/revolução varejista Alteração ocorrida nos últimos anos na distribuição de bens de consumo (*consumer goods*). Um supermercado já não distribui apenas alimentos, mas outros produtos também. As casas de descontos (*discount houses*) são outro exemplo. (48)

Retail Price Index/Índice de Preço de Varejo Estimativa mensal da mudança percentual no nível médio dos preços das mercadorias e serviços que são comprados pelas unidades domiciliares de um país, principalmente alimentos, aluguel, vestuário, combustível e energia elétrica. Também é chamado de índice de custo de vida e índice geral de preços de varejo. (163) (244)

retained earnings/lucros retidos Diz-se da retenção dos lucros após a dedução dos impostos e dos dividendos das sociedades anônimas. Nos balanços (*balance sheets*) podem figurar como "reservas". (1) (7) (22) (148) (163) (244)

retainer/adiantamento monetário 1. Dinheiro pago por serviços que serão executados quando se tornarem necessários. 2. Dinheiro que se paga como parte ou todo a um advogado, por seus serviços. 3. Dinheiro dado como sinal. (7) (244)

retention money/retenção monetária Dinheiro devido ao cumprimento de um contrato e retido pelo comprador durante algum tempo a fim de verificar se existem falhas no trabalho. Esta é uma prática comum na indústria de construção do Reino Unido. (163)

retirement/retirada de circulação; baixa; aposentadoria 1. Requisição que uma sociedade anônima faz de suas próprias ações ou valores em circulação. 2. Baixa de um bem do ativo, seja por venda ou pelo esgotamento de sua vida útil. 3. Afastamento de um empregado, seja por incapacidade física ou por tempo de serviço, com um pagamento de pensão correspondente à sua contribuição para aposentadoria. (7) (88) (163) (231) (244)

retraining/retreinamento Treinamento que visa a capacitar uma pessoa a assumir uma ocupação diferente daquela para a qual foi treinada anteriormente. Esta prática deriva da automação e da introdução de novas tecnologias. (148) (244)

retroactive inhibition/inibição retroativa Processo que ocorre quando nova informação dificulta a lembrança de matéria aprendida anteriormente. (203)

retrospective longitudinal study/estudo longitudinal retrospectivo Estudo que, muitas vezes chamado (*ex post facto study*), trata de uma conjuntura temporal passada, usando os dados que estão documentados em algum lugar. O estudo longitudinal é o que se faz ao longo do tempo. (180) (A)

return/declaração de imposto; devolução; retorno 1. Informação exigida anualmente pelas autoridades, de indivíduos e empresas, como no caso do imposto de renda. 2. Bens que, por algum motivo, o comprador devolve à entidade vendedora. 3. Dinheiro ganho em um investimento, muitas vezes expresso como uma percentagem (7) (88) (244)

return on capital/retorno do capital Razão entre o lucro (*profit*) obtido e o capital (*capital*). (163) (244)

return on investment / retorno do investimento Cifra usada para medir o sucesso que se pode ter alcançado em vendas. Freqüentemente abreviado para *ROI* (RDI). V. (*return on capital*). (148) (194) (244)

returns to scale / retornos de escala Retornos que ocorrem quando a empresa expande sua escala de operações, usando "todos" os insumos: mão-de-obra, equipamento, espaço etc. Quando o aumento do produto é proporcional ao das quantidades de insumos, há rendimentos constantes de escala (*constant returns to scale*); se o aumento do produto for mais do que proporcional, há rendimentos crescentes de escala (*increasing returns to scale*); e se for menos do que proporcional, há rendimentos decrescentes de escala (*diminishing returns to scale*). Os aperfeiçoamentos da tecnologia não fazem parte do conceito de rendimentos de escala. (155) (163)

revaluation / revalorização Alteração ascendente ou descendente no valor de uma moeda em relação ao ouro ou moedas de outros países. No primeiro caso é "valorização" e no segundo, "desvalorização". Alguns autores consideram que o termo *revaluation* corresponde sempre ao aumento do valor da moeda. (1) (148) (163) (231) (244)

revenue / receita Receita de uma empresa é o preço a que vende multiplicado pelo número de unidades vendidas. Outros nomes são: renda bruta (*gross income*) e recebimentos brutos (*gross receipts*). (148) (155) (231) (244)

reverse takeover / assunção inversa de controle Assunção de controle de uma empresa grande por uma menor ou de uma empresa pública por uma privada. (163) (244)

reverse yield gap / hiato do rendimento invertido V. (*yield gap*). (163)

reversion / reversão Retorno da posse de uma propriedade a alguém, após um evento especificado (como o término de um arrendamento). (148)

revisionism / revisionismo Exame e exclusão de certos princípios doutrinários que, por algum motivo, não convêm mais a um país ou grupo, em determinada época ou circunstância. (A)

revoke / revogar Equivalente a cancelar, especialmente uma lei ou ordem. (244)

revolving credit / crédito rotativo Facilidade que se concede a uma pessoa específica, de acordo com a qual ela pode tomar dinheiro emprestado ou comprar a crédito, até um limite inicial. O limite do crédito é reduzido pelo valor do que foi tomado emprestado; mas o crédito pode ser novamente aumentado no montante pago a quem garantiu a facilidade, porém nunca mais do que o limite inicial. (148) (163) (244)

revolving fund / fundo rotativo Fundo que vai rotacionando como se fosse capital de giro (*working capital*). (1)

Ricardo effect / efeito-Ricardo Prolongamento do período médio de produção em resultado de uma elevação dos salários reais, o que favorece a produção intensiva de capital (*capital intensive*), contrariamente à que é intensiva de mão-de-obra (*labor intensive*). (128) (163)

Rich Countries' Club / Clube dos Países Ricos Apelido que os países menos favorecidos deram ao (*GATT*). (87)

ridge line / linha de cumeeira Linha sobre um mapa de isoquantas (*isoquant*) que liga os pontos em que o produto marginal (*marginal product*) de um ou outro dos fatores é zero. Quando os preços são positivos, a área entre as cumeeiras é a região de produção econômica. Quando o modelo é apenas de dois fatores, a linha mais próxima do eixo de um insumo corresponde à margem intensiva desse fator, e a que está mais longe corresponde à margem extensiva. (163)

right of eminent domain / direito de desapropriação V. (*eminent domain*). (A)

rights issue / direitos de emissão Emissão de novas ações por uma empresa, dando a seus acionistas a mesma proporção fixa que eles já tinham das ações existentes. As regras variam de empresa para empresa. (163) (244)

rights letter / carta de direitos Documento que concede primazia a uma pessoa, já acionista de uma empresa, de subscrever ações de uma nova emissão. O documento permite que a pessoa em apreço venda na bolsa a quantidade de ações a que tem direito. (105) (163)

ringi/ringi Termo japonês equivalente à tomada de decisão coletiva, quando um documento passa de um administrador para o seguinte, a fim de receber de cada um, sejam quantos forem, sua rubrica de aprovação. (199)

riot/arruaça Ação de uma multidão violentamente agitada, agressiva e destrutiva, quase sempre motivada por questões de raça, religião, nacionalidade, protestos, demonstrações e dramatização de queixas contra entidades oficiais ou não. (180) (231) (A)

risk/risco Possibilidade de um empresário ganhar ou perder em seu empreendimento. Os riscos derivados de incertezas econômicas são premiados com o lucro (*profit*). O risco financeiro tem por base as incertezas do que é natural, humano e econômico. Os riscos naturais e humanos podem ser segurados com facilidade, mas os riscos oriundos de incertezas (*uncertainties*) econômicas não são suscetíveis de seguro. (1) (148) (231) (244)

risk analysis/análise de risco Método de aquilatar os resultados, bons ou maus das decisões gerenciais, especialmente em termos de como as possibilidades danosas poderiam afetar a empresa. (244)

risk capital/capital de risco Capital investido em um bem, valor, ou empreendimento onde existe um elemento de risco, ou seja, a possibilidade de perder (ou ganhar). É o caso das ações das empresas particulares, não acontecendo o mesmo com os títulos de dívida datados do governo. (163) (244)

risk management/administração de risco Função de reduzir, distribuir ou evitar a perda do valor pecuniário dos produtos e serviços durante a comercialização. (38) (148)

rival commodities/mercadorias rivais Diz-se dos bens ou serviços que podem ser facilmente substituídos entre si, de modo que a alteração no preço de um afetará a demanda do outro. São bens substitutos (*substitute goods*). (163)

robot/robô Dispositivo autocontrolado eletrônico, elétrico ou mecânico que muitas vezes executa trabalho em substituição a um indivíduo ou grupo. Na automação o robô encontra o seu ambiente por ser o trabalho repetitivo. (214) (244)

robotics/robótica Ciência de construir e usar robôs. (244)

robot salesmen/vendedores-robô Apelido que se dá a certos vendedores que "decoraram" o que devem dizer sobre um produto que estão vendendo e repetem sempre exatamente as mesmas palavras, não variando, como se fossem robôs. (225)

rock bottom/fundo pétreo Coloquialismo que significa o ponto mais baixo de alguma coisa. (11) (39)

rod/vara Medida linear com 5,5 jardas (*yards*) equivalente a 5,029 m. A vara também pode chamar-se em inglês (*pole*) ou (*perch*). (78)

ROI/RDI Abreviatura de (*return on investment*), retorno do investimento. (244)

role/papel Padrão de comportamento que se espera de uma pessoa de determinado *status* ou em determinada situação. O papel pode ser múltiplo para o mesmo indivíduo, de acordo com as circunstâncias. (130) (148)

role ambiguity/ambigüidade de papel Situação em que as pessoas não estão certas do que delas se espera, por exemplo, em um determinado cargo no emprego. (198) (A)

role conflict/conflito de papel Situação em que uma pessoa, como um gerente, por exemplo, deve executar duas espécies diferentes de atividade que interferem entre si. (244)

role playing/desempenho de papel 1. Técnica de treinamento em que os indivíduos são solicitados a assumir identidades diversas, a fim de aprenderem como os outros se sentem sob circunstâncias diferentes. 2. Ação que se espera de um indivíduo no papel que lhe é atribuído. (148) (198) (244)

role reversal/inversão de papel Em treinamento de empregados, tipo de desempenho de papel (*role playing*) em que dois estagiários, depois de certo tempo ou resultado, invertem seus papéis; por exemplo, empregado e patrão. (148)

role sending/envio de papel Mensagens explícitas ou implícitas do que se espera de uma pessoa. Por exemplo, um filho envia mensagens ao pai do que este deve fazer no papel de pai. Um mendigo que estende a mão está enviando um papel. (A)

role set / conjunto de papéis Complemento dos relacionamentos de papéis que as pessoas têm por ocuparem um determinado *status* social. (124)

role strain / tensão de papel Dificuldade que as pessoas encontram com as obrigações de seus papéis. A tensão pode surgir de preparação inadequada, dificuldades na transição de um papel para outro, ou de conflito e fracasso em papel. Quase sempre existe quando uma pessoa se vê forçada a desempenhar um papel que não é o seu próprio. (180) (A)

role taking / assunção de papel 1. Assumir o cargo de desempenhar um papel, especialmente novo. 2. Representar um papel que não é o próprio da pessoa. (180) (A)

roll back / volta ao preço anterior Especificamente, redução de preço para um nível anterior, por determinação e controle de uma autoridade. (1) (78)

rolling plan / plano rolante Plano de desenvolvimento para cinco anos, por exemplo, mas sem prazo fixo. À medida que cada ano passa, é acrescentado um outro ao horizonte temporal. Em outras palavras, o plano vai rolando com o decorrer do tempo. (119) (244)

rolling readjustment / reajustamento rolante Reajustamento que ocorre quando a atividade econômica declina em certos setores, porém cresce em outros, em tempos diferentes, o que evita recessão (*recession*). (1)

rolling stock / material rolante Locomotivas, vagões, carros etc., usados por uma ferrovia. (244)

roll-on roll-off / transporte sobre transporte Sistema de transporte, também conhecido como (*ro-ro*), em que um caminhão, com sua carga completa, quase sempre um contêiner (*container*), é transportado por um outro veículo, como trem ou navio, prosseguindo por seus próprios meios após a chegada ao destino do primeiro transporte. (137)

rollover refunding / consolidação rolante Método para a substituição de títulos do governo em mãos do público, segundo o qual os portadores trocam os papéis que vão vencendo por novas emissões. (1) (A)

ro-ro / ro-ro V. (*roll-on roll-off*). (137)

rotation of directors / rotação de diretores Sistema que figura nos estatutos de uma empresa, de acordo com o qual um certo número de diretores se submete a eleições de tempos em tempos. Dessa maneira não se perpetuam nos cargos e podem ser substituídos sem que precisem ser demitidos. (163)

rough / desenho rudimentar Em empresa de propaganda, forma rudimentar de desenho ou disposição de material que será incluído em um anúncio. Praticamente é o mesmo que um esboço rápido (*scamp*). (164)

rough out / montagem preliminar Primeira montagem de diversos trechos de filmagem, a fim de ser iniciada a seqüência correta, de acordo com o roteiro (*script*). (164)

roundabout production / produção indireta V. (*indirect production*). (1)

round lot / lote completo Unidade que engloba um número redondo de ações ou um múltiplo dessa unidade, na compra e venda em bolsas de valores. É o oposto de lote fracionado (*odd lot*). (1) (11) (163)

routine / rotina 1. Ação regularmente repetida ou que tem a intenção de ser o método-padrão de executar alguma tarefa. 2. O todo ou parte de um programa. (148)

Rowan system / sistema Rowan Esquema de trabalho por peça (*piece rate*) em que cada operário recebe um dia de trabalho, assim como uma bonificação que é uma percentagem da taxa-padrão de trabalho por peça. No sistema Rowan esta percentagem equivale ao tempo economizado em cada tarefa. (148) (163)

royalty / royalty Dinheiro que uma pessoa recebe de outra, durante um prazo especificado, por lhe ter permitido usar alguma coisa que pertence ao recebedor, como explorar um poço petrolífero, ou o direito de publicar alguma coisa com direitos autorais registrados etc. É o pagamento pela licença concedida a um terceiro para explorar algo patenteado pelo licenciador. (148) (163) (244)

RSVP / RSVP Abreviatura da expressão francesa *repondez s'il vous plait*. Literalmente, "faça o favor de responder". Usa-se em convites para saber se uma pessoa aceita ou não, quase sempre para a reserva de lugares em festas, ou cálculo de quantas pessoas devem comparecer a um coquetel etc. (A)

rubber check / cheque devolvido O mesmo que (*bounced check*), isto é, cheque que "bateu e voltou", geralmente por falta de fundos. (78) (105) (231)

rule / regra Norma que se fixa antecipadamente sobre que alternativa deve ser escolhida ou que decisão deve ser tomada. É de conotação mais rígida que política (*policy*) e não dá muita margem a livre arbítrio. (140)

rule of thumb / regra prática Norma prática, e não regra em seu sentido estrito. A regra (*rule*) é inflexível. (9) (A)

runaway inflation / inflação descontrolada V. (*hyperinflation*) e (*galloping inflation*). (1) (163) (244)

runaway shop / estabelecimento fugitivo Empresa cujos empregados são sindicalizados em determinado local, e que se muda para outra região ou Estado, a fim de fugir às exigências do sindicato local onde se achava. (1)

running costs / custos operacionais Dinheiro necessário para manter um negócio em andamento todos os dias. (244)

run of paper / sem página determinada Autorização para inserção de anúncio em um veículo impresso, sem página ou posição determinada, caso em que o anunciante obtém um preço mais baixo. (164)

run-of-paper advertisement / propaganda sem dia marcado Propaganda, geralmente artística, que deve ser colocada sempre que o publicador julgue conveniente. (148)

run-of-the-mill / do tipo comum Tudo quanto é comum, pertence à média, ou nada tem de extraordinário. (78)

run-of-week spot / comercial sem hora marcada Autorização para inserção de comercial em televisão durante uma semana, porém sem horário determinado, o que faz jus a um desconto sobre o preço de tabela. (164)

run on a bank / corrida a banco Retirada em massa do dinheiro depositado em um banco, quando os depositantes imaginam ou ouvem boatos de que o banco está prestes a falir. Também pode ocorrer quando há rumores de que por instabilidade política haverá um feriado bancário prolongado. (163) (244)

rural industry / indústria rural V. (*village industry*). (67)

Rx / receita médica Símbolo convencional representativo de prescrição, ou seja, receita médica, termo muito encontrado nas lojas de conveniência combinadas (*combos*). (78) (235:60)

S

sacrifice / sacrifício 1. Em termos de tributação, perda de bem-estar material ou imaterial pelo pagamento de um imposto. 2. O que se deixou de ganhar por um motivo ou outro. V. (*opportunity cost*). (163)

saddle point / ponto de sela Ponto de equilíbrio em uma matriz de compensação (*payoff matrix*), formando uma curva que se assemelha a uma sela. Esta curva depende da estrutura da matriz, quer o jogo tenha ou não um ponto de equilíbrio. O assunto está muito ligado à teoria do jogo (*game theory*). (128)

safe custody / guarda segura Geralmente, serviço bancário de guarda de valores. (163)

safety margin / margem de segurança Conceito teórico, segundo o qual a dimensão da margem (*margin*) está no montante em que as vendas reais ultrapassam as indicadas pelo ponto de igualação ou de nivelamento (*break-even point*). Quanto maior for a margem, tanto menos vulnerável estará a empresa com um aumento de custos ou declínio de vendas. (157)

safety officer / encarregado de segurança Empregado com a responsabilidade de recomendar métodos seguros de trabalhar e investigar acidentes. (148) (244)

safety stock / estoque de segurança Estoque que excede a média de seu uso durante um período. Visa a evitar interrupções em um fluxo fabril ou de vendas por falta de fornecimento. Equivale a (*buffer stock*). (148) (244)

salaried / assalariado Indivíduo pago por ordenado (semanal, quinzenal ou mensal) e não por salários (como um diarista ou trabalhador por peça). (244)

salary / ordenado Remuneração paga periodicamente por trabalhos administrativos, escriturais etc., geralmente em base fixa. V. (*wage*). (7) (88) (148) (163) (231) (244)

salary administration / administração salarial Atividade do departamento de uma firma especializado em estudar os ângulos pertinentes dos pagamentos de salários e ordenados, e muitas vezes efetuar o seu pagamento. (148)

salary review / revisão salarial Exame do montante monetário que um empregado ganha em termos de seu trabalho, taxa de inflação, desconto de previdência etc., para ver se deve receber mais, e, em caso afirmativo, quanto. (244)

sale / venda 1. Mudança de propriedade de bens, em troca de moeda. 2. Acordo para vender bens específicos a alguém. 3. No plural, quantidade de bens vendidos por uma empresa durante um certo período. (148)

sale and lease back / venda e arrendamento Maneira de obter capital pela venda de um negócio e depois arrendá-lo de seu novo proprietário durante um certo tempo. (244)

sale or return / venda ou devolução Combinação entre um fabricante e um atacadista ou entre este e um varejista de que os bens enviados a este último poderão ser devolvidos sem qualquer ônus, caso não sejam vendidos dentro de um prazo especificado. Grande semelhança com consignação (*consignment*). (148) (163) (244)

sales analysis / análise de vendas Estudo dos dados apropriados a fim de revisar, melhorar ou corrigir uma situação mercadológica. A informação que deve ser analisada é composta de itens individuais no que tange aos demais fatores que afetam o composto de marketing (*marketing mix*). (194) (244)

sales audit / auditoria de vendas Análise das vendas, consoante o tipo de bens vendidos, áreas em que as vendas foram feitas, tipo do canal de distribuição etc. (244)

sales budget / orçamento de vendas Termo que equivale à previsão de vendas. É uma estimativa da quantidade dos bens que serão vendidos durante um certo período, havendo também uma estimativa dos custos para atingir tal nível. De tempos em tempos, para controle, as vendas serão comparadas ao orçamento. (244)

sales campaign / campanha de vendas Plano para aumentar as vendas de um certo produto, área, tipo de freguês etc. (244)

sales conference / conferência de vendas Reunião formal dos empregados de uma empresa em conexão com as vendas de seus produtos e o que se deve fazer no futuro para aumentá-las. (244)

sales control / controle de vendas Processo através do qual o sucesso dos vendedores é medido pela média das novas vendas ou abertura de novas contas. (244)

sales costs / custos de vendas Despesas que decorrem diretamente da tentativa de vender. (244)

sales drive / campanha de vendas Esforço maior do que o comum para aumentar as vendas durante um certo período. (244)

sales engineer / engenheiro de vendas Pessoa com conhecimento técnico especializado de maquinaria etc., que ajuda a vender produtos desse tipo. (244)

sales incentive / incentivo de vendas Algo que animará os vendedores, atacadistas e varejistas a venderem mais. (244)

sales inquiry / indagação de vendas Pedido de mais informação sobre um produto, por parte de um possível comprador. (244)

sales force / força de vendas Pessoas empregadas por uma firma com a missão de vender seus produtos. O termo "força" pode ser interpretado como grupo de ação, mais ou menos como o militar. (148) (244)

sales forecast / previsão de vendas Estimativa das vendas projetadas em termos monetários e unitários. Vale para determinadas condições econômicas em um período específico de tempo. Da previsão de vendas são alocadas as quotas para vendedores, territórios etc. (148) (194) (244)

sales literature / literatura de vendas Qualquer coisa impressa que ajude a vender um produto. (244)

salesman / vendedor Alguém empregado para vender os produtos de seu empregador. O termo tende a ser substituído por representante de vendas (*sales representative*). (148) (244)

sales management / gerência de vendas Planejamento, direção e controle das atividades do pessoal de vendas. Inclui recrutamento, seleção, treinamento, designação, supervisão, remuneração e motivação da força de vendas (*sales force*). Sua responsabilidade engloba a escolha de territórios de vendas, itinerários, quotas dos vendedores, despesas de vendas e pesquisa mercadológica. É freqüente que a gerência de vendas trabalhe em ligação íntima com o departamento de promoção. (38) (48) (194)

sales manager / gerente de vendas Encarregado de um grupo de vendedores e responsável por todos os aspectos da venda dos produtos de uma empresa. (244)

salesmanship / arte de vender Técnica de persuadir possíveis clientes a comprar alguma coisa; habilidade ou capacidade para fazê-lo. (244)

sales office / escritório de vendas Via de regra, escritório regional de uma empresa, tendo como finalidade única vender. Não mantém estoque daquilo que vende. As entregas são feitas de algum outro departamento da empresa. (194)

sales potencial / potencial de vendas Termo que concerne a uma determinada empresa e não a um agregado. Refere-se a uma estimativa das vendas que podem ser obtidas por intermédio de dispêndios razoáveis em insumos mercadológicos. Relaciona-se a potencial de mercado (*market potential*). (138)

sales promotion / promoção de vendas Atividades que auxiliam a venda e a propaganda de bens, como a preparação de catálogos, manuais de vendas, expositores e todos os tipos convencionais de propaganda. Assumem diversas formas, como concursos, cooperação dos comerciantes, cartazes, distribuição de amostras etc. Quase sempre as feiras de amostras e exposições são consideradas como promoção de vendas. Alguns autores excluem da promoção a venda pessoal. (48) (148) (162) (163) (194) (244)

sales prospect / cliente prospectivo Pessoa ou empresa com a probabilidade de comprar um certo produto. (244)

sales quota / quota de vendas Montante de vendas em unidades monetárias ou físicas que um vendedor ou entidade intermediária tem de realizar para um dado produto, dentro de certo mercado, em período especificado. De certo modo, a quota deve refletir um pouco do potencial de vendas (*sales potential*). (138) (194) (244)

sales representative / representante de vendas Sinônimo de vendedor que, aparentemente, confere mais *status* ao encarregado de vender. (244)

sales revenue / receita de vendas Quantia arrecadada pelos bens vendidos durante um certo período. (244)

sales revenue maximization / maximização da receita de vendas Na teoria da firma, um dos ramos da economia, alternativa em que a administração procura maximizar as receitas, ao invés de os lucros. Talvez a firma aja dessa maneira por existir a suposição de que quanto maiores forem as receitas de vendas tanto maiores serão os lucros. (163)

sales tax / imposto de vendas Imposto de alíquota fixa que incide sobre o preço de venda de quase todas as mercadorias. Difere do imposto de consumo (*excise duty*) que é seletivo e quase sempre incide sobre produtos manufaturados. O imposto de vendas é repassado para o consumidor final (*final consumer*) e é aplicado uma única vez, diferindo, portanto, do imposto de transações ou de circulação de mercadorias (*turnover tax*); é considerado como imposto regressivo (*regressive tax*). (1) (31) (231) (244)

sales territory / território de vendas Área ou parte de um mercado dentro do qual um representante de vendas tem de trabalhar, respeitando as áreas de seus colegas. (244)

sale value / valor de venda Preço ao qual um bem de qualquer espécie pode ser vendido, menos quaisquer custos em que ainda possa incorrer. (7) (88)

saliency / saliência Em marketing, a importância que o consumidor (*consumer*) dá a cada característica de um produto. Para cada um ele desenvolve um conjunto das características que formam pontos altos e faz um cotejo com as demais marcas. Dessa forma, adquire uma atitude quanto à marca (*brand attitude*). (138)

salvage / salvamento; salvados 1. O que sobrou de algum acidente, como incêndio, inundação, naufrágio etc. e que ainda tem certo valor. 2. Remanescente de um bem do ativo que sofreu baixa (*retirement*) e pode ser considerado como sucata (*scrap*). Neste caso, ainda há um valor de sucata. 3. Em seguro marítimo, recompensa aos que voluntariamente ajudaram a salvar os bens do perigo de perda total. (7) (88) (163) (231) (244)

sample / amostra Qualquer conjunto finito de itens tomados de uma população. Quando a população (*population*) é finita, pode constituir o total da amostra, o que não é possível no caso de população infinita. (5) (148) (163) (231) (244)

sample survey / levantamento de amostras Investigação em que somente uma parte típica do grupo total a ser examinado é investigado. (244)

sampling / amostragem Parte da estatística concernente ao método de obtenção de amostras representativas de um dado universo. (5) (16) (194)

sampling bias / viés de amostragem Amostragem obtida através de um processo que introduz certas tendenciosidades ou componentes sistemáticos de erros nas estimativas. (25)

sampling error / erro de amostragem Erro causado por diferenças aleatórias na escolha de amostra de um universo de qualquer espécie. (130)

sampling frame / informação sobre universo Informação a respeito de um grupo (universo) que está para ser amostrado, que tornará mais fácil identificar que membros do grupo serão investigados. (244)

sampling procedure / procedimento de amostragem Regras práticas para obter uma amostra (*sample*) de uma população (*population*). (148)

sanction / sanção Permissão para fazer alguma coisa. (244)

sanctions / sanções Ações contra um país, geralmente por um grupo de outros países, a fim de forçar o país em apreço a fazer alguma coisa. (244)

sandwich course / curso sanduíche Educação formal que consiste na alternação de períodos de estudo em um curso superior e experiência de trabalho como empregado em uma organização industrial, comercial ou profissional. (148) (163) (244)

sandwich model / modelo sanduíche Termo relativamente novo e aplicado principalmente em trabalhismo. Sugere que os comentários corretivos devem situar-se entre dois comentários positivos, a fim de tornar o corretivo mais aceitável por parte do empregado. (198)

satellite / satélite Apelido que se dá a uma firma que vende seus produtos somente a uma ou duas grandes firmas, de cujo sucesso depende para sobreviver. (148)

satiable wants law / lei dos desejos saciados V. (*diminishing marginal utility*). (163)

satisficer / contentadiço Opinião de que, na realidade, o chamado homem econômico (*economic man*) não existe — aquele que procura maximização absoluta, nem sempre realizável. O que existe é um homem que se contenta, talvez não com muita facilidade, que considera suas satisfações objetivas e subjetivas sempre dentro do que é possível. (143) (155) (A)

satisficing / satisfaciente Neologismo significando a consecução, ou sua tentativa, de um resultado que satisfaça a dadas condições, mas não constitui necessariamente um ótimo. V. (*satisficer*). (143) (148)

saturated industry / indústria saturada Indústria plenamente desenvolvida, em que a adição de uma outra unidade resultaria em capacidade ociosa (*excess capacity*). (82)

saturation point / ponto de saturação Na teoria da utilidade (*utility theory*), ponto em que o consumidor já não é mais capaz de ter maior satisfação com um bem, mesmo que este lhe seja proporcionado gratuitamente. A suposição é de que, se um consumidor se vir forçado a ter mais do que deseja de um certo bem, sua utilidade total (*total utility*) diminuirá, quando menos seja, por problemas de armazenamento. (37)

save / economizar; salvar 1. Evitar desperdício; evitar gastar. 2. Colocar dinheiro em um banco ao invés de gastá-lo. 3. Armazenar dados em um computador de modo a poder usá-los novamente. (244)

saving / poupança Aumento de disponibilidade monetária de um indivíduo ou empresa, por contenção de consumo. A poupança tem origem na renda disponível (*disposable income*). Diz-se que a economia está em equilíbrio quando a poupança é igual ao investimento. A abordagem de Keynes é que a poupança é determinada simultaneamente com o consumo na função consumo (*consumption function*). Uma outra abordagem é a da renda permanente (*permanent income*). Esta postula que todos os indivíduos despendem em relação ao que concebem como sua renda normal durante um período prolongado. A poupança é de grande importância para a política do governo, conforme tem sido salientado pelos monetaristas. (163) (231)

savings / economias Dinheiro que se economizou. (244)

savings account / conta de poupança Depósito que se faz periodicamente em uma conta bancária, que não permite movimentação com cheques, durante longo tempo. Rende juros, mas alguns bancos cobram uma taxa de manutenção e serviço. (11) (244)

savings and loan association / associação de poupança e empréstimos; banco de habitação; caixa econômica Instituição que vende quotas, sobre as quais paga juros, e efetua empréstimos principalmente para a construção de residências. Na realidade, os depósitos são quotas adquiridas. Quando um membro precisa de dinheiro, solicita à instituição que lhe compre as quotas. Os termos "banco" e "caixa econômica" às vezes são usados para facilitar a compreensão. (1) (231)

savings bank / banco de poupança; caixa econômica Banco ou estabelecimento do mesmo tipo que aceita pequenos depósitos sobre os quais paga juros. (244)

Say's identity / identidade de Say Identidade (*identity*) entre a demanda e a oferta agregadas, em termos monetários, sob o pressuposto de que a demanda de saldos monetários é igual a zero e que a moeda serve apenas como um meio de troca e não como armazenamento de valor. (128)

scab / fura-greve Nos Estados Unidos, termo pejorativo que designa o indivíduo que vai trabalhar estando sua categoria em greve. Na Grã-Bretanha, prefere-se (*blackleg*). (148) (244)

scalar principle / princípio escalar Princípio segundo o qual cada membro da organização deve ter um e somente um superior (não contando o executivo principal); este não tem superior dentro da organização, mas pode ser responsável por pessoas fora dela. (148)

scale effect / efeito-escala Vantagens de custo que ocorrem com um alto nível de produção. Os custos baixam com a elevação da produção. Os efeitos de escala ocorrem somente quando as unidades de produção são indivisíveis. (163)

scale of preference / escala de preferência Fato que ocorre quando um consumidor age racionalmente; ele compra primeiramente os artigos para os quais tem a maior necessidade ou os que lhe dêem maior satisfação. Isto sugere que existe uma escala de preferência que arrola todas as escolhas possíveis em ordem de importância para o consumidor. (163)

scamp / esboço rápido Desenho rápido, sem intenção de acabamento final, como base para a idéia de leiaute para anúncio ou outro material de promoção. (164)

Scanlon plan / plano Scanlon Participação do trabalhador nas decisões da empresa. Visa a melhorar a eficiência produtiva. Todos contribuem com sugestões que são estudadas e empregadas, quando úteis. Plano criado por Joseph N. Scanlon, quando presidente de um sindicato trabalhista dos Estados Unidos. (1) (148) (198)

scapegoat / bode expiatório Pessoa à qual injustamente se lança a culpa por tudo o que seja mau ou desagradável a um indivíduo ou empresa, embora eles pouco ou nada tenham a ver com o que ocorre. (A)

scarce good / bem escasso Termo que não significa que um bem seja raro, mas somente que não é livre ou gratuito (*free good*), como o ar que respiramos. É um bem que tem valor econômico, que tem um preço. Evidentemente, o grau de escassez (*scarcity*) pode variar com a maior ou menor abundância do bem. (1) (A)

scarcity / escassez Indisponibilidade de recursos em quantidade suficiente para atender a todos os desejos e necessidades. O teste de escassez é o preço. Somente os bens não escassos, como o ar e a água do mar, por exemplo, não fazem jus a um preço. (155)

scarcity and choice / escassez e escolha Termo que implica estabelecer prioridades de produção e alocação. Já que os desejos humanos são virtualmente ilimitados, ao passo que os recursos são escassos, isto leva a um problema de escolha. Nas economias de mercado o problema é resolvido pelo mecanismo de preços, e nas economias de planejamento central (*centrally planned economy*), o governo decide quais são as prioridades de produção e alocação. (163)

scarcity value / valor de escassez Fato que ocorre quando algo adquire valor ou se torna muito caro simplesmente porque não pode ser obtido com facilidade. (244)

scare buying / compra preventiva Compra de produtos de uso constante, por temor de uma carestia originada por ameaça de guerra, seca, enchentes, boatos de alta violenta de preços e coisas parecidas, que poderiam fazer desaparecer o produto indispensável para a sobrevivência da firma. (80)

scatter diagram / diagrama de dispersão Gráfico estatístico em que cada item em uma distribuição figura como um ponto separado que se situa de acordo com os determinados valores das duas variáveis que estão sendo estudadas. Também tem o nome de (*scattergram*). (107) (163) (244)

scattergram / diagrama de dispersão O mesmo que (*scatter diagram*). (130) (148)

scenario / cenário 1. Breve descrição de uma peça teatral, filme etc., dando os principais detalhes do que acontece, onde ocorre a ação etc. 2. Descrição imaginária de qual seria a situação se acontecessem certas coisas possíveis. (244)

scenario writing / tendências futuras Técnica usada pela indústria e comércio dos países mais adiantados, quando uma equipe de diversos tipos de intelectuais especula sobre as tendências para o futuro. Há um certo relacionamento com a técnica Delphi (*Delphi technique*) e (*brainstorming*). (133) (A)

schedule / programa; escala; horário 1. Demonstração escrita de pormenores, muitas vezes em forma tabular, especialmente a que serve de apêndice ou explicação para um outro documento. Horário, programa, roteiro, escala. 2. O mesmo que programa, geralmente em forma tabular, como os horários de trens, por exemplo. (11) (148) (231) (244)

scheduled cost / custo programado V. (*standard cost*). (88) (231)

scheme advertising / propaganda esquemática Propaganda que independe de uma agência especializada, podendo ser considerada como abaixo da linha (*below-the-line advertising*). Abrange atividades em que não são pagas comissões a uma agência, como mala direta, exposições, demonstrações, expositores no ponto de vendas, e assim por diante. A expressão abaixo da linha significa que está abaixo da linha divisória entre o que é feito por agência e o que é feito pela própria empresa. Chama-se esquemática por obedecer a um esquema promocional próprio e não a um tema, que é um enfoque que usa os chamados veículos de propaganda. V. (*theme advertising*) e (*above-the-line advertising*). (164) (A)

scholastics / escolásticos Filósofos da Idade Média que fizeram três contribuições importantes para a economia: (a) a utilidade de um bem varia consoante sua escassez relativa; (b) só existe um único preço justo, do qual é imoral afastar-se na abundância ou na escassez; e (c) as taxas de juros não se justificam e devem ser condenadas, salvo em alguns casos excepcionais. Entre os escolásticos figurou São Tomás Aquino. (163)

scientific management / administração científica Sistema de aplicar regras científicas à administração. V. também (*operations research*). (244)

score / escore Número de pontos conseguidos na execução de um teste, concurso, competição etc. (6) (25)

scrap / sucata 1. Material ou produto que já não tem serventia para um fim em vista e que deve ser posto à margem, preferivelmente vendido. 2. Refugo separado por controle de qualidade. Certos países são grandes importadores de sucata metálica. (140) (148) (244)

screen / triagem 1. Processo de decidir se as pessoas que se candidataram a um emprego ou posto devem ser entrevistadas. 2. Processo de checar os empregados, ou possíveis empregados, em defesa ou ocupações semelhantes, onde a segurança é importante, para haver a certeza de que eles são leais, fiéis a seus países e merecem confiança. 3. Comparar um novo produto ou idéia com certos critérios logo cedo, para haver a certeza de que vale a pena gastar tempo e dinheiro em seu desenvolvimento. (244)

scrip / bônus 1. Certificado que representa uma fração do capital acionário de uma empresa, ou vale para dividendo que será pago em data futura. 2. Vale fornecido por uma empresa para que os empregados façam compras nela própria, possivelmente concedendo-lhes um desconto. 3. Moeda provisória para casos de emergência, como as usadas pelas forças de ocupação de um país. Também pode ser um cupom. (11) (32) (88) (106) (148) (231)

scruple (apothecaries) / escrúpulo (farmacêuticos) Peso igual a 20 grãos (*grains*) equivalente a 1,296 g. (78)

SDR / DES Sigla de (*special drawing rights*), direitos especiais de saque, isto é, saque que os países participantes, consoante uma regra, podem efetuar no Fundo Monetário Internacional (*International Monetary Fund*). (163)

sealed bid / lance lacrado Cotação de preços para uma concorrência, de compra ou venda, que segue em envelope lacrado a ser aberto em dia predeterminado perante todos os concorrentes. A lacração visa a evitar vazamento de informação. (48) (231) (244)

search firms / firmas de procura Empresas com fins lucrativos que auxiliam os empregadores na procura e localização de candidatos difíceis de encontrar. Estão relacionadas a caçadores de cabeça (*head hunters*) e raptores (*body snatchers*). (198)

season / estação do ano; temporada 1. Qualquer das quatro estações do ano que dão origem a hábitos, práticas e eventos sazonais. 2. Período durante o qual há uma tendência para que os preços estabelecidos para um produto ou serviço sejam mantidos em determinados níveis. Por exemplo, os esquis devem ser mais baratos no verão do que durante o inverno. (134)

seasonal adjustment/ajustamento sazonal Processo de dar margem à sazonalidade, por exemplo, nos dados de vendas. (244)

seasonal discount/desconto sazonal Baixa do preço dos produtos aos varejistas, nas ocasiões em que as vendas usualmente são baixas, visando a animar os negócios. (244)

seasonality/sazonalidade Mudanças nas vendas de um produto, que acontecem na mesma época todos os anos. (244)

seasonal unemployment/desemprego sazonal Desemprego que ocorre de acordo com a estação do ano (*season*). Por exemplo, entre os guias de pesca durante os períodos de desova, quando a pescaria é proibida. (163)

second/secundar Apoiar uma proposta feita em uma reunião por uma outra pessoa. (244)

secondary banking sector/setor bancário secundário Conjunto e organizações que proporcionam uma faixa de crédito menor do que a dos bancos comerciais. Por exemplo, aceitam segundas hipotecas, mas não têm contas correntes. (163)

secondary data/dados secundários Informação de pesquisa, já existente, obtida para outras finalidades, mas ainda útil para terceiros na comparação com dados primários (*primary data*), isto é, os colhidos em primeira mão. (194) (244)

secondary group/grupo secundário Grupo em que os contatos são interpessoais, segmentários e utilitários, distintamente do grupo primário (*primary group*), que são pequenos, íntimos e altamente pessoais. Um grupo de pares pode ser secundário, ao passo que uma família é do grupo primário. (180)

secondary market/mercado secundário Mercado para um bem em que seus produtores não participam como partes vendedoras. Presumivelmente é o que acontece com os fabricantes que não vendem diretamente os seus produtos ao consumidor final. (148) (163)

secondary picket/piquete secundário Grupo de grevistas que procuram impedir que outros trabalhadores, que não estão em uma disputa, entrem em uma fábrica, escritório etc. (244)

secondary readership/leitura secundária Leitura de uma publicação que serve de veículo de propaganda, por pessoas que não foram compradoras do exemplar que estão lendo. Por exemplo, um chefe de família compra um jornal que, posteriormente, é lido pela esposa e filhos. (164)

secondary worker/trabalhador secundário Trabalhador a tempo parcial ou que trabalha apenas ocasionalmente. As donas-de-casa e os aposentados são considerados por alguns como pertencentes a esta categoria. (148)

second best/segundo melhor Teoria que examina a possibilidade de aumentar o bem-estar, reduzindo as condições descumpridas a um ótimo de Pareto (*Pareto's optimal*). (128) (163)

second mortgage/segunda hipoteca Hipoteca sobre um imóvel sobre o qual já pesa uma primeira hipoteca. (88) (163) (244)

second of exchange/duplicata Duplicata de uma letra de câmbio que foi entregue por uma rota diferente, para o caso da primeira se extraviar. (163)

secret partner/sócio secreto Indivíduo que é sócio de uma empresa, tem parte ativa, mas não é conhecido como sócio. (48)

secret reserve/reserva secreta V. (*hidden reserve*). (163) (231)

section/seção V. (*square mile, surveyors*). (78)

secular trend/tendência secular Tendência constante à mudança em determinada direção. Resulta de forças de longo prazo e não de flutuações em prazo mais curto. Estas flutuações podem ocorrer por alterações na moda. (158) (163)

secured creditor/credor garantido Credor que tem uma hipoteca ou vínculo sobre as propriedades do devedor, como uma garantia de dívida. (148) (163) (244)

secured debenture/debênture garantida Debênture especialmente garantida pelos bens da empresa que a emitiu, constituindo um título preferencial entre os credores. (163)

securities/papéis negociáveis Diversos instrumentos representando capital ou dívida, como apólices, letras de câmbio, certificados de depósito, debêntures e muitos outros, alguns dos quais podem ser encontrados em bolsas de valores (*stock exchange*). (14) (148) (163) (231) (244)

Securities and Exchange Commission / Comissão de Valores e Bolsas Órgão independente do governo americano que tem por finalidade administrar as leis sobre os títulos de valores federais e fiscalização das bolsas para proteção aos investidores. No Reino Unido não há entidade equivalente. (1) (148) (163)

security dollars / dólares de segurança Investimento em moeda sob a forma de dólares americanos. (148)

segmentation / segmentação Divisão de um mercado em vários grupos ou segmentos (*segments*), o que facilitará dirigir um produto a essa seção, como, por exemplo, a idade dos clientes, seus interesses de lazer, ocupação etc. (244)

segregated account / conta segregada Em serviços bancários, fundos que foram separados em uma conta para atender ao pagamento de obrigações de um cliente, conforme acordo com o banco. (11)

seigniorage / taxa de cunhagem Cobrança feita pela casa da moeda para cunhar moedas. (163)

seize / confiscar Assumir a posse de alguma coisa por autoridade legal. (11) (231)

selection board / junta de seleção Grupo com a obrigação de escolher a melhor pessoa ou pessoas para um cargo. (244)

selection interview / entrevista de seleção Reunião entre a pessoa ou pessoas que se candidataram a um emprego e a que tem de decidir qual a mais adequada. (244)

selective demand / demanda seletiva Demanda concernente a uma determinada marca. (138)

selective distribution / distribuição seletiva Pequeno grupo de varejistas (*retailers*) cuidadosamente escolhidos por uma firma para a venda de sua linha de produtos. (194)

selective exposure / exposição seletiva Noção de propaganda, segundo a qual a maioria das pessoas não gosta das mensagens que não sejam compatíveis com o seu modo de ser; por isso, evitam ao máximo esse tipo de mensagem. É o caso da propaganda de televisão, que pode ser irritante e aborrecida, fazendo com que o espectador desvie a atenção ou desligue o som com um controle remoto. (138) (162)

selective interpretation / interpretação seletiva Interpretação das observações em termos de um estereótipo. Por exemplo, os trapezistas dão a impressão de ser frios e as cantoras líricas com certa fama parecem melindrosas. (180)

selective perception / percepção seletiva Sociologicamente, tendência de ver e ouvir somente os fatos que apóiam nossas crenças e de omitir outros. A noção, em marketing, é de que as pessoas podem distorcer ou interpretar mal o significado de uma mensagem, quando esta contraria as atitudes do indivíduo. Resumidamente, o indivíduo escolhe o que quer perceber. (138) (180)

selective retention / lembrança seletiva Conceito de que uma pessoa propende a esquecer mais depressa as comunicações que diferem muito de suas atitudes e hábitos, lembrando-se mais das mensagens que reforçam suas atitudes. (138) (160)

self-assertion / auto-afirmação Exigência de uma pessoa para que lhe dêem o reconhecimento que julga merecer e sobre o qual insiste. Ainda que tal reconhecimento não seja merecido, a auto-afirmação é que é relevante. (78) (A)

self-concept / autoconceito Em marketing, noção psicológica segundo a qual a maneira de um indivíduo se visualizar influencia seu comportamento como consumidor. Em outros contextos pode ser o que um indivíduo imagina que é. (194)

self-defeating / contraproducente Literalmente, o sentido é de autoderrota, isto é, quando é realizada alguma coisa que atua contra o propósito que se tinha em vista, o resultado é contrário ao esperado. (14)

self-employed / autônomo Pessoa que não tem um patrão e que, se trabalhar, o faz por sua própria conta. (163) (244)

self-financing / autofinanciamento Autofinanciamento de uma empresa, de tal modo que os custos de comprar novo equipamento, ações em outras companhias e dispêndio semelhante são pagos com a receita conseguida, isto é, não há necessidade de tomada de empréstimo. (244)

self-fulfilling prophesy / profecia autocumprida Predição que inicia uma corrente de

self-liquidating   339   **semi-variable costs**

eventos que fazem com que esta se realize. O estereótipo da brutalidade do policial pode fazer com que este se torne realmente brutal. Sinônimo de efeito-Pigmalião (*Pygmalion effect*). (180) (223)

self-liquidating / autoliquidável O mesmo que indeterminação de prazo para liquidação de um investimento (*nonliquidating investment*). Aplica-se geralmente às obras governamentais, cujo custo é coberto por cobrança de taxas dos usuários, como o caso do pedágio nas rodovias. (102) (163) (244)

self-mastery / autodomínio Governo e controle que uma pessoa tem de seus impulsos e emoções. (A)

self-service / auto-serviço Sistema usado principalmente em supermercados, onde o cliente se serve daquilo que deseja, examinando as prateleiras, gôndolas e expositores, pagando o total na borboleta de saída, onde se localiza o caixa. (11) (163) (244)

self-sufficiency / auto-suficiência Capacidade de um Estado de manter-se isoladamente do resto do mundo. (163)

sell-by date / última data de venda Data em que um produto, especialmente alimento, deve ser vendido antes que se torne impróprio para consumo. Geralmente os rótulos dizem qual a última data para vender. (244)

seller / parte vendedora Organização ou empresa que vende alguma coisa. Não se confunde com vendedor que, em inglês é "salesman" ou "sales representative". Em todo o contrato de compra e venda sempre há uma parte vendedora e outra compradora. (A)

seller's market / mercado de vendedores Situação de mercado em que a demanda é maior do que a oferta e, por isso, as partes vendedoras dominam o mercado. Ocorre o oposto no mercado de compradores (*buyers' market*). (1) (148) (163) (194) (231) (244)

seller's option / opção do vendedor Transação especial em bolsa de valores (*stock exchange*) que dá ao vendedor o direito de entregar uma ação ou título em qualquer ocasião, dentro de um período específico, não inferior a cinco dias úteis e não superior a dois meses. (11)

sellers over / sobra de partes vendedoras Situação de mercado em que ainda existem partes vendedoras mesmo depois que todos os compradores foram satisfeitos. (163)

selling agent / agente vendedor Elemento que vende toda, ou uma parte substancial da produção de um fabricante. Muitas vezes proporciona à empresa ampla variedade de serviços, inclusive financiamento, conselho sobre linha de produção e propaganda. Tem muita liberdade na área de política de preços. (38) (138)

selling costs / custos de vendas V. (*production costs*). (148) (155) (163) (244)

selling up / venda mais alta Técnica para induzir um cliente a comprar produto melhor e mais caro do que este inicialmente pensava comprar. (194)

sell short / jogar na baixa Expressão de bolsa em venda a termo (*futures*). O especulador vende ações que ainda não possui, abrigando-do a esperança de que haja uma queda nos preços na ocasião da entrega. (14) (105)

semantic barriers / barreiras semânticas Limitações que surgem das palavras com as quais nos comunicamos. Para os tradutores essas barreiras surgem a cada passo e, por isso, é freqüente que as traduções não digam exatamente o que o autor queria dizer. As barreiras semânticas são extremamente comuns nos países em que o povo é naturalmente purista quanto ao vernáculo. (198) (A)

semilogarithmic chart / gráfico semilogarítmico Gráfico em que somente um eixo, quase sempre o vertical, é logarítmico, sendo o outro uniforme. (163)

seminar / seminário Reunião de natureza educacional em que são trocadas e discutidas as idéias dos participantes. (244)

semi-skilled worker / trabalhador semi-especializado Trabalhador braçal que teve uma quantidade limitada de treinamento, porém não o suficiente para qualificá-lo como um artífice. (244)

semi-solus / semi-solo Anúncio que é inserido em página de jornal ou revista, na qual há outro anúncio, porém não adjacente. (164)

semi-variable costs / custos semivariáveis Custos em que tanto existem componentes fixos como variáveis. Por exemplo, quando os custos se alteram após um certo grau de produção. (163) (244)

sender/emissor Em comunicação, quem faz ou origina uma mensagem, como o fabricante que faz propaganda. Quem a recebe é denominado receptor (*receiver*). (194)

senior partner/sócio principal Sócio às vezes chamado de sênior, com responsabilidade ilimitada; investiu muito na firma e recebe uma proporção maior dos lucros. Poderia ser considerado como sócio-gerente. (48)

seniority/antiguidade Tempo de serviço de um empregado em relação a outros. É de grande importância por razões de promoção e dispensa temporária (*layoff*), casos onde a antiguidade conta. V. (*bumping*). (198) (231)

sensitive industry/indústria sensível Termo que abrange as indústrias vitais de um país, inclusive para a sua segurança. Não devem ser possuídas por estrangeiros nem por eles administradas. Entre outras dessas indústrias estão a petrolífera, mineração e estocagem de materiais estratégicos, transportes, comunicações e outras suscetíveis de exaustão. (82)

sensitive market/mercado sensível Mercado em que os preços flutuam muito em resposta a boas ou más notícias, principalmente estas últimas. O mercado de valores parece ser o mais sensível. (163)

sensitivity training/treinamento de sensitividade Treinamento que atualmente ocorre em terapia de grupo, quando é encorajada a expressão absolutamente livre das emoções de um indivíduo perante uma reunião de participantes. O indivíduo diz o que quer, mesmo que os participantes não gostem. Os que recebem o treinamento aprendem como interagir com os outros. Este método é semelhante ao de grupos de encontros (*encounter groups*), mas seu uso principal tem sido para o desenvolvimento de administradores. Também é conhecido como treinamento de Grupo T (*T-group training*). (46) (148) (166)

sentence completion/completação de frase Técnica de pesquisa de mercado (*market research*), pela qual as pessoas entrevistadas completam uma sentença do jeito que quiserem, como, por exemplo, "Gosto da marca X porque...", e que algumas vezes dão informação que de outro modo não se poderia ter. (244)

separable cost/custo separável Custo diretamente identificável com um determinado segmento do custo total que se acha em formação. (4) (41)

separable fixed costs/custos fixos separáveis Custos fixos que existem especificamente para a produção e venda de certos produtos. Poderiam não existir se os referidos produtos não fossem produzidos. O mesmo não acontece com certos outros custos fixos, como o ordenado de um executivo, o seguro de seu automóvel, que não se associam diretamente a qualquer linha de produto. Estes são custos fixos comuns (*common fixed costs*). (157)

separation/demissão V. (*discharge*). (A)

sequence/seqüência 1. Diversas coisas que seguem umas atrás das outras. 2. Em processamento de dados, conjunto de itens ou instruções que seguem uma certa ordem. (244)

sequence arrow/seta de seqüência Seta usada em uma rede de atividades (*network*) a fim de indicar a seqüência de atividades em uma obra ou projeto. (148)

sequestration/seqüestro Arresto ou desapropriação de bens, possivelmente colocando-os em mãos de terceiros até que seja assentada a disputa que deu origem à ação. Em certos países o decreto de seqüestro equivale a falência. (163)

serendipity/serendipismo; serendipidade Termo equivalente a descobrimento acidental, ou "atirar no que se vê e acertar no que não se vê". Baseia-se no conto "Os Três Príncipes de Serendip", que saíram pelo mundo em busca de alguma coisa; não descobriram exatamente o que procuravam, mas encontraram muitas outras possivelmente mais úteis do que as que buscavam. O autor, Cannon, indica que serendipidade, ou serendipismo, é uma das principais virtudes da pesquisa, e que a mente preparada deve estar alerta para a sua ocorrência. (95)

serial bond/obrigação seriada Obrigação (*bond*) emitida como uma de um grande número de obrigações com diferentes datas de vencimento (*maturity date*). (148)

seriatim/sucessivamente 1. Uma coisa após a outra, ordenadamente. 2. Um por um, em seqüência ordenada. (78)

service / serviço 1. Em marketing, atendimento ao cliente: entregas a domicílio, espaço para estacionamento, consertos de aparelhos comprados na mesma empresa, distribuições de selos de troca (*trading stamps*), concessão de crédito etc. 2. Trabalho efetuado por uma indústria de serviços, como escritórios de advocacia, tinturarias etc. Resumidamente, é trabalho que não envolve a produção de bens tangíveis. 3. Pagar juros sobre um empréstimo. 4. Levar avante trabalho de manutenção. (148) (163) (194) (244)

service charge / cobrança de serviço 1. Quantia acrescentada a uma nota de despesas, em hotel ou restaurante (geralmente 10%), que posteriormente é dividida entre todos os empregados que ajudaram no serviço, de modo que não há necessidade de dar gorjeta (*gratuity*). 2. Cobrança que um banco faz pelos serviços que presta. 3. Montante também conhecido como pagamento de condomínio pelos serviços prestados aos inquilinos de um bloco de apartamentos. (244)

service club / clube de serviços Qualquer clube, como o Rotary, Lyons, Kiwanis e outros, organizados para a promoção de serviços a seus próprios membros e fomentar o bem-estar da comunidade. Também pode ser um centro de recreação para as forças armadas. (78)

service cost / custo de serviço 1. Custo de qualquer serviço (*service*). 2. Custo amortizável de um bem do ativo de vida limitada. 3. Custo de operação de um departamento de atendimento ao cliente. (88)

service department / departamento de serviço Parte de uma empresa que trata das necessidades e queixas dos fregueses aos quais foram vendidos seus bens. É um serviço de atendimento ao cliente. (244)

service industry / indústria de serviços Termo usado para distinguir as indústrias que produzem bens das que prestam apenas serviços, como tintureiros, advogados, médicos e o próprio governo, que também presta serviços. (48) (244)

service mix / composto de serviço Parte da estratégia de marketing significando a determinação de serviços diversos e garantias, de modo a proporcionar ao consumidor a satisfação que este procura. V. (*service*). (48)

service retailer / varejista de serviços Estabelecimento lojista que vende serviços em lugar de mercadorias, como tintureiros, salões de beleza etc. (48)

service wholesalers / atacadistas de serviços Comerciantes atacadistas (*merchant wholesalers*) com amplos estoques, que fazem entregas, concedem crédito e empregam vendedores. Os quatro tipos principais são: atacadistas de produtos gerais (*general-merchandise wholesalers*), atacadistas de linhas gerais (*general-line wholesalers*), atacadistas especializados (*specialty wholesalers*) e atacadistas consignadores (*rack jobbers*). (138)

set / conjunto; atitude; disposição 1. Coleção de todas as coisas, pessoas, símbolos ou eventos que têm em comum pelo menos um elemento característico. Por exemplo, todas as meninas de nariz arrebitado; todos os números pares. 2. Grupo de pessoas com características comuns, que as tornam um conjunto à parte, como as apreciadoras de jazz, que poderiam ser designadas como *jazz-set*. 3. Em psicologia, o termo pode indicar determinação de uma pessoa em fazer ou não fazer alguma coisa. (90) (l30) (148) (216) (244)

set-off / acerto de contas Ato de contrastar ou acertar uma dívida de A para B contra uma dívida de B para A. É uma compensação. (148)

settle / acerto; conceder; colonizar 1. Pagar uma dívida. 2. Decidir alguma coisa por acordo: resolver uma pendência judicial sem ter de recorrer ao tribunal. 3. Doar legalmente por meio de testamento ou contrato. 4. Ir viver em algum outro lugar; fazer com que os outros também o façam. (244)

set-up cost / custo de ajustamento Quantia que tem de ser gasta na transformação de máquinas, quando um tipo de produto deixa de ser fabricado e um outro entra em manufatura. (244)

severance pay / indenização por demissão A rigor não se trata de indenização, salvo se houver lei estabelecida, como no caso da Grã-Bretanha, mas sim de um pagamento voluntário efetuado por um empregador aos trabalhadores demitidos. Não fazem jus a este pagamento os demitidos por justa causa. (148) (163) (198) (231) (244)

severance tax/imposto de indústria extrativa Imposto estadual que incide sobre os recursos naturais na ocasião em que estes são extraídos. Visam à obtenção de receita ou à conservação dos recursos naturais. (31)

sexism/sexismo Discriminação que tem por base o sexo; preconceito sexual; atitudes e práticas discriminatórias contra a mulher em empresas, política ou outros campos tradicionalmente pertencentes ao homem. O conceito não se acha distanciado de "machismo". (122) (180) (A)

sex typing/tipificação de sexo Aprendizagem de padrões de comportamento apropriado ao sexo do indivíduo, por exemplo, a aquisição de traços de comportamento masculino por parte de um menino. (130) (160) (193)

S-factor/fator S Inteligência específica que influencia o desempenho em diferentes tarefas. É um dos muitos fatores que de um modo ou de outro formam o que se convencionou chamar de inteligência. (166) (193)

shadow price/preço-sombra Estimativa do custo verdadeiro de fator de produção (*factor of production*), bem ou serviço, que não tem um preço de mercado (*market price*) e, quando o tem, este se afasta muito do valor real do fator, o que encoraja sub ou superuso. Os exemplos mais salientes de fatores que não têm preço de mercado são: tempo de lazer; poupança de tempo; possibilidade de cancelamento de projetos arriscados; o verdadeiro custo de transporte de petróleo quando uma empresa tem seus próprios petroleiros etc. Os preços-sombra são muito usados nos países comunistas, onde não há preço de mercado. Amiúde é chamado de preço contábil (*accounting price*). (163)

shake-out/rearranjo 1. Processo de baixar os custos, diminuindo o número de empregados de uma empresa. Tem como sinônimo (*shake-up*). 2. Maneira de alterar completamente o modo de dirigir uma empresa, o que usualmente inclui a mudança da alta administração. (244)

shake-up/rearranjo V. (*shake-out*). (244)

share/ação Título que dá direito à parte da propriedade de uma sociedade anônima ou empresas assemelhadas, e muitas vezes concedendo ao seu portador o direito de voto para a escolha de diretoria (*board of directors*). As ações podem ser chamadas de preferenciais (*preferred shares*) e ordinárias (*common shares* ou *ordinary shares*), cada qual com características próprias. Literalmente, a palavra *share* pode ser tida como quinhão ou participação. (148) (163) (231) (244)

share capital/capital acionário Montante monetário subscrito pelos acionistas, ao par, para uma companhia. Representa, portanto, o montante que a companhia lhes deve. (163) (244)

share certificate/cautela de ações Documento (cautela) emitido por uma sociedade anônima a um de seus acionistas (*shareholders*), certificando que ele é o proprietário de um determinado número de ações (*shares*). (148) (163) (244)

shareholder/acionista Um dos possuidores de uma parte de sociedade anônima, isto é, o portador de pelo menos uma ação (*share*). Sua responsabilidade é limitada ao capital que subscreveu. Cada ação dá direito a um voto para a assembléia que se reúne uma vez por ano. Os acionistas podem votar por procuração (*proxy*). Muitos Estados americanos exigem a votação cumulativa (*cumulative voting*). Sinônimo de (*stockholder*). (48) (148) (163) (231) (244)

shareholder's equity/patrimônio dos acionistas Patrimônio que pertence aos acionistas, deduzidas as obrigações a pagar (*liabilities*). V. (*accounting equation*). (148)

share index/índice de ações Tipo de número-índice (*index number*) que tira a média da elevação ou baixa no preço de certas ações selecionadas, a fim de mostrar se os preços das ações em geral estão subindo ou descendo. V. (*Dow Jones Index*). (244)

share issue/emissão de ações Ato de tornar as ações de uma empresa disponíveis para compra. (244)

share option/opção de ações Direito concedido por uma companhia a alguém (especialmente a um empregado), de pedir que a empresa lhe emita uma nova ação a um preço fixo, em algum ponto do futuro. Normalmente, o detentor da opção pode escolher quando exercer o direito, mas, para as atuais finalidades tributárias do Reino Unido, há um limite de tempo de sete anos. (148)

share register/registro de ações Registro de uma companhia limitada em que são mantidos os detalhes da propriedade das ações na empresa. (163)

shares of no par value/ações sem valor ao par Ações que não têm valor nominal. Isto é de pouca importância, já que o preço de mercado das ações não se relaciona com qualquer valor nominal que pudessem ter. (163)

shelf life/vida de prateleira Extensão de tempo que um produto, especialmente alimento, pode permanecer na prateleira de uma loja antes de se tornar impróprio para uso. (244)

shelf-sitter/gerente-empecilho Gíria trabalhista para denominar os gerentes que, por algum motivo, estão bloqueados em seus postos, não dando oportunidade de promoção aos que estão abaixo. (198)

shift premium/bonificação por turno Pagamento maior para os que trabalham em turnos desagradáveis, como os que começam à meia-noite ou ao meio-dia. Presumivelmente, os que começam a trabalhar em horários mais confortáveis não fazem jus à bonificação. (48)

ship chandler/fornecedor para navios Pessoa ou empresa que proporciona as coisas que são necessárias a um navio. (244)

ship conference/cartel marítimo Eufemismo para designar cartel de empresas de transporte marítimo. V. (*cartel*). (96) (163)

ship's stores/armazenamentos de navios Bens, como alimentos e bebidas, que serão necessários à tripulação e aos passageiros quando no mar, mas não são parte da carga. Esses bens são notados para as autoridades alfandegárias quando o navio está em porto estrangeiro, e seus depósitos são lacrados. (244)

shipped bill/nota de embarque Conhecimento que confirma o carregamento de bens a bordo de um navio, com a implicação de que as instruções foram seguidas até esse ponto. (163)

shipping ton/tonelada de embarque V. (*long ton, avoirdupois*). (163) (A)

shooting script/roteiro de filmagem Roteiro das atividades em uma filmagem, que relaciona cada parte do texto aos efeitos sonoros e visuais. Como a partitura de um maestro, engloba tudo o que deve ocorrer durante a execução. (160)

shop order/pedido por encomenda Instrução dada a um departamento manufatureiro para que faça ou monte determinados bens de acordo com uma especificação. V. (*custom manufacture*). (148)

shopping/compra de escolha; compra programada; compra por comparação de preço 1. Compra feita por comparação de preços, qualidade, aparência ou outro motivo. Em geral, quem compra percorre mais de um estabelecimento, a fim de decidir onde está o melhor negócio. Pode-se compreender como compra planejada ou programada. 2. Sinônimo de compra de escolha. 3. Compra por comparação de preço. (148) (244)

shopping center/shopping center Edifício construído especialmente, onde se aglomeram diferentes lojas de varejo, de localização fácil, bom parque de estacionamento e grande variedade de produtos. (194)

shopping goods/bens de escolha Bens que somente são adquiridos depois de avaliados os produtos em outros estabelecimentos, em termos de preço, qualidade, estilo, cor e outras características. V. (*impulse items*). (148) (194) (244)

shop steward/representante sindical Indivíduo eleito para fiscalizar a execução do contrato trabalhista dentro de uma empresa, que transmite as queixas e reivindicações de seus colegas ao sindicato de que é membro. (1) (244)

shop window/vitrina Janela de uma loja onde os bens se acham em exposição. (244)

short/especulação baixista Termo de bolsa, usado no mercado a termo (*futures*) quando um especulador não possui o que está vendendo, mas tem de entregar em data futura, dependendo de que os preços baixem para que possa lucrar. É considerado como um baixista (*bear*) ou pessimista, isto é, espera que o mercado baixe, para poder lucrar. Contrapõe-se a (*long*). (11) (231) (244)

short bill / nota a curto prazo Letra de câmbio ou documento semelhante que deve ser pago dentro de tempo muito curto, geralmente dez dias. (148) (163)

shortchange / troco a menos Troco que se dá a menos a um cliente, por engano ou má fé. (78)

short delivery / entrega com faltas Entrega com falta da quantidade exata faturada, seja com respeito ao número de volumes, seja com respeito ao peso total entregue. (163)

short run / curto prazo Tempo suficiente para que se altere a oferta de mercadoria por aumentos ou diminuições da produção presente. Sinônimo de (*short term*). (39)

short sale / venda a descoberto Venda de valores ou mercadorias por alguém que ainda não os possui. É um jogo em que o especulador espera ganhar, mas às vezes tem de pagar preços exorbitantes para cumprir o contrato feito a termo (*futures*). V. (*short*). (1) (7) (39) 163) (231)

short term / curto prazo V. (*short run*). (39) (148) (231) (244)

short-term deposits / depósitos de curto prazo Fundos depositados em bancos ou outras instituições financeiras, que podem ser retirados com pequeno aviso prévio. Já que são fundos bastante líquidos, o juro pagável quase sempre é mais baixo do que para os depósitos de longo prazo. (163)

short-term investment / investimento de curto prazo Tipo de investimento que ocorre quando uma empresa tem excesso de fundos ociosos em caixa ou nos bancos e pode investi-los em papéis negociáveis (*commercial papers*), vendendo-os logo que necessite dos fundos. Entrementes, deve ter havido lucro decorrente dos juros. (15)

short-term rate of interest / taxa de juros de curto prazo Taxa de juros cotada para empréstimos de prazo não maior do que três meses. (163)

short-time working / tempo mais curto de trabalho Acordo entre empregadores e empregados para trabalharem menos do que as horas comuns numa semana, em conseqüência de situação adversa. (148)

short ton / tonelada curta Unidade de peso igual a 2.000 libras avoirdupois (*pounds, avoirdupois*) equivalente a 907,2 kg, usada na América do Norte e na África. Contrasta com tonelada longa (*long ton*). (78)

shotgun approach / abordagem indiscriminada Analogia com o tiro com bagos de chumbo que se espalham, usada em diversos contextos, contrapondo-se à abordagem discriminada. Por exemplo, empresas que oferecem tudo a todos, sem segmentação de mercado (*market segmentation*), sem um alvo determinado. O corolário é que as empresas vendem aos que quiserem comprar. Não há um "tiro direto" que seria mais preciso; o tiro com chumbo pode acertar, mesmo quando quem o disparou seja um mau atirador. A conseqüência da indiscriminação pode ser o desperdício de propaganda e outros meios de promoção, como anunciar maiôs para esquimós. (80) (A)

shrink / encolhimento Diminuição do estoque de um varejista, por furto dos empregados e/ou dos fregueses, ou por mau controle no recebimento da mercadoria. A diminuição do estoque tem os mais variados fatores, inclusive o desperdício. (238)

shrinkage / encolhimento; diminuição 1. Redução ou depreciação em quantidade, valor etc. 2. Diferença entre o que havia em estoque e o que diminuiu, mas não por venda. 3. Diminuição do peso do gado depois que este foi preparado para ser vendido. (11) (244)

shut-down cost / custo de inatividade Custo zero, quando inexiste atividade. V. (*direct cost*). (163) (173)

shut-down point / ponto de fechamento Preço e nível de produção abaixo dos quais um produtor não conseguirá cobrir seus custos diretos (*direct costs*). Entre o ponto de fechamento e o de igualação ou nivelamento, o produtor poderá pagar seus custos diretos, mas não os indiretos. Além deste ponto de empate de custos com receitas, ele tem possibilidade de lucrar. (163)

SI / SI Abreviatura de Système International (d'Unités). Sistema internacional de unidades métricas agora em uso para propósitos científicos e cada vez mais usado para todos os fins, em que se achem envolvidas unidades de mensuração. As unidades básicas, das quais existem sete, usadas no comércio, são o metro, quilograma, ampère e segundo. As unidades derivadas incluem *hertz* (freqüência), *joule* (energia), *watt* (potência), *volt e ohm*. Os mesmos múltiplos decimais são usados em todas as unidades. (163)

SIC/SIC V. (*Standard Industrial Classification*). (194)

sick pay / auxílio-doença Pagamento que um empregador efetua a um empregado que não pode trabalhar por estar doente. Presumivelmente haverá um limite para o número de dias de doença ou algum desconto a ser feito posteriormente. (148)

side deals / negócios por baixo da mesa Prática ilegal em que os diretores de uma empresa pública usam sua posição e conhecimento para tomarem parte em negociatas para lucro pessoal, muitas vezes em detrimento da empresa. A empresa é pública porque suas ações são vendidas ao público. (163)

sight bill / obrigação pagável à vista Letra de câmbio ou equivalente que tem de ser paga imediatamente após a sua apresentação ao sacador (*drawee*). (148) (163)

sight draft / saque à vista Saque pagável quando de sua apresentação. Pode-se compreender que o saque à vista representa o esforço de um credor para receber dívida já vencida (*overdue*) e não liquidada pelo devedor. (1) (88) (163) (231)

significant others / outros significantes Indivíduos cuja aprovação uma pessoa deseja, e cujos julgamentos afetam sua atitude e comportamento. Para um filho, um pai é um "outro significante". (180)

silent partner / sócio silente Sócio de uma empresa que é conhecido como tal pelo público, mas que não tem parte ativa na administração. Comparar com sócio comanditário (*dormant partner*) e (*sleeping partner*). (48) (231) (244)

silent salesman / vendedor silente 1. Material de propaganda no ponto de vendas, visando a captar a atenção de possíveis compradores do produto. É uma das técnicas de *merchandising*. 2. Máquina de vender. (164) (A)

silent trade / comércio silencioso Talvez o tipo mais antigo de marketing, que prevaleceu na África primitiva. Um grupo com bens para trocar depositava-os em determinado local e se ocultava. Um outro grupo colocava os seus bens ao lado e também se afastava. O primeiro grupo, se achasse conveniente, levava os bens do segundo grupo, deixando os seus; do contrário, afastava-se na esperança de que mais alguma coisa fosse acrescentada. (81)

simple debenture / debênture simples V. (*naked debenture*). (148)

simple interest / juro simples Juro pago somente sobre o principal. (244)

simple regression analysis / análise de regressão simples Análise de regressão em que existe somente uma variável independente. (148)

simplex method / método simplex (*Algorithm*) para resolver um problema de programação linear (*linear programming*) pela determinação de sucessivas soluções possíveis com o teste do que têm de ótimas. (148)

simulation / simulação Em administração de empresas, formulação de um modelo, sistema ou processo, para a experimentação de alternativas, antes de ser escolhida uma ação final. Geralmente feita por computador. Relaciona-se a jogos empresariais (*business games*). (41) (148)

simulator / simulador Qualquer dispositivo mecânico, elétrico ou eletrônico, para imitar as condições reais de treinamento. (202)

sine die / sine die Expressão latina significando que não existe uma data fixa para fazer-se alguma coisa. (244)

single fixed exchange rate / taxa de câmbio fixa única Taxa em que o valor da moeda nacional tem uma única taxa de troca com o ouro e, por isso, com todas as demais moedas vinculadas ao ouro. É a única taxa de câmbio aprovada pelo FMI (*IMF*). (104)

single floating exchange rate / taxa de câmbio flutuante única Taxa em que há um único valor para a moeda, em termos do ouro, mas que pode flutuar com o movimento de demanda e oferta no mercado de divisas. (104)

single life pension / pensão para beneficiário único Pensão ou anuidade (*annuity*) paga ao beneficiário durante sua vida, mas não durante a vida de sua viúva ou viúvo. (163)

single-line store / loja especializada Pequena loja que não pertence a cadeias e que se especializa na venda de uma só linha de produtos, como somente meias, somente cuecas, somente gravatas etc. (48)

single-precision number / número de precisão unitária Número que tem tantos dígitos quantos são comumente usados em um determinado computador, contrastando com número de precisão dupla (*double precision*). Neste último caso há o uso de duas palavras de computador a fim de representar um número de extensão dupla, isto é, o que tem duas vezes mais dígitos do que os que são comumente usados em um dado computador. (214)

single proprietorship / firma individual Empresa de um único proprietário. (A)

single tax / imposto único Na história econômica, figura como tributo único sobre o superávit econômico proporcionado pela terra. A premissa é de que sua arrecadação não prejudica a produção e que o montante arrecadado será adequado às necessidades da receita. (128)

single use goods / bens para vez única Bens comprados e usados pelos consumidores uma única vez, como alimentos, cigarros etc., em comparação a bens duráveis, como automóveis, refrigeradores, etc., cujo uso é constante e para longo prazo. (163)

single-zone delivered price / preço de entrega de zona única Preço, incluindo o transporte, que não varia com a localização do cliente. A empresa tem mais oportunidade de vender para os clientes distantes, porém os mais próximos podem sentir-se prejudicados. É uma certa forma de discriminação, já que as diferenças de custo não refletem as de preço. (134)

sinking fund / fundo de amortização Segregação de numerário para amortização parcial ou total de uma dívida, mesmo antes de seu vencimento. É uma medida preventiva. Para certas empresas americanas que lançam títulos no mercado, às vezes o fundo é uma exigência legal. Como quer que seja, esse fundo constitui motivo para maior aceitação dos títulos. (1) (148) (163) (231) (244)

sister-ship clause / cláusula de seguro marítimo Cláusula que pode ser encontrada em certos contratos de seguro marítimo, em que a colisão entre dois navios pertencentes ao mesmo armador não é coberta pelo seguro. (163)

sit down strike / greve de braços cruzados Greve em que os trabalhadores não cumprem suas obrigações, mas não abandonam o recinto de trabalho. Certos autores usam o termo "greve branca". (148) (163) (231) (244)

site saturation / saturação de local Condição existente quando uma localização industrial, comercial ou residencial já não oferece mais conforto ou oportunidade para expansão ou bons negócios. (48)

situational test / teste de situação Teste em que um indivíduo é observado na vida real, por exemplo, na administração de um grupo que constrói um barco, ou em qualquer outra situação. (130)

size / porte; tamanho No que se refere a empresas, é sua comparação a algum padrão, como o número de empregados ou o valor de suas vendas totais. Esses tamanhos estão classificados como pequeno, médio, grande e gigantesco. (48)

skill / habilidade Capacidade ou habilidade inata ou adquirida, que permite a uma pessoa desempenhar-se de uma tarefa com proficiência. (148) (244)

skill inventory / inventário de habilidades Resumo das diversas perícias ou habilidades que um trabalhador possa ter. Via de regra, o resumo é feito apenas no que concerne aos operários, mas existe também um inventário de administração (*management inventory*). (148) (198)

skimming price / preço de desnatação V. (*skimming the market*). (134) (148) (244)

skimming the market / desnatação de mercado Altos preços de um fabricante de produto novo para tirar a "nata" do mercado. Vale dizer que os compradores acima da média estão dispostos a pagar o preço que for pedido. Posteriormente, este pode baixar para ficar ao alcance dos menos abonados ou por ter sido iniciada uma concorrência com produto similar. (134)

slack / folga Em uma rede (*network*), diferença entre o evento que ocorre na ocasião mais tardia (*latest event time*) e o evento que ocorre mais cedo (*earliest event time*). (148)

sleeping partner / sócio comanditário V. (*dormant partner*). (48) (163) (231) (244)

sliding parity / paridade deslizante V. (*sliding peg*). (158)

sliding peg / cotação deslizante Variação intencional em uma taxa de câmbio que se supõe fixa; é apenas diminuta e ocorre a cada mês em resposta às condições da demanda e da oferta. Em conseqüência, a revalorização (*revaluation*) não ocorre de chofre e não há especulação. (14) (158) (163)

slogan / slogan; lema Breve declaração fácil de memorizar, usada em propaganda (*advertisement*). (148) (244)

slum / cortiço Habitação semelhante à dos guetos na parte decadente de uma cidade, habitada por pessoas pobres e certas minorias raciais. (180) (231)

slump / queda econômica V. (*depression*). (163) (231) (244)

slush fund / fundo de suborno Dinheiro posto à parte para pagar propinas, subornos e outros negócios ilegais e impróprios, ou atividades políticas. (244)

small business / pequena empresa Empresa que, nos Estados Unidos, tem menos de 500 empregados. O termo médio é de 250 empregados, dependendo de seu ramo, porém a atribuição de porte é feita pela Small Business Administration, um órgão do governo encarregado dos interesses das pequenas empresas. (67) (231)

Smoot-Hawley Tariff Act / Lei Tarifária Smoot-Hawley Lei que, promulgada em 1930, nos Estados Unidos, ocasionou a maior tarifa protecionista do país. Houve represália do resto do mundo, causando forte declínio no comércio internacional americano. (30) (82)

smoothing / perequação; regularização Operação estatística para substituir os termos de uma série irregular de dados experimentais pelos valores de uma função de um deles, a fim de se chegar a uma série regular ou mais regular que a anterior e, eventualmente, contínua. (109)

smuggling / contrabando Importação ou exportação de um bem, sem que sejam pagos os direitos aduaneiros respectivos. (231)

snip / bagatela Qualquer coisa de preço muito baixo; negócio de ocasião. (244)

soap opera / novela seriada Nome que se dá às novelas de televisão ou rádio, quase sempre patrocinadas por fabricantes de sabão. O espectador ou ouvinte pode perder muitos capítulos, mas mesmo assim compreenderá o que se passou no drama ou comédia. Existe até uma síndrome da novela seriada: o espetáculo pode ser aborrecido e nada ensina de novo, mas a audiência lá está. (181)

social balance / equilíbrio social Situação social em que a oferta de serviços públicos se manteve a par com a produção privada. O termo é de Galbraith. (163)

social channels / canais sociais Em propaganda, os diversos canais para a transmissão de mensagem, consistindo em amigos, vizinhos, parentes, colegas de trabalho, grupos de referência etc. (160)

social class / classe social Estrato de pessoas com posição semelhante no contínuo de situação social. Sua divisão varia muito de um país para o outro, porém os atributos de classe baixa, média e alta são comuns. (180) (A)

social contagion / contágio social Processo em que os participantes de uma multidão se estimulam e se respondem, de tal forma aumentando sua intensidade e responsividade emocionais. Desse contágio surge o comportamento de multidão. (180)

social costs / custos sociais Custos da ação de um indivíduo ou firma que não são suportados por qualquer dos dois, mas pela sociedade como um todo. (163)

social distance / distância social Grau de proximidade a membros de outros grupos ou sua aceitação, ou seja, a diferença da divisão entre uma classe e outra. (180) (A)

social engineering / engenharia social Aplicação dos princípios científicos à análise dos processos sociais, bem como esquemas de controle dos elementos que compõem a interação social. A finalidade é alcançar o melhor funcionamento possível da sociedade. (178)

social mobility / mobilidade social Passagem de um indivíduo de uma classe social para outra; por exemplo, da baixa para a média, e assim por diante. Quando existe o sistema de castas, isso não é possível. (180) (A)

social product / produto social Resultados materiais conseqüentes a uma determinada interação social ou econômica, que pode ser deliberada ou não. (87)

social responsibility / responsabilidade social Dever de uma empresa privada de garantir que ela não afeta adversamente a vida da comunidade em que opera. (148) (244)

Social Security Act / Lei de Previdência Social Lei que, em 1935, estabeleceu o sistema de previdência social do governo federal dos Estados Unidos, que tributa os trabalhadores e os empregadores, visando a criar um fundo para assistência médica, aposentadoria, incapacidade física, pagamentos por morte e amparo aos trabalhadores segurados ou seus sobreviventes. (198) (231)

social sensitivity / sensibilidade social O mesmo que empatia (*empathy*). Neste caso social, a situação mental da sociedade que se identifica com o povo ou se sente na mesma condição psicológica. (45) (174)

social structure / estrutura social Fato segundo o qual cada sociedade atribui categorias a seus membros, esperando que eles executem certas espécies de trabalho e que tenham certas atitudes e crenças. Tal estrutura redunda em divisão por classes. (130)

social wealth / riqueza social Totalidade dos bens de um país. Incluem toda a propriedade dos setores público e privado que usou, direta ou indiretamente, no processo produtivo. (163)

social worker / assistente social Pessoa com treinamento avançado em sociologia, que investiga os antecedentes familiares e sociais de pessoas com problemas de personalidade. Dá assistência à equipe psiquiátrica e de psicólogos clínicos, mantendo contato com o paciente e a família. O assistente social pode ser considerado como o grau básico na hierarquia dos que se dedicam ao bem-estar social. (130) (A)

socio-commercial enterprise / empresa sócio-comercial Expressão de George Champion, quando presidente de administração do Chase Manhattan Bank, em 1967, para designar esforços conjuntos da livre empresa e do governo, a fim de resolverem certos problemas sociais, como educação, treinamento ocupacional, controle de poluição etc. (96)

socio-economic grouping / grupamento sócio-econômico Divisão da sociedade em classes sociais, como, por exemplo, de A (com a mais alta renda e posição social) através de B, C1, C2, D e E (a mais baixa renda e posição social). A classificação varia de acordo com os países. (244)

sociotechnical system / sistema sócio-técnico Sistema que engloba os que desempenham trabalho identificado para finalidades de debate e análise, concentrando atenção na interação das pessoas e seus métodos de trabalho (inclusive as instalações de produção física, materiais, maquinaria, ferramentas, padrões de qualidade, ritmo de trabalho etc.). (148)

soft currency / moeda fraca; moeda inconversível Moeda corrente de um país, sob controle de câmbio, o que limita sua conversibilidade em ouro ou outras moedas, principalmente as chamadas fortes, isto é, as de conversibilidade imediata. (1) (163) (244)

softening price / preço decrescente Preço que começa a diminuir. (148)

soft goods / bens não duráveis Bens que duram tempo relativamente curto, especialmente produtos têxteis. (78) (244)

soft loan / empréstimo favorável Empréstimo concedido por entidades econômicas internacionais para resgate em moeda do país favorecido, mesmo que esta não seja conversível (*soft currency*). (82)

soft selling / vendagem de baixa pressão Técnica de vendas em que a sutileza e a maneira indireta de transmitir a mensagem fazem com que o comprador em perspectiva não se sinta forçado a comprar; quando o fizer, terá a impressão de que comprou por sua própria iniciativa. Sinônimo de (*low pressure selling*). É o contrário de vendagem de alta pressão (*hard selling*) e (*high pressure selling*). (163) (164) (244)

software / software Conjunto de programas para uma determinada espécie de computador, incluindo documentação tal como manuais, diagramas e instruções de operação. V. (*hardware*). (148) (163) (214) (217) (231) (244)

soldiering / vagabundagem Fazer de conta que está trabalhando, mas na realidade não realizando coisa alguma; fingimento de trabalho. (78) (148)

sole ownership / propriedade individual V. (*sole proprietorship*). (A)

sole proprietorship / firma individual Empresa possuída por uma única pessoa, para o seu próprio lucro. Para essa firma não há limite de responsabilidade. Os bens do proprietário, ainda que não pertencentes à empresa, respondem por suas obrigações. (48) (231)

sole trader / comerciante individual Pessoa que negocia por conta própria, não em sociedade com outras e que, portanto, não forma uma sociedade ou companhia. (148) (244)

solicitor / solicitador 1. No Reino Unido, um advogado que trata de matérias legais em geral e também pode representar seus clientes nos tribunais mais baixos. 2. Nos Estados Unidos, é um advogado que aconselha os dirigentes de uma cidade em questões legais. 3. Ainda nos Estados Unidos, qualquer pessoa que ande à procura de negócios. (244)

solus / solo Diz-se da inserção de um anúncio em veículo impresso, em posição isolada, separadamente de outros anúncios, especialmente os de concorrentes. V. (*semisolus*). (164) (244)

solvency / solvência Capacidade para a satisfação de compromissos financeiros. Existe uma solvência real e uma solvência técnica. No primeiro caso, a empresa pode liquidar todo o seu passsivo para encerramento de suas atividades. No segundo caso é sua capacidade de liquidar as dívidas à medida que estas forem vencendo. (1) (148) (244)

source and disposition of funds / fonte e disposição de fundos Demonstração formal, muitas vezes incluída nas contas publicadas de uma empresa, que mostra a mudança líquida no capital de giro (*working capital*) que ocorreu durante o ano. (163)

source effect / efeito-fonte Efeito decorrente da credibilidade que se dá ao comunicador. De certo modo relaciona-se com efeito-halo (*halo effect*). (124) (A)

source incongruity / incongruência de fonte Situação em que um receptor aprecia quem está transmitindo a mensagem, mas não concorda com o seu conteúdo. Pode dar-se o caso inverso: o receptor não aprecia a fonte, porém gosta do que está sendo transmitido. Nos dois casos há grande importância para propaganda. (164)

source program / programa-fonte Programa de computador que precisa ser traduzido antes que a máquina possa trabalhá-lo. Para esta finalidade muitas vezes é usado um compilador (*compiler*). A versão produzida chama-se programa-objeto. (148) (244)

sovereignty / soberania 1. Poder. 2. Independência. 3. Idéia de que o consumidor tem escolha no mercado e pode rejeitar bens ou preços que não julgue aceitáveis. (244)

space advertising / propaganda de espaço Anúncio impresso em jornais, revistas, livros etc., sem publicação por parte do anunciante. (148)

space arbitrage / arbitragem de espaço Tipo de arbitragem (*arbitrage*) que consiste em tirar vantagem dos diferentes preços de mercado em dois locais diferentes. (148)

span of authority / amplitude de autoridade V. (*span of control*). (148)

span of control / amplitude de controle Termo que expressa a limitação humana, isto é, atribui um limite ao número de pessoas e funções que um único homem pode controlar. (110) (148) (244)

span of management / amplitude de administração V. (*span of control*). (148)

spare part / parte sobressalente Parte de uma máquina, que pode ser comprada separadamente, caso a original falhe. (244)

special buyer / comprador especial Agente de uma casa de descontos que opera para o Banco da Inglaterra. Ele vende letras do Tesouro em operações de mercado aberto. (163)

special crossing / cruzamento especial Cruzamento de um cheque que restringe o pagamento a uma pessoa especificamente declarada ou a um banco, igualmente declarado. (163)

special drawing rights / direitos especiais de saque Meio de aumentar as reservas de um país membro do Fundo Monetário Internacional (*International Monetary Fund*). Conquanto os saques comuns tenham de ser resgatados, a intenção é de que os direitos especiais de saque devem formar uma adição permanente às reservas dos membros, atuando como moeda internacional de reserva, denominada ouro-papel (*paper gold*), a fim de suplementar seus haveres de ouro e moedas conversíveis. São usados em transações entre bancos centrais e governos. (163)

specialization / especialização Situação em que os trabalhadores propendem e são encorajados a especializar-se em determinado campo, como na divisão do trabalho (*division of labor*), eliminando o "homem dos sete instrumentos" (*jack of all trades*), que era tão popular em tempos passados. Os trabalhadores são treinados para primar em tarefas relativamente pequenas. As empresas também tendem a especializar-se, como no caso da indústria automobilística, quando muitas se dedicam à manufatura de certos tipos de peças. (48)

special partner / sócio especial V. (*limited partner*). (48)

specialty goods / bens especializados Bens de consumo para cuja aquisição o comprador está disposto a fazer grande esforço e para os quais geralmente tem uma marca de preferência. Há quem considere os bens especializados como de escolha (*shopping goods*). (48) (80) (244)

specialty wholesaler / atacadista especializado Comerciante atacadista (*merchant wholesaler*) que trabalha somente com uma linha limitada de produtos, dentro de um único tipo. Por exemplo, vende somente arames de várias qualidades e marcas. (138) (A)

specie / moeda metálica Dinheiro sob forma amoedada. (148) (163)

specie point / ponto da espécie V. (*gold points*). (158) (163)

specific charge / débito específico V. (*charge*). (163)

specific duties / direitos aduaneiros específicos Alíquotas do imposto aduaneiro que incidem em um tanto por unidade, não importando qual seja o valor de cada uma. (48)

specific factor of production / fator específico de produção Insumo que somente pode ser usado para um tipo de trabalho e não pode ser facilmente substituído por outro. O total dos ganhos de um fator específico de produção é designado como renda econômica (*economic rent*). (163)

specific performance / desempenho específico Ordem judicial à parte de um contrato para que se trabalhe conforme foi estipulado no documento em pauta. O tribunal só alegará rescisão de contrato, com multas, pagamentos de danos etc., nos casos apropriados, e quando as cláusulas puderem ser impostas por ambas as partes. (163)

specific tax / imposto específico Imposto indireto que é expresso como um montante fixo por unidade de uma mercadoria, ao invés de variar com o seu preço. V. (*ad valorem tax*). (163)

spectral analysis / análise espectral Procedimento estatístico para decompor uma série cronológica em movimentos sazonais, cíclicos e de tendência. (187)

speculate / especular 1. Em psicologia, processos de raciocínio, que, no entanto, realçam a incerteza dos dados e, por isso, imputam um caráter hipotético ou teórico às conclusões alcançadas. 2. Efetuar transações como numa espécie de jogo, visando a lucrar com facilidade pela mudança rápida da situação do mercado. (29) (148) (163) (244)

speculative motive / motivo especulativo Um dos três alegados motivos pelos quais um indivíduo tem preferência por liquidez (*liquidity preference*), ou seja, deseja ter disponibilidades imediatas para empregá-las e receber juros, se este modo de agir for mais rentável do que a detenção de papéis negociáveis (*commercial papers*). Os demais motivos são o precautório (*precautionary motive*) e o transacional (*transactional motive*). (1) (163)

speculative production / produção especulativa Produção do que os fabricantes julgam que os consumidores poderão desejar, mesmo antes que haja pedidos para os produtos. Esperam que os consumidores gostem e comprem o que fabricaram. Uma das chaves para a produção especulativa é a boa propaganda para dar escoamento a um produto cuja existência o consumidor talvez desconhecesse. A produção especulativa é uma "criadora de necessidades". (48)

speculative purchasing / compra especulativa Política de compras adiantadas de uma empresa, quase sempre com base na expectativa de uma alta no preço dos bens de que necessita para a continuidade de seus negócios. Sinônimo de compra de mercado (*market purchasing*). (48)

spillover / transbordamento 1. Efeito secundário, muitas vezes usado como sinônimo de externalidades (*externalities*). 2. Excessivamente abundante (a ponto de transbordar). (78) (150)

spinoff / desmembramento; produto secundário 1. Distribuição que uma sociedade anônima faz das ações que possui a uma outra que lhe é subsidiária. 2. Resultado ou produto secundário de alguma atividade. Também se escreve *spin-off*. V. (*splitoff*) e (*splitup*). (2) (78) (88) (122)

splash story / estória principal de um jornal Principal estória de noticiário de um jornal, geralmente aparecendo na primeira página. (244)

split inventory / estoque dividido V. (*ABC method*). (107) (148)

splitoff / intercâmbio de ações Transferência que uma sociedade anônima faz a seus acionistas das ações de uma subsidiária, em troca da cessão por rateio de suas ações da empresa controladora. V. (*splitup*). (2) (88) (231)

split-off point / ponto de separação Determinado ponto na produção em que um ou mais produtos feitos em conjunto (*joint products*), até então não identificáveis, separam-se para formar produtos diferentes. Não se confunde com subproduto (*byproduct*). O ponto de separação é essencial para a determinação dos custos dos produtos conjuntos, até o ponto em que o são. Resumidamente, é o ponto em que terminam os custos conjuntos (*joint costs*) e começam os que podem ser identificados. (41) (88)

split run / anúncio dividido Publicação de duas mensagens de propaganda na mesma edição de um veículo impresso, com textos diferentes, acompanhados de um cupom para resposta. O anúncio que obtiver o maior número de respostas é o que será adotado. (138)

split shift / turno dividido Turno de trabalho dividido em duas partes, de modo que os trabalhadores compareçam quando são necessários. Por exemplo, em uma empresa de ônibus, os motoristas podem trabalhar das 6 às 10 horas e das 16 às 20 horas se estas forem as ocasiões de pico. (244)

split ticket ballot / sufrágio dividido Votação em candidatos de dois ou mais partidos para cargos eletivos. (31)

splitup / divisão de ações 1. Substituição de ações por outras, do mesmo montante. 2. Distribuição de ações de uma sociedade anônima matriz para duas ou mais subsidiárias. 3. Desdobramento de uma empresa em outra ou outras. V. (*spinoff*) e (*splitoff*). (88) (231)

spoils system / sistema de despojos Termo que, derivado de "ao vencedor pertencem os despojos", significa a prática de conceder cargos de confiança a correligionários políticos e amigos, por quem conquista um cargo eletivo importante. (31)

sponsor / patrocinador 1. Pessoa em uma organização que pode criar oportunidades de desenvolvimento de carreira para algum empregado colocado sob sua tutela, agindo como um padrinho. 2. Quem patrocina alguma coisa. (198) (231) (244)

spot / anúncio avulso Anúncio feito isoladamente por uma estação transmissora, não por uma rede (*network*) dentro de um horário determinado pelo anunciante. (148)

spot market / mercado à vista Mercado em que as mercadorias ou valores são negociados à vista e entregues imediatamente, contrastando com mercado a termo (*futures market*), quando os contratos são para entrega futura. Sinônimo de (*cash market*) e de (*physical market*). (1)

spot price / preço para entrega imediata Preço de um bem de qualquer espécie que alguém está disposto a pagar ou vender para entrega imediata. (7) (140) (148) (231) (244)

spot rate / taxa do momento Taxa de câmbio (*exchange rate*) à qual alguém comprará ou venderá divisas para entrega imediata. (148)

spread / diversidade de investimento; margem de lucro; spread 1. Diversidade de investimentos em uma carteira de valores (*portfolio*), o que pode equilibrar grandes lucros com grandes prejuízos. 2. Em termos de bolsa, margem de lucro pela diferença entre o preço de oferta e o de demanda. 3. Desdobramento ou expansão por algum efeito multiplicador. 4. Margem de lucro entre o que se paga e o que se vende. (105) (148) (163) (231)

spread effect / efeito-desdobramento Conseqüência favorável resultante de comércio internacional, quando pelo aumento de exportações há um efeito multiplicador na renda *per capita* em diversos setores da economia, possibilitando o desdobramento de outros recursos, inclusive o investimento em bens de capital e diversificação de atividades econômicas. V. (*backwash effect*). (1)

spread sheet / folha de análise Folha de rascunho proporcionando uma análise de duas vias ou recapitulação de custos e outros dados contábeis. Se usada como base para lançamentos contábeis, deve ser conservada como os demais livros contábeis obrigatórios. (7) (88)

square centimeter / centímetro quadrado Medida de superfície igual a 10 milímetros quadrados (*square millimeters*) equivalente a 0,15499 polegada quadrada (*square inch*). (78)

square chain (surveyors) / cadeia quadrada (agrimensores) Medida de superfície igual a 16 varas quadradas (*square chains*), equivalente a 404,7 metros quadrados. (78)

square decameter / decâmetro quadrado Medida de superfície igual a 100 metros quadrados (*square meters*), equivalente a 119,6 jardas quadradas (*square yards*). (78)

square decimeter / decímetro quadrado Medida de superfície igual a 100 centímetros quadrados (*square centimeters*), equivalente a 15,499 polegadas quadradas (*square inches*). (78)

square foot / pé quadrado Medida de superfície com 144 polegadas quadradas (*square inches*), equivalente a 929,03 centímetros quadrados (*square centimeters*). Um modo prático e rápido de transformar pés quadrados em metros quadrados é multiplicar o número de pés quadrados por 0,093. A aproximação é muito boa. (78) (A)

square hectometer / hectômetro quadrado Medida de superfície igual a 100 decâmetros quadrados (*square decameters*), equivalente a 2,471 acres (*acres*). (78)

square inch / polegada quadrada Medida de superfície igual a 6,452 centímetros quadrados (*square centimeters*). (78)

square kilometer / quilômetro quadrado Medida agrária igual a 100 hectares (*hectares*), equivalente a 0,386 milha quadrada (*square mile*) ou 247,1 acres (*acres*). (78)

square meter / metro quadrado Medida de superfície igual a 100 decímetros quadrados (*square decimeters*), equivalente a 1.549,9 polegadas quadradas (*square*

inches) ou 1,196 jardas quadradas (*square yards*). (78)

square mile (surveyors) / milha quadrada (agrimensores) Medida agrária igual a 640 acres (*acres*), equivalente a 259 hectares (*hectares*) ou 2,59 quilômetros quadrados (*square kilometers*). O mesmo que uma seção (*section*). (78)

square millimeter / milímetro quadrado Medida de superfície equivalente a 0,00155 polegada quadrada (*square inch*). (78)

square pole (surveyors) / vara quadrada (agrimensores) Medida igual a 625 elos quadrados (*square links*), equivalente a 25,29 metros quadrados (*square meters*). (78)

square rod / vara quadrada Medida com 30,25 jardas quadradas (*square yards*), equivalente a 25,292 metros quadrados (*square meters*). A vara (*rod*) tem os sinônimos de (*perch*) e (*pole*). (78)

square yard / jarda quadrada Medida igual a 9 pés quadrados (*square feet*), equivalente a 0,8361 metro quadrado (*square meter*). (78)

squeeze / arrocho Controle pelo governo do montante de moeda usado, por exemplo, para fazer cessar a elevação da inflação. (244)

stability / estabilidade Considera-se estável um estado de equilíbrio se uma perturbação exógena resultar em uma volta a essa situação, e instável se não voltar. A estabilidade pode ser um caminho através do tempo, como o de crescimento para a economia, ou pode ser um ponto único, tal como a interseção das escalas (curvas) de oferta e demanda em um mercado. (163)

stabilization / estabilização Processo por cujo intermédio um governo cessa as mudanças súbitas de grande escala na economia, como, por exemplo, controlando a oferta de moeda para prevenir a inflação ou comprando ou vendendo moeda para impedir grandes alterações na taxa de câmbio. (244)

staff / assessoria; quadro de empregados 1. Quadro de especialistas para proporcionar conselhos e serviços de assistência aos administradores de linha (*line managers*), não diretamente responsáveis pela execução exata das metas da empresa. 2. Especialistas funcionais. 3. O quadro de funcionários de uma empresa. 4. Estado-maior. (107) (148) (163) (231) (244)

staff association/associação de colarinho branco Grupo formado para representar os pontos de vista dos empregados de uma determinada companhia ou organização (geralmente empregados de colarinho branco); muito semelhante a um sindicato, mas não se acha ligada a qualquer grupo fora da companhia ou organização. (244)

staff authority/autoridade de assessoria Poder formal para aconselhar a administração de linha (*line management*), ou por algum outro modo facilitar o desempenho das funções de linha (*line*). (140)

staffing/preenchimento de vagas Colocação de trabalhadores, de todas as espécies, quando da organização de uma empresa, ou nos lugares vagos, em empresa já existente. Tem certa relação com (*manning*). Alguns autores consideram o preenchimento de vagas como uma das funções da administração. (198)

stag/especulador em ações Especulador que solicita novas emissões de ações na esperança de conseguir vender a sua parte com um ganho de capital quando começarem as negociações respectivas na bolsa de valores. (163) (244)

stagflation/estagflação Neologismo que designa um estado da economia em que os preços estão se elevando com a inflação (*inflation*), porém não há aumento na produção industrial, ou seja, há estagnação. Os preços mais elevados não constituem incentivo para que a produção seja maior. (148) (163)

staggered working hours/horas de trabalho escalonadas Horário de trabalho em que os empregados chegam e saem, em um horário que é diferente dos demais escritórios, fábricas etc., da área, usualmente para tornar a viagem mais fácil, porque um número menor de pessoas estará usando transporte.

stagnation/estagnação Estado que se verifica nas nações desenvolvidas, porque já não existem oportunidades suficientes para a absorção das poupanças, que aumentam à medida que as pessoas se tornam mais ricas. (163) (244)

stale check/cheque vencido Cheque que deixou de ser apresentado dentro de seu prazo de validade e que não será pago por um banco. (11) (163) (244)

stamp duty/imposto do selo Imposto ou direito ad valorem (*ad valorem*) que incide sobre os documentos que legalizam a transferência de títulos negociados na bolsa de valores na Grã-Bretanha. (148) (163) (244)

standard/padrão Critério ou modelo em comparação ao qual são medidos os resultados. A padronização é simplesmente o processo de determinar e manter padrões a fim de criar uma medida de uniformidade. (110) (231)

standard coin/moeda-padrão 1. Unidade de uma moeda à qual todas as demais moedas são comumente relacionadas quando se calcula o seu valor relativo. A libra é a moeda-padrão na Grã-Bretanha, e o dólar é a moeda-padrão dos Estados Unidos. 2. Unidade monetária cujo valor intrínseco é igual ao seu valor nominal. (163)

standard cost/custo-padrão Custo cuidadosamente predeterminado, com base em princípios científicos. Geralmente é expresso em unidades. Depois de incorridos, estes custos são comparados com os custos históricos (*sunk costs*) para ver onde há discrepâncias. (4) (7) (41) (148) (231)

standard costing/custeio-padrão Método de contabilidade de custos (*cost accounting*), quando os custos de produtos padronizados feitos em quantidades específicas, sob as condições prescritas, são predeterminados. Os custos realmente incorridos são comparados com o padrão e, se houver discrepâncias, serão tomadas providências para corrigir o que estiver errado. (107) (148) (231) (244)

standard deviation/desvio-padrão Em análise estatística, raiz quadrada da média dos quadrados dos desvios de todas as mensurações. É a medida mais amplamente usada de um conjunto de dados e geralmente é denotada pela letra s. (107) (148) (184)

standard error/erro-padrão Desvio-padrão de uma amostragem de distribuição que proporciona uma estimativa de tal desvio-padrão. (148)

Standard Industrial Classification/Padrão de Classificação Industrial Sistema oficial de codificação que identifica cada tipo de atividade. Usado em planejamento de mercado, bem como para informação censitária industrial. Geralmente é usada a sigla (*SIC*). (148) (194)

standardization/padronização Criação e manutenção de medidas, tipos, qualidades etc., em relação a um padrão determinado e aprovado, que tem por fim facilitar suas transações, porque supostamente todos sabem como a coisa realmente é. Aplica-se principalmente a bens materiais. (48) (244)

standard manufacture/manufatura padronizada Sistema de produção de bens padronizados, por conta própria ou de terceiros, geralmente com nome e marca registrados. São produtos já consagrados pelo comércio, como aparelhos de televisão, automóveis, enlatados etc. (48) (A)

standard of living/padrão de vida Tudo quanto um indivíduo ou família considera essencial para ter uma vida digna e decente, de acordo com a época e condições econômicas reinantes. O padrão de vida pode ser alto, baixo ou normal, de uma região para outra. (1) (11) (244)

standard performance/desempenho-padrão Termo usado em mensuração do trabalho, para constatar que um trabalhador não está trabalhando mais nem menos do que o padrão estabelecido. No primeiro caso poderá haver exaustão física do empregado e, no segundo, prejuízo para a empresa. (148)

standby/prontidão Pronto para entrar em uso, se for necessário. (244)

standby agreement/acordo de contingência Acordo entre o Fundo Monetário Internacional e um país-membro a fim de permitir que este obtenha direitos de saque (*drawing rights*) imediatos. (163)

standby pay/pagamento por plantão Pagamento feito aos empregados avisados para comparecerem a fim de trabalhar se for necessário, mas na realidade não precisaram trabalhar. (148)

standing committee/comitê permanente Grupo de pessoas estabelecidas em base permanente para lidar com determinado assunto. (244)

stand out test/prova de proeminência Teste efetuado com bens de consumo. Coloca-se o produto em prateleira de loja, ao lado de produtos concorrentes, de modo que se possa ver a proeminência do desenho de sua embalagem junto às demais. Supostamente, quanto maior a proeminência, maior a venda. (164)

staple/mercadoria de demanda constante Principal mercadoria, ou qualquer das mais importantes, feitas, plantadas ou vendidas em determinado lugar ou país. Em linhas bem gerais, é o produto que constitui o meio de vida. Por exemplo, na Birmânia é o arroz. É também o que mais se consome, digamos, em uma família. (78) (231) (244)

stars/estrelas Título atribuído às empresas que proporcionam alta participação em mercados de crescimento rápido. Recebem cada vez mais recursos, para que se mantenham de acordo com o crescimento do mercado, sustentando a liderança em participação. (235)

start event/evento inicial Evento em uma rede (*network*) que não tem atividades precedentes. O mesmo que evento inicial de rede (*network-beginning event*). (148)

state/Estado Corpo político que ocupa um território definido, organizado sob um governo soberano, não sujeito a controle externo. Nação (*nation*) enfatiza um corpo unido de pessoas, ao passo que Estado realça a organização e o poder de governo. (82) (231)

state bank/banco estadual Banco comercial dos Estados Unidos estabelecido pelo Estado e não por patente federal. Seu comércio será afetado pelas leis do Estado em que está situado. Na maioria dos Estados é proibida a criação de sucursais. (163)

statement/enunciado; demonstração; declaração Palavra usada em vários contextos: *income statement* significa demonstração de renda; quando alguém faz um "statement", está fazendo uma declaração; o teórico que faz um "statement" está enunciando alguma coisa. (148) (231) (244)

state of the arts/estado das artes Maneira relativamente antiga e poética de dizer progresso técnico. Os economistas neoclássicos, em seus modelos de teoria econômica, supunham um estado constante das artes; colocavam à margem o progresso técnico. (73)

state planning/planejamento estatal Orientação governamental dos assuntos econômicos. A quantidade de planejamento estatal varia de acordo com as crenças políticas que prevaleçam, mas em todos os casos envolve o domínio das forças do mercado. (163)

state preference theory / teoria da preferência estatal Maneira de examinar as decisões quando há incerteza (*uncertainty*) quanto aos resultados. O método é usado principalmente para analisar as decisões concernentes à escolha de investimento. (163)

statics / estática Parte da economia que analisa posições de equilíbrio e seus requisitos. A análise de demanda e oferta de preço de produto é uma aplicação da economia estática, visto que o problema é examinar unicamente o nível de equilíbrio de preço e produto. (1) (163)

stationary state / estado estacionário Segundo os clássicos, estado final para o qual a economia está evoluindo. Sua população é estável, seu estoque de capital é constante e a renda *per capita* também é constante. Será o nível máximo que uma economia pode alcançar. (1) (128)

statism / estatismo O mesmo que estado do bem-estar (*welfare state*). Situação tacitamente atribuída ao governo como responsável pelo bem-estar de seus cidadãos. Na filosofia do (*laissez-faire*) supunha-se que o bem-estar dos indivíduos era conseguido por seus próprios esforços, e que cada um era reflexo de sua própria energia e aptidão. Depois de 1930, o povo começou a pensar que o bem-estar geral depende do governo. Por isso, passaram a existir previdência social (*social security*), abolição da segregação racial, auxílio à educação, banco de habitação, eliminação de guetos e favelas etc. Sob certos aspectos, o estatismo lembra o regime social teoricamente apregoado pelos países socialistas e comunistas. (48)

statistical decision / decisão estatística Modo de decidir se as diferenças entre grupos experimentais, ou correlações, são reais ou decorrentes de erros de amostragem aleatória (*random sampling*). Relaciona-se à inferência estatística (*inferential statistics*) e erro de amostragem (*sampling error*). (130)

statistical inference / inferência estatística Forma de raciocínio a partir de uma amostra de dados para os parâmetros de uma população, ou seja, qualquer generalização, previsão, estimativa ou decisão com base em uma amostra. Tambem é co-

nhecida como estatística indutiva. (148) (163) (184)

statistical quality control / controle estatístico de qualidade Aplicação da teoria estatística ao controle de qualidade (*quality control*). (148)

statistical series / série estatística Conjunto de números associados a um fenômeno que expressa quantidades ou grandezas absolutas, dispostas em correspondência a um critério de modalidade. (17)

statistical test / teste estatístico Qualquer procedimento, especialmente um que seja usado com freqüência e padronizadamente, em inferência estatística (*statistical inference*) para determinar se é possível dizer que uma hipótese tem uma probabilidade estatística de ser verdadeira. (148)

statistics / estatística Técnica usada na análise quantitativa de dados, a fim de facilitar a sua avaliação. O termo também abrange os números usados para descrever distribuições e estimar erros de mensuração. É um ramo da matemática que lida com probabilidades. (130) (148) (163) (244)

status / status Termo psicológico que descreve a posição relativa de um indivíduo dentro de um grupo específico. Muitas vezes o termo pode ser substituído pela palavra "situação". (148) (194)

status inquiry / indagação de situação Ato de checar um possível cliente, a fim de ver se ele será capaz de pagar seus débitos e se não os pagou no passado. (244)

status needs / necessidades de status Necessidade de alcançar um *status* no que tange a outras pessoas em um grupo. Incluem as necessidades mais específicas como prestígio, poder e segurança. Estas necessidades são tão fortes que algumas pessoas julgam ser preciso usar símbolos (*status symbols*) para mostrar que têm alguma forma de *status*. (130) (A)

status symbol / símbolo de status Algo que visa a mostrar como seu proprietário é importante ou rico, com o fito de fazer com que as pessoas o tenham em grande respeito. (244)

statute / lei Lei ou estatuto passado por uma entidade que pode legislar. (244)

Statute of Limitations / Lei da Caducidade Lei britânica que estabelece o período máximo de duração de uma dívida. Depois desse prazo a dívida caduca. (164)

statutory audit / auditoria legal Auditoria executada para satisfazer a um requisito legal. (148)

statutory meeting / assembléia geral No Reino Unido, reunião geral dos membros de uma companhia pública (*public company*) realizada dentro de três meses de sua incorporação, visando a garantir que os membros recebam informação básica sobre a empresa. (148)

statutory undertaker / prestador de serviços públicos No Reino Unido, pessoa ou empresa autorizada por uma resolução da autoridade a prover serviços de utilidade pública, como eletricidade, ferrovias e canais. (148)

steady state / estado firme; estado estacionário Sinônimo de estado estacionário (*stationary state*). À medida que os lucros se aproximam de zero, a acumulação de capital e o crescimento da população também se aproximam de zero, e o sistema econômico alcança um estado firme ou estacionário, com população constante, acumulação de capital zero, nível de salários apenas para subsistência, zero lucro e altos aluguéis. (73) (78)

steamer / vapor Termo arcaico que aos poucos vai sendo substituído por navio, e que designava as embarcações movidas a vapor, em contraposição a veleiros. (163)

stepped costs / custos semivariáveis Custos em que tanto há um componente fixo como um variável. (163)

stere / estéreo Medida de volume para lenha, equivalente a 1 metro cúbico (*cubic meter*). (78)

stet / cancelamento de correção Indicação de que alguma coisa em um documento (palavra, frase, número etc.) foi cruzada por engano e deve, de fato, continuar como antes. (244)

stevedore / estivador Pessoa cujo trabalho é carregar e descarregar navios. (244)

stipend / estipêndio Ordenado, principalmente de padre ou ministro. (244)

stochastic / estocástico Que diz respeito ou envolve casualidade ou probabilidade. (78)

stochastic game / jogo estocástico Na teoria do jogo (*game theory*), jogo em que algumas ou todas as conseqüências são determinadas aleatoriamente. Contudo, cada jogador sabe quais são as conseqüências possíveis de cada combinação das escolhas e também conhece a distribuição de probabilidade das conseqüências possíveis para cada combinação. (148)

stochastic model / modelo estocástico Modelo matemático usado em economia, que resume situações muito complexas e contém pelo menos um elemento aleatório. Procura descrever o relacionamento aproximado entre duas ou mais variáveis e inclui algum pressuposto estatístico em suas equações, visando a compensar a margem de erro, já que nem todos os fatores da equação são quantificáveis. Indica probabilidade, não certeza. (1) (109)

stochastic variable / variável estocástica (*random variable*) e (*variate*). (25) (148)

stock / estoque; grupo de ações 1. Quantidade de algum bem mantida ou armazenada para ser usada quando surgir a necessidade, como, por exemplo, os artigos que um comerciante tem para vender. O mesmo que (*inventory*). 2. Termo equivalente a ação (*share*), mas com a idéia de que se trata de mais do que uma única, podendo ser um lote. Sinônimo de estoque de capital (*capital stock*). (140) (148) (163) (244)

stockbroker / corretor de títulos Pessoa que arranja a compra e a venda de valores (*securities*) por conta de terceiros. É um agente e nunca proprietário dos valores com os quais lida. (148)

stock certificate / cautela de ações Certificado ou cautela de emissão de uma sociedade anônima, que representa o número de ações (*shares*) que um indivíduo ou entidade possui. Facilita a contagem e a distribuição de dividendos. (48)

stock concept / conceito de estoque Em economia, conceito quantitativo independente da dimensão tempo, embora não permaneça necessariamente constante durante um período de tempo. Por exemplo, o estoque de capital de uma economia existe em qualquer ponto do tempo como uma magnitude que pode ser medida. Mas o investimento somente pode ser definido com referência a uma determinada unidade de tempo. (163)

stock control / controle de estoque Regulamentação das quantidades de estoque de uma empresa, a fim de atender às suas necessidades correntes sem deter excesso de reservas. (163) (244)

stock corporation / sociedade anônima de capital acionário Companhias que visam a lucros e emitem certificados de posse de capital — ações ou cautelas de ações — que servem para a distribuição de dividendos a seus portadores. Contrapõe-se à sociedade anônima sem capital acionário (*nonstock corporation*). (48)

stock cover / cobertura de estoque Extensão de tempo que os estoques de uma firma podem durar sem reabastecimento, se as vendas continuarem à taxa atual. (163) (244)

stock exchange / bolsa de valores Mercado organizado para a compra e venda de valores, como ações, debêntures, apólices etc., desde que estes papéis comerciais (*commercial papers*) estejam devidamente registrados nas bolsas em que são negociados. (148) (163) (244)

stockholder / acionista Possuidor de ações de uma sociedade anônima, também conhecido como (*shareholder*). (148) (244)

stockholder's equity / patrimônio dos acionistas V. (*accounting equation*). (A)

stock-in-trade / negócio normal Bens que uma empresa possui com a intenção de vendê-los como parte de suas atividades normais. Também tem o sentido de "aquilo que uma pessoa ou empresa costuma fazer". (148) (163) (244)

stockist / estoquista Indivíduo ou organização que mantém em estoque certa faixa de bens para venda, por conta de um determinado fornecedor. (164) (244)

stock level / nível de estoque Quantidade de bens ou materiais mantidos em estoque para processamento ou venda. (244)

stock of money / estoque de moeda V. (*money supply*). (163)

stockpiling / acumulação de estoque de emergência Acumulação de matérias-primas estratégicas ou outras mercadorias consideradas essenciais à defesa nacional. O termo também se aplica às reservas de materiais detidas para uso durante época de escassez. (163) (244)

stock split / desdobramento de ações Divisão do capital acionário de uma empresa em um número maior de ações com menor valor de mercado. (1) (158) (163)

stocktaking / medição de estoque Mensuração da quantidade de itens em um estoque para verificação de sua exatidão. É a contagem do estoque físico. Também pode ser avaliação de objeto tangível ou intangível. (148) (163) (244)

stock turnover / rotação de estoque Quantidade de vezes que um bem do estoque faz um giro durante um determinado período de tempo. (194) (244)

stock watering / diluição de ações Emissão de novas ações em uma companhia, em tal extensão que o capital emitido excede o valor de seu ativo tangível (*tangible assets*). Isto significa que não pode ser mantido o dividendo anterior sobre o novo capital e que, se a empresa for liquidada, os acionistas não poderão ser plenamente pagos. (163)

stone / stone Medida de peso britânica, que literalmente quer dizer pedra, igual a 14 libras (*pounds*) ou 6,350 kg. (14)

stop-go / pare-siga Termo para designar um método intermitente de estabilização econômica, quando o governo estimula ou desencoraja a economia, através de política fiscal e monetária, de acordo com as condições reinantes. (158) (163)

stop loss order / prevenção de prejuízo Ordem que um cliente dá a um corretor para vender valores ou mercadorias, conforme o caso, quando os preços de bolsa atingirem um mínimo predeterminado. (7) (163)

stop motion / stop motion Técnica fotográfica para animar objetos inanimados, geralmente para fins de propaganda ou instrução técnica. (164) (A)

storage / armazenamento 1. Função mercadológica que compreende a guarda e proteção de bens entre o momento de sua produção e o de sua venda final. 2. Acumulação de dados na memória de um computador. (38) (163) (244)

storage device / dispositivo de armazenamento Parte de um computador, muitas vezes um disco ou fita, em que a informação pode ser colocada, mantida e recuperada quando for necessário. (244)

store of value / armazenamento de valor Função da moeda que permite adiar a aquisição de bens e serviços, porque o valor destes se acha armazenado nela. Nos períodos de hiperinflação (*hyperinflation*) a moeda perde o valor e em seu lugar o armazenamento pode ser feito em objetos ou imóveis, por exemplo. (163)

storyboard / esboço seqüencial Seqüência de esboços, sem arte final, que se destina a mostrar os elementos principais de um comercial de televisão ou cinema. (148) (164) (244)

straight-line depreciation / depreciação em linha reta Método de depreciação que pressupõe uma diminuição de valor que é igual de um exercício para o seguinte. (107) (148) (244)

straight-line method / método da linha reta Maneira de calcular a depreciação de um bem do ativo. É posta de lado uma quantidade igual de dinheiro a cada ano para o tempo de vida do bem, sendo a depreciação calculada pela fórmula $(P - L)/n$, onde P é o custo inicial do bem, L é seu valor de sucata e n é sua amplitude de vida. (163)

straight ticket ballot / sufrágio por legenda Votação do tipo de cédula única em que todos os candidatos de apenas um partido para todos os cargos eletivos estão agrupados em uma só coluna. (31)

strategy / estratégia Planos para tratar de problemas específicos, ou de programas cuja natureza é de curto prazo, em geral para a complementação dos objetivos de longo alcance dentro das políticas estabelecidas. (120) (244)

stratification / estratificação Em pesquisa de mercado, método usado para haver a certeza de que os vários grupos que formam o alvo estão apropriadamente representados em cada amostra (*sample*). (244)

stratified sampling / amostragem estratificada Levantamento de uma determinada quota de pessoas em categorias, com base em dados censitários. As categorias mais comuns são idade, sexo, situação sócio-econômica e região geográfica. A estratificação pode ser feita nos mais variados tipos de universo. (130) (148) (244)

stress / estresse Condição de tensão que afeta as emoções, os processos do pensamento e as condições físicas de uma pessoa. O termo é mais ou menos moderno e pode ser substituído por estafa. (198)

stress interview / entrevista sob tensão Tipo de entrevista que consiste em uma série de perguntas ásperas, rápidas, às vezes extremamente desagradáveis, que tentam perturbar um candidato a emprego e ver como ele se comporta sob tensão. (148) (198) (244)

stress threshold / limiar de estresse Nível de fatores estressantes que uma pessoa pode suportar antes que comecem a ocorrer sensações de tensão. (198)

strictness bias / viés de rigor Situação em que os empregados são classificados em categorias mais baixas que as justificadas por seu desempenho. (198)

strike / greve Recusa conjunta e voluntária por parte da força de trabalho, ou parte dela, de continuar a trabalhar, salvo se os empregadores cederem às suas exigências. (148) (163) (244)

strike manual / manual de greve Folhetim sobre como agir durante uma greve. Quando distribuído por um sindicato, cobre matérias tais como pagamento durante a greve, estratégia, reuniões e autoridade. Quando fornecido por uma empresa, detalha como devem ser tratados os serviços essenciais, de manutenção e outras coisas importantes durante a greve. (148)

strip city / cidade-faixa Faixa longa e estreita de desenvolvimento urbano entre duas ou mais cidades relativamente distantes. (122) (180)

structural inflation / inflação estrutural Elevação de preços causada por excesso de demanda de produção de determinadas indústrias, mesmo quando a demanda econômica global não é excessiva. É resultado da inflação geral que tem início com a elevação de preços e salários. A tendência é de que a inflação estrutural ocorra juntamente com a inflação de custo (*cost-push inflation*) e com a inflação da demanda (*demand-pull inflation*). (1)

structural unemployment / desemprego estrutural Desemprego que resulta de modificações no meio econômico, dentre as quais a automação, novas técnicas, variação nas preferências dos consumidores etc. A longo prazo, as variações em preferências e no va tecnologia podem ocasionar o desaparecimento de certas indústrias, como a fabricação de recipientes de vidro por sopro. (1) (104) (244)

structured interview / entrevista estruturada Tipo de entrevista, geralmente para emprego, na qual há uma lista de perguntas predeterminadas feitas a todos os candidatos. Na entrevista não estruturada, as perguntas são feitas a critério do entrevistador. (198) (A)

study group / grupo de estudo Grupo de pessoas que se reúnem para o exame de matéria que geralmente é benéfica aos pontos de vista de cada uma. O mesmo que (*T-group*). (148)

stuffer / propaganda extra Propaganda que se inclui na correspondência ou na mercadoria que se envia a alguém. (164)

subassembly / submontagem Peças de maquinaria que são reunidas para formar parte de uma máquina maior. (244)

subcontract / subcontratar; subempreitar Direito concedido a uma firma empreiteira para contratar subempreiteiras para o trabalho em vista, mas ficando com todas as responsabilidades pelos resultados. (148) (244)

subculture / subcultura Grupo que pode ser isolado do principal grupo cultural, com base em certas características específicas, como os *hippies* dentro da cultura de certa época. Não há nada depreciativo em pertencer a uma subcultura, como a dos tradutores, por exemplo. (194) (A)

subjective probability / probabilidade subjetiva Na teoria da decisão (*decision theory*), incerteza associada a muitas decisões. Em lugar de apoiar-se na freqüência relativa de certos eventos, o decisor traduz suas crenças sobre um acontecimento incerto, em termos probabilísticos, com fundamento em toda a informação assimilada sobre o evento incerto. (138)

subjective role / papel subjetivo Expectativa de uma pessoa sobre o seu próprio comportamento, em referência a pessoas em outras posições. (124)

sub judice / sub judice Expressão latina significando literalmente "sob um juiz", ou seja, a matéria está sendo considerada por um juiz ou tribunal. (244)

subliminal advertising / propaganda subliminal Propaganda que pode ser visual ou auditiva, mas que é transmitida abaixo do nível de consciência do receptor, porém fica registrada no subconsciente. É método ilegal em muitos países. (164) (194) (244)

suboptimize / subotimizar Fazer menos do que o ótimo; não conseguir atingir o ótimo. Pode-se considerar como o ótimo para um subsistema, mas não para o sistema como um todo. (148)

subordinate / subordinado Indivíduo que está sujeito à autoridade de um outro que lhe é superior talvez somente na escala hierárquica. (45) (231) (244)

subordinated debenture / debênture subordinada Emissão de debêntures por uma firma que já tinha esses títulos de dívida na praça, com prioridade para o seu resgate. A emissão mais recente é subordinada ao pagamento das anteriores. (148)

subpoena / intimação de testemunha Intimação judicial que força o comparecimento de uma testemunha a um local de inquirição, sob pena das sanções legais. (3) (231) (244)

sub-rogation / sub-rogação Direito que se estabelece quando uma pessoa tem um prejuízo em decorrência da ação de uma outra, mas está segurada contra tal prejuízo; normalmente ela é idenizada pelo segurador, que passa a ter todos os direitos de agir contra quem ocasionou o prejuízo a fim de ressarcir-se. Este direito é a sub-rogação. (148) (163) (244)

subscribe / subscrever 1. V. (*underwrite*). 2. Apoiar.

subscribed capital / capital subscrito Capital emitido (*issued capital stock*) e adquirido. (163) (244)

subscribed circulation / circulação paga Parte paga da circulação de um veículo de propaganda, como um jornal, em contraposição à circulação gratuita. Algumas publicações são inteiramente distribuídas sem ônus para quem as recebe. (164)

subscripts / subscritos; índices Símbolos escritos abaixo e geralmente à direita de um outro símbolo, para diversos propósitos, a fim de identificar um elemento particular de um conjunto, para denotar o valor constante de uma variável, ou para indicar o número de átomos de uma determinada espécie de molécula. É um índice, por exemplo, o 2 de H_2O. (183)

subsidiary company/companhia subsidiária Companhia ligada a uma outra que exerce controle de seu conselho de administração ou detém mais de metade do valor nominal do capital acionário. O ponto a salientar é que a companhia subsidiária é controlada por uma outra. (163) (244)

subsidize/subsidiar Dar assistência a uma firma ou indústria ou reduzir o preço de alguma coisa concedendo-lhe subsídios (*subsidies*). (148) (244)

subsidy/subsídio Auxílio pecuniário direto proporcionado por um governo a uma empresa privada, ou, mais freqüentemente, para todo um ramo industrial. (11) (163) (244)

subsistence fund/fundo de subsistência Expressão de Adam Smith, para representar a parte do capital necessária para alimentar e vestir os trabalhadores especializados, até que o produto estivesse acabado e mercadizado, ao invés de argumentar que o progresso técnico está necessariamente incorporado em bens de capital. Não fazia distinção entre formação de capital e progresso técnico, mas via claramente sua função separada. (73)

subsistence level/nível de subsistência Padrão de vida abaixo do qual não se pode sobreviver. Muitos autores antigos do século XIX acreditavam que em longo prazo os salários não seriam mais altos que os do nível de subsistência. (163)

substantive law/direito substantivo Conjunto de normas jurídicas abstratas; direito positivo ou objetivo. Essa lei regula as relações substanciais de conteúdo dos direitos e obrigações. Contrapõe-se à lei adjetiva (*adjective law*) que regula a forma de validar em juízo as leis substantivas e que são as leis processuais. (231) (240)

substitute goods/bens substitutos V. (*cross-elasticity of demand*). (1) (155)

substitution effect/efeito-substituição V. (*income effect*). (155) (163)

suburbanization/suburbanização Migração das famílias que procuram sair dos centros populosos e congestionados para os subúrbios, onde supostamente há menor poluição e as condições de vida são mais saudá-veis e aprazíveis. Esses novos locais de moradia são mais caros e exclusivos. (48)

subvention/subvenção Doação de auxílio pecuniário, especialmente por parte de um governo ou alguma outra autoridade, em apoio a um objetivo, instituição ou empreendimento. (11)

succession plan/plano de sucessão Documento que mostra, para cada posição de administração em uma empresa, o nome do atual detentor do cargo, a ocasião provável em que se aposentará, o nome e a experiência de alguém para substituí-lo. (148)

sue/processar Levar a um tribunal uma queixa contra uma pessoa. (244)

sufficient condition/condição suficiente Propriedade de uma proposição de tal modo relacionada a outra, que esta última se segue logicamente ou é dela deduzida; donde a verdade da primeira proposição é negada se a segunda não for admitida. Comparar com (*necessary condition*). (7) (88)

suggested price/preço sugerido Preço sugerido pelo fabricante para seus produtos que, presumivelmente, deveria ser cobrado pelo varejista. Em geral esse preço não é respeitado, salvo quando estipulado por lei. (48)

suggestion program/programa de sugestões Sistema usado por certas empresas, em que os empregados fazem sugestões para melhoria geral do trabalho. Em alguns casos, as empresas concedem prêmios às sugestões que aumentem a sua rentabilidade. (148) (198)

suggestion scheme/esquema de sugestão Processo através do qual um empregado com idéias para tornar a organização mais eficiente ou rentável, pode expô-las à administração, recebendo, em troca, alguma espécie de prêmio. (244)

suit/processo judicial Ação que se desenrola em um tribunal de justiça em busca de uma decisão tomada por um juiz, visando ao cumprimento do que se acha estabelecido pelas leis vigentes. (11) (231) (A)

suitable employment/emprego adequado Racionalidade de colocar os desempregados que estão recebendo auxílio somente nos empregos adequados àquilo que sabem fazer. Seria inadequado colocar um contador no lugar de um torneiro. (198) (A)

sum insured / quantia segurada Maior quantia que uma companhia de seguros terá de pagar a uma pessoa que tem seguro com ela, por qualquer determinada reivindicação. (244)

summer time / horário de verão Prática em certos países de adiantar os relógios uma hora nos meses de verão. (244)

summons / intimação Documento oficial que ordena a uma pessoa que compareça a um tribunal, seja para julgamento, seja para dar evidência. V. (*subpoena*). (244)

sundries / miudezas Várias coisas, geralmente pequenas, em conjunto. (244)

sunk cost / custo passado; custo histórico Custo que representa despesa já feita e que, por isso, é irrelevante no processo decisório. O mesmo que custo histórico. (4) (41) (148)

sunlighting / trabalho de aposentado Trabalho de pessoa aposentada, geralmente por tempo de serviço, que se encontra empregada a tempo integral. (148)

sun spot theory / teoria das manchas solares Teoria proposta por Jevons de que o ciclo econômico tem a mesma duração do ciclo das manchas solares que afetam as colheitas. Não existe consenso sobre a causa dos ciclos econômicos e há até economistas que, embora empregando o termo, descartam-no como acontecimento normal do transcorrer do tempo. (158) (163)

superannuated / aposentado Pessoa que se afasta definitivamente do trabalho por ter alcançado o limite de idade ou por incapacidade física. (11) (231) (244)

superavit / surplus; superávit V. (*surplus*). (11) (163) 231) (244)

superette / minimercado Pequenas mercearias, onde o próprio cliente é quem se serve, como nos supermercados. Geralmente há apenas uma borboleta de saída. (48)

superintendent / superintendente 1. Pessoa encarregada de alguma coisa e que providencia para que tudo seja feito da maneira apropriada. 2. No Reino Unido, policial com categoria mais elevada do que inspetor. 3. Nos Estados Unidos, encarregado de uma delegacia. (244)

superior / superior Em administração, indivíduo que tem autoridade sobre um outro. Não implica superioridade que seja diferente da hierárquica. (45) (148) (231) (244)

super-jobber / superatacadista Atacadista de muito grande porte, com extensa linha de produtos, como os que lidam com peças de automóveis. (138)

supermarket / supermercado Loja de departamentos que, originariamente, operava apenas com produtos alimentícios, mas que atualmente concorre com muitos outros tipos de varejo, oferecendo preços mais baixos para artigos de consumo. É uma loja onde os próprios clientes se servem. Localiza-se onde há grande espaço para estacionamento ou em zonas de grande movimento e fácil acesso. (148) (194) (244)

superordination / superordenação Domínio total e impiedoso de um indivíduo ou grupo por outro. Em empresa, isso muitas vezes pode ocorrer por parte de um contramestre (*foreman*) cuja educação o impede de compreender o que são boas relações humanas. (180)

super-profits / lucros excessivos Excesso do lucro real de uma firma sobre o montante necessário para pagar juros a uma taxa razoável (considerando-se o tipo de negócio e os riscos envolvidos) sobre o capital da firma. (148)

supersede / substituir Substituir em poder, autoridade, efetividade, aceitação, uso etc. uma pessoa ou coisa, com o cancelamento da ação da que anteriormente prevalecia. Por exemplo, uma lei que substitua outra, revogando todas as disposições em contrário. (11) (231)

superstore / superloja Loja muito grande que vende alimento e outros bens, cuja dimensão está entre um supermercado e um hipermercado. (244)

supertanker / superpetroleiro Navio petroleiro com capacidade acima de 100.000 toneladas. (11)

supervisor / supervisor Grau mais baixo em uma escala hierárquica de administração. Abaixo, na escala, estão os trabalhadores que não têm autoridade de espécie alguma que possa ser considerada como formal. O termo pode ser empregado em sentido muito mais amplo, de acordo com o contexto, como, por exemplo, um supervisor escolar. Uma das características do supervisor é que ele não tem de produzir e sim fazer com que os outros produzam. (31) (148)

supplement / suplemento 1. Algo que é adicionado para completar qualquer outra coisa, ou para fornecer mais informação a seu respeito. 2. Seção separada de um jornal ou revista. 3. Pagamento além do salário ou ordenado habitual, concedido por algum motivo. (244)

supplementary benefit / benefício suplementar No Reino Unido, quantia paga semanalmente pelo governo a vários grupos de pessoas cuja renda (*income*) está abaixo de um certo nível mínimo. (244)

supplementary costs / custos suplementares V. (*fixed costs*). (163)

supplies / suprimentos Bens usados em uma firma, como lápis, papel etc., mas não são incorporados em seu produto final (*end product*). (148)

supply / oferta 1. Literalmente, suprimento ou abastecimento. 2. Em economia e ciências correlatas, é a quantidade de um determinado bem econômico disponível a um determinado preço, em determinada unidade de tempo. Seus três elementos componentes são: fatores objetivos, subjetivos e condicionantes. O fator objetivo é quantidade-preço; o subjetivo é a disposição de vender; e o condicionante é custo-preço. Não confundir com proposta (*offer*), nem proposta com lance (*bid*). (12) (148) (244)

supply curve / curva da oferta Gráfico da relação entre preços de mercado (*market prices*) e as quantidades que os produtores estão dispostos a vender. (40) (148) (163) (231) (244)

supply lag / defasagem da oferta Atraso entre uma alteração no preço de mercado e o resultante em produção. Tem de passar um certo tempo antes que a produção de qualquer bem possa ser aumentada. Um cafeeiro, por exemplo, depois de seu plantio precisa de alguns anos antes de começar a produzir. Em conseqüência, haverá uma defasagem na oferta. V. (*cobweb*). (165)

supply price / preço de abastecimento Preço que precisa ser pago a fim de se obter, durante um período especificado de tempo e em dado local, uma certa quantidade de mercadoria. (7) (88)

supply schedule / escala da oferta Tabela que mostra a quantidade de um bem que um produtor está disposto a fabricar a cada preço possível. Muitos economistas descartam a idéia de falar-se em escala (de oferta ou demanda), preferindo mencionar apenas suas curvas. (148) (163)

support buying / compra de apoio Situação em que um governo compra sua própria moeda no mercado exterior a fim de evitar que seu valor baixe. (244)

support price / preço-suporte V. (*administered prices*). (7) (88)

supressed inflation / inflação reprimida O mesmo que (*repressed inflation*), com a conotação de que são obtidos alguns resultados positivos. (163)

surcharge / sobretaxa 1. Pagamento extra de taxa ou imposto. 2. Quantia extra que pode ser impressa em um selo do correio ou nota de banco para aumentar-lhe o valor. 3. Fazer uma pessoa pagar uma quantia extra. (244)

surety / fiança; garantia Pessoa ou entidade que garante o desempenho ou fidelidade de uma outra. Comparar com (*guarantor*). (7) (88)

surface bargaining / negociação superficial Negociação efetuada sem muita determinação de conseguir o melhor resultado, principalmente de um modo que conduza quase certamente à sua interrupção. Pode ocorrer quando nenhuma das partes se acha realmente interessada pelos resultados. (148)

surplus / excesso; superávit; excedente 1. Excesso do ativo sobre o passivo, acumulado durante a existência da empresa, exceto os bens sobre os quais foram emitidas cautelas de ações. 2. Qualquer excesso do ativo sobre o necessário para cobrir o passivo. 3. O que excede o necessário. Geralmente reserva-se o termo superávit para assuntos financeiros. Excedentes, de quaisquer espécies. (11) (163) (231) (244)

surplus analysis / análise de excedente 1. Análise de lucros não distribuídos (*retained earnings*). 2. Folha de trabalho que mostra as fontes e a disposição das várias formas de superávit ou de mudanças em que tenham incorrido durante um dado exercício. 3. Processo de determinar as fontes e disposição dos excedentes (*surplus*) de uma empresa. (7) (88)

surplus charge / débito de excedente Qualquer despesa, prejuízo ou outro custo debitado diretamente a excedentes (ganhos) e não através de demonstração de renda. (7) (88)

surplus from consolidation / excedente de fusão Excesso do valor escritural na data da aquisição sobre o custo ao qual a empresa matriz ou *holding* adquiriu ações de algumas subsidiárias, menos ágios de outras ações adquiridas. (7) (88)

surplus value / mais valia V. (*plus value*). (128) (163)

surrender value / valor de resgate Quantia que uma companhia de seguros está disposta a pagar se uma pessoa estiver disposta a desistir de sua apólice de seguro de vida. Geralmente a quantia aumenta quando a apólice se aproxima de sua data de vencimento. (244)

surrogate / substituto 1. Pessoa com autoridade formal para agir em lugar de outra, sob certas circunstâncias. 2. Qualquer coisa que sirva como plena reposição, substitua ou seja a réplica de qualquer outra. (7) (88)

surtax / sobretaxa Taxa adicional ou extra sobre o que já foi tributado. Taxa extra sobre um imposto já debitado. (11) (163) (231)

survey / levantamento; sondagem 1. Estudo de pesquisa de mercado (*market research*) que formula perguntas a fim de receber informação sobre atitudes, motivos e opiniões. Esses estudos podem ser feitos frente a frente, pelo telefone ou pelo correio. 2. Coleta de dados por amostragem, por exemplo, questionando um grande grupo de cônjuges sobre os fatores da felicidade conjugal; sondagem de opinião pública. (130) (194) (231) (244)

surveyor / agrimensor 1. Agrimensor, isto é, pessoa encarregada de medir e delimitar terras. 2. Na Grã-Bretanha, é pessoa que inspeciona oficialmente alguma coisa para a verificação de seu estado, valor etc., e, nos Estados Unidos, fiscal aduaneiro cujo dever é verificar o valor das mercadorias importadas. 3. Pesquisador. (11) (244)

surviving company / empresa sobrevivente Entidade que, em resultado de combinação, adquiriu os ativos líquidos e opera uma ou mais das empresas predecessoras, e que pode ser reorganizada na época da combinação, ou ser uma das predecessoras. (7) (88)

survivor / sobrevivente Pessoa que entre duas em uma sociedade ou matrimônio sobrevive à outra, possivelmente adquirindo os direitos apropriados que anteriormente pertenciam às duas. (11) (231)

survivorship / sobrevivência Direito de um ou mais sobreviventes à parte do co-proprietário que faleceu. Este direito só prevalece quando não há cláusula em contrário, como no caso de co-propriedade em comum (*tenant in common*). V. (*joint ownership*). (73) (88)

suspense account / conta suspensa Conta em que os recebimentos ou desembolsos são mantidos temporariamente até que sejam identificados. Não aparece nas demonstrações financeiras. (7) (88)

suspension / suspensão 1. Situação em que uma entidade cessa o pagamento de suas dívidas em conseqüência de incapacidade financeira ou insolvência. 2. Situação de cessar alguma coisa, até que seja tomada uma decisão pertinente. 3. Ação para que uma pessoa deixe de fazer o seu trabalho. (11) (244)

swap / permuta Intercambiar, trocar ou fazer escambo, isto é, permutar uma coisa por outra. Um par de transações combinadas quase simultaneamente, por cujo intermédio se concorda em: comprar uma determinada quantia de divisas para entrega imediata e vender a mesma quantia em uma data fixa no futuro; ou fazer uma venda na hora e uma compra futura. (11) (148) (163)

swap arrangement / swap Acordo entre dois bancos centrais para impedir que a moeda de um país se torne mais cara em relação à outra. Um banco X empresta uma quantidade de sua moeda ao banco Y e este empresta uma quantidade equivalente de sua moeda a X; X vende estas moedas no mercado de divisas para reduzir sua demanda e assim impedir que seu preço se eleve. Depois de um certo tempo, X deve comprar de volta sua moeda de Y ao preço que prevalece. Dessa forma Y não perde se a operação falhar, e sua moeda se torna efetivamente mais cara. A operação de *swap* também abrange transações com mercadorias e o acordo é um artifício para obtenção de moeda forte. (148) (A)

sweatshop/estabelecimento escravizante Estabelecimento em que os empregados trabalham longas horas a salários de fome, além de outras más condições de higiene e trabalho. (78)

swindle/fraude V. (*fraud*). (A)

swing/alteração No que tange a preços, alteração para mais ou para menos. Em outros contextos é uma variação ascendente ou descendente. (78) (A)

swing shift/turno da tarde Expressão americana aplicada a um turno de trabalho de oito horas, que começa às 16 horas e termina à meia-noite. (107)

switch/mudança de oferta; interruptor 1. Mudança de oferta feita ao cliente no momento da compra, pela parte vendedora, induzindo-o a comprar um outro produto cuja margem de lucro é maior. V. (*bait advertising*). 2. Chave elétrica ou eletrônica para ligar e desligar. (80)

switching/operação de troca Intercâmbio de fundos de investimento entre diferentes papéis negociáveis em uma bolsa de valores (*stock exchange*). (163)

sympathetic strike/greve de solidariedade Greve feita por um grupo de trabalhadores, não por queixa contra seus empregadores, mas como solidariedade a outro grupo em greve ou afastado do trabalho por (*lock-out*). (11) (148) (163) (244)

synchronous computer/computador sincronizado Computador em que o tempo de todas as operações é controlado por um relógio apropriado. (118)

syndicate/sindicato Associação ou grupo de diversas empresas para a consecução de um fim comum. É de maior duração do que o consórcio (*consortium*) porque não há fusão de recursos para a realização de uma obra, após cujo término se dissolve. Um exemplo de sindicato seria a importação conjunta de minérios para uso dos interessados, na proporção de suas necessidades. (148) (163) (231) (244)

synectics/sinética Técnica de solução de problema (*problem solving*). É um agrupamento de elementos que parecem diferentes e irrelevantes para o problema. (89) (148)

synergy/sinergia Termo de origem grega usado para identificar a condição em que o efeito combinado de dois ou mais cursos de ação é maior do que a soma das partes individuais. (148) (164) (244)

synthetic process/processo sintético Processo de combinar diversos materiais para formar um único produto final (*end product*) que é muito diferente daqueles que entraram em sua composição. São exemplos o vidro, os tecidos sintéticos, o aço etc. (28)

system/sistema Grupo de coisas que atuam em conjunto, que se juntam em um todo, como o sistema solar, por exemplo. A implicação é de que cada componente ou sua atividade é independente. Todavia, em algumas atividades do mesmo sistema como um todo identificável, elas são independentes das outras com as quais se relacionam. (91) (148) (231) (244)

systematic sampling/amostragem sistemática Amostragem em que os itens na amostra são escolhidos de acordo com uma regra simples, tal como tirar a 25.ª amostra de cada lote de 100. (148)

systemic linkage/encadeamento sistêmico Processo por cujo intermédio os elementos de dois sistemas sociais se articulam e, assim, de certo modo, em algumas ocasiões podem ser considerados como um único sistema. Por exemplo, o escambo mudo (*silent commerce*) é uma forma de encadeamento sistêmico que vence as fronteiras sociais dos grupos envolvidos. O sistema também pode ser compreendido como método ou ordenamento. (180) (231)

systems analysis/análise de sistemas Reconhecimento do efeito de uma mudança em qualquer parte do sistema sobre todos os seus outros componentes. Reconhece a inter-relação de todos os elementos que compõem um sistema. De acordo com esta abordagem, há cinco segmentos em um sistema: o indivíduo, a organização formal, a organização informal, os padrões de *status* e papel, e o meio físico. O termo é consagrado em processamento de dados. (48) (148) (163) (244)

T

tab / tabulador Tecla em máquina de escrever ou teclado de computador, que permite espaçamento automático entre as colunas. (244)

table / tabela; tabulação Disposição de palavras, números, sinais ou suas combinações, em forma tabular, isto é, em colunas paralelas, a fim de demonstrar um conjunto de fatos ou relações sob forma compacta e bem definida. Uma lista de preços por quantidades, por exemplo. (11) (231) (244)

tabloid / tablóide Jornal cujas páginas geralmente têm a metade da dimensão normal dos jornais mais comuns; tem linguagem concisa e abundância de ilustrações. (11) (244)

tabulate / tabular Colocar em forma de tabela ou tabulação, como uma série cronológica (*time series*), por exemplo. (11) (244)

tabulator / tabulador V. (tab). (244)

T-account / conta de partidas dobradas Conta de escrituração mercantil que tem a forma de um T. A haste da letra separa o débito do crédito e a travessa superior é onde se localiza o nome da conta. As partidas são dobradas porque a todo crédito corresponde um débito de igual valor e vice-versa. (A)

tachistoscope / taquistoscópio Dispositivo de projeção usado em pesquisa de propaganda a fim de medir os limiares em que são registradas as características de um anúncio. O aparelho tem outros usos, principalmente em psicologia. (174) (225)

tactics / tática Método adotado para se conseguir um objetivo de menor importância dentro do contexto de um plano estratégico (*strategic plan*). (148) (244)

Taft-Hartley Act / Lei Taft-Hartley Conhecida nos Estados Unidos como Lei Nacional de Relações Trabalhistas de 1947, constitui uma reformulação importante da lei Wagner (*Wagner Act*). Visa a estabelecer melhor equilíbrio entre os empregadores e os sindicatos trabalhistas. (31) (148)

take-home pay / ordenado líquido Salário ou ordenado que um empregado realmente recebe por dia, semana ou mês, após todas as deduções legais que podem ser feitas em folha de pagamento (1) (148) (231) (244)

take-off / decolagem Termo derivado da aviação, significando um impulso para maturidade e alto consumo em massa. A economia estática, uma vez perturbada, estabelece as pré-condições para o progresso, vencendo antigas barreiras econômicas. (73)

takeover / aquisição; assunção de autoridade 1. Assunção de autoridade, isto é, quando uma pessoa assume um encargo que antes pertencia a outra. 2. Aquisição de uma firma por outra. (148) (163) (231) (244)

takeover bid / lance para aquisição Lance feito por uma empresa a outra, a fim de assumir o seu controle via aquisição de seu estoque de capital. (1) (148) (163) (244)

take stock / dar balanço Contar as peças físicas do estoque de uma loja ou semelhante, a fim de verificar se alguma coisa foi perdida ou roubada. (244)

talk shop / falar de assuntos de interesse próprio Falar sobre assuntos de negócios próprios com outras pessoas no mesmo ramo, especialmente em situações onde outros circunstantes não entendem ou não gostam do que se está falando. (244)

tally / corresponder; registrar 1. Diz-se da igualdade de cifras, isto é, elas se correspondem. 2. Registro de alguma coisa. Por exemplo, um "apontador" que conta quantas carroças de terra passaram por um certo ponto. Ele é um (*tallyman*). (244)

tallyman / conferente Pessoa que trabalha no cais e verifica se a mercadoria descarregada de um navio confere com o que se acha no manifesto. (163)

tangible assets / bens tangíveis Bens corpóreos que constituem parte do ativo de uma firma ou das propriedades de uma pessoa. São intangíveis os bens incorpóreos, como reputação, fundo de comércio etc. (11) (148) (163) (244)

tangible property / propriedade tangível Objeto do qual os seres humanos podem desfrutar posse física. (148)

tap / torneira Em linguagem de bolsa, grande quantidade de títulos de valor, detida por alguém que, por conseguinte, pode vender a quem quer que deseje comprar, de modo que a compra é como abrir uma torneira. (148)

tap issue / emissão de torneira Emissão de valores a um preço especial, diretamente aos departamentos do governo e outros compradores, pelo Tesouro, sem passar pelos mercados. (163)

tap stocks / ações de torneira Ações que se encontram sempre em disponibilidade, especialmente as de grande rendimento, que são automaticamente vendidas pelo departamento relevante do governo, quando o preço de mercado atinge um certo nível. (163)

tare / tara 1. Peso da embalagem que contém o produto, cujo peso líquido mais a tara dão o peso bruto. 2. Peso de um meio de transporte sem a sua carga. (11) (148) (163) (231) (244)

target audience / audiência-alvo Grupo de pessoas especialmente visadas que constituem o alvo de um certo tipo de propaganda. (244)

target market / mercado-alvo Mercado ao qual uma empresa pretende vender, como, por exemplo, o mercado de pessoas idosas, ou o mercado de estudantes. (244)

target price / preço-alvo Preço-base, sujeito a reajustamento sob termos especificados, geralmente restrito a contratos de incentivo, sob os quais há reajustamentos por bonificação e penalidades, dependendo de fatores tais como qualidade e quantidade do trabalho executado ou a presteza da entrega. (88)

tariff / tarifa 1. Tabela de preços de serviços, principalmente dos de utilidade pública, como transporte etc. 2. Lista das alíquotas de impostos que incidem sobre produtos importados. (148) (163) (194) (231) (244)

tariff revenue / receita de tarifa Receita que o governo obtém pela imposição de direitos aduaneiros sobre as importações. A finalidade é apenas o aumento de receita. As alíquotas são relativamente baixas, o que não acontece no caso das chamadas tarifas protecionistas (*protective tariffs*). (48)

task / tarefa Atribuição de trabalho ou dever a alguém, cuja realização possa ser reconhecida. (11) (148) (231) (244)

task analysis / análise de tarefa Análise sistemática do comportamento exigido para executar um trabalho repetitivo, a fim de identificar áreas de dificuldade e criar métodos apropriados visando a treinar pessoas para a finalidade em vista. (148)

task budgeting / orçamento para tarefa Sistema de alocação orçamentária que começa com uma determinação das metas, depois especifica o montante de investimento para atingi-las. (194)

task force / força-tarefa Termo extraído das forças armadas, significando a formação de um grupo para a execução de determinada tarefa, após cuja realização se dissolve. Não é um grupo permanente e se assemelha à organização de projeto (*project organization*). (91) (148) (244)

task method / método da tarefa Modo de calcular o orçamento para uma campanha de propaganda, de acordo com a tarefa em vista. Contrapõe-se ao método de estipular uma verba arbitrária. (164) (244)

task specialist / especialista de tarefa Indivíduo que se revela extraordinário na tarefa em que o grupo se empenha, e tem traços de líder. (175)

task system / sistema de tarefa Sistema de atividades somado aos recursos humanos e físicos para a sua execução, isto é, a transformação de insumos em produtos. (91)

task-work / trabalho por tarefa Trabalho manual, cujo pagamento depende de uma taxa padronizada de produção. O trabalhador que não alcança o padrão pode ser demitido ou seu salário pode ser reduzido. (148)

tautology / tautologia Expressão oral ou escrita em que se repetem constantemente os mesmos conceitos em outros termos. Em grande parte, os livros didáticos de uma determinada disciplina são tautológicos. Quase certamente dizem a mesma coisa, porém com variação de palavras. (13) (16)

tax / tributo Pagamento pelo uso dos serviços fornecidos pelos governos de todos os níveis; também pode ser o pagamento por privilégios cuja concessão está em mãos do governo; forma de receita governamental que incide sobre os mais variados tipos de renda pessoal e empresarial. (11) (148) (231) (244)

taxable / tributável Tudo que estiver sujeito a qualquer espécie de imposto. (244)

taxable income / renda tributável Renda sujeita à tributação por qualquer autoridade governamental. É calculada subtraindo-se da renda bruta as deduções permitidas. (88) (163)

tax advantage / vantagem tributária Diminuição no imposto de renda pago ou a pagar, em conseqüência de melhor interpretação das entrelinhas da lei. Às vezes a vantagem tem sentido pejorativo. (88)

tax allowance / dedução tributária Montante que pode ser deduzido do imposto de renda. V. (*tax relief*). (244)

taxation / tributação Transferência de pagamentos do setor privado para o governo, o que constitui a principal fonte de receita para financiar as despesas governamentais e agir também como um instrumento de política fiscal. (163)

tax avoidance / benefício tributário Tentativa legal de reduzir a carga de um imposto, sendo exploradas ao máximo as discrepâncias e pontos omissos porventura existentes na legislação tributária. Difere de evasão tributária (*tax evasion*) porque esta é uma tentativa de sonegar o imposto devido. O benefício tributário pode ser conseguido através de empresas de controle (*holding companies*) que permitem uma série de deduções que talvez sejam artificiais, mas não infringem a lei. (1) (163) (231) (244)

tax base / base tributária Base objetiva sobre a qual recai um imposto, variando com o que for tributado: renda, propriedade, vendas etc. (1) (163)

tax base broadening / ampliação de base tributária Aplicação do imposto a uma parcela maior do objeto já tributado, em geral por diminuição ou eliminação de isenções ou benefícios que anteriormente vigoravam. (1)

tax base erosion / erosão de base tributária Diminuição da base do imposto por meio de aumento no tratamento preferencial dado a certos grupos, em geral criando isenções especiais e reduzindo alíquotas. (1)

tax burden / carga tributária; carga fiscal Total do gravame tributário que constitui seu ponto final. Nos impostos indiretos (*indirect taxes*), a carga é repassada ao consumidor final. (163)

tax credit / dedução cedular do imposto; crédito tributário Providência legal que permite aos contribuintes deduzir certas importâncias das rendas tributáveis. A dedução é feita depois de calculado o imposto. Para o contribuinte é mais vantajosa a dedução cedular, aqui chamada (*tax credit*). (1) (148) (148) (244)

tax deduction / dedução tributária Dedução parcial ou total na cédula de uma declaração de renda, feita antes do cálculo do imposto final. Por exemplo, não é tributável a renda que já tenha sido tributada por um pagador no exterior. (1) (A)

tax equity / eqüidade tributária Esforço das autoridades fiscais para que a carga tributária do imposto de renda (*income tax*) seja distribuída eqüitativamente entre os vários contribuintes; baseia-se na capacidade para pagar (*ability-to-pay*). (1) (A)

taxes receivable / impostos a receber Impostos correntes e atrasados lançados por uma unidade governamental. Mais comum nos impostos municipais. (7) (88)

tax evasion / sonegação tributária Tentativa propositada de um indivíduo ou firma de fraudar as autoridades tributárias, não declarando ou fornecendo dados falsos em sua declaração de imposto de renda. (163)

tax exclusion / renda não tributável Providência legal que permite aos contribuintes do imposto de renda excluir tipos especificados de renda. Na renda não tributável, em alguns países figuram as pensões dos veteranos, benefícios previdenciários, presentes, heranças etc. (1) (A)

tax exempt bonds / obrigações isentas de imposto Nos Estados Unidos, títulos de dívida (*securities*) emitidos por Estados, cidades e outras autoridades públicas, consoante a lei federal, cujos juros são total ou parcialmente isentos do imposto de renda. (11)

tax exemption / isenção tributária ou fiscal Isenção de taxas, impostos, contribuições etc. para determinados tipos de negócios ou propriedades. Os principais beneficiados são certas entidades educacionais e religiosas. Alguns valores públicos também estão isentos. A isenção muitas vezes é instrumento de poder político de alguns grupos. Neste último caso, a legislação que concede a isenção pode cair nos casos denominados (*pork barrel*) ou (*logrolling*). (31) (231) (244)

tax haven / abrigo fiscal Países cujos governos oferecem grandes vantagens no pagamento de impostos aos estrangeiros e às suas empresas, como a Suíça, Venezuela e outros. Muitas empresas criam subsidiárias no exterior visando a pagar menor imposto. (1) (148) (163) (244)

tax incentive / incentivo fiscal Providência fiscal destinada a encorajar os meios de produção do país e assim conseguir mais atividade econômica. Alguns incentivos podem ter a forma de isenções ou renda não tributável. (1) (A)

tax incidence / incidência tributária Ponto sobre o qual recai o imposto, não importando quem venha a ser o contribuinte real, como no caso do imposto que pode ser repassado ao consumidor final, por aumento do preço do bem. Quando o imposto não pode ser repassado, é chamado de direto (*direct tax*); quando pode, é indireto (*indirect tax*). (31) (163)

tax lien / direito de penhora fiscal Direito de penhora por parte de uma unidade governamental, por falta de pagamento, quando fica criado um vínculo jurídico em favor da entidade oficial que fez o lançamento. (88) (231)

tax limit / limite tributário Imposto territorial máximo ou montante do tributo geral que um governo municipal pode cobrar de um contribuinte. (11)

tax loophole / omissão fiscal Falha ou omissão na legislação fiscal, da qual se aproveitam indivíduos ou grupos para a diminuição de sua carga tributária (*tax burden*). Essa omissão está nas entrelinhas da lei. Às vezes pode ser um dispositivo legal de benefício ao contribuinte que desempenha certas atividades. Também pode ser a legislação forçada por um grupo de pressão através de trabalhos nos bastidores (*lobbyism*). (1) (A)

tax-loss carryback / compensação fiscal retroativa Permissão legal para que uma empresa possa compensar um prejuízo atual, obtendo compensação dos impostos pagos dentro dos três anos precedentes, quando houve lucro. (1) (148) (163)

tax-loss carryforward / compensação fiscal futura Dispositivo legal que permite ao contribuinte deduzir das rendas dos anos futuros, no máximo cinco, o prejuízo incorrido em certo ano. (1) (148) (163)

tax offset / compensação tributária Indução federal para que os Estados adotem tributos que permitam aos contribuintes deduzir dos impostos estaduais parte da quantia devida ao imposto federal que teriam de pagar. Por exemplo, o governo federal cobra 3% de imposto sobre a folha de pagamento dos empregadores, mas permite que deduzam 90% do total do tributo federal se eles contribuírem para a previdência social do Estado. (31)

taxpayer / contribuinte Pessoa que paga um imposto ou está sujeita à tributação. Quando se trata de imóvel (*real estate*), considera-se como contribuinte um tipo de imóvel comercial que proporciona renda de aluguel a seu proprietário. (11)

taxpayer's suit / ação legal de contribuinte Processo judicial de um contribuinte a fim de pedir satisfações ou impedir o dispêndio de fundos públicos para o qual contribuiu e que visava a um determinado fim. Nos Estados Unidos esta ação não tem amparo federal, mas é admitida em certos Estados. (31)

tax point / ponto de tributação Momento do recolhimento do imposto de circulação de mercadoria (*value added tax*) no Reino Unido. (148) (164)

tax rebate / rebate tributário Quantia que uma pessoa recebe de volta depois de ter pago seus impostos, por exemplo, porque sua renda baixou ou porque a incidência foi excessiva. É o caso da restituição do excesso de imposto retido na fonte. (244)

tax relief / dedução tributária Quantia que pode ser descontada do total do imposto tributável, porque foi gasta de um modo especial. No Reino Unido há dedução por hipotecas e certas espécies de seguro pessoal. (244)

tax return / declaração de renda Documento contendo os detalhes da renda e despesas de um indivíduo e suas reivindicações das deduções permitidas (*personal relief*), para a avaliação de seu imposto de renda a pagar. (148)

tax sharing / participação tributária Situação em que um governo de nível mais alto dá uma parte da arrecadação a outros governos de nível mais baixo. (1)

tax shelter / abrigo tributário V. (*tax haven*). (244)

tax voucher / comprovante tributário Documento enviado por uma companhia a um acionista, mostrando quanto foi retido para pagamento do imposto sobre dividendos. Esse documento deve ser mantido pelo acionista como prova de pagamento do imposto. (244)

Taylor's functional organization / organização funcional de Taylor Transição entre a organização de linha (*line*) e a de linha e assessoria (*line-and-staff organization*). Em forma pura, a organização funcional de Taylor leva ao extremo o uso de especialistas, porque não existe uma linha única de autoridade. Cada trabalhador é responsável perante alguém mais graduado, muitas vezes havendo superposição e conflito de autoridade. Na prática, as empresas encontram vantagem na organização de linha e assessoria, e o tipo funcional de Taylor raramente é encontrado nas empresas bem administradas. (48)

teaching machine / máquina de ensinar Dispositivo mecânico, elétrico ou eletrônico para aprendizagem programada (*programmed learning*). Também existe este tipo de aprendizagem sem uso de máquinas. (130) (A)

team management / administração por equipe Tipo de administração em que o administrador trabalha com seus associados como um grupo ou equipe. As metas são determinadas em conjunto e sua consecução constitui responsabilidade de todos. O método reduz a competição individual, aumenta a comunicação, o entendimento e o respeito mútuos, além do esforço em conjunto. (135)

teamwork / trabalho de equipe Trabalho de um grupo nas condições de administração por equipe (*team management*). (148)

tear sheet / comprovante de publicação Anúncio (*advertisement*) impresso cortado da publicação onde apareceu e remetido ao anunciante, como prova da publicação. (148)

teaser / propaganda criptográfica Propaganda de produto ou serviço, geralmente feita por cartazes, em que é retida a informação sobre um produto ou seu fabricante, desse modo procurando despertar a curiosidade do público. Aos poucos os cartazes vão mudando, até que o cliente potencial fique sabendo de que se trata. Adaptável a outros meios de propaganda. (164)

technical / técnico 1. Que se liga a uma área especial do conhecimento, principalmente em assuntos práticos, como engenharia. (244)

technical insolvency / insolvência técnica V. (*insolvency*). (1)

technique / técnica 1. Modo especial de fazer alguma coisa que requer habilidade prática e conhecimento. 2. Habilidade especial. (244)

technocracy / tecnocracia Princípio básico de que os avanços tecnológicos são de tal vulto que há necessidade de tecnocratas, isto é, os altamente especializados, porque se os homens do governo e os empresários não forem cientistas e engenheiros especializados, em geral não terão competência gerencial. Com o advento das modernas técnicas de administração, a tecnocracia é um fato da vida moderna. (1) (A)

technological change / mudança tecnológica Alteração no nível de produção conseguido com uma quantidade estática de insumos, em resultado de melhorias no conhecimento científico e da tecnologia. Vale dizer que o custo médio por unidade de produto baixa, embora os preços dos insumos permaneçam inalterados. As duas formas conhecidas de mudança tecnológica são por inovação de produto e inovação de processo. (163)

technological constraints / restrições tecnológicas Restrições determinadas pelo estado das artes (*state of the arts*). Ao determinar como fazer um certo produto, o decisor está limitado em sua escolha às alternativas tecnologicamente possíveis. (45)

technological external economies / economias externas tecnológicas Economias externas em base tecnológica, como, por exemplo, uma empresa contratar mão-de-obra que já foi treinada ou especializada em outra organização, sem que os atuais empregadores tenham tido dispêndios com tal treinamento. (119)

technological unemployment / desemprego tecnológico Desemprego causado principalmente por avanços tecnológicos, como a automação, por exemplo. Uma das saídas é usar intensamente a mão-de-obra (*labor*) em programas de obras públicas, sem auxílio de maquinaria moderna. Os desempregados devem procurar treinamento para as novas tecnologias. (1) (163)

technology / tecnologia Área de conhecimento que lida com a aplicação de descobertas e invenções da ciência à indústria e ao comércio. (244)

technostructure / tecnoestrutura Sistema de produção em que a tecnologia facilitou a capacidade produtiva, de tal modo que as empresas precisam procurar consumidores para seus bens. Galbraith, um teórico heterodoxo criador do termo, dá a este caso o nome de efeito-dependência (*dependence effect*). (128)

telegraphic transfer / transferência telegráfica Instrução enviada telegraficamente por um banco a outro em país diferente, para que efetue um pagamento, debitando-lhe o montante, após o cumprimento da ordem telegráfica. (148)

telephone answering service / secretária eletrônica Método pelo qual as mensagens enviadas por telefone podem ser registradas quando não há pessoa por perto para respondê-las; dessa maneira, podem ser respondidas mais tarde. (244)

telephone selling / vendagem telefônica Método de vender bens, em que o único contato com o possível cliente é apenas a conversação telefônica. (244)

teletext / teletexto Nome geral para informação exibida em tela de televisão, de acordo com diversos sistemas. (244)

telex / telex Máquina que funciona como telefone, exceto que as mensagens enviadas ou recebidas são impressas. Isto significa que a pessoa a quem a mensagem é dirigida não precisa estar presente no momento da transmissão, podendo tirá-la diretamente da máquina. (244)

teller / caixa Empregado de um banco encarregado de pagar e receber dinheiro dos clientes. Caixa (*cashier*). (163)

temp / temporário Forma abreviada para designar um empregado que trabalha a tempo parcial, geralmente datilografando e fazendo serviço secretarial. (244)

temporary investment / investimento temporário 1. Aplicação monetária em título de valor, por haver excesso de dinheiro em caixa. 2. Título de um item do balanço (*balance sheet*) classificado como ativo corrente (*current asset*). (7) (88)

temporary staff service / serviço de empregados temporários Organização que, por certa quantia, oferece empregados temporários, principalmente os de colarinho branco (*white collar*), nas ocasiões de escassez desse tipo de mão-de-obra. (244)

temporary unemployment / desemprego temporário Desemprego que decorre de modificações tecnológicas e perdura até que os desempregados obtenham treinamento especializado para as novas maneiras modernas de trabalhar. (8)

tenant / locatário 1. Indivíduo ou empresa que aluga uma instalação fabril, um prédio, um terreno etc. 2. Locatário. 3. Possuidor ou condômino de um imóvel. (231) (244)

tenant in common / co-proprietário Condômino. V. (*joint ownership*). (88) (231)

tender / proposta de concorrência Proposta para o fornecimento de bens ou serviços, por meio de documento formal que estabelece preço, prazo de entrega, qualidade, quantidade etc. Quase sempre a proposta é enviada em um envelope lacrado. (148) (163) (164) (231) (244)

tender offer / concorrência para assunção de controle Proposta de assunção de controle (*takeover bid*), em que a empresa ofertante faz um anúncio público de que está desejando adquirir todas as ações de uma determinada empresa a um preço específico. O pagamento pode ser em dinheiro ou ações da ofertante. (148)

tenement/moradia Qualquer casa ou prédio que sirva como moradia, ou parte de uma casa ocupada por um inquilino como moradia separada. Pode ser uma casa de cômodos. (11) (231)

tenure/direito assegurado 1. Direito de ocupação de um bem imóvel. 2. Direito a um determinado cargo. 3. Estabilidade no emprego. 4. Mandato. (244)

terminal/terminal 1. Ponto final para o desembarque de passageiros ou carga. 2. Qualquer dispositivo que sirva para entrada ou saída de computador. (163) (244)

terminal markets/mercados terminais Mercados que compram e vendem a termo (*futures market*). (163) (164)

term insurance/seguro a prazo fixo Seguro cuja apólice será paga se o segurado falecer dentro de um certo tempo. (244)

term loan/empréstimo a prazo Empréstimo feito por bancos para resgate entre cinco e dez anos, com o penhor de notas não garantidas. Normalmente, o empréstimo visa à compra de novo equipamento. (7) (88) (148) (244)

term shares/ações de longo vencimento Ações que não podem ser vendidas durante um prazo especificado. Geralmente proporcionam uma taxa de juro ou dividendo mais elevada do que as ações ordinárias. São oferecidas aos investidores em sociedades de construção a fim de prover capital que não pode ser retirado indiscriminadamente. (163)

terms of trade/condições de comércio Relação dos preços de exportação e de importação. As condições de comércio de um país melhoram se seus preços de exportação estiverem se elevando mais rapidamente que os de importação. Já que as condições do comércio internacional influem muito no balanço de pagamentos, os governos recorrem a tarifas e outros instrumentos considerados como barreiras ao comércio. (1) (163) (244)

territorial waters/águas territoriais Área de água imediatamente adjacente à costa de um Estado, sobre a qual este tem direito de soberania. A maioria dos Estados reconhece que esta área é a que fica dentro de três milhas da costa, ou seja, a distância não alcançada por um tiro de canhão usado no século XVIII. Alguns países dizem que as águas territoriais vão até 200 milhas da costa, mas o assunto é muito controvertido. (163) (244)

tertiary readership/leitura terciária Leitura casual de uma publicação quando o cliente potencial se encontra em situação de ociosidade, como à espera no gabinete dentário e depara com anúncios que podem interessá-lo ou não. (164) (225)

test/teste Amostra padronizada do desempenho de uma pessoa em uma tarefa ou conjunto de tarefas. Também pode ser uma prova, experimento ou exame de alguma coisa. (130) (231) (A)

testimonial advertising/propaganda testemunhal Forma de promoção em que há, explícita ou implicitamente, a idéia de que uma pessoa ou organização célebre usa o produto que está sendo anunciado, geralmente através de veículo visual. (148) (164) (244)

test marketing/marketing de teste Teste de mercadização de um produto, em área bem delimitada, com todas as técnicas usuais para que possa ser considerado como amostra representativa do mercado que se deseja alcançar. A vantagem está em que a empresa não se lança de modo irremediável em uma grande campanha de introdução do produto em um mercado mais amplo, tendo a oportunidade de verificar o que deve ou não ser melhorado. (164) (244)

tetra pack/embalagem cúbica Embalagem de forma cúbica, de papel ou cartão impermeável, para pequenas doses de produtos como leite, refrescos etc. O nome tetra advém de seus quadro lados, não se contando o fundo e o topo. (164)

T-group training/treinamento de grupo T V. (*sensitivity training*). (46) (64) (233)

theme advertising/propaganda temática Propaganda em que uma empresa anuncia por intermédio de uma agência especializada, à qual paga comissões, principalmente para trabalho junto aos veículos de massa (*mass media*), como rádio, televisão, imprensa etc. Relaciona-se à propaganda acima da linha (*above-the-line advertising*). (164) (225)

theoretical capacity / capacidade teórica V. (*ideal capacity*). (41)

theory X / teoria X Pensamento da teoria de administração, segundo a qual tirando-se a iniciativa do trabalhador e forçando-o a operações repetitivas, a administração burocrática torna-o apático, indiferente às metas organizacionais e insatisfeito. Em outras palavras, tipicamente o trabalho na linha de montagem (*assembly line*), com sua falta de estímulo, desmotiva o trabalhador. A administração pensa, erradamente, que os trabalhadores, em termos de suas necessidades e motivações interiores, são por natureza inábeis, irresponsáveis e não merecem confiança. Daí cria o "policiamento" para a conduta dos que trabalham. V. (*theory Y*). (135) (148) (244)

theory Y / teoria Y Filosofia de administração de que os trabalhadores são naturalmente capazes de ambição, dignos de confiança, criativos, porém a administração tem de reestruturar a situação gerencial e de trabalho a fim de aproveitar estas motivações para produzir. Na sociedade opulenta (*affluent society*), as necessidades físicas, de segurança e sociais são satisfeitas por benefícios como pensões, seguro desemprego, salários negociados por sindicatos e, por isso, as necessidades egoísticas precisam ser desafiadas por ampliação de cargo (*job enlargement*) e motivos menos burocráticos ou autoritários de supervisão, para que os trabalhadores produzam mais. Tanto a teoria X como a Y são de autoria de McGregor. (135) (148) (244)

theory Z / teoria Z Teoria de administração lançada por William Ouchi, postulando que o problema de produtividade não será resolvido através de política monetária, nem de mais investimento em pesquisa e desenvolvimento. Tal problema somente poderá ser remediado quando as pessoas forem dirigidas de tal modo que possam trabalhar mais efetivamente em um conjunto. A tônica da teoria é o trabalho em equipe (*teamwork*) segundo o modelo japonês. Entre outras coisas, as empresas do tipo Z tendem a um sistema de emprego de longo prazo, muitas vezes vitalício, embora essa relação para a vida toda não seja formalmente declarada. (199)

therblig / therblig Unidade de medida de tempos e movimentos no estudo feito pela família Gilbreth. O termo é uma inversão do nome Gilbreth. (49) (148)

thin corporation / empresa endividada Termo que, em sentido figurativo, denota a empresa de capital acionário que tem dívidas muito maiores do que o seu capital social. (1)

think tank / solucionadores de problemas Informalmente, grupo de expertos pagos por uma empresa ou governo para tentar resolver certas espécies de problemas. (244)

third degree / tortura Interrogatório cruel de um prisioneiro, geralmente sob tortura, a fim de forçar uma confissão ou informação. (78) (231)

third-level education / educação de terceiro nível Educação universitária. (119)

third party / terceiros Pessoa com a qual é mantido um relacionamento estritamente comercial, ou seja, (*arm's length*). (7) (88)

third-party effects / efeitos de terceiros O mesmo que externalidades (*externalities*). (165)

third-party insurance / seguro contra terceiros Apólice de seguro que cobre o risco de danos a terceiros, isto é, a outros que não o segurador ou o segurado. Em alguns países este seguro é compulsório para automóveis. (11) (163) (244)

third sector / terceiro setor Associações voluntárias, não exatamente privadas no sentido de se referirem a indivíduos ou governos. Os dois outros setores são o público e o privado. (180) (A)

Third World / Terceiro Mundo Países que não pertencem ao chamado bloco capitalista nem ao bloco comunista. Abrange os países menos desenvolvidos, dentre os quais muitos da América Latina, África e Ásia. A tendência atual é para que haja um Quarto Mundo (*Fourth World*), termo que abrange os países subdesenvolvidos que não dispõem de ricos recursos, como os países produtores de petróleo, e os do Terceiro Mundo, que estão em desenvolvimento porque dispõem de muitos recursos, possivelmente sem que grande parte tenha sido explorada. (176) (244)

Three R's (The) / Três R (Os) Expressão humorística para designar os três estudos básicos: ler, escrever e contar, enfatizando a letra R dessas palavras em inglês (*reading, 'riting e 'rithmetic*). (78)

threshold / limiar Ponto em que um estímulo é exatamente suficiente para ser percebido ou produzir uma resposta. (78) (130)

threshold agreement / acordo liminar Acordo em que os empregados receberão um aumento de pagamento se a taxa de inflação exceder um nível estipulado. (163) (244)

through / ponto baixo Figurativamente, parte mais baixa entre dois picos de um gráfico, ou de uma linha ondulada. Serve para descrever o ponto baixo de uma atividade, em contraposição ao ponto alto (*peak*), ou seja, o pico, em um dado período. Alguns escritores preferem usar termos geográficos, falando em "picos" para os pontos altos e "vales" para os pontos baixos. (1) (A)

through bill of lading / transferência de transportador Tipo de conhecimento usado quando a carga tem de ser passada de um transportador (*carrier*) para outro. (244)

throughput / transformação; processamento Material que está sendo processado ou transformado como, por exemplo, em um computador, onde há entrada (*input*), processamento (*throughput*) e saída (*output*). O mesmo é válido para material físico, como insumo, processamento e produto, respectivamente. É a maior quantidade que pode ser produzida ou manuseada. (78) (244)

thruster / administrador ativo Gerente muito ativo em procurar e realizar negócios. (244)

thumbnail / diminuto Em marketing, tudo quanto é pequeno e que poderia ser contido em pouquíssimo espaço. Especificamente em propaganda, esboço de proporções muito reduzidas. (164)

tickler / registro de vencimentos Arquivo de obrigações que se acham por vencer, que deve ser consultado diariamente a fim de não haver atraso na cobrança. (7) (88)

tied loan / empréstimo casado Empréstimo feito por país rico a um pobre, com a condição deste despender o principal em produtos do país emprestador, que será beneficiado não somente com os juros sobre o capital como também com o fomento de seu comércio exterior. (1) (163) (231)

tied outlet / estabelecimento vinculado Estabelecimento varejista financiado por um produtor, sob a condição de vender exclusivamente suas marcas, embora possa vender produtos que não sejam concorrentes. É o caso de certos bares que só vendem produtos de uma determinada cervejaria. (163)

tie-in sale / venda casada Venda em que o comprador é obrigado a adquirir, para obter o que realmente deseja, algo de que não precisa nem quer. Por exemplo, certas cervejarias somente vendem cerveja a quem também comprar uma quantidade de refrigerantes da mesma fábrica. (11)

tight money / moeda difícil V. (*dear money*). (1)

time and motion study / estudo de tempos e movimentos Estudo em que os tempos e os movimentos de um trabalhador são cuidadosamente vigiados para ver se a tarefa pode ser executada com maior rapidez e eficiência. (244)

time card / cartão de ponto V. (*clock card*). (148) (231) (244)

time charter / fretamento por tempo Contratação de um navio ou espaço para carga por um período fixo de tempo, ao invés de um número estipulado de viagens. (163)

time deposit / depósito a prazo Depósito em um banco durante um período determinado, para a obtenção de juros. É o mesmo que conta de depósito (*deposit acount*). (148) (163) (231) (244)

time draft / saque a prazo Saque pagável dentro de um determinado prazo após o aceite pelo sacado (*drawee*). (88) (231)

time lag / defasagem de tempo Tempo que decorre entre um evento e seus efeitos; por exemplo, o disparo de uma seta e o tempo até sua chegada ao alvo. Há um certo relacionamento com tempo de avanço (*lead time*). (163) (A)

time preference / preferência de tempo Preferência por consumo imediato a consumo futuro. A inferência é de que não consumir no momento fará com que o consumo futuro proporcione maior quantidade de satisfação ou vantagem. (113) (128) (163)

time rate / salário por tempo Pagamento aos trabalhadores pelo tempo empregado, como hora, dia, semana etc. Contrapõe-se a pagamento por peça (*piece work*) e relaciona-se a salário de incentivo (*incentive rate*). (1) (148) (163) (244)

time saved / tempo economizado Diferença a menos entre o tempo gasto a fim de fazer uma unidade de um produto e o tempo padrão alocado para essa tarefa (*task*). (148)

time scale / escala de tempo Tempo que uma certa peça de trabalho levará para ser feita. (244)

time series / série cronológica; marcha 1. Série estatística em que os dados coligidos estão dispostos em relação ao tempo, como por exemplo:
    1981 32 toneladas
    1982 47 toneladas
    1983 21 toneladas
2. Sinônimo de série cronológica (*time series*). (148) (163)

time sharing / partilha de tempo Uso de um dispositivo para dois ou mais propósitos durante o mesmo intervalo de tempo global. (148) (163) (217) (244)

time span of discretion / tempo sem supervisão Tempo máximo que o detentor de um determinado cargo normalmente deve trabalhar sem ser examinado ou checado por seus superiores; vale dizer, qual o seu tempo de livre arbítrio no trabalho. (148)

time study / estudo de tempo Medida do tempo que um trabalho necessita para ser executado dentro de um ciclo de tarefa (*job cycle*). O tempo médio de inúmeras observações é o prescrito para a determinada tarefa, visando à maior produtividade. (48) (148) (198)

time ticket / cartão de ponto V. (*clock card*). (107) (148) (231)

time utility / utilidade de tempo Valor adicionado (*added value*) a um produto quando este se encontra à venda na ocasião precisa em que dele se necessita. Os agasalhos pesados vendidos no verão não têm utilidade de tempo. Relacionam-se a utilidade de lugar (*place utility*). (48) (194)

tip / gorjeta; informação útil 1. Pequena quantia dada voluntariamente a alguém por serviços prestados, por isso não constituindo parte do preço. Em algumas profissões as gorjetas chegam a tal montante que têm de ser declaradas no imposto de renda. 2. Informação de primeira mão, de grande utilidade, dada ou recebida por alguém privadamente e que pode conduzir ao sucesso em alguma atividade, principalmente de caráter especulativo. V. (*gratuity*). (163) (231)

tithe / dízimo Termo em desuso significando décima parte de alguma coisa, geralmente para a cobrança de taxas, impostos e contribuições. (11)

title / direito de propriedade Direito de propriedade, isto é, os meios pelos quais esse direito é estabelecido. (88) (244)

title deed / escritura definitiva Documento evidenciando o direito ou título de uma pessoa a um pedaço de terra. Mostra como o atual proprietário adquiriu a terra e como, no decurso dos anos, ela foi transferida de uma pessoa para outra por uma outra escritura, legado ou execução de uma hipoteca. (163) (244)

T.L.C. / C.T.M.B. Anúncio feito dentro das lojas de alguns varejistas que significa (*Temporary Lower Cost*), Custo Temporário Mais Baixo, para alguns produtos de mercearia vendidos a preços de ocasião. (243:22)

T-man / fiscal do Tesouro Coloquialismo americano para fiscal do Tesouro. (78)

token / ficha Ficha fornecida como um meio de troca limitado, como para pagamento de uma passagem de ônibus, bilhete de metrô etc. Tem um valor fixo e é usada onde quer que não possa haver perda de tempo para fazer troco. (11) (244)

token strike / aviso de greve Greve de curtíssima duração (que poderá ser seguida por outra longa), a fim de demonstrar a insatisfação dos empregados com respeito a uma certa questão. (244)

tolerance limits / limites de tolerância Em estatística, par de números obtidos de uma amostra tal que se pode dizer com certo grau de probabilidade que incluirão entre si pelo menos uma percentagem específica dos valores de uma variável na população. (11)

toll / pedágio Taxa cobrada para o uso de estradas, túneis, pontes, balsas etc. e que visa à manutenção e à recuperação de custos. (163) (244)

tommy shop / loja do sistema truck V. (*truck system*). (163)

ton / tonelada 1. Medida de peso que varia de acordo com o uso e o país. V. (*metric ton*), (*long ton*), (*shipping ton*), (*register ton*), (*measurement ton*), (*freight ton*), (*displacement ton*) e (*ton, avoirdupois*). 2. Unidade de resfriamento de um aparelho de ar condicionado, igual a 12.000 b.t.u. por hora. (78) (244)

ton (avoirdupois) / tonelada (avoirdupois) Peso igual a 2.000 libras (*pounds*) de 453,59 g, equivalente a 907,18 kg. (78)

tonnage / tonelagem 1. Medida da quantidade de carga que pode ser transportada por um navio. 2. Medida do peso da carga de um navio. (244)

tonne / tonelada métrica Peso equivalente a mil quilos (*metric ton*). (244)

top-hat pension / pensão de cartola Pensão concedida a executivo sênior de uma empresa. Geralmente, as despesas recaem sobre a companhia. (163)

top management / administração de cúpula Mais alta plana da administração de uma empresa em sua parte executiva, incluindo o presidente, vice-presidentes, gerentes gerais, gerentes de vendas, de compras, de pessoal e de finanças. Algumas vezes é mencionada como diretoria (*administrative management*). (48) (148)

top-to-bottom / de cima para baixo Expressão, usada principalmente em propaganda, significando que as despesas de propaganda devem ser uma percentagem do total das vendas planejadas. Contrasta com a expressão de baixo para cima (*bottom-to-top*). (80)

top-to-bottom planning / planejamento de cima para baixo Planejamento que tem início nas esferas mais elevadas da empresa e posteriormente é passado aos escalões mais baixos para sua implantação. O sistema decorre de administração centralizada (*centralized management*). Confrontar com planejamento de baixo para cima (*bottom-to-top planning*). (80)

tort / ato ilícito; delito civil Delito civil, não criminal, de modo que a lei pode exigir uma compensação pelos danos causados a outrem. Tipicamente, é um ato deliberado ou dano causado por negligência, em detrimento de uma propriedade ou reputação. (11) (14) (148) (231)

total cost / custo total Total de dispêndios ou desembolsos para o pagamento de todos os bens ou serviços comprados, prejuízos havidos, pagáveis a seu valor de mercado. V. (*cost*). (A)

total equity / patrimônio líquido Patrimônio líquido à maneira britânica. (7) (88)

total float / folga total Tempo em que uma atividade (*activity*) de rede (*network*) pode ser atrasada ou adiantada sem afetar a duração do projeto. (148)

total loss / perda total Algo segurado que foi totalmente destruído ou danificado de tal modo que não pode ser reparado. (244)

total utility / utilidade total Quantidade total de satisfação obtida pelo consumo de várias quantidades de um bem. V. (*marginal utility*). (37)

tote system / transporte a granel Sistema usado por certas ferrovias de transportar bens divisíveis em grandes quantidades, como minérios, carvão, petróleo etc., em carros especialmente construídos. O termo "tote" possivelmente deriva de "tota", que, na África, significa carregar. (78) (164)

tourism package / pacote de turismo Turismo com tudo arranjado adiantadamente por empresa especializada, incluindo viagem, hotel, transporte, passeios, etc., vendido a um preço fixo por pessoa. (244)

tout / venda por cambista Tentativa de vender (ingressos de teatro, por exemplo) por um preço mais alto do que o valor nominal. (244)

township (surveyors) / township (agrimensores) Medida agrária dos Estados Unidos, compreendendo 36 milhas quadradas (*square miles*), equivalente a 9.324 hectares ou 93,24 quilômetros quadrados. (78)

traceable cost / custo rastreável V. (*direct cost*). (88) (231)

trade / comércio; troca Termo inglês que passou a significar comércio, embora este último inclua transporte. Entre os seus muitos significados temos: 1. Compra, venda ou troca de mercadorias por indivíduos e empresas dentro de países ou entre eles. 2. Forma de ocupação para ganhar a vida. 3. Algum tipo de ofício especializado. 4. Escambo. 5. Clientes. Etc. (11) (148) (231) (244)

trade association / associação de classe Organização criada por firmas de uma determinada indústria ou ramo, para lhes proporcionar serviços comuns não competitivos, como coletar informação ou representar o ramo perante o governo. (148) (163) (244)

trade balance / balança comercial Diferença contábil do valor das exportações e importações de um país; tal diferença é o saldo (*balance*), que pode ser favorável ou desfavorável. (A)

trade barrier / barreira ao comércio Barreira comercial que tanto pode ser privada como governamental. Neste último caso é a intervenção que restringe o livre comércio de bens e serviços através das fronteiras geográficas dos países. Entre as barreiras deste tipo figuram tarifas aduaneiras, quotas de importação e controle de câmbio, procedimentos que provocam represálias. No setor privado, uma das principais barreiras é o poder de monopólio. (1) (163) (244)

trade bloc / bloco de comércio Combinação de Estados que desejam fomentar o comércio entre si, através de um acordo informal ou de um tratado formal. A Comunidade Econômica Européia é um exemplo de bloco comercial. (163)

trade control / controle comercial Limite imposto por um governo sobre a importação ou exportação de um determinado bem. (148)

trade cycle / ciclo econômico V. (*business cycle*). (A)

trade discount / desconto comercial Desconto monetário concedido a pessoa ou organização dos canais de marketing, por serviços que comumente deveriam ser prestados pelo produtor; desconto para revendedores; desconto por pagamento à vista. (148) (163) (194) (231) (244)

trade fair / exposição-feira Exposição em que os fabricantes e outros na mesma área de negócio se juntam para exibir seus bens e ver o que os outros têm a oferecer. (244)

trade gap / hiato de comércio Déficit na balança comercial (*trade balance*) de um país, ou seja, a diferença entre o valor dos bens exportados e os importados. (163) (244)

trade-in / base de troca Dar como parte do pagamento um produto usado na compra de um novo. A troca permite ao vendedor uma certa latitude na venda, sem ter de modificar o preço básico de seu produto. Comum na compra de automóveis. (148) (194) (231) (244)

trade-in offer / oferta de troca Promoção de vendas de bens duráveis em que as pessoas recebem ofertas dos lojistas para trocarem seus utensílios usados por outros novos, a um preço reduzido. (148)

trade investments / investimentos de comércio Investimentos, geralmente de pequena monta, que certas empresas, compradoras e fornecedoras, fazem entre si para auxílio mútuo. (163)

trademark / marca registrada Marca que tem proteção legal. Inclui o conteúdo gráfico, bem como a marca nominal. Assemelha-se a (*hallmark*). (148) (163) (194) (231) (244)

trade mission / missão comercial Grupo de empresários que fazem uma curta visita a outros países, tentando desenvolver negócios. (244)

trade name / nome comercial Nome sob o qual uma companhia efetua seus negócios. Também pode ser marca registrada (*trademark*). (244)

trade-off / substitutibilidade Troca ocasional ou transigência face a duas alternativas, geralmente de igual valor. (148) (138) (244)

trade price / preço de comércio Preço concedido a um revendedor e às vezes a pessoas ou empresas do mesmo ramo, mas não a consumidores. (148) (164) (231) (244)

trade promotion / promoção comercial Processo de persuadir atacadistas e varejistas a ter uma certa quantidade de bens em seus estoques. (244)

trade puffery / propaganda exagerada Exagero de certos anunciantes, quando dizem na propaganda que o seu produto é o melhor do mundo. Na verdade, pode ocorrer o contrário. (48)

trade reference / referência comercial Documento solicitado por indivíduo ou empresa que, pela primeira vez, vai fazer um fornecimento a crédito a uma outra pessoa ou firma. Esta tem que provar ser boa pagadora. (244)

trade show / feira de amostras; exposição Exposição ou convenção periódica em que os produtores de um ramo da indústria e de indústrias correlatas exibem seus produtos a clientes potenciais. Pode ser uma "feira de amostras". (194)

trade union / sindicato trabalhista Associação de trabalhadores organizados para a defesa e progresso de seus interesses nas negociações com os empregadores e o governo. (163) (244)

trade-up / comércio mais alto Fenômeno que ocorre quando os consumidores procuram adquirir bens mais elaborados e maiores. À medida que a economia progride, os consumidores tendem a comprar quantidades maiores do que é supérfluo e mais caro, como casas com muitos banheiros, vinhos de preço mais elevado, especialidades alimentícias, melhores roupas etc. (80)

trading account / demonstração de lucro bruto Demonstração do lucro bruto (*gross profit*) durante um exercício, quase sempre incluindo um resumo das principais receitas (*revenues*) e despesas (*expenses*). (148) (163) (244)

trading area / área de comércio Zona geográfica ao redor de um centro de distribuição, dentro da qual a venda ou compra de um bem ou de bens correlatos é economicamente vantajosa. (38)

trading down / comércio mais barato Técnica de vendas a preços mais baixos do que os anteriormente lançados, a fim de ser conseguido um maior volume de vendas. (148) (164) (244)

trading profit / lucro bruto 1. V. (*gross profit*). 2. Lucro obtido de especulações, principalmente em bolsas. (7) (88)

trading stamps / selos de troca Dispositivo de promoção de vendas usado por alguns varejistas. Os selos têm certo valor e a pessoa que os recebe, ao fazer compras na loja que os forneceu, pode dá-los como parte do pagamento. (148) (163) (194) (244)

traditional industry / indústria tradicional Especificamente, pequenas indústrias que prevalecem e atendem às necessidades da economia tradicional, caracterizadas por produtos, técnicas e organização não muito diferentes das que existiam há muitas gerações. (67)

traffic / tráfego 1. Programação e seguimento das atividades em uma agência de propaganda, para garantir que os acontecimentos ocorram na ocasião certa. 2. Padrão de movimento de clientes em uma loja. (225) (231)

traffic counting / contagem de tráfego Contagem do número de pessoas que entram em uma loja. A finalidade é pesquisa. Também existe a contagem de pessoas que saem (*walkouts*), tenham ou não efetuado compras. (225) (A)

traffic management / gerência de tráfego Planejamento, seleção e direção de todos os meios de transporte relacionados ao movimento de bens no processo de mercadização (*marketing*). Inclui a movimentação tanto de veículos da empresa distribuidora como das empresas de transporte, mas não diz respeito à movimentação dos bens dentro do armazém do produtor, distribuidor ou varejista. (38)

train / treinar Preparar uma pessoa para que esta seja capaz de fazer alguma coisa (talvez melhor), por meio de ensino e experiência. (244)

trainee / estagiário; trainee Indivíduo que se acha em treinamento. Difere do estudante porque quase sempre se trata de uma complementação de treinamento (estágio) sob a forma de instrução dada principalmente durante o trabalho ou em sua simulação. (148) (244)

Training Within Industry / Treinamento na Indústria Método sistemático de treinar contramestres ou outros supervisores na instrução de operários. É um curso que proporciona uma credencial com as iniciais (*TWI*). (107) (148)

tramp / navio de linha irregular Navio que não tem linha regular e quase sempre faz viagens por fretamento, não tendo escalas em portos permanentes. Contrasta com navio de linha regular (*liner*). (163) (A)

transactional motive / motivo transacional Um dos três alegados motivos para que um indivíduo tenha preferência por liquidez (*liquidity preference*), isto é, reservas em disponibilidade imediata para seus negócios cotidianos. Os dois outros motivos são o precautório (*precautionary motive*) e o especulativo (*speculative motive*). (1)

transactions costs / custos de transações Custos em que uma empresa incorre para vencer as imperfeições do mercado; quase sempre abrangem tudo quanto uma firma tem como dispêndio para que possa transacionar. (163) (244)

transfer / transferência Passagem de propriedade, quase sempre com título, ou de serviços, de uma pessoa para outra. Em seu sentido mais amplo, as transferências incluem vendas e outras receitas. (7) (88) (244)

transfer costs / custos de transferência Custos incorridos no transporte de matérias-primas para a fábrica e desta para o mercado, sem contar os demais custos que deveriam ser acrescentados, como os de transferências físicas, carga e descarga, custos administrativos etc., e não simplesmente custos de frete. (158)

transfer deed / título de transferência Documento legal para provar que a propriedade de valores em títulos deve ser transferida do vendedor para o comprador. (158) (163)

transfer earnings / ganhos de transferência Ganhos monetários que um fator de produção (*factor of production*) tem de conseguir para que não seja transferido para outros usos. (158) (163)

transfer effect / efeito-transferência Compensação dos lucros baixos ou prejuízos causados pela venda de um produto, através da venda de outros em que a margem de lucro é maior. (134)

transfer payments / pagamentos de transferência Dispêndios incorridos pela empresa ou pelo governo, principalmente por este último, sem que em troca sejam obtidos bens ou serviços. Quase sempre os pagamentos de transferência visam ao bem-estar social. Um exemplo é a previdência social que paga os aposentados. (1) (96) (163)

transfer price / preço de transferência Preço que uma empresa cobra de associada, sem qualquer lucro e sem dar margem aos custos de mercadização. Contrasta com base comercial (*arm's length*), caso em que, mesmo associada, a empresa compradora é tratada como cliente comum. (88) (148) (164) (244)

transfer rubles / rublos de transferência Moeda soviética de efeito contábil, criada para atender às necessidades de formação de preço e ajustamento de negócios em comércio bilateral. Originariamente equivalia a US$1,11, ou um grama de ouro puro. (82)

transfer stamp / selo de transferência Selo de tributação que se torna pagável no Reino Unido quando as ações são transferidas de um proprietário para outro. O selo é pagável em todas as transações de bolsa de valores. (163)

transfer tax / imposto de transferência Imposto que pode ser cobrado pela transferência de valores (*securities*) de uma pessoa para outra. (11)

transformation costs / custos de transformação Custos de mão-de-obra e materiais diretos e os custos indiretos de fabricação, para transformar os materiais em produtos acabados. (151)

transformation curve / curva de transformação V. (*production possibilities curve*). (154)

transitivity / transitividade Diz-se que há transitividade na coerência das preferências de um consumidor. Se este prefere A a B, e B a C, também prefere A a C; ou se for indiferente entre A e B, e B e C, também deve ser indiferente entre A e C. (155)

transnational / transnacional Firma cujos proprietários e administradores não são oriundos principalmente de uma única nação. O que é transnacional não se identifica com uma nação especificada. (148) (244)

transportation / transporte Uma das funções mercadológicas, com atuação dupla: os bens precisam ser transportados para os lugares onde são necessários e na ocasião em que ocorre a necessidade. O primeiro caso envolve a criação de utilidade de lugar (*place utility*), e o segundo, utilidade de tempo (*time utility*). (48) (231)

traveller's cheque / traveller's cheque Literalmente, cheque de viajante. É de um tipo especial, facilmente trocado por moeda corrente em bancos estrangeiros, muitas vezes também em hotéis e lojas. As pessoas que usam esses cheques serão compensadas se os perderem ou forem furtadas. (244)

Treasury bill / letra do Tesouro Valor de prazo mais curto emitido pelo governo americano. Em geral, o seu vencimento ocorre entre 91 e 182 dias. A venda é feita por licitação pública. No Reino Unido, letra de câmbio oferecida pelo governo com um desconto, não paga juros e é resgatada dentro de pouco tempo, geralmente três meses. (1) (148) (163) (231) (244)

treasurer / tesoureiro 1. Dirigente encarregado dos fundos ou finanças de um governo, empresa etc. 2. Pessoa que toma conta do dinheiro que pertence a um clube, sociedade etc., não sendo paga por seus serviços. Trata-se de um cargo honorário. (244)

treasury / tesouro 1. Local onde são guardadas grandes quantias em dinheiro e outros valores. 2. Freqüentemente refere-se ao Tesouro, um departamento do governo encarregado das finanças do país. (244)

Treasury note / apólice do Tesouro Nos Estados Unidos, título de dívida emitido pelo Tesouro, com vencimento de um a cinco anos. É uma obrigação de prazo intermediário. De modo geral, as apólices que vencem em um ano ou menos são chamadas de letras (*bills*) ou certificados (*certificates*); e as que vencem em períodos superiores a cinco anos são obrigações (*bonds*). (1) (231)

treasury shares / ações readquiridas V. (*treasury stock*). (7) (88) (231) (A)

treasury stock / ações readquiridas Ações completamente integralizadas que são readquiridas pela empresa que as emitiu, e que assim se tornam disponíveis para revenda ou cancelamento. Já não fazem mais parte do capital acionário em circulação. O termo não se aplica às ações que ainda não foram emitidas. (7) (88) (148) (231)

Treasury stocks / ações do Tesouro Ações emitidas pelo Tesouro do Reino Unido. Podem ser compradas através de bancos ou bolsas de valores e são consideradas como títulos de primeira classe. (163)

treaty / tratado 1. Acordo formal entre dois países, como um tratado de paz, por exemplo. 2. Qualquer espécie de acordo formal feito privadamente entre comprador e vendedor. (244)

Treaty of Rome / Tratado de Roma Tratado feito em 1957 para a criação do Mercado Comum Europeu. (148) (163)

trend / tendência 1. Movimento continuado na mesma direção. 2. Em estatística, tendência sistemática a um desvio. (5) (6) (17) (244)

trial balance / balancete Relação de contas com o total de seus débitos e créditos, sal-

dos devedores ou credores. É extraído do razão (*ledger*) e geralmente serve para verificação. (4) (148) (231) (244)

trial balloon / balão de ensaio Declaração feita para ver a reação do público a algo que se planeja para execução em futuro próximo; pode ser um produto, política de preços, nova apresentação etc. (11)

triangulation / triangulação Uso simultâneo de diversos métodos de coleta de dados, ou instrumentos para examinar o mesmo comportamento organizacional. A comparação entre os métodos serve para medir a validade dos resultados. (136)

Triffin plan / plano Triffin Sugestão de que o FMI (*IMF*) ou alguma outra instituição internacional seja criada como um banco central mundial. (177)

troubleshooter / quebra-galho Pessoa que se especializa em resolver problemas difíceis em qualquer âmbito das atividades humanas. (11) (A)

Troy / Troy Sistema de pesos para metais preciosos, com nome originado pela cidade francesa de Troyes, onde se realizavam as feiras medievais até o século XIV; seu peso foi considerado como medida-padrão. (30) (130)

truck distributors / distribuidores ambulantes Atacadistas que vendem e entregam no varejo os produtos que têm em seus caminhões ou furgões, como cigarros, bebidas, pão, leite etc. (48)

truck jobber / atacadista ambulante Atacadista que se especializa na comercialização de alimentos perecíveis e efetua entregas regulares nas lojas de varejo. Grande semelhança com (*truck distributors*). (194)

truck system / sistema truck A palavra *truck* é equivalente a troca ou escambo (*barter*). O sistema é o de pagamento de salários, total ou parcialmente, com vales para a aquisição de mercadorias de consumo, geralmente do próprio empregador. Muito comum em lugares extremamente distanciados dos centros de comércio, onde uma firma está executando um empreendimento, como uma mineração em um deserto. (78) (163)

trust / truste 1. Termo usado principalmente nos Estados Unidos para definir cartel (*cartel*). 2. Quantia ou propriedade administrada por fideicomissos ou curadores (*trustees*) em nome de terceiros. (148) (163) (231) (244)

trust company / companhia fiduciária Empresa formada para atuar como curadora de bens mobiliários, com os quais aufere lucros que são distribuídos a seus acionistas. (78)

trustee / curador; fideicomisso 1. Pessoa ou entidade a quem são confiados bens de terceiros para serem administrados. O mesmo que curador. 2. Um dos vários nomes para fideicomisso, síndico, depositário, administrador de fundos de terceiros etc. (78) (148) (163) (231) (244)

trustee company / companhia administradora V. (*unit trust*). (148)

trusteeship / curadoria Posição ou função de pessoa ou estabelecimento que age como curador ou fideicomisso (*trustee*). (78)

trust fund / fundo de curadoria 1. Fundo mantido por pessoa ou entidade que age como curadora (*trustee*) para outra, por contrato ou força de lei. Em geral esses fundos são confiados a um banco ou entidade semelhante para sua administração, isto é, para que rendam, quase sempre em compra e venda de valores e hipotecas. 2. Fundo que se mantém como reserva para algum fim específico. (231) (A)

trustor / fideicomitente Pessoa ou entidade que confia valores a um curador (*trustee*). (78)

trust shares / ações de fideicomisso Ações de companhias de fundos mútuos (*mutual funds*), geralmente conhecidas como o tipo de organização (*Massachusetts trust*). (48)

truth-in-lending law / lei do juro real Lei federal que exige que os vendedores ou emprestadores revelem as verdadeiras taxas de juros anuais que cobram dos que compram a prestações ou contraem empréstimos. (194)

tube cards / propaganda em metrô Na Grã-Bretanha, cartazes de propaganda que figuram dentro dos carros de metrô, cujo apelido é tubo (*tube*). (164)

turbulent environment / ambiente turbulento Um dos quatro tipos de ambiente de empresa. Este é dinâmico, de ritmo rápido, para o que contribuem três tendências: crescimento de grandes organizações que modificam o campo da cultura; interação das unidades e das economias globais; e mudanças induzidas por pesquisa e desenvolvimento. Os demais tipos são: ambiente plácido randomizado (*placid randomized environment*), ambiente plácido aglomerado (*placid clustered environment*) e ambiente reativo perturbado (*disturbed reactive environment*). (99)

turning point / ponto de reversão Determinado ponto, alto ou baixo, de um ciclo econômico (*economic cycle*) em que a direção da atividade econômica se inverte. Em cada ciclo, naturalmente, há dois pontos de reversão, o alto (*peak*) e o baixo (*through*). (1) (A)

turn-key / obra completa Obra ou projeto em que o fabricante ou construtor apresenta tudo pronto para começar o funcionamento, bastando virtualmente acionar uma chave. (148) (231) (244)

turnover / rotação de estoque; rotação de empregados; movimento de vendas 1. Número de vezes durante um determinado período em que é vendido ou renovado o estoque de uma empresa. 2. Perda e reposição de empregados por uma organização durante um determinado período. 3. Total de vendas durante um período, com a conotação de giro das mercadorias do estoque. (1) (107) (148) (163) (231) (244)

turnover tax / imposto de circulação de mercadoria Imposto cobrado sobre uma mercadoria à medida que esta vai passando por diversos níveis de distribuição. Na Grã-Bretanha este imposto é conhecido como o que incide sobre o valor adicionado (*value added tax*). (163) (164) (244)

tutor / professor; tutor 1. Professor que dá instrução individual a um estudante. Nas universidades britânicas é um membro da congregação (*faculty*) encarregado do estudo de um aluno que ainda não se diplomou. Em algumas faculdades americanas, é o professor de categoria inferior à de instrutor (*instructor*). 2. Guardião legal de um menor e de sua propriedade. (78)

tutorial system / sistema tutelar Sistema de instrução sob supervisão, como existe em certas universidades, em que um tutor (*tutor*) dirige os estudos e está à testa de um pequeno grupo de alunos. (78)

TWI/TWI Sigla de (*Training Within Industry*), Treinamento Dentro da Indústria. (107) (148)

two-bin system/sistema de dois receptáculos Método de controle de estoque pelo qual bens iguais são mantidos em dois recipientes separados. A ocasião do reabastecimento é marcada pelo esvaziamento do primeiro recipiente. (244)

two-factor analysis/análise bifatorial V. (*g factor*). (6) (109) (160)

two-tier board/diretoria em duas camadas Grupo de responsáveis por uma empresa, dividido em dois comitês: (a) diretoria administrativa, responsável pelas operações cotidianas da empresa; (b) diretoria supervisora, responsável pelos interesses dos acionistas da empresa e, possivelmente, os de seus empregados. Esta última diretoria geralmente nomeia e demite a diretoria administrativa. A diretoria supervisora quase sempre é eleita pelos acionistas ou pelos empregados. (148)

two-way communication/comunicação de duas vias Situação em que um emissor e um receptor estão intercambiando mensagens de modo a ser mantido um fluxo regular de comunicação recíproca. (198)

tying contract/contrato casado Acordo que declara que um intermediário deve vender também outras linhas de produto de uma empresa, se desejar ter uma linha específica que ela produz. Se houver restrição à concorrência ou ao comércio, um acordo dessa espécie pode ser considerado ilegal. (163) (194) (231)

type A persons/pessoas do tipo A Pessoas agressivas e competitivas, com altos padrões, e que se colocam sob constantes pressões de tempo. (198)

type B persons/pessoas do tipo B Pessoas que aceitam as situações como estas são e trabalham com elas sem as combater e sem se colocarem sob constantes pressões de tempo. (198)

typological analysis/análise tipológica Técnica de marketing de combinar as unidades domiciliares (*households*) em classificações genéricas, tendo por alvo obter perfis bem definidos para unidades familiares ou domiciliares. (164)

tyranny of the majority/tirania da maioria Controle de muitos sobre poucos e bloqueio das idéias que seus componentes possam ter. (45)

tyranny of the minority/tirania da minoria Bloqueio que um pequeno grupo opõe à vontade de um grande grupo. Opõe-se a tirania da maioria (*tyranny of the majority*). (45)

U

uberrima fides / uberrima fides V. (*utmost good faith*). (163) (244)

U-form / forma U V. (*functional organization*) e (*functionalization*). (215)

ullage / quebra no transporte de líquidos 1. Diferença entre a capacidade de um barril ou similar e o volume que contém. 2. Na alfândega britânica, verdadeiro conteúdo de um recipiente; a diferença entre o conteúdo e a capacidade completa é vacuidade (*vacuity*). (9) (163)

ultimate consumer / consumidor final V. (*final consumer*). (38) (244)

ultra-cheap money policy / política de moeda ultrabarata Tentativa deliberada de um governo de fazer baixar as taxas de juros, geralmente para estimular investimento. (163)

ultra vires / ultra vires Termo latino que significa "além do direito", isto é, qualquer ato que colida com o que foi estipulado por lei ou contrato, tornando-o nulo e sem direito. (148) (163) (231) (244)

umpirage / sentença final V. (*umpire*). (231)

umpire / árbitro final Pessoa escolhida pelos árbitros de duas facções em disputa, para tomar a decisão final em caso de discordância entre os dois. Sua sentença chama-se, em inglês, (*umpirage*). (163) (231) (244)

UN / ONU Sigla de (*United Nations*), Organização das Nações Unidas. (244)

unabridged / não abreviado Termo empregado para designar qualquer espécie de trabalho geralmente impresso, publicado em sua totalidade. (11) (A)

unabsorbed cost / custo não absorvido Parte dos custos não absorvida pela receita (*revenue*) a um certo nível de produção. Quando a receita não atinge o nível dos custos fixos alocados proporcionalmente a cada unidade do produto, nem todos eles serão recuperados, e a diferença constitui custo não absorvido. (163)

unadjusted rate of return / taxa de retorno não ajustada Método de orçamento de capital (*capital budget*) que depende do uso de médias e que, portanto, pode proporcionar respostas inexatas, principalmente quando os fluxos de caixa (*cash flows*) não são uniformes durante a vida de uma obra. Este método não reconhece explicitamente o valor temporal da moeda. (41)

unaided recall / recordação não auxiliada Técnica de avaliação dos resultados de propaganda, quando um entrevistador pergunta a uma pessoa quais os anúncios que ela se lembra de ter visto em algum veículo de comunicação, sem lhe dar quaisquer indícios que a ajudem a recordar-se. (148)

unavoidable costs / custos inevitáveis Custos que, em curto prazo, não variam com o produto. Estes custos são incorridos ainda que não haja produção; por isso são chamados de despesas gerais (*overheads*). V. (*fixed costs*) (158)

unbalanced / desequilíbrio de saldo 1. Em contabilidade, conta em que há desencontro entre o débito e o crédito, possivelmente por algum erro de lançamento, ou outros motivos, havendo necessidade de fazer um ajustamento. 2. Alguma espécie de desequilíbrio (11) (A)

unbalanced growth / crescimento desequilibrado V. (*balanced growth*). (73) (A)

uncalled capital / capital não chamado Parte do capital levantado por uma emissão de ações que não é pagável imediatamente. (163) (244)

UNCDF/UNCDF V. (*United Nations Capital Development Fund*). (244)

uncertainty/incerteza Hipótese de que cada investidor examina a perspectiva dos juros ou outros rendimentos em termos de probabilidade, havendo a oportunidade de que baixem e, também, uma possibilidade de que possam subir. A incerteza em negócios é uma das características de qualquer empreendimento com fins lucrativos. (102)

unclaimed balances/saldos jacentes Em serviços bancários ou semelhantes, saldos de contas que não foram reivindicados e permaneceram inativos durante um período relativamente longo e que talvez assim permaneçam indefinidamente. (11)

unconscious motivation/motivação inconsciente Motivação que pode ser inferida do comportamento de uma pessoa, mas esta não percebe a presença do motivo. (130)

uncontrollable cost/custo incontrolável Custo que tem de ser pago por uma empresa, mas que está fora de seu controle, como os causados por alterações na política do governo, taxa de câmbio (*exchange rate*) etc. (244)

uncontrollable factors/fatores incontroláveis Fatores do ambiente em que uma companhia opera, sobre os quais ela não tem controle, como alterações políticas ou sociais. (244)

uncontrollable mix/composto incontrolável Termo que define aspectos que estão além da possibilidade de controle de um negociante; por exemplo, o consumidor, restrições legais a certas práticas, pressões sociais e assim por diante. (80)

UNCTAD/UNCTAD Sigla de (*United Nations Conference on Trade and Development*), Comitê das Nações Unidas para o Comércio e Desenvolvimento. Entidade das Nações Unidas para lidar com problemas especiais do comércio internacional, principalmente nos países subdesenvolvidos. Este órgão procura resolver problemas que não foram solucionados pelo (*GATT*). (163) (244)

undated securities/títulos sem data Títulos ou valores que não têm data para resgate e que, por isso, são chamados de opções (*options*) ou títulos irresgatáveis (*irredeemable securities*). (158)

undercapitalized/subcapitalizado Diz-se de um empreendimento que não tem capital suficiente para suportar as coisas que têm de ser feitas. (244)

undercut/fazer mais barato Vender alguma coisa ou trabalhar por menos do que o habitual, seja para fazer concorrência, seja por premência das circunstâncias. (11)

underdeveloped nation/nação subdesenvolvida País em que a renda *per capita* é relativamente baixa em comparação com as grandes nações industrializadas. Um dos parâmetros é tal renda, menor do que um quarto da existente nos Estados Unidos. Também se considera subdesenvolvido o país que tem de 70 a 90% de sua população dedicada à agricultura; onde haja evidência de desemprego disfarçado (*disguised unemployment*); falta de oportunidade de emprego que não seja na lavoura; pequeno capital por habitante, e vida mais ou menos ao nível de subsistência; para a grande maioria da população não existe poupança e a pouca que existe está em mãos de latifundiários que não fomentam o comércio e a indústria. Há muitas outras formas de subdesenvolvimento, porém, aqui, o ponto de vista é apenas econômico. (1) (163) (244)

underemployment/subemprego 1. Situação em que uma pessoa não tem trabalho suficiente para fazer. 2. Situação em que há menos do que pleno emprego (*full employment*). 3. Situação em que uma pessoa se vê forçada a trabalhar em algo aquém de sua qualificação profissional. (244)

under hammer/leilão Coloquialismo americano que significa "venda ao bater do martelo", como é costumeiro nos leilões. (11)

underinsure/subsegurar Segurar alguma coisa por menos do que seu valor real, a fim de economizar no pagamento da apólice. (148)

undermanning/insuficiência de empregados Situação em que não há empregados suficientes para fazer um trabalho, ou para fazê-lo apropriadamente. (244)

undermentioned/submencionado V. (*undersigned*). (244)

undersell/vender mais barato Vender bens mais barato que os concorrentes. (244)

undersigned/signatário Pessoa que assinou uma declaração de qualquer espécie. (231)

undersized industry / indústria diminuta Termo criado pela Comissão Econômica para a América Latina (CEPAL), a fim de designar as indústrias mais ou menos tradicionais, com base na quantidade de trabalhadores e na forma primitiva de execução. (67)

undertake / empreender Fazer alguma coisa, geralmente com resultado útil. Encarregar-se. (244)

undertrading / subutilização de ativo Diz-se de uma empresa que está fazendo negócios abaixo da capacidade de seus bens ativos. (148)

undervalued currency / moeda subvalorizada Moeda cuja taxa de câmbio (*rate of exchange*) é mais baixa que o nível de livre mercado ou do nível de equilíbrio que deve alcançar em longo prazo. (158)

underwrite / subscrever 1. Concordar em comprar quaisquer ações que não tenham sido vendidas quando houver uma nova emissão. 2. Em seguro, concordar com os custos do todo ou de parte de um risco. 3. Garantir a cobertura financeira dos custos de um projeto, se este falhar. (244)

underwriting syndicate / subscritor de ações Associação de muitas empresas (sindicatos) bancárias para investimentos, com a finalidade de negociar com valores (*securities*) emitidos por uma sociedade anônima. A responsabilidade de cada membro limita-se ao capital que investiu. (48)

undifferentiated market / marketing indiferenciado Situação em que o fabricante de um produto procura enquadrá-lo em todos os mercados potenciais, usando um único composto mercadológico (*marketing mix*). (194)

undifferentiated strategy / estratégia indiferenciada Uma das abordagens à segmentação de mercado (*market segmentation*). As duas outras são concentração (*concentration*) e diferenciação (*differentiation*). No primeiro caso, o esforço de marketing visa a um subgrupo da população, com estratégia que lhe é exclusivamente apropriada; no segundo, a estratégia é empregada quando são identificados dois ou mais subgrupos da população, e para cada um há um programa diferente de marketing. Com a estratégia indiferenciada, o programa desenvolvido se aplica a todos os segmentos sem distinção. (162)

undischarged bankrupt / falido não reabilitado Firma que não conseguiu pagar seus credores e que não foi legalmente liberada dos resultados de sua falência. (244)

undisclosed principal / principal desconhecido Pessoa que negocia através de um agente ou corretor, sem revelar sua própria identidade. O corretor, na ocasião do negócio, tem de dizer que está agindo em nome de um principal que não quer ser conhecido, pois, se não o fizer, o contrato poderá ser anulado. (163)

undistributed profits / lucros não distribuídos V. (*retained earnings*). (148) (163) (244)

undistributed profits tax / imposto sobre lucros retidos Imposto a que estão sujeitas certas empresas, principalmente as do tipo (*holding*) e de investimento, quando seus lucros se acumulam sem serem distribuídos, além do tempo que as autoridades fiscais julgam necessário para que operem normalmente. Na realidade, esta prática atrasa o pagamento eventual do imposto de renda dos acionistas. (1)

UNDP / UNDP V. (*United Nations Development Program*). (244)

undue influence / influência indevida Pressão indevida sobre um indivíduo para que assine um contrato que beneficia mais a terceiros do que a si próprio e que não representa seu verdadeiro desejo. Tal contrato pode ser anulado em tribunal. (163) (244)

unearned income / renda diferida Renda que ainda não foi lançada como recebida e que também pode ser chamada de capital; não advém de salários ou ordenados. (88) (102) (163) (244)

unearned increment / incremento não ganho Aumento no valor de um bem do ativo não causado por qualquer ação de seu proprietário. Uma casa velha, por exemplo, cujo valor aumentou simplesmente pela demanda. (163)

unemployed / desempregado Sem trabalho; incapaz de encontrar trabalho. (244)

unemployment benefit / benefício por desemprego Espécie de seguro pago aos desempregados pelos governos estaduais, durante um certo número de semanas, não excedentes a 32, em montante não superior a uma quantia-limite proporcional aos salários que o trabalhador recebia enquanto estava trabalhando. Sinônimo de remuneração de desemprego (*unemployment compensation*). (1) (244)

unemployment compensation / remuneração de desemprego Remuneração dos desempregados, com base em algum fundo, durante certo tempo e que constitui um percentual do ordenado ou salário recebido durante o tempo em que o indivíduo trabalhou. V. (*unemployment benefit*). (198)

unencumbered / sem ônus Bem de qualquer espécie que esteja livre e desimpedido de qualquer ônus. (11)

UNESCO / UNESCO Sigla de United Nations Educational, Scientific, and Cultural Organization. Órgão das Nações Unidas, com sede em Paris, que fomenta a paz mundial pela eliminação de tensões sociais, religiosas e raciais, encorajando o intercâmbio de idéias e realizações e melhoria da educação. (30)

unexpired cost / custo não expirado Custo (*cost*) de um bem do ativo (*asset*) que pertence a uma firma e que esta pode usar para obter mais receita (*revenue*). V. (*expired cost*). (148)

unfair dismissal / demissão sem justa causa Demissão de um empregado que, em certos países, pode recorrer a um tribunal trabalhista a fim de reivindicar uma indenização. (148) (244)

unfair labor practices / práticas injustas de trabalho Violações da Lei Nacional de Relações Trabalhistas (*National Labor Relations Act*) e suas emendas, por parte dos empregadores e até mesmo dos sindicatos trabalhistas (*unions*). (148) (198) (A)

unfunded debt / dívida a resgatar; dívida não consolidada Dívida que tem de ser resgatada em alguma data no futuro. V. (*funded debt*). (1) (4) (14) (148) (163)

unilateral flow / fluxo unilateral Transferência de fundos de um setor da economia para outro, não igualada por um fluxo correspondente de bens e serviços em direção oposta. Contrasta com fluxo bilateral (*bilateral flow*). (158) (163)

unincorporated association / associação de classe Entidade que pode ser formada por qualquer número de pessoas ou empresas que se juntam e assinam um estatuto regulatório. Não visa a fins lucrativos. Existe para prestar serviços a seus membros. (48) (148) (231)

unincorporated business / empresa sem capital acionário Termo que engloba as sociedades em que cada sócio tem uma quota do capital, e firmas individuais (*sole proprietorships*). (48)

union / sindicato trabalhista Termo geral para descrever a mão-de-obra organizada, isto é, um sindicato trabalhista, ainda que este possa ter um outro nome. (148) (244)

union label / etiqueta sindical Marca aposta a certos produtos para revelar que foi feito por trabalhadores sindicalizados. Presumivelmente, este produto terá a preferência dos referidos trabalhadores e suas famílias. (1)

union management agreement / acordo síndico-patronal V. (*labor agreement*). (198)

union shop / estabelecimento sindicalizado Local de trabalho em que todos os empregados têm de fazer parte do sindicato da área como condição de emprego. Os empregados novos têm até dois meses para sua afiliação. (148) (198) (244)

unique selling proposition / proposição singular de vendas Conceito de propaganda de acordo com o qual cada anúncio deve fazer uma proposição única ou singular: "compre este produto para ter este benefício"; "estamos fazendo o que os concorrentes não podem fazer". A proposição tem de ser bastante atraente para que os usuários de outras marcas passem ao uso da que está sendo anunciada desta forma. (160) (244)

unissued capital stock / ações não emitidas Parte do capital acionário, subscrito ou não, ainda não emitida. (7) (88) (148) (244)

unit / quota de fundo mútuo Quota de valores (*securities*) de uma carteira (*portfolio*) vendida por um estabelecimento autorizado. O valor da quota decorre de um rateio entre o de todos os títulos que compõem a carteira ou fundo. (148)

unit cost / custo unitário Cálculo usado para a verificação dos custos dos bens. Para tanto, basta dividir-se o custo total pelo número de unidades no estoque. (244)

unit costing / custeio de unidade V. (*process costing*). (88) (148)

unit elasticity / elasticidade unitária Segundo o princípio de que a mudança proporcional em um fator ocasiona uma reação proporcionalmente igual em outro, se a elasticidade da demanda for unitária, a mudança percentual na quantidade demandada é exatamente igual à percentagem da mudança em preço, e assim por diante. (163)

United Food and Commercial Workers / United Food and Commercial Workers Sindicato americano que trata de alimentos e é mais conhecido por sua sigla UFCW. (243:30)

United Nations / Organização das Nações Unidas União de Estados independentes formada em 1945 para o desenvolvimento das relações amistosas entre os países e cooperação internacional. (244)

United Nations Capital Development Fund / United Nations Capital Development Fund Fundo criado pela ONU em 1966 para auxiliar os países em desenvolvimento por meio de doações e empréstimos. (244)

United Nations Conference on Trade and Development / United Nations Conference on Trade and Development Organização da ONU formada em 1964 para ajudar a agilizar o crescimento econômico dos países menos desenvolvidos, auxiliando seu comércio. (244)

United Nations Development Program / United Nations Development Program Programa da ONU criado em 1965 para agilizar o crescimento social e econômico dos países menos desenvolvidos, proporcionando auxílio em matérias industriais. (244)

unitholder / mutuário Pessoa que possui pelo menos uma quota (*unit*) de fundos mútuos. (148) (244)

unitization / unificação Sistema de transporte de carga em que os volumes para o mesmo ponto de destino são reunidos em volumes maiores, talvez em contêineres (*containers*), de modo que são tratados como carga a grosso, o que é mais barato, e encontram facilidade na passagem de um meio de transporte para outro. (163)

unit of account / moeda de conta Unidade usada para medir valores monetários. Seria invariável em relação a outros valores. Todavia, sua praticabilidade parece ser nula. Artificialmente, nas comunidades européias, essa unidade é definida como 9,88867088 gramas de ouro fino. (32) (148) (163)

unit of supervision / unidade de supervisão Número de empregados que podem ser bem controlados por um executivo subordinado. V. (*span of control*). (38)

unit pricing / preço unitário Preço para uma única unidade de um produto, seguindo um padrão de medida, como metro, litro ou quilo. (148) (194) (244)

unit trust / fundo mútuo Organização financeira que adquire ações de diversas empresas e forma um portfólio que divide em pequenas quantidades ou quotas, vendendo-as depois a pequenos investidores. (148) (158) (163) (244)

universe / universo Em estatística, o mesmo que população (*population*). (163) (244)

unlimited company / companhia ilimitada Empresa registrada, cujos membros são solidariamente responsáveis pelos débitos da empresa, sem limite, no caso desta ser liquidada. (148) (163)

unlimited liability / responsabilidade ilimitada Diz-se, principalmente, da firma individual ou sociedade por quotas. Os bens dos proprietários respondem pela liquidação das dívidas não pagas no vencimento. (48) (148) (244)

unliquidated damages / danos não liquidados Danos cujo montante precisa ser decidido por um tribunal porque não foram fixados os danos liquidados (*liquidated damages*). (148) (163)

unlisted company / empresa não registrada em bolsa Empresa cujos títulos (*securities*) não se acham registrados em uma bolsa de valores. (148) (244)

unlisted security / título não registrado em bolsa Títulos ou valores de várias espécies que não se acham registrados em bolsas de valores (*stock exchange*) e que são vendidos no chamado mercado paralelo ou de balcão (*over-the-counter market*). (48)

unloading / descarga Vendas feitas em um mercado a preços baixos ou iguais aos dos concessionários. Livrar-se de alguma coisa. Não constitui (*dumping*). (164) (231) (244)

unmonitored control system / sistema de controle sem monitoramento V. (*open-loop control*). (48) (148)

unofficial strike / greve não oficial Greve que não tem o apoio de um sindicato trabalhista. V. (*wildcat strike*). (1) (148) (163) (198) (244)

unorganized / não sindicalizado Em trabalhismo, refere-se à não sindicalização. (11)

unquoted company / empresa não registrada em bolsa V. (*unlisted company*). (148)

unrequited exports / exportações não retribuídas Exportações para as quais não existe um fluxo inverso de pagamento. Ocorrem no acerto de dívidas (*debts*) passadas. (158)

unsecured creditor / credor sem garantia Pessoa a quem se deve, mas que não dispõe de um título de dívida de seu devedor. Se o devedor (*debtor*) falir, ela será paga somente depois que os credores garantidos receberem. (244)

unsecured debenture / debênture sem garantia Debênture que não tem a garantia dos bens gerais da empresa emitente. Conquanto seja título de crédito preferencial, se o seu resgate não for voluntário, tem de aguardar a liquidação da empresa. (163)

unsecured loan / empréstimo sem garantia Empréstimo contraído sem qualquer garantia, exceto o bom nome do tomador, como, por exemplo, em uma nota promissória (*promissory note*) sem endosso. (1) (148)

unskilled work / trabalho não especializado Trabalho para o qual há necessidade de pouco ou nenhum treinamento. (244)

unsolicited goods / bens não pedidos Bens que são enviados a um possível cliente que não os pediu, na esperança de que o consignatário os comprará. No Reino Unido, este não é obrigado a efetuar a devolução. (244)

unstructured group / grupo não estruturado Treinamento de sensitividade (*sensitivity training*) feito por grupos de executivos mais graduados de uma empresa. A técnica elimina os meios convencionais, como liderança formal, prescrição de papel para cada participante, agenda etc. A finalidade é preparar o indivíduo para compreender-se e compreender os outros, quando então terá a oportunidade de administrar melhor. O mesmo que treinamento de grupo T (*T-group training*). (45)

unstructured interview / entrevista não estruturada Tipo de entrevista com um candidato a emprego em que o entrevistador não segue um esquema de poucas perguntas planejadas. O sistema não estruturado permite que o entrevistado fale à vontade, e o entrevistador pode seguir em profundidade as respostas que o candidato der. (198)

unwritten law / lei não escrita Lei que se apóia em costume, jurisprudência etc., distintamente da lei originada por comando, estatuto ou decreto. (11)

updating training / treinamento de atualização Treinamento que visa a pôr os estagiários (*trainees*) a par dos últimos desenvolvimentos da tecnologia, como novos materiais, processamento etc. (148)

upgrade / melhoria de situação ou grau 1. Tornar um cargo (ou a pessoa que o exerce) mais importante ou com melhor remuneração. 2. Melhorar um produto sem fazer mudanças básicas em seu desenho. (244)

upmarket / mercadização mais cara Venda de produtos com preços mais elevados, com maior probabilidade de serem comprados por pessoas mais abonadas. (244)

upset price / preço inicial Preço mínimo estabelecido para o começo de uma negociação, como nos leilões. O termo é usado nos Estados Unidos e na Escócia. (78) (164) (244)

up-to-bottom / de cima para baixo Expressão geralmente aplicável à propaganda de varejistas. A cúpula da empresa prevê a verba para a propaganda, fazendo a seguir a sua distribuição pelos escalões mais baixos. A alocação destas verbas é arbitrária porque nem sempre atende às necessidades dos que estão mais próximos dos clientes e devem saber melhor o que é mais necessário. O termo se aplica também a planejamento que é decidido pela cúpula e transmitido aos escalões inferiores. Contrasta com (*bottom-to-top*), de baixo para cima. (78)

usage pull / atração do uso Técnica que visa a discernir a mudança proporcional no uso de um produto entre as pessoas que estão familiarizadas com a sua propaganda e as que não estão. (164)

usage-value classification / classificação por valor de uso V. (*ABC method*). (107) (148)

usance / usança 1. Tempo habitual concedido, não contando o de carência, para o pagamento de letras de câmbio estrangeiras de curto prazo. Geralmente 60 dias. 2. Renda da propriedade de qualquer espécie de bem. 3. Taxa de juro cobrada de um empréstimo. (163)

use-and-occupancy insurance / seguro contra lucros cessantes V. (*business-interruption insurance*). (7) (88)

users / usuários Pessoas que habitualmente fazem uso de um bem ou serviço. (A)

use tax / imposto de uso Imposto muito relacionado com o de vendas. Incide sobre as compras feitas fora da jurisdição tributária de um Estado. Destina-se a impedir que os residentes deste Estado evitem o imposto de vendas por comprarem em outros onde não há cobrança de tributos iguais. (31)

use value / valor de uso Capacidade de um bem de proporcionar satisfação por seu uso. (128)

user charge / taxa de usuário Arrecadação feita pelos diversos governos, dos usuários beneficiados com melhorias introduzidas principalmente no sistema de transportes. A tributação pode ter diversas formas, como pedágio, imposto sobre combustíveis etc. (1) (163)

user cost / custo de usuário Custo abrangido pelo uso de uma unidade de capital, como se fosse uma queda em seu valor. Um automóvel novo vale mais do que um usado. A diferença em seu preço de venda é o custo de usuário. Assemelha-se a depreciação (*depreciation*). (158)

usufruct / usufruto Direito de usar uma propriedade que pertence a outrem, sem o direito de diminuir seu valor ou danificá-la. Está implícito que não pode haver alienação. (163) (231)

usury / usura 1. Em tempos passados, qualquer taxa de juro cobrada sobre um empréstimo. 2. Atualmente, processo de emprestar dinheiro a uma taxa de juros exorbitante ou ilegalmente alta. (11) (163) (244)

util / útil Unidade de mensuração de utilidade. Trata-se de uma medida fictícia e arbitrária. Pode-se pensar que uma maçã tem 4 útiles e que a laranja tem apenas 2, o que vale dizer que a maçã tem duas vezes mais utilidade que a laranja. (155) (156) (163)

utilitarianism / utilitarismo Teoria exposta por Jeremy Bentham, filósofo e escritor inglês (1748-1832), também conhecida como benthamismo, segundo a qual o bem final da vida é a maior felicidade para o maior número de pessoas. O cálculo felicífico (*felicific calculus*) é a ferramenta usada para medir o grau de correção ou erro das ações humanas. (163) (176)

utility / utilidade Poder de satisfação de um desejo. Certa propriedade comum a todos os bens desejados por uma pessoa. A utilidade reside na mente do consumidor, que a conhece por introspecção; é, portanto, subjetiva. Um bem não tem de ser útil no sentido comum do termo; pode satisfazer a um desejo frívolo ou até mesmo um que nem sempre seja considerado moral. Eticamente, o conceito é neutro. (148) (155) (194) (231) (244)

utility function / função utilidade Relação que demonstra o nível de satisfação auferida pelo consumo de uma dada cesta de bens. (148) (163)

utility possibility curve / curva de possibilidade de produção Curva que traça todas as distribuições de utilidade com um ótimo de Pareto (*Pareto's optimal*) entre os indivíduos, quando já foi tomada a decisão sobre a quantidade e tipo de produção. (163)

utmost good faith / máxima boa fé Em seguro, cada parte de um contrato proposto é legalmente obrigada revelar à outra toda a informação que poderia influenciar sua decisão em realizá-lo, quer tal informação seja solicitada ou não. A falha em revelar informação vital dá a qualquer das partes o direito de considerar o contrato como nulo. Às vezes o termo é citado em latim (*uberrima fides*). (163)

V

vacancy / vaga Posto que se acha vago. (244)

vacant / vago Vazio. Cargo ou prédio que não se acha ocupado. (244)

vacation / férias; feriado 1. No Reino Unido, parte do ano em que os tribunais ou as universidades se acham fechados. 2. Nos Estados Unidos, feriado, não importando a extensão. (244).

vacuity / vacuidade Diferença entre a capacidade de um recipiente e seu verdadeiro conteúdo. Também conhecido como (*ullage*). (9) (163)

valid / válido 1. Que é exato, preciso, confiável, autorizado e relevante. 2. Que pode ser imposto. (7) (88) (244)

validate / validar Testar, certificar ou atestar a exatidão, precisão, confiabilidade e relevância de alguma coisa. Fazer o necessário para tornar uma coisa legal. (7) (88) (244)

validation / validação Principalmente em estatística, determinação de verificar se um teste proporciona os resultados desejados com os elementos necessários de exatidão, precisão, confiabilidade e relevância. (7) (88)

validity / validade Extensão em que um período de mensuração mede o que deve ser medido. É expressa em termos de um coeficiente de correlação (*coefficient of correlation*) que representa o relacionamento de um conjunto de medidas sob algum critério; solidez ou força legal. (11) (130) (231) (244)

valorization scheme / esquema de valorização Tentativa, geralmente feita por um governo, para estabilizar ou aumentar o preço de um produto. Sendo difícil a demanda, a estratégia mais comum é aumentar o preço, ao mesmo tempo em que se diminui a quantidade, talvez encorajando a sua não produção ou até mesmo a destruição. (163)

valorize / valorizar Atribuir, de acordo com a lei, um valor diferente do que uma mercadoria possa ter em seu valor econômico ou de mercado. (7) (88)

valuation account / conta de retificação Conta que, parcial ou totalmente, anula uma ou mais contas, como, por exemplo, reserva para depreciação ou para devedores duvidosos. (7) (88)

value / valor Valia ou excelência encontrada em uma apreciação quantitativa de um objeto, confiando-se nos padrões emocionais e racionais da pessoa ou grupo de referência que faz a atribuição de valor; o que se obtém em troca de alguma coisa. (11) (148) (160) (231) (244)

value added / valor adicionado V. (*added value*). (88) (148) (163) (244)

value added tax / imposto sobre valor adicionado Expressão usada na Grã-Bretanha para significar imposto de circulação de mercadorias (*turnover tax*). (148) (163) (244)

value analysis / análise de valor V. (*value engineering*). (107) (148) (225) (244)

value date / data do valor Data em que deve ser completada uma transação no mercado de moeda estrangeira, isto é, cada parte deve transferir moeda à outra. Possivelmente decorre de contrato a termo (*futures*). (148)

valued impressions / valor das impressões Número de leitores dividido pela taxa de propaganda, constituindo um índice de quantos leitores são obtidos por uma determinada quantia. (164) (225)

value envelope / envelope de valor Gráfico derivado dos cálculos usados nas técnicas de rede de projeto. O envelope de valor de um projeto (*project*) consiste em dois gráficos de valor do trabalho efetuado em relação ao tempo. Um representa o trabalho que seria feito se todas as atividades fossem completadas em seus tempos terminais mais cedo; o segundo representa o trabalho que seria feito se todas as atividades fossem completadas em seus tempos terminais mais tardios. O verdadeiro valor do trabalho feito é então plotado semanalmente, e, se a linha sair fora do envelope, há necessidade de ação corretiva. (148)

value engineering / engenharia de valor Técnica para analisar sistematicamente todo componente e operação na manufatura de um produto e examinar sua função e utilidade relativamente ao custo. A finalidade é obter igual desempenho de um produto ou serviço a preço mais baixo. (107) (225)

value judgement / julgamento de valor Expressão subjetiva de opinião, que não encontra apoio em fatos ou dados disponíveis; juízo de valor. (164) (225)

value of the marginal product / valor do produto marginal Produto físico marginal (*marginal physical product*) multiplicado pelo preço (*price*). Este diminui à medida que aumenta a quantidade de serviços produtivos, porque o produto físico marginal diminui e o preço é constante. O valor do produto marginal é o preço de um serviço produtivo se as quantidades dos outros serviços produtivos se mantiverem constantes. (20)

value paradox / paradoxo do valor Exemplo de valor (*value*) muito conhecido em economia. Invariavelmente se trata do paradoxo de que a água é barata mas indispensável, ao passo que o diamante (exceto o industrial) é frívolo e caro. A fim de eliminar o paradoxo foi criada a expressão "valor em uso". Desse modo a água tem um valor maior em uso, ao passo que o diamante tem um valor maior em troca. Embora o diamante tenha menor utilidade total, seu preço é maior por ser muito mais escasso. (163)

value stretch / distensão de valor Ajustamento pragmático ao que parece ser uma circunstância inalterável. Nas sondagens de opinião (*poll*), os pobres expressam atitudes semelhantes aos das classes mais abonadas; seus ideais são os da sociedade em geral, porém suas expectativas são mais baixas por terem aprendido a esperar a derrota. O indivíduo pode expressar alvos ambiciosos, mas acomoda-se com realizações mais baixas e, possivelmente, mais dentro da realidade. V. (*satisficer*). (180)

value variance / variação de valor V. (*price variance*). (7) (88)

variable / variável Quantidade que varie ou possa assumir qualquer valor de um conjunto especificado de valores. (108) (130) (163) (180)

variable budget / orçamento variável V. (*flexible budget*). (7) (88)

variable cost / custo variável Custo associado à produção de algo por uma firma, que é diretamente proporcional à quantidade produzida para uma vasta gama de quantidades. (148) (244)

variable-cost ratio / índice do custo variável Relação entre a receita de vendas e os custos variáveis. (7) (88)

variable costing / custeio variável V. (*direct costing*) e (*marginal costing*). (41) (148) (244)

variable costs / custos variáveis Custos que se alteram com os diversos níveis de produção, o que não acontece com os que são fixos (*fixed costs*). O mesmo que custos diretos. (148) (163) (194) (244)

variable factor programming / programação de fator variável Técnica de medir e controlar a utilização da mão-de-obra indireta (*indirect labor*) quanto a desempenho e custo. Baseia-se no princípio que é função da administração determinar o que é um justo dia de trabalho, a fim de controlá-lo em seu andamento. (107)

variance / variância; variação 1. Em estatística, quadrado do desvio-padrão (*standard deviation*), o que vale dizer que é o que se espera matematicamente dos desvios de uma variável relativamente a uma média aritmética. 2. Em contabilidade, diferença entre o custo real e o custo-padrão (*standard cost*). (148) (157) (163) (225) (244)

variance analysis / análise de variação Comparação periódica do que foi realizado, com os padrões para mão-de-obra direta, tempo de funcionamento de máquina, uso de materiais etc. (107) (148)

variate / variável aleatória Variável que decorre de um processo aleatório, como, por exemplo, o número de vezes que aparece cara ou coroa em um lance de moeda etc. (109) (148) (163) (184)

variety reduction / redução de variedade Redução da gama de produtos manufaturados ou mercadizados. É também o uso crescente de peças padronizadas. Muitas vezes é sinônimo de padronização e de simplificação. (107) (244)

Veblen effect / efeito-Veblen Comportamento aparentemente irracional do consumidor que, na escolha de produtos similares, mas não idênticos, prefere o de preço mais alto por julgá-lo que é mais caro por ser melhor, ou porque deseja ser percebido como comprador de coisas caras. Neste último caso está implícito o conceito de consumo conspícuo (*conspicuous consumption*). (128) (163)

vehicle / veículo Determinada publicação ou canal para transmitir a mensagem de propaganda. O grupo de veículos de um determinado tipo é chamado de mídia (*media*). (11) (164) (225) (244)

velocity of circulation / velocidade de circulação Renda nacional (*national income*) dividida pela quantidade de moeda (Y/M). Pode ser interpretada como demonstrando a quantidade média de trabalho efetuado por uma unidade monetária, ao mesmo tempo em que atua como um meio de troca para as transações que produzem a renda nacional. (165)

velocity of circulation of money / velocidade de circulação da moeda Freqüência com que a moeda troca de mãos. V. (*velocity of circulation*). (190)

vend / vender Passar a outrem a propriedade de alguma coisa, recebendo em troca algum valor monetário. (11) (231)

vendee / parte compradora Em linguagem jurídica, parte a quem se vendeu alguma coisa, especialmente um imóvel; adquirente. (11) (231)

vender / parte vendedora Sinônimo mais ou menos raro de (*vendor*). (11)

vending machine / máquina de vender Máquina que fornece bebidas, doces, cigarros, selos etc., quando nela é colocada uma moeda de valor correspondente. (244)

vendor / parte vendedora; fornecedor Pessoa ou entidade que vende ou fornece bens a outrem. Não se confunde com vendedor. (163) (231) (244)

vendue / leilão público Venda judicial; em hasta pública. (11) (231)

venture / empreendimento Atuação em que se arrisca a um prejuízo esperando-se a obtenção de lucro; donde o lucro pode ser considerado como um pagamento pelo risco. (11) (231) (244)

venture capital / capital de comandita Fundos proporcionados a uma empresa por pessoas de fora, em cuja base participarão dos lucros. Também são os fundos que uma pessoa ou empresa tem em disponibilidade para investir dessa maneira. Sinônimo de capital de risco. (148) (157) (163) (244)

venture organization / organização de empreendimento Grupo especial de indivíduos dentro de uma empresa, tirados de vários departamentos, que ajudam a levar um produto através de todos os estágios de desenvolvimento até o teste de marketing. (138)

verification / verificação Em econometria, emprego de determinados critérios de êxito para que seja aceita ou rejeitada uma teoria econômica que está sendo investigada por meio de um modelo matemático. (1)

verify / verificar Examinar para ter a certeza de que alguma coisa é verdadeira ou correta. Checar. (244)

vertical circulation / circulação vertical Publicação especializada que visa às pessoas de todos os níveis de um determinado ramo ou profissão. (164) (225)

vertical competition / concorrência vertical Conflito e concorrência reconhecidos no relacionamento do varejista com seus fornecedores. O regateio entre um merceeiro e um grande fornecedor de legumes enlatados, por exemplo, representa esta espécie de conflito competitivo. V. também (*horizontal competition*) e (*intertype competition*). (80)

vertical cooperative advertising / propaganda cooperativa vertical Propaganda cooperativa em que um fabricante beneficia os varejistas proporcionalmente às vendas que efetuaram de seu produto. Os varejistas de pequeno porte nem sempre conseguem alcançar o nível que faz jus a um quinhão dessa verba. (80)

vertical integration / integração vertical Expansão de uma empresa por amálgama (*amalgamation*) ou construção de instalações adicionais. Implica o encadeamento de uma série de processos na manufatura de bens, desde a obtenção de matérias-primas até a mercadização final. V. (*linkage*). (107) (163) (225) (244)

vertical market / mercado vertical Venda de um produto ou faixa de produtos que se acham restritos a um único tipo ou classificação de mercado. (225)

vertical marketing / marketing vertical Sistemas de distribuição profissionalmente administrados, com controle central, para a obtenção de economias de operação que do contrário não seriam possíveis. (194)

vertical merger / fusão vertical Fusão entre uma firma e um de seus fornecedores, como entre um fabricante e seu fornecedor de materiais, ou entre um fabricante e um atacadista. (148)

vertical mobility of labor / mobilidade vertical da mão-de-obra Grau em que os trabalhadores podem passar de um cargo para outro superior, em decorrência de melhor educação, treinamento, perícia, especialização etc. Denota progresso do trabalhador. (1)

vertical policy / política vertical Política que é diretamente aplicável a partir dos escalões superiores para os inferiores. Procura orientar os níveis mais baixos da organização. Por exemplo, um gerente de fábrica pode decidir que as operárias usem cabelos curtos ou gorros, a fim de evitar acidentes nas máquinas. (129)

vertical union / sindicato vertical Sindicato trabalhista que procura organizar os trabalhadores de acordo com a indústria em que militam e não por suas especializações particulares. Por exemplo, um torneiro poderia pertencer a um sindicato da indústria eletrônica, onde está exercendo suas atividades, e não à indústria mecânica. (11)

very important person / pessoa muito importante V. (*VIP*). (244)

vest / empossar Ficar sob a posse ou propriedade de alguma entidade. *Vested rights*,

por exemplo, são direitos possuídos por alguém. (148) (A)

vested interest / interesse adquirido 1. Envolvimento íntimo de pessoa ou grupo na promoção de progresso ou vantagem pessoal, geralmente às expensas de outrem. 2. V. (*vested rights*). (78) (225) (231) (244)

vested rights / direitos adquiridos Mais propriamente são "direitos que se dizem adquiridos". De qualquer modo, são direitos adquiridos e que presumivelmente não podem mais ser retirados. V. (*vested interest*). (231)

vestibule school / estágio de treinamento Departamento onde os empregados treinam ou fazem estágio para o trabalho que vão executar. V. (*trainee*). (11)

vestibule training / treinamento vestibular Treinamento de empregados em equipamento e com métodos que são muito semelhantes ao do cargo, mas não durante o trabalho, para minimizar a perturbação inerente ao treinamento enquanto se trabalha, que muitas vezes pode embaraçar a produção efetiva. (195)

vesting / direito a pensão Direito que um empregador concede aos empregados a uma pensão após um número determinado de anos. Uma vez adquirido este direito, os empregados podem receber a pensão ainda que se retirem do emprego antes da aposentadoria. (198)

vet / exame minucioso Exame extenso e minucioso de alguma coisa, ou estudo para ver se há inexatidões no que foi feito. (225) (244)

Veterans Administration / Administração dos Veteranos Autarquia do governo americano, também conhecida simplesmente por suas iniciais, com a finalidade de administrar as leis que autorizam benefícios aos que fizeram parte das forças armadas americanas em operações de guerra, e seus dependentes. (1) (A)

vicarious search / busca vicária Processo pelo qual um comerciante procura ter em estoque os produtos que sabe que serão demandados pelos clientes. O mesmo fazem os produtores em relação aos atacadistas e estes em relação aos varejistas. Por fim, o consumidor final encontra o que deseja no varejista. (81)

video / vídeo O que se acha em conexão com televisão; irradiação que usa figuras de televisão. (244)

videotape / fita de vídeo Fita que registra um filme que pode ser mostrado em um aparelho especial de televisão. A tendência é escrever-se videoteipe. (244)

village industry / indústria de vila Por definição, passou a ser a tradicional indústria manual, mercadizada localmente e sem intermediários. Característica comum nas áreas rurais dos países menos desenvolvidos. Sinônimo de indústria rural (*rural industry*). (67)

VIP / VIP Sigla de (*very important person*), pessoa muito importante. (244)

visa / visto consular Permissão para entrar em um país. (31) (231) (244)

vis-à-vis / frente a frente Expressão francesa que tem diversas conotações: frente a frente, defronte, lado a lado, em oposição a, em comparação a etc. (88)

visible balance / saldo visível V. (*trade balance*). (163)

visibles / visíveis Diz-se do que um país paga e recebe pelas transações internacionais de bens tangíveis, em oposição a serviços e ações assemelhadas, que são invisíveis (*invisibles*). (163)

visual aid / auxílio visual Slides, filmes cinematográficos, fotografias ou outros dispositivos e técnicas que usam o sentido da visão para a realização de estudos, vendas, manufatura, operação de máquina etc. Não há dúvida de que o auxílio visual é muito útil para a compreensão. (11) (A)

vital statistics / estatística vital Dados estatísticos de nascimentos, casamentos, óbitos, divórcios etc. e que têm importância para a projeção da população futura. Existem muitos outros fatores nas estatísticas vitais. (1) (14) (163)

vocation / ocupação vocacional Ocupação que uma pessoa escolhe para seguir durante a maior parte de sua vida, especialmente quando sente vocação para tanto. (148) (244)

vocational aptitude / aptidão vocacional Aptidão para aprender uma vocação específica. Por exemplo, aptidão escritural é a capacidade para aprender essa ocupação. O termo aptidão (*aptitude*) tem a conotação de inato. (130)

voice over / superposição de voz Voz em um comercial de televisão, quando o narrador não aparece. (164)

void / nulo 1. Sem força ou efeito legal; o que é anulado ou invalidado. 2. Em sentido figurado, equivale a vazio; inútil. (11) (231) (244)

voidable contract / contrato anulável Contrato em que um dos signatários pode evitar seu cumprimento em conseqüência de uma falha em redação, um erro etc., mas o contrato em si continua legal, até que a falha seja declarada. (244)

voluntary association / associação voluntária; associação fiduciária V. (*Massachusetts trust*). (A)

voluntary controls / controles voluntários Autocontrole adotado pelos publicitários britânicos, visando a fazer com que os anúncios sigam um código ético de propaganda definido. (164)

voluntary group / grupo voluntário Varejistas com bens similares que se associam a um único atacadista e adotam uma política comum de promoção. (148) (244)

voluntary liquidation / liquidação voluntária Processo pelo qual uma companhia decide cessar suas operações. Os diretores teriam de fazer uma declaração de solvência. (244)

voluntary unemployment / desemprego voluntário Situação semelhante à das donas-de-casa e estudantes, que não recebem salários ou ordenados pelo que fazem. Não pertencem à força de trabalho (*labor force*); é sua escolha não trabalhar (por um ordenado ou salário). Também é voluntariamente desempregado quem só deseja trabalhar naquilo para o que não tem qualificações, ou, se as tiver, deseja salários que estão muito acima dos de mercado. (8)

von Thünen's law / lei de von Thünen Princípio de que cada fator tende a receber um rendimento equivalente ao valor agregado pela última unidade empregada na produção de um determinado bem. (128)

vostro account / vostro account Conta bancária de um banco estrangeiro em um outro do Reino Unido. V. (*nostro account*). (163)

voting right / direito de voto Direito que o acionista (*shareholder*) tem de votar nas assembléias gerais da empresa, de acordo com os estatutos. (244)

voting shares / ações com direito a voto Ações que dão direito aos seus possuidores de votar na eleição dos diretores da companhia. Geralmente as ações ordinárias dão direito a voto, porém a empresa pode criar uma classe de ações sem esse direito, se os acionistas desejarem elevar o seu patrimônio, mas excluem a possibilidade de perder o controle da empresa. Raramente as ações preferenciais (*preferred shares*) dão direito a voto. (158)

voting trust / truste de votação Truste de vida curta criado para concentrar o controle de uma sociedade anônima nas mãos de poucas pessoas, conhecidas como fideicomissos de votação (*voting trustees*). (7) (88)

vouch / comprovar 1. Verificação da natureza, propriedade e montante de receitas, dispêndios, bens ou obrigações em comparação com a evidência. 2. Comprovar a propriedade de um dispêndio (*expenditure*), a fim de ser feito o pagamento respectivo. (7) (88)

voucher / comprovante 1. Qualquer documento comprobatório de uma transação. 2. Cópia ou exemplar de propaganda impressa que um veículo (*vehicle*) envia a um anunciante, ou a quem o represente, como prova de que o anúncio foi publicado de acordo com o contrato. (148) (164) (231) (244)

voucher audit / auditoria de comprovante Exame e aprovação por autoridade administrativa de um desembolso proposto. (7) (88)

voucher check / cheque comprovante Cheque que mostra particularidades como data de pagamento, quantia, desconto e outras deduções, número da fatura ou outras referências a bens ou serviços recebidos ou a receber. (7) (88)

voucher index / índice de comprovantes Lista alfabética de nomes de pessoas com verbas a receber, e que muitas vezes aparece em conjunto com um registro de comprovantes (*voucher register*). Como registro dos negócios efetuados com cada um dos recebedores, também serve como um livro razão para os credores. (7) (88)

voucher register / registro de comprovantes Diário ou livro parecido para o lançamento e registro de comprovantes geralmente sob forma de colunas para facilidade de resumo. (7) (88)

voucher system / sistema de comprovantes Sistema em que as faturas e outras evidências de obrigação são coligidas, auditadas, registradas e liquidadas. Envolve o uso de cheques, registros etc., e é uma característica importante de qualquer sistema de controle interno. (7) (88)

vouching / comprovação Preparação de um sistema de comprovantes de faturas ou outras demonstrações de obrigações a pagar, para lançamento, distribuição e liquidação. É também o processo de verificação no exame dos registros de comprovantes. (7) (88)

voyage charter / fretamento por viagem Viagem de ida e volta por um meio qualquer de transporte, em que fretador consegue um preço especial, em geral por um número fixo de viagens e não por período de tempo. A vantagem para o proprietário do meio de transporte é não ter de preocupar-se com a volta sem carga útil (*payload*). (163) (164)

W

wafer seals / sinetes tipo hóstia Pequenos pedaços circulares de papel adesivo vermelho, grudados em um documento, com um sinete próprio da entidade, em oposição à assinatura de cada uma das partes. Substituem o antigo e quebradiço lacre feito de cera. (163)

wage / salário Quantia que se paga à mão-de-obra (*labor*) por seu trabalho, que tanto pode ser físico como mental. O salário pode ser por tempo ou por tarefa (*piece rate*). O ordenado (*salary*), via de regra, é o pagamento feito ao pessoal administrativo, por semana, quinzena ou mês. (244)

wage administration / administração salarial Atividades que dizem respeito à determinação e, às vezes, até mesmo ao pagamento de salários de uma empresa. (148)

wage and salary surveys / levantamento de salários e ordenados Estudos dos salários e ordenados pagos por outras organizações, a fim de serem estabelecidas comparações, dentro do mercado de trabalho do empregador. (198)

wage audit / auditoria salarial Revisão periódica feita por consultores de todas as formas de pagamento aos empregados de uma empresa. (148)

wage compression / compressão salarial Situação que se estabelece quando se estreita a diferença entre os cargos (*jobs*) mais baixos e mais altos. Resulta da concessão de aumentos proporcionalmente mais altos aos situados nos escalões mais baixos. Há quem dê ao sistema o nome de melhor distribuição de renda. (198)

wage differential / diferencial de salário Diferença no montante pago aos trabalhadores em diferentes níveis de cargo, dentro da mesma organização. (244)

wage drift / deriva salarial Fenômeno decorrente da demanda de mercado. Quando há escassez de mão-de-obra, os empregadores pagam o que for necessário para atrair e manter os empregados de que necessitam. Como qualquer mercadoria, o preço da mão-de-obra varia com a demanda e a oferta. A deriva é em sentido ascendente e o benefício em geral é para os especializados. (101) (122) (148) (163)

wage earner / assalariado Pessoa que trabalha mediante um salário (*wage*), algumas vezes distintamente da que trabalha por um ordenado (*salary*). (11)

wage freeze / congelamento salarial Fixação de salários em seu nível atual durante um período indeterminado. Quase sempre a medida visa a controlar a inflação, mas o resultado tem sido muito duvidoso. (163) (244)

wage fund theory / teoria do fundo salarial Idéia que Adam Smith tomou dos fisiocratas (*physiocrats*), de que os salários são adiantados para os trabalhadores antes de seus produtos serem vendidos. Os salários não poderiam ser aumentados salvo se o fossem do capital (*capital*) destinado ao seu pagamento. (158)

wage incentive / incentivo salarial Artifício para induzir os trabalhadores a maiores esforços, por uma compensação quase sempre monetária. Para isso não há necessidade de aprovação dos sindicatos. (48)

wage inflation / inflação salarial V. (*cost-push inflation*). (2)

wage policy / política salarial Maneira pela qual um estabelecimento comercial atua em relação aos salários, isto é, seus sistemas, diferenciais etc. (244)

wage-price spiral / espiral de salários-preços V. (*cost-push inflation*). (163) (244)

wage-push inflation / inflação salarial V. (*cost-push inflation*). (148)

wage rate / taxa salarial Pagamento a que um trabalhador faz jus, por condições estipuladas na contratação, em proporção à quantidade de trabalho que realiza por hora, dia, semana, mês etc., ou por unidade de produto feito ou vendido. Esta última modalidade é conhecida como pagamento por peça (*piece work*). A taxa salarial varia com a estrutura existente (*wage structure*). (1) (148) (163) (244)

wage restraint / restrição salarial Restrição voluntária ou obrigatória por leis sobre aumentos salariais, com a intenção de conter a inflação de custo (*cost-push inflation*). Quando a restrição é voluntária, é preciso apoio sindical. A experiência tem demonstrado a inutilidade da restrição. (163)

wage slide / deslizamento salarial Fenômeno que ocorre quando, por qualquer motivo, como escassez de mão-de-obra, por exemplo, os salários realmente pagos estão acima dos que foram negociados. V. (*wage drift*). (190)

wage stabilization / estabilização salarial Tentativa de impedir um aumento geral no nível de salários, especialmente por parte do governo.(148)

wage structure / estrutura salarial Sistema pelo qual são regidos os pagamentos dos assalariados (*wage earners*). Os tipos básicos são: pagamento por unidade de tempo (*time-rate*) e pagamento por incentivo (*incentive rate*). Há também o trabalho por peça (*piece work*) em que o empregado recebe pelo que faz. Pode haver uma combinação de métodos. (1) (A)

wage worker / trabalhador assalariado Pessoa que é paga semanalmente. *Wage* é pagamento por semana, dia ou peça, ao passo que *salary* é ordenado semanal, quinzenal ou mensal. (244)

wages fund / fundo salarial Alimentos e outros itens que compreendem os requisitos para a subsistência da mão-de-obra, ou o seu equivalente monetário. Em economia clássica, estes fundos constituem o volume da oferta de capital. Sua dimensão, relativamente à população, estabelece o sa-lário médio. V. (*subsistence fund*). (73) (128) (163)

Wagner Act / Lei Wagner Nome mais conhecido da Lei Nacional de Relações Trabalhistas (*National Labor Relations Act*), promulgada em 1935, ainda no período chamado Nova Ordem (*New Deal*). Em 1947 esta lei foi bastante modificada pela lei Taft-Hartley (*Taft-Hartley Act*). (31)

wagon distributors / distribuidores ambulantes V. (*truck distributors*). (A)

wagon jobber / atacadista ambulante Um dos quatro tipos de atacadistas comerciantes que prestam serviços limitados (*limited service wholesalers*), que vendem uma linha reduzida de produtos, quase sempre em um furgão que segue de um estabelecimento para outro. (138)

waiting line / fila de espera V. (*queuing theory*).

waiting time / tempo de espera 1. Tempo em que um trabalhador está no local, pronto para trabalhar, mas não pode fazê-lo por causa de alguma razão que está fora de seu controle. 2. Tempo que os que proporcionam certos serviços podem cobrar porque seus clientes os fazem esperar. Caso típico do dentista que cobra por hora. (163) (244)

waive / desistência de direito Desistência ou renúncia voluntária de um direito. Por exemplo, quando uma empresa aérea internacional concede uma passagem gratuita, no local do bilhete reservado ao preço, ela escreve "waived", significando que não quis cobrar a tarifa. (163)

walk-in / entrante 1. Pessoa que procura trabalho, dirigindo-se diretamente à seção do pessoal, sem ser em resposta a anúncio ou convite específico. 2. Pessoa que entra em uma loja, com ou sem a intenção de comprar. (198)

walkout / pessoa que sai Pessoa que sai de uma loja, tenha ou não feito compras. Há empresas que entrevistam as pessoas que saem a fim de obterem sua opinião sobre a loja. Fazem contagem de entrada e saída (*traffic counting*) para verificar qual a proporção dos que compram. A idéia geral é de que somente 10% dos que entram em lojas fazem alguma compra. (80) (A)

Wall Street / Wall Street Bolsa de Valores de Nova York, situada na Rua Wall. É uma organização não incorporada com cerca de

1.500 membros e é a maior bolsa de valores do mundo em termos de capitalização de patrimônio líquido. (163)

Walras' Act/lei de Walras Lei suíça *ex post* que declara que o valor dos bens oferecidos é igual ao valor dos bens demandados, com ou sem equiíbrio, já que cada oferta é igualada por uma demanda de valor equivalente. (163)

Walsh-Healey Act/Lei Walsh-Healey Lei americana, promulgada em 1936, que estabelece os salários mínimos, regula o tempo de trabalho e coloca fora da lei o trabalho do menor para empresa que tenha contratos com o governo. (31)

want ads/anúncio de procura Anúncios de procura de empregados, descrevendo os cargos e seus benefícios, identificam o empregador e informam como se candidatar. (198)

want creation/criação de desejo Desejo estimulado artificialmente, quase sempre por intermédio de propaganda, às vezes governamental, a fim de aumentar as vendas e o emprego. Esta criação de desejo faz parte da sociedade abastada (*affluent society*) descrita por Galbraith. (163)

wants/desejos Necessidade ou desejo de determinados bens ou serviços. Esses desejos, quando respaldados pelo poder aquisitivo (*purchasing power*), formam a chamada demanda efetiva (*effective demand*) que alguns economistas consideram apenas como rendundância de expressão. (163)

warehouse/depósito; armazém; armazéns gerais Grande prédio para guardar bens, muitas vezes para terceiros até que possam ser transferidos para um estabelecimento de vendas. (148) (163) (244)

warehouse company/companhia de armazéns gerais Empresa especializada em armazenar bens para os outros. (244)

warehouse receipt/recibo de armazéns gerais Documento emitido por empresa que armazena bens para terceiros, mediante pagamento combinado, no qual diz o que está guardando, quanto cobra pelo armazenamento e sob que condições liberará o que se acha armazenado. Este documento é negociável. (7) (88) (148)

warrant/warrant 1. Certificado emitido por uma companhia de armazéns gerais para evidenciar o recebimento de mercadoria confiada à sua guarda. O certificado constitui um papel negociável e serve como garantia em bancos. 2. Sob forma verbal, pode ser garantir ou justificar. V. (*warranted growth*). (48) (148) (244)

warranted growth/crescimento justificado Taxa de crescimento que sustenta a mesma previamente alcançada. Distingue-se da taxa de crescimento natural (*natural rate of growth*), que é a máxima em consonância com o pleno emprego de todos os recursos e progresso tecnológico. Expressão erradamente traduzida e até adotada como "crescimento garantido". Trata-se apenas de "crescimento justificado". (44) (128) (A)

warranty/garantia Garantia que um fabricante concede ao consumidor final de trocar o produto com defeito ou devolver a importância paga. A garantia é por um tempo especificado. (148) (163) (194) (225) (244)

wash sale/transação fictícia Transação fictícia a um preço artificialmente alto em uma bolsa de mercadorias, para criar a impressão de que os preços estão se elevando. (148)

WASP/WASP Sigla usada ironicamente nos meios empresariais americanos, significando "branco, anglo-saxão, protestante" (*White, Anglo-Saxon, Protestant*). Equivale a "sou brasileiro, com muita honra". (107) (122) (A)

waste/desperdício Qualquer espécie de recurso, geralmente residual, que não produz benefício econômico significante. (7) (88)

waste-book/borrador Livro contábil que não é de uso obrigatório, em que são feitos os rascunhos de lançamentos para os livros obrigatórios e definitivos. (14)

waste circulation/circulação desperdiçada Em propaganda, parte da circulação de um veículo impresso que não tem valor para o anunciante, mas que ele tem de pagar, como parte integrante de sua campanha. Por exemplo, circulação no extremo norte quando o mercado do anunciante é o sul. (164) (225)

wasting assets/bens esgotáveis Bens cuja vida é limitada e que não podem ser substituídos, como um poço petrolífero, ou uma mina que se esgota, casos em que pode ocorrer o abandono (*abandonment*). (107) (148) (163) (244)

watered stock / ações sem lastro Ações emitidas por uma sociedade anônima (*corporation*) em tal extensão que excedem os bens tangíveis da empresa. (14) (163)

waybill / nota de entrega; conhecimento Documento que arrola os bens despachados e segue com eles, contendo as instruções necessárias. Pode ser considerado como conhecimento de embarque ou guia de transporte. (9) (78) (148) (244)

wealth tax / imposto sobre riqueza Imposto anual que incide sobre todos os bens de um indivíduo, acima de um certo limite, quer produzam renda ou não. (122) (244)

wear and tear / degaste Deterioração ou perda de valor de imóvel ou artigo, em resultado de uso normal, não por negligência ou acidente. Geralmente a depreciação (*depreciation*) é calculada para o tempo que um bem do ativo fixo leva para se desgastar. (163) (244)

weather insurance / seguro climático Seguro contra o risco de perdas por causa da chuva, especialmente nos países onde chove todos os meses sem que o ano tenha uma estação seca. Onde há completa confiança no clima, este seguro não é habitual. Também tem o nome de seguro pluvial (*pluvial insurance*). (163)

Webb-Pomerane Act / Lei Webb-Pomerane Lei que isenta as empresas que fazem exportações das providências contidas nas leis antitruste. Foi promulgada em 1918 para promover o comércio exterior dos Estados Unidos e colocar os exportadores em base competitiva com os países que não dispõem de leis eficazes, ou não as têm, contra trustes e cartéis. (1)

weighted average / média ponderada Média de um conjunto de números obtida pela multiplicação de cada um por um peso que expresse sua importância relativa, e depois dividindo a soma destes produtos pela soma dos pesos. (148) (163) (184)

weighted mean / média ponderada V. (*weighted average*). (163) (184)

weight or measurement / peso ou medida Método de citar taxas de frete em navios oceânicos. A taxa é cotada por 1.000 quilogramas (uma tonelada métrica) ou por metro cúbico, o que der preço mais elevado. Algumas vezes abreviado como W/M. (163)

welfare / bem-estar 1. Bom estado geral em que uma pessoa se encontra. 2. Auxílio a uma pessoa necessitada, proporcionando-lhe alimentos, agasalhos, cuidados médicos etc. (244)

welfare benefits / benefícios de bem-estar Transferência (*transfer payment*) que o governo faz para o indivíduo a fim de proporcionar-lhe melhores condições de vida. São exemplos a previdência social (*social security*), seguro-desemprego etc. (163)

welfare economics / economia do bem-estar Ramo normativo da economia que visa à aplicação de padrões éticos e à avaliação dos sistemas econômicos e sua desejabilidade. Procura aumentar a satisfação do povo, de acordo com algum padrão. Um de seus pontos mais altos é a liberdade de escolha (*freedom of choice*), assim também como a maximização do bem-estar geral. (1) (163)

welfare program / programa de bem-estar Programa social patrocinado pelo governo, que transfere renda dos ganhadores para os não ganhadores cuja capacidade para auto-suporte foi prejudicada. (1)

welfare state / estado do bem-estar V. (*statism*). (48) (244)

welfarism / situação de bem-estar Americanismo para designar as políticas e práticas do estado do bem-estar (*welfare state*) ou estatismo (*statism*), isto é, a situação de bem-estar dos cidadãos em relação a emprego, assistência médica, previdência social etc., tudo sob responsabilidade do governo. (48) (78)

Weltanschauung / Weltanschauung Configuração de atitudes e pontos de vista para com todas as dimensões da realidade, tanto materiais como metafísicas. Contém os dogmas principais de uma filosofia de vida, o que equivale a uma "concepção do mundo". O termo raramente é traduzido. (128) (160)

WFTU / FSM V. (*World Federation of Trade Unions*). (163)

wharf / cais Plataforma construída sobre a água, onde os navios acostam para carga e descarga. (244)

wharfage / capatazia Emolumentos portuários que são cobrados pela movimentação de mercadorias através dos armazéns dos portos, com seu pessoal e instalações. (32) (163)

wharfinger / administrador portuário Administrador ou proprietário de ancoradouro, cais ou qualquer outra instalação portuária. (9) (160)

wheeler-dealer / negociante astuto Negociante que usa o máximo de artifícios a fim de obter benefícios pessoais. (244)

wheel of retailing / roda do varejo Ciclo de crescimento até o declínio das lojas de varejo em sua capacidade para satisfazerem todas as contingências do mercado. No decurso do tempo são criadas novas lojas de varejo, geralmente com preços mais baixos, as quais finalmente se acomodam aos preços vigentes no mercado e se tornam como as demais. Por fim, entram no mercado outras lojas varejistas (*retailers*) com as mesmas condições, formando assim uma roda que jamais pára de girar. (80) (81)

whipsaw / paridade-diferencial de salários Fenômeno em negociação salarial em firma com muitas unidades fabris: os trabalhadores de uma fábrica fazem greve para conseguir paridade salarial com os de outra, e os desta fábrica exigem uma restauração ao diferencial anterior, o que desencadeia outra exigência de paridade, e assim por diante. O termo inglês equivale a uma serra que corta nos dois sentidos. (148)

white collar / colarinho branco Trabalhador em serviços administrativos. Os trabalhadores de produção são chamados de colarinho azul (*blue collar*). V. (*blueing*). (148) (163) (231) (244)

white goods / eletrodomésticos de cozinha; roupa de cama e mesa 1. Grandes utensílios elétricos usados no lar, principalmente na cozinha, na maioria das vezes brancos, como refrigeradores, lavadoras de pratos etc., às vezes chamados de "linha branca". 2. Roupa de cama e mesa, quase sempre tidas como "roupa branca". (244)

white paper / livro branco Designação de uma declaração de política por parte do governo britânico, em um livro cuja capa é branca. (148)

whole learning / aprendizagem do todo Aprendizagem, geralmente no sentido de memorizar, em que a matéria inteira é totalmente estudada de uma só vez e não por partes. V. (*part learning*). (130)

wholesaler / atacadista Comerciante intermediário que vende aos varejistas, a outros comerciantes e consumidores industriais, comerciais e institucionais, mas não aos consumidores finais. Prestam uma grande variedade de serviços aos clientes e são os proprietários dos bens que vendem. (38) (148) (163) (194) (231) (244)

widening of capital / expansão horizontal do capital Alargamento do capital (*capital widening*) na produção corrente, ou seja, no processo de menor duração. (128)

widow line / linha viúva Em serviços de impressão, linha muito curta, ou uma página que contém uma única linha. Alguns editores de textos em computadores têm dispositivos automáticos para que isto não aconteça. Também é conhecida como linha órfã e sua existência é antiestética. (225) (A)

wildcat strike / greve-relâmpago Interrupção súbita do trabalho que ocorre em violação ao contrato trabalhista e contraria os desejos dos líderes sindicais. (1) (148) (163) (198) (244)

will call / coleta posterior Departamento de uma grande loja onde serão mantidos os bens reservados pelo cliente, até que este os venha buscar, possivelmente após o seu pagamento. (78)

winding up / liquidação V. (*liquidation*). (158)

windfall / sorte inesperada Expressão popular que poderia ser interpretada como "caído do céu", todavia é muito usada no contexto empresarial, como, por exemplo, um surto inesperado de bons negócios. (9) (231)

window dressing / decoração de vitrina 1. Decoração de vitrina de modo a chamar a atenção dos clientes em perspectiva. 2. Artimanha, isto é, uma "decoração" para encobrir a realidade menos atrativa. Certos bancos da Grã-Bretanha costumavam usar desse artifício buscando aparentar uma situação melhor que a real. (163) (164) (225) (244)

window shopping / apreciação de vitrina Visita a lojas e exame das vitrinas, sem que haja intenção imediata de efetuar uma compra. Seria como "comprar com os olhos". (164) (225)

wind up/dissolução Providências de várias espécies tomadas pelos proprietários, credores ou tribunais para a dissolução de uma empresa. (148) (244)

wishful thinking/pensamento tendencioso Forma de pensamento em que, conscientemente ou não, uma pessoa interpreta os fatos da maneira que lhe é mais satisfatória, mas que talvez não corresponda à realidade. (78) (176)

withdrawals/retiradas Termo que está relacionado aos fluxos circulares (*circular flows*) de bens e serviços e pagamentos monetários entre firmas e famílias. Retirada é a renda percebida pelas famílias, mas não passada às firmas em troca de bens e serviços; é também a renda percebida pelas firmas, mas não passada às famílias em troca de serviços comprados, ou como lucros não distribuídos (*retained earnings*). V. (*injection*). (165) (231) (244)

withholding tax/imposto retido na fonte Quantia que o empregador deduz do salário ou ordenado de cada empregado, posteriormente enviada às autoridades arrecadadoras do imposto de renda. (1) (7) (31) (78) (231)

without recourse/sem recurso Palavras escritas em letras de câmbio (*bills of exchange*) etc., significando que a pessoa detentora da letra etc. não pode voltar à pessoa que a endossou para pagamento, ainda que a letra não seja honrada. (244)

word-of-mouth/notícia de boca em boca Uma das formas mais eficazes de propaganda, porque, além de não haver despesa com anúncios, existe a suposição de que as pessoas fazem a propaganda de moto-próprio, porque o produto é verdadeiramente bom. (*239:44*)

word processor/processador de textos Máquina com um teclado e uma unidade visual, onde se vê, corrige e melhora um texto, que é arquivado e posteriormente recuperado para impressão, se for o caso. (244)

work cycle/ciclo de trabalho Seqüência dos elementos necessários à execução de um trabalho, ou a uma unidade de produção. Podem ser incluídos elementos ocasionais. (107)

worker/trabalhador Indivíduo assalariado que despende esforço físico e mental para originar os muitos e variados bens e serviços que o sistema econômico produz. Pode ser especializado, semi-especializado e não especializado. Não tem autoridade sobre os demais trabalhadores. Quando um trabalhador adquire autoridade ou passa a controlar outros, torna-se administrador, quando o que ele faz, nesse caso, não o classifica como trabalhador no sentido estrito do termo. (48) (231)

worker director/diretor dos trabalhadores Membro da diretoria (*board of directors*) de uma empresa, designado para representar os interesses de seus trabalhadores. (148)

worker's control/controle pelos trabalhadores Situação em que os trabalhadores têm controle direto sobre a administração da empresa. (148) (244)

worker's participation/participação dos trabalhadores Situação em que os trabalhadores participam da administração da empresa e, em alguns casos, também dos lucros. (163)

work-in/antilockout Situação em que os trabalhadores ocupam o local de trabalho a fim de impedirem o (*lockout*), ou seja, uma espécie de greve por parte dos empregadores. (148) (163) (244)

working assets/ativo circulante Capital investido que é comparativamente líquido. (7) (11) (163) (231)

working capital/capital de giro Capital necessário ao funcionamento de um empreendimento. Em termos contábeis, é o ativo corrente (*current assets*) menos o passivo corrente (*current liabilities*). É um ativo líquido que se distingue do ativo fixo. (11) (163) (231) (244)

working capital fund/fundo de capital de giro Fundo rotativo usado para financiar estoques e outras necessidades das empresas. (11)

working class/classe trabalhadora Eufemismo para designar a classe baixa, graduada por seu nível de renda individual, instrução, ocupação e estilo de vida. Dentre os trabalhadores deveria ser a classe menos remunerada, mas nem sempre é este o caso. Por exemplo, um artífice pode ganhar mais do que um professor. (180)

working control/controle operativo Teoricamente, posse de 51% das ações de uma sociedade anônima, com direito a voto.

Quando as ações estão geograficamente muito espalhadas, por exemplo, em outro país, esse controle pode ser inferior a 50%. (11)

working day / dia útil Dia comum em que se trabalha, sendo excluídos os sábados, domingos e feriados. Para certas firmas o sábado pode ser considerado como dia útil, total ou parcial. (163)

working expenses / despesas de funcionamento Custos em que geralmente uma empresa incorre para que possa operar normalmente, tais como aluguéis, salários, impostos etc. Via de regra essas despesas aparecem na demonstração de lucros e perdas, como a diferença entre lucro bruto e lucro líquido. (163)

working papers / carteira do trabalho Em geral, são os documentos, equivalentes aos de uma carteira de trabalho, contendo as informações necessárias ao empregado, ao empregador e a alguma entidade que controle as relações entre as duas partes. (11) (A)

working party / grupo de trabalho Grupo selecionado para empreender uma indagação ou investigação específica e relatar o que descobrir. (107)

work-in-progress / trabalho em andamento 1. Materiais, componentes ou produtos em vários estágios dos processos de manufatura. Estão incluídas as matérias-primas para processamento inicial e material já processado à espera de inspeção e aceitação como produtos acabados. 2. Em contabilidade, valor do trabalho já começado mas ainda não terminado. Muitas vezes esse valor figura nos balanços (*balance sheets*) juntamente com o estoque. (107) (148) (163) (244)

work measurement / mensuração do trabalho V. (*work study*). (148) (163) (244)

work permit / permissão para trabalhar Documento dado a um estrangeiro, permitindo-lhe trabalhar em um país durante certo tempo. Pode ser o caso dos (*braceros*). (244)

works / fábrica Termo britânico equivalente a *werke* em alemão, para designar um estabelecimento onde há trabalho industrial, incluindo prédios e maquinaria. Usina. (231)

work sampling / amostragem de trabalho V. (*activity sampling*). (107) (148)

work sharing / partilha de trabalho Situação em que um grupo de trabalho tem suas horas diminuídas a fim de que outros trabalhadores não sejam dispensados quando os negócios estão fracos. Dessa forma são evitadas as dispensas temporárias (*lay-off*). (148) (244)

workshop / seminário Série de reuniões, geralmente de executivos, para a tomada de decisão e solução de problema, visando à melhoria de algum setor da empresa. (78)

work simplification / simplificação do trabalho Simplificação dos cargos, eliminando tarefas desnecessárias ou reduzindo a quantidade de obrigações, combinando-as. (148) (198)

work station / estação de trabalho Ponto numa linha de produção (*production line*) em que um operário é responsável por uma determinada operação em seqüência à que foi feita pela estação precedente e que será continuada na subseqüente, até que o produto esteja finalmente acabado no que tange ao trabalho de linha de produção. (148)

work study / estudo de trabalho Conjunto de técnicas para estudar o método e medir o trabalho humano. Sistema que investiga todos os fatores que afetam a eficiência e economia da situação sob exame. (107) (148) (163) (225) (244)

work-to-rule / trabalho pela regra Forma de ação industrial em que os empregados permanecem no trabalho, mas aplicam com tal rigor as regras que a quantidade de trabalho resultante é limitada. Dessa forma não precisam recorrer a uma greve, ao mesmo tempo em que exercem pressão sobre a administração. (148) (163)

World Bank / Banco Mundial Nome popular do (*International Bank for Reconstruction and Development*), Banco Internacional de Reconstrução e Desenvolvimento. (78) (244)

World Federation of Trade Unions / Federação Sindicalista Mundial Liga sindicalista internacional pró-comunista, com sede em Praga. Fundada em 1945 por iniciativa das federações americana, britânica e soviética. Em 1949 os sindicatos não comunistas se retiraram para formar a Confederação

Internacional dos Sindicatos Livres (*International Confederation of Free Trade Unions*). (244)

worse off / pior situação V. (*better off*). (A)

worst moment / pior momento Situação em que, em suas previsões de fluxo de caixa (*cash flow*), as empresas têm ocasiões em que o seu capital de giro (*working capital*) é mais solicitado do que em outras. (163)

writ / intimação; mandado judicial Intimação ou ordem judicial, emitida por uma autoridade, para que o indivíduo ou empresa aja de acordo com o que foi intimado, sob pena de punição. (148) (163) (231) (244)

write down / baixar de valor Diminuir o valor de um bem do ativo fixo (*fixed asset*) conforme está registrado nos livros contábeis, para depreciação (*depreciation*). (148) (244)

write-off / baixa 1. Baixa contábil de um bem que figurava no ativo e que, por algum motivo, tem seu valor diminuído ou cancelado. Esse lançamento pode ser na conta de lucros e perdas. 2. Considerar algum objeto como inútil e não contar mais com ele. (88) (225) (231) (244)

write-up / reavaliação do ativo Lançamento que aumenta o valor contábil de um bem do ativo, sem que tenha havido qualquer dispêndio nesse sentido. Quase sempre tem origem na desvalorização da moeda. Em época inflacionária, a reavaliação do ativo é vantajosa para o governo, por dar um valor atual ao patrimônio da empresa, dessa forma ocasionando um total maior de arrecadação tributária. (88) (244)

writing-down allowance / margem de depreciação Montante que uma empresa pode deduzir dos lucros tributáveis a fim de representar a depreciação (*depreciation*) ou amortização de um bem do ativo fixo. (148) (244)

writ of attachment / mandado de penhora V. (*attachment*). (231)

writ of mandamus / mandado de segurança Termo já em desuso, substituído por interdito (*injunction*). (231)

written-down value / valor escriturado; valor contábil Valor exatamente igual ao que foi escriturado nos livros contábeis de uma empresa, sem redução ou aumento. O mesmo que (*book value*). (163)

X

X bar / X barra Símbolo estatístico para indicar média, como, por exemplo, a letra X com uma barra por cima. (164)

X D / sem dividendos Abreviatura de *ex dividend*, onde X tem o som de "ex". (78)

X-efficiency / eficiência X Diz-se da eficiência de uma empresa na aquisição e uso de seus insumos. (163)

xerography / xerografia Método moderno de efetuar cópias de documentos. (148) (244)

X I / sem juros Convenção em que X quer dizer *ex* (sem), mais I, que universalmente representa a taxa de juro (*interest*). (78)

X-inefficiency / ineficiência X Há ineficiência X quando os recursos são usados de tal modo que, mesmo quando usados para fazer o produto certo, isso ocorre com menor produtividade do que é possível. A má tecnologia é um dos motivos de tal ineficiência. (165)

X L / extragrande Convenção em que X representa *extra* e L é a inicial da palavra inglesa *large*, grande. (78)

Y

Yankees / ianques Expressão generalizada na Bolsa de Valores de Londres para designar títulos negociáveis americanos. (163)

yard / jarda Medida linear com 3 pés (*feet*), equivalente a 0,9144 m. (78)

yard goods / bens vendidos aos metros Produtos como tecidos, cordas etc. que são vendidos aos metros, ou de acordo com os padrões de medida de um país. (78)

yardstick / padrão de medida 1. Bastão com uma jarda (*yard*) de comprimento, adequadamente marcado em subdivisões, para medir bens que são vendidos de acordo com sua extensão linear, como tecidos, cordas, arames etc. 2. Padrão que serve de medida para alguma coisa, mesmo que não linearmente. (1) (A)

Yd / Yd Símbolo de jarda (*yard*).

year books / anuários Periódicos publicados uma vez por ano, geralmente sob a forma de livros de consulta. (225) (244)

yearling / título resgatável em um ano Título de dívida que tem de ser resgatado um ano após a sua emissão. (148)

year of assessment / ano de avaliação No Reino Unido, período de 12 meses que se inicia em 6 de abril e termina em 5 de abril do ano seguinte, durante o qual é avaliada a renda de um indivíduo para o pagamento do imposto de renda da pessoa física. (148)

yellow-dog-contract / contrato de não sindicalização Contrato ilegal de trabalho, em que o empregado se compromete a não pertencer a sindicato algum. (2) (31)

yield / rendimento Verdadeira taxa de rendimento de um investimento. É também o rendimento de alguma coisa em relação a um determinado padrão, como a quantidade de leite que uma vaca produz. (88) (244)

yield gap / hiato do rendimento Diferença entre o rendimento médio de ações ordinárias e o de papéis negociáveis tidos como da mais alta qualidade e rentabilidade. Esse hiato é invertido quando o rendimento médio das ações ordinárias é superior ao de valores de maior popularidade (163)

Z

Zaibatzu / Zaibatzu Termo japonês que significa uma grande família de trustes ou cartéis. (30)

Z-chart / gráfico Z Diagrama que marca simultaneamente os valores com totais cumulativos e médias móveis. Quase sempre o gráfico assume a forma de um Z e serve para esclarecer as tendências, de acordo com os dados utilizados. (148) (163) (164) (244)

zero defects / defeitos zero Programa que visa a persuadir os empregados a não produzirem qualquer produto com defeito. É uma reação contra o controle estatístico de qualidade (*statistical quality control*) que permite uma certa proporção de defeitos. (148) (176)

zero maturity / sem vencimento Termo que se aplica aos valores emitidos pelo governo, sem época de vencimento marcada, como a moeda e certos títulos de poupança cujo resgate não tem data estipulada. (102)

zero population growth / crescimento de população zero Situação pouco provável entre os seres humanos, em que a população cessa de crescer e chega-se a um equilíbrio na média de natalidade e de mortalidade. (122)

zero-sum game / jogo de soma zero Jogo em que um participante somente ganha um montante igual ao que os outros perdem. Faz parte da teoria do jogo (*game theory*). (5) (148) (163)

zero suppression / eliminação de zeros Em processamento de dados, eliminação dos zeros à esquerda de qualquer valor, antes de ser feito o lançamento de entrada em um computador. (11)

zero-time activity / atividade de tempo zero Sinônimo de (*dummy*) em rede (*network*). (148)

ZIP code / código de endereçamento postal Iniciais de Zone Improvement Planning, Planejamento de Melhoria de Zona, tendo cada uma delas um número de código que serve para endereçamento postal. (78) (244)

Zollverein / Zollverein Espécie de união aduaneira (*customs union*) criada na primeira metade do século XIX, que serviu como área de livre comércio e teve grande importância para a unificação da Alemanha. (163)

zone pricing / preço de zona Sistema de preços uniformes cotados para vendas em qualquer ponto dentro de uma determinada área geográfica. (7) (194)

zones of indifference / zonas de indiferença Em trabalhismo, tendência dos empregados de estabelecerem limites específicos, dentro dos quais reagem com boa vontade à autoridade a que são submetidos. (107)

zoning / zoneamento Divisão de uma cidade ou outra unidade administrativa em distritos, e a regulamentação legal sobre os usos da terra. (31)

zoom / zoom Ação rápida de mudança contínua na extensão focal de uma lente especial, dando a impressão de que a câmera de televisão ou cinematográfica se movimentou rapidamente em direção ao objeto que está sendo focalizado, ou vice-versa, quando o zoom é usado invertidamente. (225)

Glossário

Esta segunda parte reúne termos em português, seguidos de seus correspondentes em inglês, registrados na primeira parte.

A

ábaco / abacus
abaixo-assinado / petition; petitioner
abandono / abandonment
abatimento / abatement
abatimento de imposto imobiliário / rate rebate
abatimento por quantidade / quantity rebate
abatimento posterior / rebate
abertura / glasnost
abonar / authenticate
abordagem da contribuição / contribution approach
abordagem do funil / funnel approach
abordagem indiscriminada / shotgun approach
abrigo fiscal / tax haven
abrigo tributário / tax shelter
ab-rogação / abrogation
abscissa / abscissa
absenteísmo / abseteeism
absorção / absorption
absorção de custo indireto / overhead absorption
absorção de frete / freight absorption
abstinência / abstinence
abuso de limite / overtrading
açambarcamento de mercadoria / engrossment
açambarcar / corner
ação / action
ação / share
ação afirmativa / affirmative action
ação de baixo preço / penny stock
ação industrial / industrial action
ação integralizada / paid-up share
ação judicial coletiva / class action suit
ação legal de contribuinte / taxpayer's suit
ação mal pensada / railroading
ação não cumulativa / noncumulative share
ação ordinária / common share; ordinary share
ação preferencial / preferred share

ação preferencial participatória / participating preferred share
ação preferencial resgatável / redeemable preference share
ação registrada / registered share
ação reivindicatória / replevin
acaso fortuito / act of God
aceitação de mercado / market acceptance
aceitação de produto / product acceptance
aceitante / acceptor
aceitante de preço / price taker
aceite / accept; acceptance
aceite ressalvado / qualified acceptance
aceleração negativa / negative acceleration
acelerador / accelerator
acerto / adjustment; settle
acerto de contas / set-off
acerto internacional / international settlement
acervo / estate
acervo fiduciário / corpus
a chamado / on call
ácido-quociente / acid-test ratio
acima do par / above par
acionista / shareholder; stockholder
acionista ordinário / ordinary shareholder
ações / equities
ações com direito a voto / voting shares
ações de bonificação / bonus stock
ações de crescimento / growth stocks
ações de empréstimo / loan stock
ações de fideicomisso / trust shares
ações de fundador / founder's share
ações de longo vencimento / term shares
ações de qualidade / quality stock
ações de torneira / tap stocks
ações do Tesouro / Treasury stocks
ações garantidas / guaranteed stock
ações glamourosas / glamour stocks
ações não emitidas / unissued capital stock
ações não sujeitas a chamadas / nonassessable capital stock
ações parcialmente pagas / partly paid shares

ações preferenciais / preference shares
ações readquiridas / treasury shares; treasure stock
ações registradas / listed securities
ações sem direito a voto / nonvoting shares
ações sem lastro / watered stock
ações sem valor ao par / shares of no par value
ações sem valor nominal / no-par-value capital stock
acomodação / accomodation
acompanhar / monitor
aconselhamento não dirigido / nondirective counseling
acordo coletivo de preços / collective price agreement
acordo de cavalheiros / gentleman's agreement
acordo de contingência / standby agreement
acordo de dispensa temporária / lay-off agreement
acordo de recuperação / recourse agreement
acordo de restrição ao comércio / restrictive trading agreement
acordo geral / blanket agreement
Acordo Geral de Tarifas e Comércio / General Agreement on Tariffs and Trade
acordo geral para uma indústria / industry-wide agreement
acordo global / package agreement
acordo liminar / threshold agreement
acordo por conformação / consent settlement
acordos de justo comércio / fair-trade agreements
acordo síndico-patronal / union-management agreement
acordo sobre procedimento / procedure agreement
acordo trabalhista / labor agreement
acre / acre
acre (agrimensores) / acre (surveyors)
acréscimo / accretion
acréscimo de valor / appreciation
acuidade / acuity
aculturação / acculturation
acumulação / accumulation
acumulação de estoque de emergência / stockpiling
acusação / charge
adaptação / adaptation
aderência / fit; goodness of fit
ad hoc / ad hoc
adiamento de acerto / carry-over; contango
adiantamento / advance
adiantamento bancário / bank advance
adiantamento monetário / retainer
adiantamentos e atrasos / leads and lags
adido / attaché
adjudicação / adjudication; assignment; award
ad libitum / ad lib
administração / administration; management
administração ausente / absentee management
administração centralizada / centralized management
administração científica / scientific administration
administração consultiva / consultative management
administração de cúpula / top management
administração de dívida / debt management
administração de instalações / facilities management
administração de linha / line management
administração de materiais / materials management
administração de operações / operations management
administração de projeto / project management
administração de risco / risk management
Administração de Veteranos / Veterans Administration
administração descentralizada / decentralized management
administração do pessoal / personnel management
administração financeira / financial management
administração higiênica / hygienic management
administração intermediária / middle management
administração múltipla / multiple management
administração operativa / operating management
administração participativa / participative management
administração por equipe / team management
administração por exceção / management by exception
administração por objetivos / management by objectives
administração proativa / proactive management
administração reativa / reactive management

administração salarial / salary administration; wage administration
administrador / manager
administrador ativo / thruster
administrador do porto / harbor-master
administrador portuário / wharfinger
adolescência / adolescence
adrenalina / adrenalin
ad valorem / ad val
advertência / caveat
advogado / barrister; counsel
AELC / EFTA
aforamento / long-term lease of real property
agência da casa / house agency
agência de emprego / employment agency
agência de emprego privada / private placement agency
Agência Internacional de Energia Atômica / International Atomic Energy Agency
agenda oculta / hidden agenda
agente / agent
agente atacadista intermediário / agent wholesaling middleman
agente comercial / factor
agente contra entorpecentes / narc
agente do fabricante / manufacturer's agent
agente imobiliário / estate agent
agente intermediário / agent middleman
agente mercantil / mercantile agent
agentes da mudança / change agents
agente vendedor / selling agent
ágio / agio; premium
ágio de primeiro dia / first-day premium
ágio de resgate / redemption premium
agiota / loan shark
agravo / grievance
agregação / aggregation
agregação de mercado / market aggregation
agregado / aggregate
agricultura hidráulica / hydraulic agriculture
agrimensor / surveyor
agroindústria / agribusiness
águas territoriais / territorial waters
AI / CPA
AIDA / AIDA
AIEA / IAEA
ajustador de prejuízo / loss adjuster
ajustamento / adjustment; fit
ajustamento sazonal / seasonal adjustment
ALALC / LAFTA
alargamento do capital / capital widening
alavancagem / gearing; leverage
alavancagem de capital / capital gearing
alavancagem financeira / financial gearing; financial leverage
alavancagem trabalhista / leveraging
alcaide / borax
alcance / reach
alcance de mercado / market reach
alcance líquido / net reach
aleatório / random
alfândega / customs
alfanumérico / alphanumerical
álgebra booleana / Boolean algebra
álgebra de matriz / matrix algebra
ALGOL / ALGOL
algorítmico / algorithmic
algoritmo / algorithm
aliança de preços / price ring
alienar / alienate
alienável / alienable
alienígena / alien
alimentar / feed
almofada / pad
alocação de recursos / allocation of resources
alocar / allocate
alonga / allonge
alqueire de capacidade / bushel
alteração / swing; alteration
alugar / let; hire
aluguel / rent; rental
aluguel de terra / rack rent
aluguel morto / dead rent
aluguel simbólico / peppercorn rent
a mais ou a menos / over-and-short
amálgama / amalgamation
ambiente / environment
ambiente aglomerado plácido / placid clustered environment
ambiente externo / external environment
ambiente randomizado plácido / placid randomized environment
ambiente reativo perturbado / disturbed reactive environment
ambiente turbulento / turbulent environment
ambigüidade de papel / role ambiguity
amicus curiae / amicus curiae
amnésia / amnesia
amortização / amortization
amortização de dívida / amortization of debt
amortização do ativo fixo / amortization of fixed assets
amostra / sample
amostra aleatória / random sample
amostra combinada / matched sample
amostra de conveniência / chunk
amostra de quota / quota sample
amostragem / sampling
amostragem aceitável / acceptable sampling
amostragem aleatória / random sampling

amostragem de área / area sampling
amostragem de atividade / activity sampling
amostragem de trabalho / work sampling
amostragem estratificada / stratified sampling
amostragem representativa / representantive sampling
amostragem sistemática / systematic sampling
amostra principal / master sample
amostra viesada / biased sample
ampliação / enlargement
ampliação de base tributária / tax base broadening
ampliação de cargo / job enlargement
amplificação de interação / interactional amplification
amplitude de administração / span of management
amplitude de autoridade / span of authority
amplitude de controle / span of control
analisador diferencial / differential analyzer
analisador diferencial digital / digital differential analyzer
análise bifatorial / two-factor analysis
análise cinematográfica / film analysis
análise de atividade / activity analysis
análise de cargo / job analysis
análise de custo-benefício / cost-benefit analysis
análise de custo de distribuição / distribution cost analysis
análise de custo-volume-lucro / cost-volume-profit analysis
análise de excedente / surplus analysis
análise de hiato / gap analysis
análise de insumo-produto / input-output analysis
análise de mercado / market analysis
análise de mercado de trabalho / labor market analysis
análise de micromovimento / micromotion analysis
análise de nivelamento / break-even analysis
análise de quociente / ratio analysis
análise de rede / network analysis
análise de rede de projeto / project network analysis
análise de regressão / regression analysis
análise de regressão linear / linear regression analysis
análise de regressão múltipla / multiple regression analysis
análise de regressão simples / simple regression analysis

análise de renda-dispêndio / income-expenditure analysis
análise de reposição / replacement analysis
análise de risco / risk analysis
análise de sistemas / systems analysis
análise de tarefa / task analysis
análise de valor / value analysis
análise de variação / variance analysis
análise de vendas / sales analysis
análise de visita / call analysis
análise do caminho crítico / critical path analysis
análise espectral / spectral analysis
análise fatorial / factor analysis
análise funcional / functional analysis
análise marginal / marginal analysis
análise monetária / monetary analysis
análise morfológica / morphological analysis
análise multivariada / multivariate analysis
análise real / real analysis
análise tipológica / typological analysis
analista de mídia / media analyst
analista de pesquisa de mercado / market research analyst
anel de filme / film loop
ano civil / calendar year
ano de avaliação / year of assessment
ano financeiro / financial year
ano fiscal / assessment year; fiscal year
anoflex / flexyear
anomia / anomie
antedatar / backdate
antiguidade / seniority
antilockout / work in
anuários / year books
anuidade / annuity
anuidade certa / certain annuity; annuity certain
anuidade com prazo determinado / annuity certain
anuidade contingente / contingent annuity
anuidade pagável no início do período / annuity due
anuidades consolidadas / consolidated annuities
anuidade simples / ordinary annuity
anuitário / annuitant
anulação de rebaixa / markdown cancelletion
anulação de remarcação para cima / markup cancellation
anúncio / advertisement
anúncio avulso / spot
anúncio de recrutamento / recruitment advertising
anúncio dividido / split run

anúncios anônimos / blind ads
anúncios de procura / want ads
ao par / par; at par
APO / MBO
apólice / policy
apólice aberta / open policy
apólice de cobertura combinada / omnibus clause
apólice de dívida / note
apólice do Tesouro / Treasure note
apólice limitada / limited policy
apólices consolidadas / consols
apólices de acidentes e doença / accident and sickness policies
apólices de desenvolvimento nacional / national development bonds
apólices do governo / government bonds
aposentado / superannuated
aposentadoria / retirement
aposentadoria compulsória / mandatory retirement
apreciação de vitrina / window shopping
aprendizado / apprenticeship
aprendizagem / learning
aprendizagem de parte / part learning
aprendizagem do todo / whole learning
aprendizagem experiencial / experimental learning
aprendizagem incidental / incidental learning
aprendizagem latente / latent learning
aprendizagem motora / motor learning
aprendizagem programada / programmed learning
apresentação / feature
aprofundamento do capital / capital deepening; deepening of capital
apropriação / appropriation
apropriação indébita / embezzlement
aproveitador / profiteer
aptidão / aptitude
aptidão vocacional / vocational aptitude
aquisição / acquisition; takeover
arbitragem / arbitrage
arbitragem de espaço / space arbitrage
arbitragem de juros / interest arbitrage
arbitramento / arbitration
árbitro final / umpire
ARC / KRA
are / are
área-chave / key area
área cinzenta / gray area
área de comércio / trading area
área de desenvolvimento / development area
área de livre comércio / free trade area
área de resultados-chave / key-results area

área de trabalho normal / normal working area
área máxima de trabalho / maximum working area
área metropolitana / metropolitan area
argumento / argument
aristocracia / aristocracy
armadilha da liquidez / liquidity trap
armadilha da pobreza / poverty trap
armazém / warehouse
armazém alfandegado / bonded warehouse
armazenamento / storage
armazenamento auxiliar / auxiliary storage
armazenamento de acesso rápido / fast access storage
armazenamento de campo / field warehousing
armazenamento de valor / store of value
armazenamento externo / external storage
armazenamento intermediário / buffer
armazenamento principal / main storage
armazenamentos de navios / ship's stores
armazéns gerais / warehouse
arquivo / file
arquivo detalhado / detailed file
arquivo principal / master file
arraiano / fringer
arranjo / arrangement
arrasto fiscal / fiscal drag
arrecadação tributária / outturn
arrendador / lessor
arrendamento / leasehold
arrendamento-compra / lease
arrendamento de ex-propriedade / leaseback
arrendar / demise
arrendatário / lessee
arresto / attachment; garnishment
arrocho / squeeze
arrocho de crédito / credit squeeze
arrocho de lucro / profit squeeze
arrocho dos componentes / component squeeze
arrogância criativa / creative arrogance
arruaça / riot
arte / art
arte de vender / salesmanship
artesanato / artisan industry
artigos de impulso / impulse items
árvore da decisão / decision tree
árvore da relevância normativa / normative relevance tree
ASCII / ASCII
assalariado / wage earner; salaried
assembléia geral / statutory meeting; general meeting

assembléia geral extraordinária / extraordinary general meeting
assessoria / staff
assistente / assistant
assistente de / assistant to
assistente social / social worker
associação / association; partnership
associação de classe / employer's association; unincorporated association; trade association
associação de colarinho branco / staff association
associação de poupança e empréstimos / savings and loan association
associação de responsabilidade limitada / limited partnership association
Associação Européia de Livre Comércio / European Free Trade Association
associação fiduciária / voluntary association
Associação Latino-Americana de Livre Comércio / Latin American Free Trade Association
associação voluntária / voluntary association
associado / associate
assunção / assumption
assunção de autoridade / takeover
assunção de papel / role taking
assunção inversa de controle / reverse takeover
atacadista / jobber; wholesaler
atacadista ambulante / truck jobber; wagon jobber
atacadista consignador / rack jobber
atacadista de escrivaninha / desk jobber
atacadista de função limitada / limited function wholesaler
atacadista de função plena / full function wholesaler
atacadista de linha geral / general line wholesaler
atacadista de mercadorias gerais / general merchandise wholesaler
atacadista especializado / speciality wholesaler
atacadista pague-leve / cash and carry wholesaler
atacadista pelo reembolso postal / mail order wholesaler
atacadistas de serviços / service wholesalers
atacadistas de serviços limitados / limited service wholesalers
atas / minutes
a termo / forward
aterro de lixo / landfill
atitude / set
atitude agonística / cope
atitude para aprendizagem / learning set
atitude quanto à marca / brand attitude
atividade / activity
atividade crítica / critical activity
atividade econômica / economic activity
atividade de tempo zero / zero-time activity
atividade em diagrama de setas / activity-on-arrow-network
atividade em rede de nós / activity-on-node-network
atividade fantasma / dummy activity
atividade interface / interface activity
ativo / asset
ativo circulante / working assets
ativo congelado / frozen assets
ativo corrente / current assets
ativo disponível / liquid assets
ativo fixo / fixed assets
ativo fixo tangível / capital assets; fixed tangible assets
ativo flutuante / floating assets
ativo líquido / net assets
ativo líquido corrente / net current assets
ativo não circulante / noncurrent assets
ativo não escriturado / nonledger assets
ativo negativo / negative asset
ativo operacional / operating assets
ativo realizável a curto prazo / quick assets
ativos intangíveis / intangible assets
ativos rentáveis / earning assets
ato ilícito / tort
atração do uso / usage pull
atrasado / overdue
atrasados / arrears
atributo / attribute
atuação desonesta / racket
atuário / actuary
audiência / audience
audiência-alvo / target audience
audiência cativa / captive audience
audiência líquida / net audience
auditoria / audit
auditoria de administração / management audit
auditoria de comprovante / voucher audit
auditoria de marketing / marketing audit
auditoria de recursos humanos / human resources audit
auditoria de vendas / sales audit
auditoria do pessoal / personnel audit
auditoria geral / general audit
auditoria legal / statutory audit
auditoria limitada / limited audit
auditoria salarial / wage audit

auditor independente / certified public accountant; public accountant
aumento de preço oculto / hidden price increase
aumento natural / natural increase
aumento por mérito / merit raise
ausente / absentee
ausente sem permissão / AWOL
austeridade / austerity
autarcia / autarchy
autarquia / autarky
autenticar / authenticate
auto-afirmação / self-assertion
autoconceito / self-concept
autocracia / autocracy
autodomínio / self-mastery
auto-estimação excessiva / overreach
autofinanciamento / self-financing
autógeno / autogenous
autoliquidável / self-liquidating
automação / automation
autonomia / autonomy
autonomia funcional / functional autonomy
autônomo / self-employed
autonoplex / autonoplex
autopert / autopert
autoridade / authority; officer
autoridade adquirida / acquired authority
autoridade de assessoria / staff authority
autoridade de linha / line authority
autoridade formal / formal authority
autoridade funcional / functional authority
autoridade informal / informal authority
autoridade local / local authority
autoridade pública / public authority
auto-serviço / self-service
auto-suficiência / self-sufficiency
auxiliar não especializado / hand
auxílio-doença / sick pay
auxílio marginal / marginal relief
auxílio visual / visual aid
aval / guarantee; guaranty
avaliação / appraisal; assessment
avaliação de cargo / job evaluation
avaliação de desempenho / performance appraisal
avaliação de estoque / inventory valuation
avaliação de mídia / media evaluation
avaliador / assessor
avaliador de prejuízo / loss assessor
avaliador de tarefa / rate setter
avalista / guarantor
avalizado / guarantee
avanço espetacular / quantum jump; quantum leap
avaria / average
avaria grossa / general average
avdp / avdp
aviamento / goodwill
aviamento negativo / negative goodwill
aviltamento da moeda / debasement
aviso / notice
aviso de greve / token strike
à vista / at sight; cash
avoirdupois / avoirdupois
azulamento / blueing

B

BACAT / BACAT
bagatela / nugatory; snip
baixa / chargeoff; retirement; write off
baixar de valor / write down
baixar preço / cut back
balança comercial / balance of trade; merchandise balance; trade balance
balancete / trial balance
balanço / balance sheet
balanço de pagamentos / balance of payments
balanço para uso geral / all-purpose financial statement
balão de ensaio / trial balloon
balcanização / balkanization
balconista / clerk
banco agrícola / land bank
banco central / central bank
Banco da Reserva / Reserve Bank
banco de comércio e indústria / merchant bank
banco de depósitos / deposit bank
banco de emprego / job bank
Banco de Exportação e Importação / Export-Import Bank
banco de fundo acionário / joint-stock bank
banco de habitação / savings and loan association
Banco de Pagamentos Internacionais / Bank for International Settlements
banco de poupança / savings bank
banco de poupança mútua / mutual savings bank
banco de último recurso / lender of last resource
banco estadual / state bank
banco hipotecário / mortgage bank
Banco Interamericano de Desenvolvimento / Inter-American Development Bank
Banco Internacional de Reconstrução e Desenvolvimento / International Bank of Reconstruction and Development
Banco Mundial / World Bank
bancor / bancor
bancos nacionais / national banks
bandeira de conveniência / flag of convenience
barataria / barratry
baratear / undercut
barcaça / lighter
barcaça a bordo de navio / barge aboard catamaran
barômetro empresarial / business barometer
barreira ao comércio / trade barrier
barreiras à entrada / barriers to entry
barreiras semânticas / semantic barriers
barril (americano) / barrel (American)
barril (imperial) / barrel (Imperial)
base comercial / arm's length
base de caixa / cash basis
base de exercício / accrual basis
base de troca / trade in
base tributária / tax base
bastidores / back stage
batalha das procurações / proxy battle
baud / baud
baú da comunidade / community chest
behaviorismo / behaviorism
bem / asset; good
bem de Giffen / Giffen good
bem de luxo / luxury good
bem de raiz / realty
bem durável / durable good
bem econômico / economic good
bem escasso / scarce good
bem-estar / welfare
bem inferior / inferior good
bem livre / free good
bem normal necessário / normal necessary good
benefício de maternidade / maternity benefit
benefício em espécie / benefit-in-kind
benefício por desemprego / unemployment benefit

benefícios aos empregados / employee benefits
benefícios de bem-estar / welfare benefits
benefícios do produto / product benefits
benefícios extras / fringe benefits
benefícios gratuitos / non-contributory benefits
benefício suplementar / supplementary benefit
benefício tributário / tax avoidance
bens / goods
bens acabados / finished goods
bens admitidos / admitted assets
bens alfandegados / bonded goods
bens coletivos / collective goods
bens comerciais / commercial goods
bens complementares / complementary goods
bens com proprietário / proprietary goods
bens de capital / capital goods
bens de consumo / consumer goods
bens de conveniência / convenience goods
bens de escolha / shopping goods
bens duráveis / hard goods
bens empacotados / packaged goods
bens e serviços finais / final goods and services
bens e serviços intermediários / intermediate goods and services
bens esgotáveis / wasting assets
bens especializados / specialty goods
bens incorpóreos ou intangíveis / nonmonetary assets
bens industriais / industrial goods
bens intermediários / intermediate goods
bens líquidos / liquid assets
bens móveis / chattel
bens não duráveis / nondurable goods; soft goods
bens não pedidos / unsolicited goods
bens normais / normal goods
bens originais / original goods
bens para produtores / producers goods
bens para vez única / single use goods
bens pessoais / goods and chattels
bens reavidos / repossessed goods
bens substitutos / substitute goods
bens tangíveis / tangible assets

bens vendidos aos metros / yard goods
bens vinculados / entailed property
BID / IDB
bimetalismo / bimetallism
binário / binary
biônica / bionics
bio-retroinformação / biofeedback
biotecnologia / biotechnology
BIRD / IBRD
biscateiro / odd-job man
bit / bit
bitola estreita / narrow gauge
bitributação / double taxation
bloco / block; pad
bloco de comércio / trade bloc
Bloco do Ouro / Gold Bloc
boato / grapevine
boa fé / good faith
bode expiatório / scapegoat
boicote / boycott
bolsa de mão-de-obra / labor exchange
bolsa de mercadorias / commodity exchange
Bolsa de Metais de Londres / London Metal Exchange
bolsa de valores / stock exchange
bona fide / bona fide
bonificação compensatória / lieu bonus
bonificação de seguro / no claims bonus
bonificação por produção / production bonus
bonificação por turno / shift premium
bonificação-prêmio / premium bonus
bônus / scrip
borrador / waste-book
BPI / BIS
braça / fathom
brainstorming / brainstorming
brinde / give-away
brinde de compras / lagniappe
b.t.u. / B.T.U.
bumerangue / boomerang
burocracia / bureaucracy
buropatologia / bureaupathology
busca dupla / double search
busca vicária / vicarious search
buscador de progresso / progress chaser
byte / byte

C

cabeçalho / masthead; heading
cabeçalho em papel de carta / letterhead
cabo / cable
caçadores de cabeça / head hunters
cada um por si / one for one
cadeia / chain
cadeia de marketing / marketing chain
cadeia de Markov / Markov chain
cadeia quadrada (agrimensores) / square chain (surveyors)
caderneta / open account
caderneta de compra a crédito / passbook
caderno sem costura / quire
caducidade de direitos / laches
cafre / kaffir
cais / wharf
caixa / cashier; teller
caixa automático / cash dispenser
caixa de embalagem / packing case
caixa econômica / savings bank; savings and loan association
caixa preta / black box
caixeiro / clerk
caixeiro-viajante / commercial traveler
calculadora perfuradora eletrônica / electronic calculating punch
cálculo diferencial / differential calculus
cálculo felicífico / felicific calculus
cálculo infinitesimal / infinitesimal calculus
cálculo integral / integral calculus
caloteiro / lame duck
câmara de compensação / clearing house
Câmara dos Vereadores / Board of Aldermen; City Council
camarilha / clique
Câmara Internacional de Comércio / International Chamber of Commerce
Câmara Municipal / City Hall
câmbio ao par / par of exchange
câmbio a termo / forward exchange
caminhão / lorry
caminho / path

camisaria / haberdashery
campanha de altistas / bull campaign
campanha de compra imediata / buy now campaign
campanha de vendas / sales campaign; sales drive
campanha nacional / national campaign
canais advogados / advocate channels
canais de distribuição / channels of distribution; distribution channels
canais de expertos / expert channels
canais de marketing / marketing channels
canais sociais / social channels
canal de comunicação / communication channel
cancelamento de concessão / defranchise
cancelamento de concessão ou licenciamento / disfranchise
cancelamento de correção / stet
cancelamento de lei / repeal
caneta esferográfica / ball-point pen; biro
canguru / kangaroo
canhoto / counterfoil
capacidade / capacity
capacidade ideal / ideal capacity
capacidade ociosa / idle capacity
capacidade para pagar / ability-to-pay
capacidade teórica / theoretical capacity
capataz / foreman; overseer
capatazia / wharfage
capatazia de ancoragem / keelage
capital / capital
capital acionário / share capital
capital acionário autorizado / authorized capital stock
capital acionário emitido / issued capital stock
capital chamado / called-up capital
capital circulante / circulating capital
capital constante / constant capital
capital de comandita / venture capital
capital de contrapartida / equity

capital de empréstimo / loan capital; debt capital
capital de giro / working capital
capital de giro bruto / gross working capital
capital de giro líquido / net working capital
capital de risco / risk capital
capital flutuante / floating capital
capital humano / human capital
capital imobilizado / fixed capital
capital integralizado / paid-up capital
capital investido / invested capital
capitalismo / capitalism
capitalismo de monopólio / monopoly capitalism
capitalismo modificado / modified capitalism
capitalização / capitalization
capitalização de mercado / market capitalization
capitalizar em excesso / overcapitalize
capital militar / military capital
capital não chamado / uncalled capital
capital nominal / nominal capital
capital original / original capital
capital por debêntures / debenture capital
capital realizado / paid-in capital
capital refugiado / refugee capital
capital segundo Fisher / Fisher's capital
capital social / equity capital
capital subscrito / subscribed capital
caractere / character
característica / feature
característica de produto / product feature
carga alijada / jetsam
carga de convés / deck cargo
carga fiscal / tax burden
carga ao mar / jettison
carga rotulada / labelled cargo
carga tributária / tax burden
carga útil / payload
cargo / job
cargos-chave / key-jobs
carisma / charisma
carona / free riding
carrasco / hatchet man
carregamento / lading; load
carregamento de máquina / machine loading
carregar / lade
carreira / career
carreto / carriage
carreto a pagar / carriage forward
carreto pago / carriage paid
carreto pago para entrega / carriage outwards
carreto pago para recebimento / carriage inwards
carta branca / carte blanche

carta de aviso / letter of advice
carta de crédito / letter of credit
carta de crédito limitada / limited letter of credit
carta de direitos / rights letter
carta de distribuição / letter of allotment
carta de lástima / letter of regret
carta de renúncia / letter of renunciation
cartão com margem entalhada / edge-notch card
cartão de crédito / credit card
cartão de ponto / clock card; time card; time ticket
cartão de trabalho / job card; operation job card
cartão verde / green card
carta patente / charter; letter patent
cartas de administrador / letters of administration
cartazes em metrô / tube cards
carteira de trabalho / working papers
carteira de valores / portfolio
cartel / cartel
cartel marítimo / ship conference
cartório de notas / register of deeds
casa da moeda / mint
casa de descontos / discount house
casa de descontos privativa / closed door discount house
casa de lotes fracionários / odd-lot house
casa de penhores / pawn shop
casa emissora / issuing house
casa financiadora / finance house
cassete / cassette
categoria / rank
categorização de cargo / job ranking
categorização de crédito / credit rating
categorização de mérito / merit rating
caução de concorrência / bid deposit
cautela de ações / share certificate; stock certificate
caveat / caveat
caveat emptor / caveat emptor
caveat venditor / caveat venditor
c.d.m. / b.o.m.
celamin / peck
CEE / EEC; ESP
cenário / scenario
censo / census
centiare / centiare
centigrama / centigram
centilitro / centiliter
centímetro / centimeter
centímetro cúbico / cubic centimeter
centímetro quadrado / square centimeter

centro de avaliação / assessment center
centro decadente / inner city
centro de custo / cost center
centro de emprego / job center
centro de lucro / profit center
centro de processamento de dados / data processing center
centro orçamentário / budget center
cerebelo / cerebellum
cérebro mágico / magic brain
certificado / certificate
certificado consular / navicert
certificado de depósito / certificate of deposit
certificado de dívida / certificate of debt
certificado de excesso de exação / over-entry certificate
certificado de necessidade / necessity certificate
certificado de origem / certificate of origin
certificado ressalvado / qualified certificate
certificar em excesso / overcertify
certiorari / certiorari
ceteris paribus / ceteris paribus
c.g.s. / c.g.s.
chauvinismo / Chauvinism
chefão / kingpin
cheque / check; cheque
cheque comprovante / voucher check
cheque cruzado / crossed check
cheque devolvido / bounced check; rubber check
cheque não cruzado / open check
cheque nominal / order check
cheque vencido / stale check
cheque visado / marked check
chicano / Chicano
chip / chip
chute para cima / kicked upstairs
cibernética / cybernetics
ciclo / cycle
ciclo de cargo / job cycle
ciclo de construção / building cycle
ciclo de trabalho / work cycle
ciclo de vida / life cycle
ciclo de vida da família / family life cycle
ciclo de vida do produto / product life cycle
ciclo econômico / business cycle; economic cycle; trade cycle
ciclo econômico endógeno / endogenous economic cycle
ciclo econômico exógeno / exogenous economic cycle
ciclo evolucionário do produto / product evolutionary cycle
ciclo Kondratieff / Kondratieff cycle

ciclo operacional / operating cycle
cidadania / citizenship
cidadão / citizen
cidadão nato / natural born citizen
cidade central / central city
cidade-faixa / strip city
ciência aplicada / applied science
ciência de administração / management science
ciência pura / pure science
ciências do comportamento / behavioral sciences
cientista pesquisador / boffin
c.i.f. / c.i.f.
c.i.f.c. / c.i.f.c.
cinescópio / display tube
cinestésico / kinaesthetic
circulação desperdiçada / waste circulation
circulação paga / subscribed circulation
circulação paga líquida / net paid circulation
circulação vertical / vertical circulation
circularidade / circularity
circular noticiosa / news release
civilização hidráulica / hydraulic civilization
CKD / CKD
clarividência / clairvoyance
classe / class
classe fechada / closed class
classe social / social class
classe trabalhadora / working class
classificação / rating
classificação de cargo / job classification
classificação por valor de uso / usage-value classification
classificado / classified
cláusula / provision
cláusula Calvo / Calvo clause
cláusula de aceleração / acceleration clause
cláusula de exclusão / exclusion clause
cláusula de franquia / coinsurance clause
cláusula de hipotecado / mortgagee clause
cláusula de irresponsabilidade / escape clause
cláusula de penalidade / penalty clause
cláusula de reajustamento / escalation clause
cláusula de ressalva / hedge clause
cláusula de salário móvel / escalator clause
cláusula de seguro marítimo / sister-ship clause
cláusula de transferência / portability clause
cláusula especial / grandfather clause
cliente prospectivo / prospect; sales prospect
clientes marginais / fringe accounts
clima organizacional / organization climate; organizational climate
clip / clip

Clube de Paris/Paris Club
clube de serviços/service club
Clube dos Países Ricos/Rich Countries' Club
Clube dos Quatro H/Four-H Club
cmcf/cpff
cobertura/cover; hedge
cobertura de estoque/stock cover
cobertura de mercado/market coverage
cobertura geral/blanket coverage
cobertura líquida/net cover
COBOL/COBOL
cobrança de atividade/activity charge
cobrança de dívida/debt collection
cobrança de serviço/service charge
cobranças por descarga/landing charges
cobrar em excesso/overcharge
c.o.d./c.o.d.
co-determinação/co-determination
codicilo/codicil
código/code
código de endereçamento postal/postcode; ZIP code
código de máquina/machine code
codon/codon
coeficiente de capital/capital coefficient
coeficiente de correlação/coefficient of correlation; correlation coefficient
coeficiente de letalidade/fatality rate
coerção/duress
cofre noturno/night safe
cognição/cognition
co-herança/parcenary
coisa/gimmick
colapso/bust
colarinho azul/blue collar
colarinho branco/white collar
coleta posterior/will call
coletivismo/collectivism
colocação/placement
colocação privada/private placement
colocação de novas ações/placing
colonizar/settle
comando/command
combinação/combine; combo
combo/combo
com dividendo/cum dividend
começo do mês/beginning of month
comentário/comment
comercial/commercial
comercial sem hora marcada/run-of-week spot
comerciante/merchant
comerciante individual/sole trader
comerciar em excesso/over-trading

comércio/commerce; trade
comércio de elite/carriage trade
comércio exterior/foreign trade
comércio interestadual/interstate commerce
comércio mais alto/trade-up
comércio mais barato/trade-down
comércio multilateral/multilateral trade
comércio silencioso/silent trade
comissão de compras/buying committee
comissão de mídia/media commission
Comissão de Valores e Bolsas/Securities and Exchange Commission
Comissão Federal de Comércio/Federal Trade Commission
comissário/commission merchant
comissionista/commission man
comitê de estudo conjunto/joint study committee
comitê permanente/standing committee
commodity/commodity
como alternativa de/in-lieu
companhia/company
companhia administradora/trustee company
companhia avalista/guarantee company
companhia controladora/holding company
companhia de administração de investimento/management-investment company
companhia de armazéns gerais/warehouse company
companhia de finanças/finance company
companhia de fundo acionário/joint-stock company
companhia de investimento de capital fixo/closed-end investment company
companhia de investimento ilimitado/open-end investment company
companhia fiduciária/trust company
companhia filiada/allied company
companhia holding/holding company
companhia holding de um banco/one-banc holding company
companhia ilimitada/unlimited company
companhia inativa/nonoperating company
companhia limitada/limited company
companhia multinacional/international company
companhia municipal/municipal corporation
companhia mútua/mutual company
companhia mútua de seguro de vida/mutual life assurance company
companhia orientada para produção/production-oriented company

companhia orientada por marketing/market-oriented company
companhia privada/private company
companhia privada limitada/private limited company
companhia pública/public company
companhia pública limitada/public limited company
companhia registrada em bolsa/quoted company
companhias de libré/livery companies
companhia subsidiária/subsidiary company
comparação entre empresas/intercompany comparison
comparador/comparator
compatibilidade/compatibility
compensação/payoff
compensação bancária/bank clearing
compensação de ações/clearing stocks
compensação de erro/make good
compensação fiscal futura/tax-loss carryforward
compensação fiscal retroativa/tax-loss carryback
compensação tributária/tax offset
compilador/compiler
complementaridade/complementarity
complementos/complements
completação de frase/sentence completion
completamente desmontado/completely knoked down
complexo/complex
comportamento/behavior
comportamento anormal/abnormal behavior
comportamento de evitação/avoidance behavior
comportamento de massa/mass behavior
comportamento de multidão/crowd behavior
comportamento organizacional/organizational behavior
comportamento racional/rational behavior
composse/parcenary
composição/make-up
compósito/composite
composto controlável/controllable mix
composto de comunicação/communication mix
composto de diretrizes/policy mix
composto de distribuição/distribution mix
composto de distribuição intensiva/intensive distribution mix
composto de marketing/marketing mix
composto de mídia/media mix
composto de produto/product mix
composto de serviço/service mix
composto incontrolável/uncontrolable mix
composto logístico/logistics mix
composto promocional/promotional mix
compra/buying; procurement; purchase
compra a grosso/bulk buying
compra antecipada/forward buying
compra a prestações/hire purchase; installment buying
compra a termo/contract purchasing; forward buying
compra de apoio/support buying
compra de escolha/shopping
compra de mercado/market purchasing
comprador de mídia/media buyer
comprador especial/special buyer
comprador local/resident buyer
comprador regional/buying office
compra especulativa/speculative purchasing
compra estritamente necessária/hand-to-mouth buying
compra excessiva/overbuy
compra por comparação de preço/shopping
compra preventiva/scare buying
compra programada/shopping
compra recíproca/reciprocal buying
compras com uma só parada/one-stop shopping
compra sem desembolso/free riding
compras líquidas/net purchases
compras organizacionais/organizational purchasing
compreensão de marca/brand comprehension
compressão salarial/wage compression
comprovação/vouching
comprovante/voucher
comprovante de publicação/tear sheet
comprovante tributário/tax voucher
comprovar/vouch
compulsão/compulsion
computador/computer
computador analógico/analog computer
computador assíncrono/asynchronous computer
computador automático/automatic computer
computador de controle/control computer
computador digital/digital computer
computador pessoal/personal computer
computador sincronizado/synchronous computer

COMSAT / COMSAT
comunhão / pool
comunhão de imóveis / hotchpot
comunicação horizontal / horizontal communication
comunicação de duas vias / two-way communication
comunicação de massa / mass communication
comunicação lateral / lateral communication
comunicação não verbal / nonverbal communication
comunicações de marketing / marketing communications
Comunidade Britânica (A) / Commonwealth (The)
Comunidade Econômica Européia / European Economic Community
Comunidade Européia / European Community
Comunidade Européia do Carvão e do Aço / European Coal and Steel Community
conceder / settle
conceito / concept
conceito de estoque / stock concept
conceito de marketing / marketing concept
concentração / assembling; concentration
concentração numérica / numerical concentration
concessão / allowance; concession; franchise; grant; licencing
concessão de preços a anunciantes / marketing upweight discounts
concessão para desenvolvimento regional / regional development grant
concessionário / franchisee
conciliação / conciliation
concordata / creditors agreement
concorrência / competition
concorrência desleal / knocking competition
concorrência dificultada / handicap competition
concorrência efetiva / effective competition
concorrência extra-preço / non-price competition
concorrência horizontal / horizontal competition
concorrência imperfeita / imperfect competition
concorrência inovadora / innovistic competition
concorrência interindústrias / interindustry competition
concorrência intertipos / intertype competition

concorrência monopolística / monopolistic competition
concorrência para assunção de controle / tender offer
concorrência perfeita (pura) / perfect (pure) competition
concorrência pura / pure competition
concorrência ruinosa / cutthroat competition
concorrência vertical / vertical competition
concurso / contest
condição necessária / necessary condition
condição suficiente / sufficient condition
condições de comércio / terms of trade
condições de escambo do comércio / barter terms of trade
condomínio / joint ownership
confabulação / confabulation
conferência de calçada / kerbside conference
conferência de vendas / sales conference
conferente / tallyman
confiabilidade / reliability
confiável / reliable
configuração / configuration
confiscar / seize
confisco / confiscation
conflito / conflit
conflito de aproximação-aproximação / approach-approach conflict
conflito de aproximação-evitação / approach-avoidance conflict
conflito de evitação-evitação / avoidance-avoidance conflict
conflito de papel / role conflict
conflito motivacional / motivational conflict
conformidade / conformity
congelamento salarial / wage freeze
conglomerado / conglomerate
conglomerado horizontal / horizontal conglomerate
congregação / faculty
conhecimento / waybill
conhecimento de carga / bill of lading
conhecimento dos resultados / knowledge of results
conhecimento perfeito de mercado / perfect knowledge of market
conhecimento sem ressalva / clean bill of lading
conjunto / set
conjunto de papéis / role set
conjunto ordenado / array
conluio / collusion
conluio de preços / price fixing
conluio de preços oligopolísticos / open-price agreement

conluio político/logrolling
consangüinidade/consanguinity
conselho de administração/board of directors
Conselho de Assessores Econômicos/Council of Economic Advisers
Conselho de Segurança Nacional/National Security Council
Conselho Nacional do Carvão/National Coal Board
conselho industrial conjunto/joint industrial council
consenso/consensus
conservantismo/conservatism
consignação/consignment
consignador/consignor
consignatário/consignee
console de operador/operator's console
consolidação/consolidation
consolidação de carga/groupage
consolidação de dívida flutuante/funding
consolidação rolante/rollover refunding
consolidar/consolidate
consórcio/consortium
constante/constant
construção ordinária/jerry-built
constructo/construct
construtor de império/empire builder
consulta conjunta/joint consultation
consulta de administração/management consulting
consulte emitente/refer to drawer
consultor de administração/management consultant
consumidor/consumer
consumidor comercial/commercial consumer
consumidor final/final consumer; ultimate consumer
consumidor industrial/industrial consumer
consumismo/consumerism
consumo/consumption
consumo conjunto/joint consumption
consumo conspícuo/conspicuous consumption
conta/account
conta aberta/open account
conta adjunta/adjunct account
conta bancária/bank account
conta bancária de rendimento/non-checking account
contabilidade/accounting
contabilidade de custos/cost accounting
contabilidade financeira/financial accounting
contabilidade gerencial/management accounting
contabilidade por atividade/activity accounting
contabilidade por responsabilidade/responsability accounting
contabilização/accountancy
contabilização por rentabilidade/profitability accounting
conta combinada/omnibus account
conta confirmada/account stated
conta congelada/frozen account
conta conjunta/joint account
conta corrente/current account; account current
conta de absorção/absorption account
conta de apropriação/appropriation account
conta de compensação/offset account; memorandum account
conta de controle principal/master control account
conta de desembarque/landing account
conta de despesas/expense account
conta de empréstimo/loan account
conta de inexigível/proprietary account
conta de lucros e perdas/profit and loss account
conta de movimento/demand deposit
conta de partidas dobradas/T-account
conta de poupança/savings account
conta de realização/realization account
conta de receita e despesa/income and expenditure account
conta de retificação/contra account; valuation account
conta de retirada/drawing account
contador/accountant
contador postal/mail teller
contagem de tráfico/traffic counting
contagem dupla/double-counting
contagem física do estoque/physical stock-taking
contágio social/social contagion
conta morta/dead account
conta nacional/national account
conta numerada/numbered account
contas a pagar/accounts payable
contas a receber/accounts receivable
contas com ressalva/qualified accounts
conta segregada/segregated account
contas impessoais/impersonal accounts
contas nacionais/national accounts
contas operacionais/operation accounts
contas sem cifras/figureless accounts
conta suspensa/suspense account

contêiner / container
conteinerização / containerization
contentadiço / satisficer
conteúdo discricionário / discritionary content
Continente (O) / Continent (The)
contingência / contingency
conto-do-vigário / confidence game
contrabalanço / offset
contrabando / contraband; smuggling
contra ciclo / counter cyclical
contramestre / first-line supervisor; foreman
contrapartida contratual / consideration
contraproducente / self-defeating
contrapropaganda / counter advertising
contratação / contraction
contratante / contractor
contratar / hire
contrato / indenture
contrato aberto / open indent
contrato anulável / voidable contract
contrato a termo / futures contract
contrato casado / tying contract
contrato de anuidade / annuity agreement
contrato de aprendizagem / indenture
contrato de associação / articles of partnership
contrato de exclusividade / exclusive dealing contract
contrato de know-how / know-how agreement
contrato de não sindicalização / yellow-dog contract
contrato de risco / hazardous contract
contrato para serviços / labor only subcontracting
Contratos de Construção Habitacional / Housing and Residential Building Contracts
contravenção / misdemeanor
contribuição / contribution
contribuição por avaria grossa / general average contribution
contribuinte / taxpayer
controlador / controller
controlador de despesas / comptroller
controlar / monitor
controle / control
controle comercial / trade control
controle de câmbio / exchange control
controle de estoque / stock control
controle de laço aberto / open-loop control
controle de laço fechado / closed-loop control
controle de materiais / materials control

controle de mercadização / merchandising control
controle de preços / price control
controle de produção / production control
controle de qualidade / quality control
controle de vendas / sales control
controle direto / direct control
controle estatístico de qualidade / statistical quality control
controle numérico / numeric control
controle operativo / working control
controle pelos trabalhadores / worker's control
controles físicos / physical controls
controles voluntários / voluntary controls
convenção política / caucus
convênio restritivo / restrictive covenant
conversão / conversion
convite para concorrência / invitation for bid
cooperativa / cooperative
cooperativa de crédito / credit union
cooperativa de produtores / producer cooperative
cooperativa varejista / retailer's cooperative
co-optação / co-optation
coordenação / coordination
coordenação de preços / price coordination
coordenação imperfeita / imperfect coordination
coorte / cohort
cópia / copy
co-produtos / joint products
co-propriedade / copartnership; joint ownership
co-proprietário / joint tenant; tenant in common
co-proprietários / joint owners
corpo docente / faculty
correção monetária / indexation
Corredor Nordeste / Northeast Corridor
Correio / Post Office
correlação / correlation
correlação múltipla / multiple correlation
correspondência / mail
corresponder / tally
corretor / broker
corretor de listas / list broker
corretor de lotes fracionados / odd-lot broker
corretor de lotes incompletos / odd-lot broker
corretor de mercadorias / merchandise broker
corretor de mídia / media broker
corretor de moeda / money broker
corretor de opções / put and call broker
corretor de títulos / stockbroker

corretor externo / outside broker
corretor imobiliário / realtor
corrida a banco / run on a bank
corrida de ratos / rat race
corrigir / redress
corte de preços / price-cutting
córtex cerebral / cerebral cortex
cortiço / slum
cotação / quotation
cotação da moeda / pegging of exchange
cotação deslizante / sliding peg
cotar / peg
couvert / cover charge
CPM / CPM
c.p.t. / c.p.m.
credenciamento / accreditation
crédito / credit
crédito aberto / open credit
crédito pessoal / money shop
crédito provisório / accomodation charge
crédito rotativo / revolving credit
crédito tributário / tax credit
credor / creditor
credor de uma obrigação / obligee
credor diferido / deferred creditor
credor garantido / secured creditor
credor hipotecário / mortgagee
credor hipotecário empossado / mortgage in possession
credor por sentença judicial / judgement creditor
credor sem garantia / unsecured creditor
crença / belief
crescimento / growth
crescimento de população zero / zero population growth
crescimento desequilibrado / unbalanced growth
crescimento econômico / economic growth
crescimento econômico ótimo / optimal economic growth
crescimento equilibrado / balanced growth
crescimento justificado / warranted growth
criação de desejo / want creation
crime sério / felony
criogenia / cryogenics
critério / criterion
critério de Laplace / Laplace criterion
critério maximin / maximin criterion
cruzamento especial / special crossing
C.T.M.B. / T.L.C.
cultura implícita / implicit culture
cultura material / material culture
cunhagem livre / free coinage
cupão / coupon

curador / receiver; trustee
curadoria / trusteeship
curral / bull pen
curriculum vitae / résumé; curriculum vitae
curso sanduíche / sandwich course
curto prazo / short run; short term
curva da demanda / demand curve
curva da demanda quebrada / kinked demand curve
curva da oferta / supply curve
curva da proposta / offer curve
curva de aprendizagem / learning curve
curva de aprendizagem para mudança / learning curve of changing
curva de contrato / contract curve
curva de crescimento / growth curve
curva de demanda do mercado / market demand curve
curva de Gompertz / Gompertz curve
curva de indiferença / indifference curve
curva de indiferença de produção / production indifference curve
curva de investimento-poupança / investment-saving curve
curva de isoproduto / isoproduct curve
curva de isostabilização / isostabilization curve
curva de liquidez monetária / liquidity money curve
curva de Lorenz / Lorenz curve
curva de maturidade / maturity curve
curva de oferta de inclinação retrógrada / backward-bending supply curve
curva de oferta regressiva / regressive supply curve
curva de Phillips / Phillips curve
curva de possibilidade de utilidade / utility possibility curve
curva de possibilidades de produção / production possibilities curve
curva de preço-consumo / price-consumption curve
curva de renda / income curve
curva de renda-consumo / income-consumption curve
curva de transformação / transformation curve
curva de transformação de produto / product transformation curve
curva envoltória / envelope curve
curva IS / IS curve
curva J / J curve
curva LM / LM curve
curva logística / logistics curve
curva normal / normal curve

curvas de Engel / Engel's curves
custeio / costing
custeio de produto / product costing
custeio de trabalho / job costing
custeio de unidade / unit costing
custeio diferencial / differential costing
custeio direto / direct costing
custeio econômico / full costing
custeio global / full costing
custeio incremental / incremental costing
custeio marginal / marginal costing
custeio-padrão / standard costing
custeio por absorção / absorption costing
custeio por ordem de serviço / job order costing
custeio por processo / process costing
custeio por responsabilidade / responsibility costing
custeio variável / variable costing
custo / cost
custo alternativo / alternative cost
custo comparativo / comparative cost
custo comum / common cost
custo conjunto / joint cost
custo da mão-de-obra / labor cost
custo de administração / administration cost
custo de ajustamento / set-up cost
custo de exercício / period cost
custo de fabricação / manufacturing cost
custo de inatividade / shut-down cost
custo de incerteza / cost of uncertainty
custo de marketing / marketing cost
custo de materiais / materials cost
custo de material indireto / indirect material cost
custo de oportunidade / opportunity cost
custo de reposição / replacement cost
custo de serviço / service cost
custo de transporte / haulage
custo de usuário / user cost
custo de vendas / cost of sales
custo de vida / cost of living
custódia / bailment; escrow
custo diferencial / differential cost
custo direto / direct cost
custo do capital / capital cost
custo dos bens vendidos / cost of goods sold
custo econômico / full cost
custo expirado / expired cost
custo fabril / factory cost
custo global / full cost
custo histórico / historical cost; sunk cost
custo incontrolável / uncontrollable cost
custo incremental / incremental cost

custo indireto / establishment expense; on-cost; overhead
custo indireto absorvido / absorbed overhead
custo mais / cost plus
custo mais comissão fixa / cost-plus-fixed-fee
custo marginal / marginal cost
custo médio / average cost
custo médio fixo / average fixed cost
custo não absorvido / unabsorbed cost
custo não controlável / noncontrollable cost
custo não expirado / unexpired cost
custo original / original cost
custo-padrão / standard cost
custo-padrão normal / normal standard cost
custo passado / sunk cost
custo perdido / lost cost
custo por milhar / cost per thousand
custo posto no destino / landed cost
custo predeterminado / managed cost
custo previsto / predicted cost
custo programado / programmed cost; scheduled cost
custo rastreável / traceable cost
custos constantes / constant costs
custos crescentes / increasing costs
custos decrescentes / decreasing costs
custos de estocar / carrying costs
custos de pedido / ordering costs
custos de produção / production costs
custos de transações / transactions costs
custos de transferência / transfer costs
custos de transformação / transformation costs
custos de vendas / sales costs; selling costs
custos diretos / prime costs
custo, seguro, frete / cost, insurance, freight
custo, seguro, frete e comissão / cost, insurance, freight and commission
custo separável / separable cost
custos fixos / fixed costs
custos fixos comuns / common fixed costs
custos fixos programados / programmed fixed costs
custos fixos separáveis / separable fixed costs
custos indiretos / indirect costs
custos indiretos de manufatura / indirect manufacturing costs
custos indiretos de produção / production overheads
custos indiretos e de exercício / indirect and period costs
custos inevitáveis / unavoidable costs
custos intangíveis / intangible costs
custo social marginal / marginal social cost
custos ociosos / idle costs

custos operacionais/operating costs; running costs
custos privados/private costs
custos psíquicos/psychic costs
custos semivariáveis/semi-variable costs; stepped costs
custos sociais/social costs
custos suplementares/supplementary costs
custos variáveis/variable costs
custo total/total cost
custo unitário/unit cost
custo variável/variable cost
custo variável médio/average variable cost

D

dados / data
dados primários / primary data
dados secundários / secondary data
dano extraordinário / laesio enormis
danos liquidados / liquidated damages
danos não liquidados / unliquidated damages
dar balanço / take stock
data de resgate / redemption date
data de vencimento / maturity; maturity date
data do valor / value date
data efetiva / effective date
data imposta / imposed date
data limite / deadline
data limite ostensiva / open dating
de baixo para cima / bottom-to-top
debênture / debenture
debênture conversível / convertible debenture
debênture flutuante / floating charge debenture
debênture garantida / secured debenture
debênture hipotecária / mortgage debenture
debênture irresgatável / irredeemable debenture
debênture nua / naked debenture
debênture perpétua / perpetual debenture
debênture registrada / registered debenture
debênture sem garantia / unsecured debenture
debênture simples / simple debenture
debênture subordinada / subordinated debenture
debenturista / debenture holder
débito / charge; debit
débito de excedente / surplus charge
débito específico / specific charge
débito flutuante / floating charge
débito não recorrente / nonrecurring charge
débitos acumulados / accrued charges
decagrama / decagram
decalitro / decaliter
decâmetro / decameter
decâmetro quadrado / square decameter

decigrama / decigram
decil / decil
decilitro / deciliter
de cima para baixo / up-to-bottom; top-to-bottom
Décima-quarta Emenda / Fourteenth Amendment
decímetro / decimeter
decímetro cúbico / cubic decimeter
decímetro quadrado / square decimeter
decisão / decision
decisão estatística / statistical decision
decisão lógica / logical decision
decisores / decision makers
declaração / statement
declaração de imposto / return
declaração de renda / tax return
declaração falsa / misrepresentation
declaração juramentada / affidavit
decodificar / decode
decolagem / take-off
decoração de vitrina / window dressing
decremento / decrement
dedução celular do imposto / tax credit
dedução pessoal / personal relief
dedução sindical / checkoff
dedução tributária / tax deduction; tax allowance; tax relief
defasagem da oferta / supply lag
defasagem de tempo / time lag
defeito / bug; defect
defeitos zero / zero defects
defeituoso / defective
defeituosos qualificados / qualified handicapped
deficiência / deficiency
déficit / deficit
déficit externo / external deficit
definição / definition
deflação / deflation
deflator do produto nacional bruto / gross national product deflator

de fora / outsider
del credere / del credere
delegação / delegation
delegado / delegate
delito civil / tort
delusão / delusion
demagogia política / pork barrel
demanda / demand
demanda agregada / aggregate demand
demanda complementar / complementary demand
demanda compósita / composite demand
demanda conjunta / joint demand
demanda derivada / derived demand
demanda do consumidor / consumer demand
demanda do mercado / market demand
demanda efetiva / effective demand
demanda elástica / elastic demand
demanda inelástica / inelastic demand
demanda para reposição / replacement demand
demanda primária / primary demand
demanda seletiva / selective demand
demarketing / demarketing
demissão / discharge; dismissal; payoff; separation
demissão sem causa justa / unfair dismissal
demitir / fire
democracia industrial / industrial democracy
demografia / demography
demografia histórica / historical demography
demonstração / demo; demonstration; statement
demonstração de conta / account rendered
demonstração de custo fabril / manufacturing statement
demonstração de lucro bruto / trading account
demonstração de posição / position statement
demonstração de renda / income statement
demonstração financeira / financial statement
demonstração operacional / operating statement
demonstração "pro-forma" / giving-effect statement
demonstração total de lucros e perdas / all-inclusive income statement
denominação / denomination
densidade de probabilidade / probability density
dentear / indent
departamentalização / departmentalization
Departamento de Comércio e Indústria / Department of Trade and Industry

departamento de serviço / service department
departamento de pessoal / personnel department
dependendo de aprovação / on approval
depleção / depletion
depois da apresentação / after sight
depor / oust
deporte / backwardation
depositante / bailor
depositário / bailee
depositário de penhor / garnishee
depósito / bailment; warehouse
depósito a prazo / deposit account; time deposit
depósito postal / mail deposit
depósitos de curto prazo / short-term deposits
depósitos de distribuição / distribution warehouses
depreciação / depreciation
depreciação acelerada / accelerated depreciation
depreciação acumulada / accrued depreciation; accumulated depreciation
depreciação da moeda / currency depreciation
depreciação em linha reta / straight-line depreciation
depreciação ordinária / ordinary depreciation
depressão / depression
depurar / debug
deriva salarial / wage drift
derrubar / oust
derv / derv
DES / SDR
descarga / unloading
descartável / disposable
descentralização / decentralization
descontador / discounter
desconto / discount
desconto bancário / bank discount
desconto comercial / trade discount
desconto funcional / functional discount
desconto por pagamento à vista / cash discount
desconto por quantidade / quantity discount
desconto rotulado / money-off pack
desconto sazonal / seasonal discount
descrença / disbelief
descrição de cargo / job description
descritor / descriptor
desdobramento de ações / stock split
deseconomias de escala / diseconomies of scale

deseconomias externas / external diseconomies
desejos / wants
desembolso / outlay
desempenho de nivelamento / break-even performance
desempenho de operador / operator performance
desempenho de papel / role playing
desempenho específico / specific performance
desempenho-padrão / standard performance
desempregado / unemployed
desemprego cíclico / cyclical unemployment
desemprego crônico / chronic unemployment
desemprego disfarçado / disguised unemployment
desemprego estrutural / structural unemployment
desemprego friccional / frictional unemployment
desemprego involuntário / involuntary unemployment
desemprego involuntário não friccional / nonfrictional involuntary unemployment
desemprego oculto / hidden unemployment
desemprego residual / residual unemployment
desemprego sazonal / seasonal unemployment
desemprego tecnológico / technological unemployment
desemprego temporário / temporary unemployment
desemprego voluntário / voluntary unemployment
desenho / design
desenho de cargo / job design
desenho de pesquisa / research design
desenho rudimentar / rough
desenvolvimento / development
desenvolvimento de administração / management development
desenvolvimento de nova cidade / new town development
desenvolvimento de produto novo / new product development
desenvolvimento econômico / economic development
desequilíbrio de saldo / umbalance
desespecialização / de-skilling
desfalque / embezzlement
desgaste / wear and tear
desgaste de mercado / market attrition
desgaste justo / fair wear and tear

design / design
desinflação / disinflation
desinvestimento / disinvestment
desistência de direito / waive
desistente / drop-out
deslizamento salarial / wage slide
desmagnetizar / degauss
desmembramento / spinoff
desmontado / knocked down
desnacionalização / denationalization
desnatação de mercado / skimming the market
desnaturalização / denaturalization
despachar / despatch; dispatch
despejar / evict
despejo / ejectment
desperdício / waste
desperdício natural / natural wastage
despesa / expense
despesa de exercício / period expense
despesa de manufatura / manufacturing expense
despesa direta / direct expense
despesa fabril indireta / factory burden
despesa fixa / fixed charge; fixed expense
despesa geral / overhead
despesa repetitiva / carrying charge
despesas administrativas / administrative expenses
despesas a pagar / accrued expenses
despesas de funcionamento / working expenses
despesas de ocupação / occupancy expense
despesas gerais de fábrica / factory overhead; manufacturing overhead
despesas incidentais / incidental expenses
despesas operacionais / operating expenses
despojamento / divestment
despojamento de ativo fixo / asset stripping
despojamento de dividendos / dividend stripping
despoupança / dissaving
destreza digital / finger dexterity
destreza manual / manual dexterity
desutilidade / disutility
desutilidade do trabalho / disutility of labor
desvalorização / devaluation
desvalorização competitiva / competitive devaluation
desvalorização da moeda / currency devaluation
desvantagem absoluta / absolute disadvantage

desvantagem comparativa / comparative disadvantage
desvio / deviation
desvio médio / mean deviation
desvio-padrão / standard deviation
detector de mentiras / lie detector
detentor de cargo / job holder
de uma espécie para outra / one-to-one
devedor / debtor; obligor
devedor hipotecário / mortgagor
devedor por sentença judicial / judgement debtor
dever / owe; duty
devolução / return
dia de impacto / impact day
dia de trabalho medido / measured daywork
Dia do Trabalho / Labor Day
diafilme / film strip
diagnotor / diagnotor
diagrama / diagram
diagrama de blocos / block diagram
diagrama de dispersão / scatter diagram; scattergram
diagrama de Edgeworth / Edgeworth box diagram
diagrama de linha / line chart
diagrama de linha de equilíbrio / line of balance diagram
diagrama de nós / node diagram
diagrama de setas / arrow diagram
diagrama pictórico / pictogram
diária / per diem
diário / journal
diário de bordo / logbook
diário geral / general journal
diarista / journeyman
dias de carência / days of grace
dias de trimestre / quarter days
dia útil / working day
dicionário / dictionary
dicionário automático / automatic dictionary
difamação impressa / libel
difamatório / libelous
diferenciação / differentiation
diferenciação de firma / firm differentiation
diferenciação de produto / product differentiation
diferenciação funcional / functional differentiation
diferencial de preços / price differential
diferencial de salário / wage differential
diferido / deferred
difusão / diffusion
digital / digital
digitizar / digitize

dígito / digit
dígito binário / binary digit
diluição de ações / stock watering
dime / dime
dimensão ilimitada / open-ended
diminuição / shrinkage
diminuto / thumbnail
dinâmica / dynamics
dinâmica de grupo / group dynamics
dinheiro sério / earnest money
dinheiro vivo / hard cash
diplomacia do dólar / dollar diplomacy
direito / law; duty
direito a pensão / vesting
direito adjetivo / adjective law
direito administrativo / administrative law
direito aduaneiro preferencial / preferential duty
direito a posse / title
direito assegurado / tenure
direito autoral / copyright
direito comercial / mercantile law
direito consuetudinário / common law
direito de antiguidade / bumping
direito de desapropriação / right of eminent domain
direito de penhora fiscal / tax lien
direito de propriedade / equity; title
direito de resgate antecipado / call
direito de voto / voting right
direito marítimo / maritime law
direito mercantil / law merchant; lex mercatoria
direitos adquiridos / vested rights
direitos aduaneiros / customs duties
direitos aduaneiros ad valorem / ad valorem duties
direitos aduaneiros compostos / compound duties
direitos aduaneiros específicos / specific duties
direitos da administração / management rights
direitos de emissão / rights issue
direitos de lavra / mineral rights
direitos de patente / patent rights
direitos de preempção / preemptive rights
direitos especiais de saque / special drawing rights
direitos portuários / harbor dues
direitos protecionistas / protective duty
direito substantivo / substantive law
direito trabalhista / labor law
diretor de fora / outside director
diretor dos trabalhadores / worker director

diretor executivo / executive director
diretor-gerente / managing director
diretoria / administrative management
diretoria administrativa / management board
diretoria em duas camadas / two-tier board
diretoria interligada / interlocking directorate
diretor interno / inside director
diretor não executivo / non-executive director
diretriz / policy
dirigente / officer
disciplina progressiva / progressive discipline
disco flexível / floppy disk
disco magnético / magnetic disk
disco rígido / hard disk
discreto / discrete
discrição / discretion
discriminação / discrimination
discriminação de pagamento / pay packet
discriminação de preços / price discrimination
discriminação de preços de monopólio / monopoly price discrimination
discriminação do primeiro grau / discrimination of the first degree
discriminação do segundo grau / discrimination of the second degree
discriminação do terceiro grau / discrimination of the third degree
discutir o que interessa / get down to brass tacks
disfunção / dysfunction
disk drive / disk drive
dispêndio / expenditure
dispêndio de capital / capital expenditure
dispêndio em déficit / deficit spending
dispêndio nacional bruto / gross national expenditure
dispensa / dismissal
dispensa temporária de empregado / lay-off
disponível / disposable
disponível líquido / cash
dispor em ordem de liquidez / marshal
disposição / set
disposição perceptual / perceptual set
dispositivo / device
dispositivo de armazenamento / storage device
dispositivo poupador de trabalho / labor-saving device
disputa / dispute
disputa de demarcação / demarcation dispute
disputa industrial / industrial dispute
disquete / diskette; floppy disk
dissolução / wind up
dissonância cognitiva / cognitive dissonance
distância social / social distance
distensão de valor / value stretch
distribuição / distribution
distribuição de probabilidade / probability distribution
distribuição de renda / income distribution
distribuição de freqüência / frequency distribution
distribuição exclusiva / exclusive distribution
distribuição física / physical distribution
distribuição heterógrada / heterograde distribution
distribuição marginal / marginal distribution
distribuição multinominal / multinominal distribution
distribuição normal / normal distribution
distribuição seletiva / selective distribution
distribuidor / distributor
distribuidor industrial / industrial distributor
distribuidores ambulantes / truck distributors; wagon distributors
distrito / district
diversidade de investimento / spread
diversificação / diversification
diversificação lateral / lateral diversification
diversificar / diversify
dívida / debt; obligation
dívida a resgatar / unfunded debt
dívida consolidada / funded debt
dívida fundada / funded debt
dívida flutuante / floating debt
dívida nacional / national debt
dívida não consolidada / unfunded debt
dívida por julgamento / judgement debt
dívidas de recebimento duvidoso / bad debts
dividendo / dividend
dividendo final / final dividend
dividendo não cumulativo / noncumulative dividend
dividendo opcional / optional dividend
dividendo provisório / interim dividend
dividendos acumulados / accrued dividends
dividendos de patrocinador / patronage dividends
divisão de ações / splitup
divisão do trabalho / division of labor
divisas / foreign exchange
divisibilidade / divisibility
divisionalização / divisionalization
dízimo / tithe
doação / grant; grant in aid
doador de um legado / legator
documento / document
documento comprobatório / deed
documento de dívida / IOU

docutermo / docuterm
dólares de segurança / security dollars
dólar mercantil / commodity dollar
domínio eminente / eminent domain
dotação / allotment; endowment
do tipo comum / run-of-the-mill
dracma / dram
dracma (avoirdupois) / dram (avoirdupois)
dracma (farmacêuticos) / dram (apothecaries)
dracma fluido (farmacêuticos) / fluid dram (apothecaries)

drama inerente / inherent drama
drawback / drawback
drenagem intelectual / brain drain
DSD / DSD
dumping / dumping
duopólio / duopoly
duopsônio / duopsony
duplicata / second of exchange
duplo emprego / moonlighting
duráveis de consumo / consumer durables

E

EBCDIC / EBCDIC
ecologia humana / human ecology
econometria / econometrics
economia / economy; economics
economia aberta / open economy
economia atomística / atomistic economy
economia clássica / classical economics
economia de livre mercado / free market economy
economia de mercado / market economy
economia de planejamento central / centrally planned economy
economia de trocas / exchange economy
economia do bem-estar / welfare economics
economia dual / dual economy
economia fechada / closed economy
economia gerencial / managerial economics
economia institucional / institutional economics
economia internacional / international economics
economia mista / mixed economy
economia monetária / monetary economy
economia natural / natural economy
economia neoclássica / neoclassical economics
economia normativa / normative economics
economia planificada / planned economy
economia política / political economy
economia pura / pure economics
economias / savings
economias de escala / economies of scale
economias de produção em massa / economies of mass production
economias externas / external economies
economias externas tecnológicas / technological external economies
economias internas / internal economies
economias internas de escala / internal economies of scale
economias pecuniárias externas / pecuniary external economies
econômico / economic
economista / economist
economista clássico / classical economist
economizar / save
edição / edition
editar / edit
editor / editor
editorial / editorial
educação de terceiro nível / third-level education
educação superior / higher education
efeito-bloqueio / locked-in effect
efeito-catraca / ratchet effect
efeito-contágio / contagion effect
efeito-corona / corona effect
efeito-demonstração / demonstration effect
efeito-dependência / dependence effect
efeito-desdobramento / spread effect
efeito-dominó / domino effect
efeito-escala / scale effect
efeito-fonte / source effect
efeito-Giffen / Giffen effect
efeito-halo / horns effect; halo effect
efeito-Hawthorne / Hawthorne effect
efeito-Keynes / Keynes effect
efeito-Lerner / Lerner effect
efeito-marola / backwash effect
efeito-multiplicador / multiplier effect
efeito-Pigmalião / Pygmalion effect
efeito-Pigou / Pigou effect
efeito-placebo / placebo effect
efeito-preço / price effect
efeito-recenticidade / recency effect
efeito-renda / income effect
efeito-Ricardo / Ricardo effect
efeitos de terceiros / third-party effects
efeitos externos / external effects
efeito-substituição / substitution effect
efeito-transferência / transfer effect
efeito-Veblen / Veblen effect
efetividade / effectiveness

efetividade gerencial / managerial effectiveness
efetivo / effective
eficaz / efficacious
eficiência / efficiency
eficiência alocativa / allocative efficiency
eficiência econômica / economic efficiency
eficiência marginal do capital / marginal efficiency of capital
eficiência marginal do investimento / marginal efficiency of investment
eficiência X / X-efficiency
eficiente / efficient
elasticidade / elasticity
elasticidade cruzada / cross-elasticity
elasticidade cruzada da demanda / cross-elasticity of demand
elasticidade da demanda / demand elasticity; elasticity of demand
elasticidade da oferta / elasticity of supply
elasticidade da renda / income elasticity
elasticidade das expectativas / elasticity of expectations
elasticidade das expectativas de preço / elasticity of price expectations
elasticidade de preço / price elasticity
elasticidade no arco / arc elasticity
elasticidade no ponto / point elasticity
elasticidade-preço da demanda / price elasticity of demand
elasticidade-renda da demanda / income elasticity of demand; demand income elasticity
elasticidade unitária / unit elasticity
elegante / elegant
eleger / elect
eleição / election
elemento nominal / nominal element
eletrodomésticos de cozinha / white goods
eletrônico / electronic
elevação / edge up; jack-up; raise
eliminação de zeros / zero suppression
elite / elite
elo / link
em aberto / open
embalador / packer
embalagem / package
embalagem cúbica / tetra pack
embalagem múltipla / multi-packaging
embalagem prêmio / premium package
embarcador de carga / freight forwarder
embarcador direto / drop shipper
embargo / embargo; garnishment
embargo de ação / cease and desist order
embarque direto / drop shipment
emburguesamento / embourgeoisement

em circulação / outstanding
em consignação / on consignment
em conta / on account
em disponibilidade / on hand
emissão de ações / share issue
emissão de capital / capital issue
emissão de prospecto / prospectus issue
emissão de torneira / tap issue
emissão primária / primary issue
emissor / sender
emitir / float
em linha / on line
em lugar de / in-lieu
em mãos / on hand
emolumento de administração / management fee
emolumento de opção / option money
emolumento por uso de barcaça / lighterage
empacotador / packer
empacotamento / packaging
empatar / break even
empatia / empathy
empenhador / pledgor
empenhar / pledge
empenho / encumbrance
empírico / empirical
empossar / vest
empreender / undertake
empreendimento / adventure; venture
empreendimento conjunto / joint venture
empregada automática / built-in maid service
empregado / employee
empregado inconstante / job shopper
empregado novato / green hand
empregador / employer
empregar / employ
emprego / employment; job
emprego adequado / suitable employment
emprego em outra firma / outplacement
empreiteira de transportes / haulage contractor
empreiteiro / contractor
empresa / concern; enterprise
empresa ativa / going concern
empresa caixa postal / letter-box company
empresa comercial / commercial business
empresa controladora / controlling company
empresa de administração / management company
empresa de investimento / investment company
Empresa de Reorganização Industrial / Industrial Reorganization Corp.
empresa de transportes / common carrier
empresa efêmera / collapsible corporation

empresa endividada / thin corporation
empresa fiduciária / business trust; common-law trust; investment trust
empresa filiada / affiliate
empresa individual / individual enterprise
empresa industrial / industrial business
empresa leiloeira / auction company
empresa multinacional / multinational company
empresa não registrada em bolsa / unlisted company; unquoted company
empresa operante / operating company
empresa privada / private enterprise
empresa registrada em bolsa / listed company; quoted
empresa respeitada / blue chip
empresário / entrepreneur; impresario
empresa sem capital acionário / unincorporated business
empresa sobrevivente / surviving company
empresa sócio-comercial / socio-commercial enterprise
emprestador de último recurso / lender of last resource
emprestar / lend
empréstimo / loan
empréstimo a prazo / term loan
empréstimo bancário / bank loan
empréstimo casado / tied loan
empréstimo conjunto / joint loan
empréstimo em moeda forte / hard loan
empréstimo favorável / soft loan
empréstimo overnight / overnight loan
empréstimo sem garantia / unsecured loan
em vez de / in-lieu
encadeamento / linkage
encadeamento à frente / forward linkage
encadeamento retrógrado / backward linkage
encadeamento sistêmico / systemic linkage
encaixe mínimo / required reserves
encargo / burden
encarregado de segurança / safety officer
encarregado principal / foreman
encarte solto / loose insert
encolhimento / shrink; shrinkage
encomenda / indent
encomenda postal / mail-in; parcel post
encurralar / corner
endereço / address
endereço absoluto / absolute address
endossado / endorsee
endossante / endorser; accomodation party
endossar / endorse; indorse
endossatário / endorsee
endosso / endorsement
endosso de favor / accomodation bill; accomodation endorsement
endosso restritivo / restrictive endorsement
endurecimento de preço / hardening price
enfiteuse / long-term lease of real property
enfrentar / cope
engano / mistake
engenharia de manutenção / maintenance engineering
engenharia de métodos / methods engineering
engenharia de valor / value engineering
engenharia humana / human engineering
engenharia social / social engineering
engenheiro de vendas / sales engineer
enobrecimento / gentrification
enriquecimento de cargo / job enrichment
entesouramento / hoarding
entrada / entry; input
entra e sai / in-and-out
entrante / walk-in
entrante potencial / potential entrant
entrega / delivery
entrega com faltas / short delivery
entrega contra pagamento / cash on delivery
entrega direta na loja / direct store delivery
entretenimento / entertainment
entrevista de seleção / selection interview
entrevistador para empregos / employment interviewer
entrevista em profundidade / depth interview
entrevista estruturada / structured interview
entrevista não dirigida / nondirective interview
entrevista não estruturada / unstructured interview
entrevista para solução de problema / problem solving interview
entrevista pessoal / personal interview
entrevista sob tensão / stress interview
entropia / entropy
entropia negativa / negative entropy; negentropy
enunciado / statement
envelhecimento / aging
envelope de valor / value envelope
envio de papel / role sending
equação contábil / accounting equation
equação de Fisher / Fisher's equation
equação de troca de Fisher / Fisher's equation of exchange
equações normais / normal equations
eqüidade entre gerações / intergeneration equity
eqüidade tributária / tax equity

equilíbrio/balance; equilibrium
equilíbrio de linha/line balancing
equilíbrio geral/general equilibrium
equilíbrio parcial/partial equilibrium
equilíbrio social/social balance
equipamento/equipment
equipamento de empresa/business equipment
equipamento periférico/peripheral equipment
equivalente de certeza/certainty equivalent
erário público/exchequer
ergonomia/ergonomics
erosão da base tributária/tax base erosion
erro/error
erro de amostragem/sampling error
erro-padrão/standard error
erro tipográfico/literal
esboço rápido/scamp
esboço seqüencial/storyboard
escala/schedule
escala da demanda/demand schedule
escala da oferta/supply schedule
escala de classificação/rating scale
escala de indiferença/indifference schedule
escala de preferência/scale of preference
escala de progressão no cargo/job progression ladder
escala de tempo/time scale
escambo/barter
escassez/scarcity
escassez e escolha/scarcity and choice
escola austríaca/Austrian school
Escola de Manchester/Manchester School
escolásticos/scholastics
escolha de erro/error choice
escore/score
escritor fantasma/ghost-writer
escritório/office
escritório central/main office
escritório contábil/counting house
escritório de empréstimos/loan office
escritório de vendas/sales office
escritório imobiliário/land office
escritório principal/headquarters
escritura/deed; indenture
escrituração original/original entry
escritura definitiva/absolute title; title deed
escritural/clerical
escriturar/post
escriturário/clerk
escrópulo (farmacêuticos)/scruple (apothecaries)
escuta dicotômica/dichotomic listening
espaçamento de letra/letter spacing

especialista de tarefa/task specialist
especialização/specialization
especificação de cargo/job specification
especificação insidiosa/creeping specification
especulação altista/long
especulação baixista/short
especulador altista/bull
especulador baixista/bear
especulador em ações/stag
especular/speculate
espiral de salários-preços/wage-price spiral
espiral inflacionária/inflationary spiral
espírito de equipe/esprit de corps
esquecimento/forgetting
esquema de incentivo/incentive scheme
esquema de pensão não contributório/non-contributory pension scheme
esquema de sugestão/suggestion scheme
esquema de valorização/valorization scheme
esquerda/left
estabelecer/establish
estabelecimento/establishment; outlet
estabelecimento aberto/open shop
estabelecimento agência/agency shop
estabelecimento de metas pelos pares/peer goal setting
estabelecimento escravizante/sweatshop
estabelecimento fechado/closed shop
estabelecimento fugitivo/runaway shop
estabelecimento não sindicalizado/nonunion shop
estabelecimento preferencial/preferential shop
estabelecimento sindicalizado/union shop
estabelecimento vinculado/tied outlet
estabilidade/stability
estabilidade de preço/price stability
estabilização/stabilization
estabilização salarial/wage stabilization
estabilizador automático/automatic stabilizer; built-in stabilizer
estação de trabalho/work station
estação do ano/season
estado/state
estado das artes/state of the arts
estado do bem-estar/welfare state
estado estacionário/stationary state; steady state
estado firme/steady state
estado polícia/police state
estado-tampão/buffer state
estagflação/stagflation
estagiário/trainee
estágio de treinamento/vestibule school

estagnação / stagnation
estática / statics
estática comparativa / comparative statics
estatismo / statism
estatística / statistics
estatística bayesiana / Bayesian statistics
estatística descritiva / descriptive statistics
estatística inferencial / inferential statistics
estatística vital / vital statistics
estatuto / bylaw
esteira transportadora / conveyor belt
estéreo / stere
estilo de administração / management style
estilo de vida / life style
estimação / estimation
estimação de mínimos quadrados / least squares estimation
estimador de quantidade / quantity surveyor
estimativa / estimate
estimativa adivinhada / guesstimate
estipêndio / stipend
estivador / stevedore
estocagem em consignação / consignment stocking
estocar em excesso / overstock
estocástico / stochastic
estojo / kit
estoque / inventory; stock
estoque básico / basic stock
estoque de capital / capital stock
estoque de capital em circulação / outstanding capital stock
estoque de moeda / money stock; stock of money
estoque de reserva / reserve stock
estoque de segurança / buffer stock; safety stock
estoque dividido / split inventory
estoque mínimo / minimum stock
estoque morto / dead stock
estoque perpétuo / perpetual inventory
Estoques do Fabricante / Manufacturer's Inventories
estoquista / stockist
estória principal de um jornal / splash story
estorno / contra entry
estrangulamento / bottleneck
estratégia / strategy
estratégia de atração / pulling strategy
estratégia de forçar / pushing strategy
estratégia de linha limitada / limited line strategy
estratégia de marketing / marketing strategy
estratégia de mídia / media strategy

estratégia indiferenciada / undifferentiated strategy
estratégia maximin / maximin strategy
estratégia mista / mixed strategy
estratégias de evitação / avoidant strategies
estratificação / stratification
estrelas / stars
estresse / stress
estrutura de capital / capital structure
estrutura de linha / line structure
estrutura de linha e assessoria / line and staff structure
estrutura de mercado / market structure
estrutura de organização / organization structure
estrutura funcional / functional structure
estrutura gerencial / managerial structure
estrutura organizacional / organizational structure
estrutura salarial / wage structure
estrutura social / social structure
estudo de aplicação / application study
estudo de campo / field study
estudo de caso / case study
estudo de corte transversal / cross-sectional study
estudo de métodos / method study
estudo de micromovimento / micromotion study
estudo de movimentos / motion study
estudo de tempo / time study
estudo de tempos e movimentos / time and motion study
estudo de trabalho / work study
estudo de viabilidade / feasibility study
estudo ex post facto / ex post facto study
estudo histórico / historical study
estudo longitudinal / longitudinal study
estudo longitudinal retrospectivo / retrospective longitudinal study
estudo naturalístico / naturalistic study
estudo por observação / observational study
estudos impressionísticos / impressionistic studies
ética protestante / Protestant ethic
etiqueta de conferência / jerque slip
etiqueta sindical / union label
etnocentrismo / ethnocentrism
etos / ethos
eu ideal / ideal self
eurodólar / Euro-dollar
euromoeda / Euro-currency; Euro-money
evento / event
evento chave / key event
evento crítico / critical event

evento final / end event
evento inicial / start event
evento inicial de rede / network beginning event
evento interface / interface event
evento terminal de rede / network ending event
evidência verbal / oral evidence
exame de administração / management review
exame de desempenho / performance review
exame minucioso / vet
ex ante / ex ante
exatidão / accuracy
excedente / surplus
excedente apropriado / appropriated surplus
excedente de fusão / surplus from consolidation
excedente disponível / available surplus
excedente do consumidor / consumer surplus
excedente do produtor / producer surplus
excedente pago / paid-in surplus
excesso / glut; overage; surplus
excesso de capacidade / excess capacity
excesso de concessão / overextension
excesso de demanda / excess demand
excesso de empregados / overmanning
excesso de investimento / overinvestment
excesso de oferta / excess supply
excesso de reserva / overbook
excesso de reservas / excess reserves
excluir / blackball
exclusão de bolsa / hammer
ex dividendo / ex dividend
execução hipotecária / foreclosure
executivo plural / plural executive

exercício contábil / accounting period
exercício natural / natural business year
exército de reserva dos desempregados / reserve army of the unemployed
exército da reserva industrial / industrial reserve army
exigível a curto prazo / current liabilities
Eximbank / Eximbank
expansão horizontal do capital / widening of capital
expectativa / expectation
expectativa de vida / life expectancy
expelir / oust
experimento de campo / field experiment
expiração / expiry
exportações ou importações invisíveis / invisible exports or imports
exportações não retribuídas / unrequited exports
exportador / exporter
exposição / trade show
exposição em massa / mass display
exposição-feira / trade fair
exposição seletiva / selective exposure
expositor / display
ex post / ex post
expropriar / expropriate
extensível a todos / across-the-board
externalidades / externalities
extinção de direito / lapse
extragrande / X L
extragrupo / out-group
extraterritorialidade / extraterritoriality
extrato / abstract
extrato de conta bancária / bank statement
extremidade longa do mercado / long end of the market

F

fábrica / factory; mill; works
fabricação / fabrication
fabricante / manufacturer
facilitador de grupo / group facilitator
fac simile / facsimile
faculdade / college; faculty
fadiga industrial / industrial fatigue
faixa / range
faixa azul / blue ribbon
fala egocêntrica / egocentric speech
fala entusiástica / pep talk
falar de assuntos de interesse próprio / talk shop
falência / bankruptcy
falha de sinal / dropout
falido não reabilitado / undischarged bankrupt
falsa corretagem / false brokerage
falsa familiaridade / name dropping
falsificação / forgery
falso / counterfeit
falso concorrente / by-bidder
falso mercado / matched orders
falta / outage
família / family
família censitária / houshold
família conjugal / conjugal family
família extensa / elongated family; extended family
família nuclear / nuclear family
família organizacional / organational family
famílias de cargos / job families
fantasma / dummy
FAO / FAO
fartura de mercadoria / commodity glut
f.a.s / f.a.s.
fascismo / fascism
FAT / AFL
FAT-COI / AFL-CIO
fatia-ouro / gold tranche
fato / fact
fato material / material fact

fator / factor
fator de carga / load factor
fator de cargo / job factor
fator de manutenção / maintenance factor
fator de produção / factor of production
fatores-chave / key factors
fatores de produção / production factors
fatores fixos / fixed factors
fator específico de produção / specific factor of production
fatores incontroláveis / uncontrollable factors
fatores primários de produção / primary factors of production
fator G / G factor
fator higiênico / hygienic factor
fatorial / factorial
fator Lang / Lang factor
fator lealdade / loyalty factor
fator S / S factor
fatura / invoice
fatura consular / consular invoice
fatura legalizada / legalized invoice
fatura "pro forma" / pro forma invoice
fazer ou comprar / make or buy
f.c.d. / d.c.f.
f.d.a / e.o.f.
f.d.m / e.o.m.
featherbedding / featherbedding
fechamento mais cedo / early closing
federação / federation
Federação Americana do Trabalho-Congresso das Organizações Industriais / American Federation of Labor-Congress of Industrial Organizations
Federação Sindicalista Mundial / World Federation of Trade Unions
feedback / feedback
feição / feature
feira / fair
feira de amostras / trade show
feito sob medida / custom-built

feriado / vacation
férias / vacation
ferragista / ironmonger
fiança / surety
FICA / FICA
ficha / token
fideicomisso / trustee
fideicomitente / trustor
fidúcia / escrow
fiduciária Massachusetts / Massachusetts trust
fiduciário / fiduciary
fila / queue
fila de espera / waiting line
filiação / affiliation
filial / branch
film strip / film strip
fim de arquivo / end of file
fim do mês / end of the month
finanças / finance
finanças públicas / public finance
financiador / backer; factor
financiamento / financing
financiamento compensatório / compensatory financing
financiamento de contas a receber / accounts receivable financing
financiamento de mercado / market financing
financiamento por déficit / deficit financing
financiamento por saldo compensatório / link financing
financista / financier
fingir ser / pass of
firma / firm
firma de informação comercial / mercantile agency
firma federada / federated firm
firma individual / individual proprietorship; proprietorship; single proprietorship; sole proprietorship
firma representativa / representative firm
firmas de procura / search firms
fiscal / fiscal
fiscal aduaneiro / land waiter
fiscal de loja / floor walker
fiscal do Tesouro / T-man
fisiocrata / physiocrat
fita de vídeo / videotape
fita magnética / magnetic tape
fixidez funcional / functional fixedeness
flação / flation
flexibilidade de ação / action flexibility
flexibilidade de comportamento / behavior flexibility

flutuação / float
flutuante / float; floating
fluxo bilateral / bilateral flow
fluxo circular / circular flow
fluxo de caixa / cash flow
fluxo de caixa bruto / gross cash flow
fluxo de caixa descontado / discounted cash flow
fluxo de caixa negativo / negative cash flow
fluxo de caixa positivo / positive cash flow
fluxo de caixa presente / present cash flow
fluxograma / flow chart
fluxograma de programa / program flow chart
fluxograma de rede / network flow chart form
fluxo líquido de caixa / net cash flow
fluxos / flows
fluxo unilateral / unilateral flow
FMI / IMF
f.o.b / f.o.b.
folga / float; slack
folga livre / free float
folga total / total float
folha / leaf
folha de análise / spread sheet
folha de pagamento / payroll
folha de trabalho / job sheet
folhetim / handout; leaflet
folkways / folkways
fonte e disposição de fundos / source and disposition of funds
f.o.r. / f.o.r.
fora / out
fora da lista / ex-directory
fora de data / out of date
fora de estoque / out of stock
fora de linha / off-line; out of line
força / force
força de campo / field force
força de trabalho / labor force; manpower
força de vendas / sales force
força maior / force majeure
forças do mercado / market forces
força-tarefa / task force
formação de camadas / layering
formação de capital / capital formation
formação de capital líquido / net capital formation
forma contábil / account form
forma de narrativa / narrative form
forma de relatório / report form
formadores de opinião / opinion formers
forma final / final form
forma H / H-form

formalidade burocrática / red tape
formalista / formalist
forma M / M-form
forma U / U-form
formulário de dados de mídia / media data form
fornecedor / vendor
fornecedor para navios / ship chandler
fortificar / beef up
FORTRAN / FORTRAN
fotografia para estudo de trabalho / memo-motion photography
fracasso / failure
fracasso empresarial / business failure
fragmentos de naufrágio / flotsam
fraude / fraud; swindle
freguês / customer; patron
frente a frente / vis-à-vis
Frente de Liberação Homossexual / Gay Liberation Front
frente de trabalho / relief work
freqüência / frequency
freqüência de visitas / call-frequency
fretamento / charter
fretamento por tempo / time charter
fretamento por viagem / voyage charter
frete / freight
frete a pagar no destino / freight forward
frigorífico / packing house
fronteira / frontier
fronteira de consumo / consumption frontier
fronteiriço / fringer
FSM / WFTU
fuga à moeda / flight from the currency
fuga de capital / capital flight
função / function
função consumo / consumption function
função consumo keynesiana / Keynesian consumption function
função critério / criterion function
função demanda / demand function
função densidade normal / normal density function
função de proprietário / proprietary function
função linear / linear function

função logarítmica / logarithmic function
função objetivo / objective function
função probabilidade / likelihood function
função produção / production function
função progresso / progress function
função quadrática / quadratic function
função utilidade / utility function
funcionalização / functionalization
funções de administração / management functions
funções de marketing / marketing functions
funções latentes / latent functions
fundo comunitário / community fund
fundo congelado / nonexpendable fund
fundo de agência / agency fund
fundo de amortização / sinking fund
fundo de anuidade / annuity fund
fundo de capital de giro / working capital fund
fundo de comércio / goodwill
fundo de comércio negativo / negative goodwill
fundo de curadoria / trust fund
fundo de suborno / slush fund
fundo de subsistência / subsistence fund
fundo discricionário / discretionary fund
Fundo Monetário Internacional / International Monetary Fund
fundo mútuo / unit trust
fundo mútuo aberto / open-end trust
fundo pétreo / rock bottom
fundo rotativo / revolving fund
fundos / fund; funds
fundos Cooley / Cooley funds
fundos de capital / capital funds
fundos mútuos / mutual funds
fundos mútuos de crescimento / growth mutual funds
fundos salariais / wages fund
fungível / fungible
fura-greve / blackleg; scab
furto / larceny
fusão / merger
fusão horizontal / horizontal merger
fusão vertical / vertical merger

G

galão / gallon
galão (imperial) / gallon (Imperial)
ganho / gain
ganho líquido de capital por ação / net capital gain per share
ganhos / earnings
ganhos de transferência / transfer earnings
ganhos do comércio / gains from trade
ganhos eventuais / capital gains
ganhos para pensões / pensionable earnings
garantia / guaranty; surety; warranty
garantia colateral / collateral security
garantia de indenização / letter of indemnity
garantia de investimento / investment guarantee
garantia extra / collateral
garantia implicada / implied warranty
garantia limitada / limited by guarantee
garantia negativa / negative assurance
gastos / outgoings
GATT / GATT
Gemeinschaft / Gemeinschaft
generalista / generalist
genótipo / genotype
gente comum / rank and file
gerência de tráfego / traffic management
gerência de vendas / sales management
gerencial / managerial
gerente / manager
gerente de conta / account executive
gerente de linha / line manager
gerente de marketing / marketing manager
gerente de mercadoria / merchandise manager
gerente de produção / production manager
gerente de produto / product manager
gerente de projeto / project manager
gerente de vendas / sales manager
gerente-empecilho / shelf sitter
gerente geral / general manager
geriatria / geriatrics
gerontologia / gerontology

Gesellschaft / Gesellschaft
GI / GI
GIGO / GIGO
gill / gill
giro rápido / quick turn
glossário / glossary
gnomos de Zurique / gnomes of Zurich
go-go / go-go
gorjeta / tip
graduação / grading
graduação de cargo / job grading
gráfico C / C-chart
gráfico de atividade / activity chart
gráfico de atividades múltiplas / multiple activity chart
gráfico de barras / bar chart
gráfico de carga / load chart
gráfico de controle de qualidade / quality control chart
gráfico de Ganntt / Ganntt chart
gráfico de lucro / profitgraph
gráfico de lucro-volume / profit-volume chart
gráfico de nivelamento / break-even chart
gráfico do quociente logarítmico / logarithmic ratio chart
gráfico gozinto / gozinto chart
gráficos de reposição / replacement charts
gráfico semilogarítmico / semilogarithmic chart
gráfico Z / Z-chart
grama / gram
grande centro varejista / major retail center
grande salto à frente / great leap forward
grande usuário / heavy user
grão (avoirdupois) / grain (avoirdupois)
grão (farmacêuticos) / grain (apothecaries)
grão (Troy) / grain (Troy)
grão (Troy, farmacêuticos) / grain (Troy, apothecaries)
grau de ótimo / optimality
grau de um grande círculo / degree of a great circle

gravame / encumbrance
greve / strike
greve de aviso / token strike
greve de braços cruzados / sit down strike
greve de solidariedade / sympathetic strike
greve geral / general strike
greve jurisdicional / jurisdictional strike
greve não oficial / unofficial strike
greve oficial / official strike
greve patronal / lockout
greve-relâmpago / wildcat strike
greve tartaruga / go slow
grid gerencial / managerial grid
grupamento / chunking
grupamento sócio-econômico / socio-economic grouping
grupo / group
grupo alheio / out-group
grupo de ações / stock
grupo de altistas / bull clique
grupo de debates / buzz group

grupo de encontros / encounter group
grupo de estudo / study group
grupo de projeto / project group
grupo de trabalho / working party
Grupo dos Dez / Group of Ten
grupo étnico / ethnic group
grupo formal / formal group
grupo não estruturado / unstructured group
grupo primário / primary group
grupos de referência / reference groups
grupo secundário / secondary group
grupos protegidos / protected groups
grupo voluntário / voluntary group
GSR / GSR
guarda-livros / bookkeeper
guarda segura / safe custody
guardião / gatekeeper
guerra de preços / price war
guerra econômica / economic warfare
gueto / ghetto
guilhotina / guillotine

H

habeas corpus / habeas corpus
habilidade / skill
habitat / habitat
hábito / habit
habituação / habituation
hardware / hardware
hectare / hectare
hectograma / hectogram
hectolitro / hectoliter
hectômetro / hectometer
hectômetro quadrado / square hectometer
herança / inheritance
herança imóvel / hereditament
herança jacente / estate in abeyance
herdade / hereditament
heterógrado / heterograde
heurística / heuristics
hiato da geração / generation gap
hiato de comércio / trade gap
hiato de rendimento invertido / reverse yield gap
hiato deflacionário / deflationary gap
hiato do rendimento / yield gap
hiato inflacionário / inflationary gap
hidropônica / hydroponics
hierarquia / hierarchy
hierarquia de hábitos / habit hierarchy
hierarquia de necessidades / hierarchy of needs
hierarquiologia / hierarchiology
hiperinflação / hyperinflation
hipermercado / hypermarket
hipoteca / mortgage; hypothecation
hipoteca judicial / judicial mortgage
hipoteca legal / legal mortgage
hipotecante / mortgagor
hipótese da estagnação secular de Hansen / Hansen's secular stagnation hypothesis
hipótese de nulidade / null hypothesis
hipótese Friedman-Savage / Friedman-Savage hypothesis

histeria de massa / mass hysteria
histograma / histogram
HMSO / HMSO
homem de organização / organization man
homem dos sete instrumentos / jack-of-all-trades
homem econômico / economic man
homem feral / feral man
homem-hora / man-hour
homem marginal / marginal man
homeostase / homeostasis
homicídio / manslaughter
homicídio culposo / murder in the second degree
homicídio doloso / murder in the first degree
Homo economicus / Homo economicus
homogeneidade / homogeneity
homogeneidade de produto / product homogeneity
homógrado / homograde
honorário / honorary
honorário de intermediário / finder's fee
honorários / fee
hora de máquina / machine hour
hora de parar / knocking-off time
hora de pico / peak time
hora fora de pico / off-peak time
horário / schedule
horário de verão / summertime
horário nobre / prime time
horas de expediente / office hours
horas de trabalho escalonadas / staggered working hours
horas de trabalho flexíveis / flexible working hours
horas extras / overtime
HOS / HOS
hundredweight (avoirdupois) / hundredweight (avoirdupois)
hundredweight (avoirdupois, brit.) / hundredweight (avoirdupois, British)

I

ianques / Yankees
idade cronológica / chronological age
idade mental / mental age
ideal / ideal
identidade / identity
identidade contábil / accounting identity
identidade de audiência / identity of audience
identidade de Say / Say's identity
identificação / identification
ideologia / ideology
igualação de periodicidade / matching
igualar / break-even
igual oportunidade de emprego / equal employment opportunity
ilha / island
iliquidez / iliquidity; nonspending
ilusão / illusion
ilusão monetária / money illusion
imagem / image
imagem corporativa / corporate image
imaginação aplicada / applied imagination
imigrante sem quota / nonquota immigrant
imóveis / real estate
imóvel industrial / industrial estate
impedância / impedance
imperfeições do mercado / market imperfections
imperialismo econômico / economic imperialism
implemento / implement
importação / import
importação paralela / parallel import
importador / importer
imposição de linha completa / full-line forcing
imposto aborrecido / nuisance tax
imposto ad valorem / ad valorem tax
imposto de bens pessoais / personal property tax
imposto de capitação / head tax; poll tax
imposto de capital / capital duty

imposto de circulação de mercadoria / turnover tax
imposto de compras / purchase tax
imposto de comutador / commuter tax
imposto de consumo / consumption tax; excise duty
imposto de doação / gift tax
imposto de efluentes / effluent charge
imposto de espólio / death tax; estate duty; estate tax
imposto de herança / inheritance tax
imposto de importação / import duty
imposto de indústria extrativa / severance tax
imposto de previdência social / payroll tax
imposto de processamento / processing tax
imposto de propriedade / property tax
imposto de renda / income tax
imposto de renda da pessoa física / personal income tax
imposto de renda de sociedade anônima / corporation income tax
imposto de transferência / transfer tax
imposto de transferência de capital / capital transfer tax
imposto de transmissão "causa mortis" / estate tax
imposto de uso / use tax
imposto de vendas / sales tax
imposto direto / direct tax
imposto do selo / stamp duty
imposto específico / specific tax
imposto fixo / lump sum tax
imposto geral de vendas / general sales tax
imposto graduado / graduated tax
imposto indireto / indirect tax
imposto municipal / rate
imposto oculto / hidden tax
imposto pessoal / personal tax
imposto progressivo / progressive tax
imposto regressivo / regressive tax
imposto retido na fonte / withholding tax
impostos a receber / taxes receivable

impostos municipais / rates
imposto sobre a renda bruta / gross income tax
imposto sobre lucro excessivo / excess profit tax
imposto sobre lucros / profits tax
imposto sobre lucros retidos / undistributed profits tax
imposto sobre luxo / luxury tax
imposto sobre o capital / capital levy
imposto sobre poluentes / emission tax
imposto sobre produtos industrializados / output tax
imposto sobre rendas eventuais / capital gains tax
imposto sobre riquezas / wealth tax
imposto sobre valor adicionado / value added tax
imposto único / single tax
imprensa local / local press
imprensa nacional / national press
imprescindível / must
impressão casada / married print
impressão excessiva / overmatter
impressão ultra-rápida / on-the-fly print
impresso de computador / hard copy
improcedência de ação / nonsuit
impróprio / loose
imputação / imputation
imunização / immunization
inadimplemento / default
inauguração / opening
incapacidade de longo prazo / long-term disability
incapaz / lame duck
incentivo / incentive
incentivo de vendas / sales incentive
incentivo fiscal / tax incentive
incentivo Halsey / Halsey incentive
incentivos à exportação / export incentives
incentivo salarial / wage incentive
incerteza / uncertainty
incidência tributária / tax incidence
inclinação negativa / negative slope
incluir / enclose
inclusive descarga / landed terms
inconfiável / fly-by-night
incongruência de fonte / source incongruity
incorporar / incorporate
Incotermos / Incoterms
incremental / incremental
incremento não ganho / unearned increment
incubação / incubation
incursão / raid
indagação de situação / status inquiry

indagação de vendas / sales inquiry
indenização / indemnity
indenização por danos / damages
indenização por demissão / severance pay; redundance payment; golden handshake
indenização por dispensa temporária / lay-off pay
indenizar / indemnify
independente / independent
indexação / indexation
índice de ações / share index
índice de atividade / activity rate
índice de comprovantes / voucher index
índice de contratação / hiring rate
índice de estabilidade de mão-de-obra / labor stability index
índice de Laspeyres / Laspeyres index
índice de leitura / readership
índice de mortalidade / mortality rate
índice de natalidade / natality rate
índice de Paasche / Paasche index
Índice de Preço de Varejo / Retail Price Index
índice de preços / price index
Índice de Produção da Reserva Federal / Federal Reserve Production Index
índice de vendas / rate of turnover
índice do custo variável / variable-cost ratio
índice Dow Jones / Dow Jones index
índice ideal de Fisher / Fisher's ideal index
índice Nielsen / Nielsen index
índice quantitativo / quantity index
índices / subscripts
índices contábeis / accounting ratios
índices do círculo vermelho / red circles rates
índices financeiros / financial ratios
indiciado / indicted
individualismo / individualism
individualista / individualist
indivisibilidade / indivisibility
indução / induction
indústria / industry
indústria anã / dwarf industry
indústria caseira / cottage industry; household industry
indústria-chave / key industry
indústria de processo / process industry
indústria de serviços / service industry
indústria de vila / village industry
indústria diminuta / undersized industry
indústria extrativa / extractive industry
indústria incipiente / infant industry
indústria não manufatureira / nonmanufacturing industry
indústria nascente / infant industry

indústria pesada/heavy industry
indústria rural/rural industry
indústria saturada/saturated industry
indústria sensível/sensitive industry
indústrias nacionalizadas/nationalized industries
indústria tradicional/traditional industry
ineficiência alocativa/allocative inefficiency
ineficiência X/X-inefficiency
inexistente/nugatory
inferência/inference
inferência estatística/statistical inference
inflação/inflation
inflação da demanda/demand-pull inflation
inflação de custo/cost-push inflation
inflação descontrolada/runaway inflation
inflação estrutural/structural inflation
inflação galopante/galloping inflation
inflação insidiosa/creeping inflation
inflação monetária/monetary inflation
inflação rastejante/creeping inflation
inflação reprimida/repressed inflation; supressed inflation
inflação salarial/wage inflation; wage-push inflation
influência/influence
influenciadores/influentials
influência indevida/undue influence
informação de marketing/marketing information
informação de mercado/market information
informação na fonte/information at source
informação sobre universo/sampling frame
informação útil/tip
infração/malfeasance
infra-estrutura/infrastructure
inibição/inhibition
inibição retroativa/retroactive inhibition
injeção/injection
inovação/innovation
inovação neutra/neutral innovation
inovador/innovator
inquilino/leaseholder
inserção/insert
insistência por marca/brand insistence
insolvência/insolvency
insolvência real/actual insolvency
insolvência técnica/technical insolvency
instalações de emergência/emergency facilities
institucionalização/institutionalization
instituição de merchandising/merchandising institution
instrução/instruction

instrução específica/briefing
instrução linear programada/linear programmed instruction
instrução programada/programmed instruction
instrumento/instrument
instrumento financeiro/financial instrument
instrumentos negociáveis/negotiable instruments
instrutor/instructor
insuficiência de empregados/undermanning
insumo/input
insumo fixo/fixed input
integração/linkage
integração à frente/forward integration
integração horizontal/horizontal integration
integração lateral/lateral integration
integração retrógrada/backward integration
integração vertical/vertical integration
integrar/integrate
inteligência artificial/artificial intelligence
inteligência cristalizada/crystalized intelligence
inteligência de mercado/market intelligence
inteligência fluida/fluid intelligence
intensivo de capital/capital-intensive
intensivo de mão-de-obra/labor-intensive
interação/interaction
inter alia/inter alia
intercalação/collation
intercâmbio de ações/splitoff
interdito/injunction
interesse adquirido/vested interest
interesse minoritário/minority interest
interface/interface
interface de canal/channel interface
interferência oficiosa/maintenance
intermediário/finder; middleman
intermediário financeiro/financial intermediary
intermediário funcional/functional intermediate; functional middleman
internalização/internalization
interpretação seletiva/selective interpretation
interrupção/break
interrupção natural/natural break
interruptor/switch
intervalo em reunião/adjourn
intervalo para o café/coffee break
intestado/intestate
intimação/order; summons; writ
intimação de testemunha/subpoena
intimação por má administração/misfeasance summons

intragrupo / in-group
intuição / intuition
inválido / nugatory
inventário / inventory
inventário de administração / management inventory
inventário de habilidades / skill inventory
inversão de papel / role reversal
investidor-institucional / institutional investor
investigação compulsória / compulsory investigation
investigação promocional / cold canvassing
investimento autônomo / autonomous investment
investimento bruto / gross investment
investimento de capital / capital investment
investimento de curto prazo / short-term investment
investimento de longo prazo / long-term investment
investimento em carteira de valores / portfolio investment
investimento estrangeiro / foreign investment
investimento induzido / induced investment
investimento líquido / net investment
investimento permanente / permanent investment
investimento real / real investment
investimentos de comércio / trade investments
investimento sem prazo de liquidação / non-liquidating investment
investimento temporário / temporary investment
invisíveis / invisibles
IOE / EEO
irradiação externa / outside broadcast
irrecobrável / nonrecourse basis
isenção de direitos aduaneiros / bill of sufferance
isenção de sobreestadia / lay day
isenção tributária ou fiscal / tax exemption
isocusto / isocost
isodispêndio / isoexpenditure
isoquanta / isoquant
item não par / nonpar item
item postal / mailing piece
Ivy League (Liga da Hera) / Ivy League

J

já pronto / ready made
jarda / yard
jarda quadrada / square yard
jingle / jingle
jobber / jobber
Job-Flo / Job-Flo
jogar / gamble
jogar na baixa / sell short
jogo / game
jogo de marketing / marketing game
jogo de soma zero / zero-sum game
jogo estocástico / stochastic game
jogo operacional / operational game
jogos de administração / management games
jogos de empresa / business games
jornada / journey
juiz / referee
juiz esportivo / referee
julgamento de valor / value judgement

junta / board
junta de seleção / selection board
júri de consumidores / consumer jury
jurisdição conflitante / overlapping jurisdiction
juro / interest
juro bruto / gross interest
juro composto / compound interest
juro imputado / imputed interest
juros acumulados / accrued interest
juro simples / simple interest
jus sanguinis / jus sanguinis
jus soli / jus soli
justiça natural / natural justice
justificação / recitals
justificar / justify
justo / fair
justo comércio / fair trade
justo preço / just price

K

KD / KD
keynesiano / Keynesian
kit / kit

Kiwanis / Kiwanis
know-how / know-how

L

laço / loop
laissez-faire / laissez-faire
lançamento contábil / posting
lançamento corretivo / adjusting entry
lançamento de ações / floatation
lançamento inicial / opening entry
lançamentos de fechamento / closing entries
lançar / float
lance de moeda / matching
lance em papel / paper bid
lance excessivo / overbid
lance lacrado / sealed bid
lance mais alto / outbid
lance para aquisição / takeover bid
lanchonete / quick and dirty
lapidário / lapidary
lapso de memória / memory lapse
LASH / LASH
lastro / last; ballast; reserves
lateralidade / laterality
laudo arbitral / adjudication
lavagem cerebral / brainwashing
lavanderia automática / laundromat
l.d.e. / l.o.b.
lealdade à marca / brand loyalty
lealdade do consumidor / consumer loyalty
lease / lease
legado / devise; legacy
legal / legal; legit
legalidade / legality
legalismo / legalism
legalizar / legalize
legatário / devisee; legatee
legatário residual / residuary legatee
legenda / caption; legend
legítima dos herdeiros / legitim
legitimidade / legitimacy
legítimo / legitimate
légua marítima / marine league
légua (terrestre) / league (land)
lei / law; statute
lei anticadeias / antichain law

Lei Antitruste Clayton / Clayton Antitrust Act
leiaute / layout
leiaute de produto / product layout
Lei Chandler / Chandler Act
lei comercial / mercantile law
Lei da Caducidade / Statute of Limitations
lei da demanda decrescente / law of decreasing demand; law of diminishing demand
lei da demanda e da oferta / law of demand and supply
lei da mordaça / gag law
Lei da Reforma Trabalhista de 1959 / Labor-Reform Act of 1959
lei da regularidade estatística / law of statistic regularity
lei da situação / law of the situation
lei das proporções variáveis / law of variable proportions
lei da utilidade marginal decrescente / law of diminishing marginal utility
lei da vantagem comparativa / law of comparative advantage
Lei de Discriminação à Gravidez / Pregnancy Discrimination Act
Lei de Discriminação Etária em Emprego de 1967 / Age Discrimination in Employment Act of 1967
lei de Engel / Engel's law
lei de ferro da oligarquia / iron law of oligarchy
lei de Gresham / Gresham's law
Lei de Justo Comércio / Fair Trade Act
Lei de Justo Comércio de 1973 / Fair Trading Act 1973
Lei de Justos Padrões de Trabalho / Fair Labor Standards Act
Lei de Murphy / Murphy's law
lei de Pareto / Pareto's law
lei de Parkinson / Parkinson's law
lei de patentes / patent law

Lei de Pleno Emprego/Full Employment Act
Lei de Previdência Social/Social Security Act
Lei de Reabilitação/Rehabilitation Act
Lei de Tarifas Hawley-Smoot/Hawley-Smoot Tariff Act
lei de von Thünen/von Thünen's law
lei de Walras/Walras's law
lei do contrato/law of contract
lei do efeito/law of effect
Lei do Emprego Local de 1960/Local Employment Act of 1960
lei do juro real/truth-in-lending law
lei dos desejos saciados/satiable wants law
Lei dos Direitos Civis de 1964/Civil Rights Act of 1964
lei dos grandes números/law of large numbers
lei dos mercados/law of markets
lei dos rendimentos decrescentes/law of diminishing returns
Lei Federal de Contribuição para Seguro/Federal Insurance Contribution Act
Lei Landrum-Griffin/Landrum-Griffin Act
leilão/auction; under hammer
leilão fraudulento/mock auction
leilão holandês/Dutch auction
leilão público/vendue
Lei Leeman de 1867/Leeman's Act of 1867
Lei Miller-Tydings/Miller-Tydings Act
Lei Nacional de Relações Trabalhistas/National Labor Relations Act
lei não escrita/unwritten law
Lei Norris-LaGuardia/Norris-LaGuardia Act
Lei Obreiro-Patronal de Relato e Divulgação/Labor-Management Reporting and Disclosure Act
lei orçamentária/appropriation act
lei orgânica/organic act
lei protetora de investidores/blue sky law
lei psicológica de Keynes/Keynes psychological law
leis antitruste/antitrust laws
Lei Taft-Hartley/Taft-Hartley Act
Lei Tarifária Smoot-Hawley/Smoot-Hawley Tariff Act
leitora de caractere óptico/optical character reader
leitora de cartão/card reader
lei trabalhista/labor law
leitura da maior parte/read most
leitura múltipla/multiple readership
leitura primária/primary readership
leitura secundária/secondary readership
Lei Wagner/Wagner Act
Lei Walsh-Healey/Walsh-Healey Act
Lei Webb-Pomerane/Webb-Pomerane Act
lema/slogan
lembrança seletiva/selective retention
letra de câmbio/bill of exchange
letra morta/dead letter
letra do Tesouro/Treasure bill
letras minúsculas/lower case
levantamento/survey
levantamento de amostras/sample survey
levantamento de atitude/attitude survey
levantamento de capital/floatation
levantamento de clientes múltiplos/multi-client survey
levantamento de moral/morale survey
levantamentos de salários e ordenados/wage and salary surveys
lex mercatoria/lex mercatoria
libelista/libeler
liberal/liberal
liberalismo econômico/economic liberalism
liberdade de associação/freedom of association
liberdade de contrato/freedom of contract
liberdade de entrada/freedom of entry
liberdade de escolha/freedom of choice
liberdade para comprar/open to buy
libra (avoirdupois)/pound (avoirdupois)
libra (farmacêuticos)/pound (apothecaries)
libra (Troy)/pound (Troy)
libré/livery
licença/franchise; license
licença de exportação/export license
licença de importação/import license
licença geral aberta/open general license
licenciado/licensee
licenciador/franchiser; licensor
licenciamento/licensing
lícito/licit
líder/leader
liderança/leadership
liderança carismática/charismatic leadership
liderança de preços/price leadership
líder barométrico de preços/barometric price leader
líder de marca/brand leader
líder de mercado/market leader
líder de opinião/opinion leader
líder de preço/price leader
líder de preço dominante/dominant price leader
limiar/threshold
limiar absoluto/absolute threshold

limiar de estresse / stress threshold
limiar diferencial / differential threshold
limitação de autoridade / authoritative constraint
Limitada / Limited
Limitada e Reduzida / Limited and Reduced
limite / limit
limite de ação / action limit
limite de crédito / credit limit
limite de tempo para ação judicial / limitation of action
limites de preço / price limits
limites de tolerância / tolerance limits
limite tributário / tax limit
linear / linear
lingote / ingot
linguagem algorítmica / algorithmic language
linguagem artificial / artificial language
linguagem comum de orientação comercial / common business oriented language
linguagem de máquina / machine language
linguagem do corpo / body language
linha / line
linha de comando / line of command
linha de conexão / edge
linha de crédito / credit line
linha de cumeeira / ridge line
linha de desembolso / outlay line
linha de equilíbrio / line of balance
linha de equilíbrio de rede / line-of-balance network
linha de flutuação / load line
linha de mínimos quadrados / least squares line
linha de montagem / assembly line
linha de pobreza / poverty line
linha de possibilidade de consumo / consumption possibility line
linha de preço / price line
linha de preço-renda / price-income line
linha de produção / production line
linha de produto / product line
linha de regressão / regression line
linha de restrição orçamentária / budget restraint line
linha do dispêndio / expenditure line
linha do orçamento / budget line
linhagem / lineage
linha Plimsoll / Plimsoll line
linha viúva / widow line
liquidação / close out; liquidation; winding up
liquidação voluntária / voluntary liquidation
liquidante / liquidator
liquidar / liquidate

liquidez / liquidity; marketability
líquido / net
lista / list
lista de embalagem / packing list
lista de endereços / mailing list
listagem de computador / printout
lista livre / free list
lista negra / blacklist
listar / list
listas fechadas / lists closed
literatura de vendas / sales literature
litigante / litigant
litigar / litigate
litigável / litigable
litígio / litigation
litigioso / litigious
litro / liter
livre / loose
livre associação / free association
livre comércio / free trade
livre concorrência / free competition
livre de direitos / duty-free
livre mercado / free market
livre movimentação da mão-de-obra / free movement of labor
livro azul / blue book
livro branco / white paper
livro de atas / minute book
livro de consulta / reference book
livro verde / green paper
Lloyd's / Lloyd's
lobby / lobby
lobbyismo / lobbyism
locação / location
local / locus
localização / location
localização da indústria / location of industry
localizador / locator
locatário / tenant
lockout / lockout
locus / locus
locus penitentiae / locus penitentiae
lógica / logic
logística / logistics
logo / logo
logotipo / logotype
logro / graft
loja / outlet
loja C / C-store
loja de armarinho / haberdashery
loja de conveniência / convenience store
loja de departamentos / department store
loja de linha limitada / limited line store
loja do sistema truck / tommy shop
loja livre de direitos / cuty-free shop

loja especializada / single-line store
loja móvel / mobile shop
lojas de mercadoria geral / general merchandise stores
lojas em cadeia / chain stores
lojas múltiplas / multiple shops
Lombard Street / Lombard Street
longo prazo / long run; long term
lote / batch; lot
lote completo / round lot
lote de tamanho econômico / economic lot size
lote fracionado / odd lot
lote redondo / even lot
lucro / profit
lucro acumulado / earned surplus
lucro bruto / gross profit; trading profit
lucro de vendas / net profit on sales
lucro a longo prazo / lock-up
lucro eventual / perquisite
lucro direto / direct profit
lucro líquido / net profit
lucro no papel / paper profit
lucro normal / normal profit
lucro operacional / operating profit
lucro realizado / realized profit
lucros / earnings
lucros de monopólio / monopoly profits
lucros excessivos / super-profits
lucros não distribuídos / undistributed profits
lucros retidos / retained earnings
ludditas / Luddites
lugar / locus
luvas / key money

M

mabiocêntrico / mabiocentric
macroeconomia / macroeconomics
macromarketing / macromarketing
macroprevisão / macroforecasting
Madison Avenue / Madison Avenue
má fé / bad faith
magazine / magazine
magnata / magnate
main frame / main frame
mais / plus
mais cedo de evento / earliest event time
mais cedo de final / earliest finish time
mais cedo de início / earliest start time
mais otimista / most optimistic
mais pessimista / most pessimistic
mais provável / most likely
mais-valia / plus value; surplus value
mala direta / direct mail
mala direta única / mailing shot
malfunção / malfunction
mandado / mandate
mandado de penhora / writ of attachment
mandado de segurança / injunction; mandamus; writ of mandamus
mandado judicial / writ
mandato conjunto / joint tenure
mania passageira / fad
manifesto / manifest
manipular / manipulate
manobra cambial / commodity shunting
mantissa / mantissa
manual / manual
manual de greve / strike manual
manufatura / manufacture
manufatura padronizada / standard manufacture
manufatura por encomenda / custom manufacture
manuscrito / manuscript
manuseio de materiais / materials handling
manutenção / maintenance

manutenção de afiliação / maintenance of membership
manutenção de preço de revenda / resale price maintenance
mão-de-obra / labor
mão-de-obra circulante / floating labor
mão-de-obra direta / direct labor
mão-de-obra flutuante / floating labor
mão-de-obra improdutiva / nonproductive labor
mão-de-obra indireta / indirect labor
mão-de-obra organizada / organized labor
mão invisível / invisible hand
mão-morta / mortmain
mapa de deserto e oásis / desert-and-oasis map
mapa de indiferença / indifference map
máquina / machine
máquina calculadora / accounting machine
máquina contábil elétrica / electrical accounting machine
Máquina Contadora Automática / Automatic Teller Machine
máquina de ensinar / teaching machine
máquina de vender / vending machine
máquina-ferramenta / machine tool
maquinaria / machinery
maquinista / machinist
marca / brand
marcação de nomes / marking names
marcações / markings
marca comparativa / benchmark
marca da casa / house mark
marca de família / family brand
marca de pureza / hallmark
marca de referência / benchmark
marca estabelecida / established brand
marca nacional / national brand
marca nominal / brand name
marca privada / private brand
marca própria / own brand
marca registrada / trade-mark; hallmark

marcas múltiplas / multiple branding
marcha / time series
marco / flag; milestone
margem / margin
margem bruta / gross margin
margem de contribuição / contribution margin
margem de depreciação / writing-down allowance
margem de lucro / markup; markon; profit margin; spread
margem de lucro líquido / net profit margin
margem de segurança / safety margin
margem extensiva / extensive margin
margem fiscal para investimento de capital / capital allowance
margem intensiva / intensive margin
margem pessoal / personal allowance
margem promocional / promotional allowance
marginal / marginal
marketing / marketing
marketing concentrado / concentrated marketing
marketing cooperativo / cooperative marketing
marketing de teste / test marketing
marketing diferenciado / differential marketing
marketing indiferenciado / indifferentiated marketing
marketing vertical / vertical marketing
markup / markup
máscara / mask
mascate / peddler; huckster
mascatear / peddle
massa / mass
matar / kill
matéria / matter
materiais intermediários / fabricated materials
material de embalagem / packing
material direto / direct material
material fora do padrão / nonstandard material
material indireto / indirect material
material rolante / rolling stock
matéria-prima / raw material
matiz / hue
matrimônio grupal / group marriage
matrimônio neolocal / neolocal marriage
matriz / head office; headquarters; main office; parent company; matrix
matriz de compensação / payoff matrix
matriz de pagamento / payoff matrix

máxima boa fé / utmost good faith
maximando / maximand
maximax / maximax
maximin / maximin
maximização de receita de vendas / sales revenue maximization
maximizar / maximize
MCA / ATM
mecanismo de mercado / market mechanism
mecanismo indireto de mudança de preço / indirect mechanism of price change
média / average; mean
média aritmética / arithmetic average
mediação / mediation
média harmônica / harmonic mean
média móvel / moving average
mediana / median
média ponderada / weighted average; weighted mean
média quadrática / quadratic mean
mediar / mediate
medicamento ético / prescription drug
medicamento patenteado / patent medicine
medição de estoque / stocktaking
medida / measure
medida cautelar / provisional remedy
medida de tendência central / measure of central tendency
medida para madeira / cord
mediums / mediums
meio / medium
meio de troca / medium of exchange
meios-fins / means-ends
melhoria da terra / reclaim
melhoria de situação ou grau / upgrade
melhor qualidade / premium
melhor situação / better off
memorando de associação / memorandum of association
memorando de quitação / memorandum of satisfaction
memória / memory
menor / minor
mensagem / message
mensuração de métodos-tempo / methods-time measurement
mensuração do trabalho / work measurement
mentor / mentor
mercadização / marketing
mercadização mais cara / upmarket
mercadizador / marketer; merchandiser
mercadizável / marketable
mercado / market
mercado aberto / open market
mercado-alvo / target market

mercado a termo / forward market; futures; futures market
mercado à vista / cash market; spot market
mercado cativo / captive market
mercado cinzento / gray market
mercado competitivo / competitive market
mercado comum / common market
Mercado Comum Centro-americano / Central American Common Market
mercado de balcão / over-the-counter
mercado de câmbio / foreign-exchange market
mercado de compradores / buyer's market
mercado de consumo / consumer market
mercado de fatores / factor market
mercado de produto / product market
mercado de trabalho / labor market
mercado de vendedores / seller's market
mercado discrepante / discrepant market
mercado do ouro / gold market
mercado em alta / bull market
mercado em baixa / bear market
mercado estreito / narrow market
mercado financeiro / finance market
mercado físico / physical market
mercado heterogêneo / heterogeneous market
mercado imperfeito / imperfect market
mercado industrial / industrial market
mercado interno / home market
mercado limitado / limited market
mercadologia / marketing
mercado monetário / money market
mercado negro / black market
mercado organizado / organized market
mercado paralelo / gray market; over-the-counter market
mercado perfeitamente competitivo / perfectly competitive market
mercado perfeito / perfect market
mercadoria / commodity; merchandise
mercadoria de demanda constante / staple
mercadoria de liquidação rápida / distress merchandise
mercadoria geral / general merchandise
mercadoria-isca / loss leader
mercadorias rivais / rival commodities
mercado secundário / secondary market
mercado sensível / sensitive market
mercados terminais / terminal markets
mercado vertical / vertical market
mercantilismo / mercantilism
mercantilista / mercantilist
merchandising / merchandising
meritocracia / meritocracy
mesário eleitoral / poll watcher

mês presente / instant
mestre / master
meta / goal
metal precioso / bullion
metamarketing / meta marketing
método ABC / ABC method
método da escolha forçada / forced choice method
método da linha reta / straight-line method
método da livre resposta / free response method
método das partes progressivas / progressive-part method
método da tarefa / task method
método de anuidade / annuity method
método de categorização / ranking method
método de comparação de fatores / factor comparison method
método de revisão em campo / field review method
método de trabalho / job method
método diário / diary method
Método do Caminho Crítico / Critical Path Method
método dos mínimos quadrados / method of the least squares
método húngaro / Hungarian method
método König / König method
metodologia / methodology
método Monte Carlo / Monte Carlo method
método simplex / simplex method
metrificação / metrication
metro / meter
metro cúbico / cubic meter
metroplex / metroplex
metro quadrado / square meter
MG / GM
microcomputador / microcomputer
microcópia / microcopy
microeconomia / microeconomics
micro ficha / micro fiche
micromarketing / micromarketing
micrômetro / micrometer
mídia / media
mídia de massa / mass media
migração / migration
migração industrial / industrial migration
migrante / migrant
milésimo de polegada / mil
milha (agrimensores) / mile (surveyors)
milha (engenheiros) / mile (engineers)
milha náutica internacional / international nautical mile
milha quadrada (agrimensores) / square mile (surveyors)

milha terrestre / mile (statute)
miligrama / milligram
mililitro / milliliter
milímetro / millimeter
milímetro quadrado / square millimeter
mina a céu aberto / quarry
miniaturização / miniaturization
minicomputador / minicomputer
minim (farmacêuticos) / minim (apothecaries)
minimando / minimand
minimarketing / minimarketing
minimax / minimax
minimercado / superette
minimil / minimil
minutas / minutes
miopia / myopia
mira / aim
miriagrama / myriagram
miriâmetro / myriameter
missão comercial / trade mission
mitigação de danos / mitigation of damages
Mitre Corporation / Mitre Corporation
miudezas / sundries
mobilidade / mobility
mobilidade da mão-de-obra / job mobility; labor mobility; mobility of labor
mobilidade de fatores / factor mobility
mobilidade horizontal / horizontal mobility
mobilidade social / social mobility
mobilidade vertical da mão-de-obra / vertical mobility of labor
mock-up / mock-up
moda / fashion; mode
modelagem / modeling
modelo / model
modelo agregativo / aggregative model
modelo Delphi / Delphi model
modelo de plena escala / mock-up
modelo de um setor / one sector model
modelo econômico / economic model
modelo estocástico / stochastic model
modelo Hecksher-Ohlin / Hecksher-Ohlin model
modelo ingênuo / naïve model
modelo Leontief / Leontief model
modelo sanduíche / sandwich model
modelos competitivos / competitive models
modificação de comportamento / behavior modification
módulo / module
moeda / money
moeda administrada / managed currency
moeda barata / cheap money
moeda cara / dear money

moeda corrente / currency
moeda de conta / money of account; unit of account
moeda de curso forçado / legal tender
moeda de reserva / reserve currency
moeda difícil / tight money
moeda divisionária / fractional money
moeda em circulação / money in circulation
moeda estrangeira / foreign exchange
moeda fácil / easy money
moeda fiat / fiat currency; fiat money
moeda fiduciária / fiduciary money
moeda forte / hard currency
moeda fraca / soft currency
moeda fracionária / minor coin
moeda inconversível / soft currency
moeda livre / free currency
moeda metálica / specie
moeda ociosa / idle money
moeda-padrão / standard coin
moeda-papel / paper money
moeda quente / hot money
moeda subvalorizada / undervalued currency
moinho / mill
monádico / monadic
monetarismo / monetarism
monetarista / monetarist
monetização de dívida / monetization of debt
monitorar / monitor
monometalismo / monometallism
monopólio / monopoly
monopólio absoluto / absolute monopoly
monopólio bilateral / bilateral monopoly
monopólio natural / natural monopoly
monopólio puro / pure monopoly
monopolista / monopolist
monopsônio / monopsony
monotônico / monotonic
montagem / montage
montagem preliminar / rough out
moradia / tenement
moratória / moratorium
mores / mores
motivação / motivation
motivação inconsciente / unconscious motivation
motivador / motivator
motivar / motivate
motivo / motive
motivo especulativo / speculative motive
motivo precautório / precautionary motive
motivo transacional / transactional motive
movimento de vendas / turnover
movimento dos olhos / eye movements
mudança / change

mudança de oferta/switch
mudança líquida/net change
mudança organizacional/organizational change
mudança tecnológica/technological change
muletas/crutches
multa/fine
multicolinearidade/multicollinearity
multilateralismo/multilateralism
multinacional/multinational
multiplexor/multiplexor
multiplicador/multiplier
multiplicador de exportação/export multiplier
multiplicador keynesiano/Keynesian multiplier
multiprocessamento/multiprocessing
multiprogramação/multiprogramming
multissindicalização/multi unionism
municipal/municipal
municipalidade/county
mutualidade/mutuality
mutuamente excludente/mutually exclusive
mutuário/unitholder
mútuo/mutual

N

na abertura / at the opening
na apresentação / on demand
nação / nation
nação em desenvolvimento / developing nation
nação mais favorecida / most favored nation
nação subdesenvolvida / underdeveloped nation
nacional / national
nacionalização / nationalization
nacionalizar / nationalize
naderismo / Naderism
nanômetro / nanometer
não abreviado / unabridged
não declarar um dividendo / pass a dividend
não empregado / nonemployed
não execução / nonfeasance
não imigrante / nonimmigrant
não intervenção / hands off
não liquidado / outstanding
não negociável / not negotiable
não loja / nonstore
não sindicalismo / nonunionism
não sindicalizado / unorganized
na prateleira / on the shelf
narração / narration
nativismo / nativism
naturalização / naturalization
navio de carga / merchantman
navio de linha irregular / tramp
navio de linha regular / liner
navio graneleiro / bulk carrier
necessidade / need
necessidade de realização / achievement need; need of achievement
necessidades / necessities
necessidades de estima / esteem needs
necessidades de status / status needs
negligência / negligence
negligência comum / ordinary negligence
negligência por descaso / gross negligence
negociação coletiva / collective bargaining

negociação de produtividade / productivity bargaining
negociação distributiva / distributive bargaining
negociação local / local bargaining
negociação padronizada / pattern bargaining
negociação superficial / surface bargaining
negociante / dealer
negociante astuto / wheeler-dealer
negociante atacadista / merchant wholesaler
negociante licenciado / licensed dealer
negociar / negotiate
negociável / negotiable
negócio / deal
negócio normal / stock-in-trade
negócios por baixo da mesa / side deals
negrito / bold face
neomalthusianismo / neo-Malthusianism
nepotismo / nepotism
neutralidade ética / ethical neutrality
ninharia / chicken feed
ninho cheio / full nest
ninho vazio / empty nest
níquel / nickel
nível de aspiração / level of aspiration
nível de estoque / stock level
nível de qualidade aceitável / acceptable quality level
nível de subsistência / subsistence level
nível médio de qualidade / average outgoing quality level
nível natural de desemprego / natural level of unemployment
nó / node
no ar / on the air
nó de chance / chance node
nó de escolha / choice node
no estado / as is
no fechamento / at the close; on close
noção / notion
nolle prosequi / nolle prosequi
nolo contendere / nolo contendere

nomeação de síndico / receiving order
nomeado / nominee
nome comercial / trade name
nome do jogo / name of the game
nome genérico / generic name
nominal / nominal
non prosequitur / non prosequitur
norma / norm
norma de grupo / group norm
norma etária / age norm
normas de evasão / norms of evasion
normativo / normative
nosso grupo / in-group
nostro account / nostro account
nota / bill; note
nota a curto prazo / short bill
nota de embalagem / packing note
nota de embarque / shipped bill
nota de entrega / delivery note; waybill
nota fiscal / invoice

nota promissória / note of hand; promissory note
notação binária / binary notation
notícia de boca em boca / word-of-mouth
nova alta / new high
novação / novation
nova emissão / new issue
Nova Ordem / New Deal
novela seriada / soap opera
novos entrantes / new entrants
nulo / void
nulo e sem direitos / null and void
numéraire / numéraire
número de linhas / linage
número de precisão unitária / single-precision number
número do trabalho / job number
número índice / index number
número ordinal / ordinal number
números aleatórios / random numbers
números randômicos / random numbers

O

objetividade / objectivity
objetivos / objectives
objetos pessoais / personal effects
obra completa / turn-key
obras públicas / public works
obrigação / bond; obligation
obrigação a pagar / liability
obrigação ao portador / bearer bond
obrigação de longo prazo / long-term bond
obrigação garantida / guaranteed bond
obrigação opcional / optional bond
obrigação pagável à vista / sight bill
obrigação seriada / serial bond
obrigacionista / bondholder
obrigações de longo prazo / mediums
obrigações de pouco valor / baby bonds
obrigações do governo / government bonds
obrigações isentas de imposto / tax exempt bonds
obrigações negociáveis do governo / government securities
obrigações perpétuas / perpetual bonds
obrigar / oblige
obrigatório / binding; mandatory
observação / observation
observação aleatória / random observation
observação natural / natural observation
obsolescência / obsolescence
obsolescência automática / built-in obsolescence
obsolescência planejada / planned obsolescence
obsolescente / obsolescent
OCDE / OCDE
ocupação / occupancy; occupation
ocupação vocacional / vocation
ocupacional / occupational
OEA / OAS
oferta / supply
oferta conjunta / joint supply
oferta de conjunto de produtos / joint product offer

oferta de mercado / market supply
oferta de moeda / money supply
oferta de troca / trade-in offer
oferta elástica / elastic supply
oferta fixa / fixed supply
oferta flexível / flexible supply
oferta inelástica / inelastic supply
oferta pública / public offer
ofertas extra-preço / non-price offerings
oficial / officer
oficial de registro / register
oficial de serviço público / official
oficina / machine shop
oficina artesanal / artisan workshop
oficina empreiteira / job shop
ofício / office
ogiva / ogive
OIT / ILO
oitavo de milha / furlong
oitavo de milha (agrimensores) / furlong (surveyors)
oleoduto / pipeline
oligarquia / oligarchy
oligopólio / oligopoly
oligopsônio / oligopsony
ombudsman / ombudsman
omissão fiscal / tax loophole
onça (avoirdupois) / ounce (avoirdupois)
onça (farmacêuticos) / ounce (apothecaries)
onça (Troy) / ounce (Troy)
onça fluida (farmacêuticos) / fluid ounce (apothecaries)
ônibus / omnibus
ONU / UN
ônus / burden; encumbrance
ônus da prova / burden of proof
opção / option
opção de ações / share option
opção de compra / call
opção de venda futura / option forward
opção do vendedor / seller's option
opção municipal / local option

op. cit. / op. cit.
OPEP / OPEC
operação / operation
operação a termo / put
operação de troca / switching
operações / operations
operador / operator
operando / operand
operário / production worker
operativo / operative
oportunidade de ver / opportunity to see
Oracle / Oracle
orçamento / budget
orçamento administrativo / administrative budget
orçamento contínuo / moving budget
orçamento de capital / capital budgeting
orçamento de capital fixo / capital budget
orçamento de mídia / media budget
orçamento de vendas / sales budget
orçamento equilibrado / balanced budget
orçamento flexível / flexible budget
orçamento-mestre / master budget
orçamento operacional / operating budget
orçamento para tarefa / task budgeting
orçamento variável / variable budget
ordem / order
ordem aberta / open order
ordem de compra / purchase order
ordem de execução / letter of hypothecation
ordem de mercado / market order
ordem de pagamento / banker's order; money order
ordem de pagamento postal / postal order
ordem de serviço / job order
ordem generalizada / generalized order
ordem imediata / immediate order
ordenada / ordinate
ordenado / salary
ordenado líquido / take-home pay
organização / organization; outfit
Organização das Nações Unidas para Alimentos e Agricultura / Food and Drug Organization of United Nations
organização de empreendimento / venture organization
organização de linha / line organization
organização de linha e assessoria / line and staff organization
organização de projeto / project organization
organização de unidades múltiplas / multi-unit organization
Organização das Nações Unidas / United Nations
Organização dos Estados Americanos / Organization of American States
Organização dos Países Prod. de Petróleo / Organization of Petroleum Exporting Countries
Organização do Tratado do Atlântico Norte / North Atlantic Treaty Organization
organização e métodos / organization and methods
organização em comitê / committee organization
organização formal / formal organization
organização funcional / functional organization
organização funcional de Taylor / Taylor's functional organization
organização informal / informal organization
Organização Internacional do Trabalho / International Labor Organization
Organização para Cooperação e Desenvolvimento Econômico / Organization for Economic Cooperation and Development
organizar / organize
organograma / organization chart
orientação / guidance
orientação de administração / management guide
orientação de marketing / marketing orientation
orientação ocupacional / occupational guidance
origem / origin
OTAN / NATO
otimização / optimization
otimização de Lagrange / Lagrangian optimization
ótimo / optimum
ótimo de Pareto / Pareto's optimum
ouro-papel / paper-gold
outras deduções / other deductions
outras obrigações / other liabilities
outro generalizado / generalized other
outros ativos / other assets
outros significantes / significant others

P

pacote / pack; package; parcel
pacote de acordo / package deal
pacote de turismo / tourism package
pacote múltiplo / multi pack
PAD / ADP
padrão / standard
padrão de câmbio-ouro / gold-exchange standard
Padrão de Classificação Industrial / Standard Industrial Classification
padrão de desempenho / performance standard
padrão de medida / yardstick
padrão de vida / standard of living
padrão-ouro / gold standard
padrinho de produto / product champion
padrões de desempenho no cargo / job performance standards
padronização / standardization
pagamento / pay; payment; payoff; fee
pagamento à vista sem desconto / net cash
pagamento antes da entrega / cash before delivery
pagamento antiaquisição / greenmail
pagamento compensatório / fall-back pay
pagamento de bem-estar público / public welfare payment
pagamento de compensação / make-up pay
pagamento de contas via bancária / bank giro
pagamento de fator / factor payment
pagamento de favor / ex gratia payment
pagamento em espécie / payment in kind
pagamento igual / equal pay
pagamento julgado justo / felt-fair pay
pagamento no vencimento / payment in due course
pagamento parcial / partial payment
pagamento por conta / payment on account
pagamento por mérito / merit payment
pagamento por plantão / standby pay
pagamento por presença / reporting pay

pagamento por relógio de ponto / portal to portal pay
pagamento por resultados / payment by results; pay by results
pagamento residual / residual payment
pagamentos de transferência / transfer payments
pagamentos parcelados / progress payments
pagável à ordem / payable to order
pagável ao portador / payable to the bearer
página externa / back cover
pago / paid-in
pague à medida que ganha / pay-as-you earn
painel / panel
painel de consumo / consumer panel
painel de controle / control panel
painel de julgamento / judgement sample
País da Nacionalidade / Founding Fathers
país produtor primário / primary producing country
paisagem / landscape
pajem / baby-sitter
palavras carregadas / loaded words
paleta / pallet
paleta rodomarítima / Lancashire flat
paletização / palletization
panfleto / pamphlet
pânico / panic
papagaio / kite
papéis comerciais / commercial papers
papéis negociáveis / securities
papel / role
papel aberto / open role
papel adquirido / achieved role
papel de jornal / newsprint
papel desempenhado / enacted role
papel fechado / closed role
papel negociável / mercantile paper
papel ocupacional / occupational role
papel pautado oficial / legal cap
papel prescrito / prescribed role

papel subjetivo / subjective role
par / peer
parábola / parabola
paradoxo da abundância / paradox of plenty
paradoxo de Giffen / Giffen paradox
paradoxo do valor / value paradox
paráfrase / paraphrase
parágrafo / paragraph
paralelismo de ação consciente / conscious paralelism of action
parâmetro / parameter
parâmetro de população / population parameter
parcela / parcel
parceria / partnership
parente mais próximo / next of kin
pare-siga / stop-go
paridade / parity
paridade da demanda / parity demand
paridade deslizante / sliding parity
paridade diferencial de salários / whipsaw
paridade monetária / mint par of exchange
paridade móvel / moving parity
par igualado / matched pair
pari passu / pari passu
parlamentarismo / parliamentarism
paróquia / parish
paroquialismo / parochialism
parte / party
parte compradora / vendee
parte sobressalente / spare part
parte vendedora / seller; vender; vendor
participação de marca / brand share
participação de mercado / market share
participação dos empregados / employee participation
participação dos trabalhadores / worker's participation
participação nos lucros / profit sharing
participação tributária / tax sharing
partidas dobradas / double entry
partilha de cargo / job sharing
partilha de pesca / lay
partilha de tempo / time sharing
partilha de trabalho / work sharing
passar a culpa / pass the buck
passatempo / avocation
passivo / liability; passive
passivo acumulado / accrued liability
passivo contingente / contingent liability
passivo corrente / floating liability
passivo de longo prazo / long-term liability
passivo eventual / contingent liability; estimated liability
passivo flutuante / floating liability

passivo indireto / indirect liability
pastel / pied type
patente de monopólio / patent monopoly
paternalismo / paternalism
patrimônio dos acionistas / shareholder's equity; stockholder's equity
patrimônio dos proprietários / owner's equity
patrimônio líquido / equity; networth; total equity
patrimônio presente / present worth
patrocinador / patron; sponsor
PAYE / PAYE
pé / foot
pechinchar / haggle
pé cúbico / cubic foot
peculato / peculate
P&D / R&D
PED / EDP
pedágio / toll
pedido / order
pedido de cobertura / margin call
pedido de quantidade econômica / economic order quantity
pedido de quantidade ótima / optimum order quantity
pedido por encomenda / shop order
pedido preventivo / blanket order
pendente / abeyance; pending
penetração de mercado / market penetration
penhor / pawn
penhora / garnishment
penhor de bens móveis / chattel mortgage
penhor de navio / bottomry; respondentia bond
penhorista / pawnbroker
pennyweight (Troy) / pennyweight (Troy)
pensamento convergente / convergent thinking
pensamento divergente / divergent thinking
pensamento grupal / groupthink
pensamento tendencioso / wishful thinking
pensão / pension
pensão alimentícia / alimony; maintenance
pensão de cartola / top-hap pension
pensão graduada / graduated pension
pensão para beneficiário único / single life pension
pensão transferível / portable pension
pensões por idade avançada / old age pensions
PEPS / FIFO
pé quadrado / square foot
pequena empresa / small business
pequeno caixa / petty cash
pequeno caixa constante / imprest

per capita / per capita
percentil / percentile
percepção / perception
percepção de figura-fundo / figure-ground perception
percepção primária / primary perception
percepção seletiva / selective perception
percepto / percept
perda parcial / partial loss
perda parcial por avaria / particular average loss
perda total / total loss
perecíveis / perishables
perequação / smoothing; regularization
perequação exponencial / exponential smoothing
perequação gráfica / graduation of curves
perfeccionismo / perfectionism
perfil de mercado / market profile
perfil do freguês / customer profile
perfil do homem / man profile
perfuradora de cartão / card punch
perfuratriz petrolífera / oil rig
pergunta de escolha múltipla / multiple choice question
pergunta sem limite para resposta / open-ended question
pergunta viesada / leading question
periculosidade / health hazard
perigo / hazard
período de arrefecimento / cooling-off period
período de carência / period of grace
período de graça / period of grace
período de origem / origin period
período de prescrição / limitation period
período probatório / probationary period
permanência de objeto / object permanence
permissão / permit
permissão para trabalhar / work permit
permuta / swap
perpetuidade / perpetuity
personalidade / personality
personalidade modal / modal personality
perspectiva aérea / aerial perspective
perspectiva de venda / lead
PERT / PERT
perto de editorial / next-to-reading matter
pesar mínimo / minimum regret
peso atômico / atomic weight
peso bruto / gross weight
peso de mercado / market weight
peso líquido / net weight
peso ou medida / weight or measurement
pesquisa / research
pesquisa aplicada / applied research

pesquisa básica / basic research
pesquisa de atitude / attitude research
pesquisa de campo / field research
pesquisa de marketing / marketing research
pesquisa de mercado / market research
pesquisa de mídia / media research
pesquisa de opinião / opinion research
pesquisa e desenvolvimento / research and development
pesquisa interna / desk research; internal research
pesquisa morfológica / morphological research
pesquisa motivacional / motivation research
pesquisa operacional / operational research; operations research
pesquisa qualitativa / qualitative research
pesquisa quantitativa / quantitative research
pessoa física / natural person
pessoa jurídica / legal entity
pessoal / personnel
pessoa muito importante / very important person
pessoa que sai / walkout
pessoas do tipo A / type A persons
pessoas do tipo B / type B persons
petição / petition
petrodólares / petro-dollars
PIB / GDP
pico / peak
picotado / chadded
pictograma / pictogram
pinta / pint
pinta (farmacêuticos) / pint (apothecaries)
pinta (líquida) / pint (liquid)
pior momento / worst moment
pior situação / worse off
pipa / hogshead; pipe
pipoca cerebral / cerebral popcorn
piquete / picket
piquete pacífico / peaceful picket
piquete secundário / secondary picket
piramidar / pyramiding
pirâmide / pyramid
pirâmide populacional / population pyramid
pirataria / piracy; raiding
PL/1 / PL/1
planejador de mídia / media planner
planejamento / planning
planejamento da força de trabalho / manpower planning
planejamento de baixo para cima / bottom-to-top-planning
planejamento de cima para baixo / top-to-bottom planning

planejamento de longo prazo / long-range planning
planejamento de produção / production planning
planejamento de produto / product planning
planejamento econômico / economic planning
planejamento estatal / state planning
planejamento indicativo / indicative planning
planejamento por todos os níveis / all-level planning
planejamento ruinoso / planning blight
plano de entrega por quitação / lay-away plan
plano de sucessão / sucession plan
plano rolante / rolling plan
plano Scanlon / Scanlon plan
planos de aposentadoria fundados / funded retirement plans
plano Triffin / Triffin plan
planta / blueprint; plant
plastificação / netting
plataforma flutuante / floating rig
pleno emprego / full employment
plotador digital / digital plotter
plus / plus
plutocracia / plutocracy
PNB / GNP
PNB potencial / potential GNP
p.n.e. / c.b.d.
PNL / NNP
pobreza / poverty
poço petrolífero / oil well
poder / power
poder aquisitivo / acquisitive power; buying power; purchasing power
poder compensatório / countervailing power
poder de nomeação / power of appointment
poder de polícia / police power
polegada / inch
polegada cúbica / cubic inch
polegada quadrada / square inch
poliarquia / polyarchy
polígono de freqüência / frequency polygon
polígrafo / polygraph
polimento de curvas / graduation of curves
política / policy
política de autoproteção / beggar-my-neighbor policy
política de marketing / marketing policy
política de moeda ultrabarata / ultra-cheap money policy
política de porta aberta / open-door policy
política de preços aberta / open pricing
política de produto / product policy

política econômica / economic policy
política fiscal / fiscal policy
política horizontal / horizontal policy
política monetária / monetary policy
política orçamentária / budgetary policy
política salarial / wage policy
políticas de renda / incomes policy
política vertical / vertical policy
político não reeleito / lame duck
ponto baixo / through
ponto cego / blind spot
ponto da espécie / specie point
ponto de absorção / absorption point
ponto de classificação bruto / gross rating point
ponto de compras / point of purchase
ponto de equilíbrio / equilibrium point
ponto de fechamento / shut-down point
ponto de interrupção / breakpoint
ponto de nivelamento / break-even point
ponto de perigo / peril point
ponto de reabastecimento / reorder point
ponto de revenda / outlet
ponto de reversão / turning point
ponto de saturação / saturation point
ponto de sela / saddle point
ponto de separação / split-off point
ponto de tributação / tax point
ponto de utilidade máxima / bliss point
ponto de vendas / point of sales
pontos-chave / key points
pontos do ouro / gold points
pontos ideais / ideal points
pool / pool
"pool" do ouro / gold pool
população / population
população fechada / closed population
população normal / normal population
população ótima / optimal population
populismo / populism
por ano / per annum
porção / parcel
pôr de lado / lay away
por procuração / per procurationem
porta-contêineres / container ships
porta da frente / front door
portador / bearer
porta dos fundos / backdoor
porte / size
portfolio / portfolio
porto de entrada / port of entry
porto de saída / port of exit
porto franco / free port
porto livre / free port
posição / position

posição aberta / open position
posição de autoridade / position of authority
posição longa de uma carteira / long position
posicionamento / positioning
posse / ownership; possession
postagem / postage
pós teste / post-test
posto / office; post
posto a bordo / free on board
posto ao lado do navio / free alongside ship
posto eleitoral / polling place
posto fábrica / ex works
posto no destino / landed
posto sobre trilhos / free on rail
potência / power
potencial de mercado / market potential
potencial de vendas / salés potential
potencial de vendas de mercado / market sales potential
poupança / saving
poupança contratual / contractual saving
poupança discricionária / discretionary saving
poupança forçada / forced saving
poupança residual / residual saving
p.q.e. / e.o.q.
prática / practice
prática protecionista / protective practice
praticar / practise
prática restritiva / restrictive practice
práticas injustas de trabalho / unfair labor practices
precisão dupla / double precision
preclusão / stoppel
preço / price
preço absoluto / absolute price
preço-alvo / target price
preço arredondado / even price
preço a termo / forward price; futures price
preço à vista / cash price
preço baixo / keen price
preço corrente / going price
preço cotado / quoted price
preço de abastecimento / supply price
preço de apertura / distress price
preço de capa / cover price
preço de comércio / trade price
preço de contrato / contract price
preço decrescente / softening price
preço de custo / cost price
preço de custo marginal / marginal cost pricing
preço de desnatação / skimming price
preço de entrega de zona única / single-zone delivered price

preço de equilíbrio / equilibrium price
preço de hora de pico / peak-load price
preço de lista / list price
preço de mão única / one-way price
preço de mercado / market price
preço de penetração / penetration price
preço de prestígio / prestige price
preço de proposta / offer price; offering price
preço de reserva / reserve price
preço de transferência / transfer price
preço de venda / markon
preço de zona / zone pricing
preço econômico / economic price
preço empecilho / limit pricing
preço excessivo / over-priced
preço firme / firm price
preço flexível / flexible price
preço futuro / forward price
preço ímpar / odd price
preço indeterminado / indeterminate price
preço inicial / upset price
preço limite / reservation price
preço líquido / net price
preço marginal / marginal pricing
preço médio / mean price
preço móvel / escalation price
preço na usina / mill pricing
preço não arredondado / odd price
preço nominal / nominal price
preço normal / normal price
preço para entrega imediata / spot price
preço pedido / asked price
preço posto no destino / landed price
preço promocional / promotional price
preço psicológico / charm price
preço relativo / price relative
preços administrados / administered prices
preços contábeis / accounting prices
preços de abertura / opening prices
preços de entrega de zonas múltiplas / multiple-zone delivered prices
preços mínimos / guaranteed prices
preço-sombra / shadow price
preços psicológicos / psychological pricing
preço sugerido / suggested price
preço-suporte / support price; price support
preço-teto / ceiling price
preço unitário / unit pricing
predatar / post date
preempção / preemption
preempção de comercial / pre empt spot
preenchimento de vagas / staffing
preferência de tempo / time preference
preferência institucional por marca / institutional brand preference

preferência por liquidez / liquidity preference
preferência por marca / brand preference
prejuízo / loss
prejuízo bruto / gross loss
prejuízo líquido / net loss
prejuízo por avaria grossa / general average loss
prejuízos não realizados / losses unrealized
prêmio / premium
prêmio por emprego regional / regional employment premium
prescrição / limitation
prescrição de ação judicial / limitation of action
presente / gratuity
presidente / president; managing director
presidente de grupo / chairman
presidente do conselho de administração / chairman of the board
prestação de contas / account sales
prestador de serviços públicos / statutory undertaker
prestar contas / account
pretensão de ex-sócio / holding out
pré-teste / pre test
prevenção de prejuízo / stop loss order
previsão / forecast; prediction
previsão da demanda / demand forecast
previsão de desgaste / attrition forecast
previsão de vendas / sales forecast
previsões de recursos humanos / human resources forecasts
prima facie / prima facie
primazia / preempt
primeira e única hipoteca / close mortgage
primeira lei de Gossen / Gossen's first law
primeiro a entrar primeiro a sair / first in first out
primeiro pagamento / down payment
primeiro turno / foreshift
principal / master; principal
principal desconhecido / undisclosed principal
principal fator orçamentário / principal budget factor
princípio da aceleração / acceleration principle
princípio da população / principle of population
princípio de exceção / exception principle
princípio do iceberg / iceberg principle
princípio eqüimarginal / equi-marginal principle
princípio escalar / scalar principle
princípio Peter / Peter principle

princípios de aprendizagem / learning principles
princípios de tributação / principles of taxation
privilégio / franchise
probabilidade / probability
probabilidade subjetiva / subjective probability
problema da soma / adding-up problem
problema de prova / check problem
procedimento / procedure
procedimento de agravo / grievance procedure
procedimento de amostragem / sampling procedure
procedimento de queixa / grievance procedure
processador de textos / word processor
processamento / throughput
processamento automático de dados / automatic data processing; datamation
processamento centralizado de dados / centralized data processing
processamento de dados / data-processing
processamento eletrônico de dados / electronic data processing
processar / sue
processo / process
processo analítico / analytic process
processo contínuo / continuous process
processo de adoção / adoption process
processo de fabricação / fabricating process
processo de montagem / assembly process
processo de transformação / converting process
processo decisório / decision process
processo extrativo / extractive process
processograma / process chart; operation process chart
processograma de esboço / outline process chart
processo judicial / suit
processo sintético / synthetic process
procuração / power of attorney; letter of attorney; procuration
procurador / proxy
procura explícita / overt search
produção / output; production
produção atomística / atomistic production
produção direta / direct production
produção em fluxo / flow production
produção em lotes / lot production
produção em massa / mass production
produção especulativa / speculative production

produção excessiva / overmake
produção indireta / indirect production; roundabout production
produção intermitente / intermittent production
produção piloto / pilot production
produção por encomenda / job-order production
produção primária / primary production
produtividade / productivity
produtividade marginal / marginal productivity
produto / output; product
produto básico / basic product
produto chamariz / nailed-down product
produto da receita marginal / marginal revenue product
produto final / end product
produto físico / physical product
produto físico marginal / marginal physical product
produto homogêneo / homogeneous product
produto ideal / ideal product
produto interno bruto / gross domestic product
produto interno líquido / net domestic product
produto líquido / net avail
produto marginal / marginal product
produto nacional bruto / gross national product
produto nacional líquido / net national product
produto ótimo / optimum product
produto plus / product-plus
produtor de efeito / effectual
produto secundário / spinoff
produtos finais / final products
produto social / social product
produto social marginal / marginal social product
produtos presos entre si / banded pack
produtos têxteis e afins / dry goods
profecia autocumprida / self-fulfilling prophesy
professor / tutor
professor assistente / assistant professor
professor associado / associate professor
professor catedrático / full professor
profissão / profession
programa / program; schedule
programação de fator variável / variable factor programming
programação de inteiros / integer programming
programação dinâmica / dynamic programming
programação heurística / heuristic programming
programação linear / linear programming
programação matemática / mathematical programming
programação não linear / nonlinear programming
programação paramétrica / parametric programming
programação quadrática / quadratic programming
programa de bem-estar / welfare program
programa de mídia / media schedule
programa de orientação / orientation program
programa de sugestões / suggestion program
programador / programmer
programa-fonte / source program
programa montador / assembler
programa-objeto / object program
programas de escolha de benefícios / cafeteria benefit programs
progressão aritmética / arithmetic progression
projeção / projection
projeção da população / population projection
projeção móvel / moving projection
projeto / project
projeto de lei / bill
proletariado / proletariat
promédio aritmético / arithmetic mean
promoção / promotion
promoção comercial / trade promotion
promoção de vendas / sales promotion
promoção por personalidade / personality promotion
promotor de negócios / finder
promotor público / district attorney
prontidão / standby
propaganda / advertising; propaganda
propaganda abaixo da linha / below-the-line advertising
propaganda acima da linha / above-the-line advertising
propaganda animadora / mood advertising
propaganda ao ar livre / landscape advertising; outdoor publicity
propaganda artística / display advertising
propaganda comparativa / comparative advertising
propaganda cooperativa / cooperative advertising

propaganda cooperativa horizontal/horizontal cooperative advertising
propaganda cooperativa vertical/vertical cooperative advertising
propaganda corretiva/corrective advertising
propaganda criptográfica/teaser
propaganda de espaço/space advertising
propaganda de massa/mass advertising
propaganda de resposta direta/direct-response advertising
propaganda desleal/knocking copy
propaganda direta/direct advertising
propaganda em metrô/tube cards
propaganda esquemática/scheme advertising
propaganda exagerada/trade puffery
propaganda extra/stuffer
propaganda institucional/institutional advertising
propaganda isca/bait advertising
propaganda nacional/national advertising
propaganda no ponto de compras/point of purchase advertising
propaganda para reembolso postal/mail order advertising
propaganda sem dia marcado/run-of-paper advertisement
propaganda subliminal/subliminal advertising
propaganda temática/theme advertising
propaganda testemunhal/testimonial advertising
propensão a consumir/propensity to consume
propensão a poupar/propensity to save
propensão marginal a consumir/marginal propensity to consume
propensão marginal a poupar/marginal propensity to save
propensão média a consumir/average propensity to consume
propensão média a poupar/average propensity to save
propina/kickback; rake-off
proponente/mover; offeror
proporção de reserva/reserve ratio
proporcionar/apportion
proposição singular de vendas/unique selling proposition
proposta/offer
proposta de concorrência/tender
proposta de venda/offer for sale
proposta de venda por concorrência/offer for sale by tender
proposta por concorrência/offer by tender
proposto/offeree
propriedade/ownership; property
propriedade alodial/freehold
propriedade coletiva/collective ownership
propriedade comum/common ownership
propriedade individual/sole ownership
propriedade pessoal/personal property
propriedade privada/private property; private ownership
propriedade pública/public ownership
propriedade real/real property
propriedade tangível/tangible property
proprietário/owner
proprietários de mídia/media owners
prospecção/prospecting
prospectar/prospect
prospecto/prospectus
prosperidade rápida/boom
proteção de regulamentação fiscal/offshore
protecionismo/protectionism
protesto/protest
protocolo/protocol
protótipo/prototype
prova/proof
prova de proeminência/stand out test
providência/measure
provisão/provision
provisão para devedores duvidosos/allowance for doubtful accounts
provisões/accruals
psicogalvanômetro/psychogalvanometer
psicologia de administração/management psychology
psicologia de pessoal/personnel psychology
psicologia industrial/industrial psychology
psicologia ocupacional/occupational psychology
psicólogo clínico/clinical psychologist
publicidade/publicity
público/audience; public
putativo/putative

Q

QI / IQ
QR / AQ
quadrifônico / quadriphonic
quadra / quadro
quadro de empregados / staff
quadro de referência / frame of reference
quadro magnético / magnetic board
quaesitum / quaesitum
qualidade da vida de trabalho / quality of work life
qualidade distintiva / distinctiveness
qualificar / qualify
quantia global / lump sum
quantia segurada / sum insured
quantidade / quantity
quantidade contábil líquida / net book amount
quantificação / quantification
quantum meruit / quantum meruit
quarentena / quarentine
quartil / quartile
quarto / quart
quarto (líquido) / quart (liquid)
Quarto Mundo / Fourth World
quase acordos / quasi agreements
quase-contrato / quasi contract
quase moeda / quasi-money; near money
quase renda / quasi-rent
quase sinecura / featherbedding
quatro onças fluidas / gill
quebra / outage
quebra no transporte de líquidos / ullage
quebra-galho / troubleshoother

queda econômica / slump
queixa / grievance
queixoso / plaintiff
questionário / questionnaire
quilate / karat
quilate (Troy) / carat (Troy)
quilograma / kilogram
quilolitro / kiloliter
quilômetro / kilometer
quilômetro quadrado / square kilometer
quintal / quintal
qüiproquó / quid pro quo
quitação / quittance; acquittance
quociente / ratio; quotient
quociente de atividade / activity ratio
quociente de dívida / debt ratio
quociente de inteligência / intelligence quotient
quociente de liquidez / liquidity ratio
quociente de prejuízo / loss ratio
quociente de realização / achievement quotient
quociente devedores/vendas / debtors to sales ratio
quociente humano / human quotient
quociente operacional / operating ratio
quociente pedidos-visitas / order-call ratio
quociente rápido / quick ratio
quorum / quorum
quota / quota
quota de fundo mútuo / unit
quota de importação / import quota
quota de vendas / sales quota

R

ração / ration
raciocínio / reasoning
racionalização / rationalization
racionamento de bens / rationing of goods
racionamento de divisas / rationing of exchange
racionamento de plantio / acreage allotment
racionamento por preço / rationing by price
raiano / fringer
Railex / Railex
ramificar / branch out
randomizar / randomize
rapidamente / hand over fist
rapport / rapport
raptores / body snatchers
rateio / pro rata
ratificação / ratification
ratificar / ratify
ratonice / pilferage
razão / ledger
razão de encaixe / cash ratio
razão incremental capital-produto / incremental capital-output ratio
razão nominal / nominal ledger
razões capitalizadas / capitalized ratios
RDI / ROI
reabertura de conta pelo saldo / carry down
reajustamento / readjustment
reajustamento rolante / rolling readjustment
realimentação / feedback
rearranjo / shake-up; shake-out
reator regenerativo / breeder reactor
reavaliação do ativo / write-up
rebaixa / markdown
rebaixamento / demotion
rebate agregado / aggregate rebate
rebate diferido / deferred rebate; primage
rebate tributário / tax rebate
recapitalização / recapitalization
recebedor / payee
recebedor de penhor / pledgee
recebedor oficial / official receiver

recebido para embarque / received for shipment
recebimentos brutos / gross receipts
recebimentos que não são receitas / nonrevenue receipts
recebível / receivable
receita / revenue
receita de investimento / investment revenue
receita de tarifa / tariff revenue
receita de vendas / sales revenue
receita extraordinária / nonoperating revenue
receita ganha / earned revenue
receita incremental / incremental revenue
receita interna / internal revenue
receita líquida / net revenue
receita marginal / marginal revenue
receita média / average revenue
receita médica / Rx
receita operacional / operating revenue
receitas acumuladas / accrued revenues
receptador / receiver
receptor / receiver
recessão / recession
recibo / receipt
recibo de armazéns gerais / warehouse receipt
recibo do comandante / mate's receipt
reciprocidade / reciprocity
recobrável / recourse basis
reconhecimento de assinatura / letter of indication
reconhecimento de marca / brand recognition
recordação / recall
recordação auxiliada / aided recall
recordação livre / free recall
recordação não auxiliada / unaided recall
recorde / record
recruta / recruit
recrutamento / recruitment
recuperação / reclamation; recovery
recuperação de informação / information retrieval
recuperação de investimento / payback

recuperação de recurso/buy back
recuperação falsa/false retrieval
recuperações falsas/false drops
recurso/recourse
recursos/resources
recursos humanos/human resources
recursos naturais/natural resources
rede/network
rede de atividade/activity network
rede de projeto/project network
rede em forma de fluxo/flow-chart form of network
redesconto/rediscount
redisposição da mão-de-obra/redeployment of labor
redistribuição de renda/redistribution of income
redistribuição de trabalho/farm out
redução de variedade/variety reduction
reduções impressas na embalagem/on pack price reductions
reembolso postal/mail order
reescrever/redraft
reestruturação/perestroika
reexportações/re-exports
referência/referee; reference
referência comercial/trade reference
referencial/frame of reference
refinanciamento adiantado/advance refunding
refinanciar/refinance
reflação/reflation
reflação da economia/priming the pump; pump priming
reflacionar/reflate
reforço/reinforcement
reforma monetária/monetary reform
regeneração/reclamation
registrado postal/recorded delivery
registrar/register; tally
registro/record; registrar
registro de ações/share register
registro de atrasos/backlog
registro de comprovantes/voucher register
registro de imóveis/land registry
registro de vencimentos/tickler
registros contábeis/accounting records
regra/rule
regra áurea/golden rule
regra da mordaça/gag rule
regra do fogão quente/hot stove rule
regra oitenta-vinte/eighty-twenty rule
regra prática/rule of thumb
regressão/regression
regressão linear/linear regression

regulagem mais exata/fine tuning
regulamento Q/regulation Q
regularização/smoothing
reificação/reification
reintegração de posse/repossession
reinvestir/plough back; plow back
reivindicação nacional/national claim
relação capital-produto/capital-output ratio
relação capital-trabalho/capital-labor ratio
relacionamento de linha/line relationship
relações de cargo/job relations
relações humanas/human relations
relações industriais/industrial relations
relações públicas/public relations
relações trabalhistas/labor relations
relato de missão/debriefing
relatório informativo/newsletter
relatório operacional/operating report
relatório provisório/interim report
relatório ressalvado/qualified report
relatórios de pedidos perdidos/lost-order reports
relatórios para os empregados/jobholders reports
relocação/renting back
remédios compensatórios/make-whole remedies
remédios populares/nonprescription drugs; over-the-counter drugs
remessa/remittance
remeter/remit
remeter a um tribunal superior/remit
remir/remit
remuneração/compensation; remuneration
remuneração de desemprego/unemployment compensation
renda/income
renda acumulada/accumulated income
renda bruta/gross income
renda de investimento/investment income
renda-demanda/income-demand
renda diferida/unearned income
renda discricionária/discritionary income
renda disponível/disposable income
renda econômica/economic rent; rent
renda econômica ricardiana/economic Ricardian rent
renda ganha/earned income
renda imaginada/notional income
renda imputada/imputed income
renda líquida/net income
renda líquida estatutária/net statutory income
renda marginal/marginal income
renda nacional/national income

renda nacional bruta / gross national income
renda nacional de pleno emprego / full employment national income
renda não operacional / nonoperating income
renda não tributável / non-taxable income; tax exclusion
renda nominal / nominal income
renda operacional líquida / net operating income
renda per capita / per capita income
renda permanente / permanent income
renda pessoal / personal income
renda psíquica / psychic income
renda real / real income
rendas acumuladas / accrued incomes
Rendas Internas / Inland Revenue
renda tributável / taxable income
rendimento / yield
rendimento corrente / current yield
rendimento do fluxo de caixa descontado / discounted clash flow yield
rendimento do investidor / investor's yield
rendimento líquido / net yield
rendimento nominal / nominal yield
rendimentos constantes de escala / constant returns to scale
rendimentos crescentes de escala / increasing returns to scale
rendimentos de ação / earnings yield
rendimentos decrescentes / diminishing returns
rendimentos decrescentes de escala / decreasing returns to scale; diminishing returns to scale
rentabilidade / profitability
rentável / profitable
rentier / rentier
renúncia / renunciation
reorganização / reorganization
reparações / reparations
repatriação / repatriation
replicar / replicate
repor / replace
reposição / replacement
representante / representative; proxy
representante de vendas / sales representative
representante do fabricante / manufacturer's representative
representante pessoal / personal representative
representante sindical / shop stewart
representativo / representative
repúdio / repudiation
requerente / petitioner

requisição / requisition
requisição de materiais / materials requisition
rescindir / rescind
rescisão / rescission
reserva / reserve
reserva legal / legal reserve
reserva oculta / hidden reserve
reserva para contingências / contingent reserve
reserva para depreciação / property reserved
reserva para dívidas incobráveis / reserve for bad debts
reserva para obsolescência / reserve for obsolescence
reserva secreta / secret reserve
reservar / lay away
reservas de ouro / gold reserves
reservas gerais / general reserves
reservas legais / required reserves
reservas livres / free reserves
reservas oficiais / official reserves
reservas (lastro) / reserves
resgatar / redeem
resgatável / redeemable
resgate / redemption
resíduo / residuum; residue
resma / ream
resolução / resolution
resolução extraordinária / extraordinary resolution
resolução ordinária / ordinary resolution
respaldo / back-up
respondente / respondent
responsabilidade / responsibility
responsabilidade de linha / line responsibility
responsabilidade final / accountability
responsabilidade ilimitada / unlimited liability
responsabilidade limitada / limited liability
responsabilidade social / social responsibility
responsável / liable
resposta / response
resposta comercial paga / reply-paid postcard
resposta galvânica da pele / galvanic skin response
resposta implícita / implicit response
ressalva contratual / escape clause
ressalvar / qualify
ressaque / redraft
resseguro / reinsurance
restituição / restitution
restituir / refunding
restrição ao comércio / restraint of trade
restrição ao ofício / restraint of trade
restrição cambial / exchange restriction

restrição salarial / wage restraint
restrições biológicas / biological constraints
restrições econômicas / economic constraints
restrições tecnológicas / technological constraints
resultado monetário / proceeds
resultado operacional / operating result
resultados líquidos / net proceeds
retalhar / breaking bulk
retenção de imposto na fonte / deduction at the source
retenção monetária / retention money
retificar / rectify
retirada de circulação / retirement
retiradas / withdrawals
retorno / return
retorno do capital / return on capital
retorno do investimento / return on investment
retorno normal / normal return
retornos de escala / returns to scale
retreinamento / retraining
retroinformação / feedback
réu / defendant; respondent
réu de difamação / libelee
reunião / meeting
reunião para fim específico / focused gathering
reunião quacre / Quaker meeting
revalorização / revaluation
reversão / reversion
revisão salarial / salary review
revisionismo / revisionism
revista da casa / house journal
revivescência / rally
revogar / revoke

revolução agrícola / green revolution; agricultural revolution
Revolução Industrial / Industrial Revolution
revolução varejista / retailing revolution
revolução verde / green revolution
RICP / ICOR
ringi / ringi
riqueza social / social wealth
risco / risk
risco calculado / calculated risk
risco de mercado / market risk
risco financeiro / financial risk
risco ocupacional / occupational hazard
robô / robot
robótica / robotics
roda do varejo / wheel of retailing
rompe-quotas / rate buster
ro-ro / ro-ro
rotação da mão-de-obra / labor turnover
rotação de cargo / job rotation
rotação de diretores / rotation of directors
rotação de empregados / turnover
rotação de estoque / stock turnover; turnover
roteiro de filmagem / shooting script
rotina / routine
rotina de diagnóstico / diagnostic routine
rotulagem descritiva / descriptive labelling
rotulagem de tipo / grade labeling
rótulo / label
rótulo próprio / own label
roupas de cama e mesa / white goods
royalty / royalty
RSVP / RSVP
rublos de transferência / transfer rubles
ruído / noise
rumores / grapevine

S

sacado / drawee
sacador / drawer
sacar / draw
sacar em excesso / overdraw
sacrifício / sacrifice
saguão da bolsa / broker floor
saída / output; check-out
salário / wage
salário anual garantido / guaranteed annual wage
salário de incentivo / incentive rate
salário de subsistência / living wage
salário-família / family allowance
salário mínimo / minimum wage
salário monetário / money wage
salário nominal / nominal wage
salário por tempo / time rate
salário real / real wage
saldo / balance
saldo compensatório / compensating balance
saldo corrente / current balance
saldo de abertura / opening balance
saldo de caixa / cash balance
saldo declinante / declining balance
saldo de conta / account balance
saldo devedor / debit balance
saldo global / overall balance
saldo invisível / invisible balance
saldo líquido / net balance
saldo marginal / marginal balance
saldo real / real balance
saldos jacentes / unclaimed balances
saldo visível / visible balance
saliência / saliency
salvados / salvage
salvaguarda / hedge
salvamento / salvage
salvar / save
salvo erros ou omissões / errors and omissions excepted
sanção / sanction
sanções / sanctions
sanções econômicas / economic sanctions
saque / draft
saque à chegada / arrival draft
saque a descoberto / bank overdraft; overdraft
saque a prazo / time draft
saque à vista / sight draft
saque bancário / bank draft
saque comercial / commercial draft
saque exterior / foreign draft
saque interno / domestic draft
saque pessoal / personal draft
satélite / satellite
satisfação diferida / deferred gratification
satisfação líquida / net satisfaction
satisfação no cargo / job satisfaction
satisfaciente / satisficing
saturação de local / site saturation
sazonalidade / seasonality
seção / section
seção de saldos / basement operation
secretária eletrônica / telephone answering service
secreto / classified
secundar / second
sede / headquarters
segmentação / segmentation
segmentação de mercado / market segmentation
segmento de mercado / market segment
seguimento / follow-through; follow-up
segunda hipoteca / second mortgage
segunda lei de Gossen / Gossen's second law
segundo melhor / second best
segurança no emprego / job security
seguro / assurance; insurance
seguro animal / livestock and bloodstock insurance
seguro a prazo fixo / term insurance
seguro automático / open cover
seguro climático / weather insurance

seguro contra lucros cessantes / business interruption insurance; use-and-occupancy insurance
seguro contra terceiros / third-party insurance
seguro de fidelidade / fidelity bond
seguro de garantia / guarantee insurance
seguro de pagamento limitado / limited payment insurance
seguro desempenho / performance bond
seguro em grupo / group insurance
seguro marítimo / marine insurance
seguro nacional / national insurance
seguro pago / paid-up insurance
seguro pluvial / pluvial insurance
seguro sem sub-rogação / knock-for-knock agreement
seguros mútuos / mutual insurance
seleção adversa / adverse selection
seleção de mídia / media selection
seleção perceptiva / perceptive selection
seletividade de interesse / interest selectivity
seletividade geográfica / geographical selectivity
selo de transferência / transfer stamp
selos de troca / trading stamps
semana de quatro dias / four-day week
semana garantida / guaranteed week
sem custo de carreto / carriage free
sem direitos / ex-rights
sem dividendos / X D
sem fins lucrativos / nonprofit
seminário / seminar; workshop
semi-solo / semi-solus
sem juros / X I
sem ônus / unencumbered
semoventes / livestock
sem página determinada / run of paper
sem picote total / chadless
sem recurso / without recourse
sem vencimento / zero maturity
senhorio / landlord
senhorio ausente / absentee landlord
sensibilidade-renda / income sensitivity
sensibilidade social / social sensitivity
sensível a preços / price-sensitive
sentença final / umpirage
sentidos químicos / chemical senses
seqüência / sequence
seqüência do funil / funnel sequence
seqüência do funil invertido / inverted funnel sequence
seqüestro / sequestration
serendipidade / serendipity
serendipismo / serendipity

série cronológica / time series
série estatística / statistical series
série temporal / time series
serviço / service
serviço de dívida / debt service
serviço de empregados temporários / temporary staff service
serviço de proteção ao crédito / credit reporting agency
serviço de recortes / clipping service
Serviço de Receitas Internas / Internal Revenue Service
Serviço Nacional de Saúde / National Health Service
serviço pós-venda / after sales service
serviços bancários múltiplos / multiple banking
serviços de administração / management services
serviços econômicos / economic services
Serviços Federais de Mediação e Conciliação / Federal Mediation and Conciliation Services
serviços produtivos / productive services
servidão / easement
servidão negativa / negative easement
sessão plenária / plenary session
seta de seqüência / sequence arrow
setor bancário secundário / secondary banking sector
setor privado / private sector
setor público / public sector
sexismo / sexism
SFI / IFC
shopping center / shopping center
SI / SI
SIC / SIC
signatário / undersigned
significado / gist
significado associativo / associative meaning
símbolo de decisão / decision box
símbolo de status / status symbol
simplificação de trabalho / work simplification
simplório / lamb
simulação / simulation
simulador / simulator
sinais de compra / buying signals
sinal espúrio / dropin
sindicalização / labor organization
sindicato / syndicate
sindicato aberto / open union
sindicato de artífices / craft union; industrial union

sindicato exageradamente grande / overly large syndicate
sindicato geral / general union
sindicato industrial / industrial union
sindicato operário / industrial union
sindicatos locais / local unions
sindicato trabalhista / labor union; trade union
sindicato vertical / vertical union
síndico / receiver
sine die / sine die
sinergia / synergy
sinetes tipo hóstia / wafer seals
sinética / synectics
sino da Lutine / Lutine bell
sistema / system
sistema aberto / open system
sistema artesanal / artisan system
Sistema da Reserva Federal / Federal Reserve System
sistema de alarme em tempo hábil / early warning system
sistema de atividade / activity system
sistema de comprovantes / voucher system
sistema de controle sem monitoramento / unmonitored control system
sistema de despojos / spoils system
sistema de dois receptáculos / two-bin system
sistema de honra / honor system
sistema de livre empresa / free enterprise system
sistema de mérito / merit system
sistema de ponto base / basing-point system
sistema de pontos / point system
sistema de produção por lotes / jobbing system
sistema de tarefa / task system
sistema de uso familiar / family-use system
sistema do último saco / last-bag system
sistema fabril / factory system
sistema fabril disperso / dispersed factory system
sistema filmorex / filmorex system
sistema métrico / metric system
sistema monetário / monetary sistem
sistema Rowan / Rowan system
sistema sócio-técnico / sociotechnical system
sistema truck / truck system
sistema tutelar / tutorial system
situação de bem-estar / welfarism
slogan / slogan
soberania / sovereignty
soberania do consumidor / consumer sovereignty
sob ordem / on order

sobra de partes vendedoras / sellers over
sobre a embalagem / on pack
sobrecarga cognitiva / cognitive overload
sobreestadia / demurrage
sobretaxa / surcharge; surtax; loading
sobretaxa de importação / import surcharge
sobrevivência / survivorship
sobrevivente / survivor
sociedade / partnership
sociedade abastada / affluent society
sociedade afluente / affluent society
sociedade anônima / corporation
sociedade anônima aberta / open corporation
sociedade anônima alienígena / alien corporation
sociedade anônima com fins lucrativos / profit corporation
sociedade anônima de capital acionário / stock corporation
sociedade anônima e cooperativa / mutual corporation
sociedade anônima estatal / government corporation
sociedade anônima "estrangeira" / foreign corporation
sociedade anônima familial / family corporation
sociedade anônima fechada / close corporation
sociedade anônima forasteira / foreign corporation
sociedade anônima local / domestic corporation
sociedade anônima membro / member corporation
sociedade anônima privada / private corporation
sociedade anônima pública / public corporation
sociedade anônima sem fins lucrativos / non-profit corporation
sociedade anônima sem capital acionário / nonstock corporation
sociedade de massa / mass society
sociedade de mineração / mining partnership
sociedade de responsabilidade limitada / general partnership
Sociedade Fabiana / Fabian Society
Sociedade Financeira Internacional / International Finance Corporation
sociedade limitada / limited partnership
sociedade monolítica / monolithic society
sociedade pluralística / pluralistic society
sociedade por quotas ou ações / joint-stock association

sociedade tradicional / folk society
sócio / partner
sócio comanditário / sleeping partner; dormant partner
sócio especial / special partner
sócio interessado / limited partner
sócio ostensivo / nominal partner
sócio principal / senior partner
sócio responsável / general partner
sócio secreto / secret partner
sócio silente / silent partner
sócio solidário / general partner
software / software
solicitador / solicitor
solo / solus
solução criativa de problema / creative problem solving
solução de problema / problem solving
solucionador de equações / equation solver
solucionadores de problemas / think tank
solvência / solvency
sondagem / survey
sondagem de opinião / poll
sondagem de opinião pública / public opinion poll
sonegação tributária / tax evasion
sorte inesperada / windfall
sortimento / assortment
sortimento de arremate / job lot
spread / spread
SRI / IRS
status / status
status adquirido / achieved status
stone / stone
stop motion / stop motion
subcapitalizado / undercapitalized
subcontratar / subcontract
subcultura / subculture
subemprego / underemployment
subemprego institucional / institutional underemployment
subempreitar / sucontract
sub judice / sub judice
submencionado / undermentioned
submontagem / subassembly
subordinado / subordinate
subordinados-chave / key subordinates
subotimizar / suboptimize
subproduto / by-product
sub-rogação / sub-rogation
subscrever / underwrite; subscribe
subscrever em excesso / oversubscribe
subscritor de ações / underwriting syndicat
subscritos / subscripts

subsegurar / underinsure
subsidiar / subsidize
subsidiária de matriz majoritária / majority-owned subsidiary
subsídio / grant in aid; subsidy
subsídio para investimento / investment grant
subsídios agrícolas / farm subsidies
substituição à importação / import substitution
substituir / supersede
substitutibilidade / trade-off
substituto / proxy; surrogate
suburbanização / suburbanization
subutitilização de ativo / undertrading
subvenção / grant; grant in aid; subvention
sucata / scrap
sucessivamente / seriatim
sucesso / killing
sufrágio dividido / split ticket ballot
sufrágio por cargo / office-block ballot
sufrágio por legenda / straight ticket ballot
sumário / précis
sumário de documento / docket
superatacadista / super-jobber
superávit / superavit; surplus
superávit externo / external surplus
superfície oleosa / oil slick
superfluidade / redundancy
supérfluo / redundant
superintendente / superintendent
superior / superior
superloja / superstore
supermatança / overkill
supermercado / supermarket
superordenação / superordination
superpetroleiro / supertanker
superposição / overlap
superposição de atividades / ladder activities
superposição de voz / voice over
superprodução / overproduction
supervisor / supervisor; overseer
supervisor de primeira linha / front-line supervisor; first-line supervisor
suplemento / supplement
Suplemento de Renda Familiar / Family Income Supplement (F.I.S.)
suposição / assumption
supremacia / preemption
suprimentos / supplies
surrupiar / pilfer
suspensão / suspension
sustentável / lie
swap / swap arrangement

T

tabela / table
tabela analítica / analytic schedule
tabela de atributos / chart of attributes
tabela de mortalidade / mortality table
tabelião / notary public
tablóide / tabloid
tabulação / table
tabulador / tabulator; tab
tabular / tabulate
talão de cheques / checkbook
tamanho / size
tamanho proporcional / bonus size
tambor / drum
taquistoscópio / tachistoscope
tara / tare
tarefa / task
tarifa / tariff
tarifa compensatória / countervailing duty
tarifa flexível / flexible tariff
tarifa proibitiva / prohibitive tariff
tarifa protecionista / protective tariff
tática / tactics
tautologia / tautology
taxa / rate
taxa anual / annual rate
taxa bancária / bank rate
taxa barreira / hurdle rate
taxa classificatória / rate
taxa da receita marginal / marginal-income ratio
taxa de acréscimo / accession rate
taxa de câmbio / rate of exchange; exchange rate
taxa de câmbio flutuante / floating exchange rate
taxa de câmbio flutuante múltipla / multiple floating exchange rate
taxa de câmbio livre / free exchange rate
taxa de câmbio múltipla fixa / multiple fixed exchange rate
taxa de câmbio fixa única / single fixed exchange rate
taxa de câmbio flutuante única / single floating exchange rate
taxa de cunhagem / seigniorage
taxa de desconto / discont rate
taxa de desconto de mercado / market rate discount
taxa de espaço pago em jornal / milliline rate
taxa de fecundidade / fertility rate
taxa de incorporação / incorporation fee
taxa de juro / interest rate
taxa de juro efetiva / effective interest rate
taxa de juro natural / natural rate of interest
taxa de juro neutra / neutral rate of interest
taxa de juro preferencial / prime interest rate
taxa de juros de curto prazo / short-term rate of interest
taxa de manuseio / handling charge
taxa de participação / participation rate
taxa de participação da força de trabalho / labor force participation rate
taxa de prêmio de seguro / manual rate
taxa de reprodução líquida / net reproduction rate
taxa de retorno / rate of return
taxa de retorno interna / internal rate of return
taxa de retorno não ajustada / unadjusted rate of return
taxa de usuário / user charge
taxa do momento / spot rate
taxa líquida / net rate
taxa livre / loose rate
taxa marginal de substituição / marginal rate of substitution
taxa marginal de substituição técnica / marginal rate of technical substitution
taxa marginal de transformação / marginal rate of transformation
taxa marginal de tributação / marginal rate of taxation
taxa mínima de empréstimo / minimum lending rate

taxa natural de crescimento / natural rate of growth
taxa natural de juro / natural rate
taxa oficial / official rate
taxa por página / page rate
taxa privilegiada / prime rate
taxa salarial / wage rate
taxa salarial por peça / piece wage rate
taxas de câmbio cruzadas / cross rates
taxas de câmbio múltiplas / multiple exchange rates
taxa sobre comestíveis / octroi
tecidos a retalho / piece goods
teclado / keyboard
técnica / technique
Técnica de Avaliação e Controle de Programa / Program Evaluation and Review Technique
técnica Delphi / Delphi technique
técnica de rede de projeto / project network technique
técnico / technical
tecnocracia / technocracy
tecnoestrutura / technostructure
tecnologia / technology
teia de aranha / cobweb
telegrafia multiplex / multiplex telegraphy
telegrama noturno / overnight telegram
telegrama sem prioridade / night letter
teletexto / teletext
televisão de circuito fechado / closed-circuit television
telex / telex
tempo de acesso / access time
tempo de avanço / lead time
tempo de ciclo / cycle time
tempo decorrido / lapse
tempo de espera / waiting-time
tempo de manutenção / down-time
tempo de máquina parada / machine down-time
tempo de preparo / make-ready time
tempo de prova de código / code-checking time
tempo de trabalho flexível / flexible working time
tempo disponível / available time
tempo economizado / time saved
tempoflex / flextime
tempo mais curto de trabalho / short-time working
tempo na fila / queuing time
tempo ocioso / dead time; idle time
tempo ocioso de máquina / machine idle time
temporada / season

temporário / temp
tempo real / real time
tempo sem supervisão / time span of discretion
tendência / trend
tendência de mercado / market trend
tendência econômica / economic trend
tendência secular / secular trend
tendências futuras / scenario writing
tensão de papel / role strain
teor de argumentação / pitch
teorema de Euler / Euler's theorem
teoria clássica do capitalismo / classical theory of capitalism
teoria da aceitação / acceptance theory
teoria da decisão / decision theory
teoria da fila / queuing theory
teoria da informação / information theory
teoria da motivação-higiene / motivation-hygiene theory
teoria da preferência estatal / state preference theory
teoria da probabilidade / probability theory
teoria da produtividade marginal dos salários / marginal productivity theory of wages
teoria das manchas solares / sun spot theory
teoria de campo / field theory
teoria de Graicuna / Graicuna's theory
teoria do benefício / benefit theory
teoria do custo de oportunidade / opportunity cost theory
teoria do efeito-equilíbrio geral / real-balance-effect theory
teoria do efeito-Pigou / Pigou effect theory
teoria do fundo salarial / wage fund theory
teoria do jogo / game theory
teoria do preço / price theory
teoria dos fundos emprestáveis / loanable funds theory
teoria do valor do trabalho / labor theory of value
teoria malthusiana / Malthusian theory
teoria monetária / monetary theory
teoria neokeynesiana / neo-Keynesian theory
teoria quantitativa da moeda / quantity theory of money
teorias de organização / organizations theories
teoria X / X theory
teoria Y / Y theory
teoria Z / Z theory
terceira lei de Gossen / Gossen's third law
Terceiro Mundo / Third World
terceiros / third party
terceiro setor / third sector

terminal / terminal
terra / land
terra marginal / marginal land
terra sem aluguel / no-rent land
território de vendas / sales territory
territórios de vendas fechados / closed sales territories
ter sucesso / make good
tesoureiro / treasurer
tesouro / treasury
testador / devisor
teste / test
teste cego / blind test
teste comparativo de pares incógnitos / blind-paired comparison test
teste de aptidão / aptitude test
teste de capacidade mecânica / mechanical ability test
teste de capacidade mental / mental ability test
teste de conceito / concept test
teste de meios / means test
teste de produto / product testing
teste de proficiência / proficiency test
teste de quociente de probabilidade / likelihood ratio test
teste de realização / achievement test
teste de situação / situational test
teste de teor / assay
teste estatístico / statistical test
teste grupal / group test
teste não paramétrico / nonparametric test
teste objetivo / objective test
teste psicomotor / psychomotor test
texto / copy
therblig / therblig
tipificação de sexo / sex typing
tirania da maioria / tyranny of the majority
tirania da minoria / tyranny of the minority
título de cargo / job title
título de juro fixo / fixed interest security
título de qualidade / fine paper
título de transferência / transfer deed
título de valor registrado / registered security
título garantido por hipoteca / mortgage bond
título não registrado em bolsa / unlisted security
título ocupacional / occupational title
título resgatável em um ano / yearling
títulos negociáveis do governo / government stocks
títulos resgatáveis / redeemable securities
títulos sem data / undated securities
títulos supergarantidos / gilt-edged securities

tomada de decisão / decision-making
tonelada / ton
tonelada (avoirdupois) / ton (avoirdupois)
tonelada curta / short ton
tonelada de carga / freight ton
tonelada de deslocamento / displacement ton
tonelada de embarque / shipping ton
tonelada de medição / measurement ton
tonelada de registro / register ton
tonelada longa (avdp britânica) / long ton (avdp British)
tonelada métrica / metric ton; tonne
tonelagem / tonnage
tonelagem morta / deadweight
tornar-se pública / go public
torneira / tap
tortura / third degree
township (agrimensores) / township (surveyors)
trabalhador / worker; laborer
trabalhador assalariado / wage worker
trabalhador a tempo parcial / part-time worker
trabalhador braçal / bracero
trabalhador independente / freelance
trabalhador manual / manual worker
trabalhador qualificado / qualified worker
trabalhador secundário / secondary worker
trabalhador semi-especializado / semi-skilled worker
trabalho / job; labor
trabalho a fação / putting-out system
trabalho artesanal caseiro / artisan home work
trabalho de aposentado / sunlighting
trabalho de equipe / teamwork
trabalho dentro das regras / working to rule
trabalho em andamento / work-in-progress
trabalho fora da fábrica / outwork
trabalho não especializado / unskilled work
trabalho noturno / nightwork
trabalho pela regra / work-to-rule
trabalho por peça / piece work
trabalho por tarefa / task-work
traços da personalidade / personality traits
tráfego / traffic
trainee / trainee; estagiário
trancado / locked
transação contábil / accounting transaction
transação fictícia / wash sale
transbordamento / spillover
transferência / transfer
transferência de crédito / credit transfer; giro
transferência de transportador / through bill of lading

Transferência Nacional de Crédito / National Giro
transferência telegráfica / telegraphic transfer
transformação / throughput
transgressão / misfeasance; offense
transitividade / transitivity
transmissão de herança / descent
transnacional / transnational
transparência / glasnost
transportador / carrier
transporte / carry forward; transportation; carry; haulage
transporte a granel / tote system
transporte de contêineres / freight liner
transporte sobre transporte / roll-on roll-off
tratado / treaty
tratado comercial / commercial treaty
Tratado de Roma / Treaty of Rome
trato de terra / land grant
tratos do censo / census tracts
traveller's cheque / traveller's cheque
treinamento de atualização / updating training
treinamento de Grupo T / T-group training
treinamento de instrução no cargo / job insruction training
Treinamento na Indústria / Training Within Industry
treinamento de reatualização / refresher training
treinamento de sensitividade / sensitivity training
treinamento em laboratório / laboratory training
treinamento em serviço / on-the-job training
treinamento fora do trabalho / off-the-job training
treinamento na empresa / in-company training
treinamento vestibular / vestibule training

treinar / train
Três Grandes (Os) / Big Three (The)
Três R (Os) / Three R's (The)
triagem / screen
triangulação / triangulation
tribunal canguru / kangaroo court
Tribunal de Justiça Europeu / European Court of Justice
tribunal industrial / industrial tribunal
tributação / taxation
tributação múltipla / multiple taxation
tributação por benefício / benefit taxation
tributável / taxable
tributo / tax
trimestral / quarterly
troca / trade
troca por dinheiro / encash
troco a menos / shortchange
Troy / Troy
truste / trust
truste de votação / voting trust
tubarão / loan shark
tudo / lock-stock and barrel
tudo o que se puder fazer / all you can afford
turba / mob
turma do mogno / mahogany row
turno da manhã / early shift; foreshift; morning shift
turno da meia-noite / lobster shift; midnight shift
turno da noite / graveyard shift; night shift
turno da tarde / swing shift
turno de manutenção / maintenance shift
turno dividido / split shift
turno fixo / fixed shift
turnos metropolitanos / metropolitan shift system
turno tardio / late shift
tutor / tutor
TVCF / CCTV
TWI / TWI

U

uberrima fides / uberrima fides
UEPS / LIFO
última data de evento / latest event time
última data de finalização / latest finish time
última data de início / latest start time
última data de venda / sell-by date
última data permissível / latest allowed date
última linha / bottom line
ultimato / final demand
último a entrar primeiro a sair / last in first out
ultra vires / ultra vires
um por vez / one-off
UNCDF / UNCDF
UNCTAD / UNCTAD
UNDP / UNDP
UNESCO / UNESCO
união aduaneira / customs union
união monetária / monetary union
unidade / unit
unidade central de processamento / central processing unit
unidade de custo / cost unit
unidade de supervisão / unit of supervision
unidade domiciliar / household
unidade monetária / monetary unit
unidade organizacional / organizational unit
unidade para medida de madeira / cord foot
unidade térmica britânica / British Thermal Unit
unificação / unitization
unimundismo / one worldism
United Food and Commercial Workers / United Food and Commercial Workers
United Nations Capital Development Fund / United Nations Capital Development Fund
United Nations Conference on Trade and Development / United Nations Conference on Trade and Development
United Nations Development Program / United Nations Development Program
universo / universe
UPC / CPU
usança / usance
usar o correio / post
usina / mill
usofruto / usufruct
usuário final / end user
usuários / users
usufrutuário vitalício / life tenant
usura / usury
útile / util
utilidade / utility
utilidade cardinal / cardinal utility
utilidade de forma / form utility
utilidade de lugar / place utility
utilidade de tempo / time utility
utilidade marginal / marginal utility
utilidade marginal da moeda / marginal utility of money
utilidade marginal decrescente / diminishing marginal utility
utilidade ordinal / ordinal utility
utilidade pública / public utility
utilidade total / total utility
utilitarismo / utilitarianism

V

vacas leiteiras / milky cows
vacuidade / vacuity
vaga / opening; vacancy
vagabundagem / soldiering
vago / vacant
vale / IOU
vale presente / gift voucher
validação / validation
validade / validity
validade aparente / face validity
validar / validate
válido / valid
valor / value
valor absoluto / absolute value
valor adicionado / added value; value added
valor anual bruto / gross annual value
valor bruto adicionado / gross value added
valor contábil / written-down value; book value
valor contábil líquido / net book value
valor das impressões / valued impressions
valor de bem líquido / net asset value
valor de bem líquido por ação / net asset value per share
valor de capital / capital value
valor de escassez / scarcity value
valor de lançamento / assessed valuation
valor de liquidação / break-up value
valor de mercado / market value
valor de mercado do estoque de capital / capital stock market value
valor de reposição / replacement value
valor de resgate / surrender value
valor de resgate de ações / capital stock redemption value
valor descontado / discounted value
valor de troca / exchange value
valor de uso / use value
valor de venda / sale value
valor do produto marginal / value of the marginal product; marginal value product
valor do tempo livre / loose time value

valores irresgatáveis antes do vencimento / non-callable securities
valores não mercadizáveis / nonmarketable securities
valores não listados / off board
valores obsoletos / obsolete securities
valor esperado / expected value
valor externo / foreign value
valor futuro / future value
valor implícito / implicit value
valor incômodo / nuisance value
valor interno / domestic value
valorização da moeda / currency appreciation; currency revaluation
valorizar / valorize
valor mercadizável / marketable security
valor nominal / face value; nominal value; par value
valor normal / normal value
valor para tributação / assessment
valor pelos livros / carrying value
valor presente / present value
valor presente líquido / net present value
valor real / real value
valor terminal líquido / net terminal value
valor tributável / rateable value
vantagem / plus
vantagem absoluta / absolute advantage
vantagem comparativa / comparative advantage
vantagem tributária / tax advantage
vapor / steamer
vara / rod
vara quadrada / square rod
vara quadrada (agrimensores) / square pole (surveyors)
varejista / retailer
varejista de serviços / service retailer
varejista sem loja / nonstore retailer
varejo / retail
variação / variance
variação de eficiência / efficiency variance

variação de estoque / inventory change
variação de preço / price variance
variação de valor / value variance
variância / variance
variável / variable
variável aleatória / random variable; variate
variável autônoma / autonomous variable
variável dependente / dependent variable
variável endógena / endogenous variable
variável estocástica / stochastic variable
variável exógena / exogenous variable
variável independente / independent variable
variável induzida / induced variable
variável latente / latent variable
vazamento / leakage
veículo / vehicle; medium
veículos de propaganda / advertising media
velocidade de circulação / velocity of circulation
velocidade de circulação da moeda / velocity of circulation of money
vencido / overdue
venda / sale
venda a descoberto / short sale
venda casada / tie-in sale
venda completa a termo / outright forward
venda com reserva de domínio / conditional sale
venda de liquidação / clearance sale
venda de saldos / job selling
venda do ativo / realization of assets
venda e arrendamento / sale and lease back
vendagem comando / command selling
vendagem de alta pressão / high pressure selling
vendagem de baixa pressão / soft selling; low-pressure selling
vendagem de porta em porta / door-to-door selling
vendagem direta / direct selling
vendagem inercial / inertia selling
vendagem pessoal / personal selling
vendagem pioneira / pioneer selling
vendagem sob pressão / hard selling
vendagem telefônica / telephone selling
venda impessoal / impersonal selling
venda mais alta / selling-up

venda negociada / negotiated sale
venda por cambista / tout
venda ou devolução / sale or return
vendas brutas / gross sales
vendas de saldos / basement sales
vendas líquidas / net sales
vendas missionárias / missionary sales
vendas pelo reembolso postal / mail-order sales
vendedor / salesman
vendedor de imóvel espertalhão / gazump
vendedor de porta em porta / house-to-house salesman
vendedores-robô / robot salesmen
vendedor silente / silent salesman
vender / vend
vender em excesso / oversell
vender mais barato / undersell
vereador / alderman
verificação / verification
verificar / verify
Vice-governador / Lieutenant Governor
vida de prateleira / shelf life
vídeo / video
viés / bias
viés de amostragem / sampling bias
viés de lenidade / leniency bias
viés de recenticidade / recency bias
viés de rigor / strictness bias
viés perceptual / perceptual bias
viés pessoal / personal bias
vigarista / con man
vínculo / lien
vínculo de mecânico / mechanic's lien
VIP / VIP
visita sem combinação prévia / cold calling
visíveis / visibles
visto consular / visa
vitrina / shop window
víveres / provisions
vivo / live
voga / fad
vogal de empresa / business agent
volta ao preço anterior / roll back
volume de lucro / profit volume
vostro account / vostro account
votação cumulativa / cumulative voting
voto de Minerva / casting vote

W

Wall Street / Wall Street
warrant / warrant; negotiable warehouse receipt

WASP / WASP
Weltanschauunng / Weltanschauunng

X

X barra / X bar   **xerografia** / xerography

Z

Zaibatzu / Zaibatzu
Zollverein / Zollverein
zona de comércio exterior / foreign trade zone
zona de indiferença / indifference zone
zona de livre comércio / free trade zone
zona franca / free port; free zone; free trade zone
zonas de indiferença / zones of indifference
zoneamento / zoning
zoom / zoom

Bibliografia

Greenwald Douglas e Associados **(1)** *The McGraw-Hill Dictionary of Modern Economics*, Nova York, 1965.

Maher, John E. **(2)** *O Trabalhismo e a Economia*, trad. de Edmond Jorge, Freitas Bastos, Rio, 1967.

Cavalcante, José Cândido M. **(3)** *Dicionário Inglês-Português para Economistas*, Freitas Bastos, Rio, 1960.

Sá, Lopes **(4)** *Dicionário de Contabilidade*, 4.ª ed., Atlas, São Paulo, 1966.

Barcelló, J. L. **(5)** *Vocabulario de Estadística*, Editorial Hispano Europea, Barcelona, 1964.

Piéron, Henri **(6)** *Dicionário de Psicologia*, Globo, Porto Alegre, 1966.

Altman, Martin R. **(7)** *Dicionário Técnico-Contábil*, Atlas, São Paulo, 1966.

Collery, Arnold **(8)** *National Income and Employment Analysis*, Wiley, Nova York.

Novo Michaelis, Dicionário Ilustrado (2 vols.), **(9)**, 6.ª ed., Melhoramentos, São Paulo, 1966.

Aulete, Caldas **(10)** *Dicionário Contemporâneo da Língua Portuguesa*, 2.ª ed., Delta, Rio, 1963.

Random House Vest Pocket Dictionary of Business and Finance. **(11)** Random House, Nova York, 1962.

Vieira, Dorival Teixeira **(12)** *Formação de Preço para Administradores de Empresa*. Pioneira, São Paulo, 1968.

Bruton, Henry J. **(13)** *Princípios de Economia do Desenvolvimento*, trad. de Auriphebo B. Simões, Atlas, São Paulo, 1969.

Knox, John **(14)** *Dicionário Português-Inglês de Economia, Finanças, Sociologia, Comércio e Relações Sindicais* (vol.1), Freitas Bastos, Rio, 1968.

Holmes, Arthur W. e outros **(15)** *Elementary Accounting*, Irwin, Homewood, Illinois, 1956.

Goodman, Richard **(16)** *Aprenda Sozinho Estatística*, trad. de Edison Galvão e superv. de Luiz de Freitas Bueno, Pioneira, São Paulo, 1965.

Moreira, José dos Santos **(17)** *Elementos de Estatística*, 5.ª ed., Atlas, São Paulo, 1968.

Allen, R. G. D. **(18)** *Estatística para Economistas*, trad. de Austregésilo Gomes Spínola, Fundo de Cultura, Rio, 1964.

Viveiros de Castro, Lauro Sodré **(19)** *Pontos de Estatística*, 6.ª ed., Edição do Autor, Rio, 1952.

Stigler, George **(20)** *Teoria do Preço*, 2.ª ed., trad. de Auriphebo B. Simões, Atlas, São Paulo, 1970.

Stockton, R. Stanbury **(21)** *Introdução à Programação Linear*, trad. de Ewerton Dias de Andrade, Atlas, São Paulo, 1968.

Black, Champion & Brown **(22)** *Accounting in Business Decisions*, 2.ª ed., Prentice-Hall, Englewood Cliffs, New Jersey, 1967.

Guralnik, David B. **(23)** *Webster's Collegiate Dictionary*, 5.ª ed., G. C. Merriam Co., Publishers, Springfield, Mass., 1943.

Reichman, W. J **(24)** *Use and Abuse of Statistics*, Penguin, Middlesex, Inglaterra.

Morice, E. **(25)** *Dictionnaire de Statistique*, Dounod, Paris, 1968.

Lima, José Geraldo de **(26)** *Custos (Cálculos, Sistemas e Análises)*, Atlas, São Paulo, 1969.

Todeschi, Sílvio **(27)** *Elementos de Estatística*, Editora do Brasil, 1964.

Médice, Octavio **(28)** *Curso de Estatística Geral*, Editora Jalovi, Bauru, 1967.

Webster's Dictionary of Synonyms **(29)** G. C. Merriam Co., Publishers, Springfield, Mass., 1951.

Bridgewater, William **(30)** *The Columbia Viking Desk Encyclopedia*, Dell, Columbia University Press, 1966.

Plan, Jack C. e Milton Greenberg **(31)** *The American Political Dictionary*, Holt, Reinhart & Winston, Nova York, 1966.

Gomes, Luiz Souza **(32)** *Dicionário Econômico e Financeiro*, 8.ª ed., Civilização Brasileira, Rio, 1966.

Davis, Kingsley **(33)** *A Sociedade Humana*, trad. de M. P. Moreira Filho, Fundo de Cultura, Rio, 1964.

Sá, Lopes **(34)** *Análise de Balanços*, Atlas, São Paulo.

Matthews, Mitford M. **(35)** *A Dictionary of Americanisms On Historical Principles*, The University of Chicago Press, Chicago, Illinois, 1950.

Litterer, Joseph A. **(36)** *Análise das Organizações*, trad. de Auriphebo B. Simões, Atlas, São Paulo, 1970.

Leftwich, Richard H. **(37)** *The Price System and Resource Allocation*, ed. rev., Holt, Reinhart & Winston, Nova York, 1965.

Glossário de Mercadologia **(38)** Fundação Getúlio Vargas, São Paulo, 1962.

Stonier, A. W. e D. C. Hague **(39)** *Teoria Econômica*, trad. de Cássio Fonseca, Zahar, Rio, 1967.

Samuelson, Paul A. **(40)** *Introdução à Análise Econômica*, 6.ª ed, trad. de Luiz Carlos do Nascimento Silva e suplementos de Ângelo Jorge de Sousa, Agir, Rio, 1969.

Horngren, Charles T. **(41)** *Accounting for Management Control: An Introduction*, Prentice-Hall, 1966.

Principles of American Government, diversos autores **(42)** Prentice-Hall, 1966.

Silva, Adelphino Teixeira da **(43)** *Elementos de Economia*, 11.ª ed., Atlas, São Paulo, 1969.

Peterson, Wallace C. **(44)** *Income, Employment and Economic Growth*, W. W. Norton, Nova York, 1962.

Tannenbaum, Robert, Irwin R. Weschler e Fred Massarik **(45)** *Liderança e Organização*, trad. de Auriphebo B. Simões, São Paulo, 1970.

Gardner, Burleigh B. e David G. Moore **(46)** *Relações Humanas na Indústria*, trad. de Eleonora Leitão de Carvalho e Auriphebo B. Simões, Atlas, São Paulo, 1969.

Shepherd, Clovis R. **(47)** *Pequenos Grupos — Aspectos Sociológicos*, trad. de Auriphebo B. Simões, Atlas, São Paulo, 1969.

Gloss E. e Harold A. Baker **(48)** *Introduction to Business*, 6.ª ed., trad. de Auriphebo B. Simões, Atlas, São Paulo (inédito).

Jucius, Michael J. e William E. Schlender **(49)** *Introdução à Administração, 3.ª ed.*, trad. de Auriphebo B. Simões, Atlas, São Paulo, 1974.

Bhagwati, J. e outros **(50)** *Panorama da Moderna Teoria Econômica*, vols. 2 e 3, trad. de Auriphebo B. Simões, Atlas, São Paulo, 1968.

Judson, Arnold S. **(51)** *Relações Humanas e Mudanças Organizacionais*, trad. de M. Ângela Lobo F. Levy, Atlas, São Paulo, 1969.

Moreira, José dos Santos **(52)** *Matemática Comercial e Financeira*, 1.ª série, 2.ª ed., Atlas, São Paulo, 1968.

Blake, Robert R. e Jane S. Mouton **(53)** *Grid para Excelência em Vendas*, trad. de Auriphebo B. Simões, Atlas, São Paulo, 1971.

O'Shaughnessy, J. **(54)** *Organização de Empresas*, trad. de Augusto Reis, Atlas, São Paulo, 1968.

James, Clifford L. **(55)** *Princípios de Economia*, trad. de Maurício Bevilacqua, Fundo de Cultura, Rio, 1961.

Hirshcfield, Henrique **(56)** *Planejamento com PERT-CPM*, Atlas, São Paulo, 1969.

Yamane, Taro **(57)** *Matemática para Economistas*, trad. de Juan Jori Cardona, Ediciones Ariel, Barcelona, 1968, e de Vera Oliveira Pires, Atlas, São Paulo, 1970.

Bliss, Perry **(58)** *Administração de Marketing e o Comportamento no Meio Ambiente*, trad. de Auriphebo B. Simões, Atlas, São Paulo, 1971.

Warlich, Beatriz M. de Souza **(59)** *Uma Análise das Teorias de Organização*, 2.ª ed., Fundação Getúlio Vargas, Rio, 1969.

Melo, Francisco das Chagas **(60)** *Instituições de Direito Público*, Atlas, São Paulo, 1969.

Pinho, Ruy Rebello e Amauri Mascaro Nascimento **(61)** *Instituições de Direito Público e Privado*, Atlas, São Paulo, 1969.

Bursk, Edward C. **(62)** *Casos em Administração de Marketing*, trad. de Auriphebo B. Simões, Atlas, São Paulo, 1971.

Cooperative League of the USA **(63)** *Administração Moderna de Empresas Cooperativas*, trad. de Auriphebo B. Simões, Atlas, São Paulo, 1975.

Katz, Daniel e Robert L. Kahn **(64)** *Psicologia Social das Organizações*, trad. de Auriphebo B. Simões, Atlas, São Paulo, 1970 e 1974.

ABRACE-ABNT **(65)** *Glossário de Termos Técnicos de Computador*.

Tomeski, Edward **(66)** *The Executive Use of Computers*, Collier, Nova York, 1969.

Staley, Eugene e Morsey Richard **(67)** *Industrialização e Desenvolvimento*, trad. de Auriphebo B. Simões, Atlas, São Paulo, 1971.

Vasconcellos, Augusto de **(68)** *Programação de Computadores Eletrônicos — Conceitos Básicos*, Laboratório de Técnicas Digitais, São Paulo.

Vasconcellos, Augusto de **(69)** *Computadores Eletrônicos Digitais*, Laboratório de Técnicas Digitais, São Paulo.

Optner, Stanford L. **(70)** *Análise de Sistemas para Administração de Empresas*, 2ª ed., trad. de Paulo Gragoatá (pseudônimo de Auriphebo B. Simões), Brasiliense, São Paulo, 1972.

Rahmstorf, G. **(71)** *Processamento de Dados*, trad. de Arno Blass, Polígono, São Paulo, 1969.

Datamation **(72)** *Glossário de Termos*.

Hagen, Everett E. **(73)** *Economia do Desenvolvimento*, trad. de Auriphebo B. Simões, Atlas, São Paulo, 1971.

Luftig, Milton **(74)** *Computer Programmer*, Arco Publishing Co., Nova York, 1968.

Boyd Jr., Harper W. e Sidney J. Levy **(75)** *Promoção de Vendas*, trad. de Auriphebo B. Simões, Atlas, São Paulo, 1971.

Memorex **(76)** *Monograph N.° 1*.

Memorex **(77)** *Memorex Glossary of Magnetic Recording Terms*, 1970.

Guralnik, David B. (ed.) **(78)** *Webster's New World Dictionary*, Nova York e Cleveland, 1968.

Kepner, Charles H. e Benjamin B. Tregoe **(79)** *Administrador Racional*, trad. de Auriphebo B. Simões, Atlas, São Paulo, 1971.

Rachman, David J. **(80)** *Varejo — Estratégia e Estrutura*, trad. de Auriphebo B. Simões, Atlas, São Paulo, 1973.

Alderson, Wroe e Michael H. Albert **(81)** *Homens, Motivos e Mercados*, trad. de Auriphebo B. Simões, Atlas, São Paulo, 1971.

Blough, Roy **(82)** *Comércio Internacional e Desenvolvimento*, trad. de Auriphebo B. Simões, Atlas, São Paulo, 1974.

Halm, George N. **(83)** *Sistemas Econômicos*, trad. de Deny Felix Fonseca, Fundo de Cultura, Rio, 1965.

Florez, Lucas Veltrán **(84)** *Diccionario de Banco y Bolsa*, Editorial Labor, Barcelona, 1969.

Tarshis, Lories **(85)** *Modern Economics — An Introduction*, Houghton Mifflin, Boston, 1967.

Aschheim, Joseph **(86)** *Técnicas de Controle Monetário*, trad. de Edilson Alkmin da Cunha, Forense, Rio, 1969.

Vários autores **(87)** *Dicionário de Sociologia*. Traduções do inglês e do alemão de Fernando Álvarez, Flávio Vellinho de Lacerda e Marcello Marques Magalhães, Globo, Porto Alegre, 1969.

Kohler, Eric L. **(88)** *A Dictionary for Accountants*, 4ª ed., Prentice-Hall, Englewood Cliffs, N.J., 1970.

Crosby, Andrew **(89)** *Criatividade e Desempenho*, trad. de Auriphebo B. Simões, Atlas, São Paulo, 1972.

Drever, James **(90)** *A Dictionary of Psychology*, Penguin, Harmondsworth, Inglaterra, 1960.

Miller, E. J. e A. K. Rice **(91)** *The Control of Task and Sentient Boundaries*, trad. de Auriphebo B. Simões, Atlas, São Paulo (inédito).

Flood, W. E. e Michael West **(92)** *An Elementary Scientific and Technical Dictionary*, Longman, Londres, 1970.

Fayerweather, John **(93)** *Marketing Internacional*, trad. de Auriphebo B. Simões, Atlas, São Paulo, 1970.

Paiva, Luiz Miller de **(94)** *Medicina Psicossomática — Psicopatologia e Terapêutica*, Artes Médicas, São Paulo, 1966.

Teevan, Richard e Robert C. Birney **(95)** *Readings for Introductory Psychology*, Harcourt Brace & World, Nova York, 1965.

Barber, Richard J. **(96)** *Empresas Multinacionais*, trad. de Auriphebo B. Simões, Atlas, São Paulo, 1972.

Lawrence, W. B. **(97)** *Contabilidade de Custos*, trad. de João Carlos Hopp e E. Jacy Monteiro, IBRASA, São Paulo, 1966.

Seldom, Arthur e F. G. Pennance **(98)** *Dicionário de Economia*, trad. de Nelson de Vicenzi, Edições Bloch, Rio, 1968.

Skertchly, Allan R. B. **(99)** *Estratégia na Empresa*, trad. de Auriphebo B. Simões, Atlas, São Paulo, 1973.

Barbosa, Nelson, Luiz Muraro e Eliseu Paiva **(100)** *Dicionário de Latim*, São Paulo, 1967.

Shanks, Michael **(101)** *Economia da Tecnologia*, trad. de Auriphebo B. Simões, Atlas, São Paulo, 1973.

Musgrave, Richard A. **(102)** *Teoria das Finanças Públicas*, trad. de Auriphebo B. Simões, Atlas, São Paulo, 1974.

Simões, Roberto **(103)** *Iniciação ao Marketing*, Atlas, São Paulo, 1972.

Kirschen, E. S. e outros **(104)** *Política Econômica Contemporânea*, trad. de Auriphebo B. Simões, Atlas, São Paulo, 1975.

Mann, Everett J. Mann e Alfred Weg **(105)** *Dicionário de Economia e Finanças*, Edições Financeiras, Rio, 1969.

Halford, D. R. C. **(106)** *Planejamento Empresarial — Guia para Administração*, trad. de Auriphebo B. Simões, Atlas, São Paulo, 1973.

Johannsen, H. e A. B. Robertson **(107)** *Management Glossary*, ed. por E. F. L. Brech, Longmans & Green, Londres, 1968.

Reichmann, W. J. **(108)** *Use and Abuse of Statistics*, Penguin, Harmondsworth, Inglaterra, 1964.

Rodrigues, Milton da Silva **(109)** *Dicionário Brasileiro de Estatística*, 2ª ed. rev. e aumentada, IBGE, Rio, 1970.

Flippo, Edwin B. **(110)** *Princípios de Administração do Pessoal*, trad. de Auriphebo B. Simões, Atlas, São Paulo, 1970.

Baumol, William J. **(111)** *Economic Theory and Operations Analysis*, 3ª ed., Prentice-Hall, Englewood Cliffs, N.J., 1972.

Jucá Filho, Cândido **(112)** *Dicionário Escolar das Dificuldades da Língua Portuguesa*, 3ª ed., MEC, Rio, 1969.

Livingstone Ian e A. S. Goodall **(113)** *Economia e Desenvolvimento*, trad. de Auriphebo B. Simões, Atlas, São Paulo, 1973.

Sell, Lewis S. **(114)** *Comprehensive Technical Dictionary*, McGraw-Hill, São Paulo, 1973.

Schlesinger, Hugo **(115)** *Dicionário de Vendas*, Editorial Ricla, São Paulo, 1971.

Goldkorn, Henrique **(116)** *Dicionário de Termos Técnicos de Processamento de Dados — Inglês-Português*, Sucesu-Guanabara, Rio, 1973.

Dolla, Angel Salto **(117)** *Dicionário de Terminos de Proceso de Datos*, Paraninfo, Madri, 1971.

Chandor, Anthony, John Graham e Robin Williamson **(118)** *A Dictionary of Computers*, Penguin, Harmondsworth, Inglaterra, 1970.

Griffin, Keith B. e John L. Enos **(119)** *Planning Development*, trad. de Auriphebo B. Simões, inédito, Atlas, São Paulo, 1970.

Vatter, William J. **(120)** *Introdução ao Orçamento Empresarial*, trad. de Auriphebo B. Simões, Atlas, São Paulo, 1975.

Luck, David J. **(121)** *Política e Estratégia de Produto*, trad. de Auriphebo B. Simões, Atlas, São Paulo, 1975.

Barnhart, Clarence L., Sol Steinmetz e Robert K. Barnhart **(122)** *A Dictionary of New English*, Longman, Londres, 1973.

Gurnett, J. W. e C. H. J. Kyde **(123)** *Cassell's Dictionary of Abbreviations*, Cassell Company, Londres, 1972.

Webster Jr., Frederick E. e Yoram Wind **(124)** *O Comportamento do Comprador Industrial*, trad. de Auriphebo B. Simões, Atlas, São Paulo, 1975.

Bocchino, William A. **(125)** *Introdução ao Processamento de Dados*, trad. de Dayr Ramos Américo dos Reis, Atlas, São Paulo, 1974.

Freire, Numa **(126)** *Mecanografia e Processamento de Dados*, Atlas, São Paulo, 1974.

Cohen, John **(127)** *Introdução à Psicologia*, trad. de Auriphebo B. Simões, Atlas, São Paulo, 1975.

Rima, I. H. **(128)** *História do Pensamento Econômico*, trad. de Auriphebo B. Simões, Atlas, São Paulo, 1975.

Jucius, Michael J. **(129)** *Administração de Pessoal*, trad. de Auriphebo B. Simões, Saraiva, São Paulo, 1976.

Morgan, Clifford T. **(130)** *Introdução à Psicologia*, trad. de Auriphebo B. Simões, McGraw-Hill, São Paulo, 1976.

Thatcher, Virginia S. (ed.) **(131)** *The New Webster Encyclopedic Dictionary of the English Language*, Grolier, Nova York, 1969.

Charron, C. G., S. M. Evers e E. C. Fenner **(132)** *Introdução à Psicologia Aplicada à Empresa*, trad. de Auriphebo B. Simões, Saraiva, São Paulo, 1977.

Baker, Michael J. e Ronald McTavish **(133)** *Política e Administração de Produto*, trad. de Auriphebo B. Simões, Saraiva, São Paulo, 1976.

Livesey, F. **(134)** *Formação de Preços*, trad. de Auriphebo B. Simões, Saraiva, São Paulo, 1976.

Moore, Russell F. **(135)** *AMA Management Handbook*, American Management Association, Inc., Nova York, 1970.

Champion, Dean J. **(136)** *A Sociologia das Organizações*, trad. de Auriphebo B. Simões, Saraiva, São Paulo, 1976.

Baily, Peter e David Farmer **(137)** *Purchasing Principles and Techniques*, 2ª ed., trad. de Auriphebo B. Simões, inédito, Saraiva, São Paulo, 1977.

Boyd Jr., Harper W. e William F. Massy **(138)** *Administração de Marketing*, trad. de Auriphebo B. Simões, Saraiva, São Paulo, 1977.

Trewatha, Robert L. e M. Gene Newport **(139)** *Administração, Funções e Comportamento*, trad. de Auriphebo B. Simões, Saraiva, São Paulo, 1977.

Torgersen, Paul E. e Irwin T. Weinstock **(140)** *Management — An Integrated Approach*, Prentice-Hall, Englewood Cliffs, N.J., 1972.

Curvillier, Armand **(141)** *Pequeno Vocabulário da Língua Filosófica*, 2ª ed., trad. de Lólio Lourenço de Oliveira e J. B. Damasco Penna, Editora Nacional, São Paulo, 1969.

McArthur, Tom e Beryl Atkins **(142)** *Dictionary of English Phrasal Verbs and Their Idioms*, Collins, Londres e Glasgow, 1975.

Chiavenato, Idalberto **(143)** *Introdução à Teoria Geral da Administração*, McGraw-Hill, São Paulo, 1976.

Simon, Herbert A. **(144)** *Comportamento Administrativo*, trad. de Aluízio Loureiro Pinto, Fundação Getúlio Vargas, Rio, 1970.

Barnard, Chester I. **(145)** *As Funções do Executivo*, trad. de Flávio Moraes de Toledo Piza, Atlas, São Paulo, 1971.

Argyris, Chris **(146)** *A Integração Indivíduo-Organização*, trad. de Márcio Cotrim, Atlas, São Paulo, 1975.

Dale, Ernest e L. C. Michelson **(147)** *Gerência Empresarial*, trad. de José Luiz de Moura Marques, Edições Bloch, Rio, 1969.

French, Derek e Heather Saward **(148)** *Dictionary of Management*, Pan Books, Londres, 1975.

Koontz, Harild e Cyril O'Donnel **(149)** *Princípios de Administração*, 10ª ed., trad. de Paulo C. Goldschmidt e Fernando G. Carmona, Pioneira, São Paulo, 1976.

Leavitt, Harold J. **(150)** *Direção de Empresas*, 3ª ed., trad. de Jane Bouchaud Lopes da Cruz, Fundo de Cultura, Rio, 1967.

Levitt, Theodore **(151)** *Marketing para Desenvolvimento dos Negócios*, trad. de Auriphebo B. Simões e outros, Revista Expansão, São Paulo, 1974.

Schmiedicke, Robert E. e Charles F. Nagy **(152)** *Princípios de Contabilidade de Custos*, trad. de Auriphebo B. Simões, Saraiva, São Paulo, 1978.

Chisnall **(153)** *Pesquisa de Mercado*, trad. de Auriphebo B. Simões, Saraiva, São Paulo, 1976.

Salvatore, Dominick **(154)** *Economia Internacional*, trad. parcial de Auriphebo B. Simões, McGraw-Hill, São Paulo, 1977.

Watson, Donald S. e Mary A. Holman **(155)** *Teoria do Preço*, trad. de Auriphebo B. Simões, Saraiva, São Paulo, 1977.

Salvatore, Dominick **(156)** *Microeconomia*, trad. de Danilo Nogueira e Eduardo Hingst, McGraw-Hill, São Paulo, 1977.

Sizer, John **(157)** *Noções Básicas de Contabilidade Gerencial*, trad. de Auriphebo B. Simões, Saraiva, São Paulo, 1977.

Bannock, G., R. E. Baxter e R. Rees **(158)** *The Penguin Dictionary of Economics*,

Penguim, Harmondsworth, Inglaterra, 1977.

Katona, George **(159)** *Psychological Economics*, trad. de Auriphebo B. Simões, inédito, Saraiva, São Paulo, 1978.

Pikunas, Justin **(160)** *Desenvolvimento Humano*, 3ª ed., trad. de Auriphebo B. Simões, McGraw-Hill, São Paulo, 1978.

Fortes, Hugo **(161)** *Dicionário de Termos Médicos*, 2ª ed., inglês-português, Editora Científica, Rio, 1958.

Gilligan, Colling e Geoffrey Crowther **(162)** *Advertising Management*, trad. de Auriphebo B. Simões, inédito, Saraiva, São Paulo, 1978.

Stigler, S. E. e Glyn Thomas **(163)** *A Dictionary of Economics and Commerce*, Pan Books, Londres, 1976.

Hart, Norman A. e John Stapleton **(164)** *Glossary of Marketing Terms*, Heinemann, Londres, 1977.

Lipsey G. Richard e Peter O. Steiner **(165)** *Economics*, 4ª ed., Harper & Row, Nova York, 1975.

Eysenck, H. J., Arnold W. J. e Meili, R. **(166)** *Encyclopedia of Psychology*, Fontana-Collins, Londres, 1975.

Beltridge, Harold T. **(167)** *Cassel's German & English Dictionary*, Cassel & Company, Londres, 1957.

Cabral, Álvaro e Eva Nick **(168)** *Dicionário Técnico de Psicologia*, Cultrix, São Paulo, 1974.

Strohschoen, Iris **(169)** *Dicionário de Termos Comerciais*, Globo, Porto Alegre, 1966.

Lapedes, Daniel N. **(170)** *McGraw-Hill Dictionary of Scientific and Technical Terms*, McGraw-Hill, Nova York, 1974.

Barnes, Ralph M. **(171)** *Estudo de Movimentos e Tempos — Projeto e Medida do Trabalho*, trad. de Sérgio Luiz Oliveira Assis, José S. Guedes Azevedo e Arnaldo Pallotta, Blücher, São Paulo, 1977.

Fraenkel, Benjamin B. **(172)** *English-Portuguese Technical and Idiomatic Dictionary*, Ediex Gráfica e Editora, Rio, 1969.

Wright, Wilmer **(173)** *Direct Standard Costs for Decision Making and Control*, trad. de Auriphebo B. Simões, Melhoramentos (inédito), São Paulo, 1978.

Dorin, E. **(174)** *Dicionário de Psicologia*, Melhoramentos, São Paulo, 1978.

Harlock, Elizabeth B. **(175)** *Desenvolvimento do Adolescente*, trad. de Auriphebo B. Simões, Mc-Graw-Hill, São Paulo, 1978.

Bullock Alan e Oliver Stallybrass (eds.) **(176)** *The Fontana Dictionary of Modern Thought*, William Collins & Sons, Londres, 1977.

Ross, Alan O. **(177)** *Distúrbios Psicológicos na Infância*, trad. de Auriphebo B. Simões, McGraw-Hill, São Paulo, 1978.

Good, Carter V. **(178)** *Dictionary of Education*, McGraw-Hill, Nova York, 1973.

Lapedes, Daniel N. (ed.) **(179)** *Mc-Graw-Hill Dictionary of Life Sciences*, McGraw-Hill, Nova York, 1976.

Horton, Paul B. e Chester L. Hunt **(180)** *Sociologia*, trad. de Auriphebo B. Simões, McGraw-Hill, São Paulo, 1976.

Giegold, William E. **(181)** *APO — Abordagem de Auto-instrução*, trad. de Auriphebo B. Simões, McGraw-Hill, São Paulo, 1979.

Bittel, Leser R. **(182)** *Encyclopedia of Professional Management*, McGraw-Hill, Nova York, 1978.

Lapedes, Daniel N. (ed.) **(183)** *McGraw-Hill Dictionary of Physics and Mathematics*, McGraw-Hill, Nova York, 1978.

Freund, John E. e Frank J. Williams **(184)** *Dictionary/Outline of Basic Statistics*, McGraw-Hill, Nova York, 1966.

Caravantes, Geraldo R. **(185)** *Administração por Objetivos — Uma Abordagem Sócio-técnica*, McGraw Hill, Porto Alegre, 1977.

Savasini, José Augusto A., Pedro S. Malan e Werner Baer **(186)** *Economia Internacional*, Série ANPEC, trad. de Auriphebo B. Simões, Saraiva, São Paulo, 1979.

Teoria Monetária, Série ANPEC **(187)**, trad. de Auriphebo B. Simões, Saraiva, São Paulo, 1979.

Wittig, Arno F. **(188)** *Psicologia Geral*, trad. de Auriphebo B. Simões, McGraw-Hill, São Paulo, 1977.

George J. Carl e Daniel McKinley **(189)** *Urban Ecology — In Search of an Asphalt Rose*, trad. de Auriphebo B. Simões, McGraw-Hill (inédito), São Paulo, 1979.

Diversos autores **(190)** *Leituras em Macroeconomia,*, trad. de Auriphebo Berrance Simões, Saraiva, São Paulo, 1979.

Faw, Terry **(191)** *Princípios do Desenvolvimento: Infância e Adolescência*, trad. de Auriphebo B. Simões, McGraw-Hill, São Paulo, 1980.

Salvatore, Dominick e Eugene A. Diulio **(192)** *Introdução à Economia*, trad. de Auriphebo B. Simões, McGraw-Hill, São Paulo, 1980.

Papalia, Diane E. e Sally Wendkos **(193)** *O Mundo da Criança — Da Infância à Adolescência*, trad. de Auriphebo B. Simões, McGraw-Hill, São Paulo, 1980.

Holtje, Herbert F. **(194)** *Teoria e Problemas de Marketing*, trad. de Auriphebo B. Simões, McGraw-Hill, São Paulo, 1980.

Schewe, Charles D. e Reuben M. Smith **(195)** *Marketing — Conceitos, Casos e Aplicações*, trad. de Auriphebo Berrance Simões, McGraw-Hill, São Paulo, 1981.

Hodgkinson, Christopher **(196)** *Proposições para uma Filosofia de Administração*, trad. de Auriphebo B. Simões, Atlas, São Paulo, 1981.

Enis, Ben M. **(197)** *Princípios de Marketing*, trad. de Auriphebo Berrance Simões, Atlas, São Paulo, 1981.

Werther Jr., William B. e Keith Davis **(198)** *Administração de Pessoal e Recursos Humanos*, trad. de Auriphebo B. Simões, McGraw-Hill, São Paulo, 1981.

Ouchi, William **(199)** *Teoria Z*, trad. de Auriphebo B. Simões, EFEB, São Paulo, 1981.

Hales, Dainne **(200)** *O Livro Completo do Sono*, trad. de Auriphebo B. Simões, EFEB, São Paulo, 1982.

Pantell, Robert H., James F. Fries e Donald M. Vickery **(201)** *Cuide de Seu Filho*, trad. de Auriphebo B. Simões, EFEB, São Paulo, 1982.

Wittig, Arno F. **(202)** *Psicologia da Aprendizagem*, trad. de Auriphebo B. Simões, McGraw-Hill, São Paulo, 1982.

Davidoff, Linda L. **(203)** *Introdução à Psicologia*, trad. dos caps. de 9 a 14, glossário e índice de Auriphebo B. Simões, McGraw-Hill, São Paulo, 1981.

Lidz, Theodore **(204)** *A Pessoa*, trad. de Auriphebo B. Simões, Editora Médica-Sul Ltda., Porto Alegre, 1982.

Elkind, David **(205)** *O Direito de Ser Criança*, trad. de Auriphebo B. Simões, EFEB, São Paulo, 1982.

Dicionário de Termos de Psicanálise de Freud **(206)** trad. de Jurema Alcides Cunha, Globo, Porto Alegre, 1970.

James, Muriel **(207)** *Liberte-se para Viver*, trad. de Auriphebo B. Simões, EFEB, São Paulo, 1982.

Lee Norwood e Associados **(208)** *Como Desenvolver um Manual de Operações de Uma Loja de Conveniência*, trad. de Auriphebo B. Simões para Supermercados Myiata Ltda., São Paulo, 1982.

De Gowin & De Gowin **(209)** *Bedside Diagnostic Examination*, trad. de Auriphebo B. Simões, Artes Médicas, São Paulo, 1983.

Osborne, Adam **(210)** *A Próxima Revolução Industrial*, trad. de Auriphebo B. Simões, McGraw-Hill, São Paulo, 1983.

Diversos autores **(211)** *Research Techniques Handbook — How to Collect Information for Use in Editorial and Marketing Decisions*, trad. de Auriphebo B. Simões, inédito, McGraw-Hill, São Paulo, 1983.

Laplanche, J. e J. B. Pontalis **(212)** *Vocabulário de Psicanálise*, Martins Fontes, São Paulo, 1983.

Chaplin, J. P. **(213)** *Dicionário de Psicologia*, Dom Quixote, Lisboa, 1981.

Parker, Sybil P. **(214)** *Dictionary of Electronics and Computer Technology*, McGraw-Hill, Nova York, 1984.

Ouchi, William **(215)** *Sociedade M*, trad. de Auriphebo B. Simões, EFEB, São Paulo, 1984.

Brito, Eugênio Oscar **(216)** *Dicionário de Matemática*, Globo, Porto Alegre, sem data.

Sippl, Charles J. e Roger J. Sippl **(217)** *Computer Dictionary*, 3.ª ed., Howard W. Sams, Indianapolis, 1982.

Carroll, Charles J. **(218)** *80 Practical Time-Saving Programs for the TRS-80*, Blue Ridge Summit, 1982.

Editele **(219)** *CP-500 Microcomputador Operação e Linguagem Basic*, Editora Técnica e Eletrônica, São Paulo, 1982.

Dwyer, Thomas e Margot Critchfield **(220)** *Structured Program Design with TRS-80 BASIC*, McGraw-Hill, Nova York, 1984.

Helms, Harry **(221)** *The McGraw-Hill Computer Handbook*, McGraw-Hill, Nova York, 1983.

Poole, Lon, Martin McNiff e Steven Cook **(222)**, *Apple II, Guia do Usuário*, McGraw-Hill, trad. de Paulo Borelli, São Paulo, 1984.

Megginson, Leon C., Donald C. Mosley e Paul H. Pietri Jr. **(223)** *Administração, Conceitos e Aplicações*, trad. de Auriphebo B. Simões, Harper & Row do Brasil, São Paulo, 1985.

Mussen, Paul Henry, John Janeway Conger, Jerome Kagan e Aletha Carol Huston **(224)** *Desenvolvimento e Personalidade da Criança*, trad. de Auriphebo B. Simões, Harper & Row do Brasil, São Paulo, 1985.

Art, Norman A. e John Stapleton **(225)** *Glossary of Marketing Terms*, 2ª ed., Heinemann, Londres, 1985.

Whitten, D. G. A. e J. R. V. Brooks **(226)** *The Penguin Dictionary of Geology*, Penguin, Harmondsworth, Inglaterra, 1972.

Dicionário de Geologia e Mineralogia **(227)**, Melhoramentos, São Paulo.

Dicionário de Ecologia **(228)**, Melhoramentos, São Paulo.

Dicionário de Física **(229)**, Melhoramentos, São Paulo.

Dicionário de Matemática **(230)**, Melhoramentos, São Paulo.

Mello, Maria Chaves **(231)** *Dicionário Jurídico* (com glossário em inglês), Barrister's, Rio, 1984.

Montiel, Henri Tezenas **(232)** *Dicionário de Gestão*, Dom Quixote, Lisboa, 1973.

Flávio de Toledo e B. Milioni **(233)** *Dicionário de Recursos Humanos*, 3ª ed., Atlas, 1986.

Weininger, Ben e Eva L. Menkin **(234)** *Envelhecer é uma Coisa da Vida Toda*, trad. de Auriphebo B. Simões, Brasiliense, São Paulo, 1979.

Philip Kotler e Paul N. Bloom **(235)** *Marketing para Serviços Profissionais*, trad. de Auriphebo B. Simões, Atlas, São Paulo, 1988.

Harold Wentworth e Stuart Berg Flexner **(236)** *The Pocket Dictionary of American Slang*, Nova York, 1974.

Progressive Grocer **(237:60)**, março, 1968.

Convenience Store Merchandiser **(238)**, setembro, 1987.

Progressive Grocer **(239:51, 129)**, dezembro, 1987.

Leib Soibelman **(240)** *Dicionário Geral de Direito*, Editor José Bushcotsky,1973.

James R. Milan e Katherine Keleham **(241)** *Alcoolismo, os Mitos e a Realidade*, trad. por Auriphebo B. Simões, EFEB, São Paulo, 1988.

Mikhail Gorbachev **(242)** *Perestroika*, trad. de J. Alexandre, Editora Best Seller, São Paulo, 1988.

Progressive Grocer **(243:22)**, julho de 1988.

Michael J. Wallace e Patrick J. Flynn **(244)** *Collings Business English Dictionary*, Londres & Glasgow, 1985.

(A) Auriphebo Berrance Simões.

(R) Ricardo Simões Câmara.